What is 新HSK PT?

▶ 전문적인 커리어를 내세운 "*Pro Team*"
▶ 완벽한 교육을 의미하는 "*Perfect Teaching*"
▶ 밀착형 커리큘럼을 의미하는 "*Personal Training*"

新HSK PT 3단계 코칭 시스템!

1단계 워밍업
본격적인 수업을 위한 준비 학습 어휘PT

2단계 집중훈련
두뇌를 불태우는 초집중 학습 전략PT&실전PT

3단계 스트레칭
주요 표현을 정리하는 마무리 학습 마무리PT

新HSK PT 종합서는 PT 코칭 시스템에 따라 파트 1, 2, 3의 유형별, 부분별 학습에서 영역별 학습으로의 전개, 그리고 실전 모의고사로 이어지는 단계별 학습법을, 그리고 Day별 학습에서는 듣기, 독해, 쓰기 각 영역을 골고루 학습하는 것을 기본으로 하여 먼저 어휘력을 강화하고 전략을 익힌 후, 실전과 복습으로 구성된 20일 Daily 학습법을 담았습니다.

기존의 학습 스타일을 탈피하여 더욱 효과적이고 체계적으로 구성한 커리큘럼으로 新HSK PT와 함께 학습하는 여러분이 꼭 HSK 합격의 목표를 달성하기를 바랍니다.

HSK 목표 달성을 도와줄 20일 완벽 코칭 시스템!
오프라인 수업을 그대로! 매일매일 강의 영상으로 1:1 개인 과외!

◀ 시사중국어사 홈페이지를 통해 HSK PT에 대해 알아보세요!

◀ HSK PT 강의 영상을 지금 바로 확인하세요!

👉 20일간 매일매일 세 영역을 골고루 코칭 영상과 함께 학습!
👉 저자가 직접 꼼꼼하게 짚어주는 전략 포인트와 문제 풀이 해설!
👉 시사중국어사 홈페이지 및 유튜브 등에서 PC와 스마트폰으로 간편하게 시청!

新HSK 20일 PT 코칭 프로그램
데일리 체크

Daily Check

Day 1	Day 2	Day 3	Day 4	Day 5
듣기 ☐ 독해 ☐ 쓰기 ☐	듣기 ☐ 독해 ☐ 쓰기 ☐	듣기 ☐ 독해 ☐ 쓰기 ☐	듣기 ☐ 독해 ☐ 쓰기 ☐	듣기 ☐ 독해 ☐ 쓰기 ☐

Day 6	Day 7	Day 8	Day 9	Day 10
듣기 ☐ 독해 ☐ 쓰기 ☐	듣기 ☐ 독해 ☐ 쓰기 ☐	듣기 ☐ 독해 ☐ 쓰기 ☐	듣기 ☐ 독해 ☐ 쓰기 ☐	듣기 ☐ 독해 ☐ 쓰기 ☐

Day 11	Day 12	Day 13	Day 14	Day 15
듣기 ☐ 독해 ☐ 쓰기 ☐	듣기 ☐ 독해 ☐ 쓰기 ☐	듣기 ☐ 독해 ☐ 쓰기 ☐	듣기 ☐ 독해 ☐ 쓰기 ☐	듣기 ☐ 독해 ☐ 쓰기 ☐

Day 16	Day 17	Day 18	Day 19	Day 20
듣기 ☐ 독해 ☐ 쓰기 ☐	듣기 ☐ 독해 ☐ 쓰기 ☐	듣기 ☐	독해 ☐	쓰기 ☐

➕ Day	➕ Day
실전 모의고사 1회 ☐ 오답 확인 ☐	실전 모의고사 2회 ☐ 오답 확인 ☐

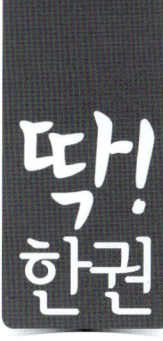

체계적인 20일 코칭 시스템

新 HSK PT
퍼스널 트레이닝

김혜연 저

PT 학습서 3급

시사중국어사

저자 김혜연

한양대학교 중국학과 졸업
現 YBM 강남센터 기초중국어 대표강사
前 시사중국어학원 종로캠퍼스 新HSK 3급, 중국어 어법 전임강사
　수원 에이블어학원 新HSK 4급, 기초회화 전임강사

- 저서
　시대고시기획 〈新HSK 3급 고수들의 막판 7일 실전모의고사 400제〉 저자

딱! 한권 新HSK PT 3급

초판발행	2018년 7월 10일
1판 2쇄	2020년 4월 15일
저자	김혜연
책임 편집	하다능, 최미진, 가석빈, 高霞, 박소영
펴낸이	엄태상
디자인	박경미
콘텐츠 제작	김선웅, 전진우
마케팅	이승욱, 전한나, 왕성석, 노원준
온라인 마케팅	김마선, 김제이, 조인선
경영기획	마정인, 조성근, 최성훈, 정다운, 김다미, 전태준, 오희연
물류	유종선, 정종진, 윤덕현, 양희은, 신승진
펴낸곳	시사중국어사(시사북스)
주소	서울시 종로구 자하문로 300 시사빌딩
주문 및 교재 문의	1588-1582
팩스	0502-989-9592
홈페이지	http://www.sisabooks.com
이메일	book_chinese@sisadream.com
등록일자	1988년 2월 13일
등록번호	제1 - 657호

ISBN 979-11-5720-087-0 (14720)
　　　979-11-5720-086-3 (set)

＊ 이 책의 내용을 사전 허가 없이 전재하거나 복제할 경우 법적인 제재를 받게 됨을 알려 드립니다.
＊ 잘못된 책은 구입하신 서점에서 교환해 드립니다.
＊ 정가는 표지에 표시되어 있습니다.

머리말

이 책은 新HSK 시험에 도전하고 싶지만 처음부터 4급 시험을 보자니 부담스러우신 분, 단기간에 독학으로 시험에 통과하고 싶으신 분을 위해 만든 책으로 전보다 높아진 중국어에 대한 수요를 충족시키고 3급 시험을 통해 나아가 더 높은 급수를 취득하고자 하는 모든 분들에게 훌륭한 발판이 될 것입니다.

본 교재는 HSK가 어렵다는 편견을 깨고자 제가 수년간 HSK 3급을 강의해 온 경험을 통해 시험에 나오는 것들만 골라 심혈을 기울여 집필한 책입니다. 20일 동안 공부하기에 부담스럽지 않은 양, 혼자서도 이해하기 쉬운 내용으로 구성되어 있을 뿐만 아니라 막연하게 단어만 외우는 것이 아닌 시험에 필요한 단어와 어법을 정확히 이해하고 자주 출제되는 유형을 익혀 빠르게 고득점에 도달하실 수 있도록 만들어드리겠습니다.

다음의 몇 가지 Tip을 기억한다면 3급 시험을 고득점으로 합격할 수 있을 것입니다.

첫째, 단어를 외울 땐 소리 내어 읽어보자!

많은 분들이 단어를 외울 때 한어병음은 빼고 한자와 뜻만 눈에 익히고 문제를 푸실 겁니다. 이렇게 되면 독해와 쓰기 파트에서는 어느 정도 점수를 얻을 수 있겠지만 듣기 파트를 푸는 데에는 어려움이 생깁니다. 단어마다 어떤 발음을 가지고 있는지 알아야 듣고 이해할 수 있기 때문에 단어를 외울 때는 항상 한어병음까지 소리 내어 읽어보며 외우는 습관을 들이도록 합시다.

둘째, 문장성분을 이해하자!

중국어 어법의 가장 기본적인 내용이라고 할 수 있는 문장성분은 말 그대로 문장을 구성해주는 성분입니다. 문장 안에서 각각의 성분들이 어느 위치에서 어떤 역할을 하는지 정확하게 이해를 해야만 문장을 제대로 이해할 수 있고, 알맞은 순서대로 단어를 배열하여 문장을 만들 수 있습니다. 또한 동사와 형용사가 주로 술어로 쓰이듯이 품사들이 어떤 문장성분 자리에 위치할 수 있는지 이해한다면 우리는 더 나아가 4, 5, 6급에서도 문제를 수월하게 풀 수 있을 것입니다.

셋째, 가장 중요한 것은 바로 자신감!

내가 생각하는 것이 바로 정답입니다. 문제를 풀면서 이전 문제에 미련을 가지게 되면 맞출 수 있는 문제도 틀리는 경우가 많습니다. 내가 선택한 보기가 정답일 것이라는 확신을 가지고 문제를 풀어나간다면 반드시 고득점을 얻으실 수 있을 것입니다!

시험에 꼭 응시해야 하지만 어디에서부터 어떻게 시작해야 할지 모르는 분들에게 이 책은 좋은 길잡이가 될 것이라 믿습니다. 본 책을 통해 많은 분들이 중국어에 한 발짝 더 가까워지고, 흥미를 가지고 공부하여 합격에까지 이르면 좋겠다는 조그만 바람을 담아봅니다.

본 저서를 집필할 수 있게 도움을 주신 시사중국어학원 엄태상 대표님, 심우익 원장님, 고강민 선생님께 감사를 드립니다. 또한, 이 책이 예쁘게 나올 수 있게 편집해 주신 시사중국어사 모든 관계자 분들과 가장 많이 신경 써주신 중국어 편집부 하다능 씨의 노고에 큰 감사를 표하고 싶습니다.

마지막으로 누구보다도 저를 응원해 주시고 아낌없이 사랑해 주시는 부모님과 동생에게도 진심으로 사랑한다는 말을 전하고 싶습니다.

저자 김혜연

이 책의 차례

📖 본책

- 차례 4
- 이 책의 특징 및 활용법 6
- 新HSK 3급 20일 학습법 및 20일 프로그램 10
- 新HSK 시험 소개 12
- 新HSK 3급 Q&A 14
- 新HSK 3급 영역별 전략 소개 16

PART 01

Day1	듣기 제1부분 ①	그는 무엇을 하고 있는가? – 사람의 행동 주목하기	32
	독해 제1부분 ①	우리는 짝꿍! – 핵심단어로 연결되는 문장	37
	쓰기 제1부분 ①	중국어의 '기본 문장성분'을 잡자!	42
Day2	듣기 제1부분 ②	표정에 주목하라! – 상태·감정 파악하기	48
	독해 제1부분 ②	좋니? 좋아! – 물음에 대한 답 찾기	53
	쓰기 제1부분 ②	문장을 더 풍부하게 – 관형어·부사어	57
Day3	듣기 제1부분 ③	저것은 무엇인가? – 사물·동물	62
	독해 제1부분 ③	문장의 흐름을 파악하자!	66
	쓰기 제1부분 ③	술어를 탄탄하게! – 보어(1) 정도보어	71
Day4	듣기 제1부분 ④	오늘 날씨 어때? – 날씨·계절과 관련된 표현	76
	독해 제1부분 ④	걱정하지 마! – 감정 표현하기	81
	쓰기 제1부분 ④	술어를 탄탄하게! – 보어(2) 결과보어	86
Day5	듣기 제2부분 ①	같지만 다른 우리, 다르지만 같은 우리! – 유사 표현	91
	독해 제2부분 ①	명사가 필요한 곳은?	95
	쓰기 제1부분 ⑤	동작의 연속, 연동문! 내 안에 두 가지 역할이 있다, 겸어문!	100
Day6	듣기 제2부분 ②	조금만 귀 기울이면 다 들린다! – 숫자·장소 표현	107
	독해 제2부분 ②	동사가 필요한 곳은?	112
	쓰기 제1부분 ⑥	'존재·출현·소실' – 존현문	116
Day7	듣기 제2부분 ③	옳고 그름을 판단하자 – 사실 여부 판단	121
	독해 제2부분 ③	형용사가 필요한 곳은?	125
	쓰기 제1부분 ⑦	내가 너보다 키가 크다! – 비교문	130
Day8	듣기 제2부분 ④	猜一猜(추측해보자) – 내용 유추	135
	독해 제2부분 ④	부사·조동사·전치사가 필요한 곳은?	140
	쓰기 제1부분 ⑧	'把'자문과 '被'자문	147
Day9	듣기 제2부분 ⑤	내 생각은… – 감정·상태·견해 표현	154
	독해 제2부분 ⑤	접속사가 필요한 곳은?	158
	쓰기 제1부분 ⑨	동작이 곧 일어날 것이다 – 임박태	165

Day10	듣기 제3·4부분 ①	직업·관계를 파악하라!	170
	독해 제3부분 ①	핵심 포인트를 찾자! – 핵심 단어	175
	쓰기 제2부분 ①	닮은 우리 I – 발음이 같거나 비슷한 한자	180
Day11	듣기 제3·4부분 ②	네가 어디에 있는지 궁금해! – 장소	186
	독해 제3부분 ②	문장의 숨은 조력자 – 접속사·지시대명사	191
	쓰기 제2부분 ②	닮은 우리 II – 모양이 비슷한 한자	196
Day12	듣기 제3·4부분 ③	한순간도 놓치면 안 된다! – 숫자	202
	독해 제3부분 ③	문장의 흐름을 파악하자!	207
	쓰기 제2부분 ③	내 안에 여럿 있다 – 여러 가지 발음을 가진 한자	211
Day13	듣기 제3·4부분 ④	상태·상황·행동을 주목하자	216
	독해 제3부분 ④	핵심이 되는 문장을 찾아내자! – 속담·주요 문장의 위치	220
	쓰기 제2부분 ④	비슷하지만 다른 우리 – 공통된 한자가 포함된 단어	224

PART 02

Day14	듣기 제1부분	단어를 알고 표현을 알면 백전백승!	230
	독해 제1부분	핵심 포인트를 찾아보자!	237
	쓰기 제1부분 ①	기본에 충실하자! [기본 문장성분]	243
Day15	듣기 제2부분	문제를 잘 살펴보면 답이 보인다!	249
	독해 제2부분 ①	들어갈 자리는 정해져 있다 I – 양사·명사 & 동사	254
	쓰기 제1부분 ②	특수구문을 정복하면 문장배열 걱정 없다!	261
Day16	듣기 제3·4부분 ①	끝까지 방심하지 말자 I – 인물·관계 & 장소	267
	독해 제2부분 ②	들어갈 자리는 정해져 있다 II – 형용사·부사·조동사·접속사	272
	쓰기 제2부분 ①	작은 실수에 주의하자 – 모양과 발음이 비슷한 한자	279
Day17	듣기 제3·4부분 ②	끝까지 방심하지 말자 II – 숫자 & 상태·상황·행동	283
	독해 제3부분	답은 이미 문장 안에 나와있다!	288
	쓰기 제2부분 ②	다음어 – 같은 글자를 가진 한자	294

PART 03

Day18	듣기	듣기 영역 Final	300
Day19	독해	독해 영역 Final	309
Day20	쓰기	쓰기 영역 Final	321

📖 해설서

PART 01 실전 PT 해설	6	실전 모의고사 1회 해설	120
PART 02 실전 PT 해설	64	실전 모의고사 2회 해설	145
PART 03 실진 PT 해설	94		

이 책의 특징

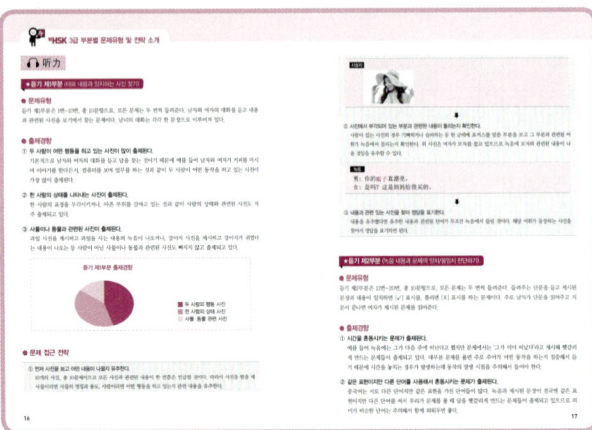

新HSK 3급 영역별 전략 소개

'知彼知己, 百戰百勝!'

3급 시험에 어떤 문제들이 나오는지 각 영역 및 부분별 문제유형을 소개하고 그에 따른 최근 출제경향을 100% 공개했습니다. 실제 문제를 분석하면서 풀이 전략까지 꼼꼼히 제시하여 20일 학습을 시작하기 전에 워밍업 하기에 좋습니다.

PART 01

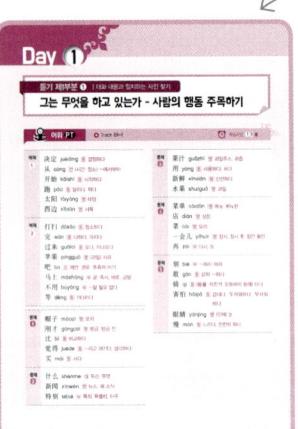

어휘 PT

외국어 학습의 기본은 어휘! 그날 배울 어휘를 미리 학습해두면 예제도, 문제도 술술~ 풀립니다. 시험 전 어휘PT만 쓱~ 훑어보아도 큰 도움이 됩니다.

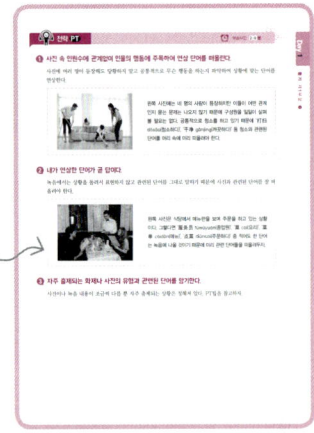

전략 PT

시험 필수 전략만을 뽑아 간단명료하게 설명했습니다. 모범생의 잘 정리 된 노트처럼 이해하기 쉽게 예문과 함께 제시했습니다.

PT팁

전략PT와 함께 꼭 알아야 할 주제별 추가 어휘 및 표현들을 따로 모아 정리해놓았습니다. 한어병음 표기 및 예문 추가로 학습의 이해도를 높였습니다.

예제

전략PT로 익힌 내용을 그대로 적용하여 예제를 풀어본 후, 상세한 해설로 문제에 좀더 자세히 접근하여 실력을 높여보세요.

실전 PT

영역별 주어진 학습이 끝났다면 실전 PT로 마무리해보세요. 전략PT에서 학습했던 내용을 적용하여 풀면 문제가 착착 풀립니다.

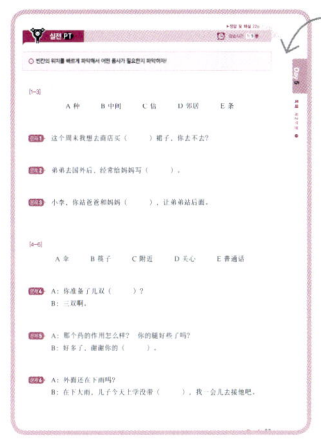

마무리 PT

하루 학습의 마무리 정리 코너입니다. 하루치 빈출어휘들을 반복 학습하여 확실한 내 실력으로 만들어보세요.

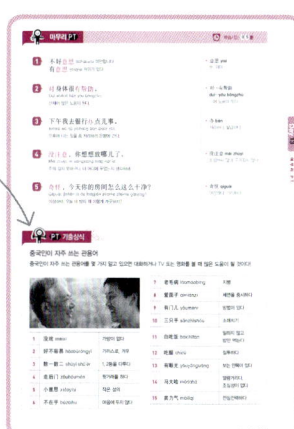

기출상식 PT

다양한 상식을 쌓아두면 시험에 큰 도움이 될 수 있습니다. 기출문제에 등장했던 내용을 뽑아 놓았으니 가볍게 상식을 늘려보세요.

PART 02 ~ 03

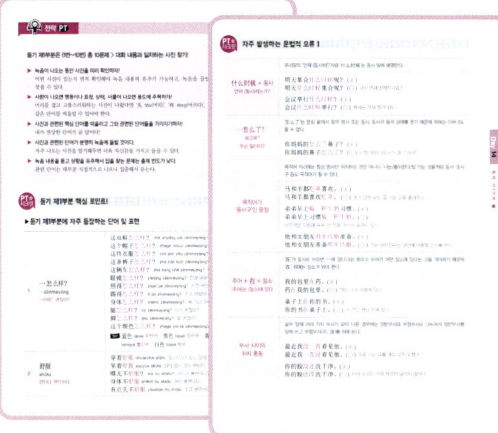

PT★ 시크릿

다년간의 기출문제를 분석하여 자주 출제되었거나 답이 됐던 어휘와 구문들을 영역별로 정리하였습니다. 新HSK PT 선생님들만의 시크릿 공식으로 최고득점에 도전하세요.

실전 PT 미니 모의고사

영역별·부분별 모든 학습을 끝내고 마무리 실력 점검을 할 수 있습니다. 전략PT와 시크릿PT 등 新HSK PT로 학습했던 내용에 집중해서 미니 모의고사를 풀어보세요.

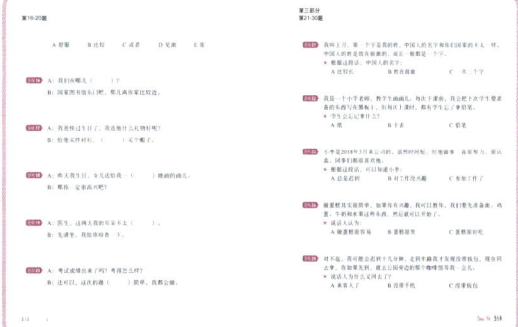

7

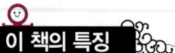 이 책의 특징

실전 모의고사 2세트(별책)

최신 기출문제를 모아 최고의 실전 모의고사 2세트를 뽑아냈습니다.
시험 보기 전에 꼼꼼히 풀어보고 맞은 부분과 틀린 부분을 체크하여 여러 번 학습해보세요.

해설서(별책)

이보다 더 상세하고 참신하며 친절할 수 없다!
新HSK PT 선생님들만의 노하우를 그대로 담아낸 해설서! 상세한 해설은 물론 문제를 공략하고 푸는 법이 고스란히 담겨 있습니다. 해설서를 읽기만 해도 실력이 쑥쑥 자랍니다.

PT어휘집(별책)

新HSK 3급 필수어휘 600개는 기본! 다년간 빈출했던 주요 어휘들을 모두 모아놓은, 시험 준비에 꼭 필요한 금쪽같은 어휘집으로 시험장으로 가는 발걸음이 가벼워집니다!

이렇게 활용해보세요!

❶ PT 학습서 학습할 때

- ＋ PT 학습서
- ＋ MP3 파일
- ＋ 20일 코칭 영상
- ＋ 해설서
- ＋ 시사중국어사 온라인 카페에서 스터디 참가!

① PT 학습서로 학습하고!
② 20일 코칭 영상을 보며 복습하고!
③ MP3 파일을 들으며 문제를 풀고!
④ 해설서로 마무리하고!
⑤ 친구들과 같이 공부하고!

❷ 실전 모의고사를 풀 때

- ＋ 실전 모의고사 2세트
- ＋ MP3 파일
- ＋ 해설서

① MP3 파일을 들으며 실전 모의고사 풀고!
② 해설서로 마무리하고!

❹ 시험장에서

- ＋ PT 어휘집
- ＋ MP3 파일

① 시험 전날에도, 시험장에 가는 길에도, 시험장에서도! PT 어휘집으로 최종 확인!
② MP3 파일로 들으면서 시험 준비 끝!

❸ 도서관·지하철에서 스마트폰으로

- ＋ 20일 코칭 영상
- ＋ MP3 파일
- ＋ PT 어휘집

① 20일 코칭 영상을 어디서든 Play!
② MP3 파일을 들으며 귀로 쏙쏙!
③ PT 어휘집으로 단어 외우기!!

新HSK 3급 PT 학습 20일 코칭 시스템

20일 동안 매일매일 新HSK 3급 듣기/독해/쓰기 전 영역을 모두 다루면서 어느 한 영역에도 치우치지 않게 체계적으로 학습하면 新HSK 3급을 처음 공부하더라도 시험에서 고득점을 노려볼 수 있을 것입니다.

PT 학습법 ❶단계
DAY 1 ~ DAY 13

13일 동안 매일 듣기/독해/쓰기 전 영역의 유형별 전략 PT를 학습합니다.
자주 출제되는 문제 패턴과 출제 경향을 학습자가 이해하기 쉽게 정리했습니다. 더불어 Day마다 마지막 부분에는 상식 PT가 있어 시험에 필요한 상식 관련 내용을 담아 시험에 필요한 사전지식을 채울 수 있으며, 전 영역에 걸쳐 해당 문제 유형에 대비할 수 있도록 했습니다.

PT 학습법 ❷단계
DAY 14 ~ DAY 17

전략 PT를 통해 학습한 내용을 가지고 실전 다지기에 들어갑니다.
1일부터 13일까지 주제를 나누어 세세하게 공부했다면, 14일부터 17일까지 4일 동안은 그 내용을 토대로 영역별로 다양한 실전 문제를 풀어봅니다. 공부했던 내용을 다시 점검하며, 그중에서도 핵심포인트를 정리하는 시간입니다.

	Day 1	Day 2	Day 3
1주	**유형별 비법학습** 듣기 제1부분 ① 독해 제1부분 ① 쓰기 제1부분 ①	**유형별 비법학습** 듣기 제1부분 ② 독해 제1부분 ② 쓰기 제1부분 ②	**유형별 비법학습** 듣기 제1부분 ③ 독해 제1부분 ③ 쓰기 제1부분 ③

	Day 6	Day 7	Day 8
2주	**유형별 비법학습** 듣기 제2부분 ② 독해 제2부분 ② 쓰기 제1부분 ⑥	**유형별 비법학습** 듣기 제2부분 ③ 독해 제2부분 ③ 쓰기 제1부분 ⑦	**유형별 비법학습** 듣기 제2부분 ④ 독해 제2부분 ④ 쓰기 제1부분 ⑧

	Day 11	Day 12	Day 13
3주	**유형별 비법학습** 듣기 제3·4부분 ② 독해 제3부분 ② 쓰기 제2부분 ②	**유형별 비법학습** 듣기 제3·4부분 ③ 독해 제3부분 ③ 쓰기 제2부분 ③	**유형별 비법학습** 듣기 제3·4부분 ④ 독해 제3부분 ④ 쓰기 제2부분 ④

	Day 16	Day 17	Day 18
4주	**실전 다지기** 듣기 제3·4부분 ① 독해 제2부분 ② 쓰기 제2부분 ①	**실전 다지기** 듣기 제3·4부분 ② 독해 제3부분 ② 쓰기 제2부분 ②	**영역별 최종점검** 듣기 전 영역 최종 정리

Day 4	Day 5
유형별 비법학습	유형별 비법학습
듣기 제1부분 ④ 독해 제1부분 ④ 쓰기 제1부분 ④	듣기 제2부분 ① 독해 제2부분 ① 쓰기 제1부분 ⑤
Day 9	**Day 10**
유형별 비법학습	유형별 비법학습
듣기 제2부분 ⑤ 독해 제2부분 ⑤ 쓰기 제1부분 ⑨	듣기 제3·4부분 ① 독해 제3부분 ① 쓰기 제2부분 ①
Day 14	**Day 15**
실전 다지기	실전 다지기
듣기 제1부분 독해 제1부분 쓰기 제1부분 ①	듣기 제2부분 독해 제2부분 ① 쓰기 제1부분 ②
Day 19	**Day 20**
영역별 최종점검	영역별 최종점검
독해 전 영역 최종 정리	쓰기 전 영역 최종 정리

PT 학습법 ❸단계

DAY 18 ~ DAY 20

마지막 3일은 영역별 미니 모의고사를 통해 최종 마무리 점검을 할 수 있습니다.
18일은 듣기 영역, 19일은 독해 영역, 20일은 쓰기 영역으로 영역별로 집중 학습을 합니다. FINAL 전략 PT로 다시 한번 자주 나오는 내용을 정리하면서 마지막으로 핵심만을 골라 정리하는 시간을 갖습니다. 실제 시험을 보듯이 영역별로 집중해서 문제를 풀어보면 어떤 부분이 부족한지 한눈에 파악할 수 있습니다.

PT 학습법 ❹단계

실전 모의고사 2세트로 실전 테스트를 진행합니다.

이제 20일 동안 열심히 학습한 내용을 모의고사를 통해 실전처럼 연습해보도록 합니다.
실제 시험장에 온 것처럼 시간에 맞춰 테스트를 진행할 수 있으며, 20일 동안 꾸준히 공부했다면 반드시 고득점을 받을 수 있을 것입니다. 틀린 문제는 PT학습서와 해설서를 통해 다시 한번 복습합니다.

 **新HSK 소개**

新HSK는 제1언어가 중국어가 아닌 사람의 중국어 능력을 평가하기 위해 만들어진 중국 정부 유일의 국제 중국어능력 표준화 시험으로, 생활, 학습, 업무 등 실생활에서의 중국어 운용능력을 중점적으로 평가하는 시험입니다.

1. 시험 구성

新HSK는 국제 중국어능력 표준화 시험으로, 중국어가 모국어가 아닌 학생들이 생활, 학습, 업무 면에서 중국어로 교류하는 능력을 중점적으로 테스트합니다. 新HSK는 필기시험과 구술시험의 두 가지 부분으로 나누어지고, 필기시험과 구술시험은 서로 독립적입니다. 필기시험은 1급, 2급, 3급, 4급, 5급과 6급 시험으로 나누어지고, 구술시험은 초급, 중급, 고급으로 나누어지며 구술시험은 녹음의 형식으로 이루어집니다.

필기 시험	구술 시험
新HSK(1급)	新HSK(초급)
新HSK(2급)	
新HSK(3급)	新HSK(중급)
新HSK(4급)	
新HSK(5급)	新HSK(고급)
新HSK(6급)	

2. 시험 등급

新HSK의 각 등급에 따른 단어 수와 중국어 학습 능력 수준은 아래의 표와 같습니다.

新HSK	단어 수	중국어 학습 능력 수준
1급	150	매우 간단한 중국어 단어와 구문을 이해하고 사용할 수 있으며, 구체적인 의사소통 요구를 만족시키며, 한 걸음 더 나아간 중국어 능력을 구비합니다.
2급	300	익숙한 일상생활을 주제로 하여 중국어로 간단하게 바로 의사소통 할 수 있으며, 초급 중국어의 우수한 수준에 준합니다.
3급	600	중국어로 생활, 학습, 비즈니스 등 방면에서 기본적인 의사소통 임무를 수행할 수 있으며, 중국에서 여행할 때도 대부분의 의사소통을 할 수 있습니다.
4급	1,200	중국어로 비교적 넓은 영역의 주제로 토론을 할 수 있고, 비교적 유창하게 원어민과 대화할 수 있습니다.
5급	2,500	중국어로 신문과 잡지를 읽고, 영화와 텔레비전을 감상할 수 있으며, 중국어로 비교적 높은 수준의 강연을 할 수 있습니다.
6급	5,000이상	중국어로 된 소식을 가볍게 듣고 이해할 수 있고, 구어체나 문어체의 형식으로 자신의 견해를 자유롭게 표현할 수 있습니다.

3. 접수 방법
① **인터넷 접수** : HSK 한국사무국 홈페이지(http://www.hsk.or.kr)에서 접수
② **우편접수** : 구비서류를 동봉하여 등기우편으로 접수
　　＊구비서류 : 응시원서(사진 1장 부착) + 사진 1장 + 응시비 입금 영수증
③ **방문접수** : 서울공자아카데미에서 접수

4. 접수 확인 및 수험표 수령 안내
① **접수 확인** : 모든 응시자는 접수를 마친 후 HSK 홈페이지에서 접수 확인 후 수험표를 발급합니다.
② **수험표 수정** :
　수험표는 홈페이지 나의 시험정보 〈접수내역〉 창에서 접수 확인 후 출력 가능합니다.
　우편접수자의 수험표는 홈페이지를 통해 출력 가능하며, 방문접수자의 수험표는 접수 시 방문접수 장소에서 발급해 드립니다.

5. 성적 결과 안내
인터넷 성적 조회는 시험일로부터 1개월 후이며, HSK 성적표는 '성적 조회 가능일로부터 2주 후' 발송됩니다.

6. 주의사항
접수 후에는 응시등급, 시험일자, 시험장소의 변경이 불가능합니다.
고시장은 학교 사정과 정원에 따라 변동 및 조기 마감될 수 있습니다. (변경 시 홈페이지 공지)
천재지변·특수상황 등 이에 준하는 상황 발생시 시험일자의 변경이 가능합니다. (변경 시 홈페이지 공지)
HSK 정기시험은 관련규정에 근거하여 응시 취소신청이 가능합니다.

Q 新HSK 3급 구성과 시험시간 배점은 어떻게 되나요?

A 新HSK 3급은 총 80문제로 듣기/독해/쓰기 세 영역으로 나뉩니다. 80문항을 약 80분 동안 풀어야 합니다. 듣기 영역이 끝난 후에는 5분의 답안 작성시간이 별도로 주어집니다. 각 영역별 배점은 100점으로, 총 300점 만점에 180점 이상이면 新HSK 3급 합격증을 받을 수 있습니다.

영역		시험 내용	문항수		추정 배점 및 총점		시험시간
1 듣기	제1부분	대화 내용과 일치하는 사진 찾기	10	40	2.5	100	약 35분
	제2부분	녹음 내용과 문제의 일치/불일치 판단하기	10				
	제3부분	단문대화 듣고 질문에 답하기	10				
	제4부분	장문대화 듣고 질문에 답하기	10				
		듣기 영역에 대한 답안 작성시간					5분
2 독해	제1부분	제시된 문장과 관련된 문장 고르기	10	30	3.3	100	30분
	제2부분	빈칸에 들어갈 알맞은 어휘 고르기	10				
	제3부분	단문 읽고 질문에 대한 답 찾기	10				
3 쓰기	제1부분	제시된 어휘로 문장 배열하기	5	10	10	100	15분
	제2부분	제시된 병음을 보고 빈칸에 알맞은 한자 쓰기	5				
		총계	80		300		약 85분

Q 몇 점이면 합격인가요?

A 新HSK 3급은 듣기, 독해, 쓰기 세 영역으로 총 80문항, 300점 만점입니다. 영역에 상관없이 총점 180점 이상이면 합격입니다. 성적표에는 영역별로 점수가 표시되기 때문에 영역별 점수 편차가 큰 것은 피하는 것이 좋습니다. 쓰기 영역이 10문제로 다른 영역에 비해 문항 수가 적어 그만큼 문제당 배점이 크기 때문에 실수하지 않도록 주의해야 합니다. 또한, 커트라인이 정해져 있어도 요즘에는 고득점을 우대하는 추세이기 때문에 최소한 200점을 목표로 공부하는 것이 좋습니다.

Q 얼마나 공부하면 新HSK 3급을 취득할 수 있나요?

A 한 달이면 충분히 가능합니다. 단, 제가 말하는 한 달이란 이 책을 20일 동안 꾸준히 커리큘럼에 맞게 공부하셨을 때를 말합니다. 하지만 무엇보다 가장 중요한 것은 학습자의 마음가짐입니다. 문제를 처음 접하면 누구나 막막하지만 합격해야 한다는 간절한 마음가짐으로 단어부터 차근차근 학습하는 과정을 밟아 나가다 보면 어느 순간 정답을 맞히고 있는 자신을 보게 될 것입니다.

Q 이 교재 한 권으로 정말 新HSK 3급을 취득할 수 있을까요?

A 물론입니다. 이 책에 실린 모든 문제는 실제 기출문제를 가공한 문제들로 이루어져 있어 최근 시험 경향을 100% 담았습니다. 제가 수년간 新HSK 3급을 가르치고 많은 합격자를 배출해낼 수 있었던 비법만을 담아 집필한 교재이기 때문에 믿고 따라와 주신다면 무조건 합격할 수 있습니다. 또한, 실전 모의고사 2회분, 한 손에 쏙 들어오는 3급 PT어휘집, 핵심만 짚은 20일 코칭 영상 강의까지 제공되기 때문에 합격까지는 이미 탄탄대로입니다.

Q 新HSK 3급 시험의 난이도는 어떻게 되나요?

A 新HSK의 출제 경향과 시험의 난이도는 매회 달라지고 있으며, 다양한 표현과 새로운 유형의 문제가 출제되고 있습니다. 하지만 급수마다 출제되는 어휘는 정해져 있기 때문에 기본에 충실했다면 합격은 문제 없을 것입니다. 新HSK 3급 시험은 다른 급수에 비해 비교적 기본 어휘가 적은 편이며 문제 안에 답이 숨어 있는 경우가 많기 때문에 교재에 나온 다양한 유형을 익히고 자주 출제되는 표현을 학습한다면 난이도에 상관없이 문제를 풀어낼 수 있을 것입니다.

Q IBT HSK는 무엇인가요?

A 기존에는 대부분 新HSK 시험방식이 지류시험 방식(PBT)이었습니다. 하지만 최근에는 많은 수험생분들이 컴퓨터를 이용해 문제를 푸는 방식인 IBT를 선택해서 시험을 치르고 있습니다. IBT의 장점은 듣기 영역에서 헤드셋을 착용하기 때문에 듣기 내용에 조금 더 집중할 수 있고, 쓰기의 경우 워드(Word)를 작성하는 것과 같기 때문에 종이에 직접 썼을 때 획순을 잘못 쓰거나 한자를 몰라서 틀리는 경우를 줄일 수 있습니다. 하지만 모니터로 지문을 봐야 하기 때문에 독해 영역의 경우 평소에 지류시험에 익숙한 수험생들은 집중력이 떨어지는 경우가 많습니다. 따라서 충분한 연습을 통해 수험생 여러분에게 맞는, 좀 더 익숙한 방식을 선택해서 시험에 응시하면 됩니다.

Q 시험일자와 접수방법이 어떻게 되나요?

A 기존에는 新HSK 시험이 매달 1회씩, 12회가 실시되었지만 IBT 응시 방식이 생기면서 추가 시험이 진행되고 있어 응시 기회가 더 많아졌습니다. 이에 따라 新HSK 시험을 진행하는 대행사 또한 많아져서 접수방식에 조금씩 차이가 있으므로, HSK 한국사무국 (www.hsk.or.kr) 또는 HSK 탕차이니즈 (www.hskkorea.co.kr) 등의 대행사 홈페이지를 통해 정확한 일정과 접수방법을 확인하는 것이 좋습니다.

新HSK 3급 부분별 문제유형 및 전략 소개

🎧 听力

★듣기 제1부분 (대화 내용과 일치하는 사진 찾기)

● 문제유형
듣기 제1부분은 1번~10번, 총 10문항으로, 모든 문제는 두 번씩 들려준다. 남자와 여자의 대화를 듣고 내용과 관련된 사진을 보기에서 찾는 문제이다. 남녀의 대화는 각각 한 문장으로 이루어져 있다.

● 출제경향
① 두 사람이 어떤 행동을 하고 있는 사진이 많이 출제된다.
　기본적으로 남자와 여자의 대화를 듣고 답을 찾는 것이기 때문에 예를 들어 남자와 여자가 커피를 마시며 이야기를 한다든지, 컴퓨터를 보며 업무를 하는 것과 같이 두 사람이 어떤 동작을 하고 있는 사진이 가장 많이 출제된다.

② 한 사람의 상태를 나타내는 사진이 출제된다.
　한 사람의 표정을 부각시키거나, 아픈 부위를 감싸고 있는 것과 같이 사람의 상태와 관련된 사진도 자주 출제되고 있다.

③ 사물이나 동물과 관련된 사진이 출제된다.
　과일 사진을 제시하고 과일을 사는 내용의 녹음이 나오거나, 강아지 사진을 제시하고 강아지가 귀엽다는 내용이 나오는 등 사람이 아닌 사물이나 동물과 관련된 사진도 빠지지 않고 출제되고 있다.

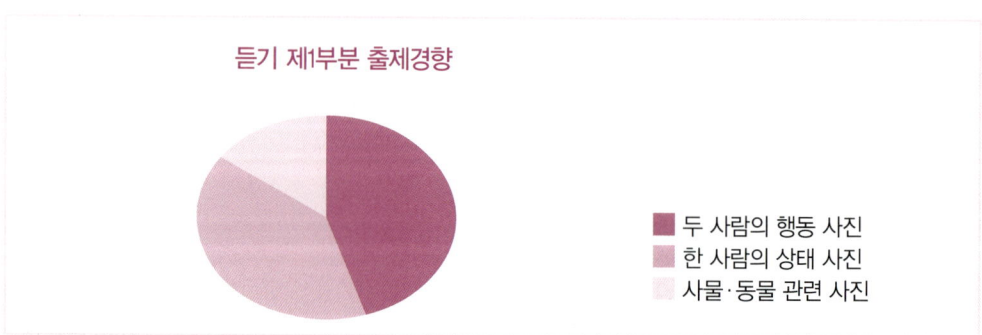

● 문제 접근 전략

① 먼저 사진을 보고 어떤 내용이 나올지 유추한다.
　10개의 사진, 총 10문제이므로 모든 사진과 관련된 내용이 한 번쯤은 언급될 것이다. 따라서 사진을 봤을 때 사물이라면 사물의 명칭과 용도, 사람이라면 어떤 행동을 하고 있는지 관련 내용을 유추한다.

> 시험지

⬇

② 사진에서 부각되어 있는 부분과 관련된 내용이 들리는지 확인한다.

사람이 있는 사진의 경우 기뻐하거나 슬퍼하는 등 한 군데에 포커스를 맞춘 부분을 보고 그 부분과 관련된 어휘가 녹음에서 들리는지 확인한다. 위 사진은 여자가 모자를 잡고 있으므로 녹음에 모자와 관련된 내용이 나올 것임을 유추할 수 있다.

> 녹음
>
> 男: 你的**帽子**真漂亮。
> 女: 是吗? 这是妈妈给我买的。

⬇

③ 내용과 관련 있는 사진을 찾아 정답을 표기한다.

내용을 유추했다면 유추한 내용과 관련된 단어가 무조건 녹음에서 들릴 것이다. 해당 어휘가 등장하는 사진을 찾아서 정답을 표기하면 된다.

★듣기 제2부분 (녹음 내용과 문제의 일치/불일치 판단하기)

● 문제유형

듣기 제2부분은 11번~20번, 총 10문항으로, 모든 문제는 두 번씩 들려준다. 들려주는 단문을 듣고 제시된 문장과 내용이 일치하면 [✓] 표시를, 틀리면 [X] 표시를 하는 문제이다. 주로 남자가 단문을 읽어주고 지문이 끝나면 여자가 제시된 문제를 읽어준다.

● 출제경향

① **시간을 혼동시키는 문제가 출제된다.**

예를 들어 녹음에는 그가 다음 주에 떠난다고 했지만 문제에서는 '그가 이미 떠났다'라고 제시해 헷갈리게 만드는 문제들이 출제되고 있다. 대부분 문제를 풀면 주로 주어가 어떤 동작을 하는지 집중해서 듣기 때문에 시간을 놓치는 경우가 발생하는데 동작의 발생 시점을 주의해서 들어야 한다.

② **같은 표현이지만 다른 단어를 사용해서 혼동시키는 문제가 출제된다.**

중국어는 서로 다른 단어지만 같은 표현을 가진 단어들이 많다. 녹음과 제시된 문장이 결국엔 같은 표현이지만 다른 단어를 써서 우리가 문제를 풀 때 답을 헷갈리게 만드는 문제들이 출제되고 있으므로 의미가 비슷한 단어는 주의해서 함께 외워두면 좋다.

新HSK 3급 부분별 문제유형 및 전략 소개

③ 상식으로 생각했을 때 판단할 수 있는 문제가 출제된다.
예를 들어 '사람은 휴식을 해야 한다'와 같이 일반적으로 생각했을 때 '맞다', '틀리다'라고 구분 지을 수 있는 문제가 종종 출제되고 있다. 제시된 문장을 봤을 때 상식적인 문제는 답으로 염두에 두었다가 녹음 내용을 확실히 확인한 뒤 정답으로 표시하면 된다.

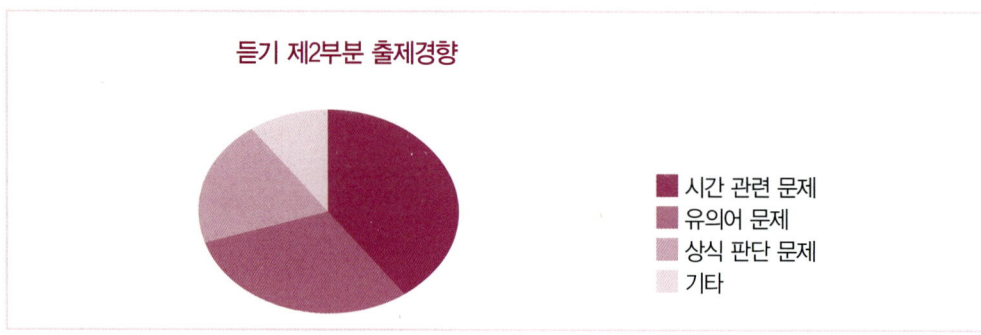

● 문제 접근 전략

> **시험지**
>
> ★ 他现在还不能踢足球。

① 예문이 나올 동안 11번~20번 제시 문장을 해석하며 내용을 유추한다.
듣기 제2부분 예제는 두 문제로 총 네 번의 녹음이 문제 시작 전에 나온다. 이 시간 동안 수험생은 아래의 제시된 10개의 문장을 빠르게 해석하며 어떤 내용이 나올지 미리 유추해야 한다. 시간을 잘 활용하자!

> **녹음**
>
> 太好了！他几乎不敢相信这是真的。医生说他很快就能像以前一样打篮球了。

② 제시된 문장에서 주어/술어/목적어 등 중심단어가 들려주는 내용과 일치하는지 확인한다.
문장에서 중심이 되는 단어를 미리 체크해두고 그 단어가 녹음에서 그대로 들리는지 아니면 그 부분이 다른 단어로 바뀌어서 나오는지 확인하며 듣는다. 위의 예문을 보자. 녹음에서는 '곧 이전과 같이 농구를 할 수 있게 될 것'이라고 나왔지만 문제에는 '축구를 하다'로 중심어가 바뀌었기 때문에 답은 X이다.

③ 첫 번째 녹음을 듣고 답을 정해 놓은 후 두 번째 녹음을 한 번 더 정확하게 듣고 맞으면 [√], 틀리면 [X]를 표시 한다.
모든 문제는 두 번씩 들려주기 때문에 확신하는 경우가 아니라면 첫 번째에 섣불리 답을 표시하지 말고, 한 번 더 듣고 난 후 신중하게 답을 표시한다.

★듣기 제3·4부분 (단문·장문대화 듣고 질문에 답하기)

● 문제유형
듣기 제3부분은 21번~30번, 총 10문항으로, 모든 문제는 두 번씩 들려준다. 여자와 남자의 단문 대화를 듣고 바로 이어서 나오는 질문에 대한 답을 보기에서 찾는 문제이다. 질문이라고 따로 알려주지 않고 남자 한 마디, 여자 한 마디가 끝나면 이어서 질문이 나오기 때문에 주의 깊게 들어야 한다.

듣기 제4부분은 31~40번, 총 10문항으로, 모든 문제는 마찬가지로 두 번씩 들려준다. 듣기 제3부분과 차이점은 남자와 여자의 대화가 한 마디씩 늘어나서 남녀남녀, 여남여남 형식으로 대화를 주고 받고 마찬가지로 곧바로 대화 내용에 관련된 질문이 나온다.

● 출제경향

① **상황을 묻는 문제가 출제된다.**
여자가 앞으로 하려는 행동이 무엇인지, 무엇을 타고 가려고 하는지 등과 같이 남자 또는 여자의 행동이나 그들이 지금 처해있는 상황을 묻는 문제가 출제되고 있다.

② **장소를 묻는 문제가 출제된다.**
두 사람이 대화하는 장소로 알맞은 곳을 찾으라고 하는 문제가 자주 출제되고 있다. 어떤 장소에 어울리는 대화 내용인지 주의 깊게 들어야 한다.

③ **두 사람의 관계나 직업을 묻는 문제가 출제된다.**
두 사람의 대화를 통해 두 사람의 관계 또는 여자/남자의 직업을 유추하는 문제가 출제되고 있다.

④ **숫자에 관련된 문제가 출제된다.**
간단한 날짜·시간 계산, 돈 계산과 같이 수와 관련된 문제도 종종 출제되고 있으므로 보기에 숫자가 보인다면 녹음에서 수에 관련된 표현이 나오면 메모하며 주의 깊게 들어야 한다.

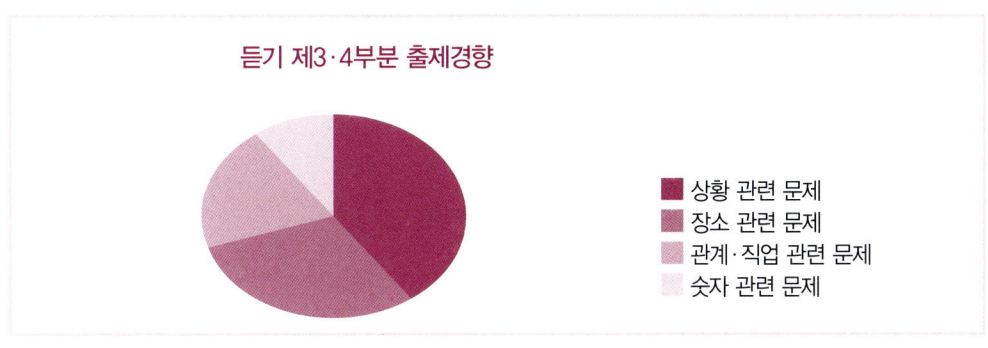

新HSK 3급 부분별 문제유형 및 전략 소개

● 문제 접근 전략

> **시험지**
> A 完成作业　　　　B 打扫厨房　　　　C 玩儿游戏

① 보기를 해석하며 보기들 간의 공통점을 찾아 어떤 내용이 나올지 예상한다.
보기의 '숙제를 하다', '청소를 하다', '놀다' 세 단어의 공통점은 행동이므로 누군가의 행동에 관련된 내용이 나올 것이라는 것을 예상할 수 있다.

⬇

> **녹음**
> 女：你回来就一直玩儿游戏，作业写完了吗?
> 男：我在学校写完了。

> **시험지**
> A 完成作业　　　　B ~~打扫厨房~~　　　　C 玩儿游戏

② 녹음에 언급되지 않은 단어들을 지워가며 답을 찾는다.
녹음에서 들리지 않았던 단어를 지워나가며 들으면 답을 체크할 때 헷갈리지 않을 수 있다.

⬇

> **질문**
> 问：男的正在做什么?

③ 마지막 질문이 무엇에 대해서 묻는지 잘 듣고 답을 찾는다.
남자의 행동을 묻는 것인지, 여자의 행동을 묻는 것인지는 마지막까지 집중해서 질문을 들어야 알 수 있다. 녹음에 나온 어휘가 보기에 있다고 무턱대고 답으로 선택하고 넘어가지 말고, 어떤 것에 대해 묻는지 제대로 듣고 답을 확정하자. 위의 예문에서는 남자가 지금 어떤 행동을 하고 있는지 물었기 때문에 답은 C가 된다.

阅读

★독해 제1부분 (제시된 문장과 관련된 문장 고르기)

● 문제유형

독해 제1부분은 41번~50번, 총 10문항이다. 문제에 제시된 문장과 관련된 문장을 보기에서 고르는 문제이다. 시험지 위쪽에 A~E까지 보기 다섯 문장, 아래쪽에 문제 다섯 문장이 나와 있다. 위, 아래 문장에서 연관된 점을 찾아 서로 호응하는 문제와 보기를 짝지어주면 된다.

● 출제경향

① 대화 형식으로 된 문제가 출제된다.

이번 주말에 무엇을 할 건지 묻는 문장이 문제나 보기에 나오고 '공원에 갈 것이다'와 같은 대답이 문제나 보기에 나와 두 문장이 짝을 이루는 형태의 문제가 주로 출제되고 있다.

② 단문 형식의 문제가 출제된다.

예를 들어 '나의 중국어 선생님은 중국어를 잘 가르치신다', '게다가 친절하시다'와 같이 단문인 문장을 문제와 보기에 각각 나누어 놓는 문제들이 출제되고 있다.

③ 상황을 설명하는 문제가 출제된다.

예를 들어 한 문장은 '콜라 한 잔 주세요'라는 내용이면 다른 한 문장은 '그는 주문을 하고 있는 중이다'와 같이 상황과 그 상황에 대해 설명하는 문장이 각각 문제와 보기에 출제되고 있다.

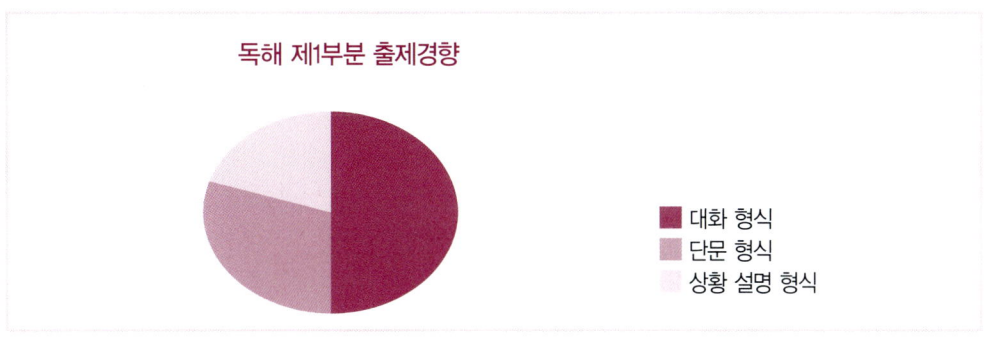

新HSK 3급 부분별 문제유형 및 전략 소개

● 문제 접근 전략

> 시험지
>
> A 您好，这些一共360元。
> B 我还是出了地铁再给你打电话吧。
>
> 41. 喂，你声音太小，我听不清楚。
> 42. 可以用信用卡吗？

① 문장의 핵심이 되는 단어를 체크하고 문제와 보기에서 서로 관련이 있는 단어가 있는지 확인한다.

문장마다 가장 중심이 되는 단어를 체크해 놓고 문제와 보기를 보면서 공통된 단어를 찾으면 문제를 쉽게 풀 수 있다. 위의 예문을 보자. 우선 41번의 '喂'는 '(전화상에서) 여보세요?'라는 뜻이기 때문에, 보기 B의 '打电话(전화를 걸다)'와 연관이 있는 단어이므로 이 두 문장이 서로 연결되는 문장임을 알 수 있다. 다음으로 보기 A에서는 '360元'이라며 가격을 이야기하고 있으므로 문제 42번의 '用信用卡(신용카드를 사용하다)'라고 하며 계산하는 상황과 연관된 문장임을 알 수 있다. 이처럼 답을 찾을 수 있는 핵심 단어가 보이면 바로 표시를 해두자.

> 시험지
>
> C 现在除了小李，其他人都来了。
> D 才到中国没多长时间，你就学会用筷子了。
>
> 43. 一开始我也觉得很难，后来练习得多了就好了。
> 44. 她刚打电话说，马上就到，让我们再等5分钟。

② 핵심 단어가 없다면 해석을 통해 전체적으로 내용이 맞는 두 문장을 연결한다.

핵심 단어가 보이지 않으면 문장을 해석해서 의미상 서로 연결되는 두 문장을 찾아야 한다. 답을 찾았다면 다시 한번 두 문장의 내용이 연결이 되는지 확인하고 답을 표기한다. 그냥 넘어가지 말고 보기와 문제가 연결되는 문장이 맞는지 다시 한번 확인한다. 보기 C와 문제 44번은 현재 샤오리를 제외하고 다 온 상태인데 샤오리가 전화로 5분만 더 기다려달라고 하는 상황으로 내용이 연결된다. 또한, 보기 D와 문제 43번은 중국에 온 지 얼마 안 됐는데 젓가락을 잘 사용하는 것에 대해 이야기를 하고 있으므로 역시나 내용이 이어진다.

★독해 제2부분 (빈칸에 들어갈 알맞은 어휘 고르기)

● 문제유형

독해 제2부분은 51번~60번, 총 10문항으로, 빈칸에 알맞은 단어를 채워 넣는 문제이다. 51번부터 55번까지는 단문에 빈칸이 있으며, 55번부터 60번까지는 A와 B의 대화형식으로 둘 중 한 문장에 빈칸이 있다.

● 출제경향

① 동사·형용사를 넣는 문제가 출제된다.

술어 부분을 빈칸으로 남겨두어서 의미에 알맞은 동사 또는 형용사를 채워 넣는 문제가 출제되고 있다. 형용사는 수식성분으로도 많이 쓰이기 때문에 위치를 잘 보고 어떤 품사가 필요한지 확인해야 한다.

② 명사를 넣는 문제가 출제된다.

명사는 문장 안에서 위치할 수 있는 곳이 많다. 따라서 출제 빈도도 동사와 형용사 다음으로 높은 편이다.

③ 기타(접속사·부사·조동사) 성분을 넣는 문제가 출제된다.

그 외에는 접속사, 양사, 부사, 조동사와 같이 주어, 술어, 목적어 등을 수식할 수 있는 자리가 빈칸으로 나와 어법적으로나 의미상으로 맞는 품사를 채워 넣는 문제가 출제되고 있다.

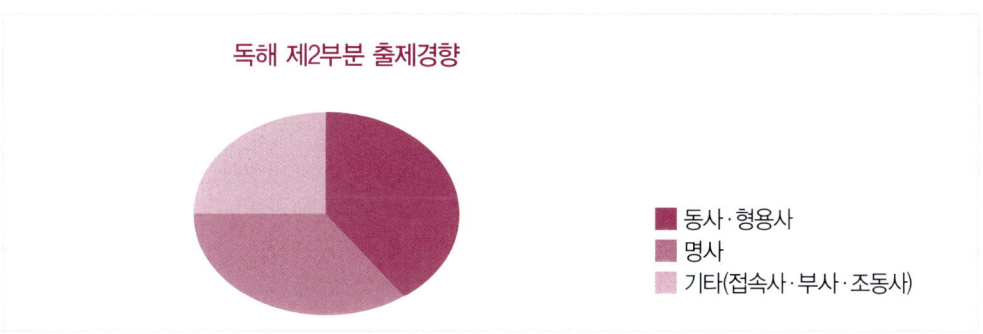

● 문제 접근 전략

시험지		
A 饮料	B 突然	C 去

① 보기를 해석하며 보기 단어의 품사가 무엇인지 적어둔다.

보기 A '饮料'는 '음료'라는 뜻으로 명사, 보기 B '突然'은 '갑자기'라는 뜻으로 부사, 보기 C '去'는 '가다'라는 뜻의 동사이다. 이처럼 단어마다 품사를 알면 더 빠르게 빈칸을 채워 넣을 수 있다.

↓

23

新HSK 3급 부분별 문제유형 및 전략 소개

> **시험지**
>
> 51. 教室里怎么（ 突然 ）变得这么安静?
>
> 52. 你别忘了（ 去 ）图书馆还书。
>
> 53. A：你不是渴了吗? 怎么只喝一口?
>   B：那个（ 饮料 ）太甜了。

② 빈칸 앞뒤를 보고 빈칸에 어떤 품사가 필요한지 확인한다.

빈칸 앞뒤의 단어를 보고 어떤 문장성분이 필요한지, 그 문장성분에는 주로 어떤 품사가 들어가는지 확인한다. 먼저 51번은 술어 '变' 앞에서 술어를 수식해 줄 성분이 필요하다. 그리고 52번은 목적어 '图书馆(도서관)'에 대한 동사술어가 필요하다. 마지막으로 53번은 뒤쪽에 형용사술어가 있고 앞쪽에는 양사 '个'가 있으므로 명사가 필요하다.

↓

③ 빈칸에 단어를 넣고 의미상으로도 맞는지 해석해본다.

보기에는 같은 품사가 있을 수 있으므로 위치에 알맞은 품사를 찾았다 하더라도 해석을 해서 의미가 맞는지도 확인해본다.

★독해 제3부분 (단문 읽고 질문에 대한 답 찾기)

● 문제유형

독해 제3부분은 61번~70번, 총 10문항이다. 짧은 단락을 읽은 후 제시된 질문에 알맞은 답을 찾는 문제이다. 보통 3문장~8문장 정도로 이루어져 있으며 문장이 대체적으로 짧은 편이다. 질문 역시 짧은 한 문장으로 제시되어 있다.

● 출제경향

① **핵심 단어가 포함된 문제가 출제된다.**

다른 유형에 비해 독해 제3부분은 문장이 길기 때문에 심리적으로 어렵다고 느낄 수 있다. 하지만 문장의 핵심이 되는 단어가 포함되어 있어 문제를 푸는 데 도움이 되는 문제가 출제되고 있다.

② **주제를 묻는 문제가 출제된다.**

질문이 '이 단락을 통해 알 수 있는 것은?'과 같이 전체적인 내용을 파악해야 문제를 풀 수 있는 문제들이 출제되고 있다.

③ **지시대명사를 묻는 문제가 출제된다.**

질문에 '그는(그들/그곳은):'과 같이 지시대명사가 가리키는 것에 대해 묻는 문제가 출제되고 있다. 지시대명사가 지문에서 무엇을 가리키는지 잘 살펴봐야 한다.

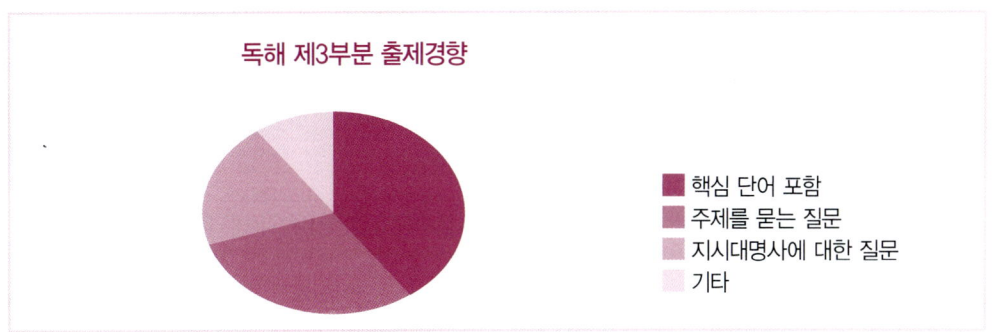

● 문제 접근 전략

> 시험지
>
> 61. 经过一夏天的努力，他的游泳水平终于有了很大提高，我相信他一定能在下周的比赛中拿个好成绩。
>   ★ 他：
>   A 个子很高　　　　B 游得很好　　　　C 下个月要参加比赛
>
> 62. 我们的飞机是明天上午十一点三刻的，大家必须在九点前到机场。还有最重要的就是别忘记带护照。
>   ★ 根据这段话，可以知道什么?
>   A 飞机11:45起飞　　B 明天有雨　　　C 他们要去韩国

① 별표 옆에 제시된 질문을 먼저 본다.
　문제를 알아야 그와 관련된 내용을 찾을 수 있기 때문에 제시된 문제가 무엇을 물어보는지 가장 먼저 확인해야 한다.

⬇

> 시험지
>
> 61. 经过一夏天的努力，他的游泳水平终于有了很大提高，我相信他一定能在下周的比赛中拿个好成绩。
>   ★ 他：
>   A 个子很高　　　　B 游得很好　　　　C 下个月要参加比赛

② 제시된 질문이 한 단어라면 지문에서 그 단어를 찾아 내용을 확인한 뒤 답을 표기한다.
　제시된 질문이 위 예문처럼 '他(그)'라고만 쓰여 있다면 위 문장에서 공원을 찾아 그 내용과 보기의 내용을 대조해 답을 찾는다. 여기서는 수영 실력에 대해 이야기하고 있으니 답은 보기 B이다.

⬇

新HSK 3급 부분별 문제유형 및 전략 소개

> **시험지**
>
> 62. 我们的飞机是明天上午十一点三刻的，大家必须在九点前到机场。还有最重要的就是别忘记带护照。
>   ★ 根据这段话，可以知道什么？
>   　A 飞机11:45起飞　　　B 明天有雨　　　C 他们要去韩国

③ 전체적인 내용을 묻는 경우 보기의 단어가 내용에 있는지 없는지 확인한다.

글의 주제나 글을 통해 알 수 있는 것 등을 묻는다면 보기에서 답이 되는 단어가 지문 안에 대부분 똑같이 들어가 있기 때문에 보기의 단어를 지문 안에서 찾아본다. 위 예문에서는 '飞机(비행기)'가 공통 어휘이다.

书写

★쓰기 제1부분 (제시된 어휘로 문장 배열하기)

● **문제유형**

쓰기 제1부분은 71번~75번, 총 5문항이다. 나열된 어휘들을 어순에 알맞게 하나의 문장으로 배열하는 문제이다. 보통 4개~6개 어휘들이 배열되어 있다.

● **출제경향**

① **기본어순에 충실한 문제가 출제된다.**

'주어, 동사술어, 목적어' 혹은 '주어, 형용사술어'와 같이 기본어순으로만 이루어진 문장을 만드는 문제는 무조건 출제되고 있다. 여기에 주어와 목적어를 수식해주는 관형어나 술어를 수식해주는 부사어가 추가되어 출제된다.

② **정도보어가 들어간 문장을 만드는 문제가 출제된다.**

보어 중에서 3급 시험에 가장 많이 등장하는 정도보어가 포함된 문장을 만드는 문제가 자주 출제되고 있다.

③ **특수구문을 만드는 문제가 출제된다.**

요즘에는 新HSK 시험의 난이도가 전반적으로 높아지고 있는 추세라서 3급 시험에서도 '把'자문, '被'자문과 같은 특수구문을 배열하는 문제가 종종 출제되고 있으므로 특수구문을 신경 써서 봐야 한다.

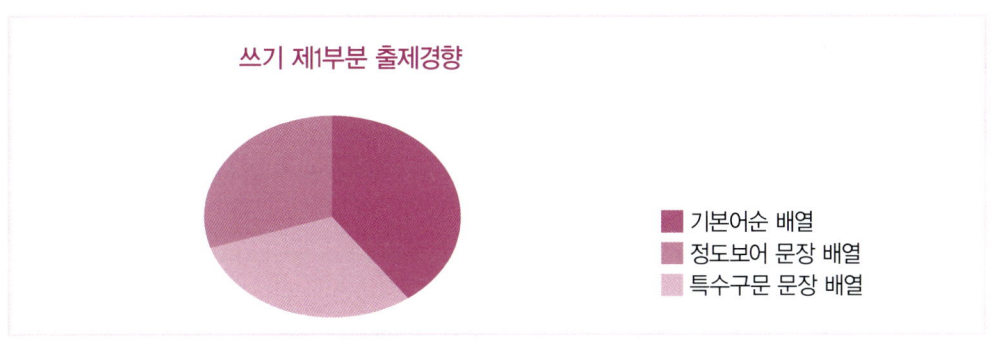

● 문제 접근 전략

시험지

非常   这只   可爱   熊猫

① 나열된 어휘를 해석하며 품사를 파악한다.
　품사를 알아야 문장을 정확하게 배열할 수 있기 때문에 나열된 어휘들의 품사를 확인한다. 위 예문을 보면 '非常'은 '매우'라는 뜻의 정도부사, '这只'는 '지시대명사 + 양사' 형태로 동물을 셀 때 쓰이며, '可爱'는 '귀엽다'라는 뜻의 형용사이다. 마지막으로 '熊猫'는 3급에서 자주 출제되는 동물인 '판다'로 명사이다. 이를 통해 형용사 술어문을 만들어야 하는 것을 눈치챌 수도 있다.

② 술어가 될 수 있는 어휘를 찾고 기본어순에 따라 배열한다.
　술어를 찾아야 주어나 목적어를 찾을 수 있기 때문에 동사, 형용사나 동사 중 술어가 될 수 있는 어휘를 찾고 그 다음 주어와 목적어 등을 의미에 맞게 배열하여 뼈대를 세운다. 여기서는 형용사 '可爱(귀엽다)'가 술어 자리에 올 수 있는데, 형용사술어이기 때문에 뒤에 목적어는 오지 않는다.

정답

这只熊猫非常可爱。

③ 수식성분을 알맞은 위치에 배열한다.
　기본어순을 만들었다면 나머지 어휘들은 알맞은 위치에 수식성분으로 배열하면 문장이 완성된다.

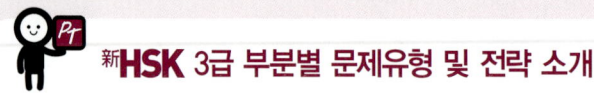

新HSK 3급 부분별 문제유형 및 전략 소개

★쓰기 제2부분 (제시된 병음을 보고 빈칸에 알맞은 한자 쓰기)

● **문제유형**

쓰기 제2부분은 76번~80번, 총 5문항이다. 빈칸에 적혀있는 한어병음을 보고 문맥상 알맞은 한자를 정확하게 쓰는 문제이다.

● **출제경향**

① 앞이나 뒤에 연결되는 한 단어가 출제된다.

쓰기 제2부분은 대부분 빈칸 앞뒤를 보면 연결되는 한 단어를 만드는 문제가 출제되고 있다.

② 한 글자 단어가 출제된다.

앞뒤에 연결되는 단어가 없이 전체적인 내용을 해석해서 빈칸에 어떤 한 단어가 필요한지를 묻는 문제가 한 문제씩은 꼭 출제되고 있다.

③ 양사·숫자를 쓰는 문제가 출제된다.

화폐 단위를 적는 문제, 빈칸 뒤에 있는 명사에 대한 알맞은 양사를 쓰는 문제, 숫자를 쓰는 문제도 종종 볼 수 있다.

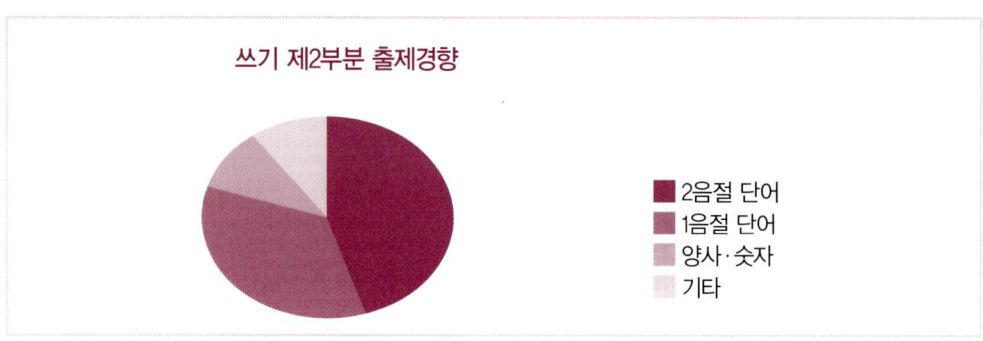

● 문제 접근 전략

> **시험지**
>
> 一定要相信自己的（　选^{xuǎn}　）择，不要被别人影响。

① 제시된 병음을 보고 빈칸 앞뒤에 한 단어를 이루는 한자가 있는지 확인한다.
두 음절 단어 중 한 음절을 묻는 문제가 많기 때문에 병음을 보고 빈칸 앞뒤를 확인하여 한 단어를 이루는 다른 음절이 있는지 확인한다.

⬇

> **시험지**
>
> 8月27（　号^{hào}　）是我的生日，明天你们来我家吃饭吧。

② 연결되는 단어가 없다면 어떤 단어가 필요한지 전체적인 문장 해석을 통해 답을 찾는다.
연결되는 음절이 없다면 해석을 통해 빈칸의 병음과 의미가 맞는 단어를 찾아야 한다.

⬇

③ 한자를 정확하게 썼는지 마지막까지 체크한다.
IBT(컴퓨터로 진행되는 시험 방식)의 경우 비슷하게 생긴 한자와 혼동하지는 않았는지, PBT(지필 시험 방식)의 경우 획을 정확하게 썼는지 확인해야 한다.

新HSK PT 3급

PART 01
유형별 학습

DAY 1 ~ DAY 13

- **어휘PT** 예제와 실전PT의 어휘 미리 보기
- **전략PT** HSK PT만의 핵심 전략 공개
- **PT팁** 전략을 탄탄히 하는 팁 제공
- **예제** 맞춤 예제로 실력 키우기
- **실전PT** 맞춤 기출문제로 실력 확인
- **마무리PT** 핵심표현 짚어보기로 마무리
- **기출상식** 시험에 잘 나오는 배경지식 쌓기

Day 1

듣기 제1부분 ❶ | 대화 내용과 일치하는 사진 찾기
그는 무엇을 하고 있는가 - 사람의 행동 주목하기

어휘 PT   Track 01-1   학습시간 10분

예제 1
- 决定 juédìng 동 결정하다
- 从 cóng 전 (시간·장소) ~에서부터
- 开始 kāishǐ 동 시작하다
- 跑 pǎo 동 달리다, 뛰다
- 太阳 tàiyáng 명 태양
- 西边 xībiān 명 서쪽

예제 2
- 打扫 dǎsǎo 동 청소하다
- 完 wán 동 다하다, 마치다
- 过来 guòlái 동 오다, 지나오다
- 苹果 píngguǒ 명 (과일) 사과
- 吧 ba 조 제안·권유·추측의 어기
- 马上 mǎshàng 부 곧, 즉시, 바로, 금방
- 不用 búyòng 부 ~할 필요 없다
- 等 děng 동 기다리다

문제 1
- 帽子 màozi 명 모자
- 刚才 gāngcái 명 방금, 방금 전
- 比 bǐ 동 비교하다
- 觉得 juéde 동 ~라고 여기다, 생각하다
- 买 mǎi 동 사다

문제 2
- 什么 shénme 대 무슨, 무엇
- 新闻 xīnwén 명 뉴스, 새 소식
- 特别 tèbié 부 특히, 특별히, 아주

문제 3
- 果汁 guǒzhī 명 과일주스, 과즙
- 用 yòng 동 사용하다, 쓰다
- 新鲜 xīnxiān 형 신선하다
- 水果 shuǐguǒ 명 과일

문제 4
- 菜单 càidān 명 메뉴, 메뉴판
- 店 diàn 명 상점
- 菜 cài 명 요리
- 一会儿 yíhuìr 명 잠시, 잠시 후, 잠깐 동안
- 再 zài 부 다시, 또

문제 5
- 别 bié 부 ~하지 마라
- 敢 gǎn 조동 감히 ~하다
- 骑 qí 동 (동물·자전거·오토바이 등에) 타다
- 害怕 hàipà 동 겁내다, 두려워하다, 무서워하다
- 眼睛 yǎnjing 명 (인체) 눈
- 慢 màn 형 느리다, 천천히 하다

전략 PT

학습시간 2 0 분

❶ 사진 속 인원수에 관계없이 인물의 행동에 주목하여 연상 단어를 떠올린다.

사진에 여러 명이 등장해도 당황하지 말고 공통적으로 무슨 행동을 하는지 파악하여 상황에 맞는 단어를 연상한다.

왼쪽 사진에는 네 명의 사람이 등장하지만 이들이 어떤 관계인지 묻는 문제는 나오지 않기 때문에 구성원을 일일이 살펴볼 필요는 없다. 공통적으로 청소를 하고 있기 때문에 '打扫 dǎsǎo(청소하다)', '干净 gānjìng(깨끗하다)' 등 청소와 관련된 단어를 머리 속에 미리 떠올려야 한다.

❷ 내가 연상한 단어가 곧 답이다.

녹음에서는 상황을 돌려서 표현하지 않고 관련된 단어를 그대로 말하기 때문에 사진과 관련된 단어를 잘 떠올려야 한다.

왼쪽 사진은 식당에서 메뉴판을 보며 주문을 하고 있는 상황이다. 그렇다면 '服务员 fúwùyuán(종업원)', '菜 cài(요리)', '菜单 càidān(메뉴)', '点菜 diǎncài(주문하다)' 중 적어도 한 단어는 녹음에 나올 것이기 때문에 미리 관련 단어들을 떠올려두자.

❸ 자주 출제되는 화제나 사진의 유형과 관련된 단어를 암기한다.

사진이나 녹음 내용이 조금씩 다를 뿐 자주 출제되는 상황은 정해져 있다. PT팁을 참고하자.

1. 일상생활 관련 빈출 단어 🔊 Track 01-2

1	집	起床 qǐchuáng 기상하다 | 睡觉 shuìjiào (잠을) 자다 | 洗手间 xǐshǒujiān 화장실 | 房间 fángjiān 방 | 搬家 bānjiā 이사하다 | 打扫 dǎsǎo 청소하다
2	회사	经理 jīnglǐ 사장 | 同事 tóngshì 직장 동료 | 办公室 bàngōngshì 사무실 | 上班 shàngbān 출근하다 | 下班 xiàbān 퇴근하다 | 事情 shìqing 일, 사정
3	식당	菜单 càidān 메뉴, 메뉴판 | 点菜 diǎncài 주문하다 | 服务员 fúwùyuán 종업원
4	학교	教室 jiàoshì 교실 | 同学 tóngxué 학우 | 教 jiāo 가르치다 | 考试 kǎoshì 시험 | 成绩 chéngjì 성적 | 黑板 hēibǎn 칠판

2. 여가생활 관련 빈출 단어 🔊 Track 01-3

1	운동	跑步 pǎobù 달리기하다, 구보하다 | 游泳 yóuyǒng 수영하다 | 踢足球 tī zúqiú 축구하다 | 打篮球 dǎ lánqiú 농구하다 | 锻炼身体 duànliàn shēntǐ 몸을 단련하다 | 骑自行车 qí zìxíngchē 자전거 타다 | 爬山 páshān 등산하다
2	컴퓨터	上网 shàngwǎng 인터넷을 하다 | 玩儿游戏 wánr yóuxì 게임을 하다
3	기타	跳舞 tiàowǔ 춤추다 | 唱歌 chànggē 노래하다 | 听音乐 tīng yīnyuè 음악을 듣다 | 画画儿 huà huàr 그림을 그리다

예제 1

Track 01-4

| 女: 我决定从今天开始每天跑一千米。
男: 真的吗? 太阳从西边出来了。 | 여: 나는 오늘부터 시작해서 매일 1,000m를 뛰기로 결정했어.
남: 정말? 해가 서쪽에서 뜨겠네. |

해설 두 사람이 달리고 있는 사진을 통해 운동과 관련된 내용이 나올 것이라고 유추할 수 있다. 녹음 내용 중 '跑 pǎo(뛰다)'라는 표현을 듣고 두 사람이 달리고 있는 사진을 찾는다.

정답

TIP 평상시에 일어나지 않을 만한 일이 일어났을 때 관용적으로 쓰는 말인 '해가 서쪽에서 뜨겠네'라는 말은 중국어로도 똑같이 '太阳从西边出来了(tàiyáng cóng xībian chūlai le)'라고 한다.

예제 2

Track 01-5

| 男: 打扫完了吗? 快过来吃苹果吧。
女: 马上就好, 你先吃, 不用等我。 | 남: 청소 다 했어? 빨리 와서 사과 먹어.
여: 금방 다 되는데, 너 먼저 먹어. 나 기다릴 필요 없어. |

해설 이 사진에서 핵심이 되는 단어는 '打扫 dǎsǎo(청소)'이기 때문에 설령 다른 표현을 듣지 못했다고 해도, 사진을 통해 '打扫'라는 표현을 미리 떠올린다면 정답을 쉽게 찾을 수 있다.

정답

실전 PT Track 01-6 ▶정답 및 해설 6p 학습시간 15분

○ 인물이 무엇을 하고 있는지 사진을 잘 보고 행동에 연상되는 단어를 미리 떠올려두자!

A

B

C

D

E

문제 1

문제 2

문제 3

문제 4

문제 5

독해 제1부분 ❶ | 제시된 문장과 관련된 문장 고르기
우리는 짝꿍! - 핵심단어로 연결되는 문장

어휘 PT

학습시간 10 분

예제 1
- 衬衫 chènshān 명 셔츠
- 件 jiàn 양 옷·사건·일·서류 등을 세는 단위
- 放 fàng 동 놓다
- 穿 chuān 동 입다, 신다
- 它 tā 대 그, 그것 [사물이나 동물 등 사람이 아닌 것을 가리킴]
- 桌子 zhuōzi 명 책상, 테이블

예제 2
- 服务员 fúwùyuán 명 종업원
- 先 xiān 명 먼저
- 菜单 càidān 명 메뉴, 메뉴판
- 点 diǎn 동 주문하다
- 菜 cài 명 요리
- 一会儿 yíhuìr 명 잠시, 잠깐 동안
- 再 zài 부 다시
- 饭馆儿 fànguǎnr 명 식당

예제 3
- 春天 chūntiān 명 봄
- 开花 kāi huā 동 꽃이 피다
- 季节 jìjié 명 계절
- 最 zuì 부 가장, 최고
- 喜欢 xǐhuan 동 좋아하다
- 特别 tèbié 부 특히
- …的时候 …de shíhou ~할 때

문제 1
- 打算 dǎsuàn 동 ~할 계획이다, ~할 생각이다
- 带 dài 동 (몸에) 지니다, 휴대하다
- 熊猫 xióngmāo 명 (동물) 판다

문제 2
- 关 guān 동 끄다, 닫다
- 该…了 gāi…le 짝꿍 (마땅히) ~해야 한다, ~할 차례이다
- 电子邮件 diànzǐ yóujiàn 명 전자우편, 이메일

문제 3
- 然后 ránhòu 접 그 후에, 그 다음에
- 换 huàn 동 바꾸다, 교환하다
- 地铁 dìtiě 명 지하철

문제 4
- 外面 wàimian 명 바깥
- 热 rè 형 덥다
- 冰箱 bīngxiāng 명 냉장고
- 还 hái 부 또, 더
- 哪 nǎ 대 어느, 어떤
- 要 yào 동 필요하다, 원하다

문제 5
- 找 zhǎo 동 찾다
- 打扫 dǎsǎo 동 청소하다
- 发现 fāxiàn 동 발견하다, 알아차리다
- 椅子 yǐzi 명 의자

전략 PT

 학습시간 20분

❶ 문제가 질문, 보기가 답일 것이라는 고정관념은 버리자!

문제와 보기를 알맞게 연결해야 하기 때문에 대체적으로 문제를 먼저 보고 보기를 보지만 문제가 반드시 질문, 보기가 반드시 답은 아니다. 해석상 이어지는 문장을 찾는 파트이기 때문에 보기 역시 질문이 될 수도 있고, 문제와 보기가 질문과 대답 형식이 아닌 이어지는 하나의 문장일 수도 있다.

❷ 문제와 보기를 빠르게 보며 공통점을 찾자.

문제와 보기 속 단어, 유의어, 반의어, 상황에 관련된 핵심 단어에 체크한다. 이 단어들을 잘 알아두면 문제 푸는 데 좋은 힌트가 될 수 있다. 아래 PT팁에서 자주 나오는 반의어를 참고해두자.

❸ 연관되는 단어가 없어도 당황하지 말자!

서로 연관된 단어 없이 의미적으로만 이어지는 문장에 주의한다. 또는 한 문장에는 어떤 동사가 등장하고, 연결되는 문장에서 그 동사에 대한 목적어가 나오는 경우도 있으니 자주 결합되어 나오는 동사와 목적어를 기억해두자.

PT팁 1. 반의어

买 mǎi 사다	↔	卖 mài 팔다
大 dà 크다	↔	小 xiǎo 작다
多 duō 많다	↔	少 shǎo 적다
高 gāo 높다, (키가) 크다	↔	矮 ǎi 낮다, (키가) 작다
长 cháng 길다	↔	短 duǎn 짧다
胖 pàng 뚱뚱하다, 살찌다	↔	瘦 shòu 마르다, 살 빠지다
贵 guì 비싸다	↔	便宜 piányi 저렴하다
新 xīn 새것이다	↔	旧 jiù 오래다
冷 lěng 춥다	↔	热 rè 덥다
里 lǐ 안	↔	外 wài 바깥
去 qù 가다	↔	来 lái 오다
早 zǎo 이르다	↔	晚 wǎn 늦다
快 kuài 빠르다	↔	慢 màn 느리다
开 kāi 열다, 켜다	↔	关 guān 닫다, 끄다

近 jìn 가깝다	↔	远 yuǎn 멀다
进 jìn (밖에서 안으로) 들다	↔	出 chū (안에서 밖으로) 나가다
前 qián 앞, 정면	↔	后 hòu 다음의, 뒤의
好 hǎo 좋다	↔	坏 huài 나쁘다
老 lǎo 늙다	↔	年轻 niánqīng 젊다
干净 gānjìng 깨끗하다	↔	脏 zāng 더럽다
穿 chuān 입다	↔	脱 tuō 벗다

PT팁 2. 자주 출제되는 [동사 + 목적어] 조합

1	检查 jiǎnchá 검사하다, 검토하다	问题 wèntí 문제 | 作业 zuòyè 숙제 | 行李 xíngli 짐 | 身体 shēntǐ 신체 | 文件 wénjiàn 문서, 문건
2	看 kàn 보다	报纸 bàozhǐ 신문 | 新闻 xīnwén 뉴스 | 电视 diànshì TV, 텔레비전 | 电影 diànyǐng 영화 | 书 shū 책
3	坐 zuò 타다	车 chē (교통수단) 차 | 出租车 chūzūchē 택시 | 公共汽车 gōnggòng qìchē 버스 | 地铁 dìtiě 지하철 | 火车 huǒchē 기차 | 船 chuán (교통수단) 배
4	花 huā 쓰다, 소비하다	钱 qián 돈 | 时间 shíjiān 시간
5	穿 chuān 입다, 신다	裙子 qúnzi 치마 | 裤子 kùzi 바지 | 鞋 xié 신발
6	做 zuò 하다, 만들다	饭 fàn 밥 | 面条 miàntiáo 국수 | 蛋糕 dàngāo 케이크 | 游戏 yóuxì 게임 | 作业 zuòyè 숙제 | 事情 shìqing 일
7	照顾 zhàogù 돌보다, 보살피다	自己 zìjǐ 자신 | 狗 gǒu 개 | 猫 māo 고양이 | 孩子 háizi 아이 | 病人 bìngrén 환자
8	觉得 juéde 느끼다, 생각하다	漂亮 piàoliang 예쁘다 | 可爱 kě'ài 귀엽다 | 聪明 cōngming 똑똑하다 | 不舒服 bù shūfu 불편하다
9	开 kāi 켜다, 열다 关 guān 끄다, 닫다	电脑 diànnǎo 컴퓨터 | 手机 shǒujī 휴대전화 | 门 mén 문 | 灯 dēng 등, 램프 | 空调 kōngtiáo 에어컨
10	带 dài 지니다, 챙기다, 휴대하다	礼物 lǐwù 선물 | 伞 sǎn 우산 | 手机 shǒujī 휴대전화 | 行李 xíngli 짐 | 铅笔 qiānbǐ 연필

 **예제**

A 服务员，我们先看一下菜单，一会儿再点菜。 B 春天，特别是开花的时候，真漂亮。 C 昨天晚上我把它洗了，你穿别的吧。	A 종업원, 저희 우선 메뉴를 한번 보고 잠시 후에 다시 주문할게요. B 봄은 특히 꽃이 필 때가 정말 예뻐. C 어제저녁에 내가 그것을 빨았어. 너 다른 거 입어.
1. 你看见我那件衬衫了吗？我放桌子上的那件。 2. 他们在饭馆儿。 3. 一年四个季节中，你最喜欢哪个？	1. 너 내 그 셔츠 봤어? 내가 책상 위에 올려 놓았던 그 셔츠 말이야. 2. 그들은 식당에 있다. 3. 일 년 사계절 중에 너는 어떤 계절을 가장 좋아하니?

---

1. 你看见我那件<u>衬衫</u>了吗？我放桌子上的那件。
C 昨天晚上我把<u>它</u>洗了，你<u>穿</u>别的吧。

해설 '衬衫 chènshān(셔츠)'과 관련된 동사 '穿 chuān(입다)'을 보기에서 찾는다. 그리고 '它 tā(그것)'는 사물이나 동물 등 사람 이외의 것을 가리키는 대명사인데, 의미상 이 대명사 '它'는 문제 1번의 '衬衫'을 가리키고 있다. 따라서 문제 1번과 짝이 되는 문장은 보기 C이다.

정답 1 - **C**

---

2. 他们在<u>饭馆儿</u>。
A <u>服务员</u>，我们先看一下菜单，一会儿再点菜。

해설 대부분의 문제들은 문제와 보기가 질문-대답 형식으로 이루어져 있다. 하지만 이 문제는 질문과 대답으로 이루어진 유형이 아닌 문제와 보기가 하나의 문장으로 이루어진 유형이다. '그들은 식당에 있다'는 내용의 문제 2번과 짝이 되는 문장은 종업원을 부르며 잠시 후에 주문을 하는 내용인 보기 A가 된다. 여기서 '饭馆儿 fànguǎnr(식당)'과 '服务员 fúwùyuán(종업원)' 두 단어는 연관된 단어이므로 이를 통해 보다 쉽게 정답을 유추할 수 있다.

정답 2 - **A**

TIP 동사 + 一下 = 한번 좀 ~하다 [동사 중첩]
동사 중첩은 상대방에게 제안이나 권유를 할 때, 혹은 주어가 동작에 대한 가벼운 시도를 할 때 사용한다.
예 听听 = 听一下: 한번 들어보다, 休息休息 = 休息一下: 좀 쉬다

---

3. 一年四个<u>季节</u>中，你最喜欢哪个？
B <u>春天</u>，特别是<u>开花</u>的时候，真漂亮。

해설 문제 3번의 '季节 jìjié(계절)'는 보기 B에 나온 '春天 chūntiān(봄)'과 연관된 단어이다. 또한, '开花 kāi huā'는 '꽃이 피다'라는 뜻으로 꽃이 피는 계절인 봄과 연관된 단어임을 알 수 있다. 따라서 문제 3번과 짝이 되는 보기는 B이다. 참고로 여름은 '夏天 xiàtiān', 가을은 '秋天 qiūtiān', 겨울은 '冬天 dōngtiān'이다.

정답 3 - **B**

TIP …的时候: ~할 때
예 吃饭的时候: 밥 먹을 때, 学习的时候: 공부할 때

실전 PT

▶정답 및 해설 7p
학습시간 15분

○ 지문을 다 해석하기 전에 문제와 보기를 빠르게 훑어보면서 핵심 단어를 찾는다.
동의어, 반의어 혹은 같은 상황에 관련된 단어만 찾아 연결해도 90%는 정답이다!

A 是，我打扫房间的时候发现了，就在椅子下面。

B 关电脑吧，我们该走了。

C 冰箱里有牛奶和咖啡，还有果汁，你要哪个？

D 这个周末你打算去哪儿？

E 当然。我们先坐公共汽车，然后换地铁。

문제 1 我要带我女儿去动物园，她很想看大熊猫。　　（　　）

문제 2 等一下，我很快就看完这个电子邮件。　　（　　）

문제 3 你知道怎么去那儿吗？　　（　　）

문제 4 外面真热，有什么喝的吗？　　（　　）

문제 5 你的手机找到了吗？　　（　　）

쓰기 제1부분 ❶ | 제시된 어휘로 문장 배열하기
중국어의 '기본 문장성분'을 잡자!

전략 PT

 학습시간 20분

❶ 중국어의 문장성분

주어	동작을 하거나 동작을 받는 성분 '~은/~는/~이/~가'	妈妈吃蛋糕。
술어	주어가 하는 행동 또는 주어에 대해 설명·서술하는 성분 '~하다/~이다'	妈妈吃蛋糕。
목적어	동사 뒤에 놓여 동사가 나타내는 행위의 대상이 되는 존재 혹은 동작이나 상태와 관련된 사물·장소·수량 등을 나타내는 성분 '~을/~를'	妈妈吃蛋糕。
관형어	주로 명사를 수식해서 주어나 목적어 앞에 놓여 이를 수식하는 성분	我妈妈吃一个蛋糕。
부사어	문장 맨 앞에서 문장 전체를 수식하거나 술어 앞에 놓여 술어를 수식하는 성분	妈妈在家吃蛋糕。
보어	술어 뒤에서 술어를 보충 설명해주는 성분 - 결과보어, 정도보어, 방향보어, 가능보어, 시량보어, 동량보어	妈妈吃完了蛋糕。 [결과보어]

❷ 중국어의 어순

① 기본어순

주어·술어·목적어는 문장의 뼈대가 된다.

> 妈妈 + 吃 + 蛋糕。
> [주어] [술어] [목적어]
> 엄마는 드신다 케이크를   → 엄마는 케이크를 드신다.

② 관형어의 위치

관형어는 주어·목적어를 수식하는 성분으로 주어 또는 목적어 앞에 놓인다.

> 我 + 妈妈 + 吃 + 一个 + 蛋糕。
> [관형어] [주어] [술어] [관형어] [목적어]
> 우리 엄마는 드신다 한 개의 케이크를   → 우리 엄마는 한 개의 케이크를 드신다.

③ 부사어의 위치

부사어는 술어를 수식하는 성분으로 대체로 술어 앞에 놓는다.

> 妈妈 + 在家 + 吃 + 蛋糕。
> [주어] [부사어] [술어] [목적어]
> 엄마는 집에서 드신다 케이크를   → 엄마는 집에서 케이크를 드신다.

또한, 부사어는 문장 맨 앞에서 문장 전체를 수식하기도 하는데, 이때는 주로 시간과 관련된 부사어가 온다.

刚才 +	妈妈 +	在家 +	吃了 +	蛋糕。
부사어	주어	부사어	술어	목적어
방금	엄마는	집에서	드셨다	케이크를	→ 방금 엄마는 집에서 케이크를 드셨다.

④ 보어의 위치

보어는 술어 뒤에서 술어를 보충 설명한다.

妈妈 +	吃 +	完了 +	蛋糕。
주어	술어	보어	목적어
엄마는	드셨다	다	케이크를	→ 엄마는 케이크를 다 드셨다. [결과보어]

⑤ 중국어의 완벽한 어순

刚才 +	我 +	妈妈 +	在家 +	吃 +	完了 +	一个 +	蛋糕。
부사어	관형어	주어	부사어	술어	보어	관형어	목적어
방금	우리	엄마는	집에서	드셨다	다	한 개의	케이크를

→ 방금 우리 엄마는 집에서 한 개의 케이크를 다 드셨다.

TIP 어순 배열 문제에서 시간명사 혹은 부사와 붙어있는 (대)명사는 주어로 배치한다.

1. 시간을 나타내는 명사는 주어 앞·뒤에 모두 위치할 수 있기 때문에 (대)명사가 시간명사와 붙어있는 경우 주어 자리에 배치한다.
   - 昨天我跟妈妈一起看电影了。 어제 나는 엄마와 함께 영화를 봤다.
   - 我昨天跟妈妈一起看电影了。 나는 어제 엄마와 함께 영화를 봤다.

2. 부사는 (동사/형용사)술어 앞에서 술어를 수식하는 성분이지만 몇몇 부사는 (대)명사 앞에 올 수 있다. 따라서 부사가 (대)명사와 붙어있는 경우 주어 자리에 배치한다.
   - 就他一个人没来。 오직 그 한 사람만 오지 않았다.
   - 其实我很喜欢唱歌。 사실 나는 노래 부르는 것을 매우 좋아한다.

❸ 중국어의 기본 어순은 [주어 + 술어 + 목적어]이다.

어순 배열 문제를 풀려면 가장 먼저 술어(동사술어 혹은 형용사술어)를 찾아야 한다. 여기서 술어가 동사일 경우 목적어를 동반하지만, 형용사가 술어일 경우 목적어를 동반할 수 없다.

① 동사술어문

TIP 어순 배열 문제에서 동사 뒤에 '了'가 붙어 있는 경우 술어일 확률이 높다. '了'는 동사 뒤에서 동작에 대한 완료를 나타낸다.

② 형용사술어문

她	+	很	+	漂亮。	
[주어]		[정도부사]		[술어(형용사)] + [목적어]	
그녀는		(매우)		예쁘다	→ 그녀는 (매우) 예쁘다.

형용사가 술어일 경우, 형용사 자체가 주어를 설명·묘사해주는 말이기 때문에 목적어를 동반할 수 없다. 단, 형용사가 술어로 쓰일 경우 대부분 앞에 정도부사를 붙여야 한다. 이때, 정도부사로 '很 hěn'이 종종 쓰이는데 이는 형식상 필요한 것으로, 본래 뜻인 '매우'라는 의미는 약한 경우가 많다.

TIP 자주 출제되는 정도부사

很 hěn 매우 | 非常 fēicháng 대단히, 매우 | 真 zhēn 정말, 진짜로 | 太 tài 너무, 매우 | 特别 tèbié 특히, 특별히 | 有点儿 yǒudiǎnr 조금, 약간 | 更 gèng 더욱, 더, 훨씬 [비교문에 자주 등장] | 最 zuì 가장, 최고 | 比较 bǐjiào 비교적

❹ 모든 동사가 목적어 자리에 항상 명사를 데려온다는 고정관념은 버리자!

① 구 혹은 절이 목적어로 오는 동사들

希望 xīwàng 희망하다 | 准备 zhǔnbèi 준비하다 | 觉得 juéde ~라고 여기다, 생각하다 | 打算 dǎsuàn ~할 계획이다 | 决定 juédìng 결정하다 | 开始 kāishǐ 시작하다 | 认为 rènwéi ~라고 생각하다 | 以为 yǐwéi ~인 줄 알다…

모든 문장이 '(명사)를 (술어)하다'처럼 간단한 명사만이 목적어가 되는 것은 아니다. 위에 예시로 든 것과 같은 동사들이 오는 경우에는 자연스럽게 절이나 구가 목적어 자리에 오게 된다. 아래 예문을 참고하자.

他	+	打算	+	去中国旅行。	→ 그는 중국 여행을 갈 계획이다.
[주어]		[술어]		[동사구]	
我	+	觉得	+	他很聪明。	→ 나는 그가 똑똑하다고 생각한다.
[주어]		[술어]		[명사절]	

② 이합동사: 목적어를 가질 수 없는 동사들

见	+	面	→ 얼굴을 보다
[동사]		[목적어]	

위와 같이 이합동사는 '술어(동사) + 목적어' 구조로 이루어진 동사로서, 이미 단어 자체에 목적어를 포함하고 있기 때문에 뒤에 또 다른 목적어를 동반할 수 없다. 아래 자주 등장하는 이합동사들을 눈에 익혀두고 이 부분을 유의하도록 하자.

见面 jiànmiàn 만나다 | 睡觉 shuìjiào 잠을 자다 | 结婚 jiéhūn 결혼하다 | 开车 kāichē 운전하다 | 上课 shàngkè 수업하다 | 下课 xiàkè 수업이 끝나다 | 游泳 yóuyǒng 수영하다 | 起床 qǐchuáng 기상하다 | 唱歌 chànggē 노래 부르다 | 跳舞 tiàowǔ 춤을 추다…

 **예제 1**

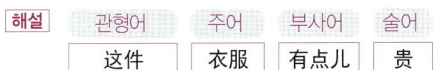

분석 件 jiàn 양 옷·사건·일·서류 등을 세는 단위 | 衣服 yīfu 명 옷 | 有点儿 yǒudiǎnr 부 조금, 약간 | 贵 guì 형 비싸다

Point 1. 형용사술어문 문제이다.
2. 형용사는 술어로 쓰일 경우 대부분 앞에 정도부사를 동반한다.
3. 양사 뒤에는 명사가 와야 한다.

해설

관형어	주어	부사어	술어
这件	衣服	有点儿	贵

우선 '衣服 yīfu(옷)'라는 명사는 주어 자리에, '贵 guì(비싸다)'라는 형용사는 술어 자리에 적합함을 파악한 뒤 나머지 수식어를 하나씩 끼워 넣으면 된다. '这件'에서 '件 jiàn'은 옷을 세는 양사이기 때문에 명사 '衣服' 앞에 올 수 있다. 그리고 술어 '贵'는 형용사이므로 뒤에 목적어를 동반할 수 없다. 따라서 정도부사 '有点儿 yǒudiǎnr(조금, 약간)'을 '贵' 앞에 붙여준다.

정답 这件衣服有点儿贵。 이 옷은 조금 비싸다.

 **예제 2**

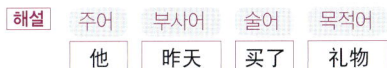

분석 昨天 zuótiān 명 어제 | 买 mǎi 동 사다 | 礼物 lǐwù 명 선물

Point 1. 동사술어문 문제이다.
2. 우선 술어를 찾은 뒤, 나머지 두 단어 중 어떤 것이 주어이고, 어떤 것이 목적어인지 단어의 뜻을 살펴본다.

해설

주어	부사어	술어	목적어
他	昨天	买了	礼物

우선 '买 mǎi(사다)'는 동사이기 때문에 목적어를 동반할 수 있다. 무언가를 사는 주체가 될 수 있는 단어는 '他 tā(그)'이며, 남은 단어인 '礼物 lǐwù(선물)'를 목적어 자리에 놓게 되면 자연스러운 문장이 된다.

정답 他昨天买了礼物。 그는 어제 선물을 샀다.

> 술어를 가장 먼저 찾자! 술어가 동사인지 형용사인지 구분해서 주어와 목적어를 알맞은 순서대로 배열한다.

문제 1 昨天的   难   考试   比较

▶ 답 _____

▶ 해석 _____

문제 2 一千多   这个月   块钱   花了

▶ 답 _____

▶ 해석 _____

문제 3 新鲜   苹果   非常   我买的

▶ 답 _____

▶ 해석 _____

문제 4 蛋糕   吃完了   他已经

▶ 답 _____

▶ 해석 _____

문제 5 我   跟   见面   他

▶ 답 _____

▶ 해석 _____

 **마무리 PT** 　　　학습시간 05 분

1 我决定从今天开始每天跑一千米。
Wǒ juédìng cóng jīntiān kāishǐ měitiān pǎo yì qiān mǐ.
나는 오늘부터 시작해서 매일 1,000m를 뛰기로 결정했어.

* 从 cóng
(시간·장소) ~에서부터

2 真的吗? 太阳从西边出来了。
Zhēnde ma? Tàiyáng cóng xībiān chūlái le.
정말? 해가 서쪽에서 뜨겠네.

* 太阳从西边出来了
tàiyáng cóng xībiān chūlái le
해가 서쪽에서 뜨다

3 春天，特别是开花的时候，真漂亮。
Chūntiān, tèbié shì kāihuā de shíhou, zhēn piàoliang.
봄은 특히 꽃이 필 때가 정말 예뻐.

* …的时候 …de shíhou
~할 때

4 你先吃，不用等我。
Nǐ xiān chī, búyòng děng wǒ.
너 먼저 먹어. 나 기다릴 필요 없어.

* 不用 búyòng
~할 필요가 없다

5 我们先看一下菜单。
Wǒmen xiān kàn yíxià càidān.
저희 우선 메뉴를 좀 봐요.

* 동사 + 一下
조금 ~하다 [가벼운 동작]

 **PT 기출상식**

'중국'은 어떤 나라일까?

정식 명칭은 '중화인민공화국'이며 수도는 베이징(北京 Běijīng)이다. 중국의 국기는 오성홍기(五星红旗 Wǔxīnghóngqí)라고 불리는데 바탕인 빨간색은 혁명을 상징하는 것으로 혁명의 기치 하에 큰 별인 중국 공산당을 중심으로 작은 별들인 노동자, 농민, 소(小) 부르주아, 민족 부르주아 계급 등 모든 중화인민이 단결하자는 의미를 담고 있다. 또한, 한족(汉族 Hànzú)과 55개의 소수민족으로 이루어져 있으며 인구는 대략 13억으로 추정된다. 광대한 영토로 인해 지역별로 다양한 기후대가 분포하는데 최남단 지역은 열대기후, 서부지역은 건조기후, 동북지역은 한대기후 등으로 구분되며 전체적으로 사계절이 뚜렷한 계절풍 기후의 특징을 보인다.

중국인은 사람 사이의 '관계(关系 guānxì)', '연줄'을 중요하게 생각한다. 여기서 관계란 뒷거래와 같이 부정적인 의미도 있지만 어떤 사람에게 도움을 얻으면 다시 되갚아 연을 잇는다는 좋은 의미도 가진다. 또한, 중국인은 체면(面子 miànzi)을 매우 중요시 한다. 중국말에 '죽어서도 체면을 유지하기 위해 살아서 고생한다.'라는 말이 있을 정도로 중국인들은 체면을 위해 고통을 감수하는 것을 당연하게 생각한다.

중국은 면적이 넓고 인구도 많은 만큼 한 나라 안에 여러 가지 기후·언어·문화가 공존하고 있다. 앞으로 매 PT 기출상식에 있는 중국에 관련된 상식을 통해서 중국에 대해 한걸음 더 다가가보자!

Day 2

듣기 제1부분 ❷ | 대화 내용과 일치하는 사진 찾기

표정에 주목하라! - 상태·감정 파악하기

어휘 PT ● Track 02-1   학습시간 1 0 분

예제 1
- 还 hái 🟪부 여전히, 아직도
- 在 zài 🟪부 ~하고 있는 중이다
- 以为 yǐwéi 🟪동 ~인 줄 알다
- 题 tí 🟪명 문제

예제 2
- 舒服 shūfu 🟪형 편안하다
- 带 dài 🟪동 (몸에) 지니다, 인솔하다
- 医院 yīyuàn 🟪명 병원
- 检查 jiǎnchá 🟪동 검사하다, 검토하다
- 感冒 gǎnmào 🟪명 🟪동 감기 / 감기에 걸리다
- 发烧 fāshāo 🟪동 열이 나다
- 会 huì 🟪조동 ~할 것이다

문제 1
- 医生 yīshēng 🟪명 의사
- 左腿 zuǒtuǐ 🟪명 왼쪽 다리
- 最近 zuìjìn 🟪명 요즘, 최근
- 一直 yìzhí 🟪부 계속, 줄곧
- 疼 téng 🟪형 아프다
- 地方 dìfang 🟪명 부분, 장소, 곳, 부위

문제 2
- 可能 kěnéng 🟪조동 아마도
- 伞 sǎn 🟪명 우산
- 起床 qǐchuáng 🟪동 기상하다
- …时 …shí ~할 때
- 鼻子 bízi 🟪명 코
- 不舒服 bù shūfu 🟪형 불편하다

문제 3
- 眼药水 yǎnyàoshuǐ 🟪명 안약
- 用 yòng 🟪동 사용하다
- 作用 zuòyòng 🟪명 작용, 영향, 효과
- 眼睛 yǎnjing 🟪명 (인체) 눈
- 已经 yǐjīng 🟪부 이미
- 红 hóng 🟪형 붉다, 빨갛다

문제 4
- 家 jiā 🟪양 집·점포·공장 등을 세는 단위
- 让 ràng 🟪동 ~하게 하다, ~하게 시키다
- 上班 shàngbān 🟪동 출근하다

문제 5
- 糖 táng 🟪명 사탕, 설탕
- 牙疼 yáténg 🟪동 이가 아프다
- 敢 gǎn 🟪동 감히 ~하다
- 甜 tián 🟪형 달다

❶ 인물의 표정에 주목하자.

사진 속 사람이 웃고 있는지 울고 있는지 표정을 파악하면 글의 분위기를 유추할 수 있다. 어떤 표정과 함께 행동을 취하고 있다면 무엇에 관련된 것인지, 어떤 상황인지를 미리 파악하고 녹음을 들어야 한다.

왼쪽 사진에서는 한 여자가 울고 있고, 다른 한 여자가 위로를 하고 있어 전체적인 분위기가 어둡다. 이를 통해서 우리는 중국어로 '울다'라는 단어가 무엇인지 생각하고, 위로와 관련된 표현이 나오는지 귀 기울여 들어야 한다.

➜ 미리 떠올려두면 좋은 단어
  예 '哭 kū(울다)', '别哭 bié kū(울지 마)'…

❷ 자주 나오는 신체 부위는 정확하게 외워두자.

신체 부위를 가리키면서 그곳에 대해 이야기하는 문제도 종종 등장한다. 기본적인 신체 부위는 중국어로 어떻게 표현하는지 확실히 외워둔다면 문제를 더욱 쉽게 풀 수 있다.

여자가 다리를 잡고 아파하고 있다. 이처럼 특정 신체 부위를 정확하게 가리키고 있는 사진이 나온다면 녹음에서는 그 부위를 반드시 언급한다! PT팁 1에 정리된 신체와 관련된 단어를 잘 기억해두자.

➜ 미리 떠올려두면 좋은 단어
  예 '腿 tuǐ(다리)', '脚 jiǎo(발)', '疼 téng(아프다)'…

❸ 질병과 관련된 표현을 익혀두자.

상태 관련 문제는 대부분 두통이나 치통 등 질병과 관련된 간단한 내용이 나오는 경우가 많다. 질병과 관련된 사진을 보면 어디가 아픈 건지 비교적 분명하게 알 수 있기 때문에 관련 단어만 기억해두면 쉽게 답을 찾을 수 있다. PT팁 2의 질병과 관련된 단어를 잘 기억해두자.

여자와 남자 모두 코를 풀고 있다. 사진을 보고 '감기, 열이 나다, 병원에 가다' 등 감기와 관련된 단어를 떠올린 후 녹음을 듣는다면 답을 수월하게 찾을 수 있을 것이다.

➜ 미리 떠올려두면 좋은 단어
  예 '感冒 gǎnmào(감기)', '发烧 fāshāo(열이 나다)', '去医院 qù yīyuàn(병원에 가다)', '看病 kànbìng(진찰받다)'…

PT팁 1. 신체와 관련된 어휘   ● Track 02-2

头 tóu 머리 | 眼睛 yǎnjing 눈 | 鼻子 bízi 코 | 耳朵 ěrduo 귀 | 牙 yá 치아 | 脸 liǎn 얼굴 | 肚子 dùzi 배 | 手 shǒu 손 | 腿 tuǐ 다리 | 脚 jiǎo 발

PT팁 2. 질병과 관련된 어휘   ● Track 02-3

1	···疼 ···téng ~이 아프다	头疼 tóuténg 머리가 아프다	牙疼 yáténg 이가 아프다	腿疼 tuǐténg 다리가 아프다	脚疼 jiǎoténg 발이 아프다
2	···不舒服 ···bù shūfu ~이 불편하다	鼻子不舒服 bízi bù shūfu 코가 불편하다	眼睛不舒服 yǎnjing bù shūfu 눈이 불편하다	耳朵不舒服 ěrduo bù shūfu 귀가 불편하다
3	병원 관련	去医院 qù yīyuàn 병원에 가다	看病 kànbìng 진찰받다	检查 jiǎnchá 검사하다
4	기타	累 lèi 피곤하다	感冒 gǎnmào 감기에 걸리다	发烧 fāshāo 열이 나다	生病 shēngbìng 병이 나다	吃药 chīyào 약을 먹다

 **예제 1**　　　　　　　　　　　　　　　　　　　　　　　　Track 02-4

男：你还在<u>写作业</u>？我以为你早写完了呢。 女：我有几个<u>题</u>不会做，你帮我看看？	남: 너 아직도 숙제하고 있어? 난 네가 일찍이 다 한 줄 알았어. 여: 나 풀 수 없는 문제가 몇 개 있어. 네가 날 도와서 좀 봐 줄래?

[해설] 사진에서 여자가 머리를 감싼 채로 고민하고 있고 그 앞에는 책들이 펼쳐져 있다. 여기서 우리는 학업에 관련된 문제가 나올 것이라고 미리 유추할 수 있다. 남자가 한 말 중 '作业(숙제)'와 여자의 대답에서 '题(문제)'를 듣고 정답을 고를 수 있다.

[정답]

 **예제 2**　　　　　　　　　　　　　　　　　　　　　　　　Track 02-5

男：<u>你身体不舒服吗</u>？那我带你去医院检查检查。 女：没关系，就是<u>感冒发烧</u>，很快就会好的。	남: 너 몸이 불편하니? 그럼 내가 널 데리고 병원에 가줄게. 한번 검사를 해보자. 여: 괜찮아, 감기에 걸려서 열 나는 거야. 금방 좋아질 거야.

[해설] 여자가 침대에 누워 머리를 감싼 채로 아파하고 있다. 이를 통해 질병과 관련된 내용이 나올 것임을 유추하여 '感冒 gǎnmào(감기)' 혹은 '发烧 fāshāo(열이 나다)' 등 사진과 관련된 단어를 미리 염두에 두어야 한다. 남자가 시작 부분에 '你身体不舒服吗? Nǐ shēntǐ bù shūfu ma?(너 몸이 불편하니?)'라고 물었고, 이에 여자는 '感冒发烧 gǎnmào fāshāo(감기에 걸려서 열이 나)'라고 대답했다. 따라서 여자가 아파하고 있는 모습의 사진이 답이 된다.

[정답]
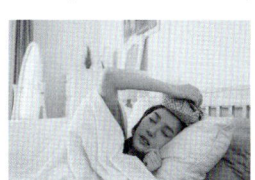

실전 PT ● Track 02-6

인물의 상태와 표정에 주목해서 어떤 어휘가 나올지 추측해보자.

A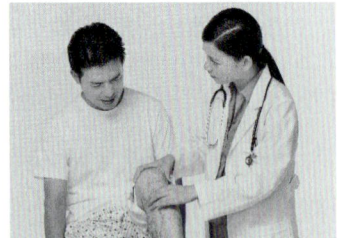
B
C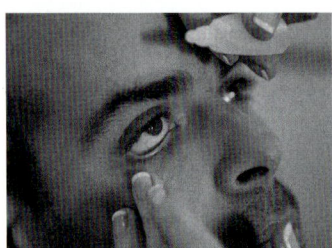
D
E

문제 1
문제 2
문제 3
문제 4
문제 5

독해 제1부분 ❷ | 제시된 문장과 관련된 문장 고르기
좋니? 좋아! - 물음에 대한 답 찾기

어휘 PT

학습시간 10분

예제 1
- 会 huì [조동] (배워서) ~할 수 있다
- 开车 kāichē [동] 차를 몰다, 운전하다
- 但是 dànshì [접] 그러나, 하지만

예제 2
- 关系 guānxi [명] 관계
- 还行 hái xíng [형] 그럭저럭 괜찮다
- 才 cái [부] 비로소
- 认识 rènshi [동] 알다
- 只是 zhǐshì [부] 단지
- 普通 pǔtōng [형] 보통이다, 평범하다, 일반적이다

예제 3
- 运动鞋 yùndòngxié [명] 운동화
- 虽然…但是… suīrán…dànshì… [접] 비록 ~이지만 ~하다
- 有点儿 yǒudiǎnr [부] 조금, 약간
- 穿 chuān [동] 입다, 신다
- 着 zhe [조] 동작의 진행, 지속
- 舒服 shūfu [형] 편안하다

문제 1
- 桌子 zhuōzi [명] 책상, 탁자
- 礼物 lǐwù [명] 선물
- 送 sòng [동] 보내다, 주다
- 给 gěi [전] ~에게
- 谁 shéi [대] 누구

문제 2
- 洗 xǐ [동] 씻다, 닦다, 빨다
- 准备 zhǔnbèi [동] 준비하다
- 在 zài [부] ~하고 있는 중이다
- 电视 diànshì [명] 텔레비전, TV

문제 3
- 叔叔 shūshu [명] 삼촌, 아저씨
- 花 huā [동] 쓰다, 소비하다
- 相信 xiāngxìn [동] 믿다
- 卖 mài [동] 팔다

문제 4
- 上次 shàngcì [명] 지난번
- 离 lí [전] ~에서부터, ~까지
- 远 yuǎn [형] 멀다
- 近 jìn [형] 가깝다
- 能 néng [조동] ~할 수 있다

문제 5
- 多久 duōjiǔ [대] 얼마 동안, 얼마나 오래
- 从 cóng [전] ~에서부터
- 开始 kāishǐ [동] 시작하다
- 一直 yìzhí [부] 계속

① 문제를 먼저 보면서 문장 끝이 물음표로 끝난 문제를 찾자.

의문 형식으로 끝났으면 반드시 그에 대한 대답이 필요하다. 의문문에서 무엇을 묻는지 먼저 파악하고 보기에서 질문에 대한 답을 찾아 이어준다.

② 보기가 의문 형식일 수도 있다.

문제가 항상 의문 형식이라고 정해진 것은 없다. 반대로 보기가 의문 형식이 될 수 있고 문제가 대답이 될 수도 있다. 즉, 질문이 문제에서 나올 수도 보기에서 나올 수도 있다는 점을 주의하고, 아래 예문을 통해 문제 풀이 방법을 알아보도록 하자.

> A 今天晚上我们一起去看电影吧。 오늘 저녁에 우리 같이 영화 보러 가자.
> B 他去上海旅游了。 그는 상하이로 여행을 갔어.
> C 请问，小王在吗？ 실례합니다, 샤오왕 있나요?
>
> 1. 他去哪儿了？ 그는 어디 갔어? (B)
> 2. 我要去奶奶家，明天看吧。 나는 할머니 댁에 가야 해. 내일 보자. (A)
> 3. 他不在，一会儿就回来。 그는 없어요, 곧 돌아와요. (C)

1번은 문제가 질문 형식으로 그가 어디갔는지에 대한 답을 보기에서 찾으면 된다. 하지만 2번, 3번 문제를 해석해보면 제안이나 질문에 대한 답이라는 것을 알 수 있다. 이런 식으로 질문이 모든 문제에 먼저 등장하는 것은 아니기 때문에 문제와 보기를 같이 보면서 물음표로 끝난 문장들을 먼저 해석한 뒤 그에 대한 대답을 찾으면 쉽게 짝을 지어 문제를 풀 수 있다.

③ 조동사를 사용해서 질문한 문장은 반드시 조동사로 대답한다.

조동사를 사용한 의문 형식에 대해 대답할 때는 똑같이 조동사를 사용해서 대답해야 한다. 따라서 문장 시작 부분을 주의해서 보았을 때, 질문과 같은 조동사가 나오면 정답일 확률이 높다.

1) 질문 你会说汉语吗?
   대답 我说汉语。혹은 我不说汉语。(✗) / 我会说汉语。혹은 我不会说汉语。(○)
   '중국어를 말할 수 있니?'라고 질문했기 때문에 대답을 할 때 '(단순히) 중국어를 말하다, 말하지 않다'가 아닌 '할 수 있다, 말할 수 없다'처럼 같은 조동사를 사용해서 답해야 한다. 아래의 예문도 마찬가지이다.

2) 질문 你想看电影吗?
   대답 我想看电影。혹은 我不想看电影。(○)

3) 질문 可以进去吗?
   대답 可以进去。혹은 不可以进去。(○)

 예제

A 900多块钱。虽然有点儿贵，但是穿着非常舒服。 B 你会不会开车? C 还行，我们上个月才认识，只是普通朋友。	A 900여 위안 정도. 비록 조금 비싸지만, 신고 있으면 매우 편해. B 너 운전할 수 있어? C 괜찮아, 우리는 지난달에야 비로소 알았어. 보통 친구일 뿐이야.
1. 我会开车，但是开得不太好。 2. 你和小马的关系怎么样? 3. 这双运动鞋是新买的? 多少钱?	1. 나 운전할 수 있어. 그런데 그다지 잘하지는 못해. 2. 너와 샤오마의 관계는 어때? 3. 이 운동화 새로 산 거야? 얼마야?

B 你会不会开车?
1. 我会开车，但是开得不太好。

해설 보기가 질문 형식인 문제이다. 하지만 우리는 전략PT를 통해 배웠기 때문에 답을 찾는 것은 어렵지 않다. 앞서 말했듯이 조동사를 사용해서 물어본 문장은 똑같이 조동사를 넣어서 대답해야 한다. '会 huì(할 수 있다)'를 사용해서 물어본 보기 B에 알맞은 대답은 같은 조동사 '会'를 쓰고 있는 문제 1번이 적절하다.

정답 B - 1

2. 你和小马的关系怎么样?
C 还行，我们上个月才认识，只是普通朋友。

해설 '怎么样? zěnmeyàng?(어때?)'이라는 질문에 다른 보기들은 대답으로 이어질 수가 없기 때문에 문제 2번은 '还行 hái xíng(그럭저럭 괜찮다)'으로 시작하는 보기 C와 짝이 될 수 있다.

정답 2 - C

3. 这双运动鞋是新买的? 多少钱?
A 900多块钱。虽然有点儿贵，但是穿着非常舒服。

해설 다른 문제에 비해 답을 찾는 것은 어렵지 않다. 질문에서 가격을 묻는 표현인 '多少钱? duōshao qián?(얼마입니까?)'이 쓰였기 때문에 그에 상응하는 대답인 '900多块钱', 즉, 보기 A를 쉽게 고를 수 있다.

정답 3 - A

○ 의문문이 무엇을 묻는지 먼저 확인하고 그와 관련된 대답을 찾아보자.

A 快去洗手，准备吃饭，你哥哥呢?

B 你歌唱得真好，学多久了?

C 很近，走路10分钟就能到。

D 我爸爸，明天是他的生日。

E 你相信吗? 这张桌子去年春天卖100万。

문제 1 桌子上的礼物是送给谁的?   (   )

문제 2 他在看电视，我去叫他。   (   )

문제 3 叔叔，这个你买的时候花了多少钱?   (   )

문제 4 你上次去的那个饭馆儿离这儿远吗?   (   )

문제 5 我从8岁就开始学，一直到现在。   (   )

쓰기 제1부분 ❷ | 제시된 어휘로 문장 배열하기
문장을 더 풍부하게! - 관형어·부사어

전략 PT

학습시간 20분

관형어	주로 주어나 목적어 앞에 놓여 명사를 수식하는 성분	漂亮的衣服 大大的眼睛
부사어	술어 앞에 놓여 술어를 수식하는 성분으로 일부 부사는 문장 가장 앞에 놓여 문장 전체를 수식하기도 한다.	我不去。 其实我很担心。

❶ '的'로 끝나는 어휘의 경우에는 항상 뒤에 명사 또는 대명사와 이어준다.

'的'는 관형어와 명사 사이에서 수식 구조를 만들어주는 다리 역할을 하기 때문에 '…的'로 끝나면 그 뒤는 명사 또는 대명사를 붙인다. 그러면 '~한 명사'라는 의미의 명사구를 만들 수 있다.

漂亮的衣服	大大的眼睛
예쁜 옷	커다란 눈

❷ [수사 + 양사] 혹은 [지시대명사 + 양사]로 이루어져 있으면 그 뒤는 명사의 자리이다.

명사가 숫자 또는 이것, 저것과 같은 지시대명사의 수식을 받으면 그 사이에는 항상 각각의 명사에 적합한 양사가 필요하다. 간단하게 '수양명', '지양명'으로 암기해두고 헷갈리지 말자!

一	+	个	+	人		这	+	本	+	书
수사		양사		명사		지시대명사		양사		명사

위의 예문에서는 사람이나 사물을 셀 때 두루 쓰이는 양사 '个 ge(개)'와 책을 세는 양사 '本 běn(권)'이 쓰였다.

❸ [부사 ➡ 조동사 ➡ 전치사구]를 기억하자

여러 가지 품사들이 술어 앞에서 술어를 수식해줄 수 있지만 그중에 부사어 자리에 가장 많이 들어가는 품사는 '부사, 조동사, 전치사구(전치사 + 명사)'이다. 한 문장 안에 이 품사들을 여러 개 넣어야 할 경우에는 [부사 ➡ 조동사 ➡ 전치사구] 순으로 나열한다. 또한, 여러 가지 부사를 같이 나열할 경우에는 일반부사와 부정부사(不, 没)로 나눠서 일반부사를 앞에 쓰고 부정부사는 뒤에 써야 한다.

我	也	不	去。
	일반부사	부정부사	

TIP 단어를 외울 때 어떤 단어가 부사이고, 어떤 단어가 조동사인지 그 품사를 잘 기억해두자!

❹ '地'로 끝나는 어휘의 경우에는 뒤에 항상 동사와 이어준다.

'地'는 부사어와 동사 술어 사이에서 수식구조를 만들어주는 성분이기 때문에 '…地'로 끝나면 그 뒤에 바로 동사를 붙인다. 대부분 형용사를 부사어 성분으로 만들어주기 위해 형용사와 동사 중간에 '地'를 넣는다. 그러면 '형용사하게 동사하다'라는 의미가 되어 동사를 수식할 수 있다.

高兴地笑	慢慢地走
기쁘게 웃다	천천히 걷다

❺ 문장 맨 앞에서 문장 전체를 수식하는 부사어 자리에는 주로 시간에 관련된 시간명사가 온다.

시간명사의 특징은 주어의 앞뒤로 옮겨다닐 수 있기 때문에 명사 또는 대명사와 시간명사가 붙어있는 경우에는 쉽게 주어를 찾을 수 있다. 여러 가지 시간명사는 Day 6 듣기 PT팁을 참고하자!

 **예제 1**

月亮   真   今天晚上的   大

분석 月亮 yuèliang 명 달 | 真 zhēn 부 정말 | 晚上 wǎnshang 명 저녁

Point 1. 술어를 찾는다. 동사술어인지 형용사술어인지 확인하자.
2. 주어를 찾는다.
3. '的'로 끝나면 명사를 꾸며주는 관형어 성분이다.

해설

관형어	주어	부사어	술어
今天晚上的	月亮	真	大

우선 이 문장에서 술어가 될 수 있는 어휘는 형용사 '大 dà(크다)' 하나밖에 없다. '今天晚上的 jīntiān wǎnshang de(오늘 저녁의)'는 '的'로 끝나 명사 앞에서 명사를 수식할 수 있다. 따라서 '今天晚上的'가 명사 '月亮 yuèliang(달)' 앞에서 수식할 수 있다. 그런데 형용사가 술어이기 때문에 목적어를 동반할 수가 없으므로 '今天晚上的月亮'은 목적어 자리가 아닌 주어 자리에 놓아야만 한다. 마지막으로 '大'라는 형용사 앞에 '真 zhēn(정말)'이라는 정도부사를 붙여준다.

정답 今天晚上的月亮真大。 오늘 저녁의 달은 정말 크다.

예제 2

她   结婚了   跟小王   已经

분석 结婚 jiéhūn 동 결혼하다 | 跟 gēn 전 ~와 | 已经 yǐjīng 부 이미

Point 1. 술어를 찾는다. '了'와 같이 붙어있는 단어가 술어일 확률이 높다.
2. 주어를 찾는다. 문제에 주어로 들어갈 만한 (대)명사는 하나뿐이다.
3. 부사어는 술어 앞에서 수식하는 성분으로 주로 부사, 조동사, 전치사구 등이 부사어 자리에 들어간다.

해설

주어	부사어		술어
她	已经	跟小王	结婚了

술어는 '结婚 jiéhūn(결혼하다)'이고, 결혼하는 주어는 '她 tā(그녀)'이다. 나머지는 술어를 수식해주는 부사어 성분으로 배치해주면 된다. 우선 '已经 yǐjīng(이미)'의 품사는 부사이고, '跟小王 gēn Xiǎo Wáng(샤오왕과)'은 전치사와 명사 결합으로 된 전치사구이기 때문에 부사를 앞에 쓰고 전치사구는 뒤에 써준다.

정답 她已经跟小王结婚了。 그녀는 이미 샤오왕과 결혼했다.

TIP 모든 전치사는 문장 안에서 혼자 쓰일 수 없기 때문에 뒤에 명사 또는 대명사와 짝을 이루어 전치사구를 만들어 준다는 공통점이 있다.

 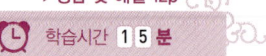

> 술어를 가장 먼저 찾자. '주 + 술 + 목'을 먼저 찾고 수식 성분을 붙인다.

문제 1 高兴地   奶奶   笑了

▶ 답 _____

▶ 해석 _____

문제 2 已经   老人   100岁   那位   了

▶ 답 _____

▶ 해석 _____

문제 3 经常   的   冬天   刮风   这个城市

▶ 답 _____

▶ 해석 _____

문제 4 她   打篮球   跟金老师   在

▶ 답 _____

▶ 해석 _____

문제 5 没   表演   还   呢   结束

▶ 답 _____

▶ 해석 _____

마무리 PT　　　학습시간 0 5 분

1. 我以为你早写完了呢。
   Wǒ yǐwéi nǐ zǎo xiěwán le ne.
   난 네가 일찍이 다 쓴 줄 알았어.

   * 以为 yǐwéi
     ~인 줄 알다

2. 虽然有点儿贵，但是穿着非常舒服。
   Suīrán yǒudiǎnr guì, dànshì chuānzhe fēicháng shūfu.
   비록 조금 비싸지만, 신고 있으면 매우 편하다.

   * 虽然…, 但是…
     suīrán…, dànshì…
     비록 ~하지만 ~하다

3. 她已经跟小王结婚了。
   Tā yǐjīng gēn Xiǎo Wáng jiéhūn le.
   그녀는 이미 샤오왕과 결혼했다.

   * 已经…了 yǐjīng…le
     이미 ~했다

4. 你会不会开车?
   Nǐ huìbuhuì kāichē?
   너 운전할 수 있어?

   * 会 huì
     (배워서) ~할 수 있다

5. 你还在写作业?
   Nǐ hái zài xiě zuòyè?
   너 아직도 숙제하고 있어?

   * 在 + 동사
     ~하고 있는 중이다

 PT 기출상식

중국의 남방지역과 북방지역

중국을 남방과 북방으로 나누는 기준은 크게 두 가지이다.

1. 하남성과 안휘성, 강소성을 가르는 진령회하(秦岭-淮河 Qínlǐng-huáihé)를 기준으로 나눈다.
2. 양자강을 기준으로 남방과 북방으로 나눈다.

이에 따라 남방과 북방의 문화적 차이가 나타난다. 우선 식습관을 살펴보면 남방지역은 주로 논농사를 짓기 때문에 쌀이 주식이며 쌀로 만든 국수를 주로 먹지만, 북방지역은 밭농사를 하기 때문에 밀이 주식이며 찐빵과 구운 전병을 주로 먹는다. 성격 면에서는 남방사람은 섬세하고 실리를 중시하는 경향이 있어 북방사람을 '체면만 중시하는 사람'이라고 표현한다. 북방사람은 체면과 의리를 중시하고 호탕한 성격이 많은 편이라서 남방사람을 '장사꾼'이라고 표현한다. 언어 면에서는 북방지역은 비교적 획일적인 언어를 사용하는 반면, 남방지역은 북방지역에 비해 지역마다 사투리가 심하다.

Day 3

듣기 제1부분 ❸ | 대화 내용과 일치하는 사진 찾기

저것은 무엇인가? - 사물·동물

어휘 PT ⏺ Track 03-1   ⏰ 학습시간 10분

예제 1
- 条 tiáo [양] 가늘고 긴 것을 세는 단위
- 黑色 hēisè [명] 검은색
- 不错 búcuò [형] 좋다, 괜찮다
- 但是 dànshì [접] 그러나, 하지만
- 觉得 juéde [동] 느끼다, ~라고 생각하다
- 蓝色 lánsè [명] 파란색

예제 2
- 第一 dìyī [수] 가장 처음, 맨 처음
- 次 cì [양] 번, 차례 [횟수를 세는 단위]
- 大熊猫 dàxióngmāo [명] 판다
- 它们 tāmen [대] 이것들, 그것들 [사람 이외의 사물이나 동물을 가리킴]

문제 1
- 怎么 zěnme [대] 어째서, 왜, 어떻게
- 走 zǒu [동] 걷다
- 楼梯 lóutī [명] 계단
- 办法 bànfǎ [명] 방법
- 电梯 diàntī [명] 엘리베이터
- 坏 huài [동] 망가지다, 고장 나다
- 只能 zhǐnéng [부] ~할 수밖에 없다

문제 2
- 早上 zǎoshang [명] 아침
- 一般 yìbān [형] 일반적이다, 보통이다
- 鸡蛋 jīdàn [명] 달걀
- 面包 miànbāo [명] 빵
- 咖啡 kāfēi [명] 커피

문제 3
- 比 bǐ [전] ~보다, ~에 비해서
- 瘦 shòu [형] 마르다, 살이 빠지다
- 也 yě [부] ~도, ~역시
- 应该 yīnggāi [조동] 마땅히 ~해야 한다
- 运动 yùndòng [동] 운동하다

문제 4
- 礼物 lǐwù [명] 선물
- 送 sòng [동] 주다, 보내다
- 给 gěi [전] ~에게
- 当然 dāngrán [형] 당연하다
- 祝 zhù [동] 기원하다, 축복하다

문제 5
- 小狗 xiǎogǒu [명] 강아지
- 女儿 nǚ'ér [명] 딸
- 朋友 péngyou [명] 친구

❶ 사진에 나온 사물, 동물을 미리 중국어로 떠올리자.

사진에 나온 사물이나 동물의 중국어 명칭은 대부분 녹음에서 나온다. 따라서 관련 사물, 동물이 중국어로 무엇인지 미리 떠올려두자. 3급에 자주 나오는 동물들은 정해져 있기 때문에 외워두면 쉽게 답을 찾을 수 있다. 아래의 PT팁을 참고하자.

❷ 사물이 어디에 어떻게 쓰이는 것인지 파악하고, 그와 관련된 상황도 유추해보자.

사진에서 나타나는 주요 단어가 그대로 녹음에 나오지 않는 경우도 있다. 예를 들어 사전과 관련된 사진이 나오면 녹음 지문에서 '词典 cídiǎn(사전)'이라는 단어가 그대로 나오지 않을 때가 있다. 이런 경우에 학업과 관련된 내용이 나올 것이라고 유추할 수 있듯이, 해당 단어가 그대로 나오지 않더라도 관련된 상황을 파악하여 정답을 유추해보자.

 1. 3급 시험에 자주 출제되는 동물　　　　　　　　　　　　　　　Track 03-2

动物 dòngwù 동물(动物园 dòngwùyuán 동물원) | 狗 gǒu 개 | 猫 māo 고양이 | (大)熊猫 (dà)xióngmāo 판다 | 马 mǎ 말 | 鸟 niǎo 새 | 鱼 yú 물고기, 생선 | 牛 niú 소 | 猪 zhū 돼지 | 鸡 jī 닭 | 大象 dàxiàng 코끼리

2. 3급 시험에 자주 출제되는 사물　　　　　　　　　　　　　　　Track 03-3

箱子 xiāngzi 상자 | 行李 xíngli 짐 | 行李箱 xínglixiāng 짐가방, 트렁크 | 包 bāo 가방 | 护照 hùzhào 여권 | 手机 shǒujī 휴대전화 | 电视 diànshì 텔레비전 | 电脑 diànnǎo 컴퓨터 | 椅子 yǐzi 의자 | 桌子 zhuōzi 책상 | 手表 shǒubiǎo 손목시계 | 照相机 zhàoxiàngjī 사진기 | 眼镜 yǎnjìng 안경 | 黑板 hēibǎn 칠판 | 词典 cídiǎn 사전 | 礼物 lǐwù 선물 | 裤子 kùzi 바지 | 裙子 qúnzi 치마 | 帽子 màozi 모자 | 伞 sǎn 우산 | 地图 dìtú 지도

 **예제 1** Track 03-4

女: 你看，这条黑色的怎么样？
男: 不错，但是我觉得那条蓝色的更好看。

여: 너 봐, 이 검은색 어때?
남: 괜찮아, 그런데 내가 생각하기에 저 남색이 더 보기 좋은 것 같아.

[해설] '裤子 kùzi(바지)'라는 단어가 직접적으로 언급되진 않았지만, 전체적인 문맥과 힌트로 주어진 '条 tiáo'를 통해 바지 사진이 나온 보기를 선택할 수 있어야 한다. '条'는 줄기, 가닥, 나뭇가지 등의 가늘고 긴 것을 세는 단위로 옷 중에서는 주로 바지, 치마 등을 셀 때 쓰인다.

[정답]

예제 2 Track 03-5

男: 我这是第一次看大熊猫。
女: 真的？它们多可爱啊。

남: 나 이번이 처음 판다를 보는 거야.
여: 정말? 쟤네 정말 귀엽다.

[해설] '熊猫 xióngmāo'와 '大熊猫 dàxióngmāo'는 모두 '판다'라는 의미로, 시험에 자주 출제되는 동물이다. 이 단어를 알고 있다면 답을 찾는 것은 식은 죽 먹기이다. '它 tā'는 사람이 아닌 사물이나 동물 등을 가리키는 지시대명사이다.

[정답]

실전 **PT** ● Track 03-6 🕐 학습시간 1 5 분

▶정답 및 해설 14p

😊 사진에 나온 사물이나 동물이 중국어로 무엇인지 미리 떠올리자.

A

B

C

D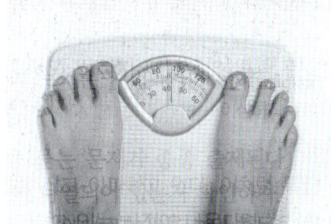

E

문제 1 ▶ ☐

문제 2 ▶ ☐

문제 3 ▶ ☐

문제 4 ▶ ☐

문제 5 ▶ ☐

독해 제1부분 ❸ | 제시된 문장과 관련된 문장 고르기
문장의 흐름을 파악하자!

어휘 PT

학습시간 10분

예제 1
- 别 bié [부] ~하지 마라
- 担心 dānxīn [동] 걱정하다
- 已经 yǐjīng [부] 이미
- 岁 suì [명] 살, 나이
- 怎么 zěnme [대] 어떻게, 어째서, 왜
- 照顾 zhàogù [동] 돌보다, 보살피다
- 自己 zìjǐ [명] 자기 자신, 스스로

예제 2
- 打篮球 dǎ lánqiú 농구하다
- 瘦 shòu [형] 마르다
- 忙 máng [형] 바쁘다
- 运动 yùndòng [동] 운동하다

예제 3
- 手机 shǒujī [명] 휴대전화
- 久 jiǔ [형] 오랫동안
- 换 huàn [동] 바꾸다
- 那 nà [접] 그러면
- 周末 zhōumò [명] 주말
- 商店 shāngdiàn [명] 상점

문제 1
- 祝 zhù [동] 축하하다, 기원하다
- 快乐 kuàilè [형] 즐겁다, 행복하다, 유쾌하다
- 送 sòng [동] 주다, 보내다
- 礼物 lǐwù [명] 선물

문제 2
- 书包 shūbāo [명] 책가방
- 早就 zǎojiù [부] 일찍이, 벌써
- 给 gěi [전] ~에게
- 买 mǎi [동] 사다

문제 3
- 电梯 diàntī [명] 엘리베이터
- 办公室 bàngōngshì [명] 사무실
- 层 céng [명] 층
- 锻炼 duànliàn [동] 단련하다

문제 4
- 鼻子 bízi [명] 코
- 东西 dōngxi [명] 물건, 물품
- 右边 yòubian [명] 오른쪽, 우측
- 干净 gānjìng [형] 깨끗하다

문제 5
- 讲 jiǎng [동] 설명하다, 말하다, 이야기하다
- 题 tí [명] 문제
- 遇到 yùdào [동] 마주치다
- 时 shí [명] ~할 때
- 着急 zháojí [동] 서두르다, 급하다
- 觉得 juéde [동] 여기다, ~라고 생각하다
- 一定 yídìng [부] 반드시
- 帮忙 bāngmáng [동] 일을 돕다, 도움을 주다

❶ 연관된 단어가 등장하지 않아도 당황하지 말자.

반의어를 사용했거나 한자는 다르지만 의미는 같은 단어를 사용할 수도 있기 때문에 연관된 단어가 등장하지 않았다고 미리 조급해하지 말고 천천히 해석해보자.

❷ 대화 형식이 아닐 수 있다.

문제와 보기가 두 사람의 대화 형식이 아닌 한 사람이 말하는 하나의 문장일 수 있다. 이런 경우에는 문제와 보기의 해석을 통해 의미상 앞뒤가 맞는 문장인지 잘 확인해보자. 짝을 이뤄 나오는 접속사들이 힌트가 될 수 있으니 접속사가 나오면 이어지는 짝꿍 접속사가 있는지 확인해보자. 3급 시험에 자주 출제되는 접속사는 Day 9 독해 제2부분 PT팁을 미리 참고하자!

　　A 下班后我要去换一条。
　　B 因为昨天我睡得太晚。
　　C 虽然天气不太好。

1. 所以今天迟到了。　　　　　（ B ）
2. 但是我要出去玩儿。　　　　（ C ）
3. 昨天我买的裤子有点儿短。　（ A ）

① 짝꿍 접속사를 놓치지 말자!

> 因为…，所以…　(왜냐하면) ~하기 때문에 그래서 ~하다
> B 因为昨天我睡得太晚 – 1. 所以今天迟到了。
> 　어제 나는 늦게 잤기 때문에 – 그래서 오늘 지각했다.
>
> 虽然…，但是…　비록 ~하지만 ~하다
> C 虽然天气不太好 – 2. 但是我要出去玩儿。
> 　비록 날씨가 좋지 않다. – 하지만 나는 나가서 놀 것이다.

② 양사와 명사의 관계를 통해 짝을 찾자!

바지를 세는 양사는 '条 tiáo'이다.

> 3. 昨天我买的裤子有点儿短 – A 下班后我要去换一条。
> 　어제 내가 산 바지가 조금 짧아서 나는 퇴근 후에 바꾸러 갈 것이다.

③ 대답도 의문 형식인 문장에 주의하자.

의문문으로 질문을 하면 그에 따른 대답은 대부분 평서문으로 돌아오곤 한다. 하지만 간혹 질문을 되물어 보거나 상대방의 의사를 물어보는 등 대답 역시 의문문 형식일 수도 있기 때문에 전체적으로 해석을 해보고 알맞게 짝지을 수 있어야 한다.

A 你们几点去?
B 我很饿，还有什么吃的吗?
C 你以前买了红的吧?

1. 你又饿吗?　　　　　　　　　　　　　(B)
2. 明天我跟小王一起去看电影，你去不去?　(A)
3. 这条红裙子怎么样?　　　　　　　　　　(C)

B 我很饿，还有什么吃的吗? - 1. 你又饿吗?
나 배고파, 먹을 것 좀 더 있어? - 너 또 배고파?

2. 明天我跟小王一起去看电影，你去不去? - A 你们几点去?
내일 나 샤오왕이랑 같이 영화보러 갈건데, 너 갈래? - 너희 몇 시에 가?

3. 这条红裙子怎么样? - C 你以前买了红的吧?
이 빨간 치마 어때? - 너 전에 빨간색 사지 않았어?

세 문장은 질문에 대해 평서문이 아닌 의문문으로 되물어보는 형식의 대답이라는 공통점이 있다. 이처럼 '의문문-의문문' 형식으로 된 문장을 접하면 한 문장이라는 생각이 쉽게 들지 않을 수도 있기 때문에 주의를 기울여서 해석해야 한다.

 **예제**

A 我的手机用了很久，想换个新的。 B 你们别担心。 C 你这么忙，有时间去运动吗?	A 내 휴대전화 오랫동안 사용해서 새로운 것으로 바꾸고 싶어. B 너희들 걱정하지 마. C 너 이렇게 바쁜데 운동하러 갈 시간이 있어?
1. 我已经20岁了，知道怎么照顾自己。 2. 我天天去打篮球，我瘦了吗? 3. 那周末我跟你一起去商店看看吧。	1. 나 이미 20살이 되었어. 스스로를 어떻게 돌보는지 알아. 2. 나는 매일 농구하러 가. 나 살 좀 빠졌어? 3. 그러면 주말에 너 나랑 같이 상점에 가서 한번 좀 보자.

1. 我已经20岁了，知道怎么照顾自己。
B 你们别担心。

[해설] 문제와 보기가 동의어 또는 반의어처럼 연관된 단어로 이루어져 있지 않기 때문에 해석을 통해 문맥을 파악해야 한다. 게다가 1번 문제는 대화 형식이 아닌 한 사람이 이어 말하는 문장이다. 문제에서 '스스로 잘 지낼 것이다'라는 말과 함께 이어질 수 있는 문장은 '걱정하지 말라'는 내용의 보기 B이다.

[정답] 1 - **B**

2. 我天天去打篮球，我瘦了吗?
C 你这么忙，有时间去运动吗?

[해설] 2번 문제와 보기 C는 의문문-의문문 형식이다. 운동을 해서 살이 빠졌냐고 묻지만 이에 평서문으로 답하지 않고 바쁜데 운동하러 갈 시간이 있냐고 되묻고 있다. 이러한 형식은 해석에 더욱 주의해야 한다. 여기서 정답을 유추할 수 있는 힌트가 한 가지 있는데, 바로 운동과 관련된 단어가 공통적으로 들어가 있다는 점이다. 문제 2번에서는 '打篮球 dǎ lánqiú(농구를 하다)'가 등장하고, 보기 C에는 '运动 yùndòng(운동)'이 등장하여 이어지는 문장임을 유추할 수 있다. 따라서 2번 문장은 보기 C와 짝이 된다.

[정답] 2 - **C**

A 我的手机用了很久，想换个新的。
3. 那周末我跟你一起去商店看看吧。

[해설] 밀접하게 연관된 단어가 없어 답을 찾기 어려울 수 있다. 이런 경우에는 해석을 통해서 서로 상응하는 문장을 찾아야 한다. 휴대전화를 오랫동안 사용해서 새로 바꾸고 싶다고 하는 A의 말에 '그럼 주말에 같이 상점에 가자'는 권유를 하는 문제 3번이 이어질 수 있다.

[정답] **A** - 3

> 직접적으로 연관되는 단어가 나오지 않더라도 당황하지 말고, 문장의 앞뒤 문맥을 차근히 살펴서 문제를 풀어보자.

A 现在呢？干净了吗？

B 这是我送你的礼物，你看看喜不喜欢？

C 哥哥的书包用了四年，已经很旧了。

D 遇到问题时不要太着急。我觉得金老师一定可以帮你的忙。

E 他的办公室在3层，还是走上去吧，锻炼锻炼身体。

문제1 姐，祝你生日快乐!   (   )

문제2 我早就想给他买个新的。   (   )

문제3 我们去坐电梯吧。   (   )

문제4 你鼻子上有东西，右边，就是那儿。   (   )

문제5 昨天课上讲的这些题，你会做吗？   (   )

쓰기 제1부분 ❸ | 제시된 어휘로 문장 배열하기
술어를 탄탄하게! – 보어(1) 정도보어

전략 PT

학습시간 20분

보어
술어(형용사나 동사) 뒤에서 그 술어의 동작·상태 등에 대해 의미를 더욱 보충해서 설명해주는 성분으로 정도보어, 결과보어 등이 있다.

| 정도보어 | 술어의 동작이나 상태가 어떤 정도인지 보충해주는 성분이다.
[주어 + 술어 + 得 + 정도보어] 순으로 온다. | 我吃得很多。
他走得真快。 |

여러 가지 보어 중에서 정도보어는 이처럼 술어 뒤에 쓰여서 단순히 '먹다'가 아닌 '먹는 정도가 많은지, 적은지' 또한, 단순히 '걷다'가 아닌 '걷는 정도가 빠른지 느린지' 그 의미를 보충해주는 역할을 한다.

❶ 정도보어의 기본어순

| 주어 | + | 술어 | + | 得 | + | 정도보어 |
| 我 | | 吃 | | 得 | | 很多。 | → 나는 먹는 정도가 매우 많다.
| 他 | | 走 | | 得 | | 真快。 | → 그는 걷는 정도가 무척 빠르다.

❷ 수식성분이 많아도 항상 기본어순을 먼저 찾자!

우선 기본 품사를 찾아서 기둥을 세워 놓아야 나머지 수식성분을 쉽게 배치할 수 있다. 앞에서 배웠던 내용을 바탕으로 술어를 먼저 찾고 주어와 목적어를 찾아준 다음에 수식성분을 사이사이 배치한다. Day 1 쓰기 제1부분을 참고하자!

❸ '得'가 나오면 정도보어를 떠올려라!

술어와 정도보어 사이에 있는 구조조사 '得'는 쉽게 말해 술어와 정도보어를 수식관계로 만들어주는 다리 역할을 한다. '得'를 기준으로 앞은 술어, 뒤는 정도보어라고 생각하면 된다. '得'는 문장 안에서 뜻을 가지고 있는 것은 아니지만 정도보어가 들어간 문장에서 없어서는 안 되기 때문에 생략할 수 없다.

❹ 정도보어 자리의 단골 품사! 형용사!

정도보어 자리에는 여러 가지 품사들이 위치할 수 있지만 그중 가장 많이 들어가는 품사는 형용사이다. 앞서 Day 1 쓰기 파트에서 형용사는 기본적으로 정도부사와 함께 문장을 구성한다고 설명한 것과 마찬가지로 정도보어 자리에 형용사를 넣어줄 경우에는 그 앞에 정도부사를 붙여야 한다. Day 1 쓰기 제1부분 전략 3의 자주 출제되는 정도부사를 참고하자!

❺ 형용사 외에 여러 가지 품사들도 정도보어 자리를 채워줄 수 있다.

정도보어 자리에 가장 많이 나오는 품사가 형용사인 것이지 항상 형용사만 들어갈 수 있는 것은 아니다. 문제로 나온 어휘 중에서 형용사가 없다고 당황하지 말고 해석을 통해 어떤 품사가 정도보어 자리에 들어갈 수 있는지 확인해야 한다.

❻ 정도보어 문장에서 목적어가 들어간 경우, 어순이 중요하다.

목적어는 원래 술어 뒤에 위치해야 되는데 '주어 + 술어 + 목적어 + 得 + 정도보어' 이렇게 되면 정도보어가 술어가 아닌 바로 앞에 있는 목적어를 수식하게 된다. 보어는 항상 술어 뒤에서 술어를 보충하는 성분이 되어야 하므로 위와 같은 경우는 오류가 있는 문장이다. 따라서 아래 예문과 같이 '술어 + 목적어' 뒤에 술어를 한번 더 반복해서 '주어 + 술어 + 목적어 + 술어 + 得 + 정도보어' 순으로 오면 된다. 이때 앞에 있는 술어는 생략이 가능하다. 즉, 정도보어 문제에서 목적어가 하나 있는데 술어가 하나밖에 없을 경우, 앞에 있는 술어가 생략된 것으로 보고 아래와 같이 배열한다.

주어	+	(술어)	+	목적어	+	술어	+	得	+	정도보어
我		(吃)		饭		吃		得		很多。 → 나는 밥을 먹는 정도가 매우 많다.
他		(走)		路		走		得		真快。 → 그는 길을 걷는 정도가 무척 빠르다.

 예제 1

非常　　下　　大　　雨　　得

분석 下 xià 통 내리다 | 雨 yǔ 명 비 | 非常 fēicháng 부 매우

Point
1. '得'를 보고 보어가 들어간 문장을 만들어야 한다는 것을 확인한다.
2. 술어를 찾아 '得' 앞으로 넣는다.
3. 주어를 배치한다.
4. 정도보어 자리를 채워준다.

해설

주어	술어	得	정도보어
雨	下	得	非常 大

술어를 먼저 찾아보면 동사 '下 xià(내리다)'가 있고 내리는 주어는 '雨 yǔ(비)'이다. '비가 많이 온다'라고 하면 '多 duō(많다)'를 생각하지만 중국어로 비가 많이 온다는 표현은 '多'가 아닌 '大 dà(크다)'로 한다. '大'의 품사는 형용사이기 때문에 앞에 정도부사 '非常 fēicháng(매우)'을 붙여주고, 술어 '下'와 정도보어 '非常 大' 사이에 '得'를 넣어준다.

정답 雨下得非常大。 비가 내리는 정도가 매우 많다. [비가 매우 많이 내린다.]

예제 2

说　　他　　很流利　　汉语　　说　　得

분석 说 shuō 통 말하다 | 汉语 hànyǔ 명 중국어 | 流利 liúlì 형 유창하다

Point
1. '得'를 보고 보어가 들어간 문장을 만들어야 한다는 것을 확인한다.
2. 해석을 통해 '주어 + 술어 + 목적어'를 찾는다.
3. 정도보어가 들어간 문장에서 목적어의 위치를 주의한다.
4. 정도보어 자리를 채워준다.

해설

주어	술어	목적어	술어	得	정도보어
他	说	汉语	说	得	很流利

정도보어에서 빼놓을 수 없는 '得'가 있다. 또한, '说 shuō(말하다)'라는 같은 동사가 두 개 있다는 점을 통해 목적어가 있는 정도보어 문장을 만들어야 한다는 것을 알 수 있다. 목적어 '汉语 Hànyǔ(중국어)'를 술어 뒤에 놓고 술어 '说'를 한 번 더 반복한 후에 그 뒤는 정도보어 성분으로 배치하면 된다. '流利 liúlì(유창하다)'라는 형용사는 앞에 정도부사 '很'을 붙여서 정도보어 자리에 넣어준다.

정답 他说汉语说得很流利。 그는 중국어를 말하는 정도가 매우 유창하다. [그는 중국어를 매우 유창하게 말한다.]

실전 PT

▶정답 및 해설 16p
학습시간 1 5 분

> 목적어가 있지만 앞의 술어는 생략되고 뒤의 술어 하나만 있는 정도보어 문장에 주의하자!

문제 1 照   漂亮   这张   得   真   照片
  ▶ 답
  ▶ 해석

문제 2 真   她爸爸   像   长得   她
  ▶ 답
  ▶ 해석

문제 3 汉字   写得   真   她   漂亮   写
  ▶ 답
  ▶ 해석

문제 4 那个   害怕   哭了   孩子   得
  ▶ 답
  ▶ 해석

문제 5 骑   自行车   很快   得   他
  ▶ 답
  ▶ 해석

마무리 PT

학습시간 0 5 분

1 比一个月前瘦了十斤。
Bǐ yí ge yuè qián shòu le shí jīn.
한 달 전보다 5kg이 빠졌다.

* A + 比 + B + 술어
A는 B보다 ~하다

2 我也应该多运动运动啊。
Wǒ yě yīnggāi duō yùndòngyùndòng a.
나도 마땅히 운동을 좀 해야겠어.

* 동사 중첩
좀 ~하다, 한번 ~하다
[가벼운 시도를 나타냄]

3 祝你生日快乐!
Zhù nǐ shēngrì kuàilè!
생일 축하해!

* 祝 zhù
기원하다, 축하하다

4 那周末我跟你一起去商店看看吧。
Nà zhōumò wǒ gēn nǐ yìqǐ qù shāngdiàn kànkan ba.
그러면 주말에 너 나랑 같이 상점에 가서 한번 좀 보자.

* 那 nà
그러면, 그렇다면

5 电梯坏了。
Diàntī huàile.
엘리베이터가 고장 났다.

* 坏了 huàile
고장 나다, 썩다

PT 기출상식

중국인이 좋아하는 색과 싫어하는 색

많은 사람들이 잘 알고 있듯이 중국인이 가장 좋아하는 색은 빨간색이다. 빨간색은 행운, 복, 길조를 상징해서 전통 의상, 국기뿐만 아니라 중국에서 가장 쉽게 볼 수 있는 색이기도 하다. 중국인들은 결혼식이나 새해처럼 의미있는 날에 빨간 봉투에 돈을 담아 선물하곤 한다. 또한, 이전에 황금색은 황제나 귀족이 아니면 사용할 수 없었기 때문에 부유를 상징했다. 하지만 오늘날 중국에서 의미가 조금 변질되어 선정적이고 음란함을 상징하는 색이 되어 성인영화나 음란물과 관련된 곳에 자주 쓰인다.

그렇다면 중국인이 싫어하는 색은 무엇일까?

비교적 흰색을 좋아하는 우리나라 사람들과 달리 중국인은 흰색을 매우 기피하는 편이다. 중국인에게 흰색은 죽음을 상징하기 때문에 우리나라에서처럼 흰 봉투에 돈을 넣어 주지 않도록 조심해야 한다. 또한, 중국에서 녹색은 불륜을 의미한다. 과거에 매춘부의 남편이나 가족들은 녹색 모자를 썼기 때문이다. 그래서 중국에서는 남자에게 '戴绿帽子 dài lǜ màozi(녹색 모자를 썼다)'라는 표현을 해서는 안 되는데, 이는 부인이 바람났다는 의미이기 때문이다.

Day 4

듣기 제1부분 ❹ | 대화 내용과 일치하는 사진 찾기

오늘 날씨 어때? - 날씨·계절과 관련된 표현

어휘 PT ● Track 04-1 ⏰ 학습시간 **10**분

예제 1
- 雪 xuě 명 눈
- 下 xià 동 내리다
- 越来越 yuèláiyuè 부 점점 더 ~하다
- 回 huí 동 돌아가다
- 再 zài 부 또, 다시
- 玩儿 wánr 동 놀다
- 一会儿 yíhuìr 명 잠시, 잠시 동안
- 吧 ba 조 제안·권유·추측의 말투

예제 2
- 季节 jìjié 명 계절
- 最 zuì 부 가장, 최고
- 秋天 qiūtiān 명 가을
- 时候 shíhou 명 무렵, 때
- 天气 tiānqì 명 날씨
- 冷 lěng 형 춥다
- 也 yě 부 ~도, 역시
- 热 rè 형 덥다

문제 1
- 变 biàn 동 변하다
- 穿 chuān 동 입다
- 担心 dānxīn 동 걱정하다
- 怕 pà 동 두려워하다, 무서워하다

문제 2
- 女儿 nǚ'ér 명 딸
- 上学 shàngxué 동 등교하다
- 带 dài 동 지니다, 휴대하다
- 伞 sǎn 명 우산
- 接 jiē 동 마중하다, 맞이하다

문제 3
- 秋游 qiūyóu 명 가을 소풍
- 东西 dōngxi 명 물건
- 准备 zhǔnbèi 동 준비하다
- 早就 zǎojiù 부 일찍이
- 相信 xiāngxìn 동 믿다

문제 4
- 还是 háishi 부 ~하는 편이 낫다
- 别 bié 부 ~하지 마라
- 没事 méishì 괜찮다, 상관없다
- 离 lí 전 ~에서부터
- 近 jìn 형 가깝다

문제 5
- 暖和 nuǎnhuo 형 따뜻하다
- 又 yòu 부 또, 다시
- 春天 chūntiān 명 봄

❶ 기본에 충실하자.

앞에서 말했듯이 듣기 제1부분은 많은 것을 요구하지 않는다. 사진을 봤을 때 내가 연상한 단어가 대부분 녹음에 그대로 등장한다. 특히 날씨와 관련된 사진은 관련된 단어가 대부분 직접 나오기 때문에 날씨에 관련된 빈출 단어만 알고 있어도 답을 금방 찾을 수 있다. PT팁을 참고하자!

男: 哇! 今天天气真好啊!
와! 오늘 날씨 정말 좋다!

女: 蓝天白云! 我们出去玩儿吧。
푸른 하늘 하얀 구름! 우리 나가서 놀자.

왼쪽 사진을 보면 한적한 공원과 푸른 하늘을 담고 있다는 것을 알 수 있다. 하늘이 푸르다, 구름, 푸른 풀 등 사진과 직접적으로 관련된 단어들을 생각나는 대로 메모해두면 더 쉽게 답을 찾을 수 있을 것이다.

❷ '不'를 주의하자!

'热 rè(덥다)'의 반대말은 '冷 lěng(춥다)'이지만 '不热 búrè(덥지 않다)'처럼 단어 앞에 '不'를 붙여 반대 의미를 만드는 표현들을 주의해서 들어야 한다.

男: 外面天气热吗?
밖에 날씨 더워?

女: 不热, 风刮得很大。
덥지 않아, 바람이 세게 불어.

남자가 한 말 중 '热 rè(덥다)'라는 표현만 듣고 섣불리 더위와 관련된 사진을 고르지 않도록 주의해야 한다. 또한 여자가 '热'라는 단어를 사용했지만 '不'를 붙여 덥지 않다는 부정의 표현을 했기 때문에 더위와 관련된 사진과는 관련이 없다.

❸ 각 계절의 특징을 기억해두자.

녹음 지문에 직접적으로 '春天 chūntiān(봄)'이라는 단어는 나오지 않지만 '꽃이 피는 계절' 또는 '따뜻하다' 등 계절의 특징을 나타내는 어휘가 녹음에 등장하는 경우도 종종 있기 때문에 각 계절마다 어떤 특징이 있고, 이를 중국어로 무엇이라고 하는지 정리해두자.

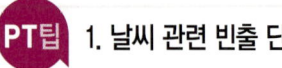 1. 날씨 관련 빈출 단어 ● Track 04-2

天气 tiānqì 날씨 | 热 rè 덥다 | 冷 lěng 춥다 | 暖和 nuǎnhuo 따뜻하다 | 阴天 yīntiān 흐린 날 | 晴天 qíngtiān 맑은 날 | 下雨 xiàyǔ 비가 내리다 | 下雪 xiàxuě 눈이 내리다 | 刮风 guāfēng 바람이 불다 | 伞 sǎn 우산 | 多云 duōyún 많은 구름 | 蓝天 lántiān 푸른 하늘 | 季节 jìjié 계절 | 春天 chūntiān 봄 | 夏天 xiàtiān 여름 | 秋天 qiūtiān 가을 | 冬天 dōngtiān 겨울

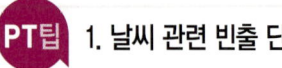 2. 계절별 관련 단어 ● Track 04-3

1	春天 chūntiān 봄	春季 chūnjì 봄 | 开花 kāihuā 꽃이 피다 | 草 cǎo 풀 | 绿 lǜ 푸르다 | 暖和 nuǎnhuo 따뜻하다 | 春风 chūnfēng 봄바람
2	夏天 xiàtiān 여름	热 rè 덥다 | 西瓜 xīguā 수박 | 开空调 kāi kōngtiáo 에어컨을 켜다 | 下雨 xiàyǔ 비가 내리다 | 游泳 yóuyǒng 수영하다 | 暑假 shǔjià 여름방학 | 雨衣 yǔyī 우비
3	秋天 qiūtiān 가을	不冷不热 bùlěng búrè 덥지도 않고 춥지도 않다 | 秋游 qiūyóu 가을 여행 | 读书 dúshū 책을 읽다 | 天高 tiān gāo 하늘이 높다
4	冬天 dōngtiān 겨울	冬季 dōngjì 겨울 | 下雪 xiàxuě 눈이 내리다 | 冷 lěng 춥다 | 感冒 gǎnmào 감기, 감기에 걸리다 | 多穿 duō chuān 많이 입다

 예제 1　　　　　　　　　　　　　　　　　　　　　　　　　　　　　Track 04-4

| 女：雪下得越来越大了，我们回家吧。
男：妈，再玩儿一会儿吧。 | 여: 눈이 점점 더 많이 내리네. 우리 집으로 돌아가자.
남: 엄마, 조금만 더 놀아요. |

해설　사진을 보면 배경으로 하얀 눈이 쌓여있고, 아이는 눈을 가지고 놀고 있다. 녹음 내용을 듣기 전 사진들을 훑어보았을 때, 아래 사진에서는 눈이 중국어로 무엇인지 미리 생각해본다. 그러면 대화 속에서 '雪 xuě(눈)'라는 단어가 잘 들릴 것이고 쉽게 답을 찾을 수 있을 것이다. 녹음 시작부터 '雪 xuě(눈)'가 등장하고, 남자가 여자를 '妈 mā(엄마)'라고 부르는 것을 통해서 아이가 눈을 가지고 놀고 있는 사진을 찾을 수 있다.

정답

 예제 2　　　　　　　　　　　　　　　　　　　　　　　　　　　　　Track 04-5

| 男：一年四个季节中你最喜欢哪个？
女：秋天，那时候天气不冷也不热。 | 남: 일 년 사계절 중 너는 어느 계절을 가장 좋아해?
여: 가을, 그때는 날씨가 춥지도 않고 덥지도 않아. |

해설　계절에 관련된 문제이다. 어느 계절을 좋아하냐는 질문에 여자는 '秋天 qiūtiān(가을)'이라고 하면서 춥지도 덥지도 않은 가을 날씨에 대한 설명을 한다. 위 문제와 마찬가지로 먼저 사진의 단풍을 통해서 가을과 관련된 문제가 나올 것을 추측한다면 녹음 내용 중 '秋天'을 듣고 답을 찾기 수월할 것이다.

정답

실전 PT　● Track 04-6　▶정답 및 해설 17p　학습시간 1 5 분

◉ '不'를 붙여 반대 의미를 나타내는 표현을 주의해서 들어보자!

A

B

C

D

E

문제 1 ▶ ☐

문제 2 ▶ ☐

문제 3 ▶ ☐

문제 4 ▶ ☐

문제 5 ▶ ☐

독해 제1부분 ❹ | 제시된 문장과 관련된 문장 고르기
걱정하지 마! - 감정 표현하기

어휘 PT

학습시간 1 0 분

예제 1
- 帮 bāng 동 돕다
- 照顾 zhàogù 동 돌보다, 보살피다
- 狗 gǒu 명 (동물) 개
- 放心 fàngxīn 동 안심하다

예제 2
- 下水 xiàshuǐ 동 물에 들어가다
- 害怕 hàipà 동 두려워하다, 무서워하다
- 觉得 juéde 동 ~라고 느끼다, 생각하다
- 快乐 kuàilè 형 즐겁다, 유쾌하다
- 事情 shìqing 명 일, 사정

예제 3
- 自己 zìjǐ 명 자기 자신, 스스로
- 担心 dānxīn 동 걱정하다
- 国外 guówài 명 국외, 해외
- 读书 dúshū 동 공부하다, 학교를 다니다

문제 1
- 小姐 xiǎojiě 명 아가씨
- 双 shuāng 양 쌍, 켤레 [쌍을 이루는 것을 세는 단위]
- 鞋 xié 명 신발
- 不客气 búkèqi 천만에요
- 喜欢 xǐhuan 동 좋아하다

문제 2
- 会 huì 조동 ~할 수 있다
- 觉得 juéde 동 ~라고 느끼다, 생각하다
- 又A又B yòu A yòu B 접 A하고 또 B하다
- 聪明 cōngming 형 똑똑하다, 총명하다

문제 3
- 会议 huìyì 명 회의
- 已经 yǐjīng 부 이미
- 解决 jiějué 동 해결하다
- 校长 xiàozhǎng 명 교장

문제 4
- 考试 kǎoshì 동 명 시험을 보다/시험

문제 5
- 比赛 bǐsài 명 시합, 경기
- 世界 shìjiè 명 세계
- 运动员 yùndòngyuán 명 운동선수
- 参加 cānjiā 동 참가하다
- 机会 jīhuì 명 기회
- 游泳 yóuyǒng 명 동 수영/수영하다
- 成绩 chéngjì 명 성적
- 满意 mǎnyì 형 만족하다

❶ 감정은 감정으로!

감정과 관련된 문제는 답도 대부분 감정과 관련된 것이다. 따라서 문제와 보기를 쭉 살펴보면서 감정에 관련된 단어를 표시해두면 쉽게 답을 찾을 수 있다.

> 문제 | 不好意思，我忘了拿你的书。 미안해. 나 네 책 가져오는 것을 잊었어.
> Bùhǎoyìsi, wǒ wàng le ná nǐ de shū.

> 보기 | 没关系，明天拿给我吧。 괜찮아, 내일 나에게 가져다 줘.
> Méiguānxi, míngtiān ná gěi wǒ ba.

> 문제 | 你有什么事吗? 你的脸色不太好。 너 무슨 일 있어? 네 안색이 그다지 좋지 않아 보여.
> Nǐ yǒu shénme shì ma? Nǐ de liǎnsè bú tài hǎo.

> 보기 | 我对自己的成绩不满意。 나는 내 성적에 만족하지 못하겠어.
> Wǒ duì zìjǐ de chéngjì bù mǎnyì.

❷ '心'을 주의하자.

'放心 fàngxīn', '担心 dānxīn', '小心 xiǎoxīn'과 같이 '心 xīn'자가 들어간 단어들이 무슨 뜻을 갖고 있는지 정확히 기억하고, 한자 발음으로 해석하지 않도록 주의하자. '小心'은 한자 발음으로 읽으면 '소심'이기 때문에 '소심하다'라는 의미로 착각할 수 있다. 하지만 실제 의미는 '조심하다'이다. 아래 예문을 통해 '心'자가 들어간 다양한 단어들의 쓰임을 파악해보자.

> 小心感冒。 감기 조심해.
> 他很关心你的身体。 그가 너의 건강에 관심을 가지고 있어.
> 你担心什么? 너 무엇을 걱정하니?
> 您放心吧。 당신 안심하세요.

❸ 서로 반대되는 감정을 나타내는 어휘를 기억해두자.

문제와 보기가 비슷한 감정으로 이루어져 있는 문제도 있지만 상반된 감정을 표현하는 경우도 있다. 예를 들면, '우울하다'는 표현에 '행복하자'라고 대답해줄 수 있듯이 반대되는 감정 표현도 묶어서 기억해두자.

PT팁 반대되는 감정을 나타내는 어휘들

긍정적인 감정	부정적인 감정
기쁘다, 즐겁다	**화나다, 고통스럽다, 힘겹다**
高兴 gāoxìng 기쁘다, 즐겁다 开心 kāixīn 기쁘다, 즐겁다 快乐 kuàilè 기쁘다, 즐겁다	生气 shēngqì 화나다 伤心 shāngxīn 아프다 痛苦 tòngkǔ 고통스럽다 难过 nánguò 힘겹다
행복하다	**두렵다, 무섭다, 걱정하다**
幸福 xìngfú 행복하다	害怕 hàipà 무섭다 担心 dānxīn 걱정하다
사랑하다, 좋아하다, 관심을 가지다	**싫어하다, 관심이 없다**
爱 ài 사랑하다, 좋아하다 喜欢 xǐhuan 사랑하다, 좋아하다 关心 guānxīn 관심을 가지다	不喜欢 bù xǐhuan 싫어하다 不关心 bù guānxīn 관심이 없다
재미있다	**재미없다**
有意思 yǒuyìsi 재미있다	没有意思 méiyǒuyìsi 재미없다
마음을 놓다, 안심하다	**조심하다**
放心 fàngxīn 마음을 놓다 安心 ānxīn 안심하다	小心 xiǎoxīn 조심하다 注意 zhùyì 주의하다
원하다	**원하지 않다**
要 yào 원하다 愿意 yuànyì 원하다	不要 búyào 원하지 않다 不愿意 búyuànyì 원하지 않다
만족하다	**만족하지 못하다**
满意 mǎnyì 만족하다	不满意 bù mǎnyì 만족하지 못하다

 예제

A 我很担心，他一个人去国外读书。 B 现在，他觉得这是一件快乐的事情。 C 没问题，你就放心吧。	A 나는 그가 혼자 해외에 가서 공부를 하는 게 걱정이야. B 현재 그는 그것이 하나의 즐거운 일이라고 생각해. C 문제 없어. 너 안심해도 돼.
1. 这几天我不在家，请你帮我照顾小狗。 2. 儿子第一次下水的时候比较害怕。 3. 孩子已经19岁了，知道怎么照顾自己，你就别担心了。	1. 이 며칠 나 집에 없어. 네가 날 도와서 강아지를 돌봐줘. 2. 아들이 맨 처음으로 물에 들어갈 때 비교적 두려워했어. 3. 아이가 이미 19살이 되었어. 스스로를 어떻게 돌보는지 알아. 너 안심해.

1. 这几天我不在家，请你帮我照顾小狗。
C 没问题，你就放心吧。

해설 문제 지문 안에는 감정에 관련된 단어가 없기 때문에 해석을 통해서 답을 찾아내야 한다. 강아지를 부탁한다는 말에 대한 대답으로 적절한 것은 보기 C에 나오는 '放心 fàngxīn(안심하다)'이다. 따라서 1번은 보기 C와 짝이 된다.

정답 1 - C

2. 儿子第一次下水的时候比较害怕。
B 现在，他觉得这是一件快乐的事情。

해설 문제에서 '害怕 hàipà(무섭다, 두렵다)'라는 표현과 비슷한 표현은 보기에 없기 때문에 반대되는 표현인 보기 B의 '快乐 kuàilè(즐겁다, 유쾌하다)'를 찾으면 두 문장 사이의 연관성이 있기 때문에 쉽게 답을 유추할 수 있다. 또한, '…的时候 …de shíhou(~했을 때)'라는 문장과 B의 '现在 xiànzài(현재는)'로 시작되는 문장은 시간으로 연결된다는 공통점이 있기 때문에 2번은 보기 B와 짝이 된다.

정답 2 - B

A 我很担心，他一个人去国外读书。
3. 孩子已经19岁了，知道怎么照顾自己，你就别担心了。

해설 문제와 보기에 '担心 dānxīn(걱정하다)'이라는 표현이 공통적으로 들어가 있기 때문에 3번 문제는 비교적 쉽게 답을 찾을 수 있다. 걱정이 된다고 하자 앞에 '别 bié(~하지 마라)'를 붙여 걱정하지 말라고 대답하면서 대화가 자연스럽게 이어진다. 따라서 3번은 보기 A와 짝이 된다.

정답 A - 3

> 감정과 관련된 어휘에 표시해보고, 반대되는 감정 표현에 주의하자.

A 别担心，我坐公共汽车，20分钟就到学校了。

B 李小姐，这双鞋真漂亮，谢谢你。

C 这次比赛，世界很多国家的运动员都来参加了。

D 大家都觉得她又聪明又可爱。

E 已经都解决了，校长，您放心吧。

문제 1 不客气，你喜欢就好。　　　　　　　　　　　　(　　)

문제 2 这么小就会写自己的名字了？真不简单。　　　　(　　)

문제 3 上次会议上说的那些问题解决了吗？　　　　　　(　　)

문제 4 快点儿吧，再有一个小时就要考试了。　　　　　(　　)

문제 5 这是一个很好的机会，但我对自己的游泳成绩不太满意。(　　)

쓰기 제1부분 ❹ | 제시된 어휘로 문장 배열하기
술어를 탄탄하게! - 보어(2) 결과보어

전략 PT

 학습시간 20분

보어
술어(형용사나 동사) 뒤에서 그 술어의 동작·상태 등에 대해 의미를 더욱 보충해서 설명해주는 성분으로 정도보어, 결과보어 등이 있다.

| 결과보어 | 보어 중 결과보어는 동작의 결과를 보충하는 성분으로, [주어 + 술어 + 결과보어 + 목적어] 순으로 온다. | 我吃好了.
我打错了. |

술어를 보충 설명해주는 성분인 보어 중 결과보어는 단순히 '먹다'가 아닌 먹은 결과 '잘 먹었다' 또는 '다 먹었다' 등을 나타낼 수 있으며, 마찬가지로 단순히 '보다'가 아닌 본 결과 '잘못 봤다' 또는 '다 봤다' 등의 의미를 나타낼 수 있다. 이처럼 동작의 결과가 어떠한지 보충해주는 것을 '결과보어'라고 한다.

❶ 결과보어의 기본어순

결과보어의 어순은 [주어 + 술어 + 결과보어]로 다음과 같다.

주어 +	술어 +	결과보어	
我	吃	好了.	→ 나는 잘 먹었다.
我	打	错了.	→ 나는 잘못 걸었다.

❷ 결과보어 문장에서 목적어가 있을 경우 어순

결과보어 문장에서 목적어는 [술어 + 결과보어] 뒤에 온다.

주어 +	술어 +	결과보어 +	목적어	
我	吃	好了	晚饭.	→ 나는 저녁을 잘 먹었다.
我	打	错了	电话.	→ 나는 전화를 잘못 걸었다.

❸ 결과보어가 들어간 문장에서 술어는 무조건 동사이다.

술어가 될 수 있는 품사로는 동사와 형용사가 있다. 그러나 결과보어는 동작의 결과를 보충해주는 성분이기 때문에 동작의 결과가 없는 형용사는 술어 자리에 놓을 수 없다. 따라서 결과보어 문장에서 술어 자리에는 동사만 놓을 수 있다.

④ 동작의 완료를 나타내는 조사 '了(le)'가 필요하다.

결과보어는 동작이 다 완료된 후에 결과를 보충하는 것이기 때문에 조사 '了 le'가 필요하다. '了'는 기본적으로 동사 뒤에 위치하지만 술어 뒤에 결과보어가 붙게 되면 '了'는 동사 뒤가 아닌 결과보어 뒤로 옮겨간다.

吃 了 好 (×)   吃 好 了 (○)
동사 결과보어   동사 결과보어

⑤ 결과보어 문장을 부정하려면 시점상 과거를 부정하는 부정부사 '没'를 사용한다.

단, '没'로 부정하게 되면 문장에서 완료를 나타내는 '了'는 중복해서 들어갈 수 없기 때문에 삭제한다.

我没吃好了。(×)   我没吃好。(○)
我没看错了。(×)   我没看错。(○)

PT팁 3급 시험에 자주 등장하는 결과보어

1	好 hǎo 만족스러운 결과 또는 완료	我做好了作业。 나는 숙제를 잘했다. / 나는 숙제를 다 했다.
2	完 wán 완료, 완성되다	我已经吃完了面包。 나는 이미 빵을 다 먹었다.
3	懂 dǒng 알다, 이해하다	我听懂了老师说的话。 나는 선생님의 말씀을 듣고 이해했다. 我能看懂中国报纸。 나는 중국 신문을 보고 이해할 수 있다.
4	到 dào 목적을 달성(해냈다)	我终于买到了演唱会的票。 나는 드디어 콘서트 티켓을 샀다. 我找到了手机。 나는 휴대전화를 찾아냈다.
5	见 jiàn 감각기관에 의한 감지를 나타냄	你听见了吗? 너 들었어? 我刚才看见老师了。 나 방금 선생님을 봤어.
6	错 cuò 틀리다	我打错了电话。 나는 전화를 잘못 걸었다.

예제 1

完了　我　作业　做

분석 完 wán 동 다 하다 | 作业 zuòyè 명 숙제 | 做 zuò 동 하다

Point
1. 술어를 찾는다. 술어가 될 수 있는 단어가 두 개이기 때문에 어떤 것이 술어인지 잘 찾아내야 한다.
2. 술어 둘 중 하나는 술어 뒤에서 동작을 한 결과를 보충해주는 결과보어 자리에 놓아준다.
3. 해석을 통해 동작을 할 수 있는 주어를 찾아주자.

해설

주어	술어	결과보어	목적어
我	做	完了	作业

술어가 될 수 있는 단어는 '做 zuò(하다)'와 '完了 wán le(다 했다)'이다. '完了'를 술어로 볼 경우 '做'는 주어나 목적어, 수식 성분이 될 수 없으므로 술어는 '做'가 된다. 그리고 '~한 결과 다 했다'라는 의미를 보충해주기 위해 술어 뒤에 결과보어 '完了'를 넣어준다. 주어는 다 하는 행위를 할 수 있는 '我 wǒ(나)'가 된다. 마지막으로 남아있는 '作业 zuòyè(숙제)'를 목적어 자리에 놓으면 자연스러운 문장이 된다.

정답 我做完了作业。 나는 숙제를 다 했다.

예제 2

我的　洗　他　干净　衣服　没

분석 洗 xǐ 동 씻다, 빨다, 닦다 | 干净 gānjìng 형 깨끗하다 | 衣服 yīfu 명 옷

Point
1. 술어를 찾는다. 결과보어가 들어간 문장에서 형용사는 술어가 될 수 없다.
2. 부정부사는 술어 앞에서 술어를 부정한다.
3. '…的'는 명사를 수식하는 관형어 성분이다.

해설

주어	부사어	술어	결과보어	관형어	목적어
他	没	洗	干净	我的	衣服

결과보어 문장에서 술어는 동사만 가능하기 때문에 일단 술어는 '洗 xǐ(씻다, 빨다)' 밖에 될 수 없다. 씻은 결과 깨끗이 씻었다는 문장을 만들어주기 위해 결과보어 자리에는 '干净 gānjìng(깨끗하다)'을 넣어준다. 씻는 행위를 하는 주어는 '他 tā(그)'이고, '我的 wǒ de(나의)'는 뒤에 명사가 필요하기 때문에 명사 '衣服 yīfu(옷)'를 붙여 목적어 자리에 놓는다. 마지막 남아있는 '没'는 과거의 일을 부정하는 부정부사로 동사 앞에 놓는다.

정답 他没洗干净我的衣服。 그는 내 옷을 깨끗이 빨지 않았다.

실전 PT

> 결과보어의 기본 어순을 떠올려보고, '了'가 있는 경우 술어가 아닌 결과보어 뒤에 들어가는 점을 주의하자.

문제 1 ▶ 打   电话   我   错了
- 답 _____
- 해석 _____

문제 2 ▶ 准备   已经   我们   好了
- 답 _____
- 해석 _____

문제 3 ▶ 终于   手机   找   妈妈   到了
- 답 _____
- 해석 _____

문제 4 ▶ 他说的   没   我   话   听懂
- 답 _____
- 해석 _____

문제 5 ▶ 词语   没   弟弟   今天学的   背完
- 답 _____
- 해석 _____

마무리 PT    학습시간 05분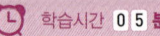

1 朋友家离这儿很近。 여기서부터 친구네 집까지는 가깝다.
Péngyou jiā lí zhèr hěn jìn.

* 离 lí
  ~에서부터, ~까지

2 大家都觉得她又聪明又可爱。
Dàjiā dōu juéde tā yòu cōngming yòu kě'ài.
모두들 그녀가 총명하고 귀엽다고 생각해.

* 又 A 又 B yòu A yòu B
  A하기도 하고 B하기도 하다

3 这么小就会写自己的名字了? 真不简单。
Zhème xiǎo jiù huì xiě zìjǐ de míngzi le? Zhēn bù jiǎndān.
이렇게 어린데 자기 이름을 쓸 수 있어? 정말 대단하다.

* 真不简单 zhēn bù jiǎndān
  능력이 출중하게 뛰어나다

4 我对自己的游泳成绩不太满意。
Wǒ duì zìjǐ de yóuyǒng chéngjì bú tài mǎnyì.
나는 자신의 수영 성적에 그다지 만족하지 못한다.

* 对…很满意 / 不满意
  duì…hěn mǎnyì / bù mǎnyì
  ~에 대해 만족하다 / 만족하지 못하다

5 再玩儿一会儿吧。 Zài wánr yìhuǐr ba. 조금만 더 놀아요.

* 동사 + 一会儿
  잠시 동안 ~하다

PT 기출상식

중국인과 숫자

중국인들은 해음현상 때문에 숫자의 의미를 중요시하게 되었다. 해음현상이란 두 단어의 발음이 같거나 비슷해서 생기는 문화현상을 뜻한다. 그렇다면 이 해음현상과 중국인의 숫자 선호도 사이에 어떤 관계가 있는지, 먼저 중국인이 좋아하는 숫자를 통해 알아보자.

중국인이 가장 좋아하는 숫자는 '8'이다. 숫자 '八 bā(8, 여덟)'와 '发财 fācái(돈을 벌다)' 중 '八'와 '发' 발음이 비슷해서 '8'은 큰 돈을 벌거나 부자가 된다는 의미를 가지고 있다. 중국에서 개최되는 큰 행사의 시간을 대부분 8시로 맞출 만큼 중국인들은 '8'이라는 숫자를 매우 중요시 한다는 것을 알 수 있다. '8' 외에 또 좋아하는 숫자로는 '6'과 '9'가 있다. 숫자 '六 liù(6, 여섯)'는 '流 liú(흐르다)'와 발음이 비슷해서 모든 일이 물처럼 순조롭게 흘러가길 바라는 의미를 담고 있다. 그리고 숫자 '九 jiǔ(9, 아홉)'는 '久 jiǔ(오래다)'와 발음이 같아서 장수를 의미하기 때문에 중국인들이 좋아하는 숫자 중 하나다.

반면에 숫자 '四 sì(4, 넷)'는 '死 sǐ(죽다)'와 발음이 비슷하여 죽음을 뜻하고, 숫자 '七 qī(7, 일곱)'는 '气 qì(화내다)'와 발음이 비슷하기 때문에 중국인이 좋아하지 않는 숫자라고 한다.

Day 5

듣기 제2부분 ❶ | 녹음 내용과 문제의 일치/불일치 판단하기
같지만 다른 우리, 다르지만 같은 우리! - 유사 표현

어휘 PT　　Track 05-1　　학습시간 10분

예제 1
- 医生 yīshēng 명 의사
- 认为 rènwéi 동 ~라고 여기다, 생각하다
- 耳朵 ěrduo 명 귀
- 医院 yīyuàn 명 병원
- 药 yào 명 약

예제 2
- 体育馆 tǐyùguǎn 명 체육관
- 离 lí 전 ~에서부터, ~까지
- 远 yuǎn 형 멀다
- 近 jìn 형 가깝다
- 路口 lùkǒu 명 길목
- 向 xiàng 전 ~를 향하여

예제 3
- 点菜 diǎncài 동 요리를 주문하다
- 筷子 kuàizi 명 젓가락

문제 1
- 附近 fùjìn 명 근처
- 条 tiáo 양 가늘고 긴 것을 세는 단위
- 河 hé 명 강
- 树 shù 명 나무
- 草地 cǎodì 명 풀밭, 초원

문제 2
- 决定 juédìng 동 결정하다
- 会议 huìyì 명 회의
- 结束 jiéshù 동 끝나다
- 经理 jīnglǐ 명 사장, 매니저
- 愿意 yuànyì 동 바라다, 동의하다
- 同意 tóngyì 동 동의하다

문제 3
- 月亮 yuèliang 명 달
- 盘子 pánzi 명 쟁반
- 像 xiàng 동 ~와 같다, 닮다

문제 4
- 起床 qǐchuáng 동 기상하다
- 节目 jiémù 명 프로그램, 항목
- 演 yǎn 동 공연하다, 상영하다
- 洗脸 xǐliǎn 동 세수하다
- 刷牙 shuāyá 동 이를 닦다
- 准备 zhǔnbèi 동 준비하다
- 睡觉 shuìjiào 동 잠을 자다

문제 5
- 手表 shǒubiǎo 명 손목시계
- 重要 zhòngyào 동 중요하다
- 发现 fāxiàn 동 발견하다
- 方便 fāngbiàn 형 편리하다

❶ 거리와 관련된 표현을 주의해서 듣자.

유사 표현에는 거리와 관련된 문제가 종종 출제된다. 문제에는 가깝다고 나와있지만 녹음 내용에는 '멀지 않다, 근처이다' 등 반의어에 '不'를 붙여 같은 뜻으로 만들거나 비슷한 표현으로 풀어내는 문장에 주의하자.

> 녹음 我家旁边有一家新开的茶馆，那儿的茶很好喝。
> 　　　우리 집 옆에는 새로 연 찻집이 하나 있다. 그곳의 차는 맛있다.
> 문제 茶馆离我家很近。(✓)　우리 집에서 찻집은 가깝다.
>
> → '旁边 pángbiān(옆, 근처)'과 '很近 hěn jìn(가깝다)'은 같은 의미이기 때문에 답은 ✓이다.

❷ 비슷한 발음을 조심하자.

녹음에서 '그녀는 小学老师 xiǎoxué lǎoshī(초등학교 선생님)이다'라고 나왔지만 문제는 '그녀는 小学生 xiǎoxuéshēng(초등학생)이다'라고 비슷한 단어를 가지고 혼란을 주는 경우가 있다. 따라서 녹음 앞부분만 듣고 비슷한 단어가 들렸다고 해서 성급히 답을 체크하지 말고 끝까지 주의 깊게 들어야 한다.

> 녹음 小王是我的老同学。他很热情，所以认识他的人都很喜欢他。
> 　　　샤오왕은 나의 오래된 학우이다. 그는 친절해서 그를 아는 사람들은 모두 그를 좋아한다.
> 문제 小王是我的同事。(✗)　샤오왕은 나의 직장 동료이다.
>
> → 같은 글자 '同 tóng(함께, 같다)'을 사용하는 두 단어가 나오기 때문에 헷갈릴 수 있다. 더군다나 '同学 tóngxué(학우)'와 '同事 tóngshì(동료)'는 '同' 뒤의 단어도 언뜻 비슷하게 들릴 수 있다. 따라서 녹음 내용과 문제를 끝까지 집중해서 들어야 실수를 피할 수 있다.

❸ 시점을 주의해서 듣자.

동작의 상태가 완료되었는지, 진행 중인지, 경험한 적이 있는지 등을 알기 위해서는 동태조사 '了 le', '着 zhe', '过 guo'를 잘 파악해야 하며, 부정부사 '不'나 '没'와 같이 쓰이는 경우 시점상 언제를 부정하는지 알아야 문제를 정확하게 풀 수 있다.

'了'는 동사 또는 목적어 뒤에서 동작이 완료되었음을, '着'는 동사 뒤에서 동작의 진행과 상태의 지속을 의미하며 주로 '~하고 있는 중이다'라는 뜻을 가진 부사 '正在', '正', '在'와 자주 쓰인다. '过'는 동사 뒤에서 '~한 적이 있다'는 동작의 경험을 의미한다.

> 他来了。그가 왔다.　　　他在来。그가 오는 중이다.　　　他来过。그가 온 적이 있다.
>
> → 이처럼 동사 뒤에 어떤 조사가 붙어 있느냐에 따라 의미가 달라지기 때문에 조사를 주의 깊게 들어야 한다.

TIP '不 bù'는 시점상 현재와 미래를 부정할 때 주로 쓰이고, '没 méi'는 과거를 부정한다.

예제 1 Track 05-2

★ 医生认为妈妈的耳朵没问题。（　）	★ 의사가 생각하기에 엄마의 귀에는 문제가 없다.
最近，妈妈一直说耳朵疼。我带她去医院，但是医生说她的耳朵没问题，不用吃药，多喝水就可以了。	요즘 엄마가 계속 귀가 아프다고 말했다. 내가 엄마를 데리고 병원에 갔는데 의사가 말하기를 엄마의 귀에는 문제가 없어서 약을 먹을 필요도 없고 물을 많이 마시면 괜찮다고 했다.

해설 '认为'는 '~라고 여기다. 생각하다'라는 뜻으로 녹음에서 의사가 말하기를 엄마의 귀에 문제가 없다는 부분을 통해 의사의 생각을 알 수 있다. 또한, 귀에 문제가 없다는 표현인 '耳朵没问题'가 문제와 녹음에 모두 등장했기 때문에 쉽게 정답을 고를 수 있다.

정답 ✓

예제 2 Track 05-3

★ 国家体育馆离这儿不远。（　）	★ 국가체육관은 여기에서 멀지 않다.
国家体育馆离这儿很近，看见前面那个路口了吗？你从那儿向右走一百米，就会看见一个黄色的大楼，那个楼就是。	국가체육관은 여기에서 가까워. 앞쪽에 그 골목 봤어? 너는 거기에서부터 오른쪽을 향해서 100미터 걸으면 바로 하나의 큰 노란색 건물을 볼 수 있을 거야. 그 건물이 바로 국가체육관이야.

해설 거리를 묻는 문제이다. 국가체육관까지는 '近 jìn(가깝다)'이라는 표현을 문제에서는 반의어 '远 yuǎn(멀다)' 앞에 '不'를 붙여 '멀지 않다', 즉, '가깝다'와 같은 표현으로 만들었다. 이와 같이 반의어 앞에 '不'를 붙여 같은 의미지만 다르게 보이는 표현에 주의하자.

정답 ✓

예제 3 Track 05-4

★ 他们不想再点菜。（　）	★ 그들은 음식을 다시 주문하고 싶지 않다.
服务员，我们这儿少了一双筷子和一个盘子，还有把菜单拿过来，我们要再点三个菜。	종업원. 우리 여기 젓가락 한 쌍과 접시 하나가 부족해요. 그리고 메뉴판을 가지고 와주세요. 우리는 세 가지 요리를 더 주문하려고 합니다.

해설 식당에서 종업원에게 이야기하는 내용으로 메뉴판을 가져다 달라고 하면서 요리를 더 시킬 것이라고 한다. 하지만 문제에는 '不想'을 사용해서 '주문하고 싶지 않다'라고 하여 본문과 의미가 반대되며, '再'가 들리는 것에 혼동해서 답을 ✓로 고르지 않도록 주의해야 한다.

정답 X

> 문제의 내용이 녹음에서 어떤 식으로 바뀌어 표현되는지 유의해서 듣자.

문제 1 ★ 他家附近有条小河。　　　　　　　　　　（　　）

문제 2 ★ 他决定去国外工作两年。　　　　　　　　（　　）

문제 3 ★ 八月十五的月亮很大。　　　　　　　　　（　　）

문제 4 ★ 儿子还没起床。　　　　　　　　　　　　（　　）

문제 5 ★ 手表像以前那么重要。　　　　　　　　　（　　）

독해 제2부분 ❶ | 빈칸에 들어갈 알맞은 어휘 고르기
명사가 필요한 곳은?

어휘 PT 학습시간 10분

예제 1
- 必须 bìxū [부] 반드시 ~해야 한다
- 银行 yínháng [명] 은행
- 年轻人 niánqīngrén [명] 젊은 사람
- 结婚 jiéhūn [동] 결혼하다
- 越来越 yuèláiyuè 점점 더 ~해지다
- 晚 wǎn [형] 늦다
- 葡萄 pútáo [명] 포도
- 果汁 guǒzhī [명] 과일주스
- 对 duì [전] ~에 대해서, ~에 대하여
- 帮助 bāngzhù [동] 돕다
- 健康 jiànkāng [명] 건강

예제 2
- 结束 jiéshù [동] 끝나다, 마치다
- 上次 shàngcì [명] 지난번
- 附近 fùjìn [명] 부근, 근처
- 地方 dìfang [명] 장소, 곳
- 厨房 chúfáng [명] 주방
- 拿 ná [동] 잡다, 쥐다
- 面包 miànbāo [명] 빵

문제 1
- 周末 zhōumò [명] 주말
- 商店 shāngdiàn [명] 상점
- 裙子 qúnzi [명] 치마
- 条 tiáo [양] 가늘고 긴 것을 세는 단위

문제 2
- 国外 guówài [명] 국외, 해외
- 经常 jīngcháng [부] 종종, 자주
- 给 gěi [전] ~에게
- 信 xìn [명] 편지

문제 3
- 站 zhàn [동] 서다
- 中间 zhōngjiān [명] 중간, 가운데
- 让 ràng [동] ~하게 하다

문제 4
- 准备 zhǔnbèi [동] 준비하다
- 双 shuāng [양] 쌍, 켤레
- 筷子 kuàizi [명] 젓가락

문제 5
- 药 yào [명] 약
- 作用 zuòyòng [명] 효과, 작용, 영향
- 腿 tuǐ [명] 다리
- 关心 guānxīn [명][동] 관심/관심을 가지다

문제 6
- 外面 wàimian [명] 바깥
- 还 hái [부] 아직, 여전히
- 在 zài [부] ~하고 있는 중이다
- 下雨 xiàyǔ [동] 비가 내리다
- 上学 shàngxué [동] 등교하다
- 带 dài [동] 데리다, 지니다
- 伞 sǎn [명] 우산
- 接 jiē [동] 마중하다, 데리러 가다

❶ 명사가 지시대명사 또는 수사의 수식을 받으면 중간에 양사가 필요하다.

명사 앞에는 여러 가지 품사들이 수식을 할 수 있지만 그 중에서 지시대명사와 수사의 수식을 받으면 중간에 각각 명사에 적합한 양사가 필요하다. PT팁을 참고하자!

❷ 문장이 '的'로 끝나면 뒤에는 명사가 위치한다.

'的'는 명사와 관형어 사이에서 수식 관계를 나타내기 때문에 문장 끝이 '的'이면 그 뒤는 명사가 와야 한다.

> 我买了漂亮<u>的</u>衣服。 나는 예쁜 옷을 샀다.
> 这是新买<u>的</u>手机。 이것은 새로 산 휴대전화이다.
> 那是谁<u>的</u>书? 저것은 누구의 책인가?

❸ 전치사를 찾자.

전치사는 문장 안에서 혼자 쓰일 수 없기 때문에 명사 또는 대명사와 짝을 이루어 전치사구를 만든다. 즉, 전치사 뒤가 빈칸일 땐 명사가 들어갈 확률이 높다.

> 我给打电话了。　　(X)　　我<u>给</u>他打电话了。 나는 그에게 전화를 걸었다. 　(O)
> 我们从开始工作。　(X)　　我们<u>从</u>9点开始工作。 우리는 9시부터 일을 시작한다. (O)
> 我跟去买东西。　　(X)　　我<u>跟</u>妈妈去买东西。 나는 엄마와 물건을 사러간다. (O)

전치사는 절대 혼자 쓰일 수 없다는 것을 다시 한번 기억하고 위의 예문을 잘 외워두자.

❹ 동사 뒤 목적어 자리를 확인하자.

동사술어문은 동사 뒤에 목적어가 오고, 이 목적어 자리에는 대부분 명사가 들어간다는 특징이 있다. 동사 뒤가 빈칸일 땐 보어 자리인지 또는 목적어(대부분 명사)의 자리인지 잘 보고 문제를 풀어야 한다.

> 妈妈在做<u>饭</u>。 엄마는 하고 있다. 무엇을? 밥을!
> 他在图书馆学习<u>汉语</u>。 그는 도서관에서 공부한다. 무엇을? 중국어를!
> 我已经看完了<u>这本书</u>。 나는 이미 다 봤다. 무엇을? 이 책을!

PT팁 3급 시험에 자주 출제되는 양사

양사	[양사 + 명사] 표현 정리
1	个 ge 개 사람이나 사물을 세는 가장 보편적인 단위	一个人 yí ge rén 한 사람 这个问题 zhège wèntí 이 문제 三个苹果 sān ge píngguǒ 사과 세 개
2	条 tiáo (치마·길·강 등) 가지, 가닥 가늘고 긴 것을 세는 단위	一条裤子 yì tiáo kùzi 바지 한 벌 一条裙子 yì tiáo qúnzi 치마 한 벌 这条路 zhè tiáo lù 이 길 这条新闻 zhè tiáo xīnwén 이 소식
3	双 shuāng (젓가락·양말·신발 등) 쌍 짝을 이루고 있는 것을 세는 단위	一双鞋 yì shuāng xié 신발 한 켤레 一双筷子 yì shuāng kuàizi 젓가락 한 쌍
4	家 jiā (회사·호텔·식당 등) 집, 채 집이나 회사 등을 세는 단위	这家商店 zhè jiā shāngdiàn 이 상점 这家饭馆 zhè jiā fànguǎn 이 식당 一家公司 yì jiā gōngsī 한 회사
5	张 zhāng (침대·책상 등) 장, 개 종이 또는 평평한 물건을 세는 단위	这张床 zhè zhāng chuáng 이 침대 一张桌子 yì zhāng zhuōzi 책상 한 개 一张纸 yì zhāng zhǐ 종이 한 장 这张照片 zhè zhāng zhàopiàn 이 사진
6	本 běn (책·잡지 등) 권 서적을 세는 단위	一本书 yì běn shū 책 한 권 一本词典 yì běn cídiǎn 사전 한 권
7	杯 bēi 잔, 컵 잔에 담긴 액체를 세는 단위	一杯咖啡 yì bēi kāfēi 커피 한 잔 一杯果汁 yì bēi guǒzhī 과일주스 한 잔
8	件 jiàn 벌, 건 옷·사건 등을 세는 단위	这件衣服 zhè jiàn yīfu 이 옷 这件事 zhè jiàn shì 이 일 一件衬衫 yí jiàn chènshān 셔츠 한 벌
9	辆 liàng 대 차량을 세는 단위	一辆车 yí liàng chē 차 한 대
10	位 wèi 분 사람을 높여 세는 단위	一位老师 yí wèi lǎoshī 선생님 한 분 一位客人 yí wèi kèrén 손님 한 분
11	把 bǎ (칼·우산·의자 등) 자루, 다발 손잡이가 있는 것을 세는 단위	一把伞 yì bǎ sǎn 우산 한 개 这把椅子 zhè bǎ yǐzi 이 의자

예제 1

| A 小心 | B 年轻人 | C 健康 | A 조심하다 | B 젊은 사람 | C 건강 |
| D 必须 | E 银行 | | D 반드시 ~해야 한다 | E 은행 | |

| 1. 现在的（　　）结婚越来越晚了。 | 1. 현재 (　　) 결혼이 점점 더 늦어졌다. |
| 2. 妈妈，您每天喝杯红葡萄果汁，对（　　）很有帮助。 | 2. 엄마, 매일 적포도 주스를 한 잔 마시면 (　　)에 매우 도움이 돼요. |

1. **해설** 빈칸 앞 부분인 '现在的(현재의)'에서 '的'는 구조조사로 문장의 구조를 잡아주는 역할을 한다. 명사 앞에서 명사를 수식하는 관형어와 수식을 받는 명사 사이에서 두 단어가 수식 관계임을 알려준다. 따라서 이 문제에서 '的' 뒤에는 명사가 필요하다. 현재 무언가의 결혼이 점점 늦어진다는 해석을 통해 답은 B **年轻人**(젊은 사람)이 된다.
   정답 B

2. **해설** 전치사는 문장에서 혼자 쓰일 수 없기 때문에 명사 혹은 대명사와 전치사구를 이룬다. 이 문장에서는 '对'의 뒤가 빈칸으로 뚫려있다. '对 duì(~에 대해서)'는 전치사이기 때문에 뒤에 (대)명사를 놓아서 전치사구를 만들어야 한다. 해석해보면 '적포도 주스를 마시는 것이 ~에 도움이 된다'이기 때문에 답은 C **健康**(건강)이 된다.
   정답 C

예제 2

| A 地方 | B 短 | C 结束 | A 장소 | B 짧다 | C 끝나다 |
| D 饱 | E 一定 | | D 배부르다 | E 반드시 | |

| 1. A: 明天在哪儿见面？
B: 上次我们去过的那个（　　），那儿附近有一家饭馆儿很不错。 | 1. A: 내일 어디에서 만나?
B: 지난번에 우리 갔었던 그 (　　), 거기 근처에 있는 식당 하나가 괜찮아. |
| 2. A: 我去厨房，拿点儿面包，你要不要？
B: 不用了，我觉得已经很（　　）了。 | 2. A: 내가 주방에 가서 빵을 조금 가져올게, 너 필요해?
B: 괜찮아. 나는 이미 (　　)고 생각해. |

1. **해설** 명사가 앞에서 지시대명사 또는 수사(숫자)의 수식을 받으면 중간에 양사를 넣어야 한다. '那 nà(그, 저)'는 지시대명사이고 '个 ge(개)'는 양사로 뒤가 빈칸으로 되어 있으니 그 자리엔 당연히 명사가 필요하다. 하지만 보기의 세 단어는 모두 명사이므로 의미상으로 판단해야 한다. '去过 qùguo(갔었던)', '饭馆 fànguǎn(식당)' 등에서 힌트를 얻어 '那个' 뒤에는 A **地方**(장소)이 와야 한다.
   정답 A

2. **해설** 정도부사 뒤가 빈칸이므로 형용사가 필요한 것을 알 수 있다. 내용상으로도 자신이 어떻게 느끼는지 묘사하고 있기 때문에 정답은 D **饱**(배부르다)이다.
   정답 D

실전 PT

> 빈칸의 위치를 빠르게 파악해서 어떤 품사가 필요한지 파악하자!

[1–3]

   A 种 B 中间 C 信 D 邻居 E 条

문제 1 这个周末我想去商店买（ ）裙子，你去不去?

문제 2 弟弟去国外后，经常给妈妈写（ ）。

문제 3 小李，你站爸爸和妈妈（ ），让弟弟站后面。

[4–6]

   A 伞 B 筷子 C 附近 D 关心 E 普通话

문제 4 A：你准备了几双（ ）?
   B：三双啊。

문제 5 A：那个药的作用怎么样? 你的腿好些了吗?
   B：好多了，谢谢你的（ ）。

문제 6 A：外面还在下雨吗?
   B：在下大雨，儿子今天上学没带（ ），我一会儿去接他吧。

쓰기 제1부분 ❺ | 제시된 어휘로 문장 배열하기

동작의 연속, 연동문!
내 안에 두 가지 역할이 있다, 겸어문!

 전략 PT   학습시간 20분

연동문
하나의 주어에 두 가지 이상의 동작이 연달아서 일어나는 문장으로 [주어+술어1+목적어1+술어2+목적어2] 순으로 온다. 의미상 먼저 발생한 술어를 앞에 놓고 그 다음으로 발생할 술어를 뒤에 놓는다.

❶ 기본어순을 알아두는 것이 연동문의 기본!

다음 예문을 통해 연동문 기본어순을 숙지하자.

[주어 +	술어1 +	목적어1 +	술어2 +	목적어2]	
我	去	图书馆	看	书。	나는 도서관에 가서 책을 본다.
他	来	我家	玩儿。		그는 우리 집에 놀러 온다.
弟弟	去	中国	学过	汉语。	남동생은 중국에 가서 중국어를 공부한 적이 있다.
他	生	病	住	院了。	그는 병이 나서 입원했다.
我	骑	自行车	去	商店。	나는 자전거를 타고 상점에 간다.
我	用	右手	写	字。	나는 오른손을 사용해서 글씨를 쓴다.
我	没有	时间	吃	饭。	나는 밥 먹을 시간이 없다.

❷ 연동문에서 '了', '着', '过'와 부사·조동사의 위치를 꼭 알아두자!

연동문은 순서대로 배열하는 것도 중요하지만 기본적으로 술어가 2개 이상이기 때문에 '了', '着', '过', '부사', '조동사'의 위치가 중요하다. '着'는 동작의 진행 상태를 알려주므로 첫 동작과 두 번째 동작을 같이 행할 때 쓴다. 이 '着'는 <u>첫 번째 술어 뒤</u>에 놓여서 두 동작이 동시에 일어남을 나타낸다. 반면 '了'와 '过'는 술어가 몇 개이든 상관없이 <u>마지막 술어 뒤</u>에 써준다. 부사와 조동사는 <u>첫 번째 술어 앞</u>에 놓인다.

他 看着 书 吃 饭。　그는 책을 보면서 밥을 먹는다.
　　동사1　　　동사2

她 起床 洗脸 出去了。　그녀는 기상해서 세수하고 나갔다.
　　동사1　　　동사2

他 去 美国 学过 英语。　그는 미국에 가서 영어를 배운 적이 있다.
　　동사1　　　동사2

老师　已经　坐　飞机　去了　中国。　　선생님은 이미 비행기를 타고 중국에 갔다.
　　　　[부사]　　　[동사1]　[동사2]

我　想　去　图书馆　看书。　　나는 도서관에 가서 책을 보고 싶다.
　　[조동사][동사1]　　　[동사2]

❸ 연동문의 핵심은 일의 순서대로 배열하는 것!

한국어로는 '책을 보러 도서관에 간다'라고 하지만 먼저 일어나는 행동은 도서관에 가는 것이다. 이렇듯 중국어는 일반적으로 일이 일어난 순서대로 배열하기 때문에 도서관에 가는 것을 먼저 쓰고, 그 뒤에 책을 보는 것을 써야 한다.

他　来　我家　玩儿。　　그는 우리 집에 놀러 온다.

→ 집에 와야 놀 수 있기 때문에 '来我家(우리 집에 오다)'를 먼저 쓴다.

老师　已经　坐飞机　去了中国。　　선생님은 이미 비행기를 타고 중국에 갔다.

→ 비행기를 타야 중국에 갈 수 있기 때문에 '坐飞机(비행기를 타다)'를 먼저 쓴다.

겸어문

첫 번째 술어의 목적어가 두 번째 술어의 주어를 겸하는 문장으로 주로 사역겸어문이 나온다. 이 사역겸어문은 '~하게 하다, ~하게 시키다'라는 의미를 나타낸다. 어순은 [주어1 + 술어1 + 겸어(목적어1/주어2) + 술어2 + 목적어2]이다.

❶ 기본어순을 알아야 겸어의 역할에 대해 알 수 있다.

다음 예문을 통해 겸어문 기본어순을 숙지하자.

[주어1	+ 술어1	+ 목적어1 주어2	+ 술어2	+ 목적어2]	
妈妈	让	我	打扫	房间。	엄마가 나에게 방 청소를 시킨다.
妈妈	让	弟弟	去	医院。	엄마가 남동생에게 병원에 가라고 한다.
老师	叫	我	读	课文。	선생님이 나에게 본문을 읽으라고 한다.
他	让	我	拿	书包。	그가 나에게 가방을 들라고 시킨다.
这部电影	使	我	感动。		이 영화는 나를 감동시킨다.
爸爸	让	姐姐	当	老师。	아빠는 언니에게 선생님이 되라고 시킨다.
我	请	他	拍	照片。	내가 그에게 사진을 찍어달라고 부탁한다.
他	有	一个爱好	是	看书。	그는 하나의 취미가 있는데 책을 보는 것이다.

❷ **사역겸어문을 만들어주는 동사는 다음과 같다.**

> 使 shǐ, 让 ràng, 叫 jiào, 令 lìng : ~하게 하다, ~하게 시키다
> 请 qǐng : ~할 것을 부탁하다, 요청하다

❸ **겸어문에서 '了', '着', '过'와 부사·조동사의 위치를 꼭 알아두자!**

겸어문에서 '了', '着', '过'는 모두 마지막 술어 뒤에 들어간다. 부사와 조동사는 연동문과 마찬가지로 첫 번째 술어 앞에 들어간다.

他 让 我 洗了 盘子。 그는 나에게 쟁반을 닦도록 시켰다.
　　동사1　동사2

我 让 他 拿着 面包。 나는 그에게 빵을 가져오라고 시켰다.
　　동사1　동사2

妈妈 不 让 弟弟 看 电视。 엄마는 남동생에게 텔레비전을 그만 보게 했다.
　　　부사 동사1　　동사2

爸爸 想 让 儿子 当 运动员。 아빠는 아들이 운동선수가 되기를 바라신다.
　　　조동사 동사1　　동사2

❹ **겸어문의 핵심은 첫 번째 술어의 목적어와 두 번째 술어의 주어를 찾는 것!**

사역겸어문을 만들어주는 동사들은 많지 않기 때문에 반드시 기억해두어야 한다. 그 동사를 찾으면 나머지 남는 동사가 두 번째 술어가 된다. 나머지 명사들은 해석을 통해서 어느 것이 첫 번째 술어의 목적어와 두 번째 술어의 주어 역할을 하는지 찾아야 한다.

我　感动　使　这部电影

→ 사역동사 '使'을 먼저 찾고, 그 다음 남는 술어 '感动 gǎndòng(감동하다)'을 찾는다. 감동을 하는 주체는 영화가 될 수 없기 때문에 목적어1과 주어2 역할을 할 수 있는 명사는 '我 wǒ(나)'가 된다. 그렇다면 나를 감동시키는 첫 번째 주어는 '这部电影 zhè bù diànyǐng(이 영화)'이 된다. 이렇게 완성된 문장은 '这部电影使我感动。(이 영화는 나를 감동시켰다.)'이다.

去　医院　弟弟　妈妈让

→ 사역동사 '让' 앞에 붙어 있는 단어가 행위를 시키는 첫 번째 주어이고, '去 qù(가다)'는 두 번째 동사가 된다. 그에 대한 목적어는 문맥상 '医院 yīyuàn(병원)'이 된다. 그렇다면 나머지 한 단어 '弟弟 dìdi(남동생)'는 목적어과 주어2 역할을 하는 겸어가 된다. 이렇게 완성된 문장은 '妈妈让弟弟去医院。(엄마는 남동생에게 병원에 가라고 했다.)'이다.

❺ 동사가 두 개일 경우엔 연동문인지 겸어문인지 확인해보자.

연동문과 겸어문의 공통점은 두 문장 모두 문장 안에 술어가 두 개 이상 있다는 것이다. 하지만 구별하는 방법은 어렵지 않다. 겸어문에서 대표적인 것은 '~하게 하다', '~하게 시키다'와 같은 사역겸어문이기 때문에 사역겸어문을 만들어주는 동사들을 기억해두고 연동문과 구분해주면 된다.

1. 我去图书馆看书。
2. 妈妈让我打扫房间。

위의 두 문장 모두 문장 안에 두 개의 술어가 있다. 첫 번째 문장은 '도서관에 가서 책을 보다'라는 뜻으로 사역의 의미를 가지고 있지 않으며, 중간에 있는 '图书馆 túshūguǎn(도서관)'이 다음 술어 '看 kàn(보다)'의 주어 역할을 할 수 없기 때문에 동작이 연달아 발생하는 연동문이라는 것을 알 수 있다.

두 번째 문장은 '엄마가 나에게 방청소를 시키다'라는 뜻으로 사역의 의미를 가지고 있으며 첫 번째 술어 '让 ràng(~로 하여금 ~하게 시키다)'의 목적어 '我 wǒ(나)'가 다음 술어 '打扫 dǎsǎo(청소하다)'의 주어 역할도 겸하고 있으므로 겸어문이라는 것을 알 수 있다.

예제 1

| 公园 | 经常 | 爸爸 | 去 | 玩儿 | 带我 |

분석 公园 gōngyuán 몡 공원 | 经常 jīngcháng 閉 종종, 자주 | 玩儿 wánr 동 놀다 | 带 dài 동 데리다

Point
1. 술어를 찾는다. 술어가 두 개 이상일 경우 연동문인지 겸어문인지 확인한다.
2. 겸어문에 자주 쓰이는 사역동사가 나오지 않으므로 연동문으로 본다.
3. 해석을 통해 어떤 동작이 먼저 일어나는지 파악하여 일의 순서대로 배치한다.
4. 중간중간 동사에 대한 목적어도 알맞게 끼워 넣는다.
5. 전체적인 행위를 하는 주어를 찾고, 남은 어휘를 적절히 배치한다.

해설

주어	부사어	술어1	술어2	목적어	술어3
爸爸	经常	带我	去	公园	玩儿

우선 동사를 하나씩 살펴보면 '去 qù(가다)', '玩儿 wánr(놀다)', '带 dài(데리다)'로 총 3개가 있다. 데리고 가야 놀 수 있기 때문에 첫 번째 술어는 '带'가 된다. 그 다음 어딘가에 가서(去) 노는(玩儿) 순서로 동작이 이어지는 것이 자연스럽다. 다음으로 각 술어에 어울리는 목적어를 넣어주면, 첫 번째 술어 뒤에는 '我'가 이미 붙어있고, '去' 뒤에는 '公园 gōngyuán(공원)'이 오는 것이 적절하다. 또한, 전체적인 행위를 하는 명사 어휘는 '爸爸 bàba(아빠)' 하나밖에 없으므로 맨 앞 주어 자리에 놓아준다. 나머지 부사 '经常 jīngcháng(종종)'까지 첫 번째 동사 앞에 놓으면 완벽한 문장이 된다.

정답 爸爸经常带我去公园玩儿。 아빠는 종종 나를 데리고 공원에 가서 논다.

예제 2

| 图书馆 | 让弟弟 | 去 | 他 | 了 |

분석 图书馆 túshūguǎn 몡 도서관 | 让 ràng 동 ~하게 하다, ~하게 시키다

Point
1. 술어를 찾는다. 술어가 두 개 이상일 경우 연동문인지 겸어문인지 확인한다.
2. '~하게 하다'라는 뜻을 가진 '让'을 통해 겸어문임을 파악한다.
3. 행위를 시키는 주어를 찾는다.
4. 겸어 역할을 하는 대상과 그 대상이 하는 동작을 뒤에 알맞게 배치한다.

해설

주어	술어1	목적어1 / 주어2	술어2	목적어2
他	让	弟弟	去了	图书馆

'让 ràng(~하게 하다)'을 통해 사역겸어문을 만들어야 하는 것을 알 수 있다. '让' 뒤에 '弟弟 dìdi(남동생)'가 붙어있기 때문에 행위를 시킬 수 있는 명사 '他 tā(그)'가 첫 번째 주어가 된다. 겸어 역할을 하는 '弟弟' 뒤에 두 번째 술어 '去 qù(가다)'와 그에 대한 목적어 '图书馆 túshūguǎn(도서관)'을 배치하면 된다.

정답 他让弟弟去了图书馆。 그는 남동생을 도서관에 가게 했다.

▶정답 및 해설 24p

실전 PT   학습시간 1 5 분

○ 연동문은 일의 순서대로! 겸어문은 겸어 역할을 하는 (대)명사를 주의해서 배열하자!

문제 1 用   画儿   经常   铅笔   画   我

▶ 답 _____

▶ 해석 _____

문제 2 游戏   让   弟弟   玩儿   我   不

▶ 답 _____

▶ 해석 _____

문제 3 我   去   跟他   看书   不想   图书馆

▶ 답 _____

▶ 해석 _____

문제 4 敢不敢   你   冷水   洗澡   用

▶ 답 _____

▶ 해석 _____

문제 5 有   电话   人   房间里   打

▶ 답 _____

▶ 해석 _____

Day 5 105

 마무리 PT   학습시간 0 5 분

1 你的腿好(一)些了吗?
Nǐ de tuǐ hǎo (yì)xiē le ma?
너의 다리는 조금 괜찮아졌어?

* 형용사 + (一)些
조금, 약간 ~하다

2 你敢不敢用冷水洗澡?
Nǐ gǎn bu gǎn yòng lěng shuǐ xǐzǎo?
너는 감히 찬물을 사용해서 샤워할 수 있니?

* 敢 gǎn
감히 ~하다

3 您每天喝杯红葡萄果汁，对健康很有帮助。
Nín měitiān hē bēi hóngpútáo guǒzhī, duì jiànkāng hěn yǒu bāngzhù.
당신이 매일 적포도 주스를 한 잔 마시는 것은 건강에 도움이 된다.

* 对…有帮助
duì…yǒu bāngzhù
~에 도움이 되다

4 我一会儿去接他吧。
Wǒ yíhuìr qù jiē tā ba.
내가 잠시 후에 그를 마중 갈게.

* 接 jiē
맞이하다, 받다

5 爸爸经常带我去公园玩儿。
Bàba jīngcháng dài wǒ qù gōngyuán wánr.
아빠는 종종 나를 데리고 공원에 가서 놀았다.

* 带 dài
데리다, 지니다

 PT 기출상식

春节 Chūn Jié VS 春季 chūnjì (= 春天 chūntiān)

3급 어휘 중에서 가장 많이 헷갈리는 것 중에 하나가 바로 '春节'와 '春季'이다. 한자도 비슷하고 발음도 비슷하기 때문에 혼동하기 쉬운데 먼저, '春节 Chūn Jié(춘절)'는 중국 최대 규모의 명절로 우리나라의 설날과 같다. 중국에서도 춘절에는 여러 가지 풍습이 있다.

첫 번째는 우리나라와 똑같이 세뱃돈을 주는 풍습이 있는데 특이한 점은 반드시 빨간색 봉투(红包, 홍바오)에 세뱃돈을 담아서 주는 것이다. 중국에서 빨간색은 행운과 기쁨을 상징하기 때문이다. 두 번째로 대문 앞에 '福'자를 거꾸로 써서 붙이는데 이렇게 하는 이유는 '거꾸로'라는 뜻을 가진 '倒 dào'와 '오다'라는 뜻을 가진 '到 dào'의 발음이 같기 때문에 '복이 들어온다'는 의미를 내포하기 때문이다. 세 번째는 폭죽 터뜨리기이다. 중국인들은 폭죽 소리가 크면 귀신을 쫓을 수 있다는 믿음과 남들보다 더 큰 폭죽을 터뜨리고자 하는 과시욕이 있어 모두들 더욱 크고 화려하게 폭죽을 터뜨리려고 한다. 하지만 환경 오염과 쓰레기 처리문제가 심각해져 최근에는 폭죽놀이를 금지하고 폭죽 판매를 단속하고 있다. 마지막으로 우리가 떡국을 먹듯 중국인들은 춘절 전날 밤 가족들이 함께 모여 만두를 빚어 먹는 풍습이 있다. 물만두 '饺子 jiǎozi'는 새해의 교차를 의미하는 '交了 jiāozǐ'의 발음이 같기 때문이다.

'春季 chūnjì'는 4계절 중 봄을 뜻한다. '季节 jìjié'는 계절이라는 뜻으로 4계절은 각각 '春季 chūnjì 봄(= 春天 chūntiān)', '夏季 xiàjì 여름(= 夏天 xiàtiān)', '秋季 qiūjì 가을(= 秋天 qiūtiān)', '冬季 dōngjì 겨울(= 冬天 dōngtiān)'이라고 한다. '春节'의 '节 jié(기념일, 명절)'와 '春季'의 '季 jì(계절, 절기)'를 잘 구분해서 자주 출제되는 두 단어를 혼동하지 말자!

Day 6

듣기 제2부분 ❷ | 녹음 내용과 문제의 일치/불일치 판단하기
조금만 귀 기울이면 다 들린다! – 숫자·장소 표현

어휘 PT ● Track 06-1   학습시간 1 0 분

예제 1
- 苹果 píngguǒ [명] 사과
- 斤 jīn [양] 근 [무게 단위]
- 季节 jìjié [명] 계절
- 要 yào [동] 필요하다
- 秋天 qiūtiān [명] 가을

예제 2
- 已经 yǐjīng [부] 이미
- 到 dào [동] 도착하다
- 从 cóng [전] ~에서부터
- 还 huán [동] 돌려주다, 반납하다

예제 3
- 办公室 bàngōngshì [명] 사무실
- 层 céng [명] 층
- 零 líng [수] 0, 영
- 楼 lóu [명] 층, 건물
- 会议室 huìyìshì [명] 회의실
- 开会 kāihuì [동] 회의하다

문제 1
- 岁 suì [명] 살, 세
- 其实 qíshí [부] 사실, 사실은
- 差 chà [동] 차이가 나다
- 比 bǐ [전] ~보다
- 但 dàn [접] 그러나
- 因为 yīnwèi [접] 왜냐하면, ~때문에
- 生日 shēngrì [명] 생일

문제 2
- 简单 jiǎndān [형] 간단하다
- 一般 yìbān [형] 일반적이다
- 只 zhǐ [부] 오직, 단지
- 杯 bēi [양] 잔, 컵
- 鸡蛋 jīdàn [명] 달걀

문제 3
- 宾馆 bīnguǎn [명] 호텔
- 公园 gōngyuán [명] 공원
- 奇怪 qíguài [형] 이상하다
- 地图 dìtú [명] 지도

문제 4
- 学校 xuéxiào [명] 학교
- 讲 jiǎng [동] 말하다, 이야기하다
- 明白 míngbai [동] 알다, 이해하다
- 教室 jiàoshì [명] 교실
- 等 děng [동] 기다리다

문제 5
- 旧 jiù [형] 낡다, 오래되다
- 辆 liàng [양] 대 [차량을 세는 단위]
- 卖 mài [동] 팔다
- 买 mǎi [동] 사다
- 花 huā [동] 쓰다, 소비하다

❶ 화폐 단위를 기억하자.

돈에 관련된 문제가 나오면 금액이 얼마인지도 중요하지만 뒤에 따라 나오는 화폐 단위 역시 주의해서 들어야 한다. 화폐 단위의 대소관계를 구분할 수 있어야 하고, 문어 표현과 구어 표현이 다르니 모두 알아두어야 문제를 정확하게 풀 수 있다.

> 화폐 단위 1元 = 10角 = 100分
> 실생활에서는 块 kuài(= 元 yuán) ＞ 毛 máo(= 角 jiǎo) ＞ 分 fēn이라고 읽는다.

❷ 시간명사에 주의하자.

시점이 언제인지 정확하게 듣고 그 시점과 시제가 일치하는지 주의해서 들어야 한다. 시간명사가 나오지 않더라도 동태조사 '了', '着', '过'를 듣고 완료, 진행, 경험 등의 동작의 상태를 파악할 수 있어야 한다.

❸ 장소와 방위사를 주의하자.

문제에 장소명사가 나오면 그 문제는 주어가 어떤 장소에서 무엇을 했는지 집중해서 들어야 한다. 문제와 녹음에 등장하는 단어가 일치하는지 확인하고 위, 아래, 안, 바깥 등 방위사까지 잘 확인해서 문제를 풀자.

> 上面 shàngmian 위 ↔ 下面 xiàmiàn 아래 | 前面 qiánmian 앞 ↔ 后面 hòumiàn 뒤 | 里面 lǐmiàn(= 里边 lǐbian) 안 ↔ 外面 wàimiàn(= 外边 wàibian) 바깥 | 左边 zuǒbian 왼쪽 – 中间 zhōngjiān 중간 – 右边 yòubian 오른쪽 | 东边 dōngbian 동 – 西边 xībian 서 – 南边 nánbian 남 – 北边 běibian 북 | 旁边 pángbiān 옆, 주변 | 附近 fùjìn 근처

❹ 메모는 필수!

듣기 문제를 풀 때 메모는 항상 필요하지만 특히나 숫자 관련 표현이 나오면 무조건 메모하는 습관을 들이자. 숫자가 여러 번 등장하면 헷갈릴 수밖에 없기 때문에 녹음이 끝날 때까지 들리는 숫자를 잘 메모해두자.

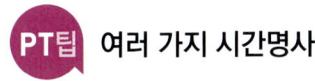 **여러 가지 시간명사**

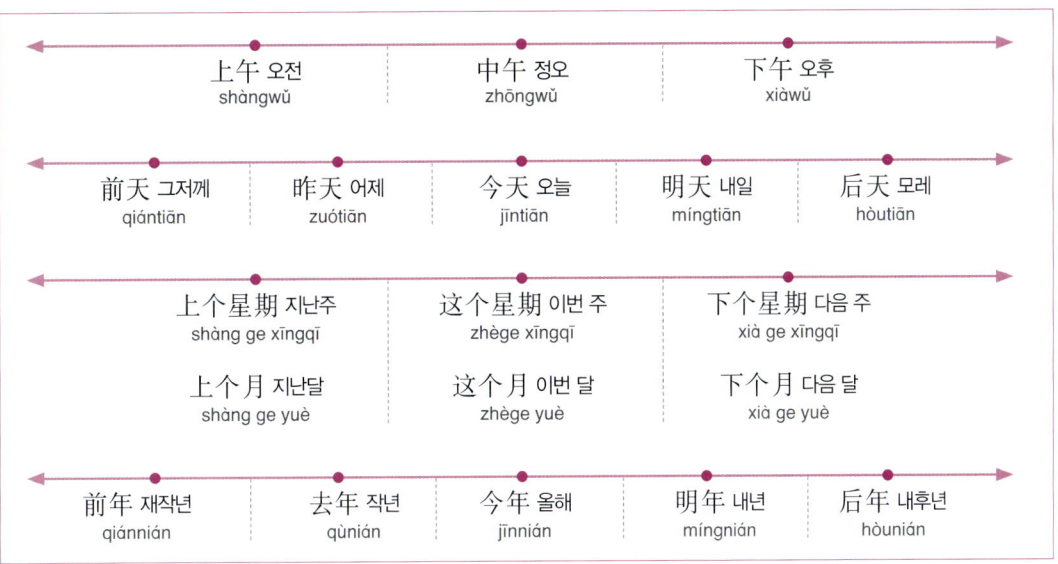

예제 1

Track 06-3

★ 现在苹果一元钱一斤。　　（　　）	★ 현재 사과는 한 근에 1위안이다.
这个季节的苹果真贵，一斤要十几块钱，还是秋天好，几角钱就能买一斤。	이 계절의 사과는 정말 비싸서, 한 근에 십몇 위안이 필요하다. 아무래도 가을이 좋다. 몇 지아오면 한 근을 살 수 있다.

해설　지문에서는 '현재 사과는 한 근 사는 데 십몇 위안이 필요하다'라고 했지만 문제에는 현재 사과는 한 근에 1위안이라고 나왔기 때문에 답은 X이다. 또한, 가을이 낫다고 한 이유는 가을에는 사과가 현재보다 저렴한 '几角'이기 때문인데 '角 (jiǎo)'는 '元(yuán)'보다 낮은 화폐 단위이다.

정답　X

예제 2

Track 06-4

★ 他已经到了。　　（　　）	★ 그는 이미 도착했다.
我已经从图书馆出来了，那几本书都还了，你等我一会儿，我很快就到。	나는 이미 도서관에서 나왔는데, 그 몇 권의 책은 모두 반납했어. 너 잠시만 기다려, 나 곧 도착해.

해설　이 문제는 시점을 잘 확인해야 한다. 녹음 앞 쪽 내용은 어제, 오늘과 같은 시간명사는 없지만 '已经 yījīng(이미)'이라는 부사가 있고 동작의 완료를 알려주는 '了'가 있어서 모든 동작이 완료가 되었다고 생각할 수 있다. 하지만 문장 마지막에 '잠시만 기다려'라는 표현과 '곧 도착한다'를 통해 '그는 아직 도착하지 않았다'라는 것을 알 수 있다. 따라서 답은 X이다.

정답　X

예제 3

Track 06-5

★ 办公室在九层。　　（　　）	★ 사무실은 9층에 있다.
你明天到办公室找我，我在八零八，如果我不在，你就上九楼，到九零七会议室找我，我可能在那儿开会。	너 내일 사무실에 도착해서 날 찾아. 난 808호에 있을 건데, 만약 내가 없으면 넌 바로 9층으로 올라와. 그리고 907호 회의실에 도착해서 날 찾아. 난 아마도 그곳에서 회의를 하고 있을 거야.

해설　문제를 보고 사무실이 몇 층에 있는지에 중점을 두고 들어야 한다. 사무실은 8층에 있고 회의실이 9층에 있기 때문에 답은 X이다. 이처럼 숫자가 여러 개 나오는 경우, 헷갈리기 쉽기 때문에 메모를 꼭 남겨두어야 한다. 또한, 중국에서 방 호수는 숫자 하나하나 끊어 읽어야 한다.

정답　X

실전 **PT** ● Track 06-6 학습시간 1 5 분

○ 문제에 나온 숫자나 장소가 녹음 내용에 들리는지 확인하고, 특히 숫자가 나오면 하나도 빠짐없이 메모해두자.

문제1 ★ 他和小李差两岁。 ( )

문제2 ★ 姐姐早上只吃一个苹果。 ( )

문제3 ★ 宾馆南边有个公园。 ( )

문제4 ★ 他要去学校。 ( )

문제5 ★ 这是辆旧车。 ( )

독해 제2부분 ❷ | 빈칸에 들어갈 알맞은 어휘 고르기
동사가 필요한 곳은?

어휘 PT
학습시간 **1 0** 분

전략 PT
- 可以 kěyǐ [조동] ~할 수 있다, ~해도 된다
- 抽烟 chōuyān [동] 담배를 피우다
- 一定 yídìng [부] 반드시
- 要 yào [조동] ~할 것이다, ~해야 한다
- 跟 gēn [전] ~와
- 结婚 jiéhūn [동] 결혼하다
- 聊天 liáotiān [동] 이야기하다

예제 1
- 遇到 yùdào [동] 마주치다
- 满意 mǎnyì [형] 만족하다
- 事情 shìqing [명] 일, 사정
- 会 huì [조동] ~할 것이다, ~할 수 있다
- 帮 bāng [동] 돕다
- 买 mǎi [동] 사다
- 新 xīn [형] 새롭다
- 手机 shǒujī [명] 휴대전화
- 花 huā [동] 쓰다, 소비하다

예제 2
- 报纸 bàozhǐ [명] 신문
- 放 fàng [동] 놓다
- 哪儿 nǎr [대] 어디
- 应该 yīnggāi [조동] 아마도, 마땅히 ~해야 한다
- 房间 fángjiān [명] 방
- 桌子 zhuōzi [명] 책상
- 不用 búyòng [부] ~할 필요가 없다
- 行李箱 xínglixiāng [명] 트렁크, 여행용 가방
- 出租车 chūzūchē [명] 택시

문제 1
- 能 néng [조동] ~할 수 있다
- 回答 huídá [동] 대답하다
- 黑板 hēibǎn [명] 칠판
- 裙子 qúnzi [명] 치마

문제 2
- 会议 huìyì [명] 회의
- 举行 jǔxíng [동] 개최하다, 거행하다, 열다
- 所以 suǒyǐ [접] 그래서
- 最近 zuìjìn [명] 요즘, 최근

문제 3
- 跟 gēn [전] ~와
- 以前 yǐqián [명] 이전
- 比 bǐ [동][전] 비교하다 / ~보다

문제 4
- 从 cóng [전] ~에서부터
- …的话 …dehuà ~한다면

문제 5
- 小心 xiǎoxīn [동] 조심하다
- 宿舍 sùshè [명] 숙소
- 放心 fàngxīn [동] 안심하다
- 照顾 zhàogù [동] 돌보다, 보살피다

문제 6
- 件 jiàn [양] 벌·건[옷이나 사건 등을 세는 단위]
- 衣服 yīfu [명] 옷
- 颜色 yánsè [명] 색깔
- 试 shì [동] 시도해보다, 시험삼아 해보다

❶ 명사와 명사 사이!

일반적으로 동사는 술어 자리에 가장 많이 쓰인다. 주어와 목적어 자리에는 주로 명사 또는 대명사가 들어가기 때문에 명사와 명사 사이가 빈칸이면 동사 자리인지 살펴봐야 한다. 만약 문장 맨 앞이 빈칸이고 그 뒤에 명사가 있다면 주어가 생략된 형태의 문장인지도 확인해야 한다.

❷ '부, 조, 전, 명'을 기억하자!

부사, 조동사, 전치사구(전치사 + 명사)는 주로 술어 앞에서 술어를 수식하는 역할을 한다. 이 '부, 조, 전, 명' 뒤가 빈칸이면 동사 자리인지 확인해야 하는데, 여기서 주의할 점은 부사나 조동사 뒤가 빈칸이라고 무조건 동사 자리는 아닐 수 있다는 점이다! 부사 뒤는 조동사나 전치사구, 조동사 뒤는 전치사구가 들어갈 수 있으니 보기에 나온 어휘들의 뜻과 품사를 잘 파악하고 문제를 풀어야 한다.

	부사 +	조동사 +	전치사 +	명사	
你	不	可以	在	这儿	抽烟。 너 여기에서 담배를 피우면 안 돼.
我	一定	要	跟	他	结婚。 나는 반드시 그와 결혼할 것이다.
我	不	想	跟	她	聊天。 나는 그녀와 이야기를 하고 싶지 않다.

❸ '了'를 찾자!

동작의 완료를 알려주는 '了'는 기본적으로 동사 뒤에 붙는다. 만약 빈칸 뒤에 '了'가 있고 그 뒤에 명사가 따라 나와 있다면 빈칸에는 대부분 동사가 들어간다.

❹ '得' 앞은 동사!

'得'는 술어와 정도보어 사이에서 수식 관계임을 나타낸다. 정도보어 문장에서 술어 자리에는 동사가 들어가기 때문에 '得' 앞이 빈칸이라면 동사를 넣어준다.

他吃得很多。 그는 많이 먹는다.
我跑得不快。 나는 빨리 달리지 못한다.
他汉语说得很好。 그는 중국어를 잘 말한다.

예제 1

A 花 B 遇到 C 以前	A 소비하다 B 마주치다 C 이전
D 双 E 满意	D 쌍 E 만족하다
1. (　　) 这样的事情，你就问金老师，她一定会帮你。	1. 이런 일을 (　　) 너 바로 김 선생님한테 물어봐. 그녀는 반드시 널 도와줄 거야.
2. 昨天我买了新手机，(　　) 了一千多块钱。	2. 어제 나는 새 휴대전화를 사서, 천 위안 정도를 (　　).

1. **해설** 문장 맨 앞이 빈칸이라서 주어 자리라고 생각할 수 있지만 잘 보면 빈칸 뒤에 오는 품사가 명사이다. 이 문장은 주어가 생략된 형태의 문장이기 때문에 목적어에 대한 술어가 필요하다. 목적어를 해석해보면 '이러한 일'이고 이에 맞는 동사는 B 遇到(마주치다)가 된다.
   정답 B

2. **해설** '了' 앞이 빈칸이다. '了'는 동사 뒤에서 동작의 완료를 나타낸다. 뒤에 목적어로 '一千多块钱(천 위안 정도)'이라는 돈과 관련된 내용이 나왔기 때문에 답은 A 花(소비하다)가 된다. 하지만 '了' 앞이 빈칸이라고 동사만 들어갈 수 있는 것은 아니다. 형용사 뒤에 있는 '了'는 형용사의 변화도 나타낼 수 있기 때문에 문장 속에서 '了'가 어떤 용도로 쓰였는지 잘 파악해야 한다.
   정답 A

예제 2

A 爱好 B 为 C 放	A 취미 B ~을 위해 C 놓다
D 奇怪 E 机场	D 이상하다 E 공항

1. A: 爸，今天的报纸你 (　　) 哪儿了？
   B: 应该在我房间里的桌子上。
	1. A: 아빠, 오늘 신문을 어디에 (　　)?
	   B: 아마도 내 방 책상 위에 있을 거야.

2. A: 让你哥哥送你去 (　　) 吧。
   B: 不用，妈，我就一个行李箱，自己坐出租车就可以。
	2. A: 네 형에게 너를 (　　)에 데려다 주라고 할게.
	   B: 괜찮아요, 엄마. 저 짐가방이 하나뿐이라 스스로 택시 타고 갈 수 있어요.

1. **해설** 주어 뒤가 빈칸이기도 하며, 문장 안에 술어가 될 수 있는 품사가 없기 때문에 빈칸에는 술어가 필요하다. 이 문장에서는 해석상 동사가 들어가야 한다. '오늘 신문을 어디에 ~했나요'라는 의미이므로 답은 C 放(놓다)이 된다.
   정답 C

2. **해설** '去 qù(가다)'라는 동사 뒤가 빈칸이므로 '去'에 대한 목적어가 필요하다. 목적어 자리에는 주로 명사나 대명사가 들어가지만 항상 그런 것만은 아니기 때문에 해석을 통해 다시 한번 답이 맞는지 확인해봐야 한다. 따라서 답은 명사 E 机场(공항)이다.
   정답 E

 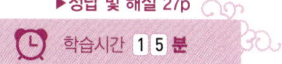

> 빈칸 앞뒤를 빠르게 보며 '부 + 조 + 전 + 명' 뒤 혹은 '了'의 앞처럼 동사가 들어가는 자리를 찾아보자.

[1-3]

　　　　A 举行　　　B 说　　　C 坏　　　D 回答　　　E 花

문제 1　你能（　　　）黑板上的这个问题吗?

문제 2　这次会议要在我们学校（　　　），所以最近老师们特别忙。

문제 3　跟以前比，现在我汉语（　　　）得好多了。

[4-6]

　　　　A 记得　　　B 睡　　　C 试　　　D 骑　　　E 照顾

문제 4　A：路上小心，到了宿舍给妈妈打个电话。
　　　　B：好的，你就放心吧，我会（　　　）好自己的。

문제 5　A：从家到公司要花多长时间?
　　　　B：（　　　）自行车的话，半个小时。

문제 6　A：这件衣服很好看!
　　　　B：颜色很漂亮，你（　　　）一下。

쓰기 제1부분 ❻ | 제시된 어휘로 문장 배열하기
'존재·출현·소실' – 존현문

 학습시간 2 0 분

존현문
어떤 장소에 불특정한 사람이나 사물이 '존재·출현·소실'함을 나타내는 문장으로 기본 문형은 [장소/시간＋동사＋존재하는 사람/사물]이다.

❶ 존현문의 대상(사람/사물)은 불특정해야 한다.

어떤 장소에서의 불특정한 사람이나 사물의 존재, 출현 등을 알려주는 문장이기 때문에, 그 대상은 주로 [수사/几＋양사＋명사] 형태로 써야 한다.

> 门口站着爸爸。(✕)
> ➡ 门口站着一个人。(○) 입구에 한 사람이 서있다.

❷ 존현문의 동사 뒤에는 종종 동태조사 '了', '着' 또는 방향보어, 결과보어 등을 쓴다.

'有', '在' 존현문을 제외한 나머지 존현문은 동사 뒤에 주로 동작의 상태를 나타내는 동태조사 '了', '着' 또는 동작의 방향성을 나타내는 방향보어, 동작의 결과를 나타내는 결과보어 등이 붙을 수 있다.

❸ 존현문에서는 전치사를 쓰지 않는다.

존현문은 어떤 장소에서 불특정한 대상의 존재, 출현, 소실을 나타내므로, 전치사를 사용하면 특정한 주어가 장소에서부터 어떤 동작을 하는지 나타내는 문장이 되기 때문에 전치사를 사용할 수 없다.

> 从前面走来了一个人。(✕)
> ➡ 前面走来了一个人。(○) 앞에서 한 사람이 걸어왔다.

1. 존재를 나타내는 존현문

① 有 : '어떤 장소'에 '어떤 사람/사물'이 있다.

장소	+	有	+	불특정한 사람/사물	
房间里		有		两张桌子。	방 안에는 두 개의 책상이 있다.
家里		有		三只猫。	집 안에는 세 마리의 고양이가 있다.

② 在 : '어떤 사람/사물'은 '어떤 장소'에 있다.

불특정한 사람/사물	+	在	+	장소	
商店		在		公司旁边。	상점은 회사 옆쪽에 있다.
学生		在		后边。	학생은 뒤쪽에 있다.

③ 是 : '장소'는 '어느 곳'이다. (목적어가 상대적으로 명확함)

公司旁边是商店，后边是银行。　　회사 옆은 상점이고, 뒤는 은행이다.
楼上是教室，楼下是体育馆。　　건물 위는 교실이고, 건물 아래는 체육관이다.

④ **동사 + 着** : '사람/장소'에는 ~이 '동사'하고 있다.

路边站着几个人。　　길가에 몇 명의 사람들이 서있다.
黑板上写着很多汉字。　　칠판 위에는 많은 한자들이 쓰여있다.

2. 출현을 나타내는 존현문

前面走来了一个人。　　앞쪽에서 한 사람이 걸어왔다.
昨天出了一件事。　　어제 한 가지 일이 생겼다.

3. 소실을 나타내는 존현문

昨天搬走了几张桌子。　　어제 몇 개의 책상을 옮겨갔다.
我们班又走了一个同学。　　우리 반에 한 명의 학우가 또 떠나갔다.

예제 1

三只　　有　　里　　猫　　家

분석 家 jiā 몡 집 | 里 lǐ 몡 안 | 只 zhī 양 마리 | 猫 māo 몡 고양이

Point
1. '有'자 존현문은 '어떤 장소'에 불특정한 대상이 있다는 의미이기 때문에 장소를 주어 자리에 배치한다.
2. '只'가 양사로는 동물을 셀 때 쓴다는 것을 알아야 한다.

해설

주어	방위사	술어	수량사	목적어
家	里	有	三只	猫

'有'자 존현문은 주어가 장소이기 때문에 주어는 '家里 jiā li(집 안)'가 된다. 그리고 목적어는 불특정한 대상이므로 '猫 māo(고양이)' 앞에는 수량사 '三只 sān zhī(세 마리)'를 붙여준다.

정답 家里有三只猫。 집 안에는 세 마리의 고양이가 있다.

예제 2

朋友　　来　　几个　　昨天晚上　　了

분석 昨天 zuótiān 몡 어제 | 晚上 wǎnshang 몡 저녁 | 几 jǐ 수 몇 | 朋友 péngyou 몡 친구

Point
1. 시간명사와 '来'를 통해 출현을 나타내는 존현문임을 확인한다.
2. 우리말의 해석상 어순과 존현문의 어순을 헷갈리지 않게 주의한다.

해설

시간부사	동사	조사	수량사	목적어
昨天晚上	来	了	几个	朋友

시간에서의 출현을 나타내는 존현문으로 주어 자리에는 시간에 관련된 명사 '昨天晚上 zuótiān wǎnshang(어제 저녁)'이 와야 한다. 주의해야 할 점은 존현문의 기본 어순이 '장소/시간 + 동사 + 존재하는 사람/사물'이라는 점이다. 해석하면 '几个朋友 jǐ ge péngyou(몇 명의 친구)'가 주어 자리에 위치해야 할 것 같지만 존현문은 사람이나 사물이 주어 자리가 아닌 목적어 자리에 위치해야 한다.

정답 昨天晚上来了几个朋友。 어제 저녁에 몇 명의 친구가 왔다.

 **실전 PT**

▶정답 및 해설 28p

학습시간 15분

○ 존현문의 기본 어순을 잊지 말고 우리말 어순을 그대로 따라가지 않도록 주의하자!

문제 1   里   水果   冰箱   没有

▶ 답 _____

▶ 해석 _____

문제 2   三个   了   楼上   人   下来

▶ 답 _____

▶ 해석 _____

문제 3   三张   上午   搬走   桌子   了

▶ 답 _____

▶ 해석 _____

문제 4   着   车   坐   人   里   几个

▶ 답 _____

▶ 해석 _____

문제 5   公司   图书馆   在   后边

▶ 답 _____

▶ 해석 _____

 마무리 PT   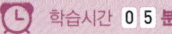 학습시간 0 5 분

1 遇到这样的事情，你就问金老师，她一定会帮你。
Yùdào zhèyàng de shìqing, nǐ jiù wèn Jīn lǎoshī, tā yídìng huì bāng nǐ.
이런 일을 맞닥뜨리면, 너는 바로 김 선생님한테 물어봐, 그녀는 반드시 널 도와줄 거야.

* 遇到 yùdào
  마주치다, 만나다

2 这次会议要在我们学校举行，所以最近老师们特别忙。
Zhè cì huìyì yào zài wǒmen xuéxiào jǔxíng, suǒyǐ zuìjìn lǎoshīmen tèbié máng.
이번 회의는 우리 학교에서 개최할 예정이어서 요즘 선생님들이 특히나 바쁘다.

* 举行 jǔxíng
  개최하다, 거행하다, 열다

3 骑自行车的话
qí zìxíngchē dehuà
자전거를 탄다면

* …的话 …dehuà
  ~한다면

4 他和小李差两岁。
Tā hé Xiǎo Lǐ chà liǎng suì.
그와 샤오리는 두 살 차이가 난다.

* 差 chà
  차이가 나다

5 从家到公司要花多长时间？
Cóng jiā dào gōngsī yào huā duōcháng shíjiān?
집에서부터 회사까지는 얼마나 걸립니까?

* 花 huā
  (돈·시간을) 쓰다, 소비하다

 PT 기출상식

중국의 인구정책

중국하면 떠오르는 것 중 하나가 바로 '인구수'이다. 13억이라는 엄청난 인구수에 비해 제한적인 국토 면적 때문에 정부에선 '한 가정 한 자녀 정책'을 시행해왔다. 이런 인구 제한 정책으로 인해 생긴 두 가지 현상이 있다.

하나는 '小皇帝 xiǎohuángdì(소황제)'로 가정마다 아이가 한 명밖에 없어, 온 가족이 황제처럼 대접한다고 해서 '소황제'라고 불렀다고 한다. 과잉보호와 맹목적인 사랑을 받다보니 성인이 되어서 사회적응력 부족, 대인관계 능력저하, 자기중심적 사고 등으로 이어져 크고 작은 사회 문제를 일으켰다고 한다.

또한, 이렇게 엄격한 산아제한 정책 때문에 자녀를 둘 이상 낳고 어쩔 수 없이 호적에 등록하지 못한 아이들을 '黑孩子 hēiháizi(헤이하이즈)'라고 부른다. 벌금을 내면 등록을 할 수 있지만 돈이 웬만큼 많지 않고서는 낼 수 없을 정도의 벌금이기 때문에 평범한 서민들은 엄두를 낼 수조차 없다. 이 아이들은 엄연히 문서상으로는 세상에 존재하지 않는 사람이기 때문에 학교도 다닐 수 없을 뿐만 아니라 각종 혜택은 꿈도 꿀 수 없다. 범죄를 저질러도 찾을 수 없기 때문에 범죄에 가담하기도 쉬워서 사회적인 문제를 많이 일으켰다. 2017년에 들어서 중국은 이와 같은 문제뿐만 아니라 인구고령화로 인한 생산가능 인구 감소와 성비불균형 등의 문제를 이유로 '한 가정 두 자녀 정책'인 '二胎'정책을 전면 실시하고 있다.

Day 7

듣기 제2부분 ❸ | 녹음 내용과 문제의 일치/불일치 판단하기
옳고 그름을 판단하자 - 사실 여부 판단

어휘 PT Track 07-1 학습시간 10분

| 예제 1 | 科学 kēxué 몡 과학
聪明 cōngming 혱 총명하다, 똑똑하다
一定 yídìng 부 반드시
如果 rúguǒ 접 만약
兴趣 xìngqù 몡 흥미
而且 érqiě 접 게다가
努力 nǔlì 동 노력하다 |

| 예제 2 | 跳舞 tiàowǔ 동 춤을 추다
画 huà 동/명 그리다/그림
爱好 àihào 명 취미
小学 xiǎoxué 명 초등학교 |

| 예제 3 | 地铁 dìtiě 명 지하철
所以 suǒyǐ 접 그래서
骑 qí 동 (자전거·오토바이 등을) 타다
自行车 zìxíngchē 명 자전거 |

| 문제 1 | 必须 bìxū 부 반드시 ~해야 한다
找 zhǎo 동 찾다
遇到 yùdào 동 마주치다
应该 yīnggāi 조동 마땅히 ~해야 한다
总是 zǒngshì 부 늘, 항상
让 ràng 동 ~하게 시키다
帮忙 bāngmáng 동 돕다
解决 jiějué 동 해결하다
出现 chūxiàn 동 출현하다 |

| 문제 2 | 经理 jīnglǐ 명 사장, 매니저
年轻 niánqīng 형 젊다
中间 zhōngjiān 명 중간, 가운데
站 zhàn 동 서다 |

| 문제 3 | 中学生 zhōngxuéshēng 명 중학생
参加 cānjiā 동 참가하다
工作 gōngzuò 명 일
电脑 diànnǎo 명 컴퓨터 |

| 문제 4 | 猫 māo 명 고양이
狗 gǒu 명 (동물) 개
胖 pàng 형 뚱뚱하다, 통통하다
玩儿 wánr 동 놀다 |

| 문제 5 | 发现 fāxiàn 동 알다, 발견하다
香蕉 xiāngjiāo 명 바나나
苹果 píngguǒ 명 사과
容易 róngyì 형 쉽다, 용이하다
变 biàn 동 변하다
坏 huài 동 상하다 |

❶ 상식상 맞고 틀리는 문제를 놓치지 말자.

사실여부 판단 문제는 문제를 해석해봤을 때 상식적으로 무조건 맞는 것은 옳은 답일 확률이 높고, 누가 봐도 '이것은 상식적으로 아니다'라는 생각이 들면 틀린 답일 확률이 높다. 즉, 문제 해석만 잘해도 쉽게 풀 수 있는 유형이기 때문에 이런 상식문제를 놓치지 말자.

> 人们要休息。(√)   사람은 쉬어야 한다.
> 运动对身体很有帮助。(√)   운동은 몸에 좋다.
> 人们不要睡觉。(X)   사람은 잠을 잘 필요가 없다.

❷ 다른 한 단어를 주의하자.

녹음 내용과 문제의 일치/불일치를 판단하는 문제에서는 문제와 녹음에서 등장한 다른 한 단어를 찾아내서 문제를 푸는 것이 좋다. 반의어를 사용하거나 동사는 같지만 목적어를 다르게 하여 혼동을 줄 수 있지만, 오히려 그 한 단어가 결정적인 힌트가 되어서 문제를 푸는 데 도움이 되기 때문에 다른 한 단어를 주의 깊게 들어보자.

> [녹음] 他每天早上吃一个苹果。这习惯对身体很好。
> 그는 매일 아침 사과 한 개를 먹는다. 이 습관은 건강에 좋다.
> [질문] 他每天早上喝苹果汁。(X)   그는 매일 아침 사과주스를 마신다.
>
> [해설] '苹果 píngguǒ(사과)'라는 단어는 문제와 녹음에 모두 나오지만 녹음에서는 '吃 chī(먹다)'라는 동사를 썼고, 문제에서는 '喝 hē(마시다)'라는 동사가 쓰였기 때문에 녹음과 문제가 불일치하다는 것을 알 수 있다.

❸ 문제가 곧 답이다.

문제에 나온 문장이 녹음 지문에 똑같이 나오는 경우도 많다. 상식에 관련된 문제 또는 문화에 관련된 문제들은 대부분 시작 부분에 주제를 알려주고, 그에 대한 내용을 설명하는 경우가 많다. 즉, 문제를 정확하게 파악하고 녹음을 들어야 답을 쉽게 파악할 수 있다는 것이다. 또한, 중국에 관련된 문화 상식도 미리 쌓아두면 더 쉽게 정답에 다가갈 수 있을 것이다. 문화 상식은 각 Day의 마지막 부분에 있는 상식PT를 참고하자.

> 中国人喜欢红色。(√)   중국인은 빨간색을 좋아한다.
> 春节是中国一个最大的节日。(√)   춘절은 중국의 가장 큰 명절 중 하나이다.
> 上海是中国的首都。(X)   상하이는 중국의 수도이다.

예제 1

★ 科学学得好的人都很聪明。（　　）	★ 과학을 잘 배운 사람은 모두 똑똑하다.
科学学得好的人不一定是非常聪明的人。如果你对科学有兴趣，而且又很努力，那你一样可以学好科学。	과학을 잘 배운 사람이 반드시 매우 똑똑한 사람은 아니다. 만약 네가 과학에 흥미가 있고 열심히 노력한다면 너도 똑같이 과학을 잘할 수 있다.

해설 문제가 상식적으로 맞지 않다. 과학을 잘하는 사람 모두가 똑똑하다고는 할 수 없고, 녹음에서 역시 시작 부분에 '不一定 bù yídìng(반드시 ~인 것은 아니다)'이라는 표현을 사용했기 때문에 답은 X가 된다.

정답 X

예제 2

★ 姐姐最喜欢跳舞。（　　）	★ 언니는 춤추는 것을 가장 좋아한다.
画画儿是姐姐最大的爱好。她从小学一年级开始学习画画儿，到现在已经有十五年了。	그림 그리는 것은 언니의 가장 큰 취미이다. 그녀는 초등학교 1학년 때부터 그림 그리는 것을 배우기 시작했다. 현재까지 벌써 15년이 되었다.

해설 문제를 미리 보고 언니가 무엇을 가장 좋아하는지를 잘 들어야 한다. 도입부에 그림을 그리는 것이라고 직접적으로 나왔고, '画画儿 huà huàr(그림 그리다)'이라는 단어만 반복될 뿐 춤추는 것과 관련된 단어는 한 번도 언급되지 않았기 때문에 답은 X가 된다.

정답 X

예제 3

★ 他每天坐地铁上班。（　　）	★ 그는 매일 지하철을 타고 출근한다.
我家离公司很近，所以我每天早上骑自行车去上班，二十分钟就能到。	우리 집은 회사에서 가깝다. 그래서 나는 매일 아침 자전거를 타고 출근한다. 20분이면 도착할 수 있다.

해설 문제를 미리 보고 그가 아침에 무엇을 타고 출근을 하는지 주의 깊게 들어야 한다. 그는 '회사가 가깝기 때문에 매일 아침 자전거를 탄다'라고 했기 때문에 답은 X가 된다.

정답 X

실전 PT

Track 07-5

▶정답 및 해설 30p

학습시간 1 5 분

⊙ 상식상 맞으면 ✓, 틀리면 X일 확률이 높다. 문제 해석을 통해서 답이 될 수 있는 내용인지 미리 확인하고 녹음을 들어보자.

문제 1 ★ 出现问题必须找人帮忙。　　　　　　　　　（　　　）

문제 2 ★ 经理很年轻。　　　　　　　　　　　　　　（　　　）

문제 3 ★ 他妹妹是中学生。　　　　　　　　　　　　（　　　）

문제 4 ★ 女儿喜欢小猫。　　　　　　　　　　　　　（　　　）

문제 5 ★ 香蕉和苹果不能长时间放在一起。　　　　　（　　　）

독해 제2부분 ❸ | 빈칸에 들어갈 알맞은 어휘 고르기
형용사가 필요한 곳은?

어휘 PT

학습시간 1 0 분

예제 1
- 蓝 lán [형] 파랗다
- 白 bái [형] 하얗다
- 云 yún [명] 구름
- 绿 lǜ [형] 푸르다
- 树 shù [명] 나무
- 环境 huánjìng [명] 환경
- 商店 shāngdiàn [명] 상점
- 又A又B yòu A yòu B [접] A하기도 하고 B하기도 하다
- 便宜 piányi [형] 저렴하다
- 兴趣 xìngqù [명] 흥미, 취미
- 总是 zǒngshì [부] 늘, 줄곧

예제 2
- 苹果 píngguǒ [명] (과일) 사과
- 甜 tián [형] 달다
- 买 mǎi [동] 사다
- 楼 lóu [명] 건물, 층
- 超市 chāoshì [명] 슈퍼마켓
- 几乎 jīhū [부] 거의
- 方便 fāngbiàn [형] 편리하다
- 着急 zháojí [동] 초조해하다

문제 1
- 晴 qíng [형] 맑다
- 外面 wàimian [명] 바깥

문제 2
- 熊猫 xióngmāo [명] 판다
- 胖 pàng [형] 뚱뚱하다, 통통하다

문제 3
- 应该 yīnggāi [조동] 마땅히 ~해야 한다
- 对 duì [전] ~에 대해서
- 自己 zìjǐ [명] 자기 자신
- 要求 yāoqiú [명] 요구

문제 4
- 奇怪 qíguài [형] 이상하다
- 怎么 zěnme [대] 어째서, 왜, 어떻게
- 刚才 gāngcái [명] 방금, 방금 전
- 离开 líkāi [동] 떠나다
- 忘 wàng [동] 잊다
- 拿 ná [동] 잡다, 가지다

문제 5
- 房子 fángzi [명] 집
- 满意 mǎnyì [형] 만족하다
- 其他 qítā [대] 기타, 다른 (사물/사람)

문제 6
- 喂 wéi (전화상에서) 여보세요
- 声音 shēngyīn [명] 소리, 목소리
- 清楚 qīngchu [형] 분명하다, 명확하다
- 等 děng [동] 기다리다
- 电梯 diàntī [명] 엘리베이터

 전략 PT 학습시간 20분

① 정도부사 뒤를 주의하자!

문장 성분에서 형용사가 가장 많이 들어가는 곳이 술어 자리이다. Day 1에서 형용사가 술어로 쓰일 땐 기본적으로 앞에 정도부사를 붙여야 한다고 했다. 따라서 정도부사 뒤가 빈칸이면 형용사 자리일 확률이 높다. Day 1 쓰기 PT팁 2의 자주 쓰이는 정도부사를 참고하자.

这件衣服很好看。 이 옷은 예쁘다.
今天真冷。 오늘 정말 춥다.

② 형용사가 정도부사를 떼고 문장 안에 쓰이는 경우를 기억하자!

위에서 언급했듯이 형용사가 술어로 쓰일 경우에는 일반적으로 앞에 정도부사를 붙여야 하지만 그렇지 않은 경우도 있다. 첫 번째는 비교문이다. 두 개의 대상을 비교할 때는 형용사 앞에 절대 정도부사를 붙이지 않는다. 두 번째는 의문 형식이다. 구어체에서는 종종 쓰이지만 시험에서는 쓰이지 않는 형식으로, 형용사를 써서 질문할 경우 '(형용사)하니?'라고 물어볼 뿐이지 정도가 어떤지는 대부분 붙이지 않는다. 마지막 세 번째는 중첩 형식이다. 형용사를 중첩할 경우 그 자체로 의미가 강해지기 때문에 정도부사가 필요하지 않다.

他比我很高。（X） 他比我高。（O） 그는 나보다 크다. [비교]
他很高吗？（X） 他高吗？（O） 그는 큽니까? [의문]
很大大的眼睛。（X） 大大的眼睛。（O） 아주 큰 눈 [중첩]

③ 형용사는 항상 술어로만 쓰이는 것은 아니다.

형용사는 주로 술어 자리에 자주 놓이지만 아래와 같이 다양한 역할을 한다.

구분	예문	해석
관형어	他是我的好朋友。 그는 나의 좋은 친구이다.	'好'는 명사 '朋友'를 수식하는 관형어로 쓰였다.
부사어	你快来。 너 빨리 와.	'快'는 술어 '来'를 수식하는 부사어로 쓰였다.
결과보어	妈妈洗干净了弟弟的衣服。 엄마는 남동생의 옷을 깨끗이 세탁했다.	'干净'은 동사 '洗'의 결과보어로 옷을 세탁한 결과 깨끗하다는 의미로 쓰였다.
정도보어	他来得最晚。 그는 오는 정도가 가장 늦었다.	'最晚'은 오는(来) 정도를 보충해주는 정도보어로 쓰였다.

TIP 이처럼 형용사는 주어와 목적어를 제외한 나머지 문장 성분이 될 수 있다. 따라서 술어 자리가 아니라도 형용사가 들어갈 수 있으니 위의 예문을 통해 형용사의 다양한 역할을 기억해두자.

 **예제 1**

| A 漂亮 | B 欢迎 | C 绿 | A 예쁘다 | B 환영하다 | C 푸르다 |
| D 兴趣 | E 总是 | | D 흥미 | E 줄곧 | |

| 1. 蓝天，白云，（　　）树，这儿的环境真好。 | 1. 파란 하늘, 흰 구름, (　　) 나무, 여기의 환경이 정말 좋다. |
| 2. 那家商店的衣服又（　　）又便宜，我们去那儿买吧。 | 2. 그 상점의 옷은 (　　)도 하고 값도 저렴해. 우리 거기 가서 사자. |

1. **해설** 앞에 있는 단어들을 보고 힌트를 얻을 수 있다. '天 tiān(하늘)' 앞에서 '蓝 lán(파란)'이란 형용사가, '云 yún(구름)' 앞에서는 '白 bái(하얀)'라는 형용사가 명사를 수식하는 구조로 나열되어 있다. 따라서 명사 '树 shù(나무)'도 앞에서 관련된 형용사가 수식을 해야 한다는 것을 알 수 있다. 형용사는 술어 외에도 다른 문장 성분이 될 수 있다. 이 문제는 형용사가 명사를 수식하는 관형어로 쓰였다. 나무를 수식할 수 있는 형용사로 의미상 가장 적절한 것은 C 绿 lǜ(푸르다)이다.

   정답 C

2. **해설** 빈칸 앞뒤로 나온 '又A又B'는 접속사로, 해석은 'A하기도 하고 B하기도 하다'이다. 주어에 대한 특징이나 성질 등을 나열할 때 쓰이는 접속사이다. 이때 A와 B자리에는 주로 형용사가 쓰인다. 상점의 옷이 예쁘기도 하고 값도 저렴하다는 의미가 되면 적절하므로 답은 A 漂亮(예쁘다)이다.

   정답 A

예제 2

A 几乎　　B 甜　　　C 方便 D 注意　　E 着急	A 거의　　　B 달다　　　C 편리하다 D 주의하다　E 초조해하다
1. A: 这些苹果真（　　），你在哪儿买的? 　 B: 就在楼下的超市。	1. A: 이 사과들 정말 (　　), 너 어디서 샀어? 　 B: 바로 건물 아래 슈퍼에서.
2. A: 对不起，我迟到了。 　 B: 没关系，先开会吧，以后（　　）一下。	2. A: 죄송해요, 제가 늦었어요. 　 B: 괜찮아요, 먼저 회의합시다. 이후에는 좀 (　　)세요.

1. **해설** 정도부사 '真 zhēn(정말)' 뒤가 빈칸이기 때문에 형용사가 필요하다는 것을 알 수 있다. 형용사가 술어로 쓰일 경우에는 앞에 정도부사가 필요하기 때문이다. 위의 문장에서는 '苹果 píngguǒ(사과)'에 대한 묘사를 할 수 있는 형용사 술어가 필요하다. 보기 어휘들을 해석해보고 사과와 관련된 형용사가 있는지 살펴보면 '甜 tián(달다)'이 가장 적합하다. 따라서 B 甜(달다)이 정답이 된다.

   정답 B

2. **해설** 빈칸 뒤에 '一下 yíxià(좀 ~하다)'를 통해 빈칸에는 동사가 들어가야 하는 것을 알 수 있다. '一下'는 동사 뒤에서 '좀 ~하다'라는 의미로 동작에 대한 시도 또는 제안이나 권유의 말투를 나타낼 수 있다. 지각한 직원에게 지각을 하지 말라는 당부의 말이므로 빈칸에 알맞은 동사는 D 注意(주의하다)이다.

   정답 D

 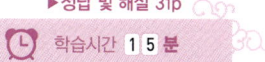

형용사는 술어, 관형어, 부사어, 보어로 쓰일 수 있다. 빈칸의 위치를 잘 확인하여 형용사가 들어갈 수 있는 자리를 찾아보자.

[1-3]

   A 渴 B 短 C 可爱 D 白 E 高

문제 1 天晴了，你看，外面蓝天（ ）云，真漂亮啊。

문제 2 大熊猫胖胖的，真（ ）！

문제 3 我应该对自己要求（ ）一点儿，对别人要求低一点儿。

[4-6]

   A 奇怪 B 清楚 C 饱 D 满意 E 迟到

문제 4 A：（ ），我的书怎么不见了？
    B：刚才在教室我还看见了，是不是你离开时忘拿了？

문제 5 A：怎么样？这房子您还（ ）吗？
    B：很好，但我还想看看其他的。

문제 6 A：喂，你声音太小，我听不（ ）。
    B：等一下，我在电梯里。

쓰기 제1부분 ❼ | 제시된 어휘로 문장 배열하기
내가 너보다 키가 크다! - 비교문

전략 PT

학습시간 20분

비교문
사물이나 사람 등 두 가지 대상의 같거나 다름을 비교하는 문장으로 다음과 같이 다양한 유형으로 쓰인다.

❶ 비교문의 종류

1	**A + 比 + B + 술어** A는 B보다 ~하다
	我比他高。 나는 그보다 키가 크다. 她比我漂亮。 그녀는 나보다 예쁘다. 我比你喜欢吃中国菜。 내가 너보다 중국요리 먹는 것을 좋아한다.
2	**A + 比 + B + 还/更 + 술어** A는 B보다 훨씬, 더 ~하다
	我比他更高。 내가 그보다 훨씬 크다. 她比我更漂亮。 그녀가 나보다 더 예쁘다. 我比你更喜欢吃中国菜。 내가 너보다 중국요리 먹는 것을 더 좋아한다. **TIP** 很(hěn), 非常(fēicháng), 十分(shífēn), 特别(tèbié), 有点儿(yǒudiǎnr)과 같이 절대적인 의미의 정도부사는 사용할 수 없다. 예 我比他非常高。(×)
3	**A + 比 + B + 술어(형용사) + 一点/一些/多了/得多/정확한 수량** A는 B보다 조금/많이/정확한 수량만큼 ~하다
	我比他高一点/一些。 내가 그보다 조금 크다. 他比我高多了/得多。 그는 나보다 훨씬 크다. 他比我大三岁。 그는 나보다 세 살 많다.
4	**A + 有 + B + (这么/那么) + 술어** A는 B만큼 (이렇게/그렇게) ~하다 **A + 没有 + B + (这么/那么) + 술어** A는 B만큼 (이렇게/그렇게) ~하지 않다
	今天有昨天(那么)热。 오늘은 어제만큼 (그렇게) 덥다. 我有你(这么)高。 나는 너만큼 (이렇게) 크다. 我的书没有你(那么)多。 나의 책은 너만큼 (그렇게) 많지 않다.

130 PART 1

	A + 跟 + B + 一样/不一样　A와 B는 같다/같지 않다
5	今天的天气跟昨天的天气一样。 오늘의 날씨와 어제의 날씨는 같다. 今天跟昨天一样热。 오늘은 어제와 같이 덥다. 我的个子跟你的个子不一样。 나의 키와 너의 키는 같지 않다.

❷ 어떤 비교문인지 빠르게 파악하자!

비교문의 종류는 많지만 3급 시험에서 출제되는 비교문은 정해져 있다. 나열된 단어들을 통해 어떤 비교문을 만들어야 하는지를 파악하는 것이 가장 중요하다.

❸ 비교문마다 정확한 해석을 알고 있어야 한다.

A쪽이 더 (술어)한 비교문인지 B쪽이 더 (술어)한 것인지, A와 B가 비슷한 비교문인지 비교문마다 해석을 정확히 알고 있어야만 어순배열 문제에서 A와 B자리를 알맞게 쓸 수 있다.

❹ A부분이 명확해야 한다.

비교문은 대상만 다를 뿐 공통된 것을 가지고 비교하는 것이기 때문에 A자리에서 비교하는 것이 무엇인지 명확하게 밝혀주면 B자리에서 다시 반복할 필요 없이 대상만 나올 수 있다. 즉, A에서 '他的个子(그의 키)'를 언급했다면, B에서는 '我(나)'까지만 언급하고 '个子(키)'는 생략해도 앞에서 이미 나왔기 때문에 '나와 그의 키'를 비교하는 것임을 알 수 있다.

❺ 모든 비교문은 정도부사를 사용할 수 없다.

형용사가 술어 자리에 올 때 기본적으로 앞에 정도부사와 함께 위치하지만, 비교문에서는 형용사가 쓰여도 앞에 정도부사를 쓸 수 없다. 따라서 각 비교문마다 어떤 수식 방법이 있는지 기억해두어야 한다.

 예제 1

| 成绩 | 没有 | 他的 | 我 | 那么 | 好 |

분석 成绩 chéngjì 명 성적 | 那么 nàme 대 그렇게, 그만큼

Point
1. '没有'를 보고 '没有'가 동사 술어로 쓰이는지 비교문으로 쓰이는지 구별해야 한다.
2. 비교 대상을 알맞게 배치한다.
3. 형용사술어 앞에 알맞은 수식성분을 붙여준다.

해설

| 관형어 | 주어 | 부사어 | 목적어 | 부사어 | 술어 |
| 他的 | 成绩 | 没有 | 我 | 那么 | 好 |

'没有'를 '없다'라는 의미를 가진 동사 술어로 혼동해서는 안 된다. '없다'라고 해석을 하게 되면 문장 자체가 이상해지므로 바로 '有(没有)'비교문을 만들어야 한다는 것을 파악해낼 수 있어야 한다. '有(没有)'비교문의 기본어순은 'A + 有(没有) + B + (这么/那么) + 술어'이며 앞서 말했듯 비교문은 A자리가 명확해야 한다. 이 문장에서 A자리는 '没有' 앞에 있는 '成绩 chéngjì(성적)'에 비교 대상인 '他的(그의)'를 붙여 완성할 수 있다. 그리고 B자리는 A에서 이미 언급한 부분이 생략되어 '我(的成绩)'가 된다. 마지막으로 B 뒤에 '那么 nàme(그렇게)'와 술어 '好 hǎo(좋다)'를 이어서 써준다.

정답 他的成绩没有我那么好。 그의 성적은 나만큼 그렇게 좋지 못하다.

예제 2

| 那双 | 一些 | 比 | 大 | 这双鞋 |

분석 双 shuāng 양 쌍, 켤레 | 鞋 xié 명 신발 | 一些 yìxiē 양 조금, 약간

Point
1. '比'자 비교문의 수식 방법에 주의해야 한다.
2. 비교 대상을 나열할 때 보통 A자리의 비교 대상이 명확해야 하며, B자리에서는 중복된 부분을 생략할 수 있다.

해설

| 주어 | 부사어 | 목적어 | 형용사술어 | 수량사 |
| 这双鞋 | 比 | 那双 | 大 | 一些。 |

'比'를 보고 '比'자 비교문인 것을 알 수 있다. 역시나 A자리를 명확하게 하기 위해 '这双鞋 zhè shuāng xié(이 신발)'를 A자리에 배치한다. B자리는 '鞋 xié(신발)'가 생략된 '那双 nà shuāng(그)'이 된다. '比'자 비교문 수식 방법 중 형용사술어 뒤에 '一点/一些(약간)'를 붙여 'A가 B보다 조금 더 술어하다'라는 의미를 나타낼 수 있으므로, 형용사 '大(크다)' 뒤에 '一些'를 붙여주면 문장이 완성된다.

정답 这双鞋比那双大一些。 이 신발은 저 신발보다 조금 크다.

실전 PT

▶ 정답 및 해설 33p

학습시간 1 5 분

○ 비교문의 종류를 떠올려보고 각 비교문마다 적합한 수식 방법을 생각해보자.

문제 1 　五岁　　　他　　　大　　　我比

▶ 답 _____

▶ 해석 _____

문제 2 　喜欢　　　一样　　　我　　　跟你　　　吃中国菜

▶ 답 _____

▶ 해석 _____

문제 3 　冷　　　今天　　　更　　　比昨天

▶ 답 _____

▶ 해석 _____

문제 4 　高　　　小王　　　这么　　　没有你

▶ 답 _____

▶ 해석 _____

문제 5 　一些　　　比　　　那个　　　这个教室　　　小

▶ 답 _____

▶ 해석 _____

마무리 PT

1 她从小学一年级开始学习画画儿，到现在已经有十五年了。
Tā cóng xiǎoxué yī niánjí kāishǐ xuéxí huà huàr, dào xiànzài yǐjīng yǒu shíwǔ nián le.
그녀는 초등학교 1학년 때부터 그림 그리는 것을 배우기 시작했고, 현재까지 벌써 15년이 되었다.

* 从…到…
cóng…dào…
~에서부터 ~까지

2 我应该对自己要求高一点儿，对别人要求低一点儿。
Wǒ yīnggāi duì zìjǐ yāoqiú gāo yìdiǎnr, duì biérén yāoqiú dī yìdiǎnr.
나는 마땅히 스스로에 대한 요구는 조금 높이고, 남들에 대한 요구는 조금 낮춰야 한다.

* 형용사 + 一点儿
조금, 약간 '형용사'하다

3 那家商店的衣服又漂亮又便宜。
Nà jiā shāngdiàn de yīfu yòu piàoliang yòu piányi.
그 상점의 옷은 예쁘기도 하고 값도 저렴해.

* 家 jiā
영 집이나 회사 등을 세는 단위

4 拿香蕉和苹果来说吧。
Ná xiāngjiāo hé píngguǒ láishuō ba.
바나나와 사과를 가지고 말해보겠다.

* 拿…来说
ná… láishuō
~을 가지고 말해보자면

5 是不是你离开时忘拿了?
Shì bu shì nǐ líkāi shí wàng ná le?
너 떠날 때 챙기는 걸 잊은 거 아니야?

* 是不是 shì bu shì
~인가, 아닌가

PT 기출상식

중국인이 싫어하는 선물

앞에서 중국인이 좋아하는 숫자와 싫어하는 숫자가 생기게 된 원인을 발음이 비슷한 해음현상 때문임을 알아봤다면 이번에는 중국인이 싫어하는 선물 유형을 해음현상을 통해 알아보도록 하자.

중국인이 싫어하는 선물로는 배, 시계, 우산, 부채, 신발 등이 있다. 먼저 우리나라에서 추석에 자주 선물로 주고받는 과일인 '배'는 중국어로 '梨 lí'라고 하는데, '떠나다, 헤어지다(离 lí)'와 발음이 같아 연인끼리는 배를 선물하지 않는다. 또한, 시계는 '钟 zhōng'인데 끝과 결말, 임종을 나타내는 '终 zhōng'과 발음이 같아 선물을 하게 되면 죽음, 망함의 의미로 해석될 수 있다. 이 밖에도 우산(伞 sǎn)과 부채(扇 shàn)는 흩어지다(散 sàn)와 발음이 비슷해서 '다시는 만남이 없다'라는 의미를 나타내며, 신발(鞋 xié)은 재앙(邪 xié)과 발음이 같아서 떠나감을 뜻한다. 우리나라에도 신발을 선물하면 신발을 신고 떠나간다는 말이 있듯이 중국도 이와 비슷한 의미를 가지고 있는 것이다.

지금까지 중국인이 싫어하는 선물을 알아보았으니 중국인에게 이런 선물을 하는 것은 가급적 피하도록 하자. 이와 같은 상식적인 내용은 듣기나 독해 지문에 종종 등장하기 때문에 잘 기억해두자!

Day 8

듣기 제2부분 ❹ | 녹음 내용과 문제의 일치/불일치 판단하기
猜一猜(추측해보자) - 내용 유추

어휘 PT ● Track 08-1   학습시간 １０분

예제 1
- 从 cóng [전] ~에서부터
- 开始 kāishǐ [동] 시작하다
- 生病 shēngbìng [동] 병이 나다
- 牙疼 yáténg 이가 아프다
- 而且 érqiě [접] 게다가
- 发烧 fāshāo [동] 열이 나다
- 带 dài [동] 지니다, 데리다
- 医院 yīyuàn [명] 병원

예제 2
- 和 hé [전] ~와
- 同学 tóngxué [명] 학우
- 外面 wàimian [명] 바깥
- 所以 suǒyǐ [접] 그래서
- 要 yào [조동] ~해야 한다
- 自己 zìjǐ [명] 자기 자신
- 做 zuò [동] 하다, 만들다

예제 3
- 季节 jìjié [명] 계절
- 热 rè [형] 덥다
- 还是 háishi [부] 아무래도
- 秋天 qiūtiān [명] 가을
- 旅游 lǚyóu [동] 여행하다

문제 1
- 其他 qítā [대] 기타, 다른 (사람/사물)
- 事 shì [명] 일
- 机场 jīchǎng [명] 공항
- 接 jiē [동] 마중하다, 받다
- 位 wèi [양] 분 [사람을 높여 세는 단위]
- 客人 kèrén [명] 손님

문제 2
- 环境 huánjìng [명] 환경
- 安静 ānjìng [형] 조용하다, 안정되다
- 因为 yīnwèi [접] 왜냐하면, ~때문에
- 所以 suǒyǐ [접] 그래서, 그러므로

문제 3
- 牛奶 niúnǎi [명] 우유
- 过去 guòqù [명] 과거
- 起床 qǐchuáng [동] 기상하다
- 苹果 píngguǒ [명] (과일) 사과
- 电视 diànshì [명] TV, 텔레비전
- 习惯 xíguàn [명][동] 습관/습관이 되다
- 忙 máng [형] 바쁘다

문제 4
- 画 huà [동] 그리다
- 小狗 xiǎogǒu [명] 강아지
- 铅笔 qiānbǐ [명] 연필
- 眼睛 yǎnjing [명] (인체) 눈
- 鼻子 bízi [명] 코
- 耳朵 ěrduo [명] 귀

문제 5
- 或者 huòzhě [접] 혹은, 또는
- 司机 sījī [명] 운전기사
- 总是 zǒngshì [부] 늘, 항상
- 回答 huídá [동] 대답하다

❶ 문제 속의 단어가 녹음에서 들리지 않는다고 X는 아니다.

녹음을 듣고 상황을 파악하고 유추하는 문제들은 의미가 비슷한 다른 단어를 사용하거나 상황을 풀어서 쓸 수 있다. 다른 유형들처럼 녹음과 문제에 같은 어휘나 어구가 나오지 않았다고 해서 무조건 X라고 할 수는 없다.

> 문제) 他在饭馆。 (✓) 그는 식당에 있다.
> 녹음) 这家的菜都很有名。我最喜欢的是火锅，真好吃，价钱也很便宜，所以很多人来。
> 이곳의 음식은 모두 유명하다. 내가 가장 좋아하는 것은 훠궈로, 정말 맛있고 가격 역시 저렴해서 많은 사람들이 온다.

→ '家'는 명사로 쓰일 경우 '집'이라는 의미지만, 양사로 쓰일 때는 점포, 회사 등을 세는 단위를 나타낸다. 녹음에서 식당이라는 단어가 직접적으로 나오지 않았지만, 녹음 뒤쪽을 들어보면 음식 이름, 가격 등이 나오고, 많은 사람들이 온다고 했기 때문에 그가 식당에 있다는 것을 알 수 있다.

❷ 문제와 관련된 표현을 유추하자.

위에서 말했듯이 문제 속의 단어가 녹음에 그대로 등장하지 않을 수 있다. 따라서 문제와 관련된 내용을 유추할 수 있어야 한다. 예를 들어 문제가 '그녀는 병이 났다'라면 녹음에는 '머리가 아프다', '열이 나다' 등과 같이 질병과 관련된 다양한 표현이 나올 수 있다. 따라서 녹음을 들을 때 비슷한 표현이 나오는지 주의 깊게 들어야 한다.

> 문제) 小王在中国学汉语。 (✓) 샤오왕은 중국에서 중국어를 공부한다.
> 녹음) 为了提高汉语水平，小王去年来到了北京。现在他在北京大学念书。虽然学了不久，但他汉语说得真不错。
> 중국어를 배우기 위해서 샤오왕은 작년에 베이징으로 왔다. 현재 그는 베이징대학에서 공부하고 있다. 비록 오래 배우지는 않았지만 그는 중국어를 정말 잘 말한다.

→ 녹음에서 샤오왕이 중국어 실력을 향상시키기 위해 작년에 베이징에 왔다는 내용을 토대로 그는 지금 중국에서 중국어를 공부한다고 유추할 수 있다. 또한, 베이징은 중국의 수도이므로 답은 ✓이다. 이처럼 문제에 있는 단어가 녹음에 직접 등장하지 않더라도 상황을 유추해서 비슷한 표현이 나왔는지 확인해야 한다.

❸ 작은 개념을 포괄하는 큰 개념에 대한 어휘가 들리는지 귀를 기울이자.

엄마, 아빠, 동생 등 작은 개념을 포괄하는 큰 개념은 '가족'이고, 사과, 바나나, 포도 등 작은 개념을 포괄하는 큰 개념은 '과일'인 것처럼 여러 단어를 묶을 수 있는 하나의 큰 개념 단어가 들리는지 확인한다. 만약 그 단어가 들린다면 답은 √일 확률이 높다.

|문제| 吃水果对减肥有帮助。 (√) 과일을 먹는 것은 다이어트에 도움이 된다.

|녹음| 我比以前胖了。为了减肥，我每天早上吃一个苹果和一个香蕉。现在瘦了两公斤。
나는 이전보다 살이 쪘다. 다이어트를 하기 위해 나는 매일 아침 사과 한 개와 바나나 한 개를 먹는다. 지금은 2kg이 빠졌다.

→ 녹음에서 '苹果 píngguǒ(사과)'와 '香蕉 xiāngjiāo(바나나)'가 등장했는데, 질문에서는 '水果 shuǐguǒ(과일)'라는 큰 개념의 단어로 포괄하고 있기 때문에 답은 √이다.

예제 1 Track 08-2

★ 女儿生病了。　　　　　　（　）	★ 딸은 병이 났다.
女儿从昨天就开始牙疼，而且还有些发烧，下午我想带她去医院看看。	딸이 어제부터 이가 아프기 시작했다. 게다가 열이 조금 나서 오후에 나는 그녀를 데리고 병원에 한번 가볼 생각이다.

해설 문제처럼 '女儿生病了(딸은 병이 났다)'라는 직접적인 표현은 녹음에 나오지 않지만 '牙疼 yáténg(치통)'과 '发烧 fāshāo(열)', '医院 yīyuàn(병원)' 등과 같이 질병에 관련된 단어가 계속해서 나오는 것을 보고 '딸이 병이 났다'라는 것을 알 수 있다. 따라서 답은 √이다.

정답 √

예제 2 Track 08-3

★ 妈妈晚上不在家吃饭。　　　（　）	★ 엄마는 저녁에 집에서 식사하시지 않는다.
今天晚上你妈和同学们在外面吃饭，所以你们要自己做饭。	오늘 저녁에 너희 엄마는 동창들과 바깥에서 식사하실 거야. 그래서 너희는 스스로 음식을 만들어야 해.

해설 '妈妈晚上不在家吃饭(엄마는 저녁에 집에서 식사하시지 않는다)'이라는 직접적인 표현은 녹음에 나오지 않았지만 '晚上你妈和同学们在外面吃饭(저녁에 너희 엄마는 동창들과 바깥에서 식사하실 거야)'이라는 문장 중 '外面吃饭'이라는 표현을 통해 엄마가 저녁에 집이 아닌 밖에서 식사하신다는 것을 유추할 수 있다. 따라서 답은 √이다.

정답 √

예제 3 Track 08-4

★ 现在是冬季。　　　　　　（　）	★ 지금은 겨울이다.
这个季节特别热，你还是秋天再来旅游吧，那时候天气不冷也不热。	이 계절은 특히나 더우니, 너 가을에 다시 와서 여행하는 것이 낫겠어. 그때는 날씨가 춥지도 않고 덥지도 않아.

해설 우선 문제의 핵심 어휘인 '冬季 dōngjì(겨울)'라는 단어는 녹음에 등장하지 않았다. 하지만 녹음 맨 처음에 '这个季节特别热(이 계절은 특히나 덥다)'라고 했으니, 적어도 겨울은 아닐 것이다. 그리고 뒤에 이어지는 문장에서 '秋天 qiūtiān(가을)'이란 단어가 나와서 계절을 가을로 헷갈릴 수는 있겠지만 겨울과 관련된 어휘는 단 한 번도 나오지 않았다. 따라서 답은 X이다.

정답 X

실전 PT

Track 08-5

▶ 정답 및 해설 34p

학습시간 15분

○ 문제를 먼저 해석해보고 녹음에서는 과연 어떤 식으로 관련 어휘들이 나올지 추측해보자.

문제 1 ★ 小李下班后要去北京。 (   )

문제 2 ★ 图书馆的环境比较好。 (   )

문제 3 ★ 他喜欢喝牛奶。 (   )

문제 4 ★ 他在画小狗。 (   )

문제 5 ★ 这儿的人不习惯说左右。 (   )

독해 제2부분 ④ | 빈칸에 들어갈 알맞은 어휘 고르기
부사·조동사·전치사가 필요한 곳은?

어휘 PT
학습시간 10분

예제 1
- 容易 róngyì [형] 쉽다, 용이하다
- 终于 zhōngyú [부] 마침내, 결국
- 除了 chúle [전] ~을 제외하고
- 饿 è [형] 배고프다
- 下个月 xià ge yuè [명] 다음 달
- 结婚 jiéhūn [동] 결혼하다
- 一定 yídìng [부] 반드시
- 要 yào [조동] ~해야 한다
- 站 zhàn [동] 서다
- 中间 zhōngjiān [명] 중간, 가운데
- 再 zài [부] 다시, 또
- 向 xiàng [전] ~를 향하여
- 右边 yòubian [명] 오른쪽

예제 2
- 安静 ānjìng [형] 조용하다, 고요하다
- 新鲜 xīnxiān [형] 신선하다, 싱싱하다
- 葡萄 pútáo [명] 포도
- 酒 jiǔ [명] 술
- 医生 yīshēng [명] 의사
- 让 ràng [동] ~하게 하다, 시키다
- 打算 dǎsuàn [동] ~할 계획이다

문제 1
- 一直 yìzhí [부] 계속, 줄곧
- 会议 huìyì [명] 회의
- 结束 jiéshù [동] 끝나다

문제 2
- 请 qǐng [동] 요청하다, 부탁하다
- 在 zài [전] ~에, ~에서
- 地图 dìtú [명] 지도

문제 3
- 担心 dānxīn [동] 걱정하다
- 病 bìng [명] 병, 질병
- 会 huì [조동] ~할 것이다, ~할 수 있다

문제 4
- 票 piào [명] 표
- 放 fàng [동] 놓다
- 突然 tūrán [부] 갑자기
- 找 zhǎo [동] 찾다
- 报纸 bàozhǐ [명] 신문

문제 5
- 面试 miànshì [동][명] 면접시험을 보다/면접
- 机会 jīhuì [명] 기회
- 应该 yīnggāi [조동] 반드시 ~해야 한다
- 试 shì [동] 시험 삼아 해보다

문제 6
- 地铁 dìtiě [명] 지하철
- 站 zhàn [명] 역
- 远 yuǎn [형] 멀다
- 需要 xūyào [동] 필요하다
- 从 cóng [전] ~에서부터

 전략 PT  학습시간 2 0 분

❶ [부사 ➡ 조동사 ➡ 전치사구] 이 순서를 기억하자.

부사, 조동사, 전치사구는 주로 술어 앞에서 술어를 수식하는 역할을 한다. 술어 앞에 이 성분들이 두 개 또는 세 개가 같이 나와도 대부분 이 순서를 지켜서 배열하면 되기 때문에 단어마다 품사를 잘 기억해둬야 한다. 보기에 '부, 조, 전' 어휘가 있는 경우엔 문제를 빠르게 확인해서 술어 앞이 빈칸인지 확인해보고, 나와있는 어휘들을 '부, 조, 전' 순서에 맞추어 배치하면 된다.

일부부사	+	주어	+	부사	+	조동사	+	전치사구	+	술어 (+목적어)	
		我		一定		要		跟他		结婚。	나는 반드시 그와 결혼할 것이다.
		他		一直				在家		睡觉。	그는 계속 집에서 잠을 잔다.
		我		不		想				吃饭。	나는 밥을 먹고 싶지 않다.
		你				可以		给我		打电话。	너는 나에게 전화를 걸어도 된다.
其实		我		没						去过美国。	사실 나는 미국에 가본 적이 없다.

❷ 일부 부사는 주어 앞에도 놓일 수 있다.

모든 부사가 항상 술어 앞에만 놓이는 것은 아니다. 문장 맨 앞에서 문장 전체를 수식하는 자리에도 부사가 놓일 수 있다. 주어 앞이 빈칸인 경우에 만약 보기 중 어떤 어휘도 주어를 수식하기에 적절하지 않다면, 시선을 돌려서 전체를 꾸밀 수 있는 부사 어휘가 있는지 확인해봐야 한다. 아래와 같은 부사들은 종종 문장 맨 앞에서 문장 전체를 수식하므로 기억해두자.

> 就 jiù 오직, 단지 | 突然 tūrán 갑자기 | 到底 dàodǐ 도대체 | 其实 qíshí 사실 | 原来 yuánlái 알고 보니 | 本来 běnlái 원래

❸ 일반부사와 부정부사가 같이 나온다면 일반부사를 먼저!

부사의 종류는 여러 가지가 있지만 크게 일반부사와 부정부사(不, 没)로 나뉜다. 두 가지가 같이 나오는 경우에는 일반부사 뒤에 부정부사가 온다. 따라서 부정부사 앞이 빈칸이고, 그 앞에 이미 주어가 있다면 보기 중 일반부사로 쓰이는 어휘가 있는지 확인해보자.

❹ 조동사는 술어 앞, 전치사구 앞에!

조동사는 주로 동사술어 앞에서 동사를 수식해주는 품사이기 때문에 기본적으로 술어 앞에 위치한다. 그러나 조동사가 전치사구와 같이 쓰일 경우에는 앞에서 외웠던 순서 그대로 '부, 조, 전'에 맞춰서 넣어주면 되기 때문에 만약 전치사구 앞이 빈칸이라면 조동사 자리는 아닌지 확인해보자.

❺ 전치사는 혼자 쓰일 수 없다.

모든 전치사의 공통점은 문장 안에 혼자 쓰일 수 없다는 것이다. 따라서 주어나 목적어가 아닌 명사의 앞자리가 빈칸이라면 전치사를 넣을 수 있는지 확인하자.

我跟一起看电影了。　（✕）
→ 我跟他一起看电影了。　（〇）　나는 그와 같이 영화를 봤다.

从坐车去吧。　（✕）
→ 从这儿坐车去吧。　（〇）　여기에서부터 차를 타고 가자.

하지만 '在'나 '给'와 같은 어휘는 전치사로 쓰일 수도 있고 동사로도 쓰일 수 있기 때문에 위치를 잘 파악해서 어떤 품사로 쓰였는지 주의해서 확인해야 한다. '在/给 + 명사 + 동사'일 경우엔 전치사, '在/给 + 명사(목적어)'로 오는 경우엔 동사로 쓰인 것이다. 두 품사 모두 뒤에 명사가 오는 것까지는 같기 때문에 헷갈릴 수 있지만, 뒤에 동사(술어)가 나오는지 확인해보면 간단하게 구분할 수 있다.

我　+　在家　+　看　+　书。　　나는 집에서 책을 본다.
　　　전치사 + 명사　동사

我　+　在　+　家。　　나는 집에 있다.
　　　동사　명사(목적어)

他　+　给我　+　打　+　电话。　　그는 나에게 전화를 건다.
　　　전치사 + 명사　동사

他　+　给　+　我　+　一个面包。　　그는 나에게 빵 한 개를 준다.
　　　동사　명사(목적어1 + 목적어2)

꼭 알아야 하는 전치사

从 cóng ~에서부터	从三天前开始他一直发烧。 3일 전부터 시작해서 그는 계속 열이 난다. Cóng sān tiān qián kāishǐ tā yìzhí fāshāo.
离 lí ~에서부터	国家图书馆离我家很近。 국가도서관은 우리 집에서부터 가깝다. Guójiā túshūguǎn lí wǒ jiā hěn jìn.
在 zài ~에서	他在商店买了一件衬衫。 그는 상점에서 셔츠 한 벌을 샀다. Tā zài shāngdiàn mǎi le yí jiàn chènshān.
对 duì ~에 대해서	她对她的成绩很满意。 그녀는 그녀의 성적에 대해 만족한다. Tā duì tā de chéngjì hěn mǎnyì.
向 xiàng ~을 향해서	大家向我看。 모두들 저를 향해 보세요. Dàjiā xiàng wǒ kàn.

给 gěi ~에게	我给妈妈写信。 나는 엄마에게 편지를 쓴다. Wǒ gěi māma xiě xìn.
跟 gēn ~와(과)	我跟老师一起吃饭。 나는 선생님과 함께 식사를 한다. Wǒ gēn lǎoshī yìqǐ chīfàn.
和 hé ~와(과)	我家有爸爸、妈妈和我。 우리 집에는 아빠, 엄마와 내가 있다. Wǒ jiā yǒu bàba、māma hé wǒ.
把 bǎ ~을(를)	老师把我的书拿出去了。 선생님은 내 책을 가지고 나갔다. Lǎoshī bǎ wǒ de shū náchūqù le.
被 bèi ~에게 당하다	我的自行车被朋友借走了。 내 자전거는 친구에게 빌려가졌다. Wǒ de zìxíngchē bèi péngyou jièzǒu le.
为了 wèile ~을 위하여	为了考上北京大学，他每天努力学习。 Wèile kǎoshàng Běijīng Dàxué, tā měitiān nǔlì xuéxí. 베이징대학에 합격하기 위해, 그는 매일 열심히 공부한다.

예제 1

A 要	B 向	C 终于	A ~해야 한다	B ~을 향하여	C 드디어
D 除了	E 饿		D ~을 제외하고	E 배고프다	

1. 我下个月8号结婚，你一定（　　）来啊。	1. 나 다음 달 8일에 결혼해. 너는 반드시 와（　　）.
2. 您站中间就可以，再（　　）右边一点儿，非常好！	2. 당신은 가운데 서면 됩니다. 다시 조금만 오른쪽（　　） 주세요, 아주 좋아요!

1. **해설** 빈칸의 앞뒤를 확인해보면 앞에는 '一定 yídìng(반드시)'이라는 부사가 있고 뒤에는 '来 lái(오다)'라는 동사가 있기 때문에 빈칸은 또다른 부사나 조동사 또는 전치사 자리라고 생각할 수 있다. 전치사는 혼자 쓰일 수 없는데 빈칸 뒤에는 명사가 아닌 동사가 나와 있어 이 자리는 전치사가 올 수 없다. 또한 부사 '终于 zhōngyú(드디어)'는 의미상 적절하지 않기 때문에 조동사 '要 yào(~해야 한다)'를 넣어 해석해보면 '반드시 와야 한다'는 자연스러운 문장이 된다. 따라서 답은 A 要(~해야 한다)이다.
   정답 A

2. **해설** 빈칸 앞은 '再 zài(다시)'라는 부사가 있고, 뒤에는 '右边 yòubian(오른쪽)'이라는 명사가 있기 때문에 빈칸에는 전치사가 필요하다. B 向(xiàng)은 '~를 향하여'라는 뜻의 전치사로, 혼자 쓰일 수 없기 때문에 뒤에 명사가 필요하다. 이 때 명사로는 주로 방향이나 장소를 나타내는 명사가 온다. 따라서 문법상으로도 내용상으로도 문제없이 답은 B 向 xiàng(~을 향하여)이 된다.
   정답 B

 **예제 2**

A 一定 B 容易 C 终于 D 安静 E 新鲜	A 반드시 B 쉽다 C 드디어 D 조용하다 E 신선하다
1. A: 你（　）回来了，葡萄酒买了吗? B: 医生不让你喝酒，所以我买了些果汁和牛奶。	1. A: 너 (　) 돌아왔구나, 포도주 사왔어? B: 의사가 너 술 마시지 못하게 했잖아. 그래서 약간의 과일주스와 우유를 사왔어.
2. A: 你打算7号回去吗? B: 不（　），我8号下午有考试，所以8号上午走也可以。	2. A: 너 7일에 돌아가기로 결정했어? B: (　) 없어. 나는 8일 오후에 시험이 있어서 8일 오전에 가도 괜찮아.

1. **해설** 술어 '回来 huílái(돌아오다)' 앞이 빈칸이고 이미 앞에는 주어가 있으니 술어를 수식해주는 성분(부, 조, 전)이 들어가야 한다는 것을 알 수 있다. 일단 뒤에 명사 성분이 없기 때문에 전치사는 들어갈 수 없으므로, 답은 부사 C 终于(드디어, 마침내) 밖에 될 수 없다. 해석상으로도 '드디어 돌아왔다'고 이야기하는 문장이 되어야 적절하다.

   정답 C

2. **해설** 부정부사 뒤에는 주로 술어, 조동사 등이 온다. 하지만 보기에는 답이 될 만한 단어가 없다. 일부 부사는 부정부사 앞이 아닌 뒤에 쓰이는데 그중 하나가 '一定'이다. '不一定'은 '확정할 수 없다'는 뜻으로 문맥에 맞다. 따라서 답은 A 一定(반드시, 꼭)이 된다.

   정답 A

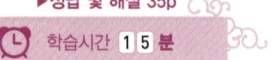

> 빈칸의 앞뒤를 잘 살펴서 어떤 품사가 들어가야 하는지 확인하고, 특히 '부, 조, 전' 순서를 잊지 말자!

[1-3]

　　　　　A 一直　　B 想　　C 在　　D 经常　　E 会

문제 1 （　　）到会议结束，大家也没想出来办法。

문제 2 请（　　）地图上找一下中国。

문제 3 别担心，他的病一定（　　）好的。

[4-6]

　　　　　A 从　　B 简单　　C 终于　　D 突然　　E 应该

문제 4 A：我的电影票放哪儿了？怎么（　　）找不到？
　　　　B：是不是和报纸放在一起了？

문제 5 A：那家公司让我去面试，你说我去不去啊？
　　　　B：我觉得这个机会不错，你（　　）试试。

문제 6 A：地铁站远不远？
　　　　B：（　　）这儿到地铁站走路的话需要20分钟。

쓰기 제1부분 ❽ | 제시된 어휘로 문장 배열하기
'把'자문과 '被'자문

전략 PT

학습시간 20분

'把'자문

'把'자문은 목적어의 처치를 강조하는 문장이다. 따라서 목적어(명사)에 전치사 '把'를 붙여 전치사구를 만든 후, 술어 앞으로 데려가서 강조하는 것이다. 이 '把'자문 문형의 가장 큰 특징으로는 '把+목적어(명사)'가 술어 앞으로 온다는 점, 술어 뒤에 기타성분이 반드시 나와야 한다는 점이 있다. 아래 전략PT를 통해 더 자세히 알아보자!

❶ '把' 자문의 기본어순

| 주어 | + | 把 | + | 목적어 | + | 술어 | + | 기타성분 |
(처리를 하는 것)				(처리를 당하는 것)				
他们		把		桌子		搬		出去了。	그들은 책상을 옮겨나갔다.
我		把		行李		整理		好了。	나는 짐을 잘 정리했다.
他		把		照相机		忘		在房间里了。	그는 사진기를 방안에 두고 왔다(잊었다).

❷ '把'의 품사는 전치사!

전치사는 혼자 쓰일 수 없기 때문에 '把'는 술어 뒤에 있는 목적어(명사)와 전치사구를 이뤄 술어 앞으로 이끌어내는 역할을 한다. 따라서 '把'가 나오면 뒤에 처리를 당하는 명사 어휘가 나와야 한다.

我 / 把作业 / 做完了。　　내가 숙제를 다 했다.
谁 / 把我的面包 / 吃了?　　누가 내 빵을 먹었어?
老师 / 把我的书 / 拿出去了。　　선생님이 내 책을 가지고 나갔다.

❸ 술어 뒤에 기타성분이 와야 한다!

'把'자문은 주어가 목적어를 어떻게 처치했는지, 그 처치한 결과가 무엇인지 나타내는 문장이므로 절대 술어 혼자 쓰일 수 없다. 따라서 '了', '着', 각종 보어들이 기타성분 자리에 나온다.

我 / 把这件衣服 / 洗了。　　나는 이 옷을 빨았다.
你 / 把这本书 / 拿着。　　너는 이 책을 가지고 있어라.
我 / 把这件衣服 / 洗干净了。　　나는 이 옷을 깨끗이 빨았다. [결과보어]
我 / 把你的书 / 带来了。　　나는 네 책을 가지고 왔다. [방향보어]
她 / 把头发 / 剪得特别短。　　그녀는 머리카락을 아주 짧게 잘랐다. [정도보어]

❹ '把'는 전치사이기 때문에 '부➡조➡전' 순서에 따라 부사와 조동사는 '把' 앞에 위치한다.

'把'는 전치사로 술어 뒤에 있는 목적어와 전치사구를 이뤄 술어 앞에 위치한다. 앞에서 배웠듯이 술어 앞에서 술어를 수식하는 부사어 자리에는 주로 부사, 조동사, 전치사구 등이 오며, 여러 품사가 동시에 술어를 수식할 경우 부사, 조동사, 전치사구 순으로 배열하면 된다. 따라서 '把'자문에 부사와 조동사를 넣어야 할 경우 '把' 앞에 순서대로 쓰면 된다.

> 我没把作业做完。 내가 숙제를 다 하지 않았다.
> 老师已经把我的书拿出去了。 선생님은 이미 내 책을 가지고 나갔다.

'被'자문

'被'자문은 '~에게 ~을 당하다'라는 피동문으로 '被'의 품사는 전치사이다. 역시나 혼자 쓰일 수 없기 때문에 술어 뒤에 있는 목적어와 전치사구를 이뤄 술어 앞으로 끌어내는 역할을 한다. '被'자문은 주어가 목적어에게 어떤 행위를 당했는지, 그 행위를 당한 결과가 무엇인지를 나타내는 문장으로 절대 술어 혼자 쓰일 수 없다. 주의해야 할 점은 '被'자문의 주어는 행위를 하는 어휘가 아닌 행위를 당하는 어휘가 와야 한다는 것이다.

❶ '被'자문의 기본어순

주어 (행위를 당하는 것)	+	被	+	목적어 (행위를 하는 것)	+	술어	+	기타성분	
我的书		被		老师		拿		出去了。	내 책은 선생님에 의해 가져가졌다. [선생님이 내 책을 가져갔다]
我的面包		被		他		吃		了。	내 빵은 그에 의해 먹어졌다. [그가 내 빵을 먹었다]
我们的教室		被		他		打扫		干净了。	우리의 교실은 그에 의해 깨끗이 청소되었다. [그가 우리의 교실을 깨끗이 청소했다]

❷ 술어 뒤에 기타성분이 와야 한다!

'被'자문은 주어가 어떤 행위를 당했고, 그 결과 어떠한지를 나타내는 문장이다. 따라서 술어 혼자 쓰여서는 안 되며 술어 뒤, 기타성분 자리에는 주어가 어떤 동작을 당해 어떻게 되었는지 결과를 써야 한다. 이 자리에는 주로 '了', '过', 각종 보어들이 쓰인다.

面包 / 被我 / 吃了。　　빵은 나에 의해 먹혔다.
他 / 被爸爸 / 打过。　　그는 아빠에 의해 맞은 적이 있다.
蛋糕 / 被我 / 吃完了。　　케이크는 나에 의해 다 먹어치워졌다. [결과보어]
我的书 / 被他 / 拿出去了。　　나의 책은 그에 의해 가지고 나가졌다. [방향보어]
他 / 被这部电影 / 感动得哭了。　　그는 이 영화에 의해 감동받아 울었다. [정도보어]

❸ '被'자문은 '把'자문과 달리 심리동사·인지동사도 들어갈 수 있다.

'把'자문은 목적어를 어떻게 처치했는가를 나타내는 문장으로 '알다', '듣다'와 같은 심리동사, 인지동사 등은 술어로 쓰일 수 없다. 하지만 '被'자문은 동작을 당함을 나타내는 피동문으로 '나의 비밀을 그에게 들켰다'와 같이 동작이 없는 심리동사, 인지동사 등이 술어로 쓰일 수 있다.

那件事被他知道了。　　그 일은 그에 의해 알게 되었다. [그 일을 그가 알았다]
你的话被他听见了。　　네 말은 그에 의해 듣게 되었다. [네 말을 그가 들었다]

❹ '被'자문도 '把'자문과 마찬가지로 전치사이기 때문에 부사와 조동사는 '被' 앞에 위치한다.

'把'와 같이 '被'의 품사도 전치사이므로, 부사어 자리에서 목적어와 전치사구를 이뤄 술어를 수식한다. 따라서 '被'자문에서 부사, 조동사가 술어를 수식할 경우 전치사구 '被 + 명사' 앞에 순서대로 배열하면 된다.

我的书没被老师拿出去。　　나의 책은 선생님에 의해 가지고 나가지지 않았다.
我的面包已经被他吃了。　　나의 빵은 이미 그에 의해 먹어졌다.

❺ '被' 뒤에 오는 목적어(명사)는 생략될 수 있다.

'被'자문에서 목적어로는 동작을 가하는 대상이 오는데 동작을 누군가에 의해 당했는지 불명확하거나 또는 상대방이 이미 그 대상을 알고 있는 경우에는 생략해서 쓸 수 있다. 단, 목적어만 생략할 수 있을 뿐 '被'는 절대 생략할 수 없다.

我的钱包被偷了。　　내 지갑이 (누군가에 의해) 훔쳐가졌다.
那些衣服被洗干净了。　　그 옷들은 (무언가/누군가에 의해) 깨끗하게 빨아졌다.

PT팁 '把'자문 & '被'자문 정리

① **'把'자문과 '被'자문은 절대로 술어 혼자 끝나서는 안 된다.**

'把'자문은 주어가 목적어에게 처치를 가한 것으로, 술어 혼자 끝나면 안 되고 술어 뒤 기타성분 자리에 그 행위를 가한 결과를 보충해야 한다. '被'자문도 역시 주어가 목적어에게 단순히 행위를 당한 것으로, 술어 혼자 끝나면 안 되고 그 행위를 당한 결과를 기타성분 자리에 채워야 한다. 따라서 '把'자문, '被'자문 모두 술어 혼자 끝나선 안 되고 뒤에는 항상 기타성분이 따라와야 한다.

我把这件衣服洗干净了。　　내가 옷을 세탁하는 동작을 한 결과 → 깨끗하게 빨았다.

我的书被他拿出去了。　　그가 내 책을 가진 결과 → 가지고 나갔다.

② **'把'자문은 목적어, '被'자문은 주어가 명확해야 한다.**

'把'자문, '被'자문 모두 동작을 당하는(처리되는) 대상이 명확해야 하기 때문에 수량사의 수식을 받지 못한다. 숫자의 수식을 받게 되면 대상이 명확하지 않기 때문이다.

我把一件衣服洗干净了。　　나는 옷 한 벌을 깨끗이 빨았다. (X)

一本书被他拿出去了。　　한 권의 책이 그에 의해 가져가졌다. (X)

*수량사의 수식을 받는 경우, 위와 같이 옷 한 벌과 책 한 권이 무엇인지 명확하지 않기 때문에 수량사의 수식을 받으면 안 된다.

③ **'被'자문은 행위를 당한 것이 주어이다.**

'被'자문은 주어 자리에 행위를 당하는 대상이 와야 한다. 행위를 가한 대상과 자리를 혼동하지 않기 위해 해석을 통해서 어떤 대상이 주어 자리에 와야 하는지 주의해서 배치하자.

他被我的书拿出去了。　　그는 내 책에 의해 가지고 나가졌다. (X)

我的书被他拿出去了。　　내 책은 그에 의해 가지고 나가졌다. (○)

我被面包吃了。　　나는 빵에게 먹혔다. (X)

面包被我吃了。　　빵은 나에게 먹혔다. (○)

 **예제 1**

打扫　　把教室　　他　　干净了

분석　打扫 dǎsǎo 동 청소하다 | 教室 jiàoshì 명 교실 | 干净 gānjìng 형 깨끗하다

Point
1. '把'자문임을 파악한다.
2. 술어를 찾는다.
3. 처리를 당하는 목적어는 이미 '把'와 묶여있다.
4. 처리를 하는 주어를 찾는다.
5. 처리를 한 결과를 술어 뒤 기타성분 자리에 채워준다.

해설

주어	부사어	술어	기타성분
他	把教室	打扫	干净了

'把'를 통해서 '把'자문을 만들어야 된다는 것을 알 수 있다. 행위를 나타내는 술어는 '打扫 dǎsǎo(청소하다)'가 된다. '把'의 뒤에는 처리를 당하는 목적어가 이미 묶여있기 때문에 주어로 들어갈 수 있는 어휘는 '他 tā(그)' 하나이다. 여기까지 확인해보면 그가 교실을 청소했다는 내용임을 알 수 있다. '把'자문은 동사 뒤에 기타성분을 써서 처치한 결과를 구체적으로 나타내야 하므로, '干净了 gānjìng le(깨끗해졌다)'까지 동사 뒤에 놓아 그 의미를 보충해준다.

정답　他把教室打扫干净了。그는 교실을 깨끗하게 청소했다.

예제 2

蛋糕　　吃完了　　被弟弟　　已经　　我的

분석　蛋糕 dàngāo 명 케이크 | 已经 yǐjīng 부 이미

Point
1. '被'자문임을 파악한다.
2. 술어를 찾는다.
3. 행위를 가하는 목적어는 이미 '被'와 묶여있다.
4. 행위를 당하는 대상인 주어를 찾는다.
5. 행위를 당한 결과를 술어 뒤 기타성분 자리에 채워준다.

해설

관형어	주어	부사어		술어	기타성분
我的	蛋糕	已经	被弟弟	吃	完了

'被'를 통해서 '被'자문을 만들어야 한다는 것을 알 수 있다. 행위를 나타내는 술어는 '了'가 붙은 '吃完了 chīwán le(다 먹었다)'가 된다. '被'의 뒤에는 행위를 가하는 '弟弟 dìdi(남동생)'가 이미 묶여있기 때문에 주어로 들어갈 수 있는 어휘는 '蛋糕 dàngāo(케이크)' 하나이다. 여기까지 확인해보면 케이크가 남동생에게 다 먹혔다는 내용임을 알 수 있다. 행위를 당하는 주어는 명확해야 하기 때문에 '我的 wǒ de(나의)'를 붙여준다. 마지막 남은 어휘 '已经 yǐjīng(이미)'의 품사는 부사이기 때문에 전치사 '被' 앞에 배치한다.

정답　我的蛋糕已经被弟弟吃完了。내 케이크는 남동생이 이미 다 먹어졌다.

 실전 PT

▶정답 및 해설 37p
학습시간 15분

○ '把'자문인지 '被'자문인지 파악하고 주어와 목적어 자리에 어떤 것이 와야 하는지 주의해서 찾아보자.

문제 1 ▶ 告诉他   把   不敢   这件事   我

▶ 답 _____

▶ 해석 _____

문제 2 ▶ 姐姐   喝完了   啤酒   被

▶ 답 _____

▶ 해석 _____

문제 3 ▶ 送给   把电脑   妹妹   他决定

▶ 답 _____

▶ 해석 _____

문제 4 ▶ 洗   衣服   干净了   这件   被

▶ 답 _____

▶ 해석 _____

문제 5 ▶ 一顿   他   打了   被妈妈

▶ 답 _____

▶ 해석 _____

 **마무리 PT**　　　　　　　　　　　 학습시간 0 5 분

1 大家也没想出来办法。
Dàjiā yě méi xiǎngchūlái bànfǎ.
모두들 방법을 생각해내지도 못했다.

* 想出来 xiǎngchūlái
  (아예 몰랐던 것이) 생각나다
  想起来 xiǎngqǐlái
  (알고 있던 것이) 생각나다

2 从这儿到地铁站走路的话需要20分钟。
Cóng zhèr dào dìtiězhàn zǒulù dehuà xūyào 20 fēnzhōng.
여기에서부터 지하철역까지 걸어간다면 20분이 걸린다.

* 从 A 到 B
  cóng A dào B
  A에서부터 B까지

3 怎么突然找不到?
Zěnme tūrán zhǎobudào?
어째서 갑자기 찾을 수 없지?

* 找不到
  zhǎobudào
  찾을 수 없다

4 现在该画这只小狗的耳朵了。
Xiànzài gāi huà zhè zhī xiǎogǒu de ěrduo le.
지금 이 강아지의 귀를 그려야 한다.

* 该…了 gāi…le
  ~할 때이다, ~해야 한다

5 你还是秋天再来旅游吧。
Nǐ háishi qiūtiān zài lái lǚyóu ba.
너 아무래도 가을에 다시 와서 여행하는 게 낫겠다.

* 还是 háishi
  아무래도(그래도) ~하는 게 낫다

 **기출상식**

중국의 식사 예절

중국의 식사 예절은 우리나라의 식사 예절과 어떤 공통점과 차이점이 있는지 살펴보자. 먼저, 숟가락과 젓가락을 사용하는 점은 비슷하지만 중국에서 숟가락은 탕을 먹을 때만 사용하고 반찬과 밥을 먹을 때는 젓가락을 사용한다. 우리는 그릇을 들고 식사하지 않지만 중국에선 고개를 숙이고 밥을 먹는 것은 동물뿐이라고 생각하기 때문에 고개를 숙이지 않고 그릇을 들고 식사한다.

우리나라는 음식을 싹싹 비우는 게 예의라고 생각하지만 중국에선 음식이 부족해 만족스러운 식사를 하지 못했다고 생각하기 때문에 음식을 조금 남기는 것이 좋다. 단, 개인 접시에 있는 음식은 비우는 게 좋다! 그리고 우리나라와 마찬가지로 음식을 젓가락으로 쑤시는 것을 좋아하지 않으며, 밥 위에 젓가락을 꽂아두지 않도록 주의해야 한다.

중국에서 주로 원형 테이블에 둘러앉아 식사하는 장면을 많이 보았을 것이다. 이 경우에는 출입문에 가장 가까운 자리가 말석이고 가장 안쪽 중앙 자리가 상석이기 때문에 상석부터 왼쪽으로 지위에 따라 앉게 된다. 식사를 할 때는 모든 사람이 음식을 골고루 먹을 수 있도록 원판을 자주 돌려주는 것이 좋다. 여기 나와있는 중국의 식사 예절을 몇 가지만 알아두어도 중국인들과 식사를 해야할 자리에서 기본적인 매너는 지킬 수 있을 것이다.

Day 9

듣기 제2부분 ❺ | 녹음 내용과 문제의 일치/불일치 판단하기

내 생각은... – 감정·상태·견해 표현

어휘 PT Track 09-1 학습시간 10분

예제 1
- 从 cóng [전] ~에서부터
- 画 huà [동][명] 그리다/그림
- 而且 érqiě [접] 게다가
- 动物 dòngwù [명] 동물
- 马 mǎ [명] (동물) 말
- 几乎 jīhū [부] 거의

예제 2
- 希望 xīwàng [동] 희망하다
- 了解 liǎojiě [동] 알다, 이해하다
- 相信 xiāngxìn [동] 믿다
- 同意 tóngyì [동] 동의하다
- 认真 rènzhēn [형] 진지하다, 착실하다
- 想 xiǎng [동] 생각하다
- 决定 juédìng [동] 결정하다

예제 3
- 手表 shǒubiǎo [명] 손목시계
- 发现 fāxiàn [동] 발견하다, 알다
- 让 ràng [동] ~하게 하다, 시키다
- 难过 nánguò [형] 슬프다, 고통스럽다
- 找到 zhǎodào [동] 찾아내다

문제 1
- 世界 shìjiè [명] 세계
- 其实 qíshí [부] 사실
- 简单 jiǎndān [형] 간단하다
- 生气 shēngqì [동] 화나다
- 觉得 juéde [동] ~라고 느끼다, 생각하다

문제 2
- 哭 kū [동] 울다
- 表示 biǎoshì [동] 나타내다, 의미하다
- 着急 zháojí [동] 급하다, 서두르다

문제 3
- 猫 māo [명] 고양이
- 越 A, 越 B yuè A, yuè B [부] A하면 할수록 B하다
- 久 jiǔ [형] 오랫동안

문제 4
- 认为 rènwéi [동] 알다, 발견하다
- 手机 shǒujī [명] 휴대전화
- 作用 zuòyòng [명] 작용, 영향
- 越来越 yuèláiyuè [부] 점점 더 ~해지다
- 除了 chúle [전] ~를 제외하고
- 照相 zhàoxiàng [동] 사진 찍다
- 照相机 zhàoxiàngjī [명] 사진기

문제 5
- 害怕 hàipà [형] 무서워하다, 두려워하다
- 清楚 qīngchu [형] 분명하다, 명확하다
- 记得 jìde [동] 기억하다
- 节目 jiémù [명] 프로그램

 전략 PT

❶ 감정은 그대로 노출된다.

감정 표현을 하는 문제에서는 특정 화제에 대한 감정을 직접적으로 표현하기 때문에 감정과 관련된 단어가 그대로 노출된다. 주의해야 할 점은 우리말에서도 '기쁘다'라는 표현이 '즐겁다', '유쾌하다' 등 여러 가지로 표현될 수 있듯이 같은 감정이지만 다양한 어휘로 표현할 수 있기 때문에 비슷한 감정에 속하는 어휘는 묶어서 기억해두자. 아래 감정 관련 어휘를 참고하자!

> 放心 fàngxīn 안심하다 | 高兴 gāoxìng 기쁘다 | 快乐 kuàilè 즐겁다, 유쾌하다 | 满意 mǎnyì 만족하다 | 喜欢 xǐhuan 좋아하다 | 热情 rèqíng 친절하다 | 笑 xiào 웃다 | 相信 xiāngxìn 믿다 | 认真 rènzhēn 진지하다, 열심히 하다 | 容易 róngyì 쉽다 | 着急 zháojí 급하다, 서두르다 | 害怕 hàipà 무서워하다, 두려워하다 | 难过 nánguò 괴롭다, 슬프다 | 奇怪 qíguài 이상하다 | 生气 shēngqì 화내다 | 哭 kū 울다 | 难 nán 어렵다

❷ 생각이나 견해를 나타내는 동사는 정해져 있다.

주어의 생각, 바람에 대해 언급하거나 의견 제시를 하는 문제가 종종 출제된다. 이런 문제를 파악하기 위해서는 주어의 생각이나 견해를 알려주는 동사를 외워두고 녹음이나 문제에 등장하면 화자의 생각이 어떤지 잘 파악해야 한다. 예를 들어, 녹음에 '주어 + 觉得 juéde(~라고 느끼다, 생각하다) + 느낀 생각'이 등장하면 '觉得' 뒷 내용이 문제와 일치하는지 확인해야 한다. 아래 생각·견해와 관련된 단어를 참고하자!

> 觉得 juéde ~라고 느끼다, 생각하다 | 希望 xīwàng 희망하다 | 想 xiǎng 생각하다 | 认为 rènwéi ~라고 여기다, 생각하다 | 以为 yǐwéi ~라고 여기다, ~인 줄 알다

'认为'와 '以为'는 많이 헷갈려하는 동사이기 때문에 예문을 통해 쓰임새를 잘 기억해두자.

　　我认为他是中国人。 나는 그가 중국인이라고 생각한다.
　　我以为他是中国人。 나는 그가 중국인인 줄 알았다. (중국인이 아니다.)

❸ 문제를 보고 내용을 유추한다.

상태나 감정과 관련된 문제는 문제 해석을 통해 미리 예측할 수 있다. 만약 문제에 '他喜欢吃甜的(그는 단 것을 먹는 것을 좋아한다)'라고 나와 있으면 그가 어떤 맛을 좋아하는지에 대한 녹음 내용이 나올 것이다. 이 처럼 녹음이 나오기 전에 문제를 빠르게 해석해서 어떤 내용을 중점적으로 들어야하는지 미리 준비하자.

예제 1  ◎ Track 09-2

★ 他爱画小动物。　　　　（　　）	★ 그는 작은 동물 그리는 것을 좋아한다.
弟弟从小就喜欢画画儿，而且特别喜欢画小动物，他画的小狗、猫、马几乎跟真的一样。	남동생은 어릴 때부터 그림 그리는 것을 좋아했다. 게다가 특히나 작은 동물을 그리는 것을 좋아한다. 그가 그린 강아지, 고양이, 말은 거의 진짜 같다.

[해설] 문제와 녹음에서 목적어는 똑같이 '画小动物(작은 동물을 그리다)'가 쓰였지만 문제에서 술어는 '爱 ài(좋아하다)'를, 녹음에서는 '喜欢 xǐhuan(좋아하다)'을 사용했다. 이 두 동사는 모두 '좋아하다'라는 뜻을 가진 단어이다. 따라서 두 문장의 의미는 같기 때문에 답은 √이다.

[정답] √

예제 2 ◎ Track 09-3

★ 说话人希望他认真想想。　（　　）	★ 화자는 그가 진지하게 한번 생각해보기를 희망한다.
我了解你妈，我相信她不会同意你这么做的，你还是认真地想想再决定吧。	나는 너희 어머니를 이해한다. 나는 네가 이렇게 하는 것을 그녀가 동의하지 않을 것이라고 믿는다. 너는 진지하게 한번 생각해보고 다시 결정하는 게 낫겠다.

[해설] 화자는 청자의 어머니 심경을 이해하고 있으며, 청자가 하는 것을 동의하지 않을 것이라 믿는다는 상태를 표현하면서 그에게 다시 한번 생각해보는 것이 좋겠다고 제안한다. 즉, 마지막 부분에서 화자는 그가 다시 생각해보길 희망한다고 했으므로 답은 √이다.

[정답] √

예제 3 ◎ Track 09-4

★ 他找到手表了。　　　　　（　　）	★ 그는 손목시계를 찾아냈다.
那块儿手表是爷爷送他的，他昨天洗手时才发现手表不见了，这让他很难过。	그 시계는 할아버지가 그에게 준 것이다. 그는 어제 손을 씻을 때 손목시계가 보이지 않는다는 것을 비로소 발견했고, 이것은 그를 슬프게 했다.

[해설] '手表不见了, 这让他很难过(시계를 잃어버렸다는 것을 발견했고, 이것은 그를 슬프게 했다)'라는 표현을 통해 시계를 찾지 못했다는 것을 알 수 있다. 전체 내용을 다 듣고 이해하지 못했어도 감정을 표현한 '难过 nánguò(슬프다, 괴롭다)'를 듣고 부정적인 내용임을 파악할 수 있다. 따라서 답은 X이다.

[정답] X

실전 PT

● Track 09-5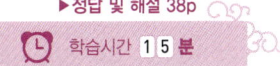

◎ 감정 표현은 녹음에 그대로 나올 확률이 높기 때문에 어떤 감정인지, 혹은 감정이 어떻게 변화하는지 집중해서 들어보자.

문제 1 ★ 他觉得小时候的日子最快乐。　　　　　　　　（　　）

문제 2 ★ 着急的时候不会哭。　　　　　　　　　　　　（　　）

문제 3 ★ 他喜欢小猫。　　　　　　　　　　　　　　　（　　）

문제 4 ★ 他认为手机作用不大。　　　　　　　　　　　（　　）

문제 5 ★ 他害怕动物。　　　　　　　　　　　　　　　（　　）

독해 제2부분 ❺ | 빈칸에 들어갈 알맞은 어휘 고르기
접속사가 필요한 곳은?

어휘 PT
학습시간 10분

예제 1
- 而且 érqiě [접] 게다가
- 如果 rúguǒ [접] 만약, 만일
- 只有 A 才 B zhǐyǒu A cái B [접] A해야만 비로소 B이다
- 先 A 然后 B xiān A, ránhòu B [접] 먼저 A하고 그 다음에 B하다
- 书店 shūdiàn [명] 서점
- 再 zài [부] 다시, 또
- 找 zhǎo [동] 찾다
- 商店 shāngdiàn [명] 상점
- 水果 shuǐguǒ [명] 과일
- 又 A 又 B yòu A yòu B [접] A하기도 하고 또 B하기도 하다
- 新鲜 xīnxiān [형] 신선하다

예제 2
- 附近 fùjìn [형][명] 가깝다/부근, 근처
- 打算 dǎsuàn [동] ~할 계획이다
- 以前 yǐqián [명] 이전, 예전
- 教 jiāo [동] 가르치다
- 过 guò [동] (기념일·주말 등을) 보내다
- 送 sòng [동] 보내다, 주다
- 礼物 lǐwù [명] 선물
- 衬衫 chènshān [명] 셔츠
- 或者 huòzhě [접] 혹은, ~이든가 ~이다
- 帽子 màozi [명] 모자

문제 1
- 突然 tūrán [부] 갑자기
- 事 shì [명] 일, 사정

문제 2
- 到底 dàodǐ [부] 도대체
- 谁 shéi [대] 누구, 누가
- 话 huà [명] 말, 이야기

문제 3
- 冷 lěng [형] 춥다
- 还 hái [부] 여전히, 아직도

문제 4
- 裙子 qúnzi [명] 치마
- 有点儿 yǒudiǎnr [부] 조금, 약간
- 短 duǎn [형] 짧다

문제 5
- 路 lù [명] 길
- 对 duì [전] ~에 대해서, ~에 대하여
- 眼睛 yǎnjing [명] (인체) 눈

문제 6
- 周末 zhōumò [명] 주말
- 除了…以外 chúle…yǐwài [접] ~를 제외하고
- 有时 yǒushí [접] 때로는, 때때로
- 打扫 dǎsǎo [동] 청소하다
- 房间 fángjiān [명] 방

 전략 **PT**

① 짝꿍 어휘를 기억하자.

혼자서 접속사 역할을 할 수 있는 단어도 있지만 대부분 접속사들은 앞뒤로 자주 붙어 나오는 짝꿍 어휘들이 있다. 각각 접속사마다 어떤 짝꿍 어휘와 주로 호응이 되어서 문장을 만드는지 잘 기억해두면 빈칸에 접속사가 나왔을 때 호응되는 짝꿍 어휘를 통해 답을 찾아낼 수 있다. 아래 PT팁을 참고하자!

② 해석을 주의하자.

가장 중요한 것은 해석이다. 접속사가 문장 안에서 어떤 뜻을 가지고 연결해주는지를 알아야 앞뒤 관계를 파악할 수 있기 때문이다. 예를 들어, 글자 하나 차이로 앞쪽에 중점을 두는 문장인지, 뒤쪽에 중점을 두는 문장인지 그 의미가 달라질 수 있기 때문에 접속사마다 해석에 주의하자.

PT팁 1. 주의해서 해석해야 할 선택관계 접속사

1	평서문 A 或者 B A 또는(혹은) B이다 A huòzhě B	我明天去或者后天去。 나는 내일 가거나 모레 간다. 他在家看书或者睡觉。 그는 집에서 책을 보거나 잠을 잔다.
2	선택의문문 A 还是 B? A인가 (아니면) B인가? A háishi B?	你喜欢妈妈还是爸爸? 너는 엄마가 좋니, 아니면 아빠가 좋니? 你喝咖啡还是茶? 너 커피 마실래, 차 마실래?
3	A or B 不是 A, 就是 B A가 아니면 B이다 búshì A, jiùshì B	我觉得他不是韩国人就是中国人。 내 생각에 그는 한국인 아니면 중국인이다. 他不是在图书馆看书, 就是在教室学习。 그는 도서관에서 책을 보고 있거나 아니면 교실에서 공부하고 있다.
4	B만 선택 不是 A, 而是 B A가 아니라 B이다 búshì A, érshì B	他不是韩国人而是中国人。 그는 한국인이 아니라 중국인이다. 他不是在图书馆看书, 而是在教室学习。 그는 도서관에서 책을 보고 있는게 아니라 교실에서 공부하고 있다.

2. 자주 출제되는 접속사

병렬 관계	一边 A, 一边 B yìbiān A, yìbiān B A하면서, B하다	他一边洗澡，一边唱歌。그는 샤워를 하면서 노래를 부른다. Tā yìbiān xǐzǎo, yìbiān chànggē. 他们一边吃面包，一边看书。그들은 빵을 먹으면서 책을 본다. Tāmen yìbiān chī miànbāo, yìbiān kàn shū.
	又 A 又 B yòu A yòu B A하기도 하고 또 B하기도 하다	我的房间又大又干净。내 방은 크고 깨끗하다. Wǒ de fángjiān yòu dà yòu gānjìng. 她又高又瘦。그녀는 키도 크고 날씬하다. Tā yòu gāo yòu shòu.
	A 也…, B 也… A yě…, B yě… A도 ~하고, B도 ~하다	这个也好，那个也好。이것도 좋고, 저것도 좋다. Zhège yě hǎo, nàge yě hǎo. 我也喜欢，他也喜欢。나도 좋아하고, 그도 좋아한다. Wǒ yě xǐhuan, tā yě xǐhuan.
점층 관계	而且 érqiě 게다가	我不想听，而且不想看。 Wǒ bù xiǎng tīng, érqiě bù xiǎng kàn. 나는 듣고 싶지 않고 게다가 보고 싶지 않다. 天很冷，而且下了大雪。날이 춥고 게다가 많은 눈이 내렸다. Tiān hěn lěng, érqiě xià le dàxuě.
	不但 A, 而且 B búdàn A, érqiě B A뿐만 아니라, 또한 B하다	这家超市的水果不但很新鲜，而且价格很便宜。 Zhè jiā chāoshì de shuǐguǒ búdàn hěn xīnxiān, érqiě jiàgé hěn piányi. 이 슈퍼마켓의 과일은 신선할 뿐만 아니라 게다가 가격도 저렴하다. 我弟弟不但会说汉语，而且会说英语。 Wǒ dìdi búdàn huì shuō Hànyǔ, érqiě huì shuō Yīngyǔ. 내 남동생은 중국어를 말할 수 있을 뿐만 아니라, 게다가 영어도 말할 수 있다.
전환 관계	但是 dànshì 그러나	我想去中国旅行但是没有时间。 Wǒ xiǎng qù Zhōngguó lǚxíng dànshì méiyǒu shíjiān. 나는 중국 여행을 가고 싶지만 시간이 없다. 我把手机放在桌子上了，但是找不到。 Wǒ bǎ shǒujī fàng zài zhuōzi shang le, dànshì zhǎobudào. 나는 휴대전화를 책상 위에 두었지만 찾을 수 없다.
	虽然 A, 但是 B suīrán A, dànshì B 비록 A하지만, B하다	这个苹果虽然很小，但是非常甜。 Zhège píngguǒ suīrán hěn xiǎo, dànshì fēicháng tián. 이 사과는 비록 매우 작지만 매우 달다. 虽然学了英语，但是说得不太好。 Suīrán xué le Yīngyǔ, dànshì shuō de bú tài hǎo. 비록 영어를 배웠지만 말은 잘하지 못한다.

관계	문형	예문
선택 관계	A 或者 B A huòzhě B A 또는, 혹은 B [평서문]	走路或者坐地铁，你自己决定吧。 Zǒu lù huòzhě zuò dìtiě, nǐ zìjǐ juédìng ba. 걸어가거나 지하철을 타거나 네가 스스로 결정해. 每周末我在家休息或者和朋友出去玩儿。 Měi zhōumò wǒ zài jiā xiūxi huòzhě hé péngyou chūqù wánr. 주말마다 나는 집에서 쉬거나 또는 친구와 나가서 논다.
	A 还是 B? A háishi B? A인가 B인가? [선택의문문]	你今天去还是明天去? 너 오늘 가니, 아니면 내일 가니? Nǐ jīntiān qù háishi míngtiān qù? 他喜欢吃中国菜还是韩国菜? Tā xǐhuan chī Zhōngguócài háishi Hánguócài? 그는 중국 음식 먹는 것을 좋아하니, 아니면 한국 음식 먹는 것을 좋아하니?
	不是 A, 就是 B búshì A, jiùshì B A가 아니면, B이다	我觉得他不是美国人就是法国人。 Wǒ juéde tā búshì Měiguórén jiùshì Fǎguórén. 내가 생각하기에 그는 미국인 아니면 프랑스인이다. 他的衣服不是黑色就是白色。 그의 옷은 검은색 아니면 흰색이다. Tā de yīfu búshì hēisè jiùshì báisè.
	不是 A, 而是 B búshì A, érshì B A가 아니라, B이다	他不是美国人而是法国人。 그는 미국인이 아니라 프랑스인이다. Tā búshì Měiguórén érshì Fǎguórén. 这本书不是他的而是我的。 이 책은 그의 것이 아니라 내 것이다. Zhè běn shū búshì tā de érshì wǒ de.
연속 관계	先 A, 然后 B xiān A, ránhòu B 먼저 A하고, 그 다음에 B하다	我们先在网上查查，然后再买吧。 Wǒmen xiān zài wǎngshàng chácha, ránhòu zài mǎi ba. 우리 먼저 인터넷에서 좀 찾아본 다음에 사자. 你先做作业，然后看电影吧。 Nǐ xiān zuò zuòyè, ránhòu kàn diànyǐng ba. 너 먼저 숙제를 하고, 그 다음에 영화를 봐라.
	一 A, 就 B yī A, jiù B A하자마자 바로 B하다	我一紧张，就头疼。 나는 긴장을 하면 바로 머리가 아프다. Wǒ yī jǐnzhāng, jiù tóu téng. 她一毕业，就去中国留学。 그녀는 졸업하자마자 중국에 유학을 간다. Tā yí bìyè, jiù qù Zhōngguó liúxué.
인과 관계	因为 A, 所以 B yīnwèi A, suǒyǐ B A때문에, B하다	因为今天是周末，所以人很多。 Yīnwèi jīntiān shì zhōumò, suǒyǐ rén hěn duō. 오늘은 주말이기 때문에 사람이 많다. 因为明天有考试，所以我要好好儿复习。 Yīnwèi míngtiān yǒu kǎoshì, suǒyǐ wǒ yào hǎohāor fùxí. 내일 시험이 있기 때문에 나는 복습을 해야 한다.

가정 관계	如果 A, 就 B rúguǒ A, jiù B 만약 A라면, B할 것이다	如果你身体不舒服，就去医院。 Rúguǒ nǐ shēntǐ bù shūfu, jiù qù yīyuàn. 만약 네 몸이 불편하다면 바로 병원에 가라. 如果你不能来，就告诉我。 Rúguǒ nǐ bù néng lái, jiù gàosu wǒ. 만약 네가 올 수 없으면 바로 나에게 알려줘.
조건 관계	只有 A, 才 B zhǐyǒu A, cái B A해야만 비로소 B하다	只有慢点儿说，我才能听得懂。 Zhǐyǒu màndiǎnr shuō, wǒ cái néng tīngdedǒng. 조금 천천히 말해야만 나는 비로소 알아들을 수 있다. 只有多听多说才能学会外语。 Zhǐyǒu duō tīng duō shuō cái néng xuéhuì wàiyǔ. 많이 듣고 많이 말해야만 비로소 외국어를 배울 수 있다.

 예제 1

A 又 B 先 C 而且	A 또 B 먼저 C 게다가
D 如果 E 只有	D 만약 E ~해야만
1. 明天早上我（　）去书店，然后再去找你。	1. 내일 아침에 나는 (　) 서점에 가고, 그 다음에 다시 널 찾으러 갈게.
2. 这家商店的水果又大（　）新鲜。	2. 이 상점의 과일은 크기도 하고 (　) 신선하기도 하다.

1. **해설** '先' 자체가 '먼저'라는 뜻을 가지고 있고, '然后'는 '그 다음'이라는 뜻을 갖고 있어서, 이 둘이 같이 붙어서 '先 A, 然后 B'의 짝꿍 형태로 자주 쓰여 '먼저 A하고 그 다음에 B하다'라는 의미를 지닌다. 뒷부분에 '然后'가 있는 것으로 보아 답은 '然后'의 짝꿍 어휘인 B 先(먼저)이 된다.
   정답 B

2. **해설** 이 상점에서 파는 과일의 특징을 나열하고 있다. '又 A 又 B'는 'A하기도 하고 또 B하기도 하다'라는 뜻으로 주어에 대한 성질이나 특징 등을 나열할 때 사용한다. 앞에 '又'가 있는 것을 확인하고 빈칸에도 알맞게 '又'를 넣어준다. 따라서 답은 A 又(또)가 된다.
   정답 A

예제 2

A 附近 B 教 C 或者	A 근처 B 가르치다 C 혹은
D 终于 E 以前	D 마침내 E 이전
1. A: 我爸快过生日了，我送他什么礼物好呢？ B: 给他买件衬衫，（　）买个帽子，怎么样？	1. A: 우리 아빠가 곧 생일이신데, 내가 아빠에게 어떤 선물을 드리면 좋을까? B: 아빠에게 셔츠 한 벌을 사드리거나, (　) 모자를 사드려, 어때?
2. A: 哥，刚才说的那个数学题怎么做？ B: 很简单，我（　）你。	2. A: 형, 방금 말한 그 수학 문제 어떻게 풀어? B: 간단해, 내가 너를 (　).

1. **해설** '어떤 선물을 드리면 좋을까?'라는 질문에 선택 사항이 두 가지가 있다. 하나는 '衬衫 chènshān(셔츠)'을 사드리는 것과 나머지 하나는 '帽子 màozi(모자)'를 사드리는 것인데 이렇게 평서문에서 선택사항이 두 가지일 경우엔 'A 或者 B (A 혹은 B)'를 사용한다. 이 구문은 주로 두 가지 선택사항 중간에 들어가서 문장을 연결해준다. 따라서 답은 C 或者(혹은, 또는)가 된다.
   정답 C

2. **해설** 주어와 목적어 사이가 빈칸으로, 빈칸에는 술어가 반드시 필요한데 뒤에 목적어가 있으므로 동사 술어가 필요하다는 것을 알 수 있다. 따라서 답은 유일한 동사인 B 教(가르치다)이다. 의미상으로도 수학 문제 푸는 법을 가르쳐준다고 하는 내용이 오면 적절하다.
   정답 B

 실전 PT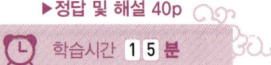

> 앞에서 배운 내용을 기억해서 빈칸 앞이나 뒤에 있는 짝꿍 어휘를 통해 빈칸에 들어갈 접속사를 찾아보자.

[1-3]

　　A 也　　B 不是　　C 而且　　D 因为　　E 只有

문제 1　（　　）突然有事，所以我不能去看电影。

문제 2　爸爸也说，妈妈（　　）说，我到底听谁的话？

문제 3　天气非常冷，（　　）还在下雪。

[4-6]

　　A 一边　　B 除了　　C 还是　　D 所以　　E 但是

문제 4　A：这条怎么样？
　　　　B：这条裙子虽然漂亮，（　　）有点儿短。

문제 5　A：你别一边走路，（　　）看手机，这样对眼睛不好。
　　　　B：好，我知道了。

문제 6　A：周末你（　　）在家休息以外，还做什么呢？
　　　　B：有时看看电视，有时洗洗衣服，打扫打扫房间。

동작이 곧 일어날 것이다 - 임박태

쓰기 제1부분 ❾ | 제시된 어휘로 문장 배열하기

전략 PT

학습시간 2 0 분

임박태

'要…了'는 동작이 곧 발생할 것을 알려주는 구문으로 '~할 것이다/곧 ~하려고 하다'라고 해석한다. 여기에 '快'나 '就' 등을 붙여 '快(要)…了'나 '就要…了'처럼 자주 쓰인다. 단, 구체적인 시간을 나타내는 부사와 함께 쓰여 동작이 곧 일어날 것임을 알려 줄 경우에는 '快(要)…了'를 쓸 수 없고, '就要…了'만 쓸 수 있다.

❶ 임박태의 종류

要…了 / 就要…了 / 快…了 / 快要…了 → 곧 ~할 것이다.

要下大雪了。你带伞去吧。 Yào xià dàxuě le. Nǐ dài sǎn qù ba.	눈이 많이 내릴 거야. 너 우산 가지고 가.
快毕业了，毕业后你有什么打算？ Kuài bìyè le, bìyè hòu nǐ yǒu shénme dǎsuàn?	곧 졸업이야. 졸업 후에 너는 무슨 계획있니?
银行快要关门了。 Yínháng kuàiyào guānmén le.	은행이 곧 문을 닫을 것이다.
你快来，表演马上就要开始了。 Nǐ kuài lái, biǎoyǎn mǎshàng jiùyào kāishǐ le.	너 빨리 와. 공연이 곧 시작할 거야.
飞机就要起飞了。 Fēijī jiùyào qǐfēi le.	비행기가 곧 이륙할 것이다.
等一会儿，他就要到了。 Děng yíhuìr, tā jiùyào dào le.	잠시만 기다려. 그가 곧 도착할 거야.

❷ 자주 나오는 임박태는 특징에 따라 기억해두자.

자주 출제되는 임박태는 정해져있기 때문에 어떤 것들이 있는지, 어떤 차이점 등이 있는지 임박태의 특징을 잘 파악해야 한다.

要…了 / 就要…了	**구체적인 시간을 나타내는 부사와 함께 쓸 수 있는 임박태**
	她下个月就要回国了。 Tā xià ge yuè jiùyào huíguó le. 그녀는 다음 달에 곧 귀국할 것이다. 8点要下课了。 Bā diǎn yào xiàkè le. 8시에 곧 수업이 끝날 것이다.
快(要)…了	**시간명사가 술어인 경우**
	快(要)9点了。 Kuài (yào) jiǔ diǎn le. 곧 9시야. 快(要)10月了。 Kuài (yào) shí yuè le. 곧 10월이야.

❸ '了'는 항상 문장의 가장 끝에 위치해야 한다.

임박태는 주로 '了'와 호응이 되는데 주의해야 할 점은 이때의 '了'는 완료의 의미를 가지고 있지 않다는 것이다. 그렇기 때문에 임박태에서 '了'는 동사 뒤가 아닌 문장 맨 끝에 위치한다.

> 银行快要关了门。(✗) 银行快要关门了。(○)
> 她下个月就要回了国。(✗) 她下个月就要回国了。(○)

❹ 헷갈릴 때는 임박태와 함께 나온 친구 부사들을 확인하자.

어순배열 문제에서 임박태를 만들어야 되는 문장인지 헷갈릴 경우가 있을 것이다. 그럴 경우에는 '곧, 즉시'와 같이 임박태와 종종 같이 붙어 나오는 부사들이 있는지 확인해보자. 주로 '马上 mǎshàng(곧, 즉시)'과 '都 dōu(거의, 모두)'가 많이 쓰인다.

> 表演马上就要开始了。 Biǎoyǎn mǎshàng jiùyào kāishǐ le. 공연이 곧 시작할 것이다.
> 都快9点了。 Dōu kuài jiǔ diǎn le. 거의 9시가 다 되었다.

 예제 1

回国　　要　　他　　了

분석　回国 huíguó 동 귀국하다

Point　1. 술어를 찾는다.
2. 동작의 주어를 찾는다.
3. '要'와 '了'가 어떤 의미로 쓰였는지 확인한다.

해설　주어　부사어　술어

| 他 | 要 | 回国 | 了 |

술어는 '回国 huíguó(귀국하다)'이고 이에 대한 주어는 '他 tā(그)'이다. '~할 것이다'라는 뜻의 '要'와 문장 맨 끝에 '了'를 호응시켜 '要…了' 임박태를 만든다. 이 임박태는 동작 '回国'가 곧 일어날 것을 알려준다.

정답　他要回国了。 그는 곧 귀국할 것이다.

 예제 2

上课　　了　　就要　　7点半

분석　上课 shàngkè 동 수업하다 ｜ 半 bàn 수 반, 절반

Point　1. 술어를 찾는다.
2. 주어를 찾는다. 주어가 없다면 문장 맨 앞에서 문장 전체를 수식할 수 있는 시간에 관련된 단어를 찾는다.
3. '了'가 완료의 뜻으로 쓰인 게 아니라면 '就要'와 어떤 호응 관계를 이루는지 확인한다.

해설　부사어　술어

| 7点半 | 就要 | 上课 | 了 |

술어는 '上课 shàngkè(수업하다)'이고 '就要'를 통해서 문장 끝에 '了'를 붙여 '就要…了' 임박태를 만들어야 함을 알 수 있다. '就要…了'는 임박태 중 앞에 구체적인 시간 어휘와 같이 쓰여 그 시간에 어떤 동작이 일어날 것임을 알려준다.

정답　7点半就要上课了。 7시 반이면 곧 수업이 시작한다.

 실전 PT

○ 임박태에서 자주 쓰이는 어휘를 보고 임박태들을 떠올리자. 임박태를 이루는 '了'는 문장 맨 끝에 위치한다!

문제 1 马上   开始   电影   了   就要
▶ 답
▶ 해석

문제 2 了   到   快   火车
▶ 답
▶ 해석

문제 3 快要   同学们   上课   了   去
▶ 답
▶ 해석

문제 4 马上   了   下   要   雨
▶ 답
▶ 해석

문제 5 就要   她   结婚   下星期   了
▶ 답
▶ 해석

마무리 PT

1 我**到底**听谁的话?
Wǒ dàodǐ tīng shéi de huà?
나는 도대체 누구의 말을 들어야 해?

* 到底 dàodǐ
  도대체, 마침내

2 这样**对**眼睛**不好**。
Zhèyàng duì yǎnjing bù hǎo.
이렇게 하는 것은 눈에 좋지 않다.

* 对…不好 duì…bù hǎo
  ~에 좋지 않다

3 和它在一起的时间**越**久，我**越**觉得它聪明。
Hé tā zài yìqǐ de shíjiān yuè jiǔ, wǒ yuè juéde tā cōngming.
그(고양이)와 같이 있는 시간이 길어질수록 나는 그(고양이)가 똑똑하다고 느낀다.

* 越 A 越 B yuè A yuè B
  A할수록 B하다

4 生气**了就**哭，高兴**了就**笑。
Shēngqì le jiù kū, gāoxìng le jiù xiào.
화나면 울고 기쁘면 웃는다.

* …了就… …le jiù…
  ~하면 (바로) ~하다

5 **还在**下雨。
Hái zài xiàyǔ.
여전히 비가 내린다.

* 还在 hái zài
  여전히(아직도) ~하고 있다

PT 기출상식

중국의 교통수단

중국은 우리나라처럼 버스, 택시, 지하철 등의 교통수단을 많이 이용하는데 먼저 버스는 듣기나 독해 지문에서 많이 봤듯 '公共汽车 gōnggòng qìchē'라고 하는데 실생활에서는 '公交车 gōngjiāochē'라고도 많이 부른다. 버스 앞에 번호판이 있기 때문에 노선을 확인해서 타면 된다. 버스 번호를 부를 때 우리나라는 '130번 버스'를 '백삼십번 버스'라고 읽는 편이지만 중국에서는 '一三零 yāo sān líng' 이런 식으로 하나하나 띄어 읽는다. 요금은 1~2위안으로 우리나라 돈으로 200~300원이기 때문에 부담없이 타고 다닐 수 있다.

택시는 중국어로 '出租车 chūzūchē'라고 하고, 동사로는 '打车 dǎchē(택시 타다)'라고 표현한다. 지문에서 운전기사를 '司机 sījī'라고 자주 표현하지만 실제 기사님을 부를 때는 '司机 sījī'라는 표현보다는 '师傅 shīfu'라고 부르는 것이 좋다. 요금은 우리나라의 절반 수준으로 역시 매우 저렴하다. 주의해야 할 점은 중국에서 '黑车 hēichē'라고 불리는, 말 그대로 검은 차, 정식 영업 허가를 받지 않은 택시도 있으니 가격을 흥정하며 타라고 호객 행위를 하는 택시는 타지 않는 것이 좋다.

중국은 우리나라에 비해 교통 요금이 비교적 저렴한 편이라 부담없이 이용할 수 있는 장점이 있지만 출퇴근 시간에는 그만큼 사람들이 많이 붐빈다는 단점도 있다. 그리고 TV에서 많이 봤듯이 가까운 거리는 대부분 여전히 자전거를 타고 이동하는 편이다.

Day 10

> **듣기 제3·4부분 ❶** | 단문·장문 대화 듣고 질문에 답하기
> # 직업·관계를 파악해라!

어휘 PT　　○ Track 10-1　　　학습시간 １０분

예제 1
- 洗 xǐ 동 씻다
- 手 shǒu 명 손
- 做 zuò 동 하다, 만들다
- 面包 miànbāo 명 빵
- 拿 ná 동 놓다, 가지다
- 盘子 pánzi 명 쟁반, 접시
- 筷子 kuàizi 명 젓가락
- 准备 zhǔnbèi 동 준비하다

예제 2
- 阿姨 āyí 명 이모, 아주머니
- 客人 kèrén 명 손님
- 经理 jīnglǐ 명 사장, 매니저
- 信 xìn 명 편지
- 放 fàng 동 놓다
- 电脑 diànnǎo 명 컴퓨터
- 桌子 zhuōzi 명 책상
- 宾馆 bīnguǎn 명 호텔
- 告诉 gàosu 동 알리다

문제 1
- 丈夫 zhàngfu 명 남편
- 妻子 qīzi 명 아내, 부인
- 住 zhù 동 머물다, 거주하다
- 房间 fángjiān 명 방
- 空调 kōngtiáo 명 에어컨
- 坏 huài 동 고장 나다
- 关系 guānxi 명 관계

문제 2
- 夫妻 fūqī 명 부부
- 洗手间 xǐshǒujiān 명 화장실
- 灯 dēng 명 등, 불
- 关 guān 동 끄다
- 刷牙 shuāyá 동 이를 닦다

문제 3
- 带 dài 동 데리다
- 动物园 dòngwùyuán 명 동물원
- 熊猫 xióngmāo 명 (동물) 판다

문제 4
- 游客 yóukè 명 여행객, 관광객
- 出租车 chūzūchē 명 택시
- 司机 sījī 명 운전기사
- 需要 xūyào 동 필요하다
- 时间 shíjiān 명 시간

문제 5
- 刚才 gāngcái 명 방금
- 地铁站 dìtiězhàn 명 지하철역
- 遇到 yùdào 동 마주치다
- 数学 shùxué 명 수학
- 年轻 niánqīng 형 젊다
- 以为 yǐwéi 동 ~인 줄 알다

❶ 직업이나 관계와 관련된 문제는 첫마디가 중요하다.

주로 서로를 어떻게 부르는지를 통해 관계 또는 직업을 유추할 수 있는데, 대부분 첫마디에 호칭을 부른다. 녹음을 듣기 전, 보기를 먼저 해석해서 직업에 관련된 단어가 배열되어 있으면 첫마디를 뭐라고 하는지 집중해서 듣자.

医生，我的右耳朵有点儿不舒服。 의사선생님, 제 오른쪽 귀가 조금 불편해요.
Yīshēng, wǒ de yòu ěrduo yǒudiǎnr bù shūfu.

妈，盘子在哪儿呢? 엄마, 접시는 어디에 있어요?
Mā, pánzi zài nǎr ne?

服务员，点菜! 종업원, 주문할게요!
Fúwùyuán, diǎn cài!

老师，对不起，我迟到了。 선생님 죄송해요, 제가 지각했어요.
Lǎoshī, duìbuqǐ, wǒ chídào le.

❷ 호칭을 주의해서 듣자.

가족 관계를 묻는 문제에서 아빠, 엄마를 부를 때 '爸爸', '妈妈'라고 부르기보단 '爸' 또는 '妈'로 부르는 경우가 많다. 이런 식으로 한 글자로 호칭하는 문제에 주의하자.

❸ 남자와 여자 중 누구의 직업을 묻는지 잘 듣자.

질문이 남자의 직업을 묻는 것인지, 여자의 직업을 묻는 것인지 끝까지 들어야 한다. 예를 들어 의사와 환자의 관계라고 유추했다면 정확히 남자가 의사인지 여자가 의사인지 각각 어떤 관계인지 명확하게 구분하고 마지막 질문을 들어야 쉽게 답을 찾을 수 있다.

男的(女的)在哪儿工作? 남자(여자)는 어디에서 일하는가?
Nán de(nǚ de) zài nǎr gōngzuò?

男的(女的)做什么工作? = 男的(女的)是做什么的? 남자(여자)는 무슨 일을 하는가?
Nán de(nǚ de) zuò shénme gōngzuò? = Nán de(nǚ de) shì zuò shénme de?

他们在哪儿? 그들은 어디에 있는가?
Tāmen zài nǎr?

他们是什么关系? 그들은 무슨 관계인가?
Tāmen shì shénme guānxi?

PT팁 직업·관계 관련 단어 　　　　　　　　　　　　　　　　　🔘 Track 10-2

1	관계	朋友 péngyou 친구 ｜ 同学 tóngxué 학우 ｜ 同屋 tóngwū 룸메이트 ｜ 师生 shīshēng 선생과 제자 ｜ 同事 tóngshì 직장 동료 ｜ 邻居 línjū 이웃 ｜ 奶奶 nǎinai 할머니 ｜ 爷爷 yéye 할아버지 ｜ 夫妻 fūqī 부부 ｜ 丈夫 zhàngfu 남편 ｜ 妻子 qīzi 아내 ｜ 儿子 érzi 아들 ｜ 女儿 nǚ'ér 딸 ｜ 阿姨 āyí 아주머니, 이모 ｜ 叔叔 shūshu 삼촌, 아저씨
2	직업	医生 yīshēng 의사(= 大夫 dàifu) ｜ 服务员 fúwùyuán 종업원 ｜ 校长 xiàozhǎng 교장 ｜ 司机 sījī 운전기사 ｜ 经理 jīnglǐ 사장(= 老板 lǎobǎn) ｜ 记者 jìzhě 기자 ｜ 运动员 yùndòngyuán 운동선수 ｜ 作家 zuòjiā 작가 ｜ 科学家 kēxuéjiā 과학자 ｜ 画家 huàjiā 화가 ｜ 歌手 gēshǒu 가수 ｜ 演员 yǎnyuán 배우, 연기자 ｜ 职员 zhíyuán 회사원 ｜ 厨师 chúshī 요리사 ｜ 导游 dǎoyóu 관광가이드
3	기타	游客 yóukè 여행객 ｜ 客人 kèrén 손님

예제 1 짧은 대화 유형　　　　　　　　　　　　　　　　　　　　　　　🔊 Track 10-3

A 爸爸	B 妈妈	C 奶奶	A 아빠	B 엄마	C 할머니

女：爸，您做的面包真好吃！
男：洗手了吗？先去把手洗了，然后帮我拿盘子和筷子，准备吃。
问：面包是谁做的？

여: 아빠, 아빠가 만든 빵 정말 맛있어요!
남: 손 닦았니? 먼저 가서 손을 씻고, 그 다음에 나를 도와서 쟁반과 젓가락을 가져와 먹을 준비를 하자꾸나.
질문: 빵은 누가 만들었는가?

해설 여자가 첫마디에서 '爸 bà(아빠)'라고 했기 때문에 아빠와 딸 관계라는 것을 유추할 수 있다. 질문에서 인물 간의 관계가 아닌 빵을 누가 만들었냐고 물어보지만 이 역시 여자의 말을 통해서 답은 A 爸爸(아빠)라는 것을 알 수 있다. 아빠를 '爸爸'라고 부르지 않고 '爸'라고 부른 것에 주의하자.

정답 A

예제 2 긴 대화 유형　　　　　　　　　　　　　　　　　　　　　　　🔊 Track 10-4

A 阿姨	B 客人	C 女朋友	A 아주머니	B 손님	C 여자친구

女：经理，您的信。
男：先放我的电脑桌子上吧，客人几点来？
女：他们已经到宾馆了，一个小时后到公司。
男：好的，等他们到了就告诉我。
问：男的在等谁？

여: 사장님, 사장님 편지입니다.
남: 우선 제 컴퓨터 책상에 올려두세요. 손님은 몇 시에 오시죠?
여: 그들은 이미 호텔에 도착했어요. 한 시간 후에 회사에 도착합니다.
남: 알겠어요. 그들이 도착하는 것을 기다렸다가 저에게 알려주세요.
질문: 남자는 누구를 기다리고 있는가?

해설 여자가 남자를 '经理 jīnglǐ(사장님)'라고 부른 것을 통해 사장과 직원 관계라는 것을 유추할 수 있다. 주의해야 할 점은 이 문제 중간에 '客人 kèrén(손님)'이라는 새로운 인물이 등장한다. 보기에는 '经理'가 등장하지 않고, '客人'만 등장하므로 '客人'이 답이 될 가능성이 가장 높다. 녹음 내용을 끝까지 잘 들은 후, 질문을 들어보면 역시나 관계를 묻는 것이 아니라 남자가 누구를 기다리는지 묻고 있기 때문에 답은 B 客人(손님)이 된다.

정답 B

실전 PT   Track 10-5

▶ 서로의 관계를 잘 파악하고, 호칭이 나오지 않는 경우엔 전체적인 흐름을 파악해서 문제를 풀자!

[짧은 대화문]

문제 1   A 丈夫和妻子   B 客人和服务员   C 老师和学生

문제 2   A 夫妻   B 邻居   C 同学

문제 3   A 妈妈   B 老师   C 经理

[긴 대화문]

문제 4   A 游客   B 出租车司机   C 公共汽车司机

문제 5   A 经理   B 朋友   C 同事

문제 6   A 经理   B 客人   C 妈妈

독해 제3부분 ❶ | 지문 읽고 질문에 대한 답 찾기
핵심 포인트를 찾자! – 핵심 단어

어휘 PT

학습시간 10분

예제 1
- 运动 yùndòng 명 운동
- 游泳 yóuyǒng 동 수영하다
- 跑步 pǎobù 동 달리다, 구보하다
- 踢足球 tī zúqiú 축구하다
- 锻炼 duànliàn 동 단련하다
- 健康 jiànkāng 형 건강하다

예제 2
- 香蕉树 xiāngjiāoshù 명 바나나 나무
- 才 cái 부 비로소
- 知道 zhīdào 동 알다
- 长 zhǎng 동 자라다

문제 1
- 空调 kōngtiáo 명 에어컨
- 旧 jiù 형 오래되다, 낡다
- 声音 shēngyīn 명 소리
- 影响 yǐngxiǎng 동 영향을 미치다
- 电 diàn 명 전기

문제 2
- 颜色 yánsè 명 색깔
- 笔 bǐ 명 펜
- 表示 biǎoshì 동 의미하다, 나타내다
- 一般 yìbān 형 보통이다, 일반적이다
- 着急 zháojí 형 서두르다, 급하다
- 重要 zhòngyào 형 중요하다
- 必须 bìxū 부 반드시
- 完成 wánchéng 동 완성하다

문제 3
- 使 shǐ 동 ~하게 하다
- 越来越 yuèláiyuè 부 점점, 더욱 더
- 方便 fāngbiàn 형 편리하다
- 除了 chúle 전 ~을 제외하고
- 照相 zhàoxiàng 동 사진 찍다

문제 4
- 前面 qiánmian 명 앞부분
- 中间 zhōngjiān 명 중간
- 明白 míngbai 동 알다, 이해하다

문제 5
- 中午 zhōngwǔ 명 정오
- 新闻 xīnwén 명 뉴스
- 地铁 dìtiě 명 지하철
- 花 huā 동 쓰다, 소비하다

❶ 지문의 단어를 포괄할 수 있는 단어를 문제에서 찾자!

예를 들어 지문에서 '他喜欢吃苹果, 葡萄还有西瓜。(그는 사과, 포도 그리고 수박 먹는 것을 좋아한다.)'라는 내용이 나오고 문제는 '他爱吃水果。(그는 과일 먹는 것을 좋아한다.)'처럼 나오기도 한다. 똑같은 단어가 아니더라도 이처럼 지문에 있는 단어들을 포괄할 수 있는 보기가 답일 확률이 높다.

> [지문] 他有很多爱好。跳舞、踢足球、打篮球、爬山、游泳，而且水平也都特别高。
> 그는 취미가 많다. 춤추기, 축구하기, 농구하기, 등산, 수영, 게다가 수준도 모두 높다.
>
> [문제] 他： A 很少运动　　B 爱运动　　C 没有爱好
> 그는： A 운동을 적게한다　B 운동을 좋아한다　C 취미가 없다

→ 지문에 '运动 yùndòng(운동)'이라는 단어는 없지만 그의 취미가 모두 운동에 속하는 것이기 때문에 답은 B가 된다. 이렇게 나열된 단어들을 모두 포괄할 수 있는 단어를 보기에서 찾아보자.

❷ 문제에 등장한 명사를 지문에서 찾자.

문제에서 '上海的夏天: 상하이의 여름은:'이라고 나오면 지문은 당연히 상하이의 여름에 대한 내용일 것이다. 이렇게 명사의 특징이나 성질 또는 명사가 하는 행동 등을 묻는 문제는 지문에서 나온 문장이 그대로 답일 확률이 높기 때문에 문제에 명사가 등장하면 먼저 그 명사가 나온 부분을 지문에서 찾아야 한다.

질문 예시	찾아야 하는 부분
那家商店 / 饭馆　그 상점은 / 그 식당은	상점/식당에 관한 내용을 찾자.
주어+打算　'주어'는 ~할 계획이다	주어가 무엇을 할 계획인지 찾자.
根据这段话，可以知道+명사: 문장에 근거해서 '명사'에 대해 알 수 있는 것은?	문장을 통해 명사에 관해 알 수 있는 것을 찾자.
关于+명사, 可以知道+명사: '명사'에 관해 알 수 있는 것은?	
…现在　~는 현재	주어가 현재 무엇을 하고 있는지 찾자.
这个地方　이 장소는	이 장소에 관한 내용을 찾자.
他妹妹　그의 여동생은	여동생 말고도 다른 가족 구성원에 대해 묻는 문제도 많이 출제되니 가족구성원 역시 확실히 알아두자.
小王 (사람 이름)샤오왕은	언급된 사람 이름이나 관련 내용을 찾고 지문에 없는 내용은 보기에서 지워가며 문제를 풀자.

❸ 의미가 같은 표현을 찾자!

예를 들어, 그는 운동을 좋아하고 지금까지 병원에 한 번도 간 적이 없다는 내용이 나온 경우, 그는 매우 건강하다는 내용의 보기는 답이 될 수 있다. 이처럼 지문과 문제에 같은 어휘가 등장하지 않더라도 표현은 달리 했지만 의미는 같은 문장들이 답이 될 수 있으니 주의해서 해석하여 답을 찾는다.

> [지문] 昨天下了大雨，但是他没带伞。今天他觉得有些累，头也很疼。所以下班后他要去医院看看。
> 어제 비가 많이 내렸는데 그는 우산을 가져가지 않았다. 오늘 그는 조금 피곤하고 머리도 아픈 것 같다. 그래서 그는 퇴근 후에 병원에 한번 가볼 생각이다.
>
> [문제] 他今天： A 身体不舒服　　B 很健康　　C 不能去上班
> 그는 오늘： A 몸이 불편하다　　B 건강하다　　C 출근하지 못했다

→ 문제가 '他今天(그는 오늘)'이라고 나와있기 때문에 '他'라는 대명사의 상태를 지문에서 찾아봐야 한다. '身体不舒服(몸이 불편하다)'라고 직접적으로 언급하진 않았지만, 계속 피곤하고 머리도 아프고 퇴근 후에 병원에 갈 것이라는 내용을 통해 몸이 불편하다는 것을 알 수 있다. 따라서 답은 A '身体不舒服(몸이 불편하다)'가 되는 것이다.

예제 1

哥哥从小就爱运动, 经常游泳、跑步、踢足球, 所以身体特别好, 这么多年几乎没生过病。 ★ 他哥哥:	형은 어렸을 때부터 운동을 좋아했다. 종종 수영, 조깅, 축구를 해서 몸이 특히나 좋다. 이렇게 오랜 세월 동안 거의 병에 걸린 적이 없다. ★ 그의 형은:
A 不爱锻炼 B 很健康 C 爱看书	A 운동을 싫어한다 B 건강하다 C 책 읽는 것을 좋아한다

해설   형이 운동을 좋아한다는 내용을 시작으로 주로 어떠한 운동을 하는지 나와 있다. 또한, 마지막 문장에서 '身体特别好(몸이 특히나 좋다)'와 '几乎没生过病(거의 병에 걸린 적이 없다)'이라는 의미는 B 很健康(건강하다)과 같은 의미이기 때문에 답은 B가 된다.

정답   B

예제 2

那个地方我去年秋天去过一次, 在那儿我第一次看见了香蕉树, 才知道香蕉是长在树上的。 ★ 他去年才知道:	그곳은 내가 작년 가을에 한 번 갔던 적이 있다. 그곳에서 나는 처음 바나나 나무를 보고 비로소 바나나가 나무에서 자란다는 것을 알았다. ★ 그는 작년에야 알았다:
A 香蕉树很高 B 香蕉树会开花 C 香蕉长在树上	A 바나나 나무가 높다는 것을 B 바나나 나무가 꽃을 피울 수 있다는 것을 C 바나나가 나무에서 자란다는 것을

해설   그는 어떤 장소에서 바나나 나무를 처음 보았고, 바나나가 나무에서 자란다는 것을 비로소 깨달았다. 이 지문의 핵심 단어는 '香蕉树 xiāngjiāoshù(바나나 나무)'이다. 마지막 문장에 '香蕉是长在树上(바나나가 나무에서 자란다는 것)'이 보기에 그대로 나와있기 때문에 핵심 단어가 나온 부분을 꼼꼼히 읽으면 그가 알게된 것이 무엇인지 쉽게 찾아낼 수 있다. 따라서 정답은 C 香蕉长在树上(바나나가 나무에서 자란다는 것)이다.

정답   C

 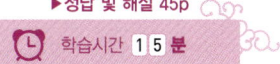

> 문제에서 묻는 대상을 지문에서 찾아 표시하고, 해당 부분의 내용을 확인하여 관련없는 보기는 지워가며 답을 찾아보자.

문제 1 新买的空调比以前那个旧的好多了，它的声音非常小，几乎没有声音，不会影响我们的工作和休息。

★ 新买的空调怎么样？

A 用电多　　　　B 出现了问题　　　　C 声音很小

문제 2 每天工作前，他都会用不同颜色的笔写出今天要做的事情。黑色的表示只是一般的事情，红色的表示这件事很着急、很重要，必须完成。

★ 根据这段话，红色表示：

A 不着急的事情　　　　B 需要别人帮助的事情
C 要快点儿做完的事情

문제 3 手机使我们的学习、工作越来越方便，除了打电话，写短信外，还可以照相，有时侯真的方便。

★ 手机经常被用来：

A 做练习　　　　B 上网　　　　C 写短信

문제 4 你看，这上面写着1.31元，前面的1表示元，中间的3表示角，最后的1表示分。明白了吗？

★ 中间的数字表示：

A 元　　　　B 角　　　　C 分

문제 5 中午看新闻了吗？我很快就可以坐13号地铁了。13号地铁经过我家附近，以后，我上班就方便了，从我家到公司只要花15分钟，比坐公共汽车快多了。

★ 13号地铁：

A 离他家不远　　　　B 比坐公共汽车慢　　　　C 旁边有火车站

쓰기 제2부분 ❶ | 제시된 병음을 보고 빈칸에 알맞은 한자 쓰기
닮은 우리 I - 발음이 같거나 비슷한 한자

❶ 빈칸의 앞, 뒤를 확인하자.

한어병음만 보고 바로 한자를 쓰게 되면 발음이 같은 한자가 있기 때문에 틀릴 수 있다. 빈칸의 앞과 뒤를 확인해서 빈칸과 단어를 이룰 수 있는지, 의미상 어떠한 단어가 들어가는 게 맞는지 파악한 후 알맞은 단어를 넣어준다. 아래 예문을 보면 빈칸 속 병음은 같지만 뒤에 오는 한자가 다르기 때문에 그에 맞는 어휘가 되도록 알맞은 한자를 넣어야 한다.

我妈妈最喜欢（ dōng ）天。   우리 엄마는 겨울을 가장 좋아한다.
我要出去买点儿（ dōng ）西。   나는 나가서 약간의 물건을 사려고 한다.

那个银行在学校（ nán ）边。   그 은행은 학교 남쪽에 있다.
他就是我的（ nán ）朋友。   그가 바로 나의 남자친구이다.

❷ 빈칸 앞뒤로 이어지는 단어가 없다면 앞에서부터 해석해보자.

한 글자 단어들도 자주 출제된다. 앞뒤로 연결되는 단어가 없는 경우에는 앞에서부터 천천히 해석해보자. 만약 그 자리에 술어가 필요하다면 동사나 형용사 중에 병음과 맞는 단어가 있는지 확인하고, 만약 목적어 자리가 빈칸일 경우엔 동사에 대한 목적어로 어떤 단어가 적합한지 확인해봐야 한다.

他家（ lí ）我家很远。   그의 집은 우리 집에서 멀다.
刚才在书店见的人是（ shéi ）？ 방금 서점에서 만난 사람은 누구야?
他最近一直很（ máng ）。   그는 요즘 계속 바쁘다.

❸ 단어를 외울 때 성조를 정확하게 외우자!

성모와 운모는 알지만 성조를 정확하게 모르는 경우에는 발음이 비슷한 다른 한자들과 혼동하기 쉽고, 따라서 문제를 틀릴 확률이 높아진다. 그렇기 때문에 단어를 외울 때는 한자뿐만 아니라 한어병음도 정확하게 외우는 습관을 들이자.

PT팁 발음이 같거나 비슷한 新HSK 3급 주요 단어

1	bān	班 명 반, 그룹 / 근무	我们班一共30个人。 우리 반은 총 30명이다. Wǒmen bān yígòng sānshí ge rén.
		搬 동 옮기다, 운반하다	她已经搬家了。 Tā yǐjīng bānjiā le. 그녀는 이미 이사했다.
2	bàn	半 수 절반	现在是两点半。 지금은 2시 30분이다. Xiànzài shì liǎng diǎn bàn.
3	chéng	成 동 완성하다, 성공하다	完成 wánchéng 완성하다 ｜ 成功 chénggōng 성공하다
		城 명 성, 도시	城市 chéngshì 도시
4	chuān	穿 동 입다, 신다	穿衣服 chuān yīfu 옷을 입다 ｜ 穿鞋 chuān xié 신발을 신다
5	chuán	船 명 배, 선박	老师坐船去中国。 선생님은 배를 타고 중국에 가신다. Lǎoshī zuò chuán qù Zhōngguó.
6	dōng	东 명 동쪽	东西 dōngxi 물건 ｜ 东边 dōngbiān 동쪽
		冬 명 겨울	冬天 dōngtiān 겨울(= 冬季 dōngjì)
7	hé	和 전 ~와 / 과	我和你一起去游泳。 나는 너와 같이 수영을 하러 간다. Wǒ hé nǐ yìqǐ qù yóuyǒng.
		河 명 강, 하천	河边 hébiān 강가
8	huán	还 동 돌려주다, 반납하다	那几本书都还了。 그 몇 권의 책을 모두 반납했다. Nà jǐ běn shū dōu huán le.
9	huàn	换 동 바꾸다	你又换相机了? 너 또 사진기 바꿨어? Nǐ yòu huàn xiàngjī le?
10	jìn	进 동 (밖에서 안으로) 들다	请进。 Qǐng jìn. 들어오세요.
		近 형 가깝다	离这儿很近 lí zhèr hěn jìn 여기서부터 가깝다 ｜ 附近 fùjìn 근처, 부근
11	jiù	就 부 곧, 즉시	你现在就去。 Nǐ xiànzài jiù qù. 너 지금 바로 가.
		旧 형 오래되다, 낡다	这辆车很旧。 Zhè liàng chē hěn jiù. 이 차는 낡았다.
12	kè	课 명 수업	明天上课要听写。 내일 수업에 받아쓰기를 할 것이다. Míngtiān shàngkè yào tīngxiě.
		刻 양 15분	现在八点一刻。 Xiànzài bā diǎn yíkè. 지금은 8시 15분이다.

13	nán	男 몡 남자	这**男**孩儿是谁的孩子？ 이 남자아이는 누구의 아이야? Zhè **nán** hái'ér shéi shéi de háizi?
		南 몡 남쪽	**南**边 **nán**biān 남쪽
		难 혱 어렵다	昨天的考试很**难**。 어제의 시험은 어려웠어. Zuótiān de kǎoshì hěn **nán**.
14	qiān	千 수 천, 1,000	一**千** yì**qiān** 천, 1,000
15	qián	钱 몡 돈	**钱**包 **qián**bāo 지갑
		前 몡 전, 앞	**前**面 **qián**mian 앞
16	shì	事 몡 일, 사건	**事**情 **shì**qing 일, 사건 ｜ 同**事** tóng**shì** 직장 동료 ｜ 故**事** gù**shi** 이야기
		是 동 ~이다	但**是** dàn**shì** 그러나 ｜ 不**是** bú**shì** 아니다 我**是**中国人。Wǒ **shì** Zhōngguórén. 나는 중국인이다.
17	zài	在 전 ~에서 동 있다	现**在** xiàn**zài** 현재, 지금 ｜ 正**在** zhèng**zài** ~하고 있는 중이다
		再 부 다시, 또	**再**见 **zài**jiàn 또 보자, 안녕
18	zuò	坐 동 앉다, 타다	**坐**椅子 **zuò** yǐzi 의자에 앉다 ｜ **坐**地铁 **zuò** dìtiě 지하철을 타다 ｜ **坐**公共汽车 **zuò** gōnggòng qìchē 버스를 타다
		做 동 하다, 만들다	**做**作业 **zuò** zuòyè 숙제를 하다 ｜ **做**饭 **zuò** fàn 밥을 만들다
19	zhù	祝 동 기원하다, 축복하다	**祝**你生日快乐！ **Zhù** nǐ shēngrì kuàilè! 생일 축하해요!
		住 동 살다, 머무르다	你**住**在哪儿？ Nǐ **zhù** zài nǎr? 당신은 어디에 사나요?

예제 1

| 北京是中国北方最大的（ chéng ）市。 | 베이징은 중국 북방의 가장 큰 (도시)이다. |

분석 北方 běifāng 명 북방 | 最 zuì 부 가장, 최고 | 城市 chéngshì 명 도시

Point 1. 빈칸 앞뒤를 보고 병음과 이어지는 단어가 있는지 확인한다.
2. 없다면 한 글자 단어이기 때문에 앞에서부터 해석을 통해 단어를 넣는다.

해설 빈칸 앞에 '的'가 있기 때문에 빈칸 뒤를 확인하여 단어를 완성해야 한다. 해석을 해보면 '베이징은 중국 북방의 가장 큰 chéng市이다'가 되는데 해석상 빈칸에 가장 알맞은 어휘는 '城'이다. 즉, 빈칸에 '城'을 넣어 의미상 적절하고 병음도 맞는 단어인 '城市(도시)'가 된다.

정답 城

예제 2

| 这把椅子太矮了，（ zuò ）着不舒服。 | 이 의자는 너무 낮아서 (앉기)가 불편하다. |

분석 把 bǎ 양 손잡이가 있는 물건을 세는 단위 | 椅子 yǐzi 명 의자 | 矮 ǎi 형 낮다 | 坐 zuò 동 앉다 | 舒服 shūfu 형 편안하다

Point 1. 빈칸 앞뒤를 보고 병음과 이어지는 단어가 있는지 확인한다.
2. 없다면 한 글자 단어이기 때문에 앞에서부터 해석을 통해 단어를 넣는다.

해설 빈칸 뒤에 동작의 진행, 지속 상태를 알려주는 '着'를 통해 빈칸은 동사가 필요하다는 것을 알 수 있다. 3급 시험에 출제될 만하고 발음이 'zuò'인 동사는 '坐(앉다)'와 '做(만들다)'가 있는데 해석해보면, 의자가 낮기 때문에 앉아있는 상태가 불편하다는 의미가 어울리므로 빈칸에 적절한 동사는 '坐'이다.

정답 坐

 실전 PT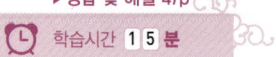

◎ 발음이 비슷하거나 같은 단어를 혼동하지 말자.

문제 1 这件（ shì ）我不太清楚，你再给我讲讲吧。

문제 2 黑板上的这只鸟（ shì ）谁画的?

문제 3 一（ qiān ）多年前，动物出现了吗?

문제 4 这是找您的5角3分（ qián ），欢迎你再来!

문제 5 （ zhù ）你生日快乐!

마무리 PT   학습시간 0 5 분

1 在那儿我第一次看见了香蕉树，我才知道香蕉是长在树上的。
Zài nàr wǒ dì yí cì kànjiàn le xiāngjiāoshù, wǒ cái zhīdào xiāngjiāo shì zhǎng zài shù shang de.
그곳에서 나는 처음 바나나 나무를 보고 비로소 바나나가 나무에서 자란다는 것을 알았다.

* 长 cháng 형 길다
　　zhǎng 동 자라다, 성장하다

2 除了打电话，写短信外，还可以照相，有时候真的方便。
Chúle dǎ diànhuà, xiě duǎnxìn wài, hái kěyǐ zhàoxiàng, yǒushíhou zhēnde fāngbiàn.
전화를 걸고, 문자 메시지를 쓰는 것 외에 또 사진 찍는 것도 가능해서 가끔씩 정말 편리하다.

* 除了…外
　chúle…wài
　~을 제외하고, ~이외에

3 新买的空调比以前那个旧的好多了。
Xīn mǎi de kōngtiáo bǐ yǐqián nàge jiù de hǎoduō le.
새로 산 에어컨은 이전의 낡은 것보다 훨씬 좋다.

* 比…多了
　bǐ…duō le
　~보다 훨씬 ~하다

4 等他们到了就告诉我。
Děng tāmen dào le jiù gàosù wǒ.
그들이 도착하는 것을 기다렸다가 (도착하면) 제게 알려주세요.

* 等 + 시점
　'시점'을 기다리다, '시점'이 되면

5 从我家到公司只要花15分钟。
Cóng wǒ jiā dào gōngsī zhǐyào huā shíwǔ fēnzhōng.
우리 집에서부터 회사까지는 단지 15분 밖에 걸리지 않는다.

* 花 huā
　쓰다, 소비하다

 PT 기출상식

月 yuè 달 VS 月亮 yuèliang 달

학생들이 간혹 헷갈려 하는 것 중 하나가 바로 '月 yuè'와 '月亮 yuèliang'이다. 우리나라는 하늘에 떠 있는 달과 개월을 셀 때도 '月'이라고 쓰기 때문에 많이 헷갈려하는데, 중국에서 하늘에 떠 있는 달은 '月亮 yuèliang'이라고 하며, 몇 월, 개월 수를 의미하는 것은 '月 yuè'라고 구분해서 표현한다. 아래 예문을 통해 비교해서 기억해두자!

今天月亮真大！　오늘 달이 정말 크다!
我喜欢看月亮。　나는 달을 보는 것을 좋아한다.

我学了三个月。　나는 3개월 동안 배웠다.
下个月我就要回国了。　다음 달에 나는 귀국할 것이다.
今天10月5号。　오늘은 10월 5일이다.

Day 11

듣기 제3·4부분 ❷ | 단문·장문대화 듣고 질문에 답하기
네가 어디에 있는지 궁금해! - 장소

어휘 PT ● Track 11-1 학습시간 10분

예제 1
- 宾馆 bīnguǎn 명 호텔
- 机场 jīchǎng 명 공항
- 公园 gōngyuán 명 공원
- 咖啡 kāfēi 명 커피
- 一边 A, 一边 B yìbiān A, yìbiān B 접 A하면서, B하다
- 一刻 yíkè 명 15분
- 飞机 fēijī 명 비행기

예제 2
- 旁边 pángbiān 명 옆쪽
- 超市 chāoshì 명 슈퍼마켓, 시장
- 附近 fùjìn 명 근처, 부근
- 运动 yùndòng 동 운동하다
- 离 lí 전 ~에서부터
- 方便 fāngbiàn 형 편리하다
- 住 zhù 동 살다, 거주하다

문제 1
- 饭店 fàndiàn 명 식당
- 公司 gōngsī 명 회사
- 商店 shāngdiàn 명 상점
- 衬衫 chènshān 명 와이셔츠
- 拿 ná 동 쥐다, 받다, 가지다, 잡다
- 欢迎 huānyíng 동 환영하다
- 下次 xiàcì 명 다음 번
- 再 zài 부 다시

문제 2
- 咖啡店 kāfēidiàn 명 카페
- 不错 búcuò 형 좋다, 괜찮다

문제 3
- 医院 yīyuàn 명 병원
- 环境 huánjìng 명 환경
- 安静 ānjìng 형 조용하다
- 买 mǎi 동 사다
- 东西 dōngxi 명 물건
- 远 yuǎn 형 멀다

문제 4
- 学校 xuéxiào 명 학교
- 门口 ménkǒu 명 입구
- 刚 gāng 부 막, 방금
- 从 cóng 전 ~에서부터
- 地铁站 dìtiězhàn 명 지하철역
- 等 děng 동 기다리다

문제 5
- 位 wèi 양 분 [사람 수를 세는 단위로 공경의 뜻을 내포함]
- 同事 tóngshì 명 직장 동료
- 什么时候 shénme shíhou 대 언제
- 借 jiè 동 빌리다
- 可能 kěnéng 조동 아마도

문제 6
- 书店 shūdiàn 명 서점
- 银行 yínháng 명 은행
- 香蕉 xiāngjiāo 명 바나나

❶ 장소를 유추하자.

문제에 나열된 보기들을 훑어보고 장소에 관련된 문제가 나올 것을 미리 예측할 수 있다. 즉, 나열된 장소들에서 일어날 수 있는 상황들을 떠올려야 한다. 장소를 묻는 문제는 대부분 장소를 직접 언급하지 않고 상황을 통해 장소를 유추해야 하기 때문에 각각의 장소에서 일어날만한 상황을 떠올리는 것이 중요하다.

❷ 비슷한 장소를 주의하자.

장소가 직접 언급되지 않아 상황을 통해 장소를 유추해야 하는 경우가 많다. 이때 주의해야 할 점은 비슷한 상황이 연출될 수 있는 장소를 헷갈리지 않도록 주의 깊게 듣는 것이다. 보기에 어떤 장소들이 있는지 확실하게 파악한 뒤 녹음을 들어야 녹음이 끝나고 답을 찾을 때 덜 헷갈릴 것이다.

> 녹음   A: 这本书最近卖得很不错，很有意思。 이 책 요즘 잘 팔린대, 재미도 있고.
> B: 那就买吧。 그럼 (이거) 사자.
>
> 문제   A 学校 학교   B 图书馆 도서관   C 书店 서점

→ A가 '书 shū(책)'를 언급해서 도서관이라고 생각할 수 있지만 '卖得很不错(잘 팔린다)'라는 부분에서 도서관에서는 책을 판매하지 않기 때문에 C 书店(서점)을 선택해야 한다는 것을 알 수 있다.

> 녹음   A: 上海的火车票还有吗? 상하이 가는 기차표 아직 있나요?
> B: 有。 있어요.
> A: 给我两张。 두 장 주세요.
> B: 两张三百块。 두 장에 300위안입니다.
>
> 문제   A 地铁站 지하철역   B 火车站 기차역   C 机场 공항

→ 처음 시작 부분을 잘 들어야 한다. '票 piào(표)'라는 단어만 들었다면 나머지 보기와 답이 헷갈릴 수 있었지만 '火车(기차)'라고 명확하게 나왔기 때문에 답은 B 火车站(기차역)이 된다.

❸ 방위사를 주의하자.

위, 아래, 앞, 뒤, 왼쪽, 오른쪽과 같은 방위사를 주의해서 들어야 한다. 같은 장소이지만 뒤에 다른 방위사를 붙여 혼동을 주는 문제가 종종 출제되므로 장소 뒤에 있는 방위사까지 잘 듣고 문제를 풀어야 한다.

1. 장소 관련 단어 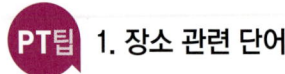 Track 11-2

银行 yínháng 은행 | 商店 shāngdiàn 상점 | 超市 chāoshì 슈퍼 | 公司 gōngsī 회사 | 办公室 bàngōngshì 사무실 | 办公楼 bàngōnglóu 사무동 | 饭馆 fànguǎn 식당 | 图书馆 túshūguǎn 도서관 | 书店 shūdiàn 서점 | 体育馆 tǐyùguǎn 체육관 | 家里 jiā lǐ 집 안 | 厨房 chúfáng 주방 | 洗手间 xǐshǒujiān 화장실 | 医院 yīyuàn 병원 | 公园 gōngyuán 공원 | 动物园 dòngwùyuán 동물원 | 机场 jīchǎng 공항 | 火车站 huǒchēzhàn 기차역 | 宾馆 bīnguǎn 호텔 | 咖啡店 kāfēidiàn 카페 | 电梯里 diàntī lǐ 엘리베이터 안

2. 자주 나오는 방위사 Track 11-3

上 shàng 위 ⇔ 下 xià 아래 | 左 zuǒ 왼쪽 ⇔ 右 yòu 오른쪽 | 里 lǐ 안 ⇔ 外 wài 바깥 | 前 qián 앞 ⇔ 后 hòu 뒤 | 旁边 pángbiān 옆 | 东 dōng 동 | 西 xī 서 | 南 nán 남 | 北 běi 북

예제 1 짧은 대화 유형   Track 11-4

A 宾馆　　B 机场　　C 公园	A 호텔　　B 공항　　C 공원
男：我们去喝杯咖啡怎么样？可以一边喝，一边等。 女：别去了，现在四点一刻，再有二十分钟就要上飞机了。 问：他们最可能在哪儿？	남: 우리 가서 커피 한 잔 마시는 것이 어때? 마시면서 기다릴 수 있어. 여: 가지 말자, 지금 4시 15분이야. 20분 더 있으면 곧 비행기에 올라야 해. 질문: 그들은 어디에 있을 가능성이 가장 높은가?

해설 장소가 직접적으로 언급되지 않기 때문에 대화를 통해 장소를 유추해야 한다. 남자의 말만 들었을 때는 카페라고 생각할 수 있지만 우선 보기에 없고, 곧 비행기에 올라야 한다는 여자의 말을 통해 답은 B 机场(공항)이라는 것을 알 수 있다.

정답 B

예제 2 긴 대화 유형   Track 11-5

A 公园旁边　　B 学校西边　　C 超市附近	A 공원 옆　　B 학교 서쪽　　C 슈퍼 근처
男：你每天都来这儿运动吗？ 女：是啊，这儿离我家比较近，很方便。 男：你住在附近？ 女：是，我家就在这个公园的旁边。 问：女的住在哪儿？	남: 너는 매일 여기 와서 운동해? 여: 응, 이곳은 우리 집에서부터 비교적 가까워서 편리해. 남: 너 근처에 살아? 여: 응, 우리 집은 이 공원 바로 옆에 있어. 질문: 여자는 어디 사는가?

해설 장소가 직접 언급되었지만 방위사까지 붙어있기 때문에 장소의 방위사까지 주의해서 들어야 한다. 대화 처음에는 '이곳은 집에서 가깝다'라고만 언급했고, 여자의 마지막 말에서 공원 바로 옆이라는 구체적인 장소가 나왔으므로 이를 통해 답을 찾아낼 수 있다. 따라서 답은 A 公园旁边(공원 옆)이다.

정답 A

실전 PT Track 11-6 ▶정답 및 해설 48p 학습시간 15분

○ 보기를 먼저 보고 어떤 장소가 나와있는지 확인하자. 판단이 애매한 경우에는 녹음을 끝까지 듣고 핵심 상황을 파악해서 어떤 장소인지 유추해보자.

[짧은 대화문]

문제1 A 饭店　　　　B 公司　　　　C 商店

문제2 A 公司门口　　B 咖啡店　　　C 公园

문제3 A 医院　　　　B 超市　　　　C 地铁站

[긴 대화문]

문제4 A 图书馆　　　B 学校　　　　C 公园

문제5 A 家　　　　　B 商店　　　　C 图书馆

문제6 A 书店　　　　B 商店　　　　C 银行

독해 제3부분 ❷ | 지문 읽고 지문에 대한 답 찾기
문장의 숨은 조력자 - 접속사·지시대명사

어휘 PT

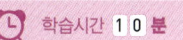 학습시간 1 0 분

예제 1
- 环境 huánjìng 명 환경
- 不错 búcuò 형 좋다, 괜찮다
- 安静 ānjìng 형 조용하다
- 街道 jiēdào 명 거리, 도로
- 欢迎 huānyíng 동 환영하다
- 段 duàn 양 동안, 얼마간 [시간이나 공간의 일정한 거리를 나타냄]

예제 2
- 总是 zǒngshì 부 늘, 항상
- 为 wèi 전 ~때문에
- 结婚 jiéhūn 동 결혼하다
- 着急 zháojí 형 급하다, 서두르다
- 年轻 niánqīng 형 젊다
- 重要 zhòngyào 형 중요하다

문제 1
- 长 zhǎng 동 자라다, 성장하다
- 笑 xiào 동 웃다
- 回答 huídá 동 대답하다
- 过去 guòqù 명 과거
- 矮 ǎi 형 (키가) 작다
- 头发 tóufa 명 머리카락

문제 2
- 主要 zhǔyào 형 주요하다, 주된
- 因为 yīnwèi 접 왜냐하면, ~때문에
- 便宜 piányi 형 값이 싸다
- 新鲜 xīnxiān 형 신선하다

문제 3
- 经常 jīngcháng 부 종종, 자주
- 二手 èrshǒu 형 중고의
- 被 bèi 전 ~에게 당하다
- 几乎 jīhū 부 거의
- 脏 zāng 형 더럽다

문제 4
- 邻居 línjū 명 이웃
- 叔叔 shūshu 명 아저씨, 삼촌
- 校长 xiàozhǎng 명 교장
- 感兴趣 gǎnxìngqù 동 흥미를 느끼다

문제 5
- 前天 qiántiān 명 그저께
- 网上 wǎngshàng 명 인터넷
- 颜色 yánsè 명 색깔
- 脚 jiǎo 명 발
- 舒服 shūfu 형 편안하다
- 满意 mǎnyì 형 만족하다

❶ '그러나' 뒤의 내용을 조심하자!

'但是 dànshì', '可是 kěshì'와 같이 '그러나'라는 뜻을 가진 접속사들을 전환관계 접속사라고 한다. 문장이 잘 이어지다가 중간에 '但是'와 같은 전환관계 접속사가 들어가게 되면 상황이 전환되기 때문에 '但是'를 기준으로 앞부분보다는 뒷부분 내용이 정답일 경우가 많다. 따라서 '但是'와 같은 전환관계 접속사가 나오면 뒷부분 내용을 주의 깊게 보자. 또한, '但是'가 단독으로 나오는 경우도 있지만 주로 '虽然 A, 但是 B'로 쓰여 '비록 A하지만 B하다'라는 의미를 나타낸다.

| 지문 | 我家旁边有一家新开的饭馆。那家的菜虽然有点儿贵，但是很新鲜。所以很多人去。 |

우리 집 옆에는 새로 개업한 식당이 하나 있다. 그곳의 요리는 비록 조금 비싸지만 신선하다. 그래서 많은 사람들이 간다.

| 문제 | 那家饭馆：　A 菜新鲜　　B 离他家很远　　C 不好吃 |

　　그 식당은:　A 요리가 신선하다　B 그의 집에서부터 멀다　C 맛이 없다

→ 식당에 대해 묻고 있고 지문에서는 식당의 특징이 나와 있다. 비싸긴 하지만 신선하다는 내용을 보고 보기에서 답을 찾으면 되는데 '虽然 A, 但是 B' 접속사가 나온 경우엔 90% 이상 '但是' 뒤 내용이 답일 확률이 높다. 따라서 답은 A 菜新鲜(요리가 신선하다)이 된다.

❷ '게다가' 뒤의 내용을 주목하자!

3급 시험에 자주 나오는 '而且 érqiě'는 '게다가'라는 뜻을 가진 점층관계 접속사이다. 점층관계는 앞보다 뒷 문장 내용의 의미가 깊고 확장됨을 나타내기 때문에 '而且' 역시 뒷부분과 관련된 내용을 묻는 문제가 종종 출제되고 있다. 따라서 문장에서 '而且'와 같은 점층관계 접속사가 나오면 뒷문장의 내용을 주목해야 한다.

| 지문 | 昨天弟弟给我买了一双鞋。那双颜色很漂亮，现在卖得很不错，而且穿着非常舒服。我很满意。 |

어제 남동생이 나에게 신발 한 켤레를 사줬다. 그 신발은 색도 예쁘고 현재 잘 팔린다. 게다가 신고 있으면 매우 편안하다. 나는 만족스럽다.

| 문제 | 根据这段话可以知道那双鞋：　A 卖完了　　B 穿着舒服　　C 很干净 |

　　이 문단을 통해 그 신발에 대해 알 수 있는 것은:　A 다 팔렸다　B 신고 있으면 편하다　C 깨끗하다

→ 문장 안에 접속사가 있으면 접속사를 먼저 표시해두고 해석하는 것이 좋다. '게다가 신발을 신고 있는 것이 편하다'라는 내용이 문제에 그대로 등장하므로 답은 B 穿着舒服(신고 있으면 편하다)이다. 독해나 듣기에서 또 하나 주의해야 할 점은 자기 주관에 따라 답을 찾으면 안 된다는 점이다. 새 신발이라고 깨끗하다고 생각할 수 있지만 지문엔 깨끗함과 관련된 내용이 없기 때문에 답이 될 수 없다.

❸ 지시대명사가 가리키는 것을 정확히 파악하자.

'我们这儿: (우리 이곳은:)'처럼 정확한 명칭이 아닌 지시대명사를 사용해서 특징을 묻는 문제가 종종 출제된다. 이때는 지문에 지시대명사가 있는지 잘 살펴보고 있으면 표시해두는 것이 좋다. 그리고 그 문장 안에서 그 지시대명사가 어떤 어휘를 가리키는지 또는 그 특징으로 어떤 것들이 나열되어 있는지 잘 표시해두고 문제를 풀자.

 독해 파트에서 자주 나오는 지시대명사

这儿 zhèr(= 这里 zhèlǐ) 여기, 이곳 | 那儿 nàr(= 那里 nàlǐ) 저기, 저곳 | 这个 zhège 이것 | 那个 nàge 저것 | 它 tā 그것(사람 이외의 사물이나 동물 등을 가리킴) | 它们 tāmen 그것들 | 他们 tāmen 그들

예제 1

我们这儿的环境不错，很安静，街道也很干净，旁边还有一个花园，是个休息的好地方，欢迎你们去那儿住一段时间。
★ 他们那儿：

A 在北方
B 热极了
C 环境还可以

우리 이곳의 환경은 괜찮다. 조용하고, 거리도 깨끗하다. 옆쪽에는 하나의 화원이 있는데, 휴식하기 좋은 장소이다. 너희가 그곳에 가서 얼마간의 시간 동안 머무는 것을 환영한다.
★ 그들의 그곳은:

A 북방에 있다
B 매우 덥다
C 환경이 비교적 괜찮다

해설 장소에 대한 정확한 명칭은 나오지 않았지만 지시대명사를 통해 주어가 살고 있는 곳에 관한 설명이 나열되어 있다. 첫 문장부터 '这儿的环境不错(이곳의 환경은 괜찮다)'라고 정답을 언급했고, 뒤에 나열된 내용도 전부 긍정적인 내용이며 그곳에 오는 것을 환영한다는 마지막 문장을 통해 그곳의 환경이 괜찮다는 것을 알 수 있다. 따라서 정답은 C 环境还可以(환경이 비교적 괜찮다)이다.

정답 C

예제 2

爸爸总是为我结婚的事情着急，但是我觉得自己还很年轻。对我来说，现在工作很重要。
★ 说话人是什么意思:

A 工作不重要
B 先照顾爸爸
C 还不想结婚

아빠는 늘 나의 결혼에 관한 일 때문에 조급해하신다. 그러나 내가 생각하기에 나는 아직 젊다. 나에게 있어서 지금은 일이 중요하다.
★ 화자의 의미는:

A 일은 중요하지 않다
B 먼저 아빠를 돌본다
C 아직 결혼하고 싶지 않다

해설 지문의 시작 부분에 화자의 아버지는 화자의 결혼 문제를 조급해 한다고 나온다. 하지만 전환관계 접속사 '但是 dànshì(그러나)' 뒷부분에서 화자 스스로가 아직 젊다고 생각하며 현재는 일이 중요하다는 내용을 통해 화자는 결혼을 하고 싶어하지 않다는 것을 알 수 있다. 따라서 정답은 C 还不想结婚(아직 결혼하고 싶지 않다)이다.

정답 C

실전 PT

▶정답 및 해설 50p
학습시간 15분

○ 우선 접속사와 지시대명사를 표시해둔 후 문제를 풀어보자.

문제 1 他姓高，但是长得不高，只有一米六。同学们都说："我们以后叫你小高吧。"他笑着回答："当然可以，过去朋友们都这么叫我。"
　　★ 关于他，可以知道什么？
　　　A 比较矮　　　　　B 头发很长　　　　　C 他姓王

문제 2 这家饭馆很有名，来吃饭的人很多，主要是因为他们家的菜又好吃又便宜，所以大家都愿意来。
　　★ 那家饭馆：
　　　A 菜不贵　　　　　B 不新鲜　　　　　C 对客人要求高

문제 3 现在人们经常会看到"二手车"、"二手房"这样的词语，这个"二手"是什么意思？它表示东西被人用过了，不是新的。但因为二手的东西很便宜，而且有的几乎没用过，所以有很多人买。
　　★ "二手"的东西：
　　　A 很难买到　　　　B 比较便宜　　　　　C 太脏了

문제 4 邻居张叔叔是小学校长。他每天都第一个到学校，最后一个离开。他常说，如果工作是你自己感兴趣的，再累也是快乐的。
　　★ 张叔叔：
　　　A 爱帮助学生　　　B 对老师们很热情　　C 喜欢自己的工作

문제 5 前天我在网上买了一双鞋，今天就拿到了。虽然颜色跟我在网上看的不太一样，但穿在脚上非常舒服，我比较满意。
　　★ 根据这段话，可以知道那双鞋：
　　　A 卖完了　　　　　B 很贵　　　　　　　C 穿着舒服

쓰기 제2부분 ❷ | 제시된 병음을 보고 빈칸에 알맞은 한자 쓰기
닮은 우리 Ⅱ - 모양이 비슷한 한자

전략 PT

학습시간 2 0 분

❶ 다른 점에 주의하자!

모양이 비슷한 한자는 점 또는 획 하나의 차이로 단어가 달라진다. 가장 많이 실수하는 것 중에 하나가 '自己 zìjǐ(자기, 자신)'의 '己 jǐ'와 '已经 yǐjīng(이미, 벌써)'의 '已 yǐ'이다. 이 두 단어는 마지막 획을 더 위로 긋는지 아닌지의 차이로 아예 다른 단어가 된다. 그만큼 처음에 단어를 외울 때 신경써서 외워야 하는데 아래의 PT팁처럼 모양이 비슷한 한자를 비교해보고 구분해서 쓰는 연습을 해야 한다.

❷ 모양이 비슷하면 발음도 비슷하다.

일부 단어는 모양이 비슷할 뿐만 아니라 발음까지도 비슷한 경우가 있다. 이는 소리를 나타내는 부분의 한자가 같기 때문인데, 이런 단어들은 처음에 단어를 외울 때부터 성조와 한자의 생김새를 확실하게 구분해서 외워두어야 한다.

PT팁 모양이 비슷한 한자

1	日 rì	명 날, 일 节日 jiérì 기념일, 명절 | 生日 shēngrì 생일 | 日记 rìjì 일기
	白 bái	형 하얗다, 밝다, 명백하다 明白 míngbai 알다, 이해하다 | 白天 báitiān 낮
	百 bǎi	수 백, 100 一百 yìbǎi 100
2	票 piào	명 표, 티켓 电影票 diànyǐngpiào 영화표 | 机票 jīpiào 비행기표
	漂 piào	'漂亮'의 구성자 漂亮 piàoliang 예쁘다
	要 yào	조동 ~해야 한다, ~할 것이다 동 필요하다 需要 xūyào 필요하다
3	大 dà	형 크다 大家 dàjiā 모두
	太 tài	부 매우, 너무 太阳 tàiyáng 태양 | 不太 bútài 그다지 ~않다

	한자	뜻/예시
4	午 wǔ	명 정오, 12시 上午 shàngwǔ 오전 | 中午 zhōngwǔ 정오 | 下午 xiàwǔ 오후
	牛 niú	명 소 牛奶 niúnǎi 우유
5	四 sì	수 사, 4 十四岁 shísì suì 14세
	西 xī	명 서쪽 东西 dōngxi 물건 | 西瓜 xīguā 수박 | 西方 xīfāng 서방국가
6	买 mǎi	동 사다 买到 mǎidào 사들이다
	卖 mài	동 팔다 卖掉 màidiào 팔아버리다
7	门 mén	명 문, 입구 关门 guānmén 문을 닫다 | 开门 kāimén 문을 열다 | 出门 chūmén 외출하다
	问 wèn	동 묻다 问题 wèntí 문제 | 请问 qǐngwèn 말씀 좀 묻겠습니다
	间 jiān	명 틈, 사이, 방 时间 shíjiān 시간 | 房间 fángjiān 방 | 中间 zhōngjiān 중간 | 洗手间 xǐshǒujiān 화장실
8	己 jǐ	대 자기, 자신 自己 zìjǐ 자기, 자신, 스스로
	已 yǐ	부 이미, 벌써 已经 yǐjīng 이미, 벌써
9	请 qǐng	동 요청하다, 부탁하다 请客 qǐngkè 초대하다
	清 qīng	형 분명하다, 깨끗하다 清楚 qīngchu 분명하다, 명확하다
	情 qíng	명 감정, 정황 事情 shìqing 일, 사건 | 热情 rèqíng 친절하다, 열정적이다
	晴 qíng	형 맑다 晴天 qíngtiān 맑은 날씨
	静 jìng	형 조용하다, 차분하다 安静 ānjìng 조용하다

10	蓝 lán	[형] 파랗다 蓝色 lánsè 파랗다 | 蓝天 lántiān 푸른 하늘
	篮 lán	[명] 바구니 打篮球 dǎ lánqiú 농구를 하다
11	干 gān	[형] 사라지다, 건조하다 干净 gānjìng 깨끗하다
	千 qiān	[수] 천, 1,000 一千 yìqiān 1,000
12	夏 xià	[명] 여름 夏天 xiàtiān (= 夏季 xiàjì)
	复 fù	[형] 중복되다, 복잡하다 复习 fùxí 복습하다
13	喝 hē	[동] 마시다 喝水 hēshuǐ 물을 마시다
	渴 kě	[형] 목마르다, 갈증나다 口渴 kǒukě 목마르다
14	休 xiū	[동] 쉬다, 멈추다 休息 xiūxi 쉬다, 휴식하다
	体 tǐ	[명] 몸, 신체 身体 shēntǐ 몸, 신체 | 体育 tǐyù 체육
15	花 huā	[동] 쓰다, 소비하다 [명] 꽃 花钱 huāqián 돈을 쓰다 | 开花 kāihuā 꽃이 피다
	化 huà	[동] 변화하다 文化 wénhuà 문화 | 变化 biànhuà 변화
16	字 zì	[명] 글자 名字 míngzi 이름
	子 zi	[명] 자식 儿子 érzi 아들 | 孩子 háizi 아이
17	远 yuǎn	[형] 멀다 离这儿远吗? 여기서 멀어요?
	元 yuán	위안 [화폐 단위] 100元 100위안
	云 yún	[명] 구름 白云 báiyún 흰 구름

예제 1

| 您放心吧，我会照顾好自（ jǐ ）的，再见。 | 안심하세요, 저는 제 자신을 잘 돌볼 거예요. 안녕히 가세요. |

분석 放心 fàngxīn 동 안심하다 | 照顾 zhàogù 동 돌보다, 보살피다

Point 1. 빈칸 앞뒤를 확인해서 연결되는 단어가 있는지 확인한다.
2. 비슷한 한자와 혼동되지 않게 획을 신경쓰며 한자를 명확하게 쓰도록 한다.

해설 '안심하세요, 저는 (自…)를 잘 돌볼 거예요.'라는 뜻으로 목적어 자리를 채워야 한다. 빈칸의 앞을 보면 '自'가 있는 것으로 보아 정답은 '自己(자기 자신, 스스로)'의 '己'가 적합할 것이다. 주의해야 할 점은 '已经 yǐjīng(이미)'의 '已'와 모양이 비슷하기 때문에 신경써서 적어야 한다.

정답 己

예제 2

| 生病了要（ xiū ）息，因为健康最重要。 | 병이 났으면 쉬어야 한다. 왜냐하면 건강이 가장 중요하기 때문이다. |

분석 生病 shēngbìng 동 병이 나다 | 因为 yīnwèi 접 왜냐하면, ~때문에 | 健康 jiànkāng 명 건강 | 最 zuì 부 가장, 최고 | 重要 zhòngyào 형 중요하다

Point 1. 빈칸 앞뒤를 확인해서 연결되는 단어가 있는지 확인한다.
2. 비슷한 한자와 혼동하지 않도록 획을 신경쓰며 한자를 명확하게 적도록 한다.

해설 '병이 났으면 (…息)해야 한다. 왜냐하면 건강이 가장 중요하기 때문이다.' 빈칸 뒤에 있는 '息'를 통해 답은 '休息(쉬다, 휴식하다)'의 '休'라는 것을 알 수 있다. '身体(몸, 신체)'의 '体'와 획 하나의 차이기 때문에 주의해서 적어야 한다.

정답 休

 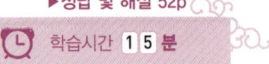

○ 모양이 비슷한 한자와 헷갈리지 않았는지 다시 한번 확인하자.

문제 1 草地上开着五颜六色的(huā   )。

문제 2 这个城市变(huà   )真大啊!

문제 3 10分是一角，10角是一(yuán   )。

문제 4 医院离这儿很(yuǎn   )，我们坐出租车去吧。

문제 5 今天是(qíng   )天，没有云。

마무리 PT

학습시간 05 분

1 我们去喝杯咖啡怎么样？可以一边喝，一边等。
Wǒmen qù hē bēi kāfēi zěnmeyàng? Kěyǐ yìbiān hē, yìbiān děng.
우리 가서 커피 한 잔 마시는 게 어때? 마시면서 기다릴 수 있어.

* 一边 A, 一边 B
  yìbiān A, yìbiān B
  A하면서 B하다

2 别去了，现在4点一刻，再有二十分钟就要上飞机了。
Bié qù le, xiànzài sì diǎn yíkè, zài yǒu èrshí fēnzhōng jiùyào shàng fēijī le.
가지 말자. 지금 4시 15분이야. 20분 더 있으면 비행기에 올라야 해.

* 别…了
  bié…le
  ~하지 마라

3 草地上开着五颜六色的花 。 풀밭에는 가지각색의 꽃이 피어있다.
Cǎodì shang kāizhe wǔ yán liù sè de huā.

* 五颜六色
  wǔ yán liù sè
  여러 가지 빛깔, 가지각색

4 现在人们经常会看到"二手车"、"二手房"这样的词语。
Xiànzài rénmen jīngcháng huì kàndào "èrshǒu chē", "èrshǒu fáng" zhèyàng de cíyǔ.
요즘 사람들은 '중고차', '중고집' 이러한 단어를 종종 볼 수 있을 것이다.

* 二手
  èrshǒu
  중고

5 对我来说，现在工作很重要。
Duì wǒ lái shuō, xiànzài gōngzuò hěn zhòngyào.
나에게 있어서 지금은 일이 중요하다.

* 对…来说
  duì…lái shuō
  ~의 입장에서 말하자면

PT 기출상식

중국 화폐

듣기와 독해 지문에 종종 나오는 것 중 하나가 바로 '화폐 단위'이다. 중국 돈은 '元(위안화)'이라고 한다. 문어체로는 '元 yuán ＞ 角 jiǎo ＞ 分 fēn'이라고 쓰지만 실제 말을 할 때는 '块 kuài ＞ 毛 máo ＞ 分 fēn'이라고 부른다. 지폐부터 살펴보면 가장 큰 단위인 100元부터 50元, 20元, 10元, 5元, 1元짜리가 있다. 동전은 1角, 5角가 있는데 1元, 1角, 5角는 지폐와 동전이 혼용되어 사용되고 있다. 가장 작은 단위인 '分' 단위는 우리나라 1원처럼 현재는 잘 쓰이지 않고 있다.

단위를 읽을 때 마지막 단위는 생략이 가능하다.
5.8元 = 五块八(毛) | 5.87元 = 五块八毛七(分)

중간 단위가 '0'일 경우엔 '零 líng'으로 읽는다.
30.07元 = 三十块零七(分) | 13.08元 = 十三块零八(分)

중국 화폐가 어떻게 생겼는지 어떻게 읽는지 잘 알아두면 화폐 관련 문제가 나와도 단위를 헷갈리지 않을 것이고, 중국에 갔을 때도 당황하지 않고 계산을 잘할 수 있을 것이다!

Day 12

듣기 제3·4부분 ❸ | 단문·장문대화 듣고 질문에 답하기
한순간도 놓치면 안 된다! - 숫자

어휘 PT ● Track 12-1 학습시간 10분

예제 1
- 跟 gēn [전] ~와
- 生日 shēngrì [명] 생일
- 差 chà [동] 차이가 나다
- 哪 nǎ [대] 어느

예제 2
- 葡萄 pútáo [명] 포도
- 文化节 wénhuàjié [명] 문화제
- 兴趣 xìngqù [명] 흥미
- 表演 biǎoyǎn [명] 공연
- 差 chà [동] 모자라다, 부족하다
- 一刻 yíkè [명] 15분

문제 1
- 几 jǐ [수] 몇
- 点 diǎn [양] 시 [시간 단위]
- 会议 huìyì [명] 회의
- 开始 kāishǐ [동] 시작하다
- 再 zài [부] 또, 다시

문제 2
- 爬山 páshān [동] 등산하다
- 一起 yìqǐ [부] 같이, 함께
- 会 huì [조동] ~할 것이다
- 刮风 guāfēng [동] 바람이 불다
- 周末 zhōumò [명] 주말
- 天气 tiānqì [명] 날씨

문제 3
- 下星期 xiàxīngqī [명] 다음 주 (= 下周 xiàzhōu)

문제 4
- 米 mǐ [양] 미터(m)
- 高 gāo [형] 키가 크다, 높다
- 儿子 érzi [명] 아들
- 比 bǐ [전] ~보다
- 可能 kěnéng [조동] 아마도
- 那 nà [접] 그러면, 그렇다면

문제 5
- 西瓜 xīguā [명] 수박
- 斤 jīn [양] 근 [무게 단위]
- 要 yào [동] 필요하다
- 给 gěi [동] 주다

문제 6
- 词典 cídiǎn [명] 사전
- 在 zài [동] 있다
- 层 céng [명] 층
- 左边 zuǒbiān [명] 왼쪽
- 还 hái [부] 또, 더
- 问题 wèntí [명] 문제
- 借 jiè [동] 빌리다
- 用 yòng [동] 사용하다

 전략 PT

❶ 발음을 귀 기울여 듣자.

숫자 중에 발음이 비슷한 '四 sì'와 '十 shí'를 구분해서 들어야 하고 전화번호, 방 호수 등 숫자를 띄워서 읽는 표현들은 숫자의 순서가 헷갈리지 않도록 주의 깊게 들어야 한다. 또한, 숫자 0은 '零 líng'으로 표현하는 것도 기억해두자.

A: 你要几个? 너 몇 개 필요해?
B: 我要十个。 나 10개 필요해. / 我要四个。 나 4개 필요해.

→ 질문에서 필요한 개수를 물었을 때, 'shí'인지 'sì'인지 잘 듣고 답을 골라야 한다.

A: 他的房间在几层? 그의 방은 몇 층에 있어?
B: 3层，三零五。 3층, 305호

→ 그의 방이 몇 층에 있냐고 물었지만 문제에서는 몇 호인지 물을 수 있기 때문에 끝까지 집중해서 들어야 하며, 방 호수를 읽을 때는 '305 sān bǎi wǔ'가 아닌 '305 sān líng wǔ'처럼 숫자 하나하나 끊어서 읽기 때문에 주의하자.

❷ 기본적인 표현은 익혀두자.

보기를 통해 문제에서 날짜를 물을지 가격을 물을지 미리 유추할 수 있다. 숫자에 관한 표현을 알고 미리 들을 준비를 하면 비교적 쉽게 들을 수 있기 때문에 상황에 알맞은 숫자 표현을 익혀두자.

A 3:25　B 5:00　C 6:15

→ 보기를 통해 이 문제에선 시간과 관련된 표현이 나올 것임을 알 수 있다.

A 3个人　B 5个人　C 7个人

→ 보기를 통해 인원수와 관련된 표현이 나올 것임을 알 수 있다.

③ 펜을 들고 메모하자!

여러 개의 숫자를 기억해야 하는 문제일 경우 풀게 되면 실수를 하기 쉽기 때문에 메모해야 한다. 특히나 간단한 계산을 필요로 하는 문제가 출제되고 있기 때문에 숫자에 관한 문제는 항상 메모하는 습관을 들이자!

[녹음] 女：以前我53公斤，现在55公斤，胖了两公斤，怎么办？
　　　전에는 53kg이었는데 지금은 55kg야. 2kg가 쪘어. 어떡하지？

　　　男：你没变化。我觉得跟以前一样。너 변화 없어. 내가 느끼기엔 전과 똑같아.

[문제] 女的胖了几公斤？　　A 2公斤　　B 3公斤　　C 5公斤
　　　여자는 몇 kg이 쪘는가？　A 2kg　　B 3kg　　C 5kg

→ 녹음에서 2kg이 쪘다고 나왔지만 '两'이라는 표현을 모르면 헷갈릴 수 있다. 그렇다면 이전과 현재 몸무게를 듣고 계산을 통해 몇 kg이 쪘는지 알아내야 한다. 시험 볼 때는 대부분 긴장한 상태로 녹음을 듣기 때문에 간단한 숫자라도 항상 메모하는 습관을 들여야 한다.

PT팁 단위 관련 어휘　　　　　　　　　　　　　　　● Track 12-2

1	요일	星期一 xīngqīyī 월요일(= 周一 zhōuyī) | 星期二 xīngqī'èr 화요일(= 周二 zhōu'èr) | 星期三 xīngqīsān 수요일(= 周三 zhōusān) | 星期四 xīngqīsì 목요일(= 周四 zhōusì) | 星期五 xīngqīwǔ 금요일(= 周五 zhōuwǔ) | 星期六 xīngqīliù 토요일(= 周六 zhōuliù) | 星期天 xīngqītiān 일요일(= 星期日 xīngqīrì = 周日 zhōurì)		
2	시간	点 diǎn 시 | 分 fēn 분 | 半 bàn 반 | 一刻 yíkè 15분 | 三刻 sān kè 45분 差 chà 모자라다, 부족하다　예 差一刻8点 15분 모자란 8시 → 7시 45분		
3	단위	길이	公里 gōnglǐ 킬로미터(km)　>　米 mǐ 미터(m)　>　厘米 límǐ 센티미터(cm) (1公里 = 1km)　　　　>　1米 = 1m　　>　1厘米 = 1cm	
		중량	公斤 gōngjīn 킬로그램(kg)　>　斤 jīn 근　　>　克 kè 그램(g) (1公斤 = 1kg)　　　　>　1斤 = 500g　>　1克 = 1g	

예제 1 짧은 대화 유형

Track 12-3

A 5月3号	B 3月6号	C 3月5号	A 5월 3일	B 3월 6일	C 3월 5일
男：你跟你爸爸的生日差一天？ 女：是的，他是三月五号，我是六号。 问：女的生日是哪天？			남: 너와 너희 아버지의 생일은 하루 차이가 나니? 여: 응, 아버지는 3월 5일이고 나는 6일이야. 질문: 여자의 생일은 며칠인가?		

해설 보기를 통해 날짜와 관련된 내용이 나올 것이라고 유추할 수 있다. '差(chà)'는 '차이가 나다'라는 뜻도 가지고 있다. 주의해야 할 점은 마지막 질문이 아빠가 아닌 여자의 생일을 물어봤기 때문에 답은 C가 아니라 B 3月6号(3월 6일)이다.

정답 B

예제 2 긴 대화 유형

Track 12-4

A 7:15	B 7:45	C 8:15	A 7:15	B 7:45	C 8:15
女：我们这儿有葡萄文化节，你有兴趣去看看吗？ 男：当然有。 女：我们可以一边吃葡萄，一边看表演。 男：好，现在差一刻八点，我们现在去？ 问：现在几点？			여: 우리 여기에는 포도 문화제가 있어. 네가 흥미가 있으면 가서 한번 볼까? 남: 당연히 있지. 여: 우리는 포도를 먹으면서 공연을 볼 수 있어. 남: 좋아, 지금 7시 45분이야. 우리 지금 갈까? 질문: 지금은 몇 시인가?		

해설 녹음의 앞부분에는 숫자와 관련된 표현이 없지만 문제에 시간이 나열되어있기 때문에 시간에 관련된 표현이 나오는지 주의해서 들어야 한다. 남자의 마지막 말에서 '差 chà(모자라다, 부족하다)'라는 표현을 사용해서 헷갈릴 수 있다. '差一刻'는 '15분이 부족하다', 즉, '8시 15분 전'이라는 뜻으로 답은 B 7:45가 된다.

정답 B

실전 PT Track 12-5

> 보기를 보고 숫자에 관한 어떤 유형의 문제가 나올지 미리 예측하고 메모할 준비를 하자.

[짧은 대화문]

문제 1   A 9:45   B 10:15   C 10:30

문제 2   A 明天早上   B 明天晚上   C 这个周末

문제 3   A 3月17号   B 3月19号   C 3月20号

[긴 대화문]

문제 4   A 一米七   B 一米七一   C 一米七二

문제 5   A 三角五分   B 三元五角   C 五元

문제 6   A 3   B 4   C 5

독해 제3부분 ❸ | 지문 읽고 질문에 대한 답 찾기
문장의 흐름을 파악하자!

어휘 PT

학습시간 10분

예제 1
- 河边 hébiān 〔명〕 강가
- 绿 lǜ 〔형〕 푸르다
- 树 shù 〔명〕 나무
- 鸟 niǎo 〔명〕 새
- 春天 chūntiān 〔명〕 봄
- 季节 jìjié 〔명〕 계절
- 春节 Chūn Jié 〔명〕 춘절
- 秋天 qiūtiān 〔명〕 가을

예제 2
- 必须 bìxū 〔부〕 반드시
- 它 tā 〔대〕 그(것), 저(것)
- 信 xìn 〔명〕 편지
- 重要 zhòngyào 〔형〕 중요하다
- 椅子 yǐzi 〔명〕 의자
- 铅笔 qiānbǐ 〔명〕 연필
- 画 huà 〔동〕 그리다
- 太阳 tàiyáng 〔명〕 태양

문제 1
- 越 yuè 〔부〕 ~하면 할수록
- 冷 lěng 〔형〕 춥다
- 难 nán 〔형〕 어렵다
- 爬 pá 〔동〕 기다, 오르다
- 了解 liǎojiě 〔동〕 알다, 이해하다
- 阴 yīn 〔형〕 흐리다

문제 2
- 从 cóng 〔전〕 ~에서부터
- 怎么 zěnme 〔대〕 어째서, 왜
- 早 zǎo 〔형〕 이르다
- 起床 qǐchuáng 〔동〕 기상하다
- 睡 shuì 〔동〕 자다
- 才 cái 〔부〕 비로소, 그제서야

문제 3
- 西瓜 xīguā 〔명〕 수박
- 汁 zhī 〔명〕 즙
- 低 dī 〔동〕 (머리를) 숙이다
- 头 tóu 〔명〕 머리
- 脸 liǎn 〔명〕 얼굴

문제 4
- 表示 biǎoshì 〔동〕 의미하다, 나타내다
- 再 zài 〔부〕 다시, 또
- 离开 líkāi 〔동〕 떠나다
- 希望 xīwàng 〔동〕 희망하다, 바라다

문제 5
- 冰箱 bīngxiāng 〔명〕 냉장고
- 蛋糕 dàngāo 〔명〕 케이크
- 渴 kě 〔형〕 목이 마르다, 갈증나다
- 客气 kèqi 〔동〕 사양하다
- 像 xiàng 〔동〕 ~와 같다, 닮다
- 做客 zuòkè 〔동〕 손님이 되다

 전략 PT  학습시간 20 분

❶ 지문의 전체적인 내용을 파악해야 한다.

'이 문단을 통해 알 수 있는 것은?'과 같은 질문 유형이 자주 출제된다. 이처럼 문장 전체의 흐름을 파악하는 문제는 단어 하나하나에 주목하기보다는 전체적인 내용을 이해하는 것이 중요하다. 따라서 이런 문제가 나올 경우 서두를 필요 없이 처음부터 끝까지 내용의 흐름을 잘 파악해보자.

❷ 지문을 읽으면서 관련없는 보기는 지운다.

문장의 흐름을 파악하는 문제에서 답을 제외한 나머지 보기는 전혀 관련 없는 내용인 경우가 많기 때문에 답 찾기는 쉽다. 문제를 먼저 확인하고 지문을 읽으면서 관련이 없는 내용의 보기는 지워나가며 문제를 푸는 것이 좋다.

> [지문] 你怎么又忘记了？这药要饭前吃，不能饭后吃，饭后吃会影响药的作用，下次一定要注意。
> 너 어째서 또 잊었어? 이 약은 밥 먹기 전에 먹어야지, 밥 먹은 후에 먹으면 안 돼. 식사 후에 먹으면 약이 작용하는 데 영향을 미칠 수 있으니, 다음 번엔 반드시 주의해야 해.
>
> [문제] 根据这段话，可以知道：
> A 不要吃药　B 要吃饭前吃药　C 没带药
> 이 문단에 근거해서 알 수 있는 것은:
> A 약을 먹을 필요가 없다　B 밥 먹기 전에 약을 먹어야 한다　C 약을 가져오지 않았다

→ 보기를 통해 '药 yào(약)'와 관련된 내용이라는 것을 알 수 있다. 보기를 먼저 해석한 뒤 지문을 보면서 없는 내용을 지워가며 문제를 푼다. 보기 A와 C에 관한 내용은 없기 때문에 답은 B 要吃饭前吃药(밥 먹기 전에 약을 먹어야 한다)가 된다.

❸ 서두를 필요 없다!

포인트가 되는 단어만 찾으면 풀 수 있는 문제가 있는 반면 흐름을 파악해야 하는 문제는 온전히 전체 내용을 해석해야 하기 때문에 상대적으로 조급해질 수 있다. 하지만 생각보다 시간은 충분하기 때문에 전혀 조급해할 필요 없이 이 문제가 원하는 답이 무엇인지 천천히 해석해보는 것이 중요하다.

PT팁 자주 나오는 질문

根据这段话，可以知道： 이 문장에 근거해서 알 수 있는 것은:
这段话想告诉我们： 이 문장이 우리에게 말하고 싶은 것은:
说话人是什么意思： 말하는 사람은 무슨 의미인가:

 예제 1

我刚才去河边走了走，那儿的草都绿了，树上的鸟也变多了，又一个春天到了，这是我最喜欢的季节。 ★ 根据这段话，可以知道：	나는 방금 강가에 가서 한번 좀 걸었다. 그곳의 풀은 모두 푸르러졌고, 나무 위의 새 역시 많아졌다. 또 봄이 왔다. 이것이 내가 가장 좋아하는 계절이다. ★ 이 문단에 근거해서, 알 수 있는 것은:
A 今天是春节 B 现在是春季 C 秋天到了	A 오늘은 춘절이다 B 지금은 봄이다 C 가을이 왔다

해설   화자가 강가에 가서 그곳의 변화된 것들을 나열하며 봄이 왔다고 했다. 보기 중 A의 '春节 Chūn Jié'는 중국의 명절인 춘절이므로 봄(春天, 春季)과 헷갈릴 수 있으니 잘 확인하고 문제를 풀어야 한다. 문단에 근거해서 알 수 있는 것은 봄이 왔다는 것이기 때문에 답은 B 现在是春季(지금은 봄이다)이다.

정답   B

예제 2

我必须找到它，这信对我很重要，是一个老同学写给我的。我昨天看完就放在椅子上了，你看见了吗？上面有一个用铅笔画的太阳。 ★ 说话人在：	나는 반드시 그것을 찾아야 해. 이 편지는 나에게 매우 중요해. 오래된 학우 한 명이 나에게 써준 거야. 내가 어제 다 보고 의자 위에 올려 두었거든. 너 봤어? 위쪽에는 연필로 그린 태양이 하나 있어. ★ 화자는:
A 画太阳 B 写信 C 找东西	A 태양을 그리고 있다 B 편지를 쓰고 있다 C 물건을 찾고 있다

해설   첫 문장의 '它(그것)'를 통해 주어가 사람이 아닌 그 이외의 것을 찾는다는 것을 알 수 있고, 두 번째 문장을 통해 그것이 편지라는 것을 알 수 있다. 지문에서 '上面有一个用铅笔画的太阳(위쪽에는 연필로 그린 태양이 하나 있어)'이라고 하며 보기 A의 太阳 tàiyáng(태양)을 언급했지만 태양을 그리고 있는 것은 아니기 때문에 답이 될 수 없다. 따라서 C 找东西(물건을 찾고 있다)가 답이 된다.

정답   C

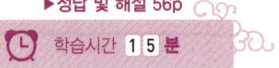

▶정답 및 해설 56p

> 보기에 언급된 내용은 지문에 바로 표시해두자. 서두르지 말고 차분히 전체적인 흐름을 파악하면 쉽게 정답을 찾을 수 있다.

문제 1 越高的地方越冷，山路也越难走。但是不用担心，有我呢，我去年春天爬过这个山，这儿我比较了解。我饿了，我们先坐下吃点儿饭吧，然后再爬。一会儿我们可以从中间这条路上去。

★ 根据这段话，可以知道什么？

　A 现在是春季　　　B 今天是阴天　　　C 他来过这儿

문제 2 太阳从西边出来了吗？他今天怎么这么早就起床了？他一般都要睡到9点以后才起来。

★ 根据这段话，可以知道今天：

　A 他起得早　　　B 天气不好　　　C 他没起床

문제 3 西瓜的汁儿很多，吃的时候小心点儿，要低下头，不要吃得脸上、衣服上都是。

★ 吃西瓜时必须：

　A 站着　　　B 低着头　　　C 多喝水

문제 4 "再见"是一个很有意思的词语。"再见"表示"再一次见面"，所以人们离开时说"再见"，其实也是希望以后再见面。

★ "再见"出现在什么时候？

　A 睡觉前　　　B 见面　　　C 离开

문제 5 笑笑，冰箱里有牛奶、蛋糕、还有个西瓜，渴了你就自己拿，别客气，就像在自己家一样。

★ 笑笑：

　A 想吃蛋糕　　　B 在别人家做客　　　C 爱吃面包

쓰기 제2부분 ❸ | 제시된 병음을 보고 빈칸에 알맞은 한자 쓰기
내 안에 여럿 있다 - 여러 가지 발음을 가진 한자

전략 PT

 학습시간 20분

❶ 빈칸에 필요한 품사가 무엇인지 확인하자.

다음자(多音字)는 단어의 뜻과 품사에 따라서 발음이 달라진다. 예를 들어 '长' 같은 경우에 형용사일 때는 'cháng(길다)'으로 발음하지만 동사일 땐 'zhǎng(자라다)'이라고 발음한다. 빈칸의 문장성분을 파악해서 그 자리에 어떠한 품사가 들어갈 수 있는지 확인한 뒤에 알맞은 단어를 채워 넣어야 한다. 한 가지 발음만 기억하면 문제를 푸는 데 어려움이 있기 때문에 다음자들은 따로 기억해두는 것이 좋다.

> 他有很多爱（　hào　）。
>
> → 술어 뒤에 목적어 자리가 빈칸이다. '很多'의 수식을 받고 있기 때문에 명사가 들어가야 하는 것을 알 수 있고 앞에 '爱'가 있기 때문에 '爱好 àihào(취미)'라는 단어가 들어가야 적합하다. 따라서 답은 '好'이다. 해석해보면 '그는 많은 취미가 있다.'로 내용상 매끄럽다.
>
> 这个面包很（　hǎo　）吃。
>
> → 빵이 어떤지에 대해 말하고 있다. 술어 자리가 빈칸인데, 빈칸 앞에는 정도부사 '很'이 있고 빈칸 뒤에는 '吃'가 있지만 목적어가 없기 때문에 빈칸에는 형용사술어가 들어가야 한다. 따라서 답은 '好吃 hǎochī(맛있다)'의 '好'이다. 해석해보면 '이 빵은 맛있다'로 알맞은 문장이 된다.

❷ 단어의 조합을 기억해두자!

한 단어로 쓰이는 다음자도 있지만 대부분의 다음자는 다른 한자와 결합하여 단어를 이룬다. '行'은 은행이라는 뜻을 가질 경우엔 '银行 yínháng'이라고 발음되지만 자전거로 쓰일 때는 '自行车 zìxíngchē'라고 발음한다. 빈칸의 앞뒤를 통해 다음자를 쉽게 채울 수 있기 때문에 어떤 단어와 자주 묶여서 쓰이는지도 꼭 기억해야 한다.

> 我（　jué　）得很漂亮。 내가 생각하기에 예쁘다.
>
> 他在家睡（　jiào　）。 그는 집에서 잠을 잔다.
>
> → 두 문장의 답은 모두 '觉'이다. '觉得(느끼다, 생각하다)'일 땐 'juéde'라고 발음하며, '睡觉(잠을 자다)'일 땐 'shuìjiào'라고 발음한다. 이처럼 같은 한자지만 그 뜻에 따라 발음이 달라지는 경우도 많으니 PT팁의 다음자들을 꼭 외워두자.

여러 가지 발음을 가진 다음자

1	便	biàn 형 편리하다	方便 fāngbiàn 편리하다
		pián '便宜'의 구성자	便宜 piányi 저렴하다
2	差	chà 동 모자라다, 부족하다	差一刻 chà yíkè 15분 전
		chāi 동 파견하다	出差 chūchāi 출장 가다
3	长	cháng 형 길다	长城 Chángchéng 만리장성
		zhǎng 동 자라다, 성장하다	她长得很漂亮。 그녀는 예쁘게 생겼다. Tā zhǎng dé hěn piàoliang.
4	发	fā 동 보내다, 나다, 생기다	发烧 fāshāo 열이 나다 ǀ 发现 fāxiàn 발견하다
		fà 명 머리카락	头发 tóufa 머리카락
5	好	hǎo 형 좋다	好吃 hǎochī 맛있다
		hào 동 좋아하다, 즐기다	爱好 àihào 취미
6	行	háng 명 일부 영업 기구	银行 yínháng 은행
		xíng 동 가다, 여행하다	行李 xíngli 짐 ǀ 自行车 zìxíngchē 자전거
7	还	hái 부 여전히, 더	还是 háishi 여전히
		huán 동 돌려주다	还书 huán shū 책을 돌려주다
8	教	jiāo 동 가르치다	教数学 jiāo shùxué 수학을 가르치다
		jiào 명 교육, 가르침	教室 jiàoshì 교실
9	觉	jué 동 느끼다, 이해하다	觉得 juéde 느끼다, 생각하다
		jiào 명 잠, 수면	睡觉 shuìjiào 잠자다
10	了	le 동태조사 완료	我已经吃饱了。Wǒ yǐjīng chībǎo le. 나는 이미 배불러.
		liǎo 가능 또는 불가능	吃不了 chībuliǎo (더이상) 먹을 수 없다
11	乐	yuè 명 음악	音乐 yīnyuè 음악
		lè 형 즐겁다, 기쁘다	快乐 kuàilè 즐겁다, 유쾌하다
12	只	zhī 양 마리 [동물을 세는 단위]	三只猫 sān zhī māo 고양이 세 마리
		zhǐ 부 오직, 단지	只需要10分钟 단지 10분이 필요하다 zhǐ xūyào 10 fēnzhōng

 예제 1

| 从这儿到地铁站很方便，走路（　zhǐ　） 需要5分钟。 | 여기에서부터 지하철역까지는 매우 편리하다. 길을 걸어서 (단지) 5분이 필요하다. |

분석　从 cóng 젠 ~에서부터 ｜ 地铁站 dìtiězhàn 명 지하철역 ｜ 方便 fāngbiàn 형 편리하다 ｜ 需要 xūyào 동 필요하다

Point　1. 빈칸 앞뒤로 연결되는 단어가 있는지 확인한다.
2. 없다면 해석을 통해 빈칸에 어떤 단어가 들어가야 할지 생각해보고 같은 한자지만 품사나 의미에 따라 병음이 다른 단어들을 주의해서 답을 적는다.

해설　'여기에서부터 지하철역까지는 매우 편리하다. 길을 걸어서 (zhǐ) 5분이 필요하다.' 빈칸과 앞뒤로 이루고 있는 단어가 없다. '需要 xūyào(필요하다)'라는 동사술어 앞이 빈칸으로 이 자리는 주어 또는 술어를 수식해주는 부사어 자리이다. 'zhǐ'이라는 발음을 가지고 있는 단어는 '오직, 단지'의 의미를 가진 부사 '只'이다.

정답　只

예제 2

| 快看! 那（　zhī　）熊猫爬到树上去了。 | 빨리 봐! (저 판다)가 나무를 기어 올라갔어. |

분석　熊猫 xióngmāo 명 판다 ｜ 爬 pá 동 기다, 기어올라가다 ｜ 树 shù 명 나무

Point　1. 빈칸 앞뒤로 연결되는 단어가 있는지 확인한다.
2. 없다면 해석을 통해 빈칸에 어떤 단어가 들어가야 할지 생각해보고 같은 한자지만 품사나 의미에 따라 병음이 다른 단어들을 주의해서 답을 적는다.

해설　'빨리 봐! 저 (zhī) 판다가 나무를 기어 올라갔어!' 역시나 빈칸 앞뒤로 만들 수 있는 단어가 없다. 빈칸의 위치를 보면 지시대명사 '那'가 앞에 있고, '熊猫 xióngmāo(판다)'라는 명사가 뒤에 있다. 명사가 지시대명사 또는 수사의 수식을 받으면 중간에 양사가 필요하다. 동물을 셀 때 쓰이는 양사는 '只'이다. '只'는 부사로 쓰일 때는 'zhǐ(3성)'로 발음하고, 동물을 세는 양사로 쓰일 때는 'zhī(1성)'로 발음이 되니 주의하자.

정답　只

 실전 PT

▶정답 및 해설 57p

학습시간 1 5 분

○ 품사나 의미에 따라서 발음이 달라지는 한자를 주의하자.

문제 1 ▶ 你的头（ fa ）太长了，像草一样。

문제 2 ▶ 不用担心，就是感冒（ fā ）烧很快就会好的。

문제 3 ▶ 下个月有篮球比赛，所以他每天花很（ cháng ）时间练习。

문제 4 ▶ 他（ zhǎng ）得真像他妈妈。

문제 5 ▶ 我们学校的校（ zhǎng ）很年轻。

 **마무리 PT**　　　 학습시간 0 5 분

1 现在差一刻八点。
Xiànzài chà yíkè bā diǎn.
지금은 8시 15분 전이다.

* 差 chà
  부족하다, 모자라다
  차이가 나다

2 就像在自己家一样。
Jiù xiàng zài zìjǐ jiā yíyàng.
자기 집에서처럼 똑같이 있어요.

* 像…一样 xiàng…yíyàng
  ~와 같이

3 越高的地方越冷，山路也越难走。
Yuè gāo de dìfang yuè lěng, shān lù yě yuè nán zǒu.
높은 지역일수록 춥고, 산길 역시 걷기 어렵다.

* 越 A, 越 B
  yuè A, yuè B
  A하면 할수록 B하다

4 他一般都要睡到9点以后才起来。
Tā yìbān dōu yào shuì dào jiǔ diǎn yǐhòu cái qǐlái.
그는 보통 9시까지 자야하고 그 이후에 그제서야 일어난다.

* 시간 + 才
  그제서야 ~하다 (예상보다 늦게 ~하다)

5 你现在有多高？
Nǐ xiànzài yǒu duō gāo?
너 지금 키가 몇이야? (얼마나 크니?)

* 多 + 형용사?
  얼마나 '형용사'하니?

PT 기출상식

중국의 인터넷용어

중국 채팅어플이나 각종 SNS를 보면 '이게 무슨 말이지?'하는 단어들이 종종 보일 것이다. 먼저 '…哒 dā' 시리즈를 소개한다!

'哒'는 원래 소리를 나타내는 의성어로 쓰이는데, '…的' 대신 최근에는 귀엽게 '…哒'를 사용하기 시작하면서 새로운 단어들이 생겨났다고 한다. '么么哒 mēmēdā'는 뽀뽀할 때 나는 소리인 'mua~'를 표현한 것으로 '뽀뽀'를 의미한다. 원래는 연인들끼리 많이 사용했는데 지금은 친구 사이에 애정 표현으로도 많이 쓰인다.

'萌萌哒 méngméngdā'는 '귀엽다'라는 뜻으로 아이처럼 귀여운 느낌을 나타낼 때 쓰인다. '美美哒 měiměidā'는 '美'가 아름답다는 의미에서 '예쁘다', '棒棒哒 bàngbàngdā'는 '棒'이 최고라는 뜻이기 때문에 '최고다'라는 의미로 사용한다. 즉, 말 끝에 '…哒'를 붙이게 되면 더 귀여운 느낌을 준다고 할 수 있다!

이 밖에 많이 사용하는 웃음 소리로는 '哈哈 hāhā', '嘿嘿 hēihēi', '嘻嘻 xīxī' 등이 있다. 중국 사이트나 SNS를 종종 들여다본다면 실제 중국인들이 사용하는 사전에도 없는 단어들을 많이 접할 수 있다. 이런 일상 어휘들도 알아두면 우리의 회화 실력에도 도움이 될 것이다.

Day 13

듣기 제3·4부분 ❹ | 단문·장문대화 듣고 질문에 답하기

상태·상황·행동을 주목하자

어휘 PT Track 13-1 학습시간 10분

예제 1	房间 fángjiān 명 방 干净 gānjìng 형 깨끗하다 安静 ānjìng 형 조용하다 搬家 bānjiā 동 이사하다 奇怪 qíguài 형 이상하다 因为 yīnwèi 접 왜냐하면, ~때문에 打扫 dǎsǎo 동 청소하다

예제 2	饱 bǎo 형 배부르다 饿 è 형 배고프다 生病 shēngbìng 동 병이 나다 刚 gāng 부 막, 방금 刷牙 shuāyá 동 이를 닦다 发烧 fāshāo 동 열이 나다

문제 1	伞 sǎn 명 우산 忘 wàng 동 잊다 手机 shǒujī 명 휴대전화 以为 yǐwéi 동 ~인 줄 알다 上班 shàngbān 동 출근하다 地铁站 dìtiězhàn 명 지하철역 发现 fāxiàn 동 발견하다, 알다

문제 2	参加 cānjiā 동 참가하다 比赛 bǐsài 명 시합, 경기 爬山 páshān 동 등산하다 举行 jǔxíng 동 개최하다, 열다 跳舞 tiàowǔ 동 춤을 추다

문제 3	骑车 qíchē 동 자전거를 타다 公共汽车 gōnggòngqìchē 명 버스 地铁 dìtiě 명 지하철 银行 yínháng 명 은행 办 bàn 동 처리하다 借 jiè 동 빌리다

문제 4	脚 jiǎo 명 발 腿 tuǐ 명 다리 楼梯 lóutī 명 계단 电梯 diàntī 명 엘리베이터

문제 5	手表 shǒubiǎo 명 손목시계 照相机 zhàoxiàngjī 명 사진기 注意 zhùyì 동 주의하다 记得 jìde 동 기억하다 洗澡 xǐzǎo 동 샤워하다 裙子 qúnzi 명 치마

문제 6	信 xìn 명 편지 机会 jīhuì 명 기회 欢迎 huānyíng 동 환영하다

 전략 **PT**

❶ 주로 동사 또는 동사구가 보기로 나온다.

동작의 이유를 묻거나 주어의 행동이나 상태 등을 묻는 문제의 보기에는 주로 'A 看书(책을 보다), B 开车(운전하다), C 上飞机(비행기에 타다)' 이런 식으로 동사 또는 동사구가 나열된다. 따라서 보기를 먼저 보고 행동에 관한 질문이 나올 것이라고 미리 예상할 수 있어야 한다.

❷ 녹음 지문과 보기에 등장하는 비슷한 발음에 주의하자.

녹음 지문에 나오는 답이 보기에 그대로 나와 있는 경우에는 지문이 길어도 정답을 쉽게 찾을 수 있다. 하지만 녹음에서 나온 단어와 유사한 발음의 단어들이 보기에 나열되어 있는 경우에는 답을 선택하는 데 어려움을 줄 수 있다. 따라서 보기를 먼저 확인하고 보기들 간에 발음이 비슷할 경우 지문에서 어떤 단어가 나오는지 정확하게 듣는 연습을 해야 한다.

> 安静 ānjìng 형 조용하다 – 干净 gānjìng 형 깨끗하다
> 生病 shēngbìng 동 병이 나다 – 生气 shēngqì 동 화내다
> 喝 hē 동 마시다 – 渴 kě 형 갈증나다
> 买 mǎi 동 사다 – 卖 mài 동 팔다

❸ 질문에 따라 답이 달라질 수 있으니 끝까지 집중해서 질문을 잘 듣자!

행동을 묻는 문제는 두 사람 모두 같은 행동을 하고 있지만 미세한 차이가 있거나 행동을 하는 사람이 누구인지, 잠시 후에 할 일인지, 현재 진행 중인 일인지에 따라 다를 수 있다. 즉, 질문에서 어떤 것을 물어볼지 모르기 때문에 녹음을 들으면서 중간에 섣불리 판단해서 답을 선택하면 안 된다. 항상 문제를 끝까지 듣고 답을 선택하는 연습을 하자.

| 녹음 | 男: 你在看什么? 너 뭐 보고 있어?
女: 篮球比赛, 你也来一起看吧。 농구 경기. 너도 와서 같이 보자.
男: 好, 等一下, 这儿都打扫完了。 좋아, 기다려. 여기 청소 다 했어.
女: 好的。 알겠어. |

| 문제 | **男的**一会儿要做什么? 남자는 잠시 후에 무엇을 할 것인가? |
| 보기 | A 看篮球比赛 농구 경기를 보다
B 洗衣服 옷을 빨다
C 打扫房间 방 청소를 하다 |

→ 여자와 남자 모두 각자의 행동을 하고 있다. 여자는 농구 경기를 보고 있고, 마지막 남자의 말을 통해 남자는 청소를 하고 있다는 것을 알 수 있다. 하지만 마지막 질문에서 남자가 지금 무엇을 하는지 묻는 게 아니라 잠시 후에 무엇을 할 것인지 물었다. 따라서 여자가 같이 농구를 보자는 말에 남자는 좋다고 응했으므로 답은 보기 A 看篮球比赛(농구 경기를 보다)가 된다. 마지막 질문을 정확히 듣지 않는다면 보기 A와 C를 헷갈릴 수 있기 때문에 무엇을 묻는지 끝까지 주의 깊게 듣도록 하자.

예제 1 짧은 대화 유형   Track 13-2

A 房间很干净　　B 房间很安静 C 女的搬家了	A 방이 깨끗하다　　B 방이 조용하다 C 여자가 이사했다
男：奇怪，今天你的房间怎么这么干净？ 女：因为我爸爸明天要来看我，所以打扫了一下。 问：男的觉得什么很奇怪？	남: 이상하네, 오늘 네 방이 왜 이렇게 깨끗해? 여: 왜냐하면 우리 아빠가 내일 날 보러 오시거든. 그래서 청소를 좀 했어. 질문: 남자가 느끼기에 무엇이 이상한가?

해설 보기에 방 안의 상태에 대해서 나열되어 있기 때문에 방이 어떤지를 잘 들어야 한다. 남자의 첫마디 '奇怪 qíguài(이상하다)'와 이어지는 내용을 통해 평소보다 오늘의 방 상태가 특히나 깨끗하다는 것을 알 수 있다. 그런데 A의 '干净 gānjìng(깨끗하다)'과 B의 '安静 ānjìng(조용하다)' 두 발음이 비슷하게 들릴 수 있기 때문에 주의를 기울여야 한다. '干净'이란 단어를 잘 듣고, 정답 A 房间很干净(방이 깨끗하다)을 고를 수 있어야 한다.

정답 A

예제 2 긴 대화 유형   Track 13-3

A 饱　　B 饿　　C 生病了	A 배가 부르다　　B 배가 고프다　　C 병이 났다
男：我洗了些苹果，你来吃点儿吧。 女：我刚刷了牙，不吃。 男：今天怎么这么早就刷牙了？ 女：我有点儿发烧，头也很疼，想早点儿睡。 问：女的怎么了？	남: 나 사과를 조금 씻었는데, 너 와서 조금 먹어. 여: 나 막 이를 닦았어. 안 먹을래. 남: 오늘 어째서 이렇게 일찍 이를 닦았어? 여: 나 열이 조금 나고 머리도 아파. 좀 일찍 쉬고 싶어. 질문: 여자는 왜 그러는가?

해설 보기를 통해 상태를 묻는 문제임을 알 수 있다. '병이 났다'라는 표현이 직접적으로 나오지 않았지만 여자가 평소보다 일찍 이를 닦았고, 마지막 말에 열이 나고 머리가 아프다는 표현을 통해 여자의 상태가 C 生病了(병이 났다)라는 것을 알 수 있다.

정답 C

실전 **PT**　　Track 13-4　　학습시간 1 5 분

▶정답 및 해설 59p

보기를 보고 어떤 상황이 나올지 유추해보고, 보기마다 비슷한 발음은 없는지 확인하자.

[짧은 대화문]

문제 1　A 没带伞　　　　B 忘拿手机了　　C 生病了

문제 2　A 要参加比赛　　B 想学唱歌　　　C 要去朋友家

문제 3　A 骑车　　　　　B 坐公共汽车　　C 坐地铁

[긴 대화문]

문제 4　A 脚　　　　　　B 腿　　　　　　C 眼睛

문제 5　A 手机　　　　　B 手表　　　　　C 照相机

문제 6　A 写信　　　　　B 离开　　　　　C 玩儿

독해 제3부분 ❹ | 지문 읽고 질문에 대한 답 찾기
핵심이 되는 문장을 찾아내자! - 속담·주요 문장의 위치

어휘 PT   학습시간 １０분

예제 1
- 耳朵 ěrduo 명 귀
- 意思 yìsi 명 의미, 뜻
- 别人 biérén 명 다른 사람
- 从 cóng 전 ~에서부터
- 事情 shìqing 명 일
- 马上 mǎshàng 부 곧, 즉시
- 表示 biǎoshì 동 의미하다, 표시하다
- 放 fàng 동 놓다

예제 2
- 电脑 diànnǎo 명 컴퓨터
- 虽然 suīrán 접 비록
- 工作 gōngzuò 명 일
- 长 cháng 형 길다
- 极大 jídà 부 아주 큰, 최대의
- 方便 fāngbiàn 동 편리하다
- 眼睛 yǎnjing 명 (인체) 눈
- 影响 yǐngxiǎng 동 영향을 주다, 미치다

문제 1
- 笑 xiào 동 웃다
- 作用 zuòyòng 명 작용, 영향
- 让 ràng 동 ~하게 하다, 시키다
- 应该 yīnggāi 조동 마땅히 ~해야 한다
- 快乐 kuàilè 형 즐겁다, 유쾌하다
- 热情 rèqíng 형 친절하다

문제 2
- 选择 xuǎnzé 동 선택하다
- 了解 liǎojiě 동 알다, 이해하다
- 帮助 bāngzhù 동 돕다
- 清楚 qīngchu 형 분명하다, 명확하다

문제 3
- 认为 rènwéi 동 ~라고 여기다, 생각하다
- 健康 jiànkāng 명 건강
- 发现 fāxiàn 동 알다, 발견하다
- 问题 wèntí 명 문제

문제 4
- 游泳 yóuyǒng 동 수영하다
- 害怕 hàipà 동 무서워하다, 두려워하다
- 下水 xiàshuǐ 동 입수하다, 물에 들어가다
- 站 zhàn 동 서다
- 敢 gǎn 조 감히 ~하다
- 其实 qíshí 부 사실

문제 5
- 如果 rúguǒ 접 만약에
- 努力 nǔlì 동 노력하다
- 相信 xiāngxìn 동 믿다
- 希望 xīwàng 동 희망하다, 바라다

 전략 PT  학습시간 20분

① 속담이나 관용어의 속뜻을 기억하자.

지문에 속담이나 관용어가 나오면 그 문장이 의미하는 바가 무엇인지를 나타내는 문제가 출제된다. 따라서 아래의 PT팁을 통해 자주 쓰이는 속담이나 관용어를 정리하고 문장이 가지고 있는 속뜻을 기억해두자.

② " " 속 내용이 핵심이다.

쌍따옴표 안에는 인용하는 글이나 강조하는 말 등이 들어가기 때문에 속담이나 관용구 등은 주로 쌍따옴표 안에 등장하게 된다. 문제의 핵심이 되는 부분이기 때문에 쌍따옴표 안에 있는 문장이 의미하는 바가 무엇인 지 해석에 주의한다.

③ 주제는 주로 문장의 맨 앞이나 맨 뒤에 나온다.

문제에서 하고자 하는 말은 주로 문장 앞부분에 주어지거나 끝맺음 부분에 등장한다. 문제를 미리 훑어볼 때 주제를 묻는 문제라면 보기를 확인한 뒤 지문의 맨 앞과 맨 뒤를 먼저 확인하여 답이 되는 단서가 있는지 확인한다.

PT팁 자주 출제되는 속담 및 관용구

1	左耳朵进，右耳朵出 zuǒ ěrduo jìn, yòu ěrduo chū	한 귀로 듣고 한 귀로 흘린다
2	有借有还，再借不难 yǒu jiè yǒu huán, zài jiè bù nán	빌린 것을 잘 돌려주면 다시 빌리는 것은 어렵지 않다
3	笑一笑，十年少 xiào yi xiào, shí nián shào	자주 웃으면 10년이 젊어진다
4	吃饭七分饱 chī fàn qī fēn bǎo	폭식하지 않고 적당히 먹어야 건강에 좋다
5	好好学习，天天向上 hǎohǎo xuéxí, tiāntiān xiàng shàng	열심히 공부하면 나날이 향상한다
6	面包会有的，牛奶也会有的 miànbāo huì yǒu de, niúnǎi yě huì yǒu de	노력하며 지낸다면 무엇이든지 있을 수 있다
7	要面子，爱面子 yào miànzi, ài miànzi	체면을 중시하다
8	时间就是金钱 shíjiān jiù shì jīnqián	시간이 금이다
9	六月的天，孩子的脸，说变就变 liù yuè de tiān, háizi de liǎn, shuō biàn jiù biàn	6월의 날씨는 아이의 얼굴처럼 자주 변한다

예제 1

中国有句话叫"左耳朵进，右耳朵出"，意思是别人跟你说的一些事情，从你左耳朵进去，马上又从右耳朵出来了。这句话表示别人说的话你没有放在心上。 ★ "左耳朵进，右耳朵出" 表示对别人的话：	중국에는 '왼쪽 귀로 들어와서, 오른쪽 귀로 나가다'라는 문장이 있다. 의미는 다른 사람이 당신과 말한 몇 가지 일이 당신의 왼쪽 귀로 들어가서 바로 다시 오른쪽 귀로 나온다는 것이다. 이 문장은 다른 사람이 한 말을 당신의 마음에 담아두지 않는다는 의미이다. ★ '왼쪽 귀로 들어와서 오른쪽 귀로 나가다'가 의미하는 것은 다른 사람의 말을:
A 不满意 B 没放心上 C 不明白	A 만족하지 못하다 B 마음에 두지 않는다 C 이해하지 못하다

해설   '左耳朵进, 右耳朵出'는 우리 속담 중에 '한 귀로 듣고 한 귀로 흘리다'와 같은 의미를 가진다. 즉, 다른 사람의 말을 귀담아듣지 않는다는 뜻을 가지고 있기 때문에 답은 B 没放心上(마음에 두지 않는다)이다.

정답   B

예제 2

虽然电脑给人们的工作带来了极大的方便，但是长时间看着电脑，对人们的身体、特别是眼睛影响很大。 ★ 长时间用电脑，会：	비록 컴퓨터는 사람들의 업무에 아주 큰 편리함을 가져다주지만, 오랜 시간동안 컴퓨터를 보고 있으면 사람의 몸, 특히 눈에 큰 영향을 미친다. ★ 긴 시간 동안 컴퓨터를 사용하면:
A 变年轻 B 提高汉语水平 C 影响健康	A 젊어진다 B 중국어 실력을 향상시킨다 C 건강에 영향을 끼친다

해설   컴퓨터가 우리에게 가져다주는 편리함은 크지만 오랫동안 사용하게 되면 건강에 좋지 않다는 것은 누구나 알고 있는 사실이다. 문장 앞부분에서는 컴퓨터 사용의 편리한 점을 이야기하고 있지만, '虽然 A, 但是 B(비록 A이지만, 그러나 B하다)' 구문이 등장하면서 '但是' 뒤의 문장이 전환되었다. 따라서 C 影响健康(건강에 영향을 끼친다)이 답이 된다.

정답   C

실전 PT

⏱ 학습시간 15 분

▶정답 및 해설 61p

> 쌍따옴표 안의 내용이 무슨 뜻인지 생각하면서 문제를 풀어보자.

문제 1 "笑一笑，十年少。"这是中国人经常说的一句话，意思是笑的作用很大，笑会让人年轻10岁。我们应该常笑，这样才能使自己年轻。
★ 根据这段话，可以知道：
A 人应该快乐　　　　B 笑能使人聪明　　　　C 爱笑的人更热情

문제 2 一般来说，我们可以从一个人选择和什么样的人做朋友了解他。同样，也可以从一个人对书的选择上认识他。因为书也是我们的朋友。
★ 根据这段话，书可以帮助我们：
A 完成作业　　　　B 了解一个人　　　　C 看清楚自己

문제 3 妈妈经常对我说："吃饭七分饱。""七分"就是70%的意思。很多中国人认为"吃饭七分饱"对身体很有帮助。
★ "吃饭七分饱"是为了：
A 健康　　　　B 发现问题　　　　C 帮助别人

문제 4 很多人想学游泳，但是害怕下水，到了河边也只是站着看别人游泳，不敢下去，这样学不会游泳的。其实只有敢做，才能学会。
★ 根据这段话，怎样才能学会游泳？
A 要敢下水　　　　B 找老师教
C 一边听音乐一边练习

문제 5 人们常说："面包会有的，牛奶也会有的。"是的，如果努力，什么都会有的。
★ 这句话主要想告诉我们：
A 要相信别人　　　　B 想吃面包　　　　C 努力才有希望

쓰기 제2부분 ❹ | 제시된 병음을 보고 빈칸에 알맞은 한자 쓰기
비슷하지만 다른 우리 - 공통된 한자가 포함된 단어

전략 PT

학습시간 20분

❶ 공통된 한자를 가진 단어들의 공통된 뜻을 기억하여 묶어서 외우자!

공통된 한자를 가지고 있는 단어들은 대부분 공통된 의미를 내포하고 있다. 따라서 단어를 외울 때 같은 한자가 쓰였다면 그 단어가 어떤 의미를 가지고 있는지 생각하고 같이 묶어서 외운다면 쉽게 기억할 수 있을 것이다.

❷ 유추하는 연습을 하자!

같은 한자를 가진 연관된 단어를 기억한다면 병음이나 문맥을 통해 빈칸의 앞뒤를 비교적 쉽게 채워 넣을 수 있다. 하지만 공통된 단어의 나머지 부분도 정확하게 외워둔다면 더욱 수월하게 답을 찾을 수 있으니 아래 PT팁을 통해 정리해두자!

PT팁 공통된 한자가 포함된 단어

1	地 dì 땅	地方 dìfang 장소 | 地图 dìtú 지도
2	电 diàn 전기	电脑 diànnǎo 컴퓨터 | 电影 diànyǐng 영화 | 电视 diànshì 텔레비전 | 电梯 diàntī 엘리베이터 | 电子邮件 diànzǐ yóujiàn 전자우편, 이메일 | 电子词典 diànzǐ cídiǎn 전자사전
3	节 jié 마디, 명절	节日 jiérì 기념일, 명절 | 节目 jiémù 항목, 프로그램
4	认 rèn 알다	认识 rènshi 알다, 인식하다 | 认为 rènwéi ~라고 여기다, 생각하다 | 认真 rènzhēn 진지하다, 착실하다
5	生 shēng 생기다	生病 shēngbìng 병이 나다 | 生气 shēngqì 화가 나다
6	同 tóng 같다	同事 tóngshì 직장 동료 | 同学 tóngxué 학우 | 同意 tóngyì 동의하다
7	眼 yǎn (인체) 눈	眼睛 yǎnjing 눈 | 眼镜 yǎnjìng 안경
8	游 yóu 이리저리 다니다	游泳 yóuyǒng 수영하다 | 游戏 yóuxì 게임 | 旅游 lǚyóu 여행하다
9	洗 xǐ 씻다	洗手间 xǐshǒujiān 화장실 | 洗澡 xǐzǎo 샤워하다 | 洗衣机 xǐyījī 세탁기

예제 1

洗手间就在（ diàn ）梯右边。	화장실은 바로 엘리베이터 오른쪽에 있다.

분석 洗手间 xǐshǒujiān 명 화장실 | 右边 yòubian 명 오른쪽

Point 1. 빈칸의 앞뒤에 빈칸에 넣어야 할 단어와 연결되는 단어가 있는지 확인한다.
2. 있다면 알맞은 한자를 써넣고, 없다면 해석을 통해 의미상 어떤 단어가 들어가야 하는지 확인한 뒤 적는다.

해설 빈칸 뒤 '梯'를 통해서 단어의 병음이 'diàntī'임을 알 수 있어 '电梯(엘리베이터)'가 적합하다는 것을 알 수 있다.

정답 电

예제 2

不好意思，电（ yǐng ）已经开始了。	미안합니다. 영화는 이미 시작했습니다.

분석 不好意思 bùhǎoyìsi 미안합니다 | 已经 yǐjīng 부 이미 | 开始 kāishǐ 동 시작하다

Point 1. 빈칸의 앞뒤에 빈칸에 넣어야 할 단어와 연결되는 단어가 있는지 확인한다.
2. 있다면 알맞은 한자를 써넣고, 없다면 해석을 통해 의미상 어떤 단어가 들어가야 하는지 확인한 뒤 적는다.

해설 빈칸 앞 '电'을 통해서 단어의 병음이 'diànyǐng'임을 알 수 있어 '电影(영화)'이 적합하다는 것을 알 수 있다.

정답 影

→ 예제 1번과 2번 모두 전기를 사용하는 의미를 가진 단어로 공통적으로 '电 diàn'이 들어가 있다. 이런 식으로 공통점을 가진 단어들을 묶어서 외우면 더 쉽게 기억할 수 있다.

 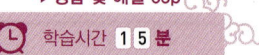

- 같은 한자를 가진 다른 단어와 혼동하지 않게 주의하자.

문제1 ▶ 我的眼（ jìng ）用了很久了，想换个新的，周末一起去看看怎么样？

문제2 ▶ 最近我的（ yǎn ）睛一直很疼。

문제3 ▶ 快去（ xǐ ）澡、刷牙，准备去上学。

문제4 ▶ 我们这儿洗（ shǒu ）间的灯坏了。

문제5 ▶ 把脏衣服放到洗衣（ jī ）里吧。

마무리 PT

학습시간 05분

1. 不好意思 bù hǎoyìsi 미안합니다
   有意思 yǒuyìsi 재미가 있다

   * 意思 yìsi
     뜻, 의미

2. 对身体很有帮助。
   Duì shēntǐ hěn yǒu bāngzhù.
   신체에 많은 도움이 된다.

   * 对…有帮助
     duì…yǒu bāngzhù
     ~에 도움이 되다

3. 下午我去银行办点儿事。
   Xiàwǔ wǒ qù yínháng bàn diǎnr shì.
   오후에 나는 일을 좀 처리하러 은행에 간다.

   * 办 bàn
     처리하다, 발급하다

4. 没注意，你想想放哪儿了。
   Méi zhùyì, nǐ xiǎngxiang fàng nǎr le.
   주의 깊지 못하구나. 너 어디에 두었는지 생각해봐.

   * 没注意 méi zhùyì
     조심하지 않다, 주의 깊지 않다

5. 奇怪，今天你的房间怎么这么干净？
   Qíguài, jīntiān nǐ de fángjiān zěnme zhème gānjìng?
   이상하네, 오늘 네 방이 왜 이렇게 깨끗하지?

   * 奇怪 qíguài
     이상하다, 기이하다

PT 기출상식

중국인이 자주 쓰는 관용어

중국인이 자주 쓰는 관용어를 몇 가지 알고 있으면 대화하거나 TV 또는 영화를 볼 때 많은 도움이 될 것이다!

1	没戏 méixì	가망이 없다
2	好不容易 hǎobùróngyì	가까스로, 겨우
3	数一数二 shǔyī shǔ'èr	1, 2등을 다투다
4	走后门 zǒuhòumén	뒷거래를 하다
5	小意思 xiǎoyìsi	작은 성의
6	不在乎 búzàihu	마음에 두지 않다
7	老毛病 lǎomáobìng	지병
8	爱面子 àimiànzi	체면을 중시하다
9	有门儿 yǒuménr	방법이 있다
10	三只手 sānzhīshǒu	소매치기
11	白吃饭 báichīfàn	일하지 않고 밥만 먹는다
12	吃醋 chīcù	질투하다
13	有眼光 yǒuyǎnguāng	보는 안목이 있다
14	马大哈 mǎdàhā	덜렁거리다, 조심성이 없다
15	卖力气 màilìqi	전심전력하다

新HSK
PT 3급

PART 02

부분별 강화

DAY 14 ~ DAY 17

- **어휘PT**   예제와 실전PT의 어휘 미리 보기
- **전략PT**   HSK PT만의 핵심 전략 정리
- **PT시크릿**   기출 핵심 어휘 제시
- **실전PT**   다양한 문제로 실력 다지기

Day 14

듣기 제1부분 | 대화 내용과 일치하는 사진 찾기
단어를 알고 표현을 알면 백전백승!

어휘 PT ● Track 14-1   학습시간 10분

문제 1	踢 tī 동 차다, 발길질하다 水平 shuǐpíng 명 수준 进 jìn 동 들어가다 球 qiú 명 공
문제 2	床 chuáng 명 침대 病人 bìngrén 명 환자 后天 hòutiān 명 모레 应该 yīnggāi 조동 아마도 出院 chūyuàn 동 퇴원하다
문제 3	祝 zhù 동 기원하다, 축하하다 生日 shēngrì 명 생일 快乐 kuàilè 형 기쁘다, 유쾌하다 礼物 lǐwù 명 선물
문제 4	满意 mǎnyì 형 만족하다 如果 rúguǒ 접 만약에 头发 tóufa 명 머리카락 再 zài 부 다시, 또
문제 5	刚才 gāngcái 명 방금 晴天 qíngtiān 명 맑은 날 突然 tūrán 부 갑자기 阴 yīn 형 흐리다 带 dài 동 지니다, 휴대하다 伞 sǎn 명 우산
문제 6	苹果 píngguǒ 명 사과 钱 qián 명 돈 给 gěi 동 주다
문제 7	腿 tuǐ 명 다리 天气 tiānqì 명 날씨 不错 búcuò 형 좋다, 괜찮다
문제 8	在 zài 부 ~하고 있는 중이다 想 xiǎng 동 생각하다 运动会 yùndònghuì 명 운동회 举行 jǔxíng 동 개최하다, 거행하다
문제 9	越来越 yuèláiyuè 점점 더 ~해지다 雨 yǔ 명 비 坐 zuò 동 타다 出租车 chūzūchē 명 택시
문제 10	来 lái 동 오다 上个月 shànggeyuè 명 지난달 多少 duōshao 대 얼마 等 děng 동 기다리다 马上 mǎshàng 부 곧, 즉시

듣기 제1부분은 (1번~10번) 총 10문제 〉 대화 내용과 일치하는 사진 찾기!

▶ **녹음이 나오는 동안 사진을 미리 확인하자!**
어떤 사진이 있는지 먼저 확인해야 녹음 내용의 유추가 가능하고, 녹음을 들었을 때 바로바로 답을 찾을 수 있다.

▶ **사람이 나오면 행동이나 표정, 상태, 사물이 나오면 용도에 주목하자!**
머리를 잡고 고통스러워하는 사진이 나왔다면 '头 tóu(머리)', '疼 téng(아프다)', '医院 yīyuàn(병원)'과 같은 단어를 떠올릴 수 있어야 한다.

▶ **사진과 관련된 핵심 단어를 떠올리고 그와 관련된 단어들을 가지치기하자!**
내가 연상한 단어가 곧 답이다!

▶ **사진과 관련된 단어가 분명히 녹음에 들릴 것이다.**
자주 나오는 사진을 암기해두면 더욱 자신감을 가지고 들을 수 있다.

▶ **녹음 내용을 듣고 상황을 유추해서 답을 찾는 문제는 출제 빈도가 낮다.**
관련 단어는 대부분 직접적으로 나오니 집중해서 듣는다.

 듣기 제1부분 핵심 포인트!

▶듣기 제1부분에 자주 등장하는 단어 및 표현   ◯ Track 14-2

1　…怎么样? …zěnmeyàng ~어때?, 괜찮아?	这双鞋怎么样? zhè shuāng xié zěnmeyàng? 이 신발 어때? 这个帽子怎么样? zhège màozi zěnmeyàng? 이 모자 어때? 这件衣服怎么样? zhè jiàn yīfu zěnmeyàng? 이 옷 어때? 这条裤子怎么样? zhè tiáo kùzi zěnmeyàng? 이 바지 어때? 这辆车怎么样? zhè liàng chē zěnmeyàng? 이 차 어때? 眼镜怎么样? yǎnjìng zěnmeyàng? 안경 어때? 照得怎么样? zhào de zěnmeyàng? 사진 찍은 것이 어때? 踢得怎么样? tī de zěnmeyàng? 축구 어땠어? 身体怎么样? shēntǐ zěnmeyàng? 몸(건강) 어때? 腿怎么样? tuǐ zěnmeyàng? 다리 괜찮아? 脚怎么样? jiǎo zěnmeyàng? 발 괜찮아? 这个颜色怎么样? zhège yánsè zěnmeyàng? 이 색깔 어때? **TIP** 蓝色 lánsè 파란색 ｜ 黑色 hēisè 검은색 ｜ 黄色 huángsè 노란색 ｜ 红色 hóngsè 빨간색 ｜ 白色 báisè 흰색
2　舒服 shūfu 편하다, 편안하다	穿着舒服 chuānzhe shūfu 입고(신고) 있는 것이 편하다 坐着舒服 zuòzhe shūfu 앉아 있는 것이 편하다 哪儿不舒服? nǎr bù shūfu? 어디가 불편하니? 身体不舒服 shēntǐ bù shūfu 몸이 불편하다 有点儿不舒服 yǒudiǎnr bù shūfu 조금 불편하다

3	**A 比 B** A bǐ B A가 B보다 ~하다	我**比**上个月高了多少? 저 지난달보다 얼마나 컸어요? Wǒ bǐ shàng ge yuè gāo le duōshao? 和刚才那个**比**哪个好? 방금 전에 그것과 비교했을 때 어느 것이 나아? Hé gāngcái nàge bǐ nǎge hǎo? 我们班的汉语水平**比**他们高 우리 반의 중국어 성적이 그들 반보다 높다 wǒmen bān de Hànyǔ shuǐpíng bǐ tāmen gāo 我**比**以前胖了 wǒ bǐ yǐqián pàng le 나는 이전보다 살이 쪘다 **比**以前瘦了 bǐ yǐqián shòu le 이전보다 살이 빠졌다
4	**동사 + (一)点儿 + 목적어** 약간의 (목적어)를 (동사)하다 **형용사 + (一)点儿** 약간, 조금 (형용사)하다	小心**点儿** xiǎoxīn diǎnr 조심해 快**点儿** kuài diǎnr 빨리 해 长**点儿** cháng diǎnr 조금 더 길게 하다 短**一点儿** duǎn yìdiǎnr 조금 짧게 하다 高**一点儿** gāo yìdiǎnr 조금 높게 하다 低**一点儿** dī yìdiǎnr 조금 낮게 하다 右**一点儿** yòu yìdiǎnr 약간 오른쪽으로 하다 站近**点儿** zhàn jìn diǎnr 약간 가까이 서다 多穿**点儿**衣服 duō chuān diǎnr yīfu 옷을 많이 입어라 喝**点儿**水 hē diǎnr shuǐ 물을 조금 마시다
5	**觉得** juéde ~라고 느끼다, 생각하다	**觉得**更漂亮 juéde gèng piàoliang 느끼기에 훨씬 예쁘다 **觉得**你的办法是最好的 너의 방법이 가장 좋은 것 같다 juéde nǐ de bànfǎ shì zuì hǎode **觉得**哪个更好? 생각하기에 어느 것이 더 괜찮아? juéde nǎge gèng hǎo? **觉得**比那条黑色的好看 생각하기에 저 검은색이 더 보기 좋다 juéde bǐ nà tiáo hēisè de hǎokàn **觉得**有点儿冷 juéde yǒudiǎnr lěng 조금 추운 것 같다 **觉得**头很疼 juéde tóu hěn téng 머리가 아픈 것 같다 **觉得**不舒服 juéde bù shūfu 불편하게 느끼다 **觉得**累 juéde lèi 피곤하게 느끼다 **觉得**怎么样? juéde zěnmeyàng? 어떻게 생각해? 느끼기에 어때?
6	**동사 + 一下** 한번 (동사)하다, 좀 (동사)하다 [시도의 의미, 가볍게 하는 동작을 의미]	检查**一下** jiǎnchá yíxià 한번 검토하다 看**一下** kàn yíxià 한번 보다 开**一下** kāi yíxià 좀 열다 等**一下** děng yíxià 좀 기다리다 复习**一下** fùxí yíxià 복습 좀 하다 休息**一下** xiūxi yíxià 좀 쉬다, 휴식하다
7	**祝** zhù ~을 축하하다, 기원하다	**祝**你生日快乐 zhù nǐ shēngrì kuàilè 생일 축하해 **祝**你节日快乐 zhù nǐ jiérì kuàilè 명절 즐겁게 보내세요 **祝**您健康 zhù nín jiànkāng 당신이 건강하시길 기원합니다

▶ 듣기 제1부분에 자주 등장하는 사진 유형

▶사진에 따른 빈출 어휘

不懂 bùdǒng 동 이해하지 못하다 | 地方 dìfang 명 부분, 장소 | 问题 wèntí 명 문제 | 解决 jiějué 동 해결하다 | 讲 jiǎng 동 말하다, 이야기하다 | 看 kàn 동 보다 | 哪儿 nǎr 대 어디 | 明白 míngbai 동 이해하다 | 帮 bāng 동 돕다

买 mǎi 동 사다 | 觉得 juéde 동 느끼다 | 怎么样? zěnmeyàng? 어때? | 穿 chuān 동 입다, 신다 | 裤子 kùzi 명 바지 | 裙子 qúnzi 명 치마 | 衬衫 chènshān 명 셔츠 | 帽子 màozi 명 모자 | 鞋 xié 명 신발 | 好看 hǎokàn 형 보기 좋다 | 漂亮 piàoliang 형 예쁘다 | 不错 búcuò 형 괜찮다 | 比 bǐ 전 동 ~보다/비교하다

感冒 gǎnmào 동 감기에 걸리다 | 发烧 fāshāo 동 열이 나다 | 头 tóu 명 머리 | 牙 yá 명 치아 | 腿 tuǐ 명 다리 | 脚 jiǎo 명 발 | 眼睛 yǎnjing 명 눈 | 不舒服 bù shūfu 불편하다 | 生病 shēngbìng 동 병이 나다 | 医院 yīyuàn 명 병원 | 检查 jiǎnchá 동 검사하다 | 累 lèi 형 피곤하다 | 药 yào 명 약 | 休息 xiūxi 동 쉬다 | 脸色 liǎnsè 명 얼굴색 | 医生 yīshēng 명 의사 | 注意 zhùyì 동 주의하다 | 身体 shēntǐ 명 신체, 몸, 건강

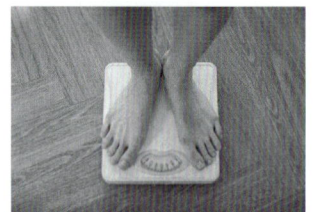

胖 pàng 형 뚱뚱하다 | 瘦 shòu 형 마르다 | 比 bǐ 전 ~보다 | 以前 yǐqián 명 이전 | 斤 jīn 양 근 | 公斤 gōngjīn 양 kg | 变化 biànhuà 동 변화하다

动物 dòngwù 명 동물 | 狗 gǒu 명 개 | 猫 māo 명 고양이 | 熊猫 xióngmāo 명 판다 | 照顾 zhàogù 동 돌보다, 보살피다 | 朋友 péngyou 명 친구 | 可爱 kě'ài 형 귀엽다 | 动物园 dòngwùyuán 명 동물원

天气 tiānqì 명 날씨 | 热 rè 형 덥다 | 冷 lěng 형 춥다 | 阴 yīn 형 흐리다 | 晴 qíng 형 맑다 | 下雨 xiàyǔ 동 비가 내리다 | 下雪 xiàxuě 동 눈이 내리다 | 刮风 guāfēng 동 바람이 불다 | 云 yún 명 구름 | 带 dài 동 휴대하다, 지니다 | 伞 sǎn 명 우산 | 季节 jìjié 명 계절 | 可能 kěnéng 조동 아마도 | 出租车 chūzūchē 명 택시 | 回去 huíqù 동 돌아가다

실전 PT   ○ Track 14-4   ▶정답 및 해설 64p   학습시간 1 0 분

☺ 사진을 보고 연상되는 단어가 곧 녹음 내용에 나온다. 자신감을 가지고 듣도록 하자!

[1-5]

A

B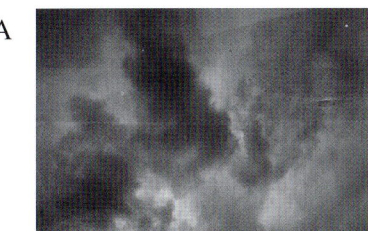

C

D

E

문제 1 ▶ ☐

문제 2 ▶ ☐

문제 3 ▶ ☐

문제 4 ▶ ☐

문제 5 ▶ ☐

[6–10]

A

B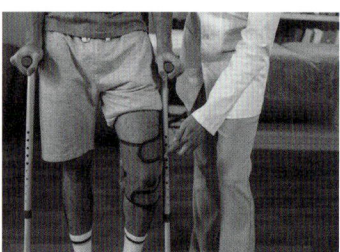

C

D

E

문제 6

문제 7

문제 8

문제 9

문제 10

독해 제1부분 | 제시된 문장과 관련된 문장 고르기
핵심 포인트를 찾아보자!

어휘 PT

문제 1
- 跳舞 tiàowǔ [동] 춤을 추다
- 从 cóng [전] ~에서부터
- 一直 yìzhí [부] 줄곧, 계속

문제 2
- 饿 è [형] 배고프다
- 渴 kě [형] 목마르다, 갈증나다
- 休息 xiūxi [동] 쉬다, 휴식하다
- 附近 fùjìn [명] 근처, 부근
- 卖 mài [동] 팔다
- 饮料 yǐnliào [명] 음료

문제 3
- 体育课 tǐyùkè [명] 체육 수업
- 身体 shēntǐ [명] 신체, 몸, 건강
- 舒服 shūfu [형] 편안하다
- 教室 jiàoshì [명] 교실

문제 4
- 考试 kǎoshì [명] 시험
- 要 yào [조동] ~해야 한다
- 带 dài [동] 지니다, 휴대하다
- 铅笔 qiānbǐ [명] 연필
- 准备 zhǔnbèi [동] 준비하다

문제 5
- 双 shuāng [양] 쌍, 켤레
- 运动鞋 yùndòngxié [명] 운동화
- 花 huā [동] 쓰다, 소비하다
- 虽然 A, 但是 B suīrán A, dànshì B [접] 비록 A이지만 B하다
- 穿 chuān [동] 신다, 입다

문제 6
- 担心 dānxīn [동] 걱정하다
- 留学 liúxué [동] 유학하다
- 照顾 zhàogù [동] 돌보다, 보살피다
- 自己 zìjǐ [명] 자기 자신

문제 7
- 黑板 hēibǎn [명] 칠판
- 读 dú [동] 읽다
- 查 chá [동] 찾다, 조사하다
- 词典 cídiǎn [명] 사전

문제 8
- 除了 chúle [전] ~을 제외하고
- 刚 gāng [부] 막, 방금
- 让 ràng [동] ~하게 시키다

문제 9
- 照相 zhàoxiàng [동] 사진을 찍다
- 向 xiàng [전] ~을 향해서
- 笑 xiào [동] 웃다

문제 10
- 裙子 qúnzi [명] 치마
- 短 duǎn [형] 짧다
- 裤子 kùzi [명] 바지

전략 PT

독해 제1부분은 (41번~50번) 총 10문제 ▶ 제시된 문장과 관련된 문장 고르기

▶ **우선 물음표를 찾자!**
기본적으로 질문-대답 형식인 문장이 많기 때문에 문제를 먼저 보면서 문장 끝이 물음표로 끝난 문제를 찾자.

▶ **문제와 보기가 질문-대답으로 이루어진 문장이 아닌 여러 가지 형식을 조심하자.**
물음표가 보이지 않는다! 이럴 땐 질문이 없는 대화문이거나 평서문이므로 해석을 통해 짝이 되는 문장을 찾자!

▶ **문제와 보기에 같은 단어가 없어도 당황하지 말자.**
동의어, 반의어 혹은 유사한 어휘가 쓰이진 않았는지 확인해보자.

▶ **급할 필요 없다. 천천히 해석해보자.**
시간이 부족할 것 같아 허둥지둥하면 문장들이 더 엉켜서 보일 뿐이다. 차분히 살펴서 짝이 되는 문장을 찾아내자.

독해 제1부분 빈출 포인트!

▶문장 속에 숨어있는 핵심 단어

1	회사	公司 gōngsī 명 회사 ｜ 经理 jīnglǐ 명 사장 ｜ 同事 tóngshì 명 직장 동료 ｜ 办公室 bàngōngshì 명 사무실 ｜ 会议室 huìyìshì 명 회의실 ｜ 会议 huìyì 명 회의 ｜ 开会 kāihuì 동 회의하다 ｜ 问 wèn 동 묻다 ｜ 解决 jiějué 동 해결하다 ｜ 问题 wèntí 명 문제
2	학교	学校 xuéxiào 명 학교 ｜ 年级 niánjí 명 학년 ｜ 学生 xuésheng 명 학생 ｜ 同学 tóngxué 명 학우 ｜ 老师 lǎoshī 명 선생님 ｜ 上课 shàngkè 동 수업하다 ｜ 下课 xiàkè 동 수업이 끝나다 ｜ 考试 kǎoshì 명 시험 ｜ 成绩 chéngjì 명 성적 ｜ 黑板 hēibǎn 명 칠판 ｜ 查 chá 동 찾다 ｜ 词典 cídiǎn 명 사전 ｜ 字 zì 명 글자
3	식당	服务员 fúwùyuán 명 종업원 ｜ 先生 xiānsheng 명 ~씨, 선생님 [성인 남성을 부르는 말] ｜ 菜单 càidān 명 메뉴 ｜ 点菜 diǎncài 동 주문하다 ｜ 饭馆儿 fànguǎnr 명 식당
4	상점	买 mǎi 동 사다 ｜ 卖 mài 동 팔다 ｜ 花 huā 동 소비하다 ｜ 多少 duōshao 대 얼마 ｜ 钱 qián 명 돈 ｜ 便宜 piányi 형 저렴하다 ｜ 贵 guì 형 비싸다 ｜ 旧 jiù 형 오래되다, 낡다 ｜ 换 huàn 동 바꾸다 ｜ 新 xīn 형 새롭다 ｜ 商店 shāngdiàn 명 상점
5	음식	喝 hē 동 마시다 ｜ 渴 kě 형 갈증나다 ｜ 冰箱 bīngxiāng 명 냉장고 ｜ 牛奶 niúnǎi 명 우유 ｜ 咖啡 kāfēi 명 커피 ｜ 果汁 guǒzhī 명 과일주스 ｜ 饿 è 형 배고프다 ｜ 蛋糕 dàngāo 명 케이크 ｜ 面包 miànbāo 명 빵 ｜ 做饭 zuòfàn 동 밥을 하다 ｜ 筷子 kuàizi 명 젓가락 ｜ 碗 wǎn 명 그릇, 사발 ｜ 盘子 pánzi 명 쟁반
6	옷	件 jiàn 양 옷·셔츠 등을 세는 단위 ｜ 衬衫 chènshān 명 셔츠 ｜ 条 tiáo 양 가늘고 긴 것을 세는 단위 ｜ 裤子 kùzi 명 바지 ｜ 裙子 qúnzi 명 치마 ｜ 洗 xǐ 동 씻다, 빨다 ｜ 穿 chuān 동 입다 ｜ 衣服 yīfu 명 옷

7	계절·날씨	季节 jìjié 명 계절 | 春天 chūntiān 명 봄 | 开花 kāihuā 동 꽃이 피다 | 夏天 xiàtiān 명 여름 | 热 rè 형 덥다 | 秋天 qiūtiān 명 가을 | 不冷不热 bùlěng búrè 춥지도 않고 덥지도 않다 | 冬天 dōngtiān 명 겨울 | 下雪 xiàxuě 동 눈이 내리다 | 下雨 xiàyǔ 동 비가 내리다 | 带伞 dàisǎn 동 우산을 챙기다 | 晴天 qíngtiān 명 맑은 날 | 阴天 yīntiān 명 흐린 날
8	질병·상태	感冒 gǎnmào 명 감기 | 发烧 fāshāo 동 열이 나다 | 生病 shēngbìng 동 병이 나다 | 注意 zhùyì 동 주의하다 | 身体 shēntǐ 명 신체, 건강 | 医院 yīyuàn 명 병원 | 休息 xiūxi 동 쉬다
9	기념일	生日 shēngrì 명 생일 | 送 sòng 동 보내다, 주다 | 礼物 lǐwù 명 선물 | 节日 jiérì 명 명절, 기념일
10	생김새	长 zhǎng 동 자라다 | 像 xiàng 동 닮다 | 鼻子 bízi 명 코 | 眼睛 yǎnjing 명 눈 | 耳朵 ěrduo 명 귀

▶자주 출제되는 질문

1	会不会…? ~한 거 아니야? huì bu huì…?	明天会不会下雨? 내일 비 오는 거 아니야? Míngtiān huì bu huì xiàyǔ?
2	能不能…? ~할 수 있니 없니? néng bu néng…?	能不能便宜点儿? 조금 싸게 해주실 수 있나요? Néng bu néng piányi diǎnr?
3	…怎么样? ~는 어때? …zěnmeyàng?	明天我们一起去爬山, 怎么样? Míngtiān wǒmen yìqǐ qù páshān, zěnmeyàng? 내일 우리 같이 등산하러 가자. 어때?
4	多少钱? 얼마야? duōshao qián?	一共多少钱? 총 얼마입니까? Yígòng duōshao qián?
5	谁的? / 谁啊? 누구의 것이야? / 누구야? shéi de? / shéi a?	椅子上的那条裤子是谁的? Yǐzi shang de nà tiáo kùzi shì shéi de? 의자 위에 저 바지는 누구의 것이야?
6	远吗? 멀어? yuǎn ma?	北京大学离这儿远吗? Běijīng Dàxué lí zhèr yuǎn ma? 베이징대학교는 여기에서 먼가요?
7	怎么办? 어떻게 하지?, 어쩌지? zěnmebàn?	现在我没有零钱, 怎么办? Xiànzài wǒ méiyǒu língqián, zěnmebàn? 지금 나는 잔돈이 없어. 어떡하지?
8	好不好? 좋아 안 좋아?, 어때? hǎo bu hǎo?	请帮我照张相吧, 好不好? Qǐng bāng wǒ zhào zhāng xiàng ba, hǎo bu hǎo? 나 사진 찍는 것을 도와줘. 어때?
9	妈妈呢? / 爸爸呢? 엄마는? / 아빠는? māma ne? / bàba ne?	我们吃饭吧, 你爸爸呢? Wǒmen chī fàn ba, nǐ bàba ne? 우리 밥 먹자. 너희 아빠는?

10	喜欢哪个? 어느 것이 좋아? xǐhuan nǎge?	你最喜欢哪个季节? Nǐ zuì xǐhuan nǎge jìjié? 너는 어느 계절을 가장 좋아해?
11	去哪儿? 어디 가? qù nǎr?	我们要去哪儿? Wǒmen yào qù nǎr? 우리 어디로 가야 하지?
12	什么时候买的? 언제 산 거야? shénme shíhou mǎi de?	这小包你什么时候买的? Zhè xiǎo bāo nǐ shénme shíhou mǎi de? 이 작은 가방 너 언제 산 거야?
13	什么时候照的? 언제 찍은 거야? shénme shíhou zhào de?	这张照片你什么时候照的? Zhè zhāng zhàopiàn nǐ shénme shíhou zhào de? 이 사진 너 언제 찍은 거야?
14	想吃什么? 뭐 먹고 싶어? xiǎng chī shénme?	晚上你想吃什么? Wǎnshang nǐ xiǎng chī shénme? 저녁에 너 뭐 먹고 싶어?
15	想看什么? 뭐 보고 싶어? xiǎng kàn shénme?	你想看什么节目? Nǐ xiǎng kàn shénme jiémù? 너는 무슨 프로그램을 보고 싶어?

▶자주 출제되는 감정표현

1	기쁘다, 유쾌하다	→	快乐 kuàilè ǀ 开心 kāixīn ǀ 高兴 gāoxìng ǀ 幸福 xìngfú
2	힘겹다, 고통스럽다	→	痛苦 tòngkǔ ǀ 伤心 shāngxīn ǀ 难过 nánguò
3	조심하다, 주의하다	→	小心 xiǎoxīn ǀ 注意 zhùyì
4	문제 없다	→	没事 méishì ǀ 没问题 méiwèntí
5	무서워하다, 두려워하다	→	害怕 hàipà
6	만족하다	→	满意 mǎnyì
7	걱정하다	→	担心 dānxīn
8	안심하다	→	放心 fàngxīn

 실전 PT

● 의문 형식의 대답을 먼저 찾고, 핵심이 될만한 단어를 표시해서 문제와 보기를 연결해보자.

[1–5]

A 我不饿，就是有点儿渴。

B 这双运动鞋是新买的？花了多少钱？

C 明天的考试要带铅笔。

D 我从6岁就开始学，一直到现在。

E 我身体有点儿不舒服，就先回教室了。

문제1 你跳舞跳得真好，学多久了？ （　　）

문제2 那你在这儿休息一下，我看看附近有没有卖饮料的。 （　　）

문제3 大家都去上体育课了，你怎么没去？ （　　）

문제4 没问题，我昨天已经准备好了。 （　　）

문제5 700多块钱，虽然比较贵，但是穿着很舒服。 （　　）

[6-10]

A 我也不知道，正想查词典呢，查完我告诉你。

B 真的？那我穿裤子好了。

C 他刚打电话说，马上到，让我们再等几分钟。

D 没问题，我会照顾好自己的。

E 大家都向我这儿看，来，笑一笑，一二三！

问题6 我很担心，你一个人去中国留学。　　（　　）

问题7 黑板上的那个字怎么读？是"漂亮"的"亮"吗？　　（　　）

问题8 现在除了小王，其他人都来了。　　（　　）

问题9 他在给别人照相呢。　　（　　）

问题10 你这条裙子有点儿短。　　（　　）

쓰기 제1부분 ❶ | 제시된 어휘로 문장 배열하기
기본에 충실하자! [기본 문장성분]

전략 PT   학습시간 20분

쓰기 제1부분은 (71번~75번) 총 5문제 ▶ 제시된 어휘로 문장 배열하기

❶ 뼈대를 튼튼히! 수식성분이 많아도 항상 기본 어순을 먼저 찾자.

중국어의 기본 어순은 [주어 + 술어 + 목적어]이다. 기본 어순을 만들어야 나머지 수식성분을 알맞은 위치에 놓을 수 있기 때문에 술어를 먼저 찾고 주어, 목적어를 배치한다.

주어	–	술어	–	목적어	
我		去		图书馆。	나는 도서관에 간다.
妈妈		买		衣服。	엄마는 옷을 산다.

❷ 시간명사, 부사와 붙어있는 명사 또는 대명사는 주어일 확률이 높다.

시간명사의 특징은 주어를 기준으로 앞뒤에 나올 수 있고, 부사는 주로 술어 앞에서 술어를 수식하기 때문에 주어 뒤에 위치하는 경우가 많다. 따라서 시간명사나 부사와 붙어있는 명사는 주어일 확률이 높다.

昨天我	去了	图书馆。	어제 나는 도서관에 갔다.
(=我昨天	去了	图书馆。)	
他已经	去了	图书馆。	그는 이미 도서관에 갔다.
刚才妈妈	买了	衣服。	방금 엄마는 옷을 샀다.
(=妈妈刚才	买了	衣服。)	
妈妈没	买	衣服。	엄마는 옷을 사지 않았다.

❸ 부조전! 부사, 조동사, 전치사구는 술어 앞에 차례로 배치한다.

술어 앞에서 술어를 수식하는 성분을 부사어라고 한다. 이 자리에는 여러 가지 품사가 술어를 수식할 수 있지만 그중에서도 가장 자주 등장하는 것은 부사, 조동사, 전치사구이다. 만약 이 세 가지 품사가 동시에 등장할 경우 아래와 같이 [부사 → 조동사 → 전치사구] 순서로 배치해야 한다. 단어를 외울 때 품사를 기억해 두면 빠르고 정확하게 단어의 위치를 알 수 있다.

주어	– 부사	– 조동사	– 전치사구	– 술어	
他	已经		在图书馆	看书了。	그는 이미 도서관에서 책을 봤다.
妈妈		想	跟我	去买衣服。	엄마는 나와 옷을 사러 가고 싶어 하신다.
我	一定	要	跟妈妈	去中国。	나는 반드시 엄마와 중국에 갈 것이다.

❹ 보어마다 목적어의 위치를 기억하자.

보어는 술어 뒤에서 보충하는 성분으로 술어 뒤에 보어가 있다면 목적어는 보어 뒤에 위치하게 된다. 하지만 정도보어가 들어간 문장은 보어 뒤가 아닌 술어 뒤에 목적어가 위치하기 때문에 보어가 들어간 문장에서 목적어의 위치를 다시 한번 확인하자.

我	看	完了	那本书。	나는 그 책을 다 봤다. [결과보어]
주어	술어	결과보어	목적어	

我	吃	饭	吃	得	很快。	나는 밥을 빨리 먹는다. [정도보어]
주어	술어	목적어	술어	구조조사	정도보어	

❺ 구조조사의 쓰임을 확실히 구분하자.

문장의 구조를 잡아주는 역할을 구조조사가 하는데 구조조사 '的'는 관형어와 명사 사이, 구조조사 '地'는 부사어와 술어 사이, 구조조사 '得'는 술어와 보어 사이에서 서로가 수식 관계임을 알려주기 때문에 어순 배열 문제에서는 구조조사가 큰 힌트가 될 수 있다.

❻ 알맞은 문장부호를 사용하자.

문장이 끝났으면 항상 마침표를, 의문 형식일 땐 물음표 등 문장마다 알맞은 문장부호를 표시했는지 확인해야 한다. 작은 부분이지만 감점의 요인이 될 수 있으니 반드시 주의하자.

	문장부호	예문
1	。 句号 jùhào 마침표 문장이 끝났음을 표시	我是中国人。 나는 중국인이다.
2	? 问号 wènhào 물음표 의문을 표시	你是中国人吗? 당신은 중국인입니까?
3	! 叹号 tànhào 느낌표 감탄을 표시	真漂亮! 정말 예쁘다!
4	， 逗号 dòuhào 쉼표 문장 중간에서 쓰여 문장이 이어짐을 표시	先吃饭，然后看电影吧。 먼저 밥 먹고, 그 다음에 영화 보자.
5	、 顿号 dùnhào 작은 쉼표 단어·구 등의 병렬관계, 나열을 표시	我去过中国、韩国、美国。 나는 중국, 한국, 미국에 가본 적이 있다.

자주 발생하는 문법적 오류 1

什么时候 + 동사 언제 (동사)하는가?	우리말의 '언제 (동사)해?'처럼 '什么时候'는 동사 앞에 배열한다. 明天集合什么时候呢？(X) 明天什么时候集合呢？(○) 내일 언제 집합하나요? 会议举行什么时候？(X) 会议什么时候举行？(○) 회의는 언제 열리나요?
…怎么了? 왜그래? 무슨 일이야?	'怎么了'는 문장 끝에서 앞의 명사 또는 동사, 동사구 등의 상태를 묻기 때문에 뒤에는 아무것도 올 수 없다. 你妈妈的怎么了鼻子？(X) 你妈妈的鼻子怎么了？(○) 너희 어머니의 코가 왜 그러서?
목적어가 '동사구'인 문장	목적어 자리에는 항상 명사만 위치하는 것은 아니다. '나는/좋아한다/밥 먹는 것을'처럼 동사·동사구 등도 목적어가 될 수 있다. 马和羊都吃草喜欢。(X) 马和羊都喜欢吃草。(○) 말과 양은 모두 풀 먹는 것을 좋아한다. 弟弟早上喝一杯牛奶习惯。(X) 弟弟早上习惯喝一杯牛奶。(○) 남동생은 아침에 우유 한 잔을 마시는 습관이 있다. 他和女朋友明年结婚准备。(X) 他和女朋友准备明年结婚。(○) 그와 여자친구는 내년에 결혼할 준비를 한다.
주어 + 在 + 장소 (주어)는 (장소)에 있다	'在'가 동사로 쓰이면 '~에 있다'라는 뜻으로 주어가 어떤 장소에 있다는 것을 의미하기 때문에 '在' 뒤에는 장소가 와야 한다. 我的包里在药。(X) 药在我的包里。(○) 약은 나의 가방에 있다. 桌子上在你的书。(X) 你的书在桌子上。(○) 네 책은 책상 위에 있다.
부사 사이의 위치 혼동	술어 앞에 여러 가지 부사가 같이 나온 경우에는 일반부사와 부정부사로 나누어서 일반부사를 앞에 쓰고 부정부사(不, 没)를 뒤에 쓴다. 最近我没一直看见他。(X) 最近我一直没看见他。(○) 요즘 나는 그를 계속 보지 못했다. 你的脸没还洗干净。(X) 你的脸还没洗干净。(○) 너의 얼굴은 아직 깨끗이 닦이지 않았다.

이합동사 뒤 목적어의 배치	이합동사는 동사와 목적어로 이루어진 단어이기 때문에 이합동사 뒤에는 그 어떤 성분도 올 수 없다. 이합동사가 있는 경우에는 나머지 품사를 알맞게 이합동사 앞에 배열한다. 我和他没见面很久。(✕) 我和他很久没见面。(○) 나는 그와 오랫동안 만나지 못했다. 我要结婚跟男朋友。(✕) 我要跟男朋友结婚。(○) 나는 남자친구와 결혼할 것이다.
결과보어가 들어간 문장에서의 술어	결과보어는 동작의 결과를 보충하기 때문에 동작성이 없는 형용사는 술어가 될 수 없다. 따라서 결과보어 문장을 만들 때 술어 자리에는 동사만 들어갈 수 있다. 我好吃了晚饭。(✕) 我吃好了晚饭。(○) 나는 저녁을 잘 먹었다. 她干净洗了衣服。(✕) 她洗干净了衣服。(○) 그녀는 옷을 깨끗이 세탁했다.
정도보어가 들어간 문장에서의 목적어의 위치	정도보어 문장에서 목적어는 술어 바로 뒤에 위치하고 술어를 한 번 더 반복한다. 하지만 간단하게 줄이고자 앞의 술어는 생략되는 경우가 많기 때문에, 만약 보기에 술어가 하나일 경우에는 앞에 있던 술어가 생략된 형태로 문장을 배열하면 된다. 你做菜得做很好。(✕) 你(做)菜做得很好。(○) 너는 요리를 잘한다. 你说汉语得非常好。(✕) 你(说)汉语说得非常好。(○) 너는 중국어를 정말 잘한다.
형용사술어 뒤 목적어 배치	형용사술어는 주어를 묘사, 설명하는 역할을 하기 때문에 동사술어와 달리 목적어를 동반할 수 없다. 형용사가 술어일 경우 역시 나머지 품사는 형용사술어 앞에 알맞게 배열한다. 客人很满意对我们的服务。(✕) 客人对我们的服务很满意。(○) 손님은 우리의 서비스에 대해 만족한다. 商店的真新鲜水果。(✕) 商店的水果真新鲜。(○) 상점의 과일이 정말 신선하다.
시간명사의 위치	문장 맨 앞에서 문장 전체를 수식하는 자리에는 주로 시간에 관련된 시간부사 또는 시간명사 등이 놓인다. 시간 명사는 주어를 기준으로 앞뒤에 모두 놓을 수 있다는 특징이 있다. 花了一万多块钱这个月。(✕) 这个月花了一万多块钱。(○) 이번 달에 만 위안 정도를 썼다. 地铁里人非常多下班时间。(✕) 下班时间地铁里人非常多。(○) 퇴근 시간에는 지하철 안에 사람이 너무 많다.

실전 PT

> 항상 앞에서부터 배치하려고 하지 말고, 술어를 먼저 찾은 후 문장 뼈대를 만들고 살을 붙이는 연습을 해보자.

문제 1 这两个 相同 词语的 意思

___

문제 2 还 他的 洗干净 没 脸

___

문제 3 花了 太阳镜 800块钱 爸爸的

___

문제 4 腿脚 关心 自己的 老年人 要

___

문제 5 说 了 汉语 越来越好 说得 她

___

문제 6 干净了   衣服   洗   同事的   我

_____

문제 7 报纸   看   认真地   他

_____

문제 8 什么   会议   时候   举行

_____

문제 9 准备   女朋友   他   明年结婚   和

_____

문제 10 没   他说的   听懂   话   我

_____

Day 15

듣기 제2부분 | 녹음 내용과 문제의 일치/불일치 판단하기
문제를 잘 살펴보면 답이 보인다!

어휘 PT Track 15-1 학습시간 10분

문제 1	考试 kǎoshì 명 시험 开始 kāishǐ 동 시작하다 结束 jiéshù 동 끝나다

문제 2	同学 tóngxué 명 학우 上学 shàngxué 동 등교하다 年级 niánjí 명 학년

문제 3	历史 lìshǐ 명 역사 爱好 àihào 명 취미 影响 yǐngxiǎng 동 영향을 주다 兴趣 xìngqù 명 흥미 故事 gùshi 명 이야기

문제 4	矮 ǎi 형 (키가) 작다, 낮다 长 zhǎng 동 자라다, 성장하다 裤子 kùzi 명 바지

문제 5	附近 fùjìn 명 근처, 부근 公园 gōngyuán 명 공원 旁边 pángbiān 명 옆쪽 河 hé 명 강

문제 6	周末 zhōumò 명 주말 爬山 páshān 동 등산하다 重要 zhòngyào 형 중요하다 会议 huìyì 명 회의 下周 xiàzhōu 명 다음 주

문제 7	认真 rènzhēn 형 진지하다 耳朵 ěrduo 명 귀

문제 8	介绍 jièshào 동 소개하다 认识 rènshi 동 알다 事情 shìqing 명 일, 사정 时间 shíjiān 명 시간

문제 9	变 biàn 동 변하다 冷 lěng 형 춥다 刮风 guāfēng 동 바람이 불다 突然 tūrán 부 갑자기 小心 xiǎoxīn 동 조심하다

문제 10	特别 tèbié 부 특히 打篮球 dǎ lánqiú 동 농구하다 而且 érqiě 접 게다가

 전략 **PT**  학습시간 **20** 분

듣기 제2부분은 (11번~20번) 총 10문제 > 녹음 내용과 문제의 일치/불일치 판단하기

▶ **부정부사 '不'를 주의하자!**
녹음에서 보기와 같은 단어가 들리지만 단어 앞에 '不'가 붙어있다면 반대말이 되면서 힌트에서 함정으로 바뀔 수 있다. 오답을 고를 수 있으니 '不'를 조심하자.

▶ **시간명사와 방위사를 주의하자.**
도착한 것인지, 도착할 것인지, 책상 위인지 아래인지와 같은 시간명사와 방위사까지 정확하게 듣고 문제를 풀도록 한다.

▶ **상식과 관련된 문제는 놓치지 말자.**
문제를 해석했을 때 상식적으로 무조건 맞는 것은 (✓)일 확률이 높고, 상식적으로 말이 되지 않는다고 생각되면 답은 (✗)인 경우가 많다.

▶ **문제 속 문장이 녹음에 그대로 나오는 경우에는 (✓)일 확률이 높다.**
이 경우에 녹음에 문장이 그대로 나오긴 했지만 그 뒤에 '但是 dànshì', '可是 kěshì'와 같은 전환관계 접속사를 기준으로 내용이 전환되는 경우도 있으니 주의해야 한다.

 핵심 반의어와 유사 표현

▶ **자주 등장하는 반의어** ● Track 15-2

快 kuài 빠르다 ↔ 慢 màn 느리다	多 duō 많다 ↔ 少 shǎo 적다
容易 róngyi 쉽다 ↔ 难 nán 어렵다	新 xīn 새롭다 ↔ 旧 jiù 오래되다
长 cháng 길다 ↔ 短 duǎn 짧다	冷 lěng 춥다 ↔ 热 rè 덥다
胖 pàng 뚱뚱하다 ↔ 瘦 shòu 마르다	里 lǐ 안 ↔ 外 wài 밖
贵 guì 비싸다 ↔ 便宜 piányi 저렴하다	开 kāi 열다, 켜다 ↔ 关 guān 닫다, 끄다
开始 kāishǐ 시작하다 ↔ 结束 jiéshù 끝나다	记得 jìde 기억하다 ↔ 忘 wàng 잊다
高 gāo 높다, (키가) 크다 ↔ 矮 ǎi 낮다, (키가) 작다	错 cuò 틀리다 ↔ 对 duì 맞다
大 dà 크다 ↔ 小 xiǎo 작다	安静 ānjìng 조용하다 ↔ 热闹 rènao 시끄럽다

▶ 다른 어휘를 사용했지만 의미가 같은 표현들

1	**打算**买房 집을 살 계획이다 dǎsuàn mǎi fáng	=	**准备**买房 집을 살 준비하다 zhǔnbèi mǎi fáng
2	去国外**留学** 외국에 가서 유학을 하다 qù guówài liúxué	=	去国外**读书** 외국에 가서 공부를 하다 qù guówài dúshū
3	这个字**不知道**怎么读 zhège zì bù zhīdào zěnme dú 이 글자를 어떻게 읽는지 모르겠다	=	**不认识**这个字 이 글자를 알지 못한다 bú rènshi zhège zì
4	**爱**唱歌 노래 부르는 것을 좋아하다 ài chànggē	=	**对**唱歌**感兴趣** 노래 부르는 것에 흥미가 있다 duì chànggē gǎn xìngqù
5	我家**附近**有个花园 wǒ jiā fùjìn yǒu ge huāyuán 우리 집 근처에는 화원이 있다	=	花园离我家**很近** 우리 집에서 화원은 가깝다 huāyuán lí wǒ jiā hěn jìn
6	听**着**音乐走路 음악을 들으면서 길을 걷는다 tīngzhe yīnyuè zǒu lù	=	**一边**走路**一边**听音乐 yìbiān zǒu lù yìbiān tīng yīnyuè 한편으로는 길을 걸으면서 한편으로는 음악을 듣는다

> ▶정답 및 해설 71p

실전 PT ● Track 15-4 학습시간 10분

○ 섣부르게 판단하지 말고 비슷한 발음, 반의어, 동의어를 주의 깊게 듣자.

문제 1 ★ 考试十点半开始。 (   )

문제 2 ★ 我和黄先生是同学。 (   )

문제 3 ★ 历史是他的爱好。 (   )

문제 4 ★ 儿子比爸爸矮。 (   )

문제 5 ★ 他家附近有个公园。 (   )

문제 6 ★ 他这个周末去爬山。 (　　)

문제 7 ★ 不要认真听老师说的话。 (　　)

문제 8 ★ 他想介绍哥哥跟小高认识。 (　　)

문제 9 ★ 天气变冷了。 (　　)

문제 10 ★ 他长得很高。 (　　)

독해 제2부분 ❶ | 빈칸에 들어갈 알맞은 어휘 고르기
들어갈 자리는 정해져 있다 I – 양사·명사 & 동사

어휘 PT
학습시간 **10**분

문제 1
- 相信 xiāngxìn [동] 믿다
- 帮助 bāngzhù [동] 돕다
- 水平 shuǐpíng [명] 수준
- 一定 yídìng [부] 반드시
- 会 huì [조동] ~할 것이다
- 提高 tígāo [동] 향상시키다

문제 2
- 找 zhǎo [동] 거슬러주다
- 欢迎 huānyíng [동] 환영하다
- 再 zài [부] 다시

문제 3
- 电子游戏 diànzǐ yóuxì [명] 컴퓨터 게임
- 从 cóng [전] ~에서부터
- 兴趣 xìngqù [명] 흥미
- 选择 xuǎnzé [동] 선택하다
- 有关 yǒuguān [동] 관계가 있다

문제 4
- 跟 gēn [전] ~와/과
- 以前 yǐqián [명] 이전
- 比 bǐ [동] 비교하다
- 普通话 pǔtōnghuà [명] 표준어

문제 5
- 地图 dìtú [명] 지도
- 像 xiàng [동] 닮다, ~와 같다
- 字 zì [명] 글자

문제 6
- 终于 zhōngyú [부] 드디어, 마침내
- 做 zuò [동] 하다, 만들다
- 数学 shùxué [명] 수학
- 作业 zuòyè [명] 숙제
- 检查 jiǎnchá [동] 검사하다, 검토하다

문제 7
- 条 tiáo [양] 가늘고 긴 것을 세는 단위
- 河 hé [명] 강
- 错 cuò [동] 틀리다
- 前面 qiánmiàn [명] 앞쪽

문제 8
- 服务员 fúwùyuán [명] 종업원
- 双 shuāng [양] 쌍, 켤레
- 筷子 kuàizi [명] 젓가락
- 马上 mǎshàng [부] 곧, 즉시

문제 9
- 过 guò [동] 지내다, 보내다
- 礼物 lǐwù [명] 선물
- 准备 zhǔnbèi [동] 준비하다
- 新 xīn [형] 새롭다
- 手机 shǒujī [명] 휴대전화

문제 10
- 手表 shǒubiǎo [명] 손목시계
- 又 yòu [부] 또
- 坏 huài [동] 고장이 나다
- 差 chà [동] 모자라다, 부족하다

 전략 **PT**    학습시간 2 0 분

독해 제2부분 (51번~60번) 총 10문제 〉 빈칸에 들어갈 알맞은 어휘 고르기

▶ **기본 뼈대 주, 술, 목을 찾자!**
빈칸에 어떤 품사가 필요한지 모를 경우에도 '주어, 술어, 목적어'를 찾아야 해석상으로 어떤 단어가 필요한지 알 수 있다.

▶ **'수양명', '지양명'을 기억하자!**
명사 앞에서 지시대명사 혹은 수사가 수식할 경우에는 둘 사이에 양사를 넣어주어야 한다. 따라서 [수사 + 양사 + 명사], [지시대명사 + 양사 + 명사] 순으로 오기 때문에 숫자나 지시대명사 뒤에 빈칸이라면 양사가 필요하고 양사 뒤가 빈칸이면 명사가 필요하다는 것을 알 수 있다.

▶ **'的' 뒤는 명사 자리!**
'的'는 명사와 그 앞에서 수식해주는 관형어 성분 사이에서 문장의 구조를 잡아주는 역할을 하기 때문에 '的' 뒤가 빈칸이라면 명사를 넣어준다.

▶ **빈칸 뒤에 '了'가 있다면 빈칸에는 동사가 필요하다!**
동태조사 '了'의 기본적으로 동사 뒤에서 동작이 완료되었음을 나타낸다.

▶ **부사어 친구들 부조전! 부사, 조동사, 전치사구 뒤에 빈칸이 있다면 역시나 동사 자리!**
부사, 조동사, 전치사구 등은 술어 앞에서 술어를 수식하는 부사어 성분에 들어간다.

 출제 패턴을 기억하자!

▶기본적으로 알아두어야 할 명사의 출제 패턴

1	동사 '看'과 명사	看报纸 kàn bàozhǐ 신문을 보다 ǀ 看表演 kàn biǎoyǎn 공연을 보다 ǀ 看电影 kàn diànyǐng 영화를 보다 ǀ 看电视 kàn diànshì 텔레비전을 보다 ǀ 看新闻 kàn xīnwén 뉴스를 보다
2	동사 '有'와 명사	有很多爱好 yǒu hěn duō àihào 많은 취미가 있다 ǀ 有办法 yǒu bànfǎ 방법이 있다 ǀ 有会议 yǒu huìyì 회의가 있다 ǀ 有考试 yǒu kǎoshì 시험이 있다 ǀ 有机会 yǒu jīhuì 기회가 있다 ǀ 有事情 yǒu shìqing 일이 있다 ǀ 有/感兴趣 yǒu/gǎn xìngqù 흥미가 있다/흥미를 느끼다
3	양사와 명사	这家公司 zhè jiā gōngsī 이 회사 ǀ 这家商店 zhè jiā shāngdiàn 이 상점 ǀ 这个教室 zhège jiàoshì 이 교실 ǀ 这个城市 zhège chéngshì 이 도시 ǀ 四个季节 sì ge jìjié 사계절 ǀ 一双筷子 yì shuāng kuàizi 한 쌍의 젓가락 ǀ 这个地方 zhège dìfang 이곳, 이 장소 ǀ 这个宾馆 zhège bīnguǎn 이 호텔
4	동사 '去'와 명사	去超市 qù chāoshì 슈퍼마켓에 가다 ǀ 去银行 qù yínháng 은행에 가다 ǀ 去图书馆 qù túshūguǎn 도서관에 가다

5	명사와 형용사	环境不错 huánjìng búcuò 환경이 좋다	成绩不错 chéngjì búcuò 성적이 좋다	房间很干净 fángjiān hěn gānjìng 방이 깨끗하다	历史很长 lìshǐ hěn cháng 역사가 길다	眼睛很大 yǎnjing hěn dà 눈이 크다	眼镜很旧 yǎnjìng hěn jiù 안경이 오래되다	天气很好 tiānqì hěn hǎo 날씨가 좋다
6	동사 '找'와 명사	找护照 zhǎo hùzhào 여권을 찾다	找手机 zhǎo shǒujī 휴대전화를 찾다	找手表 zhǎo shǒubiǎo 손목시계를 찾다
7	동사 '买'와 명사	买票 mǎi piào 표를 사다	买帽子 mǎi màozi 모자를 사다	买水果 mǎi shuǐguǒ 과일을 사다	买衣服 mǎi yīfu 옷을 사다
8	동사 '穿'과 명사	穿裤子 chuān kùzi 바지를 입다	穿裙子 chuān qúnzi 치마를 입다	穿衬衫 chuān chènshān 셔츠를 입다
9	그 밖에 자주 출제되는 동사와 명사	参加比赛 cānjiā bǐsài 시합·경기에 참가하다	坐电梯 zuò diàntī 엘리베이터를 타다	写电子邮件 xiě diànzǐ yóujiàn 이메일을 쓰다	带铅笔 dài qiānbǐ 연필을 챙기다	教数学 jiāo shùxué 수학을 가르치다	送礼物 sòng lǐwù 선물을 보내다	拍照片 pāi zhàopiàn 사진을 찍다	做作业 zuò zuòyè 숙제를 하다
10	그 밖에 자주 출제되는 명사와 명사	我们班 wǒmen bān 우리 반	汉语水平 Hànyǔ shuǐpíng 중국어 수준	中国文化 Zhōngguó wénhuà 중국 문화	教师节 Jiàoshī Jié 스승의 날(기념일)	什么节目 shénme jiémù 어떤 프로그램	我家附近 wǒ jiā fùjìn 우리 집 근처	我家厨房 wǒ jiā chúfáng 우리 집 주방	是我们邻居 shì wǒmen línjū 우리의 이웃이다	是我的同学 shì wǒ de tóngxué 나의 학우이다	是我的同事 shì wǒ de tóngshì 나의 직장 동료이다

▶ 자주 출제되는 지양명! 수양명!

지시대명사 · 수사	양사	자주 쓰이는 명사
这, 那, 一 ⋯	个 ge 개, 명 일반적으로 쓰이는 단위	问题 wèntí 문제 | 人 rén 사람 | 苹果 píngguǒ 사과
	本 běn 권 책을 세는 단위	书 shū 책 | 杂志 zázhì 잡지
	辆 liàng 대 차량을 세는 단위	车 chē 차 | 自行车 zìxíngchē 자전거
	台 tái 대 기계·큰 제품을 세는 단위	电脑 diànnǎo 컴퓨터 | 冰箱 bīngxiāng 냉장고
	条 tiáo 줄기, 개 가늘고 긴 것을 세는 단위	裤子 kùzi 바지 | 裙子 qúnzi 치마 | 路 lù 길 | 河 hé 강
	件 jiàn 벌, 건, 개 옷·사건·서류 등을 세는 단위	衣服 yīfu 옷 | 事 shì 일
	位 wèi 분 사람을 높여 세는 단위	医生 yīshēng 의사 | 老师 lǎoshī 선생님
	双 shuāng 짝, 쌍 짝을 이룬 것을 세는 단위	筷子 kuàizi 젓가락 | 鞋 xié 신발
	张 zhāng 장 종이 또는 윗면이 평평한 물건을 세는 단위	画 huà 그림 | 地图 dìtú 지도 | 桌子 zhuōzi 책상 | 床 chuáng 침대
	只 zhī 마리 동물을 세는 단위	狗 gǒu 개 | 猫 māo 고양이
화폐 단위	元 yuán (구어: 块 kuài) > 角 jiǎo (구어: 毛 máo) > 分 fēn (1元 = 10角 = 100分)	

▶기본적으로 알아두어야 할 동사

1	일상	穿衣服 chuān yīfu 옷을 입다	准备做饭 zhǔnbèi zuòfàn 밥을 할 준비하다	买东西 mǎi dōngxi 물건을 사다	卖东西 mài dōngxi 물건을 팔다	花钱 huā qián 돈을 쓰다, 소비하다	坐椅子 zuò yǐzi 의자에 앉다	站在前面 zhàn zài qiánmian 앞쪽에 서다	开门 kāi mén 문을 열다	关门 guān mén 문을 닫다	跑来 pǎo lai 뛰어오다	找手机 zhǎo shǒujī 휴대전화를 찾다	打扫房间 dǎsǎo fángjiān 방을 청소하다
2	학습	教汉语 jiāo Hànyǔ 중국어를 가르치다	开始上课 kāishǐ shàngkè 수업을 시작하다	参加考试 cānjiā kǎoshì 시험에 참가하다	差一刻 chà yíkè 15분 모자라다 (15분 전)	要复习 yào fùxí 복습해야 한다	做作业 zuò zuòyè 숙제를 하다	借书 jiè shū 책을 빌리다	还这本书 huán zhè běn shū 이 책을 돌려주다	用电脑 yòng diànnǎo 컴퓨터를 사용하다
3	직장	换地铁 huàn dìtiě 지하철로 갈아타다	工作很忙 gōngzuò hěn máng 일이 바쁘다	很了解 hěn liǎojiě 잘 알다, 이해하다	觉得很好 juéde hěn hǎo 괜찮다고 생각하다	带伞 dài sǎn 우산을 휴대하다
4	관계	认识他 rènshi tā 그를 알다	讲话 jiǎng huà 이야기하다	关心别人 guānxīn biéren 다른 사람에게 관심을 가지다	帮助别人 bāngzhù biéren 다른 사람을 돕다	影响很大 yǐngxiǎng hěn dà 영향이 크다 (영향을 끼치다)
5	성장	长大了 zhǎng dà le 다 컸다, 성장했다	照顾自己 zhàogù zìjǐ 자신을 돌보다	锻炼身体 duànliàn shēntǐ 몸을 단련하다	检查身体 jiǎnchá shēntǐ 신체를 검사하다	努力运动 nǔlì yùndòng 열심히 운동하다
6	문제	出现问题 chūxiàn wèntí 문제가 출현하다	遇到问题 yùdào wèntí 문제를 마주치다	发现问题 fāxiàn wèntí 문제를 발견하다	回答问题 huídá wèntí 문제에 대답하다	解决问题 jiějué wèntí 문제를 해결하다
7	이동	打算去中国 dǎsuàn qù Zhōngguó 중국에 갈 계획이다	拿行李 ná xíngli 짐을 들다	搬家 bānjiā 집을 옮기다, 이사하다	放在这儿 fàng zài zhèr 여기에 놓다
8	경기	举行比赛 jǔxíng bǐsài 경기를 열다, 개최하다	相信自己 xiāngxìn zìjǐ 자신을 믿다	骑自行车 qí zìxíngchē 자전거를 타다	踢足球 tī zúqiú 축구하다 (공 등을 차다)	打篮球 dǎ lánqiú 농구하다 (손으로 치다, 때리다)
9	대화	别担心 bié dānxīn 걱정하지 마	你放心 nǐ fàngxīn 너 안심해	别哭 bié kū 울지 마	小心感冒 xiǎoxīn gǎnmào 감기 조심해	祝你生日快乐 zhù nǐ shēngrì kuàilè 생일 축하해 (축복하다, 기원하다)

○ 빈칸에 어떤 품사가 들어가야 하는지 빈칸 주위 어휘를 통해 확인하자!

[1-5]

　　　　A 分　　　B 兴趣　　　C 提高　　　D 像　　　E 说

문제 1 我相信在老师的帮助下，你的汉语水平一定会（　　　）的。

문제 2 找您4角5（　　　），欢迎再来。

문제 3 他从小就对电子游戏感（　　　），长大后他选择了和游戏有关的工作。

문제 4 跟以前比，我现在的普通话（　　　）得好多了。

문제 5 从地图上看，黄河很（　　　）一个"几"字。

[6–10]

A 礼物　　B 双　　C 河　　D 检查　　E 差

문제 6　A：我终于做完了数学作业。
　　　　B：要不要再（　　）一下？

문제 7　A：地图上这儿有条（　　），怎么没看见啊？
　　　　B：你看错了，在前面啊。

문제 8　A：服务员，我们这儿还少了一（　　）筷子。
　　　　B：对不起，我马上给您拿。

문제 9　A：过两天是爷爷的生日，你给他买（　　）没有？
　　　　B：我准备给他买个新手机。

문제 10　A：现在几点？我的手表又坏了。
　　　　 B：我看一下，现在（　　）一刻八点。

쓰기 제1부분 ❷ | 제시된 어휘로 문장 배열하기
특수구문을 정복하면 문장배열 걱정 없다!

전략 PT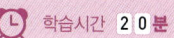

쓰기 제1부분은 (71번~75번) 총 5문제 ▶ 제시된 어휘로 문장 배열하기

❶ 동사가 두 개일 경우엔 연동문인지 겸어문인지 확인해보자.

사역겸어문을 만들어주는 동사를 기억해두면 구별이 간단하고, 겸어문이 아닐 경우 연동문으로 보고 일의 순서대로만 배열하면 된다. 이때는 해석에 주의해서 문장을 만들도록 한다.

❷ 존현문의 어순에 주의하자!

〈존현문의 기본형〉
장소/시간 + 동사 + 존재하는 사람/사물

'有' 존현문	장소 + 有 + 불특정한 대상
	家里有两只小狗。 집 안에는 두 마리의 강아지가 있다.
'是' 존현문	장소 + 是 + 특정한 대상 (목적어가 상대적으로 명확함)
	公司旁边是商店，后边是银行。 회사 옆은 상점이고, 뒤쪽은 은행이다.
'在' 존현문	불특정한 대상 + 在 + 장소
	银行在公司旁边。 은행은 회사 옆쪽에 있다.
	TIP '在'존현문은 물건이나 사람이 어디에 있는지 조금 더 자세하게 설명할 때 쓰인다. 그렇기 때문에 주어는 장소가 아닌 대상이고 목적어가 장소가 되는데, 이때 장소 뒤에 앞, 뒤, 옆 등의 처소사가 붙어야 한다.

❸ 모든 비교문에는 정도부사를 사용할 수 없다.

형용사가 술어로 쓰일 때 주로 정도부사를 앞에 동반하지만 모든 비교문은 형용사가 쓰여도 앞에 절대 '很', '非常'과 같은 정도부사를 쓸 수 없다는 공통점이 있다. 하지만 '还 hái / 更 gèng'과 같이 비교의 정도를 강조하는 부사는 사용할 수 있다. 아래 각 비교문마다 어떤 수식 방법이 있는지 기억해두자.

	A는 B보다 ~하다
A + 比 + B + 술어	(1) A + 比 + B + 还 / 更 + 술어: A는 B보다 더 ~하다 我比你更可爱。 내가 너보다 더 귀엽다. (2) A + 比 + B + 술어(형용사) + 一点, 一些 / 多了, 得多 / 수량보어: A는 B보다 조금/많이/~만큼 (형용사)하다 这双鞋比那双大一些。 이 신발이 저 신발보다 조금 크다. 我比你大三岁。 나는 너보다 3살이 많다.
A + 有 / 没有 + B + 这么 / 那么 + 술어	A는 B만큼 (이렇게/그렇게) ~하다 / A는 B만큼 (이렇게/그렇게) ~하지 못하다 今天有昨天那么热。 오늘은 어제만큼 그렇게나 덥다. 我的个子没有他那么高。 내 키는 그만큼 그렇게 크지 못하다.
A + 跟 + B + 完全 / 差不多 / 几乎 + 一样	A는 B와 완전히/비슷하게/거의 같다 我的个子跟你的差不多一样。 나의 키는 너와 비슷하게 같다.
A + 跟 + B + 不 / 不太 + 一样	A는 B와 같지 않다/그다지 같지 않다 我的个子跟你的个子不一样。 나의 키는 너와 같지 않다.

❹ '把'자문과 '被'자문의 술어 뒤에는 항상 기타성분이 있어야 한다.

'把'자문과 기타성분 자리에는 행위를 처리한 결과를, '被'자문은 기타성분 자리에 행위를 당한 결과를 채워야 한다. 어떤 어휘들이 주로 기타성분 자리에 오는지 다양한 예문을 통해 익혀두자.

❺ '把'자문은 목적어, '被'자문은 주어가 명확해야 한다.

'把'자문과 '被'자문은 모두 동작을 당하는 명사들이 명확해야 하기 때문에 수량사의 수식을 받지 못하고 이미 알고 있는 것들이거나 소속, 소유가 명확해야 한다.

❻ 임박태인지 헷갈릴 때는 임박태와 종종 붙어 다니는 친구 부사들을 확인하자.

어순배열 문제에서 임박태를 만들어야 되는 문장인지 헷갈릴 경우가 있을 것이다. 그럴 경우에는 임박태와 종종 같이 붙어 나오는 '马上 mǎshàng', '就 jiù' 등 '곧, 즉시'와 같은 의미의 부사들이 있는지 확인해보자.

자주 발생하는 문법적 오류 2

구문	특징	예문
A + 比 + B + 술어 + 수량	비교문뿐만 아니라 대부분의 중국어 문장에서 숫자는 주로 술어 뒤에서 보충한다.	他比我两岁大。(×) 他比我大两岁。(○) Tā bǐ wǒ dà liǎng suì. 그는 나보다 두 살이 많다. 我比他三个多吃了。(×) 我比他多吃了三个。(○) Wǒ bǐ tā duō chī le sān ge. 나는 그보다 세 개를 더 먹었다.
연동문과 겸어문에서 부사와 조동사의 위치	연동문과 겸어문은 기본적으로 술어가 두 개이다. 부사와 조동사는 주로 술어 앞에서 술어를 수식하기 때문에 헷갈릴 수 있지만 두 문장 모두 부사와 조동사를 배열할 경우엔 첫 번째 술어 앞에 배열하도록 한다.	他去机场要接女朋友。(×) 他要去机场接女朋友。(○) Tā yào qù jīchǎng jiē nǚpéngyou. 그는 공항에 여자친구를 데리러 갈 것이다. 我让弟弟不去商店。(×) 我不让弟弟去商店。(○) Wǒ bú ràng dìdi qù shāngdiàn. 나는 남동생이 상점에 가지 못하게 한다.
겸어문에서 주어와 겸어의 배열	겸어문에서 맨 앞에 있는 주어는 시키는 대상이기 때문에 어순배열 문제에서 겸어문을 만들어야 할 경우에는 단어 해석을 통해 시키는 대상을 주어 자리에 배열한다.	人能使运动健康。(×) 运动能使人健康。(○) Yùndòng néng shǐ rén jiànkāng. 운동은 사람을 건강하게 한다. 我使那部电影感动了。(×) 那部电影使我感动了。(○) Nà bù diànyǐng shǐ wǒ gǎndòng le. 그 영화는 나를 감동하게 했다.
'被'자문에서의 주어 선택	일반적으로 동작을 가하는 대상이 주어 자리에 오지만 '被'자문은 반대로 동작을 당하는 대상이 주어 자리에 온다. 따라서 어순배열 문제에 '被'가 있을 경우 어떤 것이 당하는 대상인지 잘 생각해서 주어 자리에 배열한다.	他被那本书借走了。(×) 那本书被他借走了。(○) Nà běn shū bèi tā jièzǒu le. 그 책은 그에 의해 빌려가졌다. 弟弟被果汁喝完了。(×) 果汁被弟弟喝完了。(○) Guǒzhī bèi dìdi hēwán le. 과일주스는 남동생에 의해 다 마셔졌다.

'把'자문에서 부사와 조동사의 위치	'把'의 품사는 전치사이므로 뒤에 명사가 온다. 만약 술어 앞에 부사, 조동사, 전치사구가 나올 경우엔 '부→조→전' 순서대로 '把' 앞에 배열하면 된다.	他把这件事不敢告诉大家。(X) 他不敢把这件事告诉大家。(○) Tā bùgǎn bǎ zhè jiàn shì gàosu dàjiā. 그는 이 일을 감히 모두에게 알리지 못한다.
		我把那本书没放在桌子上。(X) 我没把那本书放在桌子上。(○) Wǒ méi bǎ nà běn shū fàngzài zhuōzi shang. 나는 그 책을 책상 위에 놓지 않았다.
임박태가 들어간 문장의 배열	임박태 사이에 들어가는 것은 앞으로 일어날 동작이다. 주어는 임박태 앞에 배열한다.	马上就要飞机起飞了。(X) 飞机马上就要起飞了。(○) Fēijī mǎshàng jiù yào qǐfēi le. 비행기가 곧 이륙할 것이다.
		要我弟弟回国了。(X) 我弟弟要回国了。(○) Wǒ dìdi yào huíguó le. 나의 남동생은 귀국할 것이다.

실전 PT

▶정답 및 해설 76p
학습시간 2 0 분

⊙ 어떤 특수구문인지 확인하고 각 구문의 특징을 잘 기억해서 문제를 풀어보자.

문제 1 买　　他　　钱　　没有　　房子

_____

문제 2 已经　　我　　一顿　　打了　　被　　妈妈

_____

문제 3 使人　　能　　健康　　运动

_____

문제 4 一个人　　走来　　前面

_____

문제 5 他　　没　　告诉　　大家　　把这件事

_____

问题 6 比他　　我　　快　　跑得

_____

问题 7 了　　回国　　他下个月　　就要

_____

问题 8 孩子　　里　　教室　　一个　　坐着

_____

问题 9 要　　爸爸　　接　　火车站　　女儿　　去

_____

问题 10 小狗　　躺　　一只　　床下　　着

_____

Day 16

듣기 제3·4부분 ❶ | 단문·장문대화 듣고 질문에 답하기
끝까지 방심하지 말자 I – 인물·관계 & 장소

어휘 PT   ● Track 16-1   학습시간 1 0 분

문제 1	师生 shīshēng 명 선생과 학생 祝 zhù 동 축하하다, 기원하다 送 sòng 동 보내다 同学 tóngxué 명 학우 礼物 lǐwù 명 선물

문제 2	知道 zhīdào 동 알다 动物园 dòngwùyuán 명 동물원 怎么 zěnme 대 어떻게, 어째서 再 zài 부 다시 其他 qítā 대 기타, 다른

문제 3	位 wèi 양 분 [사람의 수를 세는 단위, 공경을 내포함] 忘 wàng 동 잊다 向 xiàng 전 ~를 향해서 介绍 jièshào 동 소개하다 叫 jiào 동 ~라고 부르다

문제 4	经理 jīnglǐ 명 사장, 매니저 医生 yīshēng 명 의사 开会 kāihuì 동 회의하다 马上 mǎshàng 부 곧, 바로 结束 jiéshù 동 끝나다

문제 5	让 ràng 동 ~하게 하다, 시키다 司机 sījī 명 운전기사 开车 kāichē 동 운전하다 方便 fāngbiàn 형 편리하다

문제 6	裤子 kùzi 명 바지 换 huàn 동 바꾸다 条 tiáo 양 가늘고 긴 것을 세는 단위 商店 shāngdiàn 명 상점

문제 7	太阳 tàiyáng 명 태양 突然 tūrán 부 갑자기 晴 qíng 형 맑다 阴 yīn 형 흐리다 带 dài 동 지니다, 휴대하다

문제 8	办公楼 bàngōnglóu 명 행정동, 사무동 校园 xiàoyuán 명 교정, 캠퍼스 地图 dìtú 명 지도 体育馆 tǐyùguǎn 명 체육관

문제 9	医院 yīyuàn 명 병원 开药 kāiyào 동 약을 처방하다 注意 zhùyì 동 주의하다 酒 jiǔ 명 술

문제 10	手表 shǒubiǎo 명 손목시계 差 chà 동 부족하다, 모자라다 阿姨 āyí 명 아주머니, 이모 错 cuò 동 틀리다

 전략 PT  학습시간 20분

듣기 제 3·4부분 (21번~40번) 〉 단문·장문대화 듣고 질문에 답하기

▶ **보기를 보고 내용을 유추하자.**
  듣기를 듣기 전 힌트는 바로 문제마다 나열된 보기들이다. 예문이 나오는 동안 보기를 해석하면서 공통점을 찾고 어떤 내용이 나올지 유추할 수 있어야 한다.

▶ **맨 첫마디가 중요하다. 주로 첫마디에 나오는 호칭을 통해 직업 또는 관계를 유추할 수 있다.**
  보기에 직업 혹은 관계와 관련된 단어가 배열되어 있으면 첫마디를 집중해서 듣자.

▶ **호칭을 주의해서 듣자.**
  아빠, 엄마를 호칭할 때 '爸爸', '妈妈'라고 부르기보단 '爸' 또는 '妈'라고 간단하게 부른다. 이렇게 한 글자로 호칭하게 되면 놓치기 쉬우므로 주의해야 한다.

▶ **마지막까지 방심하지 말자.**
  듣기 3·4부분에서는 남자 또는 여자 둘 중 누구와 관련된 것인지 질문을 끝까지 주의해서 들어야 정답을 찾을 수 있다.

 듣기 제3·4부분 빈출 질문 유형과 빈출 어휘

▶인물·관계 문제에서 자주 묻는 질문 ● Track 16-2

1 女的(男的)最可能是做什么的?　여자/남자는 무엇을 하는 사람일 가능성이 높은가?
　Nǚ de(Nán de) zuì kěnéng shì zuò shénme de?

2 他们最可能是什么关系?　그들은 어떤 관계일 가능성이 가장 높은가?
　Tāmen zuì kěnéng shì shénme guānxi?

3 女的(男的)是谁?　여자/남자는 누구인가?
　Nǚ de(Nán de) shì shéi?

4 女的(男的)等(找/遇到)谁了?　여자/남자는 누구를 기다리는가/찾는가/마주쳤는가?
　Nǚ de(Nán de) děng(zhǎo/yùdào) shéi le?

▶장소 문제에서 자주 묻는 질문 ● Track 16-3

1 女的(男的/他们)最可能在哪儿(哪里)?　여자/남자/그들은 어디에 있을 가능성이 높은가?
　Nǚ de(Nán de/Tāmen) zuì kěnéng zài nǎr(nǎlǐ)?

2 女的(男的/他们)现在在哪儿?　여자/남자/그들은 지금 어디에 있는가?
　Nǚ de(Nán de/Tāmen) xiànzài zài nǎr?

3 女的(男的/他们)要去哪儿?　여자/남자/그들은 어디로 가야 하는가?
　Nǚ de(Nán de/Tāmen) yào qù nǎr?

4 他们在哪儿见面?　그들은 어디에서 만나는가?
　Tāmen zài nǎr jiànmiàn?

▶ 장소·직업 문제에서 자주 들리는 어휘　　　　　　　　　　　　　　　　◎ Track 16-4

	장소	직업	관련 단어
1	医院 yīyuàn 병원	医生 yīshēng 의사 病人 bìngrén 환자	检查 jiǎnchá 동 검사하다 | 疼 téng 형 아프다 | 感冒 gǎnmào 명 감기 | 发烧 fāshāo 동 열이 나다 | 吃药 chīyào 동 약을 먹다 | 腿 tuǐ 명 다리 | 脚 jiǎo 명 발 | 头 tóu 명 머리
2	学校 xuéxiào 학교 教室 jiàoshì 교실	老师 lǎoshī 선생님 学生 xuésheng 학생 同学 tóngxué 학우 校长 xiàozhǎng 교장	上课 shàngkè 동 수업하다 | 下课 xiàkè 동 수업이 끝나다 | 考试 kǎoshì 명 시험 | 复习 fùxí 동 복습하다 | 作业 zuòyè 명 숙제 | 学习 xuéxí 동 공부하다
3	家 jiā 집 厨房 chúfáng 주방 洗手间 xǐshǒujiān 화장실	爸爸 bàba 아빠 妈妈 māma 엄마 丈夫 zhàngfu 남편 妻子 qīzi 아내 儿子 érzi 아들 女儿 nǚ'ér 딸 邻居 línjū 이웃	打扫 dǎsǎo 동 청소하다 | 睡觉 shuìjiào 동 잠을 자다 | 做饭 zuòfàn 동 밥을 하다 | 吃饭 chīfàn 동 밥을 먹다
4	公司 gōngsī 회사 办公室 bàngōngshì 사무실 会议室 huìyìshì 회의실	经理 jīnglǐ 사장 同事 tóngshì 직장 동료	上班 shàngbān 동 출근하다 | 下班 xiàbān 동 퇴근하다 | 开会 kāihuì 동 회의하다 | 会议 huìyì 명 회의 | 问题 wèntí 명 문제 | 事 shì 명 일
5	宾馆 bīnguǎn 호텔 房间 fángjiān 방 饭馆 fànguǎn 식당	服务员 fúwùyuán 종업원 客人 kèrén 손님	灯 dēng 명 등 | 空调 kōngtiáo 에어컨 | 坏 huài 동 고장 나다 | 换 huàn 동 바꾸다 | 先生 xiānsheng 명 손님을 높여 부르는 말 | 菜单 càidān 명 메뉴 | 点菜 diǎncài 동 주문하다 | 有名 yǒumíng 형 유명하다 | 菜 cài 명 요리
6	商店 shāngdiàn 상점	服务员 fúwùyuán 종업원 客人 kèrén 손님	买 mǎi 동 사다 | 卖 mài 동 팔다 | 不错 búcuò 형 괜찮다 | 好看 hǎokàn 형 보기 좋다 | 漂亮 piàoliang 형 예쁘다 | 喜欢 xǐhuan 동 좋아하다 | 怎么样 zěnmeyàng 어때? | 觉得 juéde 동 느끼다 | 更 gèng 부 더, 더욱 | 帽子 màozi 명 모자 | 裤子 kùzi 명 바지 | 裙子 qúnzi 명 치마 | 鞋 xié 명 신발 | 穿 chuān 동 입다, 신다

실전 PT   Track 16-5

▶정답 및 해설 78p
학습시간 １０분

● 보기를 먼저 해석해보고 녹음 내용을 유추하자.

[짧은 대화문]

문제 1 A 同事　　　　　B 师生　　　　　C 朋友

문제 2 A 银行　　　　　B 动物园　　　　C 图书馆

문제 3 A 同学　　　　　B 妈妈　　　　　C 姐姐

문제 4 A 王经理　　　　B 王校长　　　　C 王医生

문제 5 A 朋友家　　　　B 图书馆　　　　C 公司门口

[긴 대화문]

문제 6 A 书店　　　　　B 宾馆　　　　　C 商店

문제 7 A 妈妈　　　　　B 爷爷　　　　　C 爸爸

문제 8 A 公园　　　　　B 办公楼　　　　C 体育馆

문제 9 A 医院　　　　　B 商店　　　　　C 咖啡店

문제 10 A 姐姐　　　　　B 爸爸和妈妈　　C 叔叔和阿姨

독해 제2부분 ❷ | 빈칸에 들어갈 알맞은 어휘 고르기
들어갈 자리는 정해져 있다 Ⅱ - 형용사·부사·조동사·접속사

어휘 PT 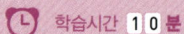 학습시간 10분

문제 1	如果 rúguǒ [접] 만약에 懂 dǒng [동] 이해하다 地方 dìfang [명] 부분, 장소 就 jiù [부] 바로

문제 2	熊猫 xióngmāo [명] 판다 胖 pàng [형] 뚱뚱하다, 통통하다 真 zhēn [부] 정말, 진짜 可爱 kě'ài [형] 귀엽다

문제 3	为了 wèile [전] ~하기 위해 更 gèng [부] 더, 더욱 解决 jiějué [동] 해결하다 必须 bìxū [부] 반드시 提高 tígāo [동] 향상시키다 水平 shuǐpíng [명] 수준

문제 4	比赛 bǐsài [명] 시합, 경기 要求 yāoqiú [명] 요구, 조건 简单 jiǎndān [형] 간단하다 球 qiú [명] 공 踢 tī [동] (공 등을) 차다, 발길질하다 最 zuì [부] 가장, 최고

문제 5	先 A, 然后 B xiān A, ránhòu B 　　　　　　[접] 먼저 A하고, 그 다음에 B하다 买 mǎi [동] 사다 衣服 yīfu [명] 옷 吧 ba [조] 문장 끝에서 제안·권유·추측의 말투를 　　　　　나타냄

문제 6	还 huán [동] 돌려주다, 반납하다 对 duì [동] 맞다 而且 érqiě [접] 게다가 意思 yìsi [명] 재미

문제 7	锻炼 duànliàn [동] 단련하다 下午 xiàwǔ [명] 오후 爬山 páshān [동] 등산하다 刚 gāng [부] 막, 방금 腿 tuǐ [명] 다리 疼 téng [형] 아프다

문제 8	迟到 chídào [동] 지각하다 别 bié [부] ~하지 마라 担心 dānxīn [동] 걱정하다 还 hái [부] 또, 더

문제 9	怎么 zěnme [대] 어째서, 왜 久 jiǔ [형] 오래다 银行 yínháng [명] 은행 太…了 tài…le [부] 매우/너무 ~하다

문제 10	阿姨 āyí [명] 아주머니, 이모 能 néng [조동] ~할 수 있다 照顾 zhàogù [동] 돌보다, 보살피다 猫 māo [명] 고양이

 전략 PT    학습시간 20분

독해 제2부분 (51번~60번) 총 10문제 > 빈칸에 들어갈 알맞은 어휘 고르기!

▶ **형용사술어는 목적어를 동반하지 못한다.**
형용사는 주어를 묘사, 설명하기 때문에 따로 목적어를 동반할 수 없다. 형용사가 술어로 쓰일 땐 앞에 정도부사가 필요하다.

▶ **형용사는 여러 문장성분이 될 수 있다.**
형용사는 주로 술어로 쓰이지만 명사를 수식하는 관형어, 술어를 묘사하는 부사어, 술어를 보충해주는 보어 성분이 될 수 있다. 즉, 주어와 목적어 자리를 제외한 모든 문장성분이 될 수 있기 때문에 주, 술, 목을 찾고 빈칸의 위치를 파악해서 형용사가 들어갈 수 있는지 확인해야 한다.

▶ **부사와 조동사는 술어 앞에 위치한다.**
일부 부사는 주어 앞에 놓일 수도 있지만 대부분의 부사는 술어(동사, 형용사) 앞에서 술어를 수식하는 역할을 한다. 조동사 역시 술어 앞에서 술어를 수식하는 역할을 한다. 부(사)→조(동사)→전(치사구)은 모두 부사어로 술어 앞에 놓이므로 동시에 나오는 경우 이 순서를 꼭 기억해두자!

▶ **자주 나오는 접속사를 기억해두자.**
3급 시험에 출제되는 접속사는 많지 않다. 따라서 자주 나오는 접속사들이 어떠한 호응관계를 갖는지, 어떻게 해석되는지 기억해두면 쉽게 문제를 풀 수 있다.

빈출 형용사·부사·조동사·접속사

▶기본적으로 알아두어야 할 형용사

대비 관계	大 dà 크다	↔	小 xiǎo 작다
	多 duō 많다	↔	少 shǎo 적다
	远 yuǎn 멀다	↔	近 jìn 가깝다
	高 gāo 높다	↔	低 dī 낮다
	快 kuài 빠르다	↔	慢 màn 느리다
	早 zǎo 이르다	↔	晚 wǎn 늦다
	饱 bǎo 배부르다	↔	饿 è 배고프다
	胖 pàng 뚱뚱하다, 살찌다	↔	瘦 shòu 마르다, 살 빠지다
	干净 gānjìng 깨끗하다	↔	脏 zāng 더럽다
	晴 qíng 맑다	↔	阴 yīn 흐리다

대비 관계	容易 róngyì 쉽다	↔	难 nán 어렵다
	年轻 niánqīng 젊다	↔	老 lǎo 늙다
	好看 hǎokàn 보기 좋다	↔	难看 nánkàn 흉하다
	贵 guì 비싸다	↔	便宜 piányì 저렴하다

| 기타 | 认真 rènzhēn 진지하다 | 旧 jiù 낡다 | 快乐 kuàilè 기쁘다 | 久 jiǔ 오래다 | 难过 nánguò 슬프다 | 努力 nǔlì 열심히 하다 | 满意 mǎnyì 만족하다 | 方便 fāngbiàn 편리하다 | 安静 ānjìng 조용하다 | 疼 téng 아프다 | 舒服 shūfu 편안하다 | 简单 jiǎndān 간단하다 | 聪明 cōngming 똑똑하다 | 清楚 qīngchu 분명하다 | 重要 zhòngyào 중요하다 | 有名 yǒumíng 유명하다 | 可爱 kě'ài 귀엽다 | 热情 rèqíng 친절하다 | 着急 zháojí 급하다 | 健康 jiànkāng 건강하다 | 坏 huài 나쁘다 | 奇怪 qíguài 이상하다 | 甜 tián 달다 | 白 bái 하얗다 | 绿 lǜ 푸르다 | 蓝 lán 파랗다 |

▶자주 출제되는 부사

1	很 hěn 아주	他很热情。	Tā hěn rèqíng. 그는 친절하다.
	非常 fēicháng 매우	这本书非常有意思。	이 책은 매우 재미있다. Zhè běn shū fēicháng yǒuyìsi.
2	也 yě ~도	我也想去。	Wǒ yě xiǎng qù. 나도 가고 싶다.
	都 dōu 모두	他们都是中国人。	그들은 모두 중국인이다. Tāmen dōu shì Zhōngguórén.
3	只 zhǐ 오직, 단지	我只有一个。	Wǒ zhǐyǒu yí ge. 나는 오직 한 개 밖에 없다.
	才 cái 겨우, 고작	他8岁才会写字。	그는 8살이 되어서야 글씨를 쓸 줄 알았다. Tā bā suì cái huì xiě zì.
4	又 yòu 또	他们又来了。	Tāmen yòu lái le. 그들은 또 왔다.
	再 zài 다시	你再说一下。	Nǐ zài shuō yíxià. 너 다시 한번 말해줘.
5	总是 zǒngshì 항상	她的孩子总是哭。	그녀의 아이는 계속 운다. Tā de háizi zǒngshì kū.
	一直 yìzhí 계속	一直走。	Yìzhí zǒu. 계속해서 걸어가세요.
6	一定 yídìng 반드시	他一定会来的。	Tā yídìng huì lái de. 그는 꼭 돌아올 것이다.
	必须 bìxū 반드시	我必须见他。	Wǒ bìxū jiàn tā. 나는 그를 반드시 만나야 한다.
7	太 tài 너무	这条裤子太贵了。	이 바지는 너무 비싸다. Zhè tiáo kùzi tài guì le.
	有点儿 yǒudiǎnr 조금, 약간	我有点儿冷。	Wǒ yǒudiǎnr lěng. 나는 조금 춥다.

8	已经 yǐjīng 이미	我已经到了。 Wǒ yǐjīng dào le. 나는 이미 도착했다.
	还 hái 여전히, 아직도	他还在睡觉。 Tā hái zài shuìjiào. 그는 아직 자고 있다.
9	比较 bǐjiào 비교적	我的房间比较大。 나의 방은 비교적 크다. Wǒ de fángjiān bǐjiào dà.
	最 zuì 가장	你最喜欢哪个季节? 너는 어느 계절을 가장 좋아하니? Nǐ zuì xǐhuan nǎge jìjié?
10	马上 mǎshàng 곧	妈妈马上回来。 Māma mǎshàng huílai. 엄마는 곧 돌아온다.
	刚 gāng 막	他刚走了。 Tā gāng zǒu le. 그는 막 갔다.
11	突然 tūrán 갑자기	突然下雨了。 Tūrán xiàyǔ le. 갑자기 비가 내렸다.
	终于 zhōngyú 드디어	我终于找到了手机。 나는 마침내 휴대전화를 찾아냈다. Wǒ zhōngyú zhǎodào le shǒujī.
12	不 bù / 没 méi / 别 bié ~하지 마라	我爸爸不抽烟。 우리 아빠는 담배를 피우지 않는다. Wǒ bàba bù chōuyān. 我没带伞。 Wǒ méi dài sǎn. 나는 우산을 챙기지 않았다. 别担心。 Bié dānxīn. 걱정하지 마.

▶자주 출제되는 조동사

1	应该 yīnggāi 마땅히 ~해야 한다, 아마도 ~일 것이다	学生应该努力学习。 Xuésheng yīnggāi nǔlì xuéxí. 학생은 마땅히 공부를 열심히 해야 한다.
2	想 xiǎng ~하고 싶다	我想陪妈妈去中国旅行。 Wǒ xiǎng péi māma qù Zhōngguó lǚxíng. 나는 엄마를 모시고 중국여행을 가고 싶다.
3	要 yào ~해야 한다, ~할 것이다	我要回去。 Wǒ yào huí qù. 나는 돌아가야 한다. 我要去中国。 Wǒ yào qù Zhōngguó. 나는 중국에 갈 것이다.
4	得 děi ~해야 한다 ['要'보다 어투가 다소 강함]	我得马上回家。 나는 곧 집으로 돌아가야 한다. Wǒ děi mǎshàng huí jiā.
5	敢 gǎn 감히 ~하다	他不敢做这样的事。 그는 이런 일을 감히 하지 못한다. Tā bùgǎn zuò zhèyàng de shì.
6	能 néng (능력이나 조건이 되어) ~할 수 있다	我能看懂中国电影。 나는 중국 영화를 보고 이해할 수 있다. Wǒ néng kàndǒng Zhōngguó diànyǐng.

7	会 huì (배워서) ~할 수 있다 ~할 가능성이 있다	我**会**游泳。 Wǒ huì yóuyǒng. 나는 수영을 할 줄 안다. 今天不**会**下雨吧? 오늘 비가 오지 않겠지? Jīntiān búhuì xiàyǔ ba?
8	可以 kěyǐ (조건이나 여건상) ~할 수 있다 (허락) ~해도 된다	游泳**可以**减肥。 수영은 다이어트를 할 수 있다. Yóuyǒng kěyǐ jiǎnféi. 你**可以**进来。 Nǐ kěyǐ jìnlái. 당신은 들어와도 됩니다.

> **TIP** 조동사는 부정은 '不'로! '不想/不敢/不能/不会…' 등으로 쓰이지만 조동사 '得'의 부정 '~할 필요 없다'는 '不得'가 아니라 '不用'이라고 쓴다.

▶자주 출제되는 접속사

1	而且 érqiě 게다가	我喜欢听音乐，**而且**喜欢唱歌。 Wǒ xǐhuan tīng yīnyuè, érqiě xǐhuan chànggē. 나는 음악 듣는 것을 좋아하고, 게다가 노래 부르는 것도 좋아한다.
2	因为 A, 所以 B yīnwèi A, suǒyǐ B A하기 때문에 B하다	**因为**我迟到了，**所以**她生气了。 Yīnwèi wǒ chídào le, suǒyǐ tā shēngqì le. 내가 늦었기 때문에 그녀는 화가 났다.
3	虽然 A, 但是 B suīrán A, dànshì B 비록 A하지만 B하다	**虽然**我明天有考试，**但是**我想出去玩儿。 Suīrán wǒ míngtiān yǒu kǎoshì, dànshì wǒ xiǎng chū qù wánr. 비록 나는 내일 시험이 있지만, 나가서 놀고 싶다.
4	先 A, 然后 B xiān A, ránhòu B 먼저 A하고 그 다음에 B하다	**先**上网看看，**然后**再买吧。 Xiān shàngwǎng kànkan, ránhòu zài mǎi ba. 먼저 인터넷으로 좀 보고, 그 다음에 다시 사자.
5	如果 A, 就 B rúguǒ A, jiù B 만약 A한다면 B하다	**如果**你不相信我，你**就**看一下。 Rúguǒ nǐ bù xiāngxìn wǒ, nǐ jiù kàn yíxià. 만약 네가 나를 믿지 않는다면, 네가 한번 봐라.
6	A 还是 B? A háishi B? (선택의문문) A인가? 아니면 B인가?	你今天去**还是**明天去? Nǐ jīntiān qù háishi míngtiān qù? 너 오늘 가니 아니면 내일 가니?
7	A 或者 B A huòzhě B (의문 형식이 아니어도 사용 가능) A 혹은 B	你去**或者**我去都可以。 Nǐ qù huòzhě wǒ qù dōu kěyǐ. 네가 가든지 내가 가든지 다 가능하다(괜찮다).

실전 PT

보기들을 해석하며 품사도 함께 떠올리자. 앞뒤 문장에 짝꿍접속사가 있는지 확인하자.

[1-5]

A 可爱　　B 然后　　C 很　　D 必须　　E 如果

문제 1 （　　　）你有不懂的地方就去找王老师。

문제 2 大熊猫胖胖的，真（　　　）！

문제 3 为了更好地解决问题，（　　　）提高自己的水平。

문제 4 比赛要求（　　　）简单，10分钟，谁踢进的球最多，谁就是第一。

문제 5 我们先买衣服（　　　）吃饭吧。

[6–10]

A 久   B 能   C 而且   D 疼   E 会

问题 6　A：那本书你还了吗？
　　　　B：对，没什么意思，（　　）很多地方看不懂。

问题 7　A：你很长时间没锻炼，下午和我去爬山吧。
　　　　B：我昨天刚踢了足球，今天腿还（　　）。

问题 8　A：现在几点了？我们不（　　）迟到吧？
　　　　B：别担心，还有一个多小时呢。

问题 9　A：姐，你怎么去了那么（　　）？
　　　　B：今天银行里人太多了。

问题 10　A：阿姨，我要出国两个星期，您（　　）帮我照顾一下我的猫吗？
　　　　B：当然可以。

쓰기 제2부분 ❶ | 제시된 병음을 보고 빈칸에 알맞은 한자 쓰기
작은 실수에 주의하자 - 모양과 발음이 비슷한 한자

전략 PT

쓰기 제2부분은 (76번~80번) 총 5문제 ▶ 제시된 병음을 보고 빈칸에 알맞은 한자 쓰기

❶ 빈칸의 앞, 뒤를 확인하자!

한어병음만 보고 한자를 쓰면 발음이 같은 한자와 헷갈릴 가능성이 있다. 반드시 빈칸의 앞과 뒤의 한자를 확인해서 단어를 이룰 수 있는지, 의미상 어떠한 단어가 들어가는 것이 맞는지 확인해야 한다.

❷ 단어를 외울 때는 한어병음을 정확하게 외우자.

성조를 정확하게 모르는 경우에는 발음이 비슷한 다른 한자들과 혼동하기 쉽다. 단어를 외울 때는 한자뿐만 아니라 한어병음도 정확하게 외우는 습관을 들이자.

❸ 다른 점에 주의하자.

모양이 비슷한 한자는 점 또는 획 하나의 차이로 다른 의미의 단어가 된다. 모양이 비슷한 한자는 반복해서 쓰는 연습을 해서 정확히 기억해두어야 한다.

❹ 모양이 비슷하면 발음도 비슷하다.

일부 단어는 모양이 비슷할 뿐만 아니라 발음까지도 비슷한 경우가 있다. 이는 소리를 나타내는 부분의 한자가 같기 때문인데, 이런 단어들은 처음에 외울 때부터 성조와 한자의 생김새를 잘 구분해서 외워두어야 한다.

PT 시크릿 자주 틀리는 단어

유의사항		구분
'이미'라는 뜻의 '已经'은 '已'의 세 번째 획을 위로 더 길게 써야 한다.	O	已经 yǐjīng 이미
	X	己经
'名字'는 '이름'이기 때문에 '子(아들 자)'를 쓰지 않고 '字(글자 자)'를 쓴다.	O	名字 míngzi 이름
	X	名子
'晴天'은 '날씨'와 관련된 단어이기 때문에 왼쪽 부수에 '日(날 일)'이 쓰인다.	O	晴天 qíngtiān 맑은 날
	X	清天
'请问'에서 '请'은 '부탁하다'라는 의미로 'ㆍ(물 수)' 부수를 쓰지 않고 'ㆍ(말씀 언)' 부수를 사용한다.	O	请问 qǐngwèn 실례합니다
	X	清问
'멀다'라는 뜻의 '远'은 화폐 단위인 '元'과 발음과 모양이 비슷하기 때문에 주의한다.	O	很远 hěn yuǎn 멀다
	X	很元
'蓝'은 '파란색'을 의미하며, '篮球(농구)'의 '篮'과 발음과 모양이 비슷하기 때문에 주의하자.	O	篮球 lánqiú 농구
	X	蓝球
'물건'은 숫자 '4(四)'를 쓰지 않고 '서쪽'을 의미하는 '西'를 사용하므로 헷갈리지 말자.	O	东西 dōngxi 물건
	X	东四
'明白'에서 '白'는 숫자 '100(百)'이 아니다. 획 하나에 주의하자!	O	明白 míngbai 이해하다
	X	明百
'干'을 비스듬히 쓰면 '千'처럼 보일 수 있으니 가로획을 곧게 써야 한다.	O	干净 gānjìng 깨끗하다
	X	千净
'城市'를 쓸 때는 앞에 'ㆍ(흙 토)' 부수를 꼭 붙여주자.	O	城市 chéngshì 도시
	X	成市
'上午'를 쓸 때 위로 획이 조금 더 나오게 되면 '牛(소)'가 된다.	O	上午 shàngwǔ 오전
	X	上牛
'节日(기념일, 명절)'와 '节目(프로그램)' 두 어휘는 획 하나의 차이로 단어가 아예 달라지기 때문에 주의해야 한다.	O	节日 jiérì 기념일, 명절 节目 jiémù 프로그램

 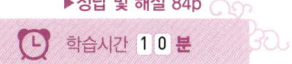

○ 획 하나 차이로 틀릴 수 있기 때문에 급하게 넘어가지 말고, 내가 쓴 한자가 맞는지 다시 한번 검토하자.

문제 1 ▶ 我来中国，除了学习汉语，还希望了解更多的中国文（ huà ）。

문제 2 ▶ 这个城市（ yǐ ）经有一千多年的历史了，很有名。

문제 3 ▶ 春节是中国最重要的一个节（ rì ）。

문제 4 ▶ 工作太忙也要注意身（ tǐ ），要知道健康是最重要的。

문제 5 ▶ 只有多练习，才能提高你的（ lán ）球水平。

问题 6 ▶ 今天的作业很简单,我一会儿就（ zuò ）完了。

问题 7 ▶ 他不喜欢狗,也不喜欢猫,但他家有3（ zhī ）小鸟。

问题 8 ▶ 今天我一共（ huā ）了20多块钱。

问题 9 ▶ 你带钱了吗?我还差3（ jiǎo ）5分。

问题 10 ▶ 外面下（ xuě ）了,你让孩子路上小心点儿。

Day 17

듣기 제3·4부분 ❷ | 단문·장문대화 듣고 질문에 답하기
끝까지 방심하지 말자 II - 숫자 & 상태·상황·행동

어휘 PT   ● Track 17-1   학습시간 10분

문제 1
- 房子 fángzi 명 집
- 应该 yīnggāi 조동 아마도
- 长 cháng 형 길다
- 历史 lìshǐ 명 역사

문제 2
- 正在 zhèngzài 부 ~하고 있는 중이다
- 开车 kāichē 동 운전하다
- 等 děng 동 기다리다
- 那 nà 접 그러면, 그렇다면
- 方便 fāngbiàn 형 편리하다

문제 3
- 卖 mài 동 팔다
- 要 yào 동 필요하다
- 以前 yǐqián 명 이전

문제 4
- 骑自行车 qí zìxíngchē 동 자전거를 타다
- 前面 qiánmiàn 명 앞쪽
- 注意 zhùyì 동 주의하다
- 会 huì 조동 ~할 것이다

문제 5
- 饱 bǎo 형 배부르다
- 生病 shēngbìng 동 병이 나다
- 饿 è 형 배고프다
- 刷牙 shuāyá 동 이를 닦다

문제 6
- 照片 zhàopiàn 명 사진
- 哪 nǎ 대 어느
- 最 zuì 부 가장, 최고
- 关系 guānxi 명 관계
- 像 xiàng 동 닮다

문제 7
- 下周 xiàzhōu 명 다음 주
- 已经 yǐjīng 부 이미
- 打算 dǎsuàn 동 ~할 계획이다
- 教书 jiāoshū 동 학생을 가르치다
- 决定 juédìng 동 결정하다

문제 8
- 普通 pǔtōng 형 평범하다, 보통이다
- 衬衫 chènshān 명 셔츠
- 刚 gāng 부 막, 방금
- 经过 jīngguò 동 지나가다, 거쳐가다, 경유하다

문제 9
- 电影 diànyǐng 명 영화
- 票 piào 명 표
- 买 mǎi 동 사다
- 点 diǎn 명 시 [시간 단위]

문제 10
- 离开 líkāi 동 떠나다
- 决定 juédìng 동 결정하다
- 或者 huòzhě 접 혹은, 또는
- 电子邮件 diànzǐ yóujiàn 명 전자우편, 이메일

 전략 PT  학습시간 20분

듣기 제3·4부분 (21번~40번) ▶ 단문·장문대화 듣고 질문에 답하기

▶ **비슷한 숫자를 주의해서 듣자.**
숫자 중에 발음이 비슷한 '四 sì'와 '十 shí'를 구분해서 들어야 하고 전화번호, 방 호수와 같이 숫자를 띄어서 읽는 표현들은 숫자의 순서가 헷갈리지 않게 귀 기울여 들어야 한다.

▶ **숫자 문제는 메모가 생명이다!**
숫자에 관련된 문제는 녹음에서 숫자 표현이 한 번만 등장하는 것이 아니기 때문에 중간중간 메모를 하지 않으면 헷갈릴 수 있다. 따라서 보기에 숫자가 있다면 메모를 하면서 들도록 한다.

▶ **보기들이 동사 또는 동사구라면 행동이나 상태에 대한 문제이다.**
동작의 이유를 묻거나 주어의 행동이나 상태 등을 묻는 경우 보기에는 동사 또는 동사구가 나열된다. 보기들 간에 공통점이 없어 보일 수 있지만 행동에 관한 문제가 될 것이라고 예상할 수 있어야 한다.

 숫자 표현과 빈출 질문 유형

▶ **다양한 숫자 표현** ● Track 17-2

1	요일을 나타내는 다양한 표현	周 zhōu = 星期 xīngqī 주, 요일 下周 xià zhōu = 下星期 xià xīngqī 다음 주 周一 zhōuyī = 星期一 xīngqīyī 월요일 星期日 xīngqīrì = 星期天 xīngqītiān 일요일
2	刻 kè 15분 단위 半 bàn 30분 단위	一刻 yíkè = 十五分 shíwǔ fēn 15분 半 bàn = 三十分 sānshí fēn 30분 三刻 sān kè = 四十五分 sìshíwǔ fēn 45분
3	시간 표현에서 '差 chà'는 '~전'으로 해석	差十分两点 2시 10분 전(= 1시 50분) chà shí fēn liǎng diǎn
4	'2시'에서 '2'는 '二 èr'이 아니라 '两 liǎng'으로 표현	两点 liǎng diǎn (○) / 二点 èr diǎn (X)
5	숫자 0은 '零 líng'	三零五 sān líng wǔ 305호

▶ 숫자 관련 문제에서 자주 등장하는 질문 유형

Track 17-3

1. 现在几点? Xiànzài jǐ diǎn? → 지금 몇 시입니까?

2. 女的(男的/他们)几点 + 동사?
   Nǚde(Nánde/Tāmen) jǐ diǎn + 동사? → 여자(남자/그들)는 몇 시에 '동사'하는가?

3. 女的(男的)什么时候(哪天) + 동사?
   Nǚde(Nánde) shénme shíhou(nǎtiān) + 동사? → 여자(남자)는 언제(어느 날) '동사'하는가?

4. 几层(楼)? Jǐ céng(lóu)? → 몇 층인가?

5. 女的(男的) + 동사 + 多长时间?
   Nǚde(Nánde) + 동사 + duō cháng shíjiān? → 여자(남자)는 얼마 동안 '동사'하는가?

6. 女的(男的)花了多少钱?
   Nǚde(Nánde) huā le duōshao qián? → 여자(남자)는 얼마의 돈을 썼는가?

7. 一共多少钱? Yígòng duōshao qián? → 총 얼마인가?

▶ 상태, 상황, 행동 문제에서 자주 등장하는 질문 유형

Track 17-4

1. 女的(男的/他们)刚才做什么了?
   Nǚde(Nánde/Tāmen) gāngcái zuò shénme le? → 여자(남자/그들)는 방금 무엇을 했는가?

2. 女的(男的/他们)正在做什么?
   Nǚde(Nánde/Tāmen) zhèngzài zuò shénme? → 여자(남자/그들)는 무엇을 하고 있는가?

3. 女的(男的/他们)要(想)做什么?
   Nǚde(Nánde/Tāmen) yào(xiǎng) zuò shénme? → 여자(남자/그들)는 무엇을 하려 하는가(하고 싶은가)?

4. 女的(男的)要(想)说/找/买/看)什么?
   Nǚde(Nánde) yào(xiǎng) shuō(zhǎo/mǎi/kàn) shénme? → 여자(남자)는 무엇을 말하려(찾으려/사려/보려) 하는가?

5. 女的(男的)为什么 + 동사구?
   Nǚde(Nánde) wèishénme + 동사구? → 여자(남자)는 왜 '동사'하는가?

6. 女的(男的)怎么了?
   Nǚde(Nánde) zěnmele? → 여자(남자)는 어떠한가(왜 그런가)?

7. 女的(男的)是什么意思?
   Nǚde(Nánde) shì shénme yìsi? → 여자(남자)의 말은 무슨 의미인가?

8. 关于女的(男的)可以知道什么?
   Guānyú nǚde(nánde) kěyǐ zhīdào shénme? → 여자(남자)에 관해서 알 수 있는 것은?

9. 女的(男的)觉得…怎么样?
   Nǚde(Nánde) juéde …zěnmeyàng? → 여자(남자)가 느끼기에 ~은 어떠한가?

실전 PT ● Track 17-5

● 숫자가 들리면 무조건 메모하는 습관을 들이자!

[짧은 대화문]

문제 1   A 两百多年   B 三百多年   C 四百多年

문제 2   A 在看书   B 在开车   C 要上飞机了

문제 3   A 一分钱也没有   B 票卖完了   C 别看手机了

문제 4   A 开车   B 学习   C 骑自行车

문제 5   A 饱了   B 生病了   C 饿了

[긴 대화문]

문제 6 A 照片   B 电视   C 书

문제 7 A 春节后   B 下周日   C 一个月后

문제 8 A 很普通   B 有点儿短   C 还好

문제 9 A 七张   B 四张   C 十张

문제 10 A 五天   B 半年   C 还没决定

독해 제3부분 | 지문 읽고 질문에 대한 답 찾기
답은 이미 문장 안에 나와있다!

어휘 PT

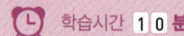 학습시간 10분

문제 1
- 知道 zhīdào 동 알다
- 介绍 jièshào 동 소개하다
- 其实 qíshí 부 사실
- 姓 xìng 명 성씨

문제 2
- 了解 liǎojiě 동 이해하다, 알다
- 除了 chúle 전 ~를 제외하고
- 要 yào 조동 ~해야 한다
- 关心 guānxīn 동 관심을 가지다
- 同意 tóngyì 동 동의하다

문제 3
- 空调 kōngtiáo 명 에어컨
- 用 yòng 동 사용하다
- 几乎 jīhū 부 거의
- 影响 yǐngxiǎng 동 영향을 미치다
- 换 huàn 동 바꾸다

문제 4
- 坐 zuò 동 타다
- 船 chuán 명 (교통수단) 배
- 火车 huǒchē 명 기차
- 慢 màn 형 느리다
- 便宜 piányi 형 저렴하다

문제 5
- 水平 shuǐpíng 명 수준, 실력
- 提高 tígāo 동 향상하다, 향상시키다
- 对 duì 전 ~에 대해
- 报纸 bàozhǐ 명 신문
- 节目 jiémù 명 프로그램

문제 6
- 西瓜 xīguā 명 수박
- 有名 yǒumíng 형 유명하다
- 举行 jǔxíng 동 개최하다, 열다
- 夏季 xiàjì 명 하계, 여름
- 玩儿 wánr 동 놀다

문제 7
- 留学 liúxué 동 유학하다
- 年轻人 niánqīngrén 명 젊은이
- 锻炼 duànliàn 동 단련하다
- 解决 jiějué 동 해결하다
- 遇到 yùdào 동 마주치다

문제 8
- 脸 liǎn 명 얼굴
- 变 biàn 동 변하다
- 晴天 qíngtiān 명 맑은 날
- 街 jiē 명 거리

문제 9
- 上次 shàngcì 명 지난번
- 面包 miànbāo 명 빵
- 糖 táng 명 설탕, 사탕
- 放 fàng 동 넣다

문제 10
- 司机 sījī 명 운전기사
- 洗 xǐ 동 씻다, 닦다
- 干净 gānjìng 형 깨끗하다
- 开心 kāixīn 형 기쁘다

 전략 PT  학습시간 2 0 분

독해 제3부분 (61번~70번) 총 10문제 〉 지문 읽고 질문에 대한 답 찾기

▶ " " 안의 문장에 주목하자.
주로 주제를 묻는 문제에서 많이 볼 수 있으며 쌍따옴표 안에는 주로 속담이나 관용구 등이 들어간다. 이 부분이 문제의 핵심이 되기 때문에 쌍따옴표 안에 있는 문장이 의미하는 바가 무엇인지 해석해보고, 모르는 내용이면 그 문장을 설명해놓은 앞뒤 내용을 통해 의미를 파악하자.

▶ 주제는 주로 문장의 맨 앞이나 맨 뒤에 나온다.
문단의 주제는 첫 문장에 나오거나 맨 마지막에 문장을 마무리 하면서 나오는 경우가 많다. 문제에서 주제를 묻는다면 보기를 확인한 뒤 지문의 맨 앞과 맨 뒤를 먼저 확인하여 일치하는 답이 있는지 확인하자.

▶ 지문의 전체적인 내용을 파악해야 한다.
보기와 문장에 일치하는 단어 없이 문장 전체의 흐름을 파악하여 문제를 풀어야 하는 형식이 종종 등장하고 있다. 이런 문제는 단어 하나하나에 주목하는 것보다는 전체적인 내용을 이해하는 것이 중요하다.

▶ 지문을 읽으면서 관련 없는 보기는 지운다.
문제를 먼저 확인하고 지문을 읽으면서 관련이 없는 내용의 보기는 지워나가며 문제를 푸는 것이 좋다.

▶ 지시대명사가 가리키는 것을 정확히 파악하자.
정확한 명칭이 아닌 지시대명사를 사용해서 그것의 특징을 묻는 문제가 종종 출제된다. 지문에 지시대명사가 있으면 문장 안에서 무엇을 가리키는지, 어떤 내용이 나열되어 있는지 확인하자.

▶ 접속사를 조심하자.
가장 주의해야 할 접속사는 '그러나'와 '게다가'이다. '그러나'는 문장의 상황을 전환시키기 때문에 '그러나'를 기준으로 앞부분보다는 뒷부분 내용을 잘 해석해야 한다. 또한, '게다가'는 문장의 의미를 더 심화시키기 때문에 역시나 뒷부분을 주의 깊게 살펴야 한다.

▶ 문제에 등장한 명사를 지문에서 찾자.
문제에서 별다른 내용 없이 '명사는:' 이렇게 나왔다면 그 명사를 지문에서 찾아 그 부분의 내용을 확인하는 것이 문제를 빨리 풀 수 있는 지름길이다.

 PT 시크릿 **독해 제3부분 빈출 질문 유형과 빈출 접속사**

▶독해 제3부분에서 자주 나오는 질문

① 关于 + 명사，可以知道什么？
　Guānyú + 명사, kěyǐ zhīdào shénme? → (명사)에 관해서 알 수 있는 것은?

② 해당 문항의 주제가 되는 명사: → (명사)는:

③ 根据这段话，可以知道？
　Gēnjù zhè duàn huà, kěyǐ zhīdào? → 이 이야기에 근거해서 알 수 있는 것은?

④ 说话人是什么意思？
　Shuōhuàrén shì shénme yìsi? → 말하는 사람의 의미는?

5 这句话主要… Zhè jù huà zhǔyào…	→	이 문장의 주된 ~
6 …怎么样? …zěnmeyàng?	→	~는 어떠한가?
7 为什么…? Wèishénme…?	→	왜 ~하는가?

▶독해 제3부분에 자주 출제되는 접속사

但(是) dàn(shì) 그러나	他姓高，但是长得不高。 그의 성은 '까오'이지만 키는 크지 않다. Tā xìng Gāo, dànshì zhǎng de bùgāo.	
	她那时很矮，但现在比我还高。 그녀는 그때 작았지만 지금은 나보다 훨씬 크다. Tā nà shí hěn ǎi, dàn xiànzài bǐ wǒ hái gāo.	
	妈妈总是对我结婚的事情着急，但是我不想这么早结婚。 Māma zǒngshì duì wǒ jiéhūn de shìqing zháojí, dànshì wǒ bù xiǎng zhème zǎo jiéhūn. 엄마는 항상 나의 결혼에 대한 일에 조급해 하시지만, 나는 이렇게 일찍 결혼하고 싶지 않다.	
	我们这个城市不大，但已经有几千年的历史了。 Wǒmen zhège chéngshì bú dà, dàn yǐjīng yǒu jǐ qiān nián de lìshǐ le. 우리 도시는 크지 않지만 이미 몇천 년의 역사를 가지고 있다.	
虽然 A, 但(是) B suīrán A, dàn(shì) B 비록 A하지만 B하다	虽然时间短，但他做事一直很努力。 Suīrán shíjiān duǎn, dàn tā zuò shì yìzhí hěn nǔlì. 비록 시간은 짧지만, 그는 일을 항상 열심히 한다.	
	虽然工作很忙，但我每天找时间去锻炼身体。 Suīrán gōngzuò hěn máng, dàn wǒ měitiān zhǎo shíjiān qù duànliàn shēntǐ. 비록 일이 바쁘지만, 나는 매일 시간을 내서 몸을 단련하러 간다.	
	虽然那家店离我们家有点儿远，但是他们家的鸡蛋和面包好吃极了。 Suīrán nà jiā diàn lí wǒmen jiā yǒudiǎnr yuǎn, dànshì tāmen jiā de jīdàn hé miànbāo hǎochī jíle. 비록 그 음식점은 우리 집에서 조금 멀지만, 그 집의 달걀과 빵은 정말 맛있다.	
	虽然颜色跟我在网上看的不太一样，但穿在脚上非常舒服。 Suīrán yánsè gēn wǒ zài wǎngshàng kàn de bú tài yíyàng, dàn chuān zài jiǎo shang fēicháng shūfu. 비록 색은 내가 인터넷에서 본 것과 다르지만, 신어보니 매우 편하다.	
	虽然电脑给人们的工作带来了极大的方便，但是长时间对着电脑，对身体不好。 Suīrán diànnǎo gěi rénmen de gōngzuò dàilái le jídà de fāngbiàn, dànshì cháng shíjiān duìzhe diànnǎo, duì shēntǐ bùhǎo. 비록 컴퓨터가 사람들의 업무에 큰 편리함을 가져왔지만, 긴 시간 컴퓨터를 마주하면 몸에 좋지 않다.	
	虽然比火车慢了6个小时，但是船票比火车票便宜。 Suīrán bǐ huǒchē màn le liù ge xiǎoshí, dànshì chuánpiào bǐ huǒchēpiào piányi. 비록 기차보다 6시간 느리지만, 배표가 기차표보다 저렴하다.	

不但 A, 而且 B búdàn A, érqiě B A할 뿐만 아니라, B하다	那儿不但有很多好吃的，而且街道两边的房子也很特别。 Nàr búdàn yǒu hěn duō hǎochī de, érqiě jiēdào liǎngbiān de fángzi yě hěn tèbié. 그곳에는 맛있는 것이 많을 뿐만 아니라, 거리 양 옆의 집들도 특별하다.	
	张经理不但工作很认真，而且对人很热情。 Zhāng jīnglǐ búdàn gōngzuò hěn rènzhēn, érqiě duì rén hěn rèqíng. 장 사장님은 일을 열심히 할 뿐만 아니라, 게다가 사람들에게도 친절하다.	
	现在手机不但能听歌，玩儿游戏，而且上网也很方便。 Xiànzài shǒujī búdàn néng tīng gē, wánr yóuxì, érqiě shàngwǎng yě hěn fāngbiàn. 현재 휴대전화는 노래를 들을 수 있을 뿐만 아니라, 게임도 하고 게다가 인터넷을 하는 것도 편리하다.	
先 A, 然后 B xiān A, ránhòu B 먼저 A하고, 그 다음에 B하다	我先回去一下，然后去咖啡馆找你们。 Wǒ xiān huíqù yíxià, ránhòu qù kāfēiguǎn zhǎo nǐmen. 나는 먼저 돌아갔다가 그 다음에 카페에 가서 너희를 찾을게.	
	我们先坐下吃点儿饭，然后再爬。 Wǒmen xiān zuòxià chī diǎnr fàn, ránhòu zài pá. 우리 먼저 앉아서 밥을 조금 먹고 그 다음에 다시 오르자.	
	我们要先准备面、牛奶、鸡蛋，然后就可以开始。 Wǒmen yào xiān zhǔnbèi miàn、niúnǎi、jīdàn, ránhòu jiù kěyǐ kāishǐ. 우리는 먼저 밀가루, 우유, 달걀을 준비하고 그 다음에 시작할 수 있다.	
A 或者 B A huòzhě B A 또는(혹은) B	有什么事就给我发电子邮件或者打我手机。 Yǒu shénme shì jiù gěi wǒ fā diànzǐ yóujiàn huòzhě dǎ wǒ shǒujī. 무슨 일이 있으면 바로 나에게 이메일을 보내거나 내 휴대전화로 전화를 걸어.	
	天冷了或者你工作累了的时候，喝杯热茶，真是舒服极了。 Tiān lěng le huòzhě nǐ gōngzuò lèi le de shíhou, hē bēi rè chá, zhēnshi shūfu jíle. 날이 추워지거나 당신 일이 피곤할 때, 뜨거운 차를 마시면 정말 편안하다.	
	在汽车站或者地铁站里，经常能看见人们一边玩儿手机一边等车。 Zài qìchēzhàn huòzhě dìtiězhàn lǐ, jīngcháng néng kànjiàn rénmen yìbiān wánr shǒujī yìbiān děng chē. 버스정류장이나 지하철역에서 사람들이 휴대전화를 하면서 차를 기다리는 것을 자주 볼 수 있다.	
	看书时会遇到一些历史上的人或者国家的名字。 Kànshū shí huì yùdào yìxiē lìshǐ shang de rén huòzhě guójiā de míngzi. 책을 볼 때 역사적 인물 또는 국가의 이름을 마주할 수 있다.	
如果 rúguǒ 만약에	你如果先到了，就去那个咖啡馆等我一会儿。 Nǐ rúguǒ xiān dào le, jiù qù nàge kāfēiguǎn děng wǒ yíhuìr. 만약 네가 먼저 도착하면 바로 카페에 가서 나를 잠시만 기다려.	
	如果你有兴趣，我可以教你。 만약에 네가 흥미가 있으면 내가 널 가르쳐줄 수 있어. Rúguǒ nǐ yǒu xìngqù, wǒ kěyǐ jiāo nǐ.	

> 문제에 나온 단어를 지문에서 빠르게 찾아보자! 지문을 읽으면서 관련 없는 보기는 바로 지워나가자.

문제 1 你知道《百家姓》这本书吗？它主要介绍了中国人的姓。虽然叫《百家姓》，但其实中国人的姓比书中介绍的多。

★《百家姓》介绍了：

A 中国习惯　　　　B 中国人的姓　　　　C 姓出现的时间

문제 2 了解一个人，除了要听他怎么说，还要看他怎么做。

★ 了解一个人：

A 要关心他　　　　B 要听他怎么说　　　C 不需要看他怎么做

문제 3 这个空调用了8年了，几乎没出过什么问题。但儿子担心它声音太大，晚上会影响我和他爸爸休息，所以一定要换个新的。

★ 根据这段话，儿子：

A 生病了　　　　　B 关心爸妈　　　　　C 不同意换空调

문제 4 我们还是坐船去吧，虽然比火车慢了5个小时，但是船票比火车票便宜多了。

★ 他们认为：

A 要坐出租车　　　B 坐船时间短　　　　C 火车票更贵

문제 5 这几年，他的汉语水平提高了不少，对中国的了解也越来越多，这跟他经常看中文报纸和节目有很大关系。

★ 关于他，可以知道：

A 会唱中文歌　　　B 爱看体育比赛　　　C 中文水平提高了

문제 6 这里的西瓜非常有名，每年8月这里会举行一个西瓜节，所以，夏季有很多人来这儿玩儿。

★ 这个地方：

A 常下雨　　　　　B 很有名　　　　　C 苹果有名

문제 7 出国留学对很多年轻人来说是一种锻炼。因为一个人在外国，不但要学会照顾自己，而且还要学着解决自己以前没遇到过的问题。

★ 这段话主要想告诉我们，去国外留学：

A 比较难　　　　　B 能锻炼自己　　　C 需要别人帮忙

문제 8 "6月的天，孩子的脸，说变就变。"刚才还是大晴天，现在就要用伞了。雨越下越大，天也变得越来越黑，街上一辆出租车也找不到了。

★ 6月的天：

A 热极了　　　　　B 变化快　　　　　C 一般不下雨

문제 9 我上次买过这种面包，糖放得太多了，这次我想买别的。

★ 他觉得上次的面包：

A 很贵　　　　　　B 不新鲜　　　　　C 有点儿甜

문제 10 我弟弟是一名出租车司机，他每天早上都会洗一下车。他常说，车就像人的衣服一样，车干净了，自己很开心，大家坐着也舒服。

★ 关于他弟弟，可以知道：

A 买了辆新车　　　B 是公共汽车司机　C 经常洗车

쓰기 제2부분 ❷ | 제시된 병음을 보고 빈칸에 알맞은 한자 쓰기
다음어 - 같은 글자를 가진 한자

전략 PT

 학습시간 20분

쓰기 제2부분은 (76번~80번) 총 5문제 ▷ 제시된 병음을 보고 빈칸에 알맞은 한자 쓰기

❶ 빈칸에 필요한 품사가 무엇인지 확인하자.

다음자는 단어의 뜻과 품사에 따라서 발음이 달라진다. 따라서 문장성분을 파악한 뒤 빈칸에 어떠한 품사가 들어갈 수 있는지 보고 의미에 알맞은 단어를 채워 넣어야 한다.

❷ 단어의 짝을 기억해두자.

한 단어로 쓰이는 다음자도 있지만 대부분의 다음자는 다른 한자와 결합되어 단어를 이룬다. 따라서 어떤 한자와 결합되는지에 따라서 발음이 어떻게 변하는지 외워두는 것이 좋다.

❸ 공통된 뜻을 기억하여 묶어서 외운다.

공통된 한자를 가지고 있는 단어들은 대부분 공통된 의미를 가지기 때문에 무슨 뜻인지 생각하며 묶어서 외워두도록 한다.

❹ 유추하는 연습을 하자!

빈칸의 앞뒤를 보고 단어를 채워 넣어야 하기 때문에 어설프게 외워서는 단어를 알 수가 없다. 단어가 두 글자로 이루어져 있다면 우선 두 글자 모두 정확하게 외우고 있어야 하며, 문제를 풀 때 나머지 한 글자를 통해서 빈칸에 들어갈 단어를 유추하는 연습을 해야 한다.

경성으로 바뀌는 한자

1	情 qíng	热情 rèqíng 친절하다	→	事情 shìqing 일
2	事 shì	同事 tóngshì 직장 동료	→	故事 gùshi 이야기
3	难 nán	难过 nánguò 슬프다, 고통스럽다	→	困难 kùnnan 어려움
4	字 zì	字 zì 글자	→	名字 míngzi 이름
5	西 xī	西瓜 xīguā 수박	→	东西 dōngxi 물건
6	少 shǎo	很少 hěn shǎo 적다	→	多少 duōshao 얼마
7	方 fāng	方便 fāngbiàn 편리하다	→	地方 dìfang 곳, 장소
8	生 shēng	生病 shēngbìng 병이 나다	→	学生 xuésheng 학생
9	发 fā	发现 fāxiàn 발견하다	→	头发 tóufa 머리카락
10	快 kuài	快乐 kuàilè 기쁘다	→	凉快 liángkuai 시원하다
11	上 shàng	上班 shàngbān 출근하다	→	早上 zǎoshang 아침
12	服 fú	服务员 fúwùyuán 종업원	→	衣服 yīfu 옷
13	面 miàn	面包 miànbāo 빵	→	前面 qiánmian 앞쪽
14	子 zǐ	子女 zǐnǚ 자녀	→	孩子 háizi 아이

 **실전 PT**

▶정답 및 해설 92p
학습시간 10분

😊 다른 한자와 결합되었을 때, 경성으로 바뀌는 단어를 주의하자!

문제 1 ▶ 看地图，很容易，上北，下南，左（　xī　），右东，明白了吗?

문제 2 ▶ 如果没有其他问题，请在这儿写你的名（　zi　）。

문제 3 ▶ 他以前没遇到过这样的（　shì　）情，所以也没想出来好办法。

문제 4 ▶ 北京西站是（　zhōng　）国最大的火车站。

문제 5 ▶ 不是右边，我说的是左边的那个帽（　zi　）。

296 PART 2

문제 6 ▶ 老师，黑板中（ jiān ）的这个词是什么意思？

문제 7 ▶ 就在这条街的西边，有个（ yǎn ）镜店。

문제 8 ▶ 祝你节日（ kuài ）乐！

문제 9 ▶ 我的（ diàn ）脑还是有问题。

문제 10 ▶ 电（ tī ）坏了，我们走上去吧。

新HSK
PT 3급

PART 03

영역별 마무리 학습

DAY 18 ~ DAY 20

- **영역별 Final** 영역별 학습 전략 총정리
- **PT시크릿** 답으로 출제되었던 超중요 표현 모음
- **실전PT** 미니 모의고사로 실력 굳히기

Day 18

듣기 영역 Final 전략 PT

▶ **제1부분: 대화 내용과 일치하는 사진 찾기**
  1. 자주 나오는 핵심단어 암기하기
  2. 인물의 행동에 주목하기
  3. 사진에 보이는 단어 연상하는 연습하기

▶ **제2부분: 녹음 내용과 문제의 일치/불일치 판단하기**
  1. 여러 가지 비슷한 표현을 기억해두기
  2. 문제와 녹음 내용의 시간명사 및 시제 일치 확인하기
  3. 섣불리 판단하지 않기

▶ **제3·4부분: 단문·장문대화 듣고 질문에 답하기**
  1. 보기를 보고 녹음 내용 유추하기
  2. 숫자 표현은 반드시 메모하기
  3. 마지막 질문까지 주의 깊게 듣기

듣기 영역에서 반복적으로 출제되고 있는 단어 및 문장

학습시간 30분

제1부분 – 자주 등장하는 사물의 명칭 종합

○ Track 18-1

1	거실·주방	报纸 bàozhǐ 신문 ǀ 杯子 bēizi 컵 ǀ 冰箱 bīngxiāng 냉장고 ǀ 筷子 kuàizi 젓가락 ǀ 盘子 pánzi 쟁반 ǀ 碗 wǎn 그릇 ǀ 灯 dēng 등 ǀ 空调 kōngtiáo 에어컨
2	음식·음료	蛋糕 dàngāo 케이크 ǀ 面包 miànbāo 빵 ǀ 面条 miàntiáo 국수 ǀ 米饭 mǐfàn 밥 ǀ 鸡蛋 jīdàn 계란 ǀ 糖 táng 사탕 ǀ 牛奶 niúnǎi 우유 ǀ 咖啡 kāfēi 커피 ǀ 果汁 guǒzhī 주스 ǀ 苹果 píngguǒ 사과 ǀ 西瓜 xīguā 수박 ǀ 香蕉 xiāngjiāo 바나나 ǀ 葡萄 pútáo 포도 ǀ 水果 shuǐguǒ 과일
3	복장	衬衫 chènshān 와이셔츠 ǀ 裤子 kùzi 바지 ǀ 裙子 qúnzi 치마 ǀ 帽子 màozi 모자 ǀ 鞋 xié 신발 ǀ 眼镜 yǎnjìng 안경 ǀ 手表 shǒubiǎo 손목시계
4	교통수단	出租车 chūzūchē 택시 ǀ 船 chuán 배 ǀ 公共汽车 gōnggòng qìchē 버스 ǀ 地铁 dìtiě 지하철 ǀ 电梯 diàntī 엘리베이터 ǀ 自行车 zìxíngchē 자전거
5	학업·업무	电子邮件 diànzǐ yóujiàn 이메일 ǀ 电子词典 diànzǐ cídiǎn 전자사전 ǀ 电脑 diànnǎo 컴퓨터 ǀ 黑板 hēibǎn 칠판 ǀ 椅子 yǐzi 의자 ǀ 桌子 zhuōzi 책상 ǀ 书 shū 책 ǀ 铅笔 qiānbǐ 연필 ǀ 地图 dìtú 지도
6	신체·건강	感冒 gǎnmào 감기 ǀ 头 tóu 머리 ǀ 牙 yá 이, 치아 ǀ 腿 tuǐ 다리 ǀ 脚 jiǎo 발 ǀ 鼻子 bízi 코 ǀ 眼睛 yǎnjing 눈 ǀ 耳朵 ěrduo 귀 ǀ 病 bìng 병 ǀ 医院 yīyuàn 병원 ǀ 药 yào 약

7	기타	护照 hùzhào 여권 | 画 huà 그림 | 礼物 lǐwù 선물 | 票 piào 표 | 雨伞 yǔsǎn 우산 | 行李箱 xínglǐxiāng 여행용 가방 | 照相机 zhàoxiàngjī 사진기 | 手机 shǒujī 휴대전화

제2부분 – 바꿔서 사용할 수 있는 유사 표현

○ Track 18-2

1	좋다	不错 búcuò | 好 hǎo
2	낮다	矮 ǎi | 低 dī | 不高 bùgāo
3	쉽다, 용이하다	容易 róngyì | 不难 bù nán | 很简单 hěn jiǎndān
4	매우 많다	很多 hěn duō | 好多 hǎo duō | 不少 bù shǎo
5	(값이) 저렴하다	便宜 piányi | 不贵 bú guì | 价钱低 jiàqián dī
6	간단하다, 단순하다	简单 jiǎndān | 不复杂 bú fùzá
7	예쁘다, 아름답다	漂亮 piàoliang | 好看 hǎokàn | 美丽 měilì
8	안심하다, 마음을 놓다	放心 fàngxīn | 别担心 bié dānxīn | 安心 ānxīn
9	조심하다, 주의하다	小心 xiǎoxīn | 注意 zhùyì
10	동의하다, 찬성하다	同意 tóngyì | 说得对 shuōdeduì
11	고통스럽다, 슬프다	难过 nánguò | 痛苦 tòngkǔ | 伤心 shāngxīn
12	기쁘다, 유쾌하다	高兴 gāoxìng | 快乐 kuàilè | 幸福 xìngfú | 开心 kāixīn | 愉快 yúkuài
13	건강하다	健康 jiànkāng | 身体很好 shēntǐ hěn hǎo | 很少生病 hěn shǎo shēngbìng
14	병이 나다, 병에 걸리다	生病 shēngbìng | 得病 débìng | 身体不舒服 shēntǐ bù shūfu
15	조용하다, 잠잠하다	安静 ānjìng | 不热闹 bú rènao | 没有声音 méiyǒu shēngyīn
16	곧 도착하다, 아직 도착하지 못했다	很快就到了 hěn kuài jiù dào le | 马上就到了 mǎshàng jiù dào le | 还没到 hái méi dào
17	아마도 (곧) 비가 올 것이다	可能要下雨 kěnéng yào xiàyǔ | 会下雨 huì xiàyǔ | 快要下雨了 kuàiyào xiàyǔ le

제3·4부분 – 자주 등장하는 문장 패턴

Track 18-3

1	…完了吗? ~을 다 했니? …wán le ma? …完了 ~을 다 했다 …wán le	A: 你房间打扫完了吗? 너 방 청소 다 했니? Nǐ fángjiān dǎsǎo wán le ma? B: 很快就打扫完了。 청소를 금방 다 했어. Hěn kuài jiù dǎsǎo wán le. A: 你的作业写/做完了吗? 너 숙제 다 했니? Nǐ de zuòyè xiě/zuò wán le ma? B: 我已经写/做完了。 나는 이미 다 했어. Wǒ yǐjīng xiě/zuò wán le.
2	…(马上)就要开始了 …(mǎshàng) jiùyào kāishǐ le ~가 곧 시작할 것이다 * 就要…了 jiùyào…le 곧 ~할 것이다 [임박태]	电影(马上)就要开始了。 영화가 곧 시작할 것이다. Diànyǐng (mǎshàng) jiùyào kāishǐ le. 表演(马上)就要开始了。 공연이 곧 시작할 것이다. Biǎoyǎn (mǎshàng) jiùyào kāishǐ le. 比赛(马上)就要开始了。 경기가 곧 시작할 것이다. Bǐsài (mǎshàng) jiùyào kāishǐ le.
3	…坏了 …huàile ~이 망가지다, 썩다	洗手间的灯坏了。 화장실 전등이 고장 났다. Xǐshǒujiān de dēng huàile. 房间里的灯坏了。 방 안의 등이 고장 났다. Fángjiān lǐ de dēng huàile. 空调坏了。 Kōngtiáo huàile. 에어컨이 망가졌다. 我的手表坏了。 Wǒ de shǒubiǎo huàile. 내 손목시계가 고장 났다. 水果坏了。 Shuǐguǒ huàile. 과일이 썩었다.
4	从 A 到 B cóng A dào B A에서부터 B까지	从这儿到火车站坐公共汽车去吧。 Cóng zhèr dào huǒchēzhàn zuò gōnggòngqìchē qù ba. 여기에서부터 기차역까지 버스를 타고 가자. 从4点到6点学习汉语。 4시부터 6시까지 중국어 공부를 한다. Cóng sì diǎn dào liù diǎn xuéxí Hànyǔ.
5	A 离 B… A lí B … A는 B에서부터 ~하다	火车站离这儿远吗? 기차역은 여기서부터 멀어? Huǒchēzhàn lí zhèr yuǎn ma? 朋友家离这儿很近。 친구네 집은 여기서부터 가깝다. Péngyou jiā lí zhèr hěn jìn.
6	…怎么找不到? …zěnme zhǎobudào? ~을 어째서 찾을 수 없는 거지?	我的护照怎么找不到? 내 여권 어째서 찾을 수 없지? Wǒ de hùzhào zěnme zhǎobudào? 我的手机怎么找不到? 내 휴대전화 어째서 찾을 수 없는 거지? Wǒ de shǒujī zěnme zhǎobúdào? 我的眼镜怎么找不到? 내 안경 어째서 찾을 수 없는 거지? Wǒ de yǎnjìng zěnme zhǎobudào?
7	看见我的…了吗? kànjiàn wǒ de…le ma? 내 ~ 봤어?	看见我的书了吗? Kànjiàn wǒ de shū le ma? 내 책 봤어? 看见我的词典了吗? Kànjiàn wǒ de cídiǎn le ma? 내 사전 봤어? 看见我的手表了吗? 내 손목시계 봤어? Kànjiàn wǒ de shǒubiǎo le ma?

8	**A 还是 B?** A háishi B? A 아니면 B?	明天是晴天还是阴天? 내일 날이 맑아 아니면 흐려? Míngtiān shì qíngtiān háishi yīntiān? 你想穿裙子还是裤子? 너 치마 입고 싶어 아니면 바지 입고 싶어? Nǐ xiǎng chuān qúnzi háishi kùzi? 你洗碗还是打扫房间? 네가 설거지 할래 아니면 방 청소할래? Nǐ xǐwǎn háishi dǎsǎo fángjiān?
9	**什么时候…的?** shénme shíhou…de? 언제 ~한 것이니?	这张照片什么时候照的? 이 사진 언제 찍은 것이니? Zhè zhāng zhàopiàn shénme shíhou zhào de? 这条裤子什么时候买的? 이 바지 언제 산 것이니? Zhè tiáo kùzi shénme shíhou mǎi de? 你什么时候来的? Nǐ shénme shíhou lái de? 너 언제 왔어?
10	**…用了很多年了** …yòng le hěn duō nián le **…用了很久了** …yòng le hěn jiǔ le ~을 아주 오랫동안 사용하고 있다	我的眼镜用了很多年了。 내 안경을 오랫동안 사용 중이야. Wǒ de yǎnjìng yòng le hěn duō nián le. 桌子和椅子用了很多年了。 Zhuōzi hé yǐzi yòng le hěn duō nián le. 책상과 의자를 아주 오랫동안 사용하고 있어. 爸爸的钱包用了很久了。 아빠는 지갑을 오랫동안 사용하고 계신다. Bàba de qiánbāo yòng le hěn jiǔ le.
11	**遇到…** yùdào… ~을 우연히 마주치다	遇到老朋友 yùdào lǎo péngyou 오랜 친구를 우연히 마주치다 遇到同事 yùdào tóngshì 직장 동료를 우연히 마주치다 遇到同学 yùdào tóngxué 학우를 우연히 마주치다
12	**…有点儿不舒服** …yǒudiǎnr bù shūfu ~가 조금 불편하다	我的腿有点儿不舒服。 내 다리가 약간 불편하다. Wǒ de tuǐ yǒudiǎnr bù shūfu. 我的脚有点儿不舒服。 내 발이 조금 불편하다. Wǒ de jiǎo yǒudiǎnr bù shūfu. 我的眼睛有点儿不舒服。 나의 눈이 조금 불편하다. Wǒ de yǎnjing yǒudiǎnr bù shūfu.
13	**A 怎么还在 B** A zěnme hái zài B A는 어째서 아직도 B에 있어?	你怎么还在教室? 너 어째서 아직 교실에 있어? Nǐ zěnme hái zài jiàoshì? 你怎么还在办公室? 너 어째서 아직도 사무실에 있어? Nǐ zěnme hái zài bàngōngshì? 你怎么还在家里? Nǐ zěnme hái zài jiā lǐ? 너 왜 아직 집에 있어? 你怎么还在这儿? Nǐ zěnme hái zài zhèr? 너 왜 아직도 여기 있어?
14	**以为…** yǐwéi… ~인 줄 알다	我以为他是你的学生呢。 나는 그가 너의 학생인 줄 알았어. Wǒ yǐwéi tā shì nǐ de xuésheng ne. 我以为你已经上班去了。 나는 네가 이미 출근한 줄 알았어. Wǒ yǐwéi nǐ yǐjīng shàngbān qù le.
15	**奇怪** qíguài 이상하다	真奇怪 zhēn qíguài 정말 이상하다

 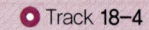 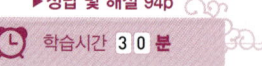

第一部分
第1-5题

A

B

C

D

E

问题 1 ☐

问题 2 ☐

问题 3 ☐

问题 4 ☐

问题 5 ☐

第6-10题

A

B

C

D

E

문제 6 ☐

문제 7 ☐

문제 8 ☐

문제 9 ☐

문제 10 ☐

第二部分
第11-20题

문제 11 ★ 他没带照相机。　　　　　　　　　　　（　　）

문제 12 ★ 他们正在看表演。　　　　　　　　　　（　　）

문제 13 ★ 邻居们都喜欢王阿姨。　　　　　　　　（　　）

문제 14 ★ 他在上海玩了很多地方。　　　　　　　（　　）

문제 15 ★ 小李没参加考试。　　　　　　　　　　（　　）

문제 16 ★ 老王第一次坐船。　　　　　　　　　　（　　）

문제 17 ★ 这本书主要介绍历史。　　　　　　　　（　　）

문제 18 ★ 他的成绩不错。　　　　　　　　　　　（　　）

문제 19 ★ 会议已经结束了。　　　　　　　　　　（　　）

문제 20 ★ 弟弟拿了第一名。　　　　　　　　　　（　　）

第三部分
第21-25题

문제 21 A 办公室里　　　B 教室里　　　C 电梯里

문제 22 A 洗手　　　　B 休息会儿　　C 开空调

문제 23 A 8年　　　　　B 9年　　　　 C 10年

문제 24 A 奶奶　　　　B 朋友　　　　C 邻居

문제 25 A 二层　　　　B 回家　　　　C 洗手间

第四部分
第26-30题

문제 26　A 男的　　　　　B 女儿　　　　　C 老师们

문제 27　A 李老师　　　　B 同学的男朋友　　C 高中同学

문제 28　A 图书馆　　　　B 家里　　　　　C 商店

문제 29　A 没拿眼镜　　　B 不想学习　　　　C 没带铅笔

문제 30　A 8:05　　　　　B 8:50　　　　　C 9:05

Day 19

 독해 영역 Final 전략 PT

▶ **제1부분: 제시된 문장과 관련된 문장 고르기**
1. 문제와 보기의 핵심단어 및 관련어구를 찾아보자.
2. 의문문에 대한 답을 먼저 찾아보자.
3. 대화문이 아닌 형식에 주의하자.

▶ **제2부분: 빈칸에 들어갈 알맞은 어휘 고르기**
1. 빈칸의 앞뒤를 파악해서 빈칸에 어떤 품사가 필요한지 확인하자.
2. 각 품사의 특징을 기억하자.
3. 모르는 문제는 일단 넘기고 아는 것부터 푼다.

▶ **제3부분: 지문 읽고 질문에 대한 답 찾기**
1. 문제에 있는 단어를 먼저 지문에서 찾아보자.
2. 전환관계 접속사를 주의하자.
3. 지시대명사가 가리키는 것이 무엇인지 정확히 파악하자.

 독해 영역에서 반복적으로 출제되고 있는 문장 및 표현　　학습시간 3 0 분

제1부분 – 자주 출제되는 핵심단어가 들어간 상황별 문장

1	회사	中午见到经理了吗? Zhōngwǔ jiàndào jīnglǐ le ma? 정오에 사장님 만났어?
		没有，他不在办公室。Méiyǒu, tā bú zài bàngōngshì. 아니, 그는 사무실에 없어.
		他让我告诉你，下午4点在公司会议室开会。 Tā ràng wǒ gàosu nǐ, xiàwǔ sì diǎn zài gōngsī huìyìshì kāihuì. 그가 오후 4시에 회사 회의실에서 회의한다고 너에게 알려주래.
		我刚才在电梯门口遇到经理了。나 방금 엘리베이터 입구에서 사장님을 마주쳤어. Wǒ gāngcái zài diàntī ménkǒu yùdào jīnglǐ le.
		我有一个问题，经理在哪儿? 나 문제 하나가 있는데 사장님 어디 계셔? Wǒ yǒu yí ge wèntí, jīnglǐ zài nǎr?
		他的办公室在5层。Tā de bàngōngshì zài wǔ céng. 그의 사무실은 5층에 있어.

2	학교	明天考试要带铅笔。 내일 시험에 연필을 가져와야 해. Míngtiān kǎoshì yào dài qiānbǐ.
		同学们注意一下，运动会结束以后，请大家先回教室。 Tóngxuémen zhùyì yíxià, yùndònghuì jiéshù yǐhòu, qǐng dàjiā xiān huí jiàoshì. 학우 여러분 좀 집중해주세요. 운동회가 끝나면 모두 먼저 교실로 돌아가주세요.
		老师要说一下明天考试的事情。 선생님께서 내일 시험에 관한 일을 말씀하시려고 한다. Lǎoshī yào shuō yíxià míngtiān kǎoshì de shìqing.
		听说昨天的考试你又是第一名！ 듣자 하니 어제 시험 네가 또 1등 했다며! Tīngshuō zuótiān de kǎoshì nǐ yòu shì dì yī míng!
		你一直很努力，所以才有那么好的成绩。 Nǐ yìzhí hěn nǔlì, suǒyǐ cái yǒu nàme hǎo de chéngjì. 너는 항상 열심히 해서 그렇게 좋은 성적을 얻은 거야.
		他是我们学校的老师。 Tā shì wǒmen xuéxiào de lǎoshī. 그는 우리 학교 선생님이다.
		教三年级历史课。 Jiāo sān niánjí lìshǐ kè. 3학년 역사를 가르친다.
		快点儿吧，再有一个小时就要考试了。 빨리 와. 한 시간 더 있으면 곧 시험이야. Kuài diǎnr ba, zài yǒu yí ge xiǎoshí jiùyào kǎoshì le.
		别担心，我坐出租车去，30分钟就到学校。 Bié dānxīn, wǒ zuò chūzūchē qù, sānshí fēnzhōng jiù dào xuéxiào. 걱정 마. 나 택시 타고 가서 30분이면 학교에 도착해.
		没问题，我已经准备好了。 문제없어, 나는 이미 준비했어. Méi wèntí, wǒ yǐjīng zhǔnbèi hǎo le.
3	옷	你这条裙子是不是有点儿短？ 너 이 치마 조금 짧은 거 아니야? Nǐ zhè tiáo qúnzi shì bu shì yǒudiǎnr duǎn?
		真的？那我穿裤子好了。 정말? 그럼 나 바지 입는 게 좋겠다. Zhēnde? Nà wǒ chuān kùzi hǎo le.
		昨天我把它洗了，你穿别的吧。 어제 내가 그것을 빨았어. 다른 것을 입어. Zuótiān wǒ bǎ tā xǐ le, nǐ chuān biéde ba.
		你看见我那件衬衫了吗？ Nǐ kànjiàn wǒ nà jiàn chènshān le ma? 너 내 그 셔츠 봤어?
		这条裙子卖得很好，而且才200块。 Zhè tiáo qúnzi mài de hěn hǎo, érqiě cái liǎng bǎi kuài. 이 치마는 팔리는 것도 괜찮고, 게다가 겨우 200위안이다.
		如果您喜欢，可以穿上看看，一定很漂亮。 Rúguǒ nín xǐhuan, kěyǐ chuānshàng kànkan, yídìng hěn piàoliang. 만약 당신이 좋으시다면 한번 입어보셔도 됩니다. 분명히 예쁠 거예요.

4	계절·날씨	刚才还是晴天，怎么突然就阴天了？ Gāngcái háishi qíngtiān, zěnme tūrán jiù yīntiān le? 방금 전에는 날이 맑았는데, 어째서 갑자기 흐려졌지?
		可能要下雨，我们坐出租车回去吧。 아마 비가 올 것 같으니, 우리 택시 타고 돌아가자. Kěnéng yào xiàyǔ, wǒmen zuò chūzūchē huíqù ba.
		雨越下越大了，你带伞了吗？ 비가 점점 더 많이 내려. 너 우산 가져왔어? Yǔ yuè xià yuè dà le, nǐ dài sǎn le ma?
		没有，我早上出门的时候还是晴天呢。 아니. 내가 아침에 나올 때는 날이 맑았어. Méiyǒu, wǒ zǎoshang chūmén de shíhou háishi qíngtiān ne.
		你还不习惯我们这儿的天气吧？ 너는 우리 이곳의 날씨가 아직 적응이 안 됐지? Nǐ hái bù xíguàn wǒmen zhèr de tiānqì ba?
		还可以，北方的冬天很冷。 그런대로 괜찮아. 북방의 겨울은 정말 추워. Hái kěyǐ, běifāng de dōngtiān hěn lěng.
		外面风刮得真大！ Wàimiàn fēng guā de zhēn dà! 밖에 바람이 매우 세게 불어!
		这儿的冬天就是这样，慢慢地你就会习惯。 Zhèr de dōngtiān jiùshì zhèyàng, mànmàn de nǐ jiù huì xíguàn. 이곳의 겨울은 이래. 너는 천천히 적응될 거야.
		一年四个季节中，你最喜欢哪个？ 1년 사계절 중에 너는 어느 계절이 가장 좋아? Yì nián sì ge jìjié zhōng, nǐ zuì xǐhuan nǎge?
		春天，特别是开花的时候，漂亮极了。 봄. 특히 꽃이 필 때 정말 예뻐. Chūntiān, tèbié shì kāihuā de shíhou, piàoliang jíle.
5	신체·건강	我感冒了，有点儿发烧。 나 감기 걸렸어. 열이 조금 나. Wǒ gǎnmào le, yǒudiǎnr fāshāo.
		那你在家休息几天吧。 Nà nǐ zài jiā xiūxi jǐ tiān ba. 그러면 너는 집에서 며칠 쉬어.
		电影院在4层，还是走上去吧，锻炼锻炼身体。 Diànyǐngyuàn zài sì céng, háishi zǒushàngqù ba, duànliàn duànliàn shēntǐ. 영화관이 4층에 있어서 우리 걸어 올라가는 게 낫겠다. 몸을 좀 단련해야지.
		我的脚还没好，我们坐电梯去吧。 Wǒ de jiǎo hái méi hǎo, wǒmen zuò diàntī qù ba. 내 다리가 아직 좋아지지 않았어. 우리 엘리베이터 타고 가자.
		腿疼，是吗？那我们在这儿坐坐吧。 다리가 아파? 그럼 우리 여기에 좀 앉자. Tuǐ téng, shì ma? Nà wǒmen zài zhèr zuòzuò ba.
		这孩子长得真像他爸爸。 이 아이 생긴 게 그의 아빠와 정말 닮았다. Zhè háizi zhǎng de zhēn xiàng tā bàba.

| 6 | 신체·건강 | 是啊，特别是眼睛和鼻子。 응. 특히 눈이랑 코가 (닮았어).
Shì a, tèbié shì yǎnjing hé bízi.

我天天去游泳，你没发现我瘦了？
Wǒ tiāntiān qù yóuyǒng, nǐ méi fāxiàn wǒ shòu le?
나 매일 수영하러 가는데, 너 내가 살 빠진 것 발견하지 못했니?

你这么忙，有时间去运动吗？ 너 이렇게 바쁜데, 운동하러 갈 시간이 있어?
Nǐ zhème máng, yǒu shíjiān qù yùndòng ma?

怎么办？我又胖了两公斤。 어떡해? 나 또 2kg이 쪘어.
Zěnmebàn? Wǒ yòu pàng le liǎng gōngjīn.

没关系，我觉得你这样更可爱。 괜찮아, 내가 보기에 넌 이게 더 귀여워.
Méiguānxi, wǒ juéde nǐ zhèyàng gèng kě'ài.

健康是最重要的。 건강이 가장 중요해.
Jiànkāng shì zuì zhòngyào de. |

제2부분 - 자주 출제되는 동사 + 명사 짝꿍 어휘

1	表示 표시하다 biǎoshì	表示感谢 biǎoshì gǎnxiè 감사를 표하다 ｜ 表示满意 biǎoshì mǎnyì 만족을 표하다
2	参加 참가하다 cānjiā	参加考试 cānjiā kǎoshì 시험에 참가하다 ｜ 参加面试 cānjiā miànshì 면접에 참가하다 ｜ 参加会议 cānjiā huìyì 회의에 참가하다 ｜ 参加比赛 cānjiā bǐsài 시합에 참가하다
3	发现 발견하다 fāxiàn	发现问题 fāxiàn wèntí 문제를 발견하다 ｜ 发现错误 fāxiàn cuòwù 잘못을 발견하다 ｜ 发现变化 fāxiàn biànhuà 변화를 발견하다
4	检查 검사하다 jiǎnchá	检查作业 jiǎnchá zuòyè 숙제를 검사하다 ｜ 检查身体 jiǎnchá shēntǐ 신체를 검사하다 ｜ 检查行李 jiǎnchá xíngli 짐을 검사하다
5	解决 해결하다 jiějué	解决困难 jiějué kùnnan 어려움을 해결하다 ｜ 解决问题 jiějué wèntí 문제를 해결하다 ｜ 解决办法 jiějué bànfǎ 해결 방법
6	举行 개최하다, 열다 jǔxíng	举行比赛 jǔxíng bǐsài 시합을 개최하다 ｜ 举行会议 jǔxíng huìyì 회의를 열다
7	离开 떠나다 líkāi	离开中国 líkāi Zhōngguó 중국을 떠나다 ｜ 离开父母 líkāi fùmǔ 부모님을 떠나다
8	遇到 만나다 yùdào	遇到困难 yùdào kùnnan 어려움을 마주치다 ｜ 遇到老朋友 yùdào lǎopéngyou 오랜 친구를 마주치다

9	照顾 돌보다 zhàogù	照顾孩子 zhàogù háizi 아이를 돌보다 ｜ 照顾病人 zhàogù bìngrén 환자를 돌보다 ｜ 照顾自己 zhàogù zìjǐ 스스로를 돌보다
10	注意 주의하다 zhùyì	注意身体 zhùyì shēntǐ 몸조심하다 ｜ 注意感冒 zhùyì gǎnmào 감기 조심하다 ｜ 注意安全 zhùyì ānquán 안전에 주의하다

제3부분 – 자주 출제되는 관용어와 그 풀이

관용어 표현	관용어 풀이
1	太阳从西边出来了 tàiyang cóng xībiān chūlái le 해가 서쪽에서 뜨다	出现的事让人觉得是不太可能的事情 chūxiàn de shì ràng rén juéde shì bútài kěnéng de shìqing 사람이 생각하기에 불가능하다고 느껴지는 일이 일어나다 出现了不太可能的事 거의 불가능한 일이 일어나다 chūxiàn le bútài kěnéng de shì
2	吃饭七分饱 chīfàn qī fēn bǎo 밥은 7할 정도만 배부르게 먹어야 한다	七分 qī fēn = 70% = 吃得不太饱 그다지 배부르지 않게 먹다 　　chī de bútài bǎo = 对身体健康很有帮助 신체 건강에 도움이 된다 　　duì shēntǐ jiànkāng hěn yǒu bāngzhù
3	有借有还再借不难 yǒu jiè yǒu huán zài jiè bù nán 빌리고 갚으면 다시 빌리기 쉽다	向别人借的东西，用完就要还，这样才能让别人相信你，下次还会借给你 xiàng biérén jiè de dōngxi, yòngwán jiù yào huán, zhèyàng cái néng ràng biérén xiāngxìn nǐ, xiàcì hái huì jiè gěi nǐ 다른 사람에게 빌린 물건은 다 쓰고 바로 돌려줘야 한다. 이렇게 해야 비로소 다른 사람이 당신을 믿을 수 있게 하고 다음 번에 또 빌려줄 것이다 如果你借了别人的东西要记得还 rúguǒ nǐ jiè le biérén de dōngxi yào jìde huán 만약 당신이 다른 사람의 물건을 빌리면 돌려주는 것을 기억해야 한다
4	二手 èrshǒu 중고	表示东西被人用过了 biǎoshì dōngxi bèi rén yòngguo le 물건이 사람에 의해 사용되어졌음을 의미한다 不是新的 búshì xīn de 새것이 아니다

5	明天又是新的一天 míngtiān yòu shì xīn de yì tiān 내일은 새로운 하루이다	不高兴的事情都会过去的 bù gāoxìng de shìqing dōu huì guòqù de 기쁘지 않은 일은 모두 지나갈 것이다
		我们应该少生气 우리는 화를 적게 내야 한다 wǒmen yīnggāi shǎo shēngqì
6	笑一笑，十年少 xiào yí xiào, shí nián shào 웃으면 10년은 젊어진다	笑的作用很大，笑会让人年轻10岁 xiào de zuòyòng hěn dà, xiào huì ràng rén niánqīng shí suì 웃는 것은 영향이 커서, 웃음은 사람을 10년을 젊게 한다
		我们应该常笑 우리는 자주 웃어야 한다 wǒmen yīnggāi cháng xiào
7	面包会有的，牛奶也会有的 miànbāo huì yǒude, niúnǎi yě huì yǒude 빵도 있고 우유도 있을 것이다	如果努力，什么都会有的 rúguǒ nǔlì, shénme dōu huì yǒude 노력한다면 어떤 것이든 얻을 수 있다
8	6月的天，孩子的脸，说变就变 liù yuè de tiān, háizi de liǎn, shuō biàn jiù biàn 6월의 하늘과 아이의 얼굴은 자주 변한다	6月的天气变化快 6월의 날씨는 빨리 변화한다 liù yuè de tiānqì biànhuà kuài
		刚才还是晴天，突然下大雨 gāngcái háishi qíngtiān, tūrán xià dàyǔ 방금 전까진 맑았는데 갑자기 많은 비가 내린다
9	左耳朵进，右耳朵出 zuǒ ěrduo jìn, yòu ěrduo chū 왼쪽 귀로 들어왔다가 오른쪽 귀로 나가다	别人说的话没有放在心上 biérén shuō de huà méiyǒu fàngzài xīn shang 다른 사람이 한 말을 마음에 담아두지 않는다

 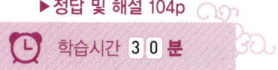

第一部分
第1-5题

A 好，但听完了就要睡觉啊。

B 不太远，就在这条街的后面。

C 8点了，快起床，吃早饭。

D 不客气，你喜欢就好。

E 雨下得越来越大了，你带伞了吗？

문제1 你上次去的那家饭馆儿离这儿远吗？ （　　）

문제2 蓝小姐，这个帽子真漂亮，谢谢你。 （　　）

문제3 没有，我早上出门的时候还是晴天呢。 （　　）

문제4 我不饿，让我再睡会儿。 （　　）

문제5 妈妈，你给我讲这个故事吧？ （　　）

第6-10题

A 是，还好我们办公室在5层。

B 菜点完了，你想喝什么？啤酒？

C 他搬走以后，这是我们第一次见面。

D 这儿附近有家饭馆儿，牛肉做得很不错。

E 王阿姨每天很忙。

问题6 我今天早上在路上遇到以前的邻居老马了。　　（　　）

问题7 电梯坏了，我们只能走上去。　　（　　）

问题8 我相信你一定会喜欢的。　　（　　）

问题9 除了工作学习以外，她还要照顾孩子。　　（　　）

问题10 晚上要开车，喝杯茶或者苹果汁吧。　　（　　）

第二部分
第11-15题

A 音乐　　　B 但是　　　C 打扫　　　D 简单　　　E 终于

문제 11 你跟我一样，我也喜欢一边走路，一边听（　　　）。

문제 12 我（　　　）房间，你洗碗筷，怎么样？

문제 13 其实问题不像你想的那么（　　　）。

문제 14 虽然这两个问题有不一样的地方，（　　　）解决的办法是相同的。

문제 15 （　　　）完成了，大家可以好好休息一下了。

第16-20题

A 舒服　　B 比较　　C 或者　　D 见面　　E 张

문제 16　A：我们在哪儿（　　）？
　　　　B：国家图书馆东门吧,那儿离你家比较近。

문제 17　A：我爸快过生日了,我送他什么礼物好呢?
　　　　B：给他买件衬衫,（　　）买个帽子。

문제 18　A：昨天我生日,女儿送给我一（　　）她画的画儿。
　　　　B：那你一定很高兴吧?

문제 19　A：医生,这两天我的耳朵不太（　　）。
　　　　B：先请坐,我给你检查一下。

문제 20　A：考试成绩出来了吗?考得怎么样?
　　　　B：还可以,这次的题（　　）简单,我都会做。

第三部分
第21-30题

문제 21 我叫王月,第一个字是我的姓,中国人的名字和你们国家的不太一样。中国人的姓是放在前面的,而且一般都是一个字。

★ 根据这段话,中国人的名字:

A 比较长　　　　B 姓在前面　　　　C 一共三个字

문제 22 我是一个小学老师,教学生画画儿。每次下课前,我会把下次学生要准备的东西写在黑板上,但每次上课时,都有学生忘了拿铅笔。

★ 学生会忘记拿什么?

A 纸　　　　　　B 手表　　　　　　C 铅笔

문제 23 小李是2018年3月来公司的,虽然时间短,但他做事一直很努力,很认真,同事们都很喜欢他。

★ 根据这段话,可以知道小李:

A 总是迟到　　　B 对工作没兴趣　　C 参加工作了

문제 24 做蛋糕其实很简单,如果你有兴趣,我可以教你。我们要先准备面、鸡蛋、牛奶和水果这些东西,然后就可以开始了。

★ 说话人认为:

A 做蛋糕很容易　B 蛋糕很贵　　　　C 蛋糕很好吃

문제 25 对不起,我可能会迟到十几分钟,走到半路我才发现没带钱包,现在回去拿,你如果先到,就去公园旁边的那个咖啡馆等我一会儿。

★ 说话人为什么又回去了?

A 来客人了　　　B 没带手机　　　　C 没带钱包

문제 26 ▶ 我们周末要去上海旅游，听说上海现在比我们这儿热多了，都可以穿裙子了。
★ 他们那儿现在：
A 是冬季　　　　　B 不能穿裙子　　　C 跟上海一样冷

문제 27 ▶ 现在，我们做个练习，请大家用黑板上的这几个词语写一个小故事，最少100字，下课前给我，听明白了吗？
★ 说话人最可能是做什么的？
A 老师　　　　　　B 医生　　　　　　C 司机

문제 28 ▶ 经常生气容易使人变老，所以遇到不高兴的事情的时候，我总是告诉自己："没关系，这些都会过去的，明天又是新的一天。"
★ 根据这段话，我们应该：
A 忘记过去　　　　B 少用电脑　　　　C 少生气

문제 29 ▶ 上午的考试很容易，就是让孩子们用刚学会的词语讲一个小故事，孩子们都很聪明，讲得非常好。
★ 上午孩子们：
A 故事讲得很好　　B 考得很差　　　　C 很难过

문제 30 ▶ 这个地方的茶特别有名，每年春季有一次茶文化节，很多人都会来参加，有些人是从国外来的。
★ 那个地方的茶：
A 不好喝　　　　　B 很有名　　　　　C 太甜了

Day 20

쓰기 영역 Final 전략 PT

▶ **제1부분: 제시된 어휘로 문장 배열하기**
1. 술어를 먼저 찾고, 주어와 목적어를 찾아 뼈대를 세운다.
2. 수식 성분의 위치를 잘 파악하자.
3. 특수구문의 어순을 숙지해두자.

▶ **제2부분: 제시된 병음을 보고 빈칸에 알맞은 한자 쓰기**
1. 앞에서부터 해석해서 문제를 풀 필요 없이 빈칸의 앞뒤를 확인한 후 단어가 만들어지면 우선 채워 넣고 해석해보자.
2. 획 하나, 점 하나도 확인하고 쓰자.
3. 단어를 외울 때 병음을 확실하게 외우자.

특수구문 정리 및 한 글자 단어 정리   학습시간 30분

🌸 제1부분 – 자주 출제되는 특수구문 마지막 점검하기

	특수구문	주의해야 할 점
1	**비교문** A + 比 + B + 술어 A는 B보다 ~하다	1. '很', '非常'과 같은 정도부사는 쓸 수 없다. 단, '更 gèng' 또는 '还 hái'의 경우는 예외로 술어 앞에 [A + 比 + B + 更/还 + 술어] 형태로 쓰일 수 있다. 예 我比你非常高 (X) → 我比你更高。 Wǒ bǐ nǐ gèng gāo. (O) 나는 너보다 훨씬 크다. 2. 숫자는 항상 술어 뒤에서 보충한다. [A + 比 + B + 술어 + 수량보어] 예 我比你5岁大 (X) → 我比你大5岁。 Wǒ bǐ nǐ dà wǔ suì. (O) 나는 너보다 5살이 많다.
2	**연동문** 한 개의 주어에 동작이 연달아서 일어나는 문장	1. 나열되어 있는 동사들을 해석하여 동작이 일어나는 순서대로 배열한다. 2. 부사 또는 조동사는 첫 번째 술어 앞에 쓴다. 예 我想去中国留学。 나는 중국에 가서 유학을 하고 싶다. 　　　술어1　술어2

2	**연동문** 한 개의 주어에 동작이 연달아서 일어나는 문장	3. '着'는 첫 번째 술어 뒤, '了'와 '过'는 마지막 술어 뒤에 쓴다. ⑩ 我**听着**音乐**走**路。 나는 음악을 들으면서 길을 걷는다. 　　　술어1　　　술어2 ⑩ 他**去**商店**买了**东西。 그는 상점에 가서 물건을 샀다. 　　술어1　　　술어2 ⑩ 她**去**中国**学过**汉语。 그녀는 중국에 가서 중국어를 배운 적이 있다. 　　술어1　　술어2
3	**임박태** 어떠한 동작이나 상황이 임박했음을 알려주는 구문	1. 자주 출제되는 임박태는 외워두자. 　要…了 yào…le ｜ 就要…了 jiùyào…le ｜ 快…了 kuài…le ｜ 　快要…了 kuàiyào…le 2. 주어를 제외한 동사, 동사구는 '要'와 '了' 사이에 넣는다. ⑩ 我们**要**上飞机**了**。 우리는 곧 비행기에 올라야 한다. 　 Wǒmen yào shàng fēijī le.
4	**'把'자문** 주어 + [把 + 목적어] + 술어 + 기타성분 주어가 목적어를 어떻게 처리했는지 나타내는 문장	1. 어떤 것이 동작을 처리하는 주어이고, 처리를 당하는 목적어인지 잘 구분하여 '把' 뒤에는 목적어 성분을 써야 한다. ⑩ 我**把**衣服洗干净了。 나는 옷을 깨끗이 빨았다. 　 Wǒ bǎ yīfu xǐ gānjing le. 2. 술어 뒤에는 기타성분이 있어야 한다. ⑩ 我**把**衣服洗。(X) → 我**把**衣服洗**干净**了。(O) 나는 옷을 깨끗이 빨았다. 　 Wǒ bǎ yīfu xǐ gānjing le. ⑩ 他**把**这本书看。(X) → 他**把**这本书看**完**了。(O) 그는 이 책을 다 봤다. 　 Tā bǎ zhè běn shū kànwán le. 3. 부사, 조동사는 '把' 앞에 나온다. ⑩ 他**已经把**这本书看完了。 그는 이 책을 이미 다 봤다. 　 Tā yǐjīng bǎ zhè běn shū kànwán le. ⑩ 他**没把**这本书看完。 그는 이 책을 다 보지 않았다. 　 Tā méi bǎ zhè běn shū kànwán.

5	'被'자문 주어 + [被 + 목적어] + 술어 + 기타성분 주어가 목적어로부터 어떤 행위를 당했음을 나타내는 문장	1. 동작을 당하는 대상이 주어 자리에 온다. 예 我被妈妈打过。 나는 엄마에게 맞은 적이 있다. Wǒ bèi māma dǎguo. 예 我的钱包被小偷偷了。 내 지갑은 도둑에 의해서 훔쳐졌다. Wǒ de qiánbāo bèi xiǎotōu tōu le. 2. 술어 뒤에는 기타성분이 있어야 한다. 예 他被老师批评。(X) → 他被老师批评了。(O) 그는 선생님에게 혼났다. Tā bèi lǎoshī pīpíng le. 3. 부사, 조동사는 '被' 앞에 나온다. 예 我没被妈妈打过。 나는 엄마에게 맞은 적이 없다. Wǒ méi bèi māma dǎguo.

제2부분 – 빈칸의 앞뒤 단어로 유추할 수 없는 한 글자 단어

TIP 한 글자인 단어들은 빈칸 앞뒤만 보고는 답을 유추하기 어렵기 때문에, 문장 앞에서부터 해석해서 빈칸에 알맞은 단어를 찾아야 한다. 만약 단어를 외울 때 병음을 정확하게 외웠다면 답을 더 수월하게 찾을 수 있을 것이다.

1	从 ~에서부터 cóng	(从) 今天早上开始，外面就一直在下雨。 (Cóng) jīntiān zǎoshang kāishǐ, wàimiàn jiù yìzhí zài xiàyǔ. 오늘 아침부터 시작해서, 바깥에는 계속 비가 내리고 있다.
2	离 ~에서부터, ~까지 lí	学校（ 离 ）这儿很近。 여기에서부터 학교까지는 가깝다. Xuéxiào (lí) zhèr hěn jìn.
3	为 ~때문에 / ~을 위해 wèi	妹妹今天结婚，真（ 为 ）她高兴。 Mèimei jīntiān jiéhūn, zhēn (wèi) tā gāoxìng. 여동생이 오늘 결혼해서, 정말 기쁘다. 这是（ 为 ）老师准备的。 이것은 선생님을 위해 준비한 것이다. Zhè shì (wèi) lǎoshī zhǔnbèi de.
4	更 더, 더욱 gèng	我觉得这件衣服（ 更 ）漂亮。 내 생각에는 이 옷이 더 예쁘다. Wǒ juéde zhè jiàn yīfu (gèng) piàoliang. 他的汉语水平比我（ 更 ）高。 그의 중국어 수준은 나보다 훨씬 높다. Tā de Hànyǔ shuǐpíng bǐ wǒ (gèng) gāo.
5	才 비로소, 고작, 겨우 cái	我在网上买了件衬衫，（ 才 ）两百多块钱。 Wǒ zài wǎngshàng mǎi le jiàn chènshān, (cái) liǎng bǎi duō kuài qián. 나는 인터넷에서 셔츠를 샀는데, 고작 200위안 정도이다.

6	是 ~이다 shì	黑板上的这只鸟（是）谁画的？ Hēibǎn shang de zhè zhī niǎo (shì) shéi huà de? 칠판 위의 이 작은 새는 누가 그린 것이니?
7	多 많다, 어림수 duō	只有（多）练习，才能提高你的足球水平。 Zhǐyǒu (duō) liànxí, cái néng tígāo nǐ de zúqiú shuǐpíng. 많은 연습을 해야만 비로소 너의 축구 실력을 향상시킬 수 있다. 我打扫了两个（多）小时。 나는 두 시간 정도 청소를 했다. Wǒ dǎsǎo le liǎng ge (duō) xiǎoshí.
8	找 찾다, 거슬러주다 zhǎo	我终于（找）到了手表。 나는 마침내 손목시계를 찾았다. Wǒ zhōngyú (zhǎo) dào le shǒubiǎo. 这是（找）您的7角5分钱。 Zhè shì (zhǎo) nín de qī jiǎo wǔ fēn qián. 이것은 당신에게 거슬러 준 7지아오 5펀입니다.
9	几 몇 jǐ	她最近胖了（几）公斤。 그녀는 요즘 몇 Kg이 쪘다. Tā zuìjìn pàng le (jǐ) gōngjīn. 他现在在（几）层？ 그는 지금 몇 층에 있어? Tā xiànzài zài (jǐ) céng?
10	下 아래 xià	在弟弟的影响（下），我也开始喜欢游泳了。 Zài dìdi de yǐngxiǎng (xià), wǒ yě kāishǐ xǐhuan yóuyǒng le. 남동생의 영향 아래에서, 나도 수영하는 것을 좋아하기 시작했다. **TIP** 在…下: (영향·도움·지도 등의) 아래에서
11	个 개 ge	就在这条街的西边，有（个）书店。 Jiù zài zhè tiáo jiē de xībiān, yǒu (ge) shūdiàn. 이 거리의 서쪽에는 서점 하나가 있다.

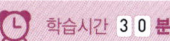

第一部分
第1-10题

문제 1 菜单   先   我们   看看

문제 2 这次   相同   跟   上次   问题   出现的

문제 3 孩子   看得   那个   书   非常快   看

문제 4 铅笔   弟弟   写字   不喜欢   用

문제 5 不   电视   让我   看   妈妈

문제 6 ▶ 他   走了   这本书   被   借

_____

문제 7 ▶ 马上   起飞了   就要   飞机

_____

문제 8 ▶ 把电脑   房间里了   已经   放在   我

_____

문제 9 ▶ 风景   美了   我们这儿的   太

_____

문제 10 ▶ 打算   旅游   去   我   上海

_____

第二部分
第11-20题

문제 11 他是我最好的朋友，总是在我最需（ yào ）帮助的时候出现。

문제 12 祝你生日（ kuài ）乐！

문제 13 在哥哥的影响下，弟弟也（ kāi ）始喜欢踢足球了。

문제 14 （ cóng ）昨天晚上开始，外面一直在下雨。

문제 15 我（ jué ）得这件事情很奇怪。

문제 16 我最近总是腿疼，我（ dǎ ）算下午去医院检查一下。

문제 17 校（ zhǎng ）每天骑自行车去上班。

문제 18 我（ ér ）子不喜欢学习历史，他喜欢数学。

문제 19 这个（ jì ）节的苹果最好吃。

문제 20 爷爷，是不是（ tài ）阳下山了，月亮就出来了。

교재 후기 올리고, 외식 상품권 받자!
딱! 한권 新HSK PT 합격후기 공모 이벤트

딱! 한권 新HSK PT로 공부하고, 합격의 기쁨을 누린 당신!
생생한 학습 후기를 HSK를 준비하는 수험생 여러분과 함께 공유해 주세요.
우수 후기를 선발하여 맛있는 애슐리 식사권 또는 스타벅스 커피 를 드립니다.

 ★이벤트 경품

애슐리 식사권
(1인 2매, 주말 사용 가능)
〈급수별 1명 (총 3명)〉

커피 모바일쿠폰
〈급수별 10명 (총 30명)〉

 ★참가방법

HSK 독학 카페(cafe.naver.com/chinasisastudy)에
딱! 한권 新HSK PT로 공부한 **합격 후기**를 올려주세요.
열.공.한 증거 사진과 **합격증**을 함께 올려주셔야 당첨 확률이 높아져요!

 ★당첨자 발표

[연 2회] 1차 6월 말 / 2차 12월 말 발표 예정

*이벤트 관련 자세한 내용은 HSK 독학 카페(cafe.naver.com/chinasisastudy)에서 확인하세요.

혼자 공부하기 힘들 땐 카페로 모여라!

HSK합격에서 고득점 만렙까지 찍자!

▶ HSK 외 중국어와 관련된 다양한 정보와 학습 자료를 얻고, 카페 회원들과 자유롭게 정보도 주고 받는 시사중국어사의 공식 커뮤니티!
▶ 시사중국어사에서 나온 따끈한 신간 소식과 푸짐한 이벤트 소식을 얻어 가세요~

시사중국어사 중국어 독학 스터디 카페 http://cafe.naver.com/chinasisastudy

딱! 한권 新HSK PT 3급 4급 5급 6급

- 3급 김혜연 | 값 22,000원   4급 이주희 | 값 23,000원   5급 우선경 | 값 24,000원   6급 고강민 | 값 25,000원
- 구성 PT학습서 + 해설서 + 실전 모의고사 2세트 + PT어휘집 + MP3 무료 다운로드 + 20일 코칭 영상 무료제공

新HSK 대표강사의 정확한 경향 분석과 핵심 전략!
20일 완성으로 깔끔하게 끝내는 新HSK 합격의 길잡이!

★ 매일 듣기·독해·쓰기 모든 영역을 균형 있게 학습! ★
★ 어휘PT-전략PT-실전PT-마무리PT로 이어지는 탄탄한 학습 시스템! ★
★ 1:1 개인 트레이닝! 20일 코칭 강의 영상 무료 제공! ★

착! 붙는 新HSK 실전 모의고사 시리즈

북경어언대 출제 모의고사 시리즈!

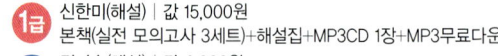

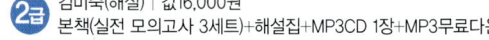

新HSK 베테랑 강사의 날카로운 적중 문제!

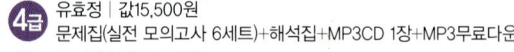

체계적인 20일 코칭 시스템

新 HSK PT

퍼스널 트레이닝

김혜연 저

실전 모의고사 3급

시사중국어사

실전 모의고사

제 1 회

新汉语水平考试
HSK（三级）
模拟试题（一）

注意

一、 HSK（三级）分三部分：

　　1. 听力（40题，约35分钟）

　　2. 阅读（30题，30分钟）

　　3. 书写（10题，15分钟）

二、 听力结束后，有5分钟填写答题卡。

三、 全部考试约90分钟（含考生填写个人信息时间5分钟）。

一、听 力

第一部分

第1-5题

A

B

C

D

E

F

例如：男：喂，请问张经理在吗？

女：他正在开会，您半个小时以后再打，好吗？   D

1.

2.

3.

4.

5.

第6-10题

A

B

C

D

E

6.

7.

8.

9.

10.

第二部分

第11-20题

例如：为了让自己更健康，他每天都花一个小时去锻炼身体。

　　★ 他希望自己很健康。　　　　　　　　　　　　　（ ✓ ）

今天我想早点儿回家。看了看手表，才5点。过了一会儿再看表，还是5点，我这才发现我的手表不走了。

　　★ 那块手表不是他的。　　　　　　　　　　　　　（ ✗ ）

11. ★ 今天下午会下雪。　　　　　　　　　　　　　　（　　）

12. ★ 这张地图是新买的。　　　　　　　　　　　　　（　　）

13. ★ 水果超市离他家很近。　　　　　　　　　　　　（　　）

14. ★ 他想请妈妈拿机票。　　　　　　　　　　　　　（　　）

15. ★ 弟弟看比赛看到很晚。　　　　　　　　　　　　（　　）

16. ★ 小张在银行工作。　　　　　　　　　　　　　　（　　）

17. ★ 他和妹妹每周末都见面。　　　　　　　　　　　（　　）

18. ★ 在中国姓王的人很多。　　　　　　　　　　　　（　　）

19. ★ 他下周要去北京。　　　　　　　　　　　　　　（　　）

20. ★ 考试已经结束了。　　　　　　　　　　　　　　（　　）

第三部分

第21-30题

例如：男：小王，帮我开一下门，好吗？谢谢！
　　　女：没问题。您去超市了？买了这么多东西。
　　　问：男的想让小王做什么？
　　　　A 开门 ✓　　　　B 拿东西　　　　C 去超市买东西

21.　A 要来家人　　　　B 爷爷生病了　　　　C 去买东西

22.　A 唱歌　　　　　　B 查词典　　　　　　C 睡觉

23.　A 商店　　　　　　B 家里　　　　　　　C 咖啡馆

24.　A 开车　　　　　　B 坐地铁　　　　　　C 坐出租车

25.　A 爸爸　　　　　　B 妈妈　　　　　　　C 奶奶

26.　A 是南方人　　　　B 教历史　　　　　　C 很年轻

27.　A 坐电梯　　　　　B 开灯　　　　　　　C 关灯

28.　A 邻居　　　　　　B 校长　　　　　　　C 司机

29.　A 公司附近　　　　B 图书馆旁边　　　　C 学校里

30.　A 现在是短发　　　B 结婚了　　　　　　C 现在是长发

第四部分

第31-40题

例如：女：晚饭做好了，准备吃饭了。
　　　男：等一会儿，比赛还有三分钟就结束了。
　　　女：快点儿吧，一起吃，菜冷了就不好吃了。
　　　男：你先吃，我马上就看完了。
　　　问：男的在做什么？
　　　　A 洗澡　　　　　　B 吃饭　　　　　　C 看电视 ✓

31.　A 想换颜色　　　　B 拿错鞋了　　　　C 拿错裤子了

32.　A 爱跳舞　　　　　B 喜欢篮球　　　　C 喜欢足球

33.　A 图书馆　　　　　B 饭店　　　　　　C 书店

34.　A 机场　　　　　　B 宾馆　　　　　　C 地铁站

35.　A 是新歌　　　　　B 以前很有名　　　C 很多人都会唱

36.　A 蓝阿姨　　　　　B 朋友　　　　　　C 同事

37.　A 太小　　　　　　B 很贵　　　　　　C 不新鲜

38.　A 哭了　　　　　　B 耳朵疼　　　　　C 腿疼

39.　A 电脑　　　　　　B 冰箱　　　　　　C 空调

40.　A 妻子很年轻　　　B 女儿更像妈妈　　C 女儿不像妈妈

二、阅读

第一部分

第41-45题

A 可不可以刷信用卡？

B 饿了吧？我马上去做饭。

C 最近你哥哥怎么不来打篮球了？他忙什么呢？

D 都在我相机里，我一会儿网上发给你吧。

E 当然。我们先坐公共汽车，然后换地铁。

F 我还没决定要不要说，我怕妈妈不同意。

例如：你知道怎么去那儿吗？　　　　　　　　　　（ E ）

41. 你打算什么时候把这件事告诉妈妈？　　　　　　（　　）

42. 前几天我们去北京照的照片在你那儿吗？　　　　（　　）

43. 您好，一共400元。　　　　　　　　　　　　　（　　）

44. 不着急，我早上吃得很饱。　　　　　　　　　　（　　）

45. 快考试了，他这几天都在家复习呢。　　　　　　（　　）

第46-50题

A 是啊，马上就要到春天了，还没下过雪呢。

B 多休息，少运动，下周一再过来检查一下你的腿。

C 是我高中同学小李，和我关系一直很不错。

D 我还是出了电梯再给你打电话吧。

E 才到中国没多长时间，你就学会用筷子了，真棒。

46. 喂，你大声说，我听不清楚。　　　　　　（　　）

47. 今年的冬天一点儿也不冷。　　　　　　　（　　）

48. 一开始我也觉得很难，每天多练习就好了。（　　）

49. 医生，除了每天吃药外，还需要注意什么？（　　）

50. 你和小王中间的人是谁？　　　　　　　　（　　）

第二部分

第51-55题

A 小心　　B 突然　　C 书　　D 瓶　　E 声音　　F 上班

例如：她说话的（ E ）多好听啊！

51. 服务员，再给我们拿四（　　）啤酒。

52. 快起床刷牙洗脸，准备去（　　）。

53. 过马路的时候要（　　），别一边走路一边看手机。

54. 这本（　　）主要介绍了中国茶文化。

55. 教室里怎么（　　）变得这么安静？

第56-60题

A 聪明　　B 还　　C 太　　D 爱好　　E 在　　F 经常

例如：A：你有什么（ D ）？
　　　B：我喜欢体育。

56. A：这个孩子真（　　），这么多题他几乎没错。
　　 B：对啊，她学习一直很努力。

57. A：上星期六爬山你怎么没来？
　　 B：我（　　）家照顾我女儿了，她发烧了。

58. A：你别忘了去图书馆（　　）书。
　　 B：别担心，吃完早饭我就去。

59. A：你不是渴了吗？怎么只喝了一口？
　　 B：这果汁（　　）甜了。

60. A：这儿环境真不错。
　　 B：是，这儿不但环境好，离我妈家很近，所以我（　　）去看她。

第三部分

第61-70题

例如：您是来参加今天会议的吗？您来早了一点儿，现在才8点半。您先进来坐吧。

　　★ 会议最可能几点开始？

　　A 8点　　　　　　　B 8点半　　　　　　C 9点 ✓

61. 如果你问我最大的爱好是什么，我的回答一定是运动。我特别喜欢运动，每天晚上我去打篮球，或者跑步。

　　★ 他最喜欢：

　　A 看书　　　　　　B 运动　　　　　　C 画画儿

62. 我们的飞机是明天下午5点半的，大家必须在两点前到机场。还有最重要的是别忘记带护照。

　　★ 根据这段话，可以知道什么？

　　A 飞机17:30起飞　　B 他们要去上海　　C 他们忘记带护照

63. 小马，这是新来的同事小庆。你先带他在公司走走，了解了解工作环境，然后再带他认识一下其他同事。

　　★ 关于小庆，可以知道什么？

　　A 对人很热情　　　B 在国外留学过　　C 第一天上班

64. 对不起，我的手机没电了。我现在有点儿急事，可以借你的手机打个电话吗？

　　★ 说话人想做什么？

　　A 找朋友　　　　　B 离开这儿　　　　C 借手机

65. 今天的作业就是用黑板上的这些词，介绍一个自己最喜欢的中国菜。
    ★ 作业要求介绍什么？
    A 中国历史　　　　　B 中国菜　　　　　C 中国节日

66. 中国有句话，叫"有借有还，再借不难"，是说向别人借的东西，用完就要还回去，这样才能让别人相信你，下次还会借给你。
    ★ 借了别人的东西：
    A 要记得还　　　　　B 要洗干净　　　　C 别用太长时间

67. 上周我和朋友们去游泳，我累死了，到现在我的腿还在疼。看来我是应该多运动运动。
    ★ 他打算：
    A 去医院　　　　　　B 下午去游泳　　　C 多运动

68. 你说的是中间那个碗吗？它有好几百年的历史了，听说现在最少能卖到一万多元。
    ★ 那个碗：
    A 历史很长　　　　　B 漂亮极了　　　　C 里面有米

69. 我丈夫是南方人，以前几乎每天都要吃米饭，来北方住了两年后，也开始习惯吃面条了。
    ★ 她丈夫现在：
    A 瘦了　　　　　　　B 开始吃羊肉　　　C 习惯吃面条了

70. 他的中文还可以，虽然不是每句话都能听懂，但如果你慢慢说，他一般都能明白你的意思。
    ★ 他：
    A 很胖　　　　　　　B 会说汉语　　　　C 喜欢狗

三、书写

第一部分

第71-75题

例如：小船　　上　　一　　河　　条　　有

河上有一条小船。

71. 可爱　　只　　熊猫　　这　　真

72. 蛋糕　　吃　　你　　哪种　　想

73. 感冒　　这个　　容易　　季节

74. 这　　换了　　饭馆　　家　　新菜单

75. 非常　　经理　　我的回答　　对　　满意

第二部分

第76-80题

例如：没（ 关 _{guān} ）系，别难过，高兴点儿。

76. 终于（ 冬 _{dōng} ）天来了，天黑得越来越早了。

77. 我（ 从 _{cóng} ）三天前开始，身体就不舒服。

78. 我希望你在新的一（ 年 _{nián} ）里，身体健康，万事如意！

79. 这是我送给妈妈的礼（ 物 _{wù} ）。

80. 要相信自（ 己 _{jǐ} ）的选择，不要被别人影响。

*실전 모의고사 1회 정답 및 해설은 해설서 120p에 있습니다.

실전 모의고사

제 2 회

新汉语水平考试
HSK（三级）
模拟试题（二）

注意

一、 HSK（三级）分三部分：

    1. 听力（40题，约35分钟）

    2. 阅读（30题，30分钟）

    3. 书写（10题，15分钟）

二、 听力结束后，有5分钟填写答题卡。

三、 全部考试约90分钟（含考生填写个人信息时间5分钟）。

一、听 力

第一部分

第1-5题

A

B

C

D

E

F

例如： 男：喂，请问张经理在吗？
女：他正在开会，您半个小时以后再打，好吗？   D

1.
2.
3.
4.
5.

第6-10题

A

B

C

D

E

6.
7.
8.
9.
10.

第二部分

第11-20题

例如：为了让自己更健康，他每天都花一个小时去锻炼身体。

★ 他希望自己很健康。 （ ✓ ）

今天我想早点儿回家。看了看手表，才5点。过了一会儿再看表，还是5点，我这才发现我的手表不走了。

★ 那块手表不是他的。 （ ✗ ）

11. ★ 我的眼睛比姐姐大。 （ ）

12. ★ 那双鞋卖两千多元。 （ ）

13. ★ 邻居是位老人。 （ ）

14. ★ 王阿姨会打篮球。 （ ）

15. ★ 考试时要带铅笔。 （ ）

16. ★ 他已经把书还了。 （ ）

17. ★ 他觉得那个房子真好。 （ ）

18. ★ 人对人的影响很大。 （ ）

19. ★ 这个题很难。 （ ）

20. ★ 今天天气很冷。 （ ）

第三部分

第21-30题

例如：男：小王，帮我开一下门，好吗？谢谢！
　　　女：没问题。您去超市了？买了这么多东西。
　　　问：男的想让小王做什么？
　　　　A 开门 ✓　　　　　B 拿东西　　　　　C 去超市买东西

21.　A 邻居　　　　　　B 老师和学生　　　　C 丈夫和妻子

22.　A 医院　　　　　　B 学校　　　　　　　C 公司

23.　A 地铁站　　　　　B 公司　　　　　　　C 饭馆儿

24.　A 明天下午　　　　B 明天上午　　　　　C 今天

25.　A 聪明　　　　　　B 不好　　　　　　　C 热情

26.　A 下雨　　　　　　B 热　　　　　　　　C 阴

27.　A 同事　　　　　　B 同学　　　　　　　C 妈妈和儿子

28.　A 要去银行　　　　B 找词典　　　　　　C 找手机

29.　A 很甜　　　　　　B 不新鲜　　　　　　C 比较贵

30.　A 走路　　　　　　B 打车　　　　　　　C 坐地铁

第四部分

第31-40题

例如：女：晚饭做好了，准备吃饭了。
　　　男：等一会儿，比赛还有三分钟就结束了。
　　　女：快点儿吧，一起吃，菜冷了就不好吃了。
　　　男：你先吃，我马上就看完了。
　　　问：男的在做什么？
　　　　A 洗澡　　　　　　B 吃饭　　　　　　C 看电视 ✓

31.　A 吃葡萄　　　　　B 看花　　　　　　C 还书

32.　A 他以为女的在图书馆　B 茶太甜了　　　C 又饿了

33.　A 明天下午　　　　　B 后天早上　　　　C 下个星期

34.　A 厨房　　　　　　　B 电梯里　　　　　C 洗手间

35.　A 9月9日爬山　　　　B 山高990米　　　　C 9个人住在山上

36.　A 7号上午　　　　　　B 今天下午　　　　C 7号下午

37.　A 很胖　　　　　　　B 口渴了　　　　　C 不胖

38.　A 选衣服　　　　　　B 选帽子　　　　　C 卖衣服

39.　A 蓝色　　　　　　　B 黑色　　　　　　C 白色

40.　A 再买一只小狗　　　B 照顾小狗　　　　C 洗澡

二、阅读

第一部分

第41-45题

A 照片上这个短头发的就是我妹妹。

B 服务员,这条裙子有点儿短,帮我再换一条吧。

C 图书馆里比较安静,我们喜欢在那儿学习。

D 冰箱里还有不少葡萄和苹果呢。

E 当然,我们先坐公共汽车,然后换地铁。

F 怎么现在还是开着呢?

例如:你知道怎么去那儿吗?　　　　　　　　　　　　(E)

41. 他的习惯和我们不一样,他喜欢在家学习。　　　　(　)

42. 妈妈,家里是不是没有水果?　　　　　　　　　　(　)

43. 那时候她比较瘦,不到50公斤。　　　　　　　　　(　)

44. 她正在买衣服。　　　　　　　　　　　　　　　　(　)

45. 我记得离开教室的时候把空调关了。　　　　　　　(　)

第46-50题

A 七个小矮人的故事，你听说过吗？

B 现在十点十五了，您的表慢了一刻。

C 我的几个朋友周末想去上海玩儿，但他们都不会开车。

D 那我们现在去超市吧。

E 没关系，我明天去也可以。

46. 书店马上就要关门了。　　　　　　　　　　　（　　）

47. 冰箱里只有果汁和鸡蛋，没有其他吃的。　　　（　　）

48. 请问，现在是十点吗？　　　　　　　　　　　（　　）

49. 我爸是司机，我问问他，看他有没有时间。　　（　　）

50. 小时候奶奶给我讲过，很有名。　　　　　　　（　　）

第二部分

第51-55题

A 起飞　　　B 感冒　　　C 简单　　　D 环境　　　E 声音　　　F 能

例如：她说话的（ E ）多好听啊！

51. 会议10点半（　　）结束吗？外面有人找王经理。

52. 请大家关上手机，飞机马上就要（　　）了。

53. 下雨了，你还是多穿点儿再出去，小心（　　）。

54. 其实问题不像你想的那么（　　）。

55. 听金老师说，机场附近那个宾馆的（　　）不错。

第56-60题

A 满意　　B 菜单　　C 碗　　D 爱好　　E 教　　F 敢

例如：A：你有什么（　D　）？
　　　B：我喜欢体育。

56. A：您好，请问您几位？
　　 B：4位，请给我们拿一下（　　），谢谢。

57. A：你丈夫的脚怎么样了？
　　 B：吃了药好多了，但还是不（　　）走太多路。

58. A：我画完了，你看看，（　　）吗？
　　 B：好极了，你画得越来越好了。

59. A：您做过哪些工作？
　　 B：我以前是小学老师，主要（　　）数学。

60. A：再来一（　　）米饭？
　　 B：不用了，我吃饱了，刚才吃了很多面包。

第三部分

第61-70题

例如：您是来参加今天会议的吗？您来早了一点儿，现在才8点半。您先进来坐吧。

　　★ 会议最可能几点开始？

　　A 8点　　　　　B 8点半　　　　　C 9点 ✓

61. 每次经过他家门口的时候，我几乎都能看到他的两只猫在树下睡觉。

　　★ 那两只猫在哪儿睡觉？

　　A 桌子上　　　　B 房间里　　　　C 树下

62. 过去，这条街道上除了一家小商店外，什么都没有，不像现在，有这么多宾馆和银行。

　　★ 这条街道：

　　A 没变化　　　　B 变化大　　　　C 跟以前相同

63. 我办公室的电脑突然不能用了，所以我下午要出去。不在公司，有什么事就给我发短信或者打我手机。

　　★ 他下午：

　　A 不在办公室　　B 去检查身体　　C 在家休息

64. 到了机场，她发现护照不见了，在行李箱里找了两个小时，也没找到，很着急。

　　★ 她为什么着急？

　　A 迟到了　　　　B 忘记带手机了　　C 找不到护照

65. 每个人都有自己的兴趣爱好，我最大的爱好就是旅游。旅游使我发现外面的世界是那么大，有很多东西是书本上学不到的。

★ 旅游让我：

A 变热情　　　　　　B 没影响　　　　　　C 学到很多

66. 上周日我去奶奶家玩儿，她一开门，我就笑了，她的鼻子上，耳朵上都是面，眼睛上也有，她告诉我她正在做面包呢。

★ 他奶奶：

A 在做面包　　　　　B 在洗盘子　　　　　C 喜欢太阳

67. 喂？你在哪儿呢？你声音大一点儿好吗？我刚才没听清楚你在说什么。

★ 那个人的声音很：

A 大　　　　　　　　B 小　　　　　　　　C 清楚

68. 米饭马上就好，我准备一下碗筷就可以吃饭了。儿子，你来帮我把牛肉放到桌子上，小心点儿，盘子很热。

★ 说话人让儿子做什么？

A 拿牛肉　　　　　　B 拿碗筷　　　　　　C 做米饭

69. 经过一年的努力，他的游泳水平终于有了很大的提高，我相信他一定能在下个月的比赛中拿个好成绩。

★ 他：

A 个子很高　　　　　B 要参加比赛　　　　C 拿了第一名

70. 我教你一个办法。工作前，先把要做的事情写下来，重要的、着急的事情用红笔画出来，这样你就能清楚地知道应该先做什么，后做什么了。

★ 根据这段话：

A 工作不必认真　　　B 容易的事后做　　　C 要先做重要的事

三、书写

第一部分

第71-75题

例如：小船　　上　　一　　河　　条　　有

河上有一条小船。

71. 很努力　　我们班的　　学习　　学生

72. 今天　　出　　终于　　太阳了

73. 越来越　　那个城市的　　变得　　好了　　环境

74. 书　　着　　四本　　桌子上　　放

75. 怎么了　　眼睛　　丈夫的　　你

第二部分

第76-80题

例如：没（ 关 guān ）系，别难过，高兴点儿。

76. 8月27（ 号 hào ）是我的生日，下午你们来我家吃饭吧。

77. 这边太热了，我们去树下坐一（ 会 huì ）儿吧。

78. 今晚的（ 月 yuè ）亮让我想家了。

79. 他（ 告 gào ）诉我，他姓张，今年20岁。

80. 做选择时，最重要的是（ 知 zhī ）道自己想要什么。

* 실전 모의고사 2회 정답 및 해설은
해설서 145p에 있습니다.

汉语水平考试 HSK（三级）答题卡

——— 请填写考生信息 ———　　——— 请填写考点信息 ———

按照考试证件上的姓名填写：

姓名

如果有中文姓名，请填写：

中文姓名

考生序号： [0][1][2][3][4][5][6][7][8][9]

考点代码： [0][1][2][3][4][5][6][7][8][9]

国籍： [0][1][2][3][4][5][6][7][8][9]

年龄： [0][1][2][3][4][5][6][7][8][9]

性别： 男 [1]　　女 [2]

注意　请用2B铅笔这样写：■

一、听力	二、阅读

1. [A][B][C][D][E][F]　　6. [A][B][C][D][E][F]　　41. [A][B][C][D][E][F]　　46. [A][B][C][D][E][F]
2. [A][B][C][D][E][F]　　7. [A][B][C][D][E][F]　　42. [A][B][C][D][E][F]　　47. [A][B][C][D][E][F]
3. [A][B][C][D][E][F]　　8. [A][B][C][D][E][F]　　43. [A][B][C][D][E][F]　　48. [A][B][C][D][E][F]
4. [A][B][C][D][E][F]　　9. [A][B][C][D][E][F]　　44. [A][B][C][D][E][F]　　49. [A][B][C][D][E][F]
5. [A][B][C][D][E][F]　　10. [A][B][C][D][E][F]　　45. [A][B][C][D][E][F]　　50. [A][B][C][D][E][F]

11. [√][×]　　16. [√][×]　　21. [A][B][C]　　51. [A][B][C][D][E][F]　　56. [A][B][C][D][E][F]
12. [√][×]　　17. [√][×]　　22. [A][B][C]　　52. [A][B][C][D][E][F]　　57. [A][B][C][D][E][F]
13. [√][×]　　18. [√][×]　　23. [A][B][C]　　53. [A][B][C][D][E][F]　　58. [A][B][C][D][E][F]
14. [√][×]　　19. [√][×]　　24. [A][B][C]　　54. [A][B][C][D][E][F]　　59. [A][B][C][D][E][F]
15. [√][×]　　20. [√][×]　　25. [A][B][C]　　55. [A][B][C][D][E][F]　　60. [A][B][C][D][E][F]

26. [A][B][C]　　31. [A][B][C]　　36. [A][B][C]　　61. [A][B][C]　　66. [A][B][C]
27. [A][B][C]　　32. [A][B][C]　　37. [A][B][C]　　62. [A][B][C]　　67. [A][B][C]
28. [A][B][C]　　33. [A][B][C]　　38. [A][B][C]　　63. [A][B][C]　　68. [A][B][C]
29. [A][B][C]　　34. [A][B][C]　　39. [A][B][C]　　64. [A][B][C]　　69. [A][B][C]
30. [A][B][C]　　35. [A][B][C]　　40. [A][B][C]　　65. [A][B][C]　　70. [A][B][C]

三、书写

71. _____
72. _____
73. _____
74. _____
75. _____

76.　　　77.　　　78.　　　79.　　　80.

汉语水平考试 HSK（三级）答题卡

——— 请填写考生信息 ———

按照考试证件上的姓名填写：

| 姓名 | |

如果有中文姓名，请填写：

| 中文姓名 | |

考生序号：
[0] [1] [2] [3] [4] [5] [6] [7] [8] [9]
[0] [1] [2] [3] [4] [5] [6] [7] [8] [9]
[0] [1] [2] [3] [4] [5] [6] [7] [8] [9]
[0] [1] [2] [3] [4] [5] [6] [7] [8] [9]

——— 请填写考点信息 ———

考点代码：
[0] [1] [2] [3] [4] [5] [6] [7] [8] [9]
[0] [1] [2] [3] [4] [5] [6] [7] [8] [9]
[0] [1] [2] [3] [4] [5] [6] [7] [8] [9]
[0] [1] [2] [3] [4] [5] [6] [7] [8] [9]
[0] [1] [2] [3] [4] [5] [6] [7] [8] [9]
[0] [1] [2] [3] [4] [5] [6] [7] [8] [9]

国籍：
[0] [1] [2] [3] [4] [5] [6] [7] [8] [9]
[0] [1] [2] [3] [4] [5] [6] [7] [8] [9]
[0] [1] [2] [3] [4] [5] [6] [7] [8] [9]

年龄：
[0] [1] [2] [3] [4] [5] [6] [7] [8] [9]
[0] [1] [2] [3] [4] [5] [6] [7] [8] [9]

性别： 男 [1] 女 [2]

注意 请用2B铅笔这样写：■

一、听力

1. [A][B][C][D][E][F]   6. [A][B][C][D][E][F]
2. [A][B][C][D][E][F]   7. [A][B][C][D][E][F]
3. [A][B][C][D][E][F]   8. [A][B][C][D][E][F]
4. [A][B][C][D][E][F]   9. [A][B][C][D][E][F]
5. [A][B][C][D][E][F]   10. [A][B][C][D][E][F]

11. [√] [×]   16. [√] [×]   21. [A][B][C]
12. [√] [×]   17. [√] [×]   22. [A][B][C]
13. [√] [×]   18. [√] [×]   23. [A][B][C]
14. [√] [×]   19. [√] [×]   24. [A][B][C]
15. [√] [×]   20. [√] [×]   25. [A][B][C]

26. [A][B][C]   31. [A][B][C]   36. [A][B][C]
27. [A][B][C]   32. [A][B][C]   37. [A][B][C]
28. [A][B][C]   33. [A][B][C]   38. [A][B][C]
29. [A][B][C]   34. [A][B][C]   39. [A][B][C]
30. [A][B][C]   35. [A][B][C]   40. [A][B][C]

二、阅读

41. [A][B][C][D][E][F]   46. [A][B][C][D][E][F]
42. [A][B][C][D][E][F]   47. [A][B][C][D][E][F]
43. [A][B][C][D][E][F]   48. [A][B][C][D][E][F]
44. [A][B][C][D][E][F]   49. [A][B][C][D][E][F]
45. [A][B][C][D][E][F]   50. [A][B][C][D][E][F]

51. [A][B][C][D][E][F]   56. [A][B][C][D][E][F]
52. [A][B][C][D][E][F]   57. [A][B][C][D][E][F]
53. [A][B][C][D][E][F]   58. [A][B][C][D][E][F]
54. [A][B][C][D][E][F]   59. [A][B][C][D][E][F]
55. [A][B][C][D][E][F]   60. [A][B][C][D][E][F]

61. [A][B][C]   66. [A][B][C]
62. [A][B][C]   67. [A][B][C]
63. [A][B][C]   68. [A][B][C]
64. [A][B][C]   69. [A][B][C]
65. [A][B][C]   70. [A][B][C]

三、书写

71. _____
72. _____
73. _____
74. _____
75. _____

76.   77.   78.   79.   80.

汉语水平考试
Chinese Proficiency Test

HSK（三级）成绩报告
HSK (Level 3) Examination Score Report

姓名 (Name) : _____

性别 (Gender) : _____ 国籍 (Nationality) : _____

考试时间 (Examination Date) : _____ 年 (Year) ____ 月 (Month) ____ 日 (Day)

编号 (No.) : _____

准考证号 (Admission Ticket Number) : _____

	满分 Full Score	你的分数 Your Score
听力 Listening	100	
阅读 Reading	100	
书写 Writing	100	
总分 Total Score	300	

听力 Listening	阅读 Reading	书写 Writing	总分 Total Score	百分等级 Percentile Rank
100	100	100	299	99%
98		96	287	90%
95	97	91	277	80%
92	93	87	267	70%
88	89	83	256	60%
85	82	78	243	50%
80	73	73	227	40%
75	64	68	209	30%
69	53	60	187	20%
59	40	51	159	10%

总分180分为合格 (Passing Score: 180)

主任 _____ 国家汉办
Director   Hanban

中国·北京
Beijing·China

成绩自考试日起2年内有效

체계적인 20일 코칭 시스템

新 HSK
PT
퍼스널 트레이닝

김혜연 저

해설서　3급

시사중국어사

해설서 목차

1. PT학습서 해설

- DAY 1 ········ 6
- DAY 2 ········ 10
- DAY 3 ········ 14
- DAY 4 ········ 17
- DAY 5 ········ 21
- DAY 6 ········ 25
- DAY 7 ········ 30
- DAY 8 ········ 34
- DAY 9 ········ 38
- DAY 10 ······· 43

- DAY 11 ······· 48
- DAY 12 ······· 53
- DAY 13 ······· 59
- DAY 14 ······· 64
- DAY 15 ······· 71
- DAY 16 ······· 78
- DAY 17 ······· 86
- DAY 18 ······· 94
- DAY 19 ······· 104
- DAY 20 ······· 113

2. 실전 모의고사 해설

- 실전 모의고사 세트 1 ········ 120
- 실전 모의고사 세트 2 ········ 145

新HSK PT 3급

PT 학습서
해설

듣기 제1부분 실전 PT 정답 ▶p.36

1. C **2.** B **3.** A **4.** E **5.** D

A  B  C

D  E

문제 1

女: 这个帽子怎么样? 和刚才那个比哪个好?
男: 我觉得这白色的更漂亮, 就买这个吧。

여: 이 모자 어때? 방금 전 그것과 비교했을 때 어떤 것이 좋아?
남: 내 생각엔 이 하얀색이 더 예쁜 것 같아. 이거 사자.

해설 녹음 시작 부분에 '帽子(모자)'가 어떤지 묻고 있고, 어떤 모자가 더 예쁜지 고르는 내용이 나온다. 따라서 정답은 모자를 고르고 있는 사진인 C가 된다. 녹음을 듣기 전에 보기의 사진을 훑어보고 모자가 중국어로 무엇인지 미리 떠올린다면 정답을 찾기 수월하다.

TIP A 比 B… A bǐ B… A가 B보다 ~하다

문제 2

女: 今天有什么新闻吗?
男: 没什么特别的新闻。

여: 오늘 무슨 뉴스 있어?
남: 별로 특별한 뉴스는 없어.

해설 '뉴스, 소식'이라는 뜻을 가진 단어 '新闻'이 녹음 시작 부분에 등장하기 때문에 답은 신문을 보고 있는 사진인 B이다. 녹음을 듣기 전에 보기의 사진을 훑어보고 신문이나 뉴스와 관련된 단어를 떠올린다면 정답을 찾기 수월하다.

문제 3

女: 这果汁真好喝, 你在哪儿买的?
男: 不是买的, 是我妈用新鲜水果做的。

여: 이 과일주스 정말 맛있다. 너 어디에서 산 거야?
남: 산 것이 아니라 우리 엄마가 신선한 과일로 만들어주신 거야.

해설 녹음 시작 부분 여자의 말 중 '果汁(과일주스)'라는 단어가 나온다. 따라서 답은 아이가 음료를 마시고 있는 사진인 A이다. 녹음을 듣기 전에 보기의 사진을 훑어보고 주스나 음료와 관련된 단어를 떠올린다면 정답을 찾기 수월하다.

문제 4

男: 这是菜单，前面这几个都是我们店很有名的菜。 女: 好的，我先看看，一会儿再叫你。	남: 이것은 메뉴입니다. 앞쪽에 이 몇 가지는 모두 우리 상점의 유명한 요리입니다. 여: 알겠습니다. 제가 먼저 좀 보고 잠시 후에 다시 부르겠습니다.

해설 녹음에 '菜单(메뉴)'과 '菜(요리)'가 나오기 때문에 답은 식당에서 메뉴판을 보고 음식을 주문하는 사진인 **E**이다. 녹음을 듣기 전에 보기의 사진을 훑어보고 종업원, 메뉴, 음식 등을 머릿속에 떠올린다면 쉽게 정답을 찾을 수 있다.

TIP 一会儿 + 동사: 잠시 후에 ~하다

문제 5

男: 妈，你别走，我一个人不敢骑。 女: 别害怕，眼睛看前面，慢慢地骑。	남: 엄마, 가지 마세요. 저는 감히 혼자 탈 수 없어요. 여: 무서워하지 마. 눈은 앞을 보고 천천히 타.

해설 녹음에 '타다'라는 동사 '骑'가 반복적으로 나오고 있다. '骑'는 주로 동물이나 자전거 등에 탈 때 사용하기 때문에 답은 자전거를 타고 있는 사진인 **D**이다. 비록 '自行车(자전거)'라는 단어가 직접적으로 나오지 않았지만, 녹음을 듣기 전에 보기의 사진을 훑어보고 '骑自行车(자전거를 타다)'라는 문장을 묶어서 떠올린다면 정답을 찾기 수월하다.

독해 제1부분 실전 PT 정답 ▶p.41

1. D **2.** B **3.** E **4.** C **5.** A

문제 1

D 这个周末你打算去哪儿? 1. 我要带我女儿去动物园，她很想看大熊猫。	D 이번 주말에 너는 어디에 갈 계획이야? 1. 나는 내 딸을 데리고 동물원에 갈 예정이야. 딸이 판다를 매우 보고 싶어해.

해설 문제가 대답이 되는 유형이므로 보기에서 질문을 찾아야 한다. 1번 문제는 '去动物园(동물원에 간다)'이 주요 내용이기 때문에 어디에 갈 것인지 물어보는 내용을 보기에서 찾으면 된다. D에서 '打算去哪儿(어디에 갈 계획이냐)'이라고 묻고 있기 때문에 보기 D와 1번이 서로 호응하는 문장이다.

TIP 打算 dǎsuàn ~할 계획이다

문제 2

B 关电脑吧，我们该走了。 2. 等一下，我很快就看完这个电子邮件。	B 컴퓨터 꺼. 우리 가야 돼. 2. 조금만 기다려. 나는 이 이메일을 곧 다 봐.

해설 2번 문제 역시 질문하는 내용이라기보다는 대답하는 내용이기 때문에 보기에서 상응하는 질문을 찾아야 한다. '看完这个电子邮件'을 통해서 지금 이메일을 보고 있다는 것을 알 수 있고, 이와 호응하는 문장으로 보기 B의 '电脑(컴퓨터)'를 찾아주면 된다. 따라서 보기 B와 2번이 서로 연결된다.

TIP 该…了 gāi…le (시간이 되어) ~해야 한다

문제 3

| 3. 你知道怎么去那儿吗?
 E 当然。我们先坐公共汽车，然后换地铁。 | 3. 너 거기 어떻게 가는지 알아?
 E 당연하지, 우리 먼저 버스를 타고, 그 다음에 지하철로 갈아 타자. |

해설 3번에서 '怎么去那儿吗?'이라고 물으며 가는 방법을 물었기 때문에 이에 대한 대답으로 교통수단인 '公共汽车(버스)'와 '地铁(지하철)'가 나열되어 있는 보기 **E**를 찾아주면 된다.

TIP 先 A, 然后 B xiān A, ránhòu B 먼저 A하고 그 다음에 B하다

문제 4

| 4. 外面真热，有什么喝的吗?
 C 冰箱里有牛奶和咖啡，还有果汁，你要哪个? | 4. 바깥이 정말 덥다. 무슨 마실 것이 있니?
 C 냉장고 안에 우유와 커피가 있고 과일주스도 있는데, 너는 어떤 것을 원해? |

해설 문제와 보기에 같은 동사 '有(있다)'가 등장하고 있으며, 마실 것이 있냐고 묻는 질문을 보고 음료가 나열되어 있는 보기 **C**를 찾으면 된다.

문제 5

| 5. 你的手机找到了吗?
 A 是，我打扫房间的时候发现了，就在椅子下面。 | 5. 너 휴대전화 찾았니?
 A 응, 내가 방을 청소할 때 발견했어. 바로 의자 밑에 있었어. |

해설 휴대전화를 찾았냐고 묻고 있다. 문제 5번에서 찾는 목적어인 '手机(휴대전화)'가 보기 A에 직접적으로 나오지는 않지만 '找到了吗? (찾았니?)'에 대한 대답으로 '发现了(발견했다)'가 나오기 때문에 5번과 보기 **A**가 서로 호응한다.

쓰기 제1부분 실전 PT 정답 ▶p.46

1. 昨天的考试比较难。 어제의 시험은 비교적 어려웠다.
2. 这个月花了一千多块钱。 이번 달에 천 위안 정도의 돈을 소비했다.
3. 我买的苹果非常新鲜。 내가 산 사과는 매우 신선하다.
4. 他已经吃完了蛋糕。 그는 이미 케이크를 다 먹었다.
5. 我跟他见面。 나는 그와 만난다.

문제 1

| 昨天的 | 难 | 考试 | 比较 |

분석 **难** nán 형 어렵다 | **考试** kǎoshì 명 시험

해설 술어는 '难(어렵다)'으로 형용사술어이다. 형용사술어는 목적어를 동반할 수 없다. 따라서 하나 있는 명사 '考试(시험)'는 주어 자리에 놓아야 한다. 형용사가 술어로 쓰이면 그 앞에 정도부사가 필요하기 때문에 '比较(비교적)'를 형용사술어 앞에 붙여준다. '的'는 관형어와 명사 사이에서 수식 관계를 이루기 때문에 뒤에는 대부분 명사가 온다.

문제 2

一千多   这个月   块钱   花了

분석 千 qiān ㊕ 천, 1,000 | 月 yuè ㊔ 월, 달 | 花 huā ㊗ 쓰다, 소비하다

해설 술어 '花了(소비하다)'를 찾는다. 시간에 관련된 시간명사들은 주로 문장 맨 앞에서 문장 전체를 수식한다. 따라서 '这个月(이번 달)'는 문장 맨 앞에 두고, 목적어 자리에는 '一千多(1,000 남짓)'와 화폐 단위인 '块钱(위안)'을 짝지어서 얼마의 돈을 소비했는지 나타낸다.

문제 3

新鲜   苹果   非常   我买的

분석 新鲜 xīnxiān ㊗ 신선하다 | 苹果 píngguǒ ㊔ 사과

해설 형용사술어 '新鲜(신선하다)' 앞에 정도부사 '非常(매우)'을 붙여주고, 명사 '苹果(사과)' 앞에는 수식어 '我买的(내가 산)'를 붙여 주어 자리에 놓는다.

문제 4

蛋糕   吃完了   他已经

분석 蛋糕 dàngāo ㊔ 케이크 | 已经 yǐjīng ㊕ 이미

해설 우선 동사술어 '吃完了(다 먹었다)'를 찾는다. 그리고 부사는 주로 술어 앞에서 술어를 수식하기 때문에 부사 '已经(이미)'을 술어 앞에 놓는데, '他(그)'와 같이 붙어있기 때문에 '他'가 주어라는 것도 알 수 있다. 동사술어는 목적어를 동반할 수 있기 때문에 목적어 자리에는 '蛋糕(케이크)'를 넣어준다.

TIP 명사 또는 대명사가 시간명사나 부사 또는 조동사와 같이 붙어 있는 경우엔 주어로 쓰인 것임을 알 수 있다. 시간명사는 문장에서 주어를 기준으로 앞뒤로 움직일 수 있기 때문이다.

문제 5

我   跟   见面   他

분석 跟 gēn ㊕ ~와/과 | 见面 jiànmiàn ㊗ 만나다

해설 술어 '见面(만나다)'을 찾는다. 주의해야 할 점은 '见面' 자체를 동사라고 생각할 수 있지만 정확하게는 '见(보다)'이라는 동사와 '面(얼굴)'이라는 목적어로 이루어져 있는 이합동사라는 점이다. 따라서 이미 안에 목적어를 포함하고 있기 때문에 뒤에 다른 목적어가 올 수 없다. 그리고 '跟(~와/과)'은 전치사이기 때문에 혼자 쓰일 수 없다. 따라서 명사 '他(그)'와 전치사구를 만들어 술어 앞에 배치하고, 남은 명사 '我(나)'를 찾아 문장 맨 앞 주어 자리에 놓는다.

TIP ① 목적어를 이미 포함하고 있는 이합동사를 주의하자.
② 전치사는 혼자 쓰일 수 없고, (대)명사와 전치사구를 이뤄 술어 앞에서 술어를 수식한다.

듣기 제1부분 실전 PT 정답 ▶p.52

| 1. A | 2. D | 3. C | 4. E | 5. B |

A 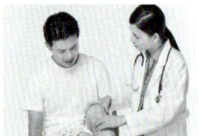   B 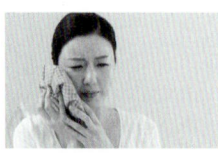   C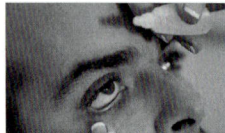

D    E

문제 1

男: 医生，我的左腿最近一直很疼。
女: 来，我先检查一下，是这个地方疼吗?

남: 의사선생님, 제 왼쪽 다리가 요즘 계속 아파요.
여: 와보세요. 제가 먼저 검사를 한번 해볼게요. 여기가 아픈가요?

해설 남자의 말에서 '腿(다리)'를 제대로 들었어야 문제를 풀 수 있다. 여자의 말만 들으면 다른 사진과도 상황이 맞을 수 있기 때문에 '腿'를 듣고 다리가 나와있는 사진 A를 고른다. 사진을 훑어보고 '다리'가 중국어로 무엇인지 미리 생각해두자. 상태, 상황과 관련된 문제 역시 사진에 보이는 단어가 대부분 녹음에 그대로 등장하니 정답을 찾기 수월할 것이다.

TIP 동사 + 一下: 한번 좀 ~해보다

문제 2

男: 你是不是感冒了?
女: 可能是，昨天没带伞，早上起床时鼻子就不舒服。

남: 너 감기 걸린 것 아니야?
여: 아마도. 어제 우산을 가져가지 않아서 아침에 일어났을 때 코가 불편했어.

해설 남자의 말에서 '感冒(감기)'를 통해 힌트를 얻을 수 있고 여자의 마지막 말에 '鼻子(코)'가 직접적으로 나왔기 때문에 코를 풀고 있는 사진인 D가 정답이다. 보기에 아파 보이는 사진이 많기 때문에 어디가 아픈지 각각의 신체 부위를 정확히 들어야만 헷갈리지 않고 정답을 고를 수 있다!

TIP 是不是…? shìbúshì…? ~인 것 아니야?

문제 3

女: 眼药水用了吗? 有没有作用?
男: 有作用，现在眼睛已经不红了。

여: 안약 사용했어? 효과가 있어 없어?
남: 효과 있어. 지금 눈이 이미 빨갛지 않게 되었어.

해설 여자의 첫마디에서 '眼药水(안약)'가 나왔지만 3급에서 자주 등장하는 단어가 아니기 때문에 못 듣고 지나쳤을 수 있다. 하지만 남자의 말에서 '眼睛(눈)'이 한 번 더 나오기 때문에 안약을 넣고 있는 사진인 C가 답이라는 것을 알 수 있다.

TIP 已经 + 동사 + 了: 이미 '동사'했다 [완료]
已经 + 형용사 + 了: 이미 '형용사'해졌다 [변화]

문제 4

| 男: 妈，那家公司让我明天去上班。 | 남: 엄마, 그 회사가 저보고 내일부터 출근하라래요. |
| 女: 太好了，真为你高兴。 | 여: 정말 잘 됐다. 축하한다! |

해설 '让(~하게 하다, 시키다)'이라는 표현을 정확하게 알았으면 내용 파악이 더 쉬웠겠지만 '公司(회사)'와 '上班(출근하다)'이라는 단어만 봐도 정장을 입고 기뻐하는 사진인 **E**가 정답에 가장 가깝다는 것을 알 수 있다.

TIP '真为你高兴(zhēn wèi nǐ gāoxìng)'은 상대방이 좋은 일이 생겼을 때 축하하는 표현이다.

문제 5

| 男: 吃块儿糖吧，很好吃。 | 남: 사탕 한 조각 먹어. 맛있어. |
| 女: 不吃，我最近牙疼，不敢吃甜的。 | 여: 안 먹어. 나 요즘 이가 아파서 단 것을 함부로 먹지 못 해. |

해설 남자의 말만 들어서는 어떤 사진을 찾아야 할지 쉽게 예상이 되지 않는다. 하지만 여자가 뒤이어 '牙疼(이가 아프다)'이라고 말했기 때문에 이를 감싼 채 아파하고 있는 사진인 **B**가 답이다.

독해 제1부분 실전 PT 정답 ▶p.56

1. D **2.** A **3.** E **4.** C **5.** B

문제 1

| 1. 桌子上的礼物是送给谁的? | 1. 책상 위의 선물은 누구에게 줄 거야? |
| D 我爸爸，明天是他的生日。 | D 우리 아빠, 내일은 아빠 생신이야. |

해설 누구에게 주냐(送给谁)는 1번 질문에 '爸爸(아빠)'라는 대상으로 대답하는 보기 D가 답이다. 또한, 관련된 단어로는 '礼物(선물)'와 '生日(생일)'가 있기 때문에 연관된 단어를 통해서도 1번과 보기 **D**가 서로 연결되는 문장임을 알 수 있다.

TIP 送给 + 대상: ~에게 보내다, 선물하다

문제 2

| A 快去洗手，准备吃饭，你哥哥呢? | A 빨리 가서 손을 씻고 밥 먹을 준비해. 네 형은? |
| 2. 他在看电视，我去叫他。 | 2. 형은 TV를 보고 있어요. 제가 가서 형을 부를게요. |

해설 문제 2번 문장에서 주어 '他(그)'를 통해 남자라는 것을 알 수 있고, 그가 무엇을 하고 있는지 대답하고 있기 때문에 이에 대한 질문을 보기에서 찾으면 된다. 형의 행방·행동을 묻는 질문인 A를 답으로 고른다. 따라서 보기 **A**와 2번이 서로 연결되는 문장이다.

문제 3

| 3. 叔叔，这个你买的时候花了多少钱? | 3. 삼촌, 이거 살 때 얼마 썼어요? |
| E 你相信吗? 这张桌子去年春天卖100万。 | E 너 믿기니? 이 책상 작년 봄에 100만 위안에 팔았어. |

해설 문제에서 얼마를 썼는지 묻고 있다. 보기에서 값과 관련된 문장은 보기 E 하나뿐이기 때문에 답은 E가 된다. 얼마를 주고 샀냐고 물었지만 그 당시에 100만 위안에 팔았다고 대답했다. 같은 동사를 사용하지는 않았지만 반의어를 사용했고, 문맥상 3번과 보기 E가 서로 이어진다. 의문문과 의문문으로 이어진 문장이니 주의하자!

TIP '花 huā'는 명사로는 '꽃'이라는 의미지만, 동사로 쓰이면 '(돈이나 시간을) 쓰다, 소비하다'라는 의미이다.

문제 4

4. 你上次去的那个饭馆儿**离**这儿**远**吗? C 很近, 走路10分钟就能到。	4. 너 지난번에 간 그 식당 여기에서 멀어? C 가까워. 걸어서 10분이면 바로 도착할 수 있어.

해설 거리를 묻는 질문에는 대부분 '近(가깝다)' 혹은 '远(멀다)'으로 답할 수 있다. 보기 중 C의 첫 문장이 '很近(가깝다)'으로 시작하기 때문에 4번은 보기 C와 연결된다.

TIP 离 + 기준점 + 近/远: 기준점에서부터의 거리가 가깝다/멀다

문제 5

B 你歌唱得真好, 学多久了? 5. 我**从8岁就开始学**, 一直到现在。	B 너 노래 정말 잘 부른다. 얼마나 배웠어? 5. 나는 8살 때부터 배우기 시작해서 현재까지 계속 배우고 있어.

해설 문제 5번은 8살 때부터 배우기 시작했다고 대답하는 내용이기 때문에 배운 기간을 묻는 문장을 보기에서 찾는다. 보기 중 B가 문장 끝에 '学多久了? (얼마나 배웠어?)'라고 묻고 있기 때문에 보기 B와 5번이 서로 연결된다. 문제와 보기에서 공통적으로 등장하는 동사 '学(배우다)'를 보고도 답을 쉽게 찾을 수 있다.

TIP 从 + 시간/장소 + 동사: 시간/장소에서부터 ~을 하다

쓰기 제1부분 실전 PT 정답 ▶p.60

1. 奶奶高兴地笑了。 할머니는 기쁘게 웃었다.
2. 那位老人已经100岁了。 그 노인은 이미 100살이 되었다.
3. 这个城市的冬天经常刮风。 이 도시의 겨울은 자주 바람이 분다.
4. 她在跟金老师打篮球。 그녀는 김 선생님과 농구를 하고 있다.
5. 表演还没结束呢。 공연이 아직 끝나지 않았다.

문제 1

高兴地   奶奶   笑了

분석 高兴 gāoxìng [형] 기쁘다 | 奶奶 nǎinai [명] 할머니 | 笑 xiào [동] 웃다

해설 단어를 보면 '高兴(기쁘다)'도 형용사술어로 쓰일 수 있고, '笑了(웃었다)'도 동사술어로 쓰일 수 있어서 술어 찾기가 헷갈릴 수도 있다. 하지만 '高兴' 뒤에는 조사 '地'가 붙어 있어서 술어로 쓰일 수 없는 것을 알 수 있다. '地'는 술어 앞에서 수식하는 부사어와 술어 사이에 쓰여 수식 관계로 만들어 주는 역할을 한다. 따라서 '高兴地(기쁘게)'는 술어를 수식하는 부사어로 '笑了' 앞에 써주고 웃는 동작을 하는 주어 '奶奶(할머니)'는 문장 맨 앞에 놓는다.

TIP 1. 술어를 찾기 헷갈릴 경우 대부분 '了'와 붙어 있는 단어가 술어일 확률이 높다.
2. '…地'로 끝나면 술어 앞에 배치하자.

문제 2

已经   老人   100岁   那位   了

분석 老人 lǎorén 명 노인 | 岁 suì 명 살, 세 | 位 wèi 양 분 [사람을 높여서 세는 단위]

해설 '那位'는 지시대명사 '那(그)'와 사람을 높여서 세는 단위 '位(분)'로 이루어져 있는데, 이렇게 묶여서 명사인 '老人(노인)'을 수식할 수 있다. '已经(이미)'은 부사로 술어 앞에 놓으며, 술어 뒤에는 '了'를 붙여서 '이미 ~했다', '이미 ~되었다'라는 표현이 된다. '이미 100살이 되었다'라는 의미로 '100岁'의 앞 뒤에 '已经…了'를 붙여서 문장을 완성한다.

TIP '지(시대명사) + 양(사) + 명(사)' 순서를 잘 기억해두자!

문제 3

经常   的   冬天   刮风   这个城市

분석 经常 jīngcháng 부 종종, 자주 | 冬天 dōngtiān 명 겨울 | 刮风 guāfēng 동 바람이 불다 | 城市 chéngshì 명 도시

해설 술어 '刮风(바람이 불다)'은 동사 '刮(불다)' + 목적어 '风(바람)'으로 이루어진 이합동사이다. 따라서 뒤에 목적어가 올 수 없기 때문에 명사는 주어 자리에 놓아야 한다. '这个城市(이 도시)'와 '冬天(겨울)'을 수식 관계로 만들기 위해 중간에 '的'를 넣어서 주어 자리에 배치한다. '经常(자주)'은 부사로 술어 '刮风' 앞에 놓는다.

문제 4

她   打篮球   跟金老师   在

분석 打篮球 dǎ lánqiú 동 농구하다 | 在 zài 부 ~하고 있는 중이다

해설 '打篮球(농구하다)'는 고맙게도 술어 '打'와 목적어 '篮球'가 같이 붙어있다. 농구를 하는 주어는 '她(그녀)'라는 것도 쉽게 찾을 수 있다. 나머지 수식 성분을 잘 배치해야 되는데 '在'는 '~에서'라는 의미인 전치사로 쓰일 수 있지만, 장소를 나타내는 명사가 없으므로 부사 '~하고 있는 중이다'라는 의미로 쓰였음을 알 수 있다. '跟金老师(김 선생님과)'는 전치사구로 술어 앞에서 술어를 수식한다. 전치사구와 부사는 모두 부사어로서 술어를 수식하기 때문에 부사와 전치사구가 같이 나오는 경우에는 부사를 먼저 쓰고 그 뒤에 전치사구를 써야 한다.

TIP '在'의 다양한 쓰임
① 전치사 '在' + 명사: ~에서
② 동사 '在' + 명사: ~에 있다
③ 부사 '在' + 동사: ~하고 있는 중이다

문제 5

没   表演   还   呢   结束

분석 表演 biǎoyǎn 명 공연, 연극 | 还 hái 부 아직, 여전히 | 结束 jiéshù 동 끝나다, 끝마치다

해설 술어 '结束(끝나다)'와 주어 '表演(공연)'을 알맞게 배치한다. '还'는 '아직'이라는 부사, '没'도 부정부사이다. 이렇게 술어 앞에 여러 부사가 같이 나올 경우 일반부사를 먼저 쓰고 그 다음에 부정부사를 쓴다. '呢'는 문장 맨 끝에서 문장의 말투를 완화시켜주는 역할을 하기 때문에 문장 맨 마지막에 붙여준다.

듣기 제1부분 실전 PT 정답 ▶p.65

1. B **2.** E **3.** D **4.** A **5.** C

A  B  C

D  E

문제 1

女: 你今天怎么走楼梯上来呢?
男: 没办法，电梯坏了，只能走上去了。

여: 너 오늘 어째서 계단을 걸어서 올라와?
남: 방법이 없어. 엘리베이터가 고장 나서 걸어갈 수밖에 없었어.

해설 어째서 오늘 '楼梯(계단)'를 걸어 올라오는지 묻고 있기 때문에 계단 사진이 있는 **B**가 답이다. 만약 계단이란 단어를 몰랐을 경우, 다른 사진으로는 걷는 내용을 유추하기 어렵기 때문에 '走上去(걸어 올라가다)'라는 부분을 통해서도 답을 찾을 수 있다.

TIP 명사 + 坏了: ~이 고장 나다, 썩다

문제 2

男: 你早上一般吃什么?
女: 鸡蛋、面包，喝一杯咖啡。你呢?

남: 너 아침에 보통 뭐 먹어?
여: 달걀, 빵이랑 커피 한 잔 마셔. 너는?

해설 먹는 것과 관련된 사진은 E 하나뿐이기 때문에 정답은 **E**이다. '吃(먹다)'라는 표현 외에도 달걀, 빵과 같은 음식이 나열되었기 때문에 이와 같은 표현을 듣고 답을 찾아주면 된다.

문제 3

男: 你来看，比一个月前瘦了十斤。
女: 真不错，我也应该多运动运动啊。

남: 너 와서 봐, 한 달 전보다 열 근(5kg)이 빠졌어.
여: 정말 괜찮다. 나도 운동 좀 열심히 해야겠어.

해설 남자가 와서 살이 빠진 것을 보라고 하기 때문에 체중계가 있는 사진 **D**가 정답이다. '运动(운동하다)'만 들었으면 계단 사진이 있는 B와 헷갈릴 수 있기 때문에 살이 찌고 빠지는 것과 관련된 단어를 잘 기억해두자.

TIP 형용사 + 了: ~해졌다 [변화]
예 胖了 pàng le 뚱뚱해졌다

문제 4

男：这个礼物是送给我的吗?
女：当然，祝你生日快乐!

남: 이 선물 나에게 주는 거야?
여: 당연하지, 생일 축하해!

해설) 남자의 말에서 '礼物(선물)'와 여자의 '祝你生日快乐(생일 축하해)'라는 표현을 통해 답은 선물을 들고 있는 사진인 **A**라는 것을 알 수 있다.

TIP) 送给 + 대상: ~에게 주다, 보내다

문제 5

女：你家的小狗真可爱啊!
男：它是我女儿的好朋友。

여: 너희 집 강아지 정말 귀엽다!
남: 얘는 내 딸의 좋은 친구야.

해설) 여자가 '小狗(강아지)'라고 직접적으로 언급을 했기 때문에 강아지를 안고 있는 사진인 **C**가 정답이다.

TIP) 它 tā 사람 이외의 사물이나 동물을 가리킬 때 쓰는 지시대명사

독해 제1부분 실전 PT 정답 ▶p.70

1. B **2.** C **3.** E **4.** A **5.** D

문제 1

1. 姐，祝你生日快乐!
B 这是我送你的礼物，你看看喜不喜欢?

1. 언니, 생일 축하해!
B 이건 내가 언니한테 주는 선물이야. 좋은지 안 좋은지 한번 볼래?

해설) 문제 1번에서 생일 축하 표현과 보기 중 B의 '礼物(선물)'를 보고 생일에 선물을 주는 내용임을 파악할 수 있다. 따라서 1번은 보기 **B**와 서로 연결된다.

문제 2

C 哥哥的书包用了四年，已经很旧了。
2. 我早就想给他买个新的。

C 형의 책가방은 4년 동안 사용해서 이미 너무 낡았어.
2. 나는 일찍이 그에게 새것을 사주고 싶었어.

해설) 문제 2번에서 무엇인가를 일찍이 새로 사주고 싶었다고 말하고 있다. 이 문장은 보기 C에서 책가방을 4년 동안 써서 너무 낡았다는 문장과 의미상 이어진다. 따라서 보기 **C**와 2번이 서로 연결되는 문장이다.

문제 3

3. 我们去坐电梯吧。
E 他的办公室在3层，还是走上去吧，锻炼锻炼身体。

3. 우리 엘리베이터 타러 가자.
E 그의 사무실은 3층에 있으니 걸어서 올라가는 게 낫겠어. 몸을 좀 단련하자.

해설) 엘리베이터를 타러 가자는 문장에 이어질 수 있는 문장은 3층은 비교적 높지 않으므로 걸어 올라가자는 내용의 보기 **E**이다. 반의어나 동의어는 나오지 않았지만 해석을 통해 문장의 흐름을 파악해서 답을 이어주는 것도 중요하다.

TIP) 还是 háishi ~하는 것이 낫겠다

문제 4

4. 你鼻子上有东西，右边，就是那儿。
A 现在呢？干净了吗？

4. 네 코 위에 뭔가 있어. 오른쪽, 바로 거기야.
A 지금은? 깨끗해졌어?

해설 4번은 코에 무언가가 있다면서 위치를 알려주고 있다. 이와 흐름상 맞는 문장은 코에 묻은 것을 처리한 뒤 깨끗이 지워졌는지 묻는 표현인 보기 A이다. 문맥을 파악해서 정답을 골라야 하는 문제이다.

문제 5

5. 昨天课上讲的这些题，你会做吗？
D 遇到问题时不要太着急。我觉得金老师一定可以帮你的忙。

5. 어제 수업에서 설명했던 이 문제들, 너 할 수 있어?
D 문제에 마주쳤을 때 너무 조급해하지 마. 내 생각에 김 선생님은 반드시 너를 도와주실 거야.

해설 문제 5번에서는 어제 수업 시간에 했던 문제들을 할 수 있는지에 대해 묻고 있다. 이와 관련된 문장으로, 문제에 마주치면 김 선생님이 도와줄 것이니 조급해하지 말라는 내용인 D가 와야 적합하다. D문장이 길어서 해석하기 두려울 수 있지만 앞에서부터 차근히 문맥을 파악하는 연습을 하자.

쓰기 제1부분 실전 PT 정답   ▶p.74

1. 这张照片照得真漂亮。   이 사진 정말 예쁘게 찍었다.
2. 她长得真像她爸爸。   그녀는 생긴 것이 그녀의 아버지와 정말 비슷하다.
3. 她写汉字写得真漂亮。   그녀는 한자를 정말 예쁘게 쓴다.
4. 那个孩子害怕得哭了。   그 아이는 무서워서 울었다.
5. 他自行车骑得很快。   그는 자전거를 빠르게 탄다.

문제 1

照   漂亮   这张   得   真   照片

분석 照 zhào 동 찍다 | 张 zhāng 양 종이를 세는 단위 | 照片 zhàopiàn 명 사진

해설 술어 '照(찍다)'를 먼저 찾는다. 나열되어 있는 단어들 중 '得'를 통해 정도보어가 들어간 문장을 만들어야 한다는 것을 알 수 있다. '这张', 즉, '지시대명사 + 양사' 뒤에 들어갈 수 있는 품사는 명사이기 때문에 뒤에 '照片(사진)'을 붙여 술어 '照(찍다)' 앞에 배열한다. 정도보어 자리에 주로 들어가는 품사는 형용사이고 그 앞에는 정도부사가 필요하기 때문에 '真(정말)'과 '漂亮(예쁘다)'을 '得' 뒤에 배열한다.

TIP 주어 + 술어 + 得 + 정도보어

문제 2

真   她爸爸   像   长得   她

분석 长 zhǎng 동 자라다, 생기다 | 像 xiàng 동 비슷하다, 닮다

해설 '得'와 붙어있기 때문에 '长(생기다)'이 이 문장의 술어라는 것을 알 수 있다. 의미상 그녀가 그녀의 아버지를 닮은 것이기 때문에 주어 자리에는 '她(그녀)'를 놓고, 정도보어 자리에는 '像她爸爸(그녀의 아버지를 닮다)'를 놓아준다. 그리고 남아있는 '真(정말)'은 '像她爸爸' 앞에 놓아 '정말 비슷하다'의 의미를 만들어준다.

TIP '长'이 형용사로 쓰이면 'cháng'으로 '(길이가) 길다'라는 의미지만, 동사로 쓰이면 'zhǎng'으로 '자라다, 생기다'라는 의미이다. 중국어는 같지만 발음에 따라 품사와 의미가 달라지는 단어이므로 주의하자!

문제 3

| 汉字 | 写得 | 真 | 她 | 漂亮 | 写 |

분석 汉字 hànzì 명 한자 | 写 xiě 동 쓰다

해설 정도보어임을 알 수 있는 '得'가 있고, 술어 '写(쓰다)'가 두 개 나와있기 때문에 목적어가 들어간 정도보어 문장을 만들어야 한다는 것을 파악할 수 있다. 정도보어 문장에서 목적어는 술어 바로 뒤에 놓고 그 뒤에 술어를 한 번 더 반복한다. 따라서 한자를 쓰는 행위를 하는 주어는 '她(그녀)'이고, 뒤에 술어 '写(쓰다)'를 먼저 쓴 뒤 목적어 '汉字(한자)'를 놓고 다시 술어 '写'를 반복해서 쓴다. 그리고 그 뒤에 정도보어 '真漂亮(매우 예쁘다)'을 놓는다.

TIP 주어 + (술어) + 목적어 + 술어 + 得 + 정도보어

문제 4

| 那个 | 害怕 | 哭了 | 孩子 | 得 |

분석 孩子 háizi 명 아이 | 害怕 hàipà 동 무서워하다, 두려워하다 | 哭 kū 동 울다

해설 술어 '害怕(무서워하다)'를 찾고, 무서워하는 주어인 '那个孩子(그 아이)'를 찾아서 문장 앞에 놓아준다. 그리고 술어 뒤에 '得'를 붙인 후 정도보어 자리에 두려운 정도가 어느 정도인지 알려주는 '哭了(울었다)'를 써준다.

문제 5

| 骑 | 自行车 | 很快 | 得 | 他 |

분석 骑 qí 동 (자전거, 오토바이 등을) 타다 | 自行车 zìxíngchē 명 자전거 | 快 kuài 형 빠르다

해설 '得'를 통해 정도보어 문장을 떠올린다. 목적어 '自行车(자전거)'가 있지만 술어가 '骑(타다)' 하나밖에 없다. 정도보어에서 목적어가 들어간 문장은 첫 번째 술어를 생략할 수 있는데, 만약 정도보어 문제에서 목적어가 있지만 술어가 하나뿐이라면 앞에 있는 술어를 생략한 형태로 문장을 만들어야 한다. 자전거를 타는 주체는 '他(그)'가 적절하며, 원래는 주어 바로 뒤에 술어가 오지만 앞서 말했듯이 첫 번째 술어는 생략할 수 있으므로 먼저 목적어 '自行车'를 놓고 그 뒤에 술어 '骑'와 정도보어 '很快(매우 빠르다)'를 순서대로 써주면 된다.

TIP 주어 + (술어) + 목적어 + 술어 + 得 + 정도보어

Day 4

듣기 제1부분 실전 PT 정답

▶p.80

1. C **2.** A **3.** E **4.** D **5.** B

A

B

C

D  E

문제 1

男: 天气变冷了。你多穿点儿衣服。 女: 不用担心，我不怕冷。	남: 날씨가 추워졌어. 너 옷을 좀 많이 입어. 여: 걱정하지 마, 나는 추운 것이 무섭지 않아.

해설　남자는 날이 추워졌으니 옷을 많이 입으라고 말하고 있다. 보기 중 추위와 관련된 사진은 털모자를 쓰고 추위에 떨고 있는 사진인 **C**이다. 눈이 내린 D 사진과 헷갈릴 수 있지만 눈에 관련된 사진이 나오면 대체적으로 눈이라는 단어 '雪(눈)'가 직접적으로 들린다. 정답에 더 근접한 사진을 고르자!

문제 2

男: 女儿今天上学没带伞。 女: 没关系，我等会儿去接她。	남: 딸이 오늘 등교할 때 우산을 가져가지 않았어. 여: 괜찮아, 내가 좀 기다렸다가 그녀를 마중하러 갈게.

해설　'伞(우산)'을 가져가지 않았다는 내용을 통해 우산이 있는 사진 A를 정답으로 고를 수 있다. 만약 '伞'을 듣지 못했다면 아이를 接(마중하다)'한다는 내용을 듣고 유추하여 엄마가 아이에게 우산을 씌워주고 있는 사진인 **A**를 고른다.

TIP　'接'는 '연결하다'라는 뜻도 있지만 '마중하다, 맞이하다'라는 의미도 있다.

문제 3

女: 秋游的东西你准备完了吗? 男: 早就准备完了，我相信你也准备好了。	여: 너 가을 소풍 물건(준비물) 준비 다 했지? 남: 일찍이 준비 다 했어. 너도 준비를 잘 했을 거라고 믿어.

해설　'秋游'는 '가을 소풍 가다, 가을 나들이를 가다'라는 뜻으로 '秋天(가을)'과 '旅游(여행)'가 결합된 단어이다. 이를 통해 현재 계절이 가을이라는 것을 알 수 있고, 따라서 보기에 단풍과 소풍바구니가 있는 사진인 **E**가 정답이다.

문제 4

男: 下大雪了，你还是别出去了。 女: 没事，朋友家离这儿很近。	남: 눈이 많이 내렸어. 너 나가지 않는 것이 낫겠어. 여: 괜찮아요, 친구 집은 여기에서 가까워요.

해설　남자의 첫마디에서 '下雪(눈이 내렸다)'라는 내용을 통해 눈이 많이 내려서 온통 새하얀 풍경 사진인 **D**를 찾아준다.

TIP　① 눈이나 비가 많이 온다는 것은 '多'가 아니라 '大'로 표현한다.
　　② 离 + 기준점: 기준점에서부터 거리가 ~하다

문제 5

女: 今天天气真暖和。 男: 又一个春天来了，这是我最喜欢的季节。	여: 오늘 날씨가 정말 따뜻하다. 남: 또 봄이 왔어. 내가 가장 좋아하는 계절이야.

해설　여자는 날씨가 '暖和(따뜻하다)'하다고 말하고 있으며, 남자의 말에서도 '春天(봄)'이라는 단어가 직접적으로 나오기 때문에 꽃이 피어 있는 사진인 **B**가 정답이다. 학습서 Day 4의 PT팁을 참고해서 각 계절과 그와 관련된 어휘들을 중국어로 잘 알아두자!

TIP　春天 chūntiān 봄 | 夏天 xiàtiān 여름 | 秋天 qiūtiān 가을 | 冬天 dōngtiān 겨울

독해 제1부분 실전 PT 정답 ▶p.85

1. B **2.** D **3.** E **4.** A **5.** C

문제 1

B 李小姐，这双鞋真漂亮，谢谢你。
1. 不客气，你喜欢就好。

B 이 아가씨, 이 신발 정말 예뻐요. 고마워요.
1. 천만에요. 당신이 좋으면 됐어요.

해설 '不客气(천만에요)'는 고맙다는 표현에 대한 대답으로 보기에서 고맙다는 표현을 찾아서 연결하면 된다. 보기 B의 마지막 말 '谢谢(고마워요)'를 보고 답을 쉽게 찾을 수 있다. 따라서 보기 **B**와 1번이 연결되는 문장이다.

TIP '谢谢'에 대한 대답으로 '不客气' 외에도 '不用谢', '不用客气' 등이 있다.

문제 2

2. 这么小就会写自己的名字了? 真不简单。
D 大家都觉得她又聪明又可爱。

2. 이렇게 어린데 자기 이름을 쓸 수 있다고? 정말 대단하다.
D 모두들 그녀가 똑똑하고 귀엽다고 생각해.

해설 반의어나 동의어가 없기 때문에 해석을 통해 답을 찾아야 한다. 아주 어린데 자기 이름을 쓸 수 있다는 내용을 통해 똑똑하다고 유추할 수 있다. 보기 D에 '聪明(똑똑하다)'이 나왔기 때문에 문제 2번은 보기 **D**와 연결되는 문장이다.

TIP 真不简单 zhēn bù jiǎndān 정말 대단하다
又 A 又 B: A하기도 하고 B하기도 하다

문제 3

3. 上次会议上说的那些问题解决了吗?
E 已经都解决了，校长，您放心吧。

3. 지난번 회의에서 말했던 그 문제들 해결했어요?
E 이미 모두 해결했어요. 교장선생님, 안심하세요.

해설 '解决了吗? (해결했어요?)'라는 물음에 E에서 이미 모두 해결했다고 대답하며 같은 단어인 '解决'가 반복해서 등장하고 있다. 따라서 3번은 보기 **E**와 서로 연결되는 문장으로 비교적 쉽게 답을 찾을 수 있다.

문제 4

4. 快点儿吧，再有一个小时就要考试了。
A 别担心，我坐公共汽车，20分钟就到学校了。

4. 빨리! 한 시간 더 있으면 곧 시험이야.
A 걱정하지 마, 나 버스 타고 20분이면 바로 학교에 도착해.

해설 문제 4번에서 시험 시간이 다가오기 때문에 빨리 오라고 재촉하고 있다. 이에 대한 대답으로 A의 '别担心(걱정하지 마)'이라는 감정 표현이 나오면 적합하다. 그리고 '一个小时(한 시간)'과 '20分钟(20분)'처럼 시간과 관련된 표현이 문제와 보기에 모두 등장했으니 이 부분도 눈여겨 볼 만하다. 따라서 4번은 보기 **A**와 서로 연결되는 문장이다.

TIP 就要…了 jiù yào…le 곧 ~할 것이다 [동작의 임박을 나타냄]

문제 5

C 这次比赛，世界很多国家的运动员都来参加了。
5. 这是一个很好的机会，但我对自己的游泳成绩不太满意。

C 이번 시합은 세계 여러 나라의 선수들이 모두 참가했다.
5. 이것은 좋은 기회이다. 그러나 나는 내 수영 성적에 대해 그다지 만족하지 않는다.

| 해설 | 문제에 등장한 '成绩(성적)'는 시험이나 시합에 대한 결과를 나타내는데 이에 대해 만족을 하지 않는다고 나와있다. 보기 C에서 '比赛(시합)'가 등장하는 것을 통해 보기 C와 5번이 서로 연관된 문장이라는 것을 알 수 있다.

TIP 对…不太满意 duì…bú tài mǎnyì ~에 대해 그다지 만족하지 않다

쓰기 제1부분 실전 PT 정답 ▶p.89

1. 我打错了电话。 나는 전화를 잘못 걸었다.
2. 我们已经准备好了。 우리는 이미 준비가 잘 되었다.
3. 妈妈终于找到了手机。 엄마는 마침내 휴대전화를 찾아냈다.
4. 我没听懂他说的话。 나는 그가 한 말을 알아듣지 못했다.
5. 弟弟没背完今天学的词语。 남동생은 오늘 배운 단어를 다 외우지 못했다.

문제 1

打　电话　我　错了

분석 打 dǎ 동 (전화를) 걸다 | 电话 diànhuà 명 전화 | 错 cuò 동 틀리다

해설 '打'는 '치다, 때리다'라는 뜻도 있지만 배열된 단어 중 '电话(전화)'를 통해 '打'가 '(전화를) 걸다'라는 뜻으로 쓰인 것을 알 수 있다. 전화를 거는 주어는 '我(나)', 목적어는 '电话'이며, 남아있는 '错了(틀렸다)'는 동작의 결과 그 동작이 틀렸음을 알려주는 결과보어 성분으로 동사 '打' 뒤에 붙여준다.

TIP 술어 뒤에 결과보어가 있는 경우 '了'의 위치는 술어 뒤가 아닌 결과보어 뒤로 옮겨간다. '了'가 붙어있는 단어가 술어가 될 확률이 높지만 결과보어가 들어가는 문장인지 반드시 확인하고 자리를 결정하자!

문제 2

准备　已经　我们　好了

분석 准备 zhǔnbèi 동 준비하다 | 已经 yǐjīng 부 이미

해설 동사술어 '准备(준비하다)'와 준비하는 동작을 하는 주어 '我们(우리)'을 찾는다. '好了'는 술어 뒤에서 동작의 결과로 동작이 잘 되었음을 나타내는 결과보어 성분으로 넣는다. 부사 '已经(이미)'은 술어 앞에서 술어를 수식하므로 술어 '准备' 앞에 놓는다.

TIP 결과보어의 술어 자리에는 동사만 들어갈 수 있다.

문제 3

终于　手机　找　妈妈　到了

분석 终于 zhōngyú 부 드디어, 마침내 | 手机 shǒujī 명 휴대전화 | 找 zhǎo 동 찾다

해설 술어 '找(찾다)'와 찾는 동작을 하는 주어 '妈妈(엄마)', 그리고 찾는 대상인 '手机(휴대전화)'를 각각 주술목 자리에 배치한다. '到了'는 동사 뒤에서 동작이 어떠한 목적을 달성했다는 것을 나타내기 때문에 술어 뒤에 놓고, '终于(마침내)'는 부사로 술어 앞에 놓는다.

문제 4

他说的　没　我　话　听懂

분석 说 shuō 동 말하다 | 话 huà 명 말, 이야기 | 听 tīng 동 듣다 | 懂 dǒng 동 이해하다

| 해설 | '听懂'은 동사 '听(듣다)'과 듣는 동작을 한 결과 '懂(이해하다)'했다는 뜻으로 이루어진 '동사 + 결과보어' 구조이다. 결과보어가 들어간 문장은 술어 앞에 부정부사 '没'를 놓아서 '동작의 결과 ~하지 못했다'라는 것을 나타낸다. 부사는 술어 앞에 위치하고 듣는 행동을 하는 주어는 '我(나)', 목적어 자리에는 '他说的话(그가 한 말)'를 알맞게 배열한다.

문제 5

词语　　没　　弟弟　　今天学的　　背完

| 분석 | 词语 cíyǔ 명 단어, 어휘 | 背 bèi 동 외우다

| 해설 | '完(끝나다)'은 동사 뒤에서 동작을 다 했음을 나타내는 결과보어로 쓰일 수 있으므로 '完'과 붙어 있는 단어가 술어라는 힌트를 얻을 수 있다. 주어는 '弟弟(남동생)', '的'는 명사를 수식하는 관형어와 명사 사이에 들어가기 때문에 '今天学的(오늘 배운)' 뒤에는 명사 '词语(단어)'를 붙여 목적어 자리에, 부정부사 '没'는 술어 앞에 배열한다.

듣기 제2부분 실전 PT 정답　　▶p.94

1. ✓　　2. ✓　　3. ✓　　4. X　　5. X

문제 1

★ 他家附近有条小河。　　(　　)	★ 그의 집 근처에는 작은 강이 하나 있다.
在我家南边，离我家不远，有一条小河。河边有很多苹果树，还有一块儿草地，以前我经常去那儿玩儿。	우리 집 남쪽, 우리 집에서 멀지 않은 곳에 작은 강 하나가 있다. 강가에는 많은 사과나무가 있고, 또 풀숲이 하나 있다. 이전에 나는 종종 그곳에 가서 놀았다.

| 해설 | '附近(근처)'과 '离我家不远(우리 집에서 멀지 않다)'은 모두 가깝다는 의미를 나타내기 때문에 답은 ✓이다.

| TIP | 离 + 기준점(A) + 거리: A에서부터 거리가 ~하다

문제 2

★ 他决定去国外工作两年。　　(　　)	★ 그는 해외에 나가 2년 동안 일을 하기로 결정했다.
会议结束后，经理问我愿不愿意去国外的公司工作两年。我觉得这是一次很好的机会就同意了。	회의가 끝난 후, 사장님이 나에게 해외 회사에 가서 2년 동안 일하길 원하는지 물었다. 나는 이것이 하나의 좋은 기회라고 생각해서 바로 동의했다.

| 해설 | 녹음 내용 중 '同意(동의하다)'라는 표현은 문제의 '决定(결정하다)'에 속하는 의미이기 때문에 그가 해외에 나가기로 동의하고, 결정했음을 알 수 있다. 따라서 답은 ✓이다.

문제 3

★ 八月十五的月亮很大。　　　　(　　)	★ 8월 15일의 달은 크다.
八月十五的晚上，月亮就像一个黄色的大盘子，真漂亮。在这一天，中国人喜欢和家里人一起吃饭，一起看月亮。	8월 15일 저녁, 달은 큰 노란색 쟁반처럼 정말 예쁘다. 이 날에 중국인들은 가족과 함께 밥을 먹고, 함께 달을 보는 것을 좋아한다.

해설 녹음에서 8월 15일의 달은 '像一个黄色的大盘子(큰 노란색 쟁반처럼)'라고 비유했는데 문제에서도 마찬가지로 '大(크다)'라는 표현을 사용했기 때문에 답은 √이다.

TIP 像 xiàng ~와 같다, ~와 닮다

문제 4

★ 儿子还没起床。　　　　　　(　　)	★ 아들은 아직 일어나지 않았다.
儿子，都十点一刻了，节目也演完了，快去洗脸、刷牙，准备睡觉了。	아들, 10시 15분이 다 되었어. 프로그램도 상영이 끝났으니 얼른 가서 세수하고, 이 닦고 잘 준비해.

해설 문제는 '还没起床(아직 일어나지 않았다)'이라고 했는데 녹음에서는 잘 준비를 하라고 하기 때문에 아직 잠을 자지 않는다는 것을 알 수 있다. 따라서 답은 X이다.

문제 5

★ 手表像以前那么重要。　　　(　　)	★ 손목시계는 이전처럼 그렇게 중요하다.
以前人们用手表看时间，手机出现后，人们发现用手机看时间也方便，所以很多人不用手表了。	이전에 사람들은 손목시계를 이용해서 시간을 봤다. 휴대전화가 출현한 후, 사람들은 휴대전화를 사용해서 시간을 보는 것 역시 편리하다는 것을 발견했다. 그래서 많은 사람들은 손목시계가 필요 없어졌다.

해설 녹음에서는 휴대전화가 편리하다는 것을 발견한 후부터 사람들은 손목시계가 필요 없어졌다고 언급했기 때문에 손목시계는 이전만큼 중요하다는 문제는 옳지 않다. 답은 X이다.

독해 제2부분 실전 PT 정답   ▶p.99

| 1. E | 2. C | 3. B | 4. B | 5. D | 6. A |

문제 1-3

A 种	B 中间	C 信	D 邻居	E 条
A 종류	B 중간	C 편지	D 이웃	E 가늘고 긴 것 등을 세는 단위

문제 1

| 这个周末我想去商店买（　　　）裙子，你去不去? | 이번 주말에 나는 상점에 가서 치마 한 (벌)을 사고 싶어. 너 갈래 말래? |

해설 술어 '买(사다)' 뒤에는 목적어 '裙子(치마)'가 있고 그 앞이 빈칸이기 때문에 보어 또는 관형어 자리이다. 보기를 보면 보어 성분으로 쓰일 만한 단어가 없다. 따라서 치마를 수식할 수 있는 단어를 찾아주면 된다. E '条'는 가늘고 긴 것을 세는 단위로 옷 중에서는 주로 바지와 치마를 셀 때 쓴다.

TIP 수양명, 지양명! '수사/지시대명사 + 양사 + 명사'

문제 2

| 弟弟去国外后，经常给妈妈写（　　　）。 | 남동생은 해외에 간 후에 자주 어머니께 (편지)를 쓴다. |

해설 술어 '写(쓰다)' 뒤가 빈칸이고 목적어가 없기 때문에 '写'에 대한 목적어를 보기에서 찾으면 C 信(편지)이 정답이 된다.

문제 3

| 小李，你站爸爸和妈妈（　　　），让弟弟站后面。 | 샤오리, 너는 아빠와 엄마 (중간)에 서고, 남동생은 뒤쪽에 서게 해라. |

해설 의미상 '站(서는)'의 위치가 '爸爸和妈妈(아빠와 엄마)'의 '中间(중간)'이 되어야 적절하다. 답은 B 中间(중간)이다.

문제 4-6

A 伞	B 筷子	C 附近	D 关心	E 普通话
A 우산	B 젓가락	C 근처	D 관심	E 보통화

문제 4

| A: 你准备了几双（　　　）?
B: 三双啊。 | A: 너 (젓가락) 몇 쌍 준비했어?
B: 세 쌍. |

해설 양사 '双' 뒤가 빈칸이다. '双'은 짝을 이루고 있는 것을 세는 단위이므로 보기에서 '双'을 이용해서 셀 수 있는 단어는 B 筷子(젓가락)밖에 없다.

문제 5

| A: 那个药的作用怎么样? 你的腿好些了吗?
B: 好多了，谢谢你的（　　　）。 | A: 그 약의 효과는 어때? 네 다리는 좀 괜찮아졌어?
B: 많이 좋아졌어. 너의 (관심) 고마워. |

해설 A가 걱정을 하고 있고, B가 그에 대한 대답으로 고맙다고 한다. 따라서 내용상 D 关心(관심)이 정답으로 가장 적합하다.

Day 5

문제 6

A: 外面还在下雨吗?
B: 在下大雨，儿子今天上学没带（　　），我一会儿去接他吧。

A: 밖에 아직 비와?
B: 비가 많이 와. 아들이 오늘 등교할 때 (우산)을 가져가지 않았어. 내가 잠시 후에 그를 데리러 갈게.

해설 비가 오는 상황이고, 술어 '带(지니다, 휴대하다)' 뒤에 무엇을 챙기지 않았는지에 대한 목적어가 없다. 비와 관련된 내용이므로 챙기지 않은 것이 **A** 伞(우산)임을 쉽게 유추할 수 있다.

쓰기 제1부분 실전 PT 정답 ▶p.105

1. 我经常用铅笔画画儿。 나는 종종 연필을 사용해서 그림을 그린다.
2. 我不让弟弟玩儿游戏。 나는 남동생이 게임을 하지 못하게 한다. /
   弟弟不让我玩儿游戏。 남동생은 내가 게임을 하지 못하게 한다.
3. 我不想跟他去图书馆看书。 나는 그와 도서관에 가서 책을 보고 싶지 않다.
4. 你敢不敢用冷水洗澡? 너 감히 찬물을 사용해서 샤워할 수 있어?
5. 房间里有人打电话。 방 안에서 어떤 사람이 전화를 건다.

문제 1

用　画儿　经常　铅笔　画　我

분석 用 yòng 동 사용하다 | 画儿 huàr 명 그림 | 铅笔 qiānbǐ 명 연필 | 画 huà 동 그리다

해설 한 개의 주어에 동작이 여러 개가 있으면 연동문으로 만들어보자. 연동문은 항상 일이 일어나는 순서대로 배열한다. 연필을 사용해야 그림을 그릴 수 있기 때문에 이 모든 동작을 하는 주어로 '我(나)'를 놓고, 첫 번째 술어 '用(사용하다)'의 목적어로 '铅笔(연필)'를 붙인다. 이어서 두 번째 술어 '画(그리다)' 뒤에 '画儿(그림)'이라는 목적어를 붙인다. 남아있는 부사 '经常(종종)'은 첫 번째 술어 앞에 놓아서 문장을 완성한다.

문제 2

游戏　让　弟弟　玩儿　我　不

분석 游戏 yóuxì 명 게임

해설 '让'을 통해 사역겸어문을 만들어야 하는 것을 알 수 있다. 이 문장의 경우에는 주어와 겸어의 자리가 바뀌어도 해석상 문제가 없다. 겸어문에서 부정부사, 일반부사, 조동사 등은 첫 번째 동사 앞, 즉, 사역동사 앞에 위치한다. '玩儿(놀다)'의 목적어 '游戏(게임)'를 붙이고 앞에는 게임을 하는 주어이자 시킴을 받는 대상을 쓴다.

TIP 겸어문을 앞에서부터 만들기 헷갈린다면 '대상이 무엇을 하다'라는 문장을 먼저 만들고, 대상 앞에 그 행위를 시키는 사람을 붙이면 쉽게 겸어문을 만들 수 있다.

문제 3

我　去　跟他　看书　不想　图书馆

분석 跟 gēn 전 ~와 | 想 xiǎng 조동 ~하고 싶다

| 해설 | 술어 '去(가다)'와 '看(보다)'이 동시에 나왔으므로 연동문이다. 의미상 도서관에 가야 책을 볼 수 있다. 따라서 첫 번째 술어 '去'의 목적어로 '图书馆(도서관)'을 놓고, 두 번째 술어 '看' 뒤에는 목적어 '书(책)'가 붙여있다. 그리고 이 동작을 하는 주어 '我(나)'를 맨 앞에 둔다. 연동문이든 겸어문이든 부사, 조동사, 전치사구는 첫 번째 술어 앞에 위치한다.

문제 4

敢不敢　你　冷水　洗澡　用

| 분석 | 敢 gǎn [조동] 감히 ~하다 | 冷水 lěngshuǐ [명] 찬물 | 洗澡 xǐzǎo [동] 샤워하다

| 해설 | 술어 '用(사용하다)'과 '洗澡(목욕하다)'가 동시에 나왔으므로 연동문이다. 물을 사용해서 샤워를 하기 때문에 첫 번째 술어 '用'과 목적어 '冷水(차가운 물)'를 먼저 앞쪽에 놓고, 두 번째 술어 '洗澡'를 뒤에 배열한다. '敢'은 조동사이기 때문에 첫 번째 술어 '用' 앞에 놓는다.

| TIP | '洗澡'는 이합동사(동사 + 목적어)이기 때문에 뒤에 다른 목적어가 올 수 없다. 또한 모든 동사에 목적어가 다 필요한 것은 아니다.

문제 5

有　电话　人　房间里　打

| 분석 | 电话 diànhuà [명] 전화 | 打 dǎ [동] (전화 등을) 걸다 | 房间 fángjiān [명] 방

| 해설 | 첫 번째 술어가 '有(있다)'인 겸어문이다. 연동문과 겸어문 모두 첫 술어가 '有'일 수 있기 때문에 단어의 배열로 먼저 해석을 해보고 연동문인지 겸어문인지 구별한다. 이 문장은 '有(있는)'하는 사람이 전화를 거는 것이기 때문에 겸어문이다. 따라서 장소인 '房间里(방 안)'를 문장 맨 앞에 두고 첫 번째 술어 '有'의 목적어 '人(사람)', 이 사람이 하는 동작 '打(걸다)', '电话(전화)'를 뒤쪽에 알맞게 배열한다.

듣기 제2부분 실전 PT 정답　　　　▶p.111

1. X　　2. X　　3. X　　4. √　　5. √

문제 1

★ 他和小李差两岁。　　　（　　）	★ 그와 샤오리는 두 살 차이가 난다.
大家都说小李比我大一岁，但其实他只比我大一个月，因为他的生日在十二月，我的生日在第二年的一月。	모두들 샤오리가 나보다 한 살 많다고 말하지만 사실 그는 단지 나보다 한 달이 많다. 왜냐하면 그의 생일은 12월에 있고, 내 생일은 그 다음 해 1월에 있기 때문이다.

| 해설 | 질문을 통해 나이와 관련된 내용이 나올 것이라 예상할 수 있다. 나이가 많다는 표현은 중국어로 '多(많다)'가 아닌 '大(크다)'로 표현한다. 뒤쪽 내용을 잘 듣지 못했어도 '他只比我大一个月(그는 단지 나보다 한 달이 많다)'라는 표현을 정확히 들었다면 답이 X임을 쉽게 알 수 있다.

| TIP | '差'는 형용사로 '나쁘다'라는 뜻도 있지만 숫자와 쓰일 경우엔 '모자라다, 부족하다, 차이가 난다' 등의 의미를 가진다.

문제 2

★ 姐姐早上只吃一个苹果。　　　（　　）	★ 언니는 아침에 오직 사과 한 개만 먹는다.
姐姐早上吃得很简单，一般只吃两个鸡蛋、一块儿面包，喝一杯咖啡，有时候是一杯牛奶。	언니는 아침에 간단하게 먹는다. 보통 달걀 두 개, 빵 한 조각만 먹고, 커피 한 잔을 마시고 가끔 우유 한 잔을 마신다.

해설　언니가 간단하게 먹는 것은 맞지만 매일 아침 사과 한 개만을 먹는 것은 아니며, 녹음에서는 '苹果(사과)'라는 단어조차 등장하지 않았기 때문에 답은 X이다.

문제 3

★ 宾馆南边有个公园。　　　（　　）	★ 호텔 남쪽에는 공원 하나가 있다.
这个宾馆的东边有一个公园，奇怪的是，这张地图上，公园在宾馆的西边了。	이 호텔의 동쪽에는 공원 하나가 있다. 이상한 것은, 이 지도 상에서 공원은 호텔의 서쪽에 있다.

해설　방위사를 정확하게 들어야 풀 수 있는 문제이다. 방위사를 정확하게 계산하라는 문제는 나오지 않기 때문에 질문에 나온 방위사가 녹음 내용에 나오는지 귀 기울여 들으면 된다. 녹음에서는 '宾馆的东边有一个公园(호텔의 동쪽에 공원이 있다)'고 말했지만 문제에서는 '宾馆南边有个公园(호텔의 남쪽에 공원이 있다)'인지 물었기 때문에 답은 X이다.

문제 4

★ 他要去学校。　　　（　　）	★ 그는 학교에 갈 것이다.
那件事电话里讲不明白，我们还是见面说吧，半个小时后我到学校，你在教室等我。	그 일은 전화상으로 명확하게 이야기할 수가 없어. 우리 아무래도 만나서 얘기하는 것이 낫겠어. 30분 후에 나는 학교에 도착해. 너 교실에서 나를 기다려.

해설　문제를 미리 해석해서 주어가 가려고 하는 장소가 녹음 내용과 일치하는지 확인하면 문제를 좀 더 수월하게 풀 수 있다. 녹음에는 '去(가다)'가 직접 나오지 않았지만 30분 후에 도착하는 장소가 '学校(학교)'이기 때문에 그가 가려는 장소가 학교라는 것을 알 수 있다. 따라서 답은 √이다.

문제 5

★ 这是辆旧车。　　　（　　）	★ 이것은 낡은 차이다.
这辆车现在能卖十五万块钱吧，我三年前买的时候花了三十多万。	이 차는 현재 15만 위안 정도에 팔릴 것이다. 내가 3년 전에 살 때 30만 위안 정도를 썼다.

해설　차에 대해 설명하고 있다. '我三年前买的时候(내가 3년 전에 살 때)'라는 표현으로 미루어 봤을 때 이 차는 새 차가 아닌 중고차임을 알 수 있다. 개인적인 생각으로 3년 정도면 낡은 차가 아니라고 생각될 수 있지만, 이미 산 이후로 시간이 지난 상태이기 때문에 낡은 차가 맞다.

TIP　듣기는 녹음 내용을 토대로 문제를 풀어야 한다. 절대로 자기 주관적인 생각을 넣어서 문제를 풀면 안 된다.

독해 제2부분 실전 PT 정답 ▶p.115

1. D **2.** A **3.** B **4.** E **5.** D **6.** C

문제 1-3

A 举行	B 说	C 坏	D 回答	E 花
A 개최하다	B 말하다	C 고장 나다	D 대답하다	E 소비하다

문제 1

你能（　　　）黑板上的这个问题吗？	너 칠판 위의 이 문제에 (대답할) 수 있어?

해설 조동사 뒤가 빈칸이고 빈칸 뒤에는 목적어가 있기 때문에 빈칸의 위치는 술어 자리라는 것을 알 수 있다. 목적어 자리의 '问题(문제)'를 보고 이 단어와 관련된 동사 **D 回答**(대답하다)를 넣어준다.

TIP 자주 붙어 나오는 동사와 목적어 조합은 통으로 외워두자.
예 回答问题 huídá wèntí 문제에 대답하다

문제 2

这次会议要在我们学校（　　　），所以最近老师们特别忙。	이번 회의는 우리 학교에서 (개최할) 것이다. 그래서 요즘 선생님들이 특히 바쁘다.

해설 빈칸에는 '会议(회의)'라는 주어에 어울리는 술어가 필요하다. 보기 중에서 '회의를 ~하다'로 가장 알맞은 술어는 **A 举行**(열다, 개최하다)이다.

TIP 举行会议 jǔxíng huìyì 회의를 개최하다

문제 3

跟以前比，现在我汉语（　　　）得好多了。	이전과 비교했을 때, 현재 나는 중국어를 훨씬 잘 (말한다).

해설 '得' 앞이 빈칸이므로 빈칸에는 술어 성분이 필요하다. '得'는 술어와 뒤에서 술어를 꾸며주는 보어 사이에서 수식 관계를 나타내는 역할을 하기 때문에 '得' 앞이 빈칸일 경우는 무조건 술어 자리라는 것을 알 수 있다. '汉语(중국어)'와 관련된 동사인 **B 说**(말하다)를 찾아준다.

TIP A + 比 + B + 형용사 + 多了: A가 B보다 훨씬 더 ~하다

문제 4-6

A 记得	B 睡	C 试	D 骑	E 照顾
A 기억하고 있다	B (잠을) 자다	C 시도해보다	D 타다	E 돌보다

문제 4

A: 路上小心，到了宿舍给妈妈打个电话。 B: 好的，你就放心吧，我会（　　）好自己的。	A: 길 조심해. 기숙사 도착하면 엄마한테 전화해. B: 알았어요. 안심하세요. 저는 스스로를 잘 (돌볼) 거예요.

[해설] 조동사 '会(~할 것이다)' 뒤가 빈칸이고 빈칸 뒤에는 결과보어 '好'가 있는 것을 통해 빈칸은 술어 자리임을 알 수 있다. '自己(스스로)'를 ~하다'라는 의미로 가장 알맞은 술어는 **E 照顾(돌보다)**이다.

[TIP] '会'가 '~할 것이다'라는 의미로 쓰일 경우 주로 문장 끝에 '的'와 호응하여 '会…的' 형식으로 쓰인다.

문제 5

A: 从家到公司要花多长时间？ B: （　　）自行车的话，半个小时。	A: 집에서부터 회사까지 얼마의 시간이 걸려요? B: 자전거를 (타면) 30분이요.

[해설] 목적어 '自行车(자전거)'에 대한 동사가 필요하기 때문에 답은 **D 骑(타다)**이다. '骑'는 주로 다리를 벌려서 타는 '자전거, 오토바이, 말' 등을 타다'라는 의미로 쓰인다.

[TIP] ① 자동차, 버스 등을 탈 때는 동사 '坐 zuò'를 쓴다.
② …的话 …dehuà ~한다면

문제 6

A: 这件衣服很好看！ B: 颜色很漂亮，你（　　）一下。	A: 이 옷 보기 좋다! B: 색이 예쁘다. 너 한번 (입어 봐).

[해설] 주어 뒤, '一下(한번)' 앞이 빈칸이므로 빈칸에는 동사술어가 필요하다. 옷을 구경하고 있는 상황을 통해 답은 **C 试(시도해보다)**라는 것을 알 수 있다.

[TIP] 동사 + 一下: 한번 (좀) ~해보다 [동작에 대한 가벼운 시도를 나타냄]

쓰기 제1부분 실전 PT 정답 ▶p.119

1. 冰箱里没有水果。 냉장고 안에는 과일이 없다.
2. 楼上下来了三个人。 위층에서 세 사람이 내려왔다.
3. 上午搬走了三张桌子。 오전에 책상 세 개를 옮겨갔다.
4. 车里坐着几个人。 차 안에는 몇 사람이 앉아있다.
5. 公司在图书馆后边。 회사는 도서관 뒤쪽에 있다. / 图书馆在公司后边。 도서관은 회사 뒤쪽에 있다.

문제 1

里   水果   冰箱   没有

분석 水果 shuǐguǒ 몡 과일 | 冰箱 bīngxiāng 몡 냉장고

해설 '有/没有'존현문은 '정확한 장소에 불특정한 대상이 있다/없다'라는 의미로 쓰인다. 여기서 정확한 장소란 장소 뒤에 방위사가 붙어 정확하게 위치를 알려주는 것을 의미한다. 따라서 주어 자리에는 '冰箱里(냉장고 안)', 목적어 자리에는 사과나 바나나처럼 특정한 과일이 아닌 모든 과일을 통칭하는 '水果(과일)'를 놓는다.

TIP 정확한 장소 + 有/没有 + 불특정 대상

문제 2

三个   了   楼上   人   下来

분석 楼 lóu 몡 건물, 층 | 上 shàng 몡동 위/아래에서 위로 움직이는 것을 나타냄 | 下 xià 동몡 아래/위에서 아래로 움직이는 것을 나타냄

해설 술어 '下来(내려오다)'를 통해 '정확한 장소나 시간에서 불특정 대상이 출현함'을 나타내는 문장을 만들어야 한다. 장소 '楼上(위층, 건물 위)'을 주어 자리에 놓고 불특정한 대상인 '三个人(세 사람)'을 목적어 자리에 배치한다.

문제 3

三张   上午   搬走   桌子   了

분석 张 zhāng 양 종이, 윗면이 평평한 물건을 세는 단위 | 上午 shàngwǔ 몡 오전 | 搬 bān 동 옮기다, 운반하다 | 桌子 zhuōzi 몡 책상, 테이블

해설 술어 '搬走(옮겨가다)'를 통해 '장소나 시간에 불특정 대상이 소실되었음'을 나타내는 문장을 만들어야 함을 알 수 있다. 시간명사 '上午(오전)'를 주어 자리에 쓰고 불특정한 대상인 '三张桌子(세 개의 책상)'를 목적어 자리에 배치한다.

문제 4

着   车   坐   人   里   几个

분석 着 zhe 조 동작의 진행, 지속을 나타냄 | 车 chē 몡 차, 자동차 | 坐 zuò 동 앉다

해설 존현문은 정확한 장소에 불특정한 대상이나 사물이 존재한다는 것을 알려주기 때문에 장소가 먼저 나와야 한다. 따라서 장소 '车里(차 안)'에 동사 '坐(앉다)'와 동작의 지속을 의미하는 '着'를 같이 붙이고 목적어 자리에 불특정한 사람을 나타내는 '几个人(몇 명의 사람)'을 배치한다.

TIP 정확한 장소 + 동사 '着' + 불특정 대상

문제 5

公司   图书馆   在   后边

분석 公司 gōngsī 몡 회사 | 图书馆 túshūguǎn 몡 도서관 | 在 zài 동 있다 | 后边 hòubian 몡 뒤쪽

해설 '在'존현문은 '특정 대상이 정확한 장소에 있다'라고 할 때 쓰이기 때문에 주어 자리에는 정확한 대상이 온다. 그리고 목적어인 정확한 장소란 장소 뒤에 방위사가 붙어 정확하게 위치를 알려주는 것을 의미한다. 따라서 '公司(회사)'와 '图书馆(도서관)' 중 하나를 주어 자리에 쓰고 나머지 명사 뒤에 방위사 '后边(뒤쪽)'을 붙여 목적어 자리에 배열한다.

TIP 특정 대상 + 在 + 정확한 장소

듣기 제2부분 실전 PT 정답				▶p.124
1. X	2. ✓	3. X	4. X	5. ✓

문제 1

★ 出现问题必须找人帮忙。　　　( )	★ 문제가 출현하면 반드시 다른 사람의 도움을 구해야 한다.
遇到问题的时候应该自己多想想办法，不能总是让别人帮忙解决问题。	문제를 마주쳤을 때 마땅히 스스로 방법을 많이 생각해봐야 한다. 항상 다른 사람의 도움으로 문제를 해결할 수는 없다.

해설　문제에 '必须(반드시)'라는 의미를 가진 단어가 나오면 오답인지 한번 의심해봐야 한다. 녹음 내용에도 매번 다른 사람의 도움을 구하기보다는 '自己多想想办法(스스로 방법을 많이 생각해봐야 한다)'라고 했기 때문에 답은 X이다.

문제 2

★ 经理很年轻。　　　( )	★ 사장은 젊다.
不是中间，站在后面的这个人才是我们公司新来的经理，他很年轻，今年才四十岁。	가운데가 아니라 뒤쪽에 서있는 이 사람이 우리 회사 새로 온 사장인데, 그는 젊어. 올해 겨우 40살밖에 되지 않았어.

해설　문제를 해석해서 녹음을 통해 사장이 젊은지 아닌지 판단할 준비를 하자. 문제와 녹음에 '很年轻(그가 젊다)'이라는 표현이 똑같이 등장했고, '才 + 숫자'는 뒤에 있는 수가 비교적 적다는 의미를 갖기 때문에 답은 ✓이다.

TIP　'才 + 숫자'는 수가 비교적 적다는 의미를 가진다.

문제 3

★ 他妹妹是中学生。　　　( )	★ 그의 여동생은 중학생이다.
我妹妹是零八年参加工作的，她一开始是小学老师，现在是一家电脑公司的经理。	내 여동생은 08년도에 취직했다. 그녀가 처음 시작한 것은 초등학교 선생님이다. 현재는 한 컴퓨터 회사의 사장이다.

해설　문제를 먼저 보고 녹음을 들을 때 화자의 여동생이 중학생인지 아닌지 판단하자. 녹음에서 일을 처음 시작할 때는 '小学老师(초등학교 선생님)'이었고 현재는 '经理(사장)'라고 했으니 정답은 X이다. '小学老师'과 '中学生'이 헷갈릴 수도 있으니 주의해야 한다.

TIP　'参加工作(일에 참가하다)'는 '취직하다'라는 의미이다.

문제 4

★ 女儿喜欢小猫。　　　( )	★ 딸은 고양이를 좋아한다.
我家有一只小狗，胖胖的，很可爱，女儿非常喜欢和它一起玩儿。	우리 집에는 강아지 한 마리가 있는데 통통하고, 아주 귀엽다. 딸은 그것(강아지)과 같이 노는 것을 매우 좋아한다.

해설　문제를 먼저 보고 딸이 고양이를 좋아하는지 안 좋아하는지 또는 다른 동물을 좋아하는 건 아닌지 유념하며 들어야 한다. 녹음에서 집에는 고양이가 아닌 강아지가 있다고 했기 때문에 답은 X이다.

30　해설 PART 1

TIP 양사 '只'는 동물이나 짐승을 셀 때 쓰인다. '只'는 '오직, 단지'라는 의미의 부사로 쓰일 때는 3성 'zhǐ'라고 발음하지만, 양사로 쓰일 때는 1성 'zhī'라고 발음되기 때문에 주의해야 한다.

문제 5

★ 香蕉和苹果不能长时间放在一起。（　　）	★ 바나나와 사과는 긴 시간 같이 놓아서는 안 된다.
我发现有些水果不能放在一起，拿香蕉和苹果来说吧，如果很长时间放在一起，香蕉很容易变坏。	나는 일부 과일을 같이 놓을 수 없다는 것을 발견했다. 바나나와 사과를 가지고 말해보자면, 만약 긴 시간 같이 놓는다면 바나나는 쉽게 썩을 것이다.

해설 문제를 빠르게 읽은 후 녹음 내용을 통해서 과일을 함께 놓아도 되는지의 여부와 그 과일이 '香蕉(바나나)'와 '苹果(사과)'가 맞는지도 확인해야 한다. 도입부에 '有些水果不能放在一起(일부 과일은 함께 놓을 수 없다)'라고 하며 바로 뒤에 사과와 바나나를 가지고 이야기해보겠다는 내용이 나오므로 답은 ✓이다.

TIP 拿…来说 ná…láishuō ~을 가지고 말해보자면

독해 제2부분 실전 PT 정답 ▶p.129

| 1. D | 2. C | 3. E | 4. A | 5. D | 6. B |

문제 1-3

A 渴	B 短	C 可爱	D 白	E 高
A 목마르다	B 짧다	C 귀엽다	D 하얗다	E 높다

문제 1

天晴了，你看，外面蓝天（　　）云，真漂亮啊。	날이 맑아졌어. 너 봐, 바깥에 파란 하늘 (흰) 구름을! 정말 예쁘다.

해설 '云(구름)'이라는 명사 앞이 빈칸이다. 앞을 보면 '天(하늘)'이 '蓝(푸르다)'이라는 형용사의 수식을 받고 있기 때문에 '云' 역시 앞에서 수식해줄 수 있는 단어를 찾는다. 답은 **D 白**(하얗다)이다. 형용사는 여러 문장 성분이 될 수 있는데 이 문장에서는 명사를 꾸며주는 관형어 역할을 한다.

문제 2

大熊猫胖胖的，真（　　）！	판다가 아주 통통해, 정말 (귀여워)!

해설 정도부사 '真(정말)' 뒤가 빈칸이다. 형용사는 술어로 쓰일 경우 문장 안에 혼자 쓰일 수 없기 때문에 대부분 앞에 정도부사와 짝을 이룬다. 그런데 보기의 단어들은 모두 형용사이기 때문에 답을 찾기 어려우므로 앞에 나온 명사 '大熊猫(판다)'를 통해서 문맥상 가장 적절한 답을 고르면 **C 可爱**(귀엽다)라는 것을 알 수 있다.

문제 3

| 我应该对自己要求（　　）一点儿，对别人要求低一点儿。 | 나는 마땅히 나에 대한 요구는 좀 (높이고), 다른 사람에게 요구하는 것은 좀 낮춰야 한다. |

해설 문장 뒷부분을 보면 쉼표를 기준으로 앞뒤 문장 형식이 같은 것을 알 수 있다. 문맥상 '低一点儿(조금 낮추다)'을 통해 앞 문장에는 반의어 '高(높다)'를 넣어준다. 따라서 답은 **E 高**(높다)이다.

TIP 형용사 + 一点儿: (다른 것에 비해) 조금/약간 형용사하다

문제 4-6

A 奇怪	B 清楚	C 饱	D 满意	E 迟到
A 이상하다	B 분명하다	C 배부르다	D 만족하다	E 지각하다

문제 4

| A: （　　），我的书怎么不见了？
B: 刚才在教室我还看见了，是不是你离开时忘拿了？ | A: (이상하다). 내 책이 왜 보이지 않지？
B: 방금 교실에서 내가 봤어. 너 떠날 때 가져오는 것을 잊은 거 아니야？ |

해설 빈칸의 앞뒤에는 아무것도 없기 때문에 단독으로 쓰일 수 있는 술어가 들어간다는 것을 알 수 있다. 보기 단어 중 어떤 내용 없이 바로 술어로 쓰일만한 단어는 **A 奇怪**(이상하다)이다.

문제 5

| A: 怎么样？这房子您还（　　）吗？
B: 很好，但我还想看看其他的。 | A: 어때요？ 이 집에 당신은 (만족합니까)？
B: 좋아요. 그러나 저는 다른 것을 좀 더 보고 싶어요. |

해설 문장에 술어가 없기 때문에 빈칸에는 술어 역할을 할 단어가 필요하다. 어떤 물음에 대해 바로 뒤에 대답이 '很好(좋다)'라고 나왔기 때문에 빈칸에는 **D 满意**(만족하다)가 들어가면 적합하다.

문제 6

| A: 喂，你声音太小，我听不（　　）。
B: 等一下，我在电梯里。 | A: 여보세요？ 너 목소리가 너무 작아. 나 (분명하게) 들을 수가 없어.
B: 잠시만 기다려. 나 엘리베이터 안이야. |

해설 전화를 하는 상황이고 상대방의 목소리가 너무 작아서 정확하게 들을 수 없다는 내용이 필요하기 때문에 답은 **B 清楚**(분명하다)이다.

쓰기 제1부분 실전 PT 정답 ▶p.133

1. 我比他大五岁。 나는 그보다 5살이 많다.
2. 我跟你一样喜欢吃中国菜。 나는 너와 똑같이 중국요리 먹는 것을 좋아한다.
3. 今天比昨天更冷。 오늘은 어제보다 더 춥다.
4. 小王没有你这么高。 샤오왕은 너만큼 이렇게 크지 못하다.
5. 这个教室比那个小一些。 이 교실은 저것보다 조금 작다.

문제 1

五岁　他　大　我比

분석 岁 suì 명 살, 세, 나이 | 大 dà 형 크다, 나이가 많다

해설 '比'를 통해 비교문을 만들어야 한다는 것을 알 수 있다. '我(나)'와 '比'가 붙어 있기 때문에 비교 대상에 '他(그)'를 놓고 '나이가 많다'라는 뜻을 가진 '大'를 술어 자리에 놓는다. 술어의 수량을 보충할 때는 항상 술어 뒤에서 보충해야 하기 때문에 '五岁(다섯 살)'는 술어 '大' 뒤에 놓는다.

TIP A + 比 + B + 술어 + 수량: A는 B보다 (수량)만큼 ~하다

문제 2

喜欢　一样　我　跟你　吃中国菜

분석 喜欢 xǐhuan 동 좋아하다 | 一样 yíyàng 형 같다 | 中国菜 zhōngguócài 명 중국음식

해설 'A + 跟 + B + 一样'은 'A와 B는 같다'는 동등비교문으로 아래 팁의 A와 B자리에 비교 대상 '我(나)'와 '你(너)'를 넣고 술어 자리에 '喜欢(좋아하다)', 목적어 자리에는 '吃中国菜(중국음식을 먹는 것)'를 넣으면 된다.

TIP A + 跟 + B + 一样 + 술어[동사(구)/형용사]: A는 B만큼 ~하다

문제 3

冷　今天　更　比昨天

분석 昨天 zuótiān 명 어제 | 冷 lěng 형 춥다 | 更 gèng 부 더, 더욱

해설 '比'자 비교문 형식에 알맞게 '今天(오늘)'과 '比昨天(어제보다)'을 아래 팁의 A와 B자리에 순서대로 넣어주고 '冷(춥다)'을 술어 자리에 넣는다. 'A가 B보다 훨씬 ~하다'라는 의미를 강조하고 싶을 경우 술어 앞에 부사 '更'을 넣어 수식할 수 있다. 따라서 여기서도 '更'은 '冷' 앞에 넣어준다.

TIP A + 比 + B + 更/还 + 술어: A가 B보다 더 ~하다

문제 4

高　小王　这么　没有你

분석 高 gāo 형 높다, (키가) 크다 | 这么 zhème 대 이렇게, 이만큼

Day 7　33

| 해설 | 만약 '没有'가 '없다'라는 동사 의미로 쓰이지 않았을 경우 비교문으로 쓰이는지 확인해야 한다. '没有' 뒤에 있는 '你'는 아래 TIP의 B자리에 이미 놓여있으므로, 비교를 하는 대상인 '小王'은 A자리에 놓으면 된다. 그리고 형용사술어 '高(키가 크다)'를 찾아준다. '没有' 비교문은 별다른 수식 방법 없이 술어 앞에 '这么(이렇게)' 또는 '那么(저렇게)'로 수식할 수 있다. |

TIP A + 没有 + B + 这么/那么 + 형용사: A는 B만큼 이렇게/저렇게 ~하지 못하다

문제 5

一些   比   那个   这个教室   小

| 분석 | 教室 jiàoshì 명 교실 | 小 xiǎo 형 작다 |
| 해설 | 아래 팁의 A와 B자리에 알맞게 대상을 배치하고 술어로 들어갈 단어가 '小(작다)'뿐이기 때문에 술어 자리에 '小'를 쓴다. '比'자 비교문에서 형용사술어일 경우 술어 뒤에 '一些'를 써서 '조금, 약간 더 ~하다'라는 의미를 나타낼 수 있다. |

TIP A + 比 + B + 형용사 + 一些: A가 B보다 조금 더 ~하다

| 듣기 제2부분 실전 **PT** 정답 | ▶p.139 |
| 1. X   2. √   3. X   4. √   5. X | |

문제 1

| ★ 小李下班后要去北京。   (   ) | ★ 샤오리는 퇴근 후에 베이징에 갈 것이다. |
| 小李，你下班后没其他事吧？那跟我去机场接几位北京来的客人。 | 샤오리, 퇴근 후에 다른 일 없죠? 그러면 저랑 베이징에서 오는 몇 분의 손님을 모시러 공항에 가요. |

| 해설 | 샤오리가 퇴근 후 어디에 가는지 잘 들어야 한다. 샤오리가 베이징에 가는 것이 아니라 베이징에서 오는 손님들을 맞이하러 공항에 가는 것이기 때문에 답은 X이다. |

문제 2

| ★ 图书馆的环境比较好。   (   ) | ★ 도서관의 환경이 비교적 좋다. |
| 因为图书馆比较安静，所以很多人都喜欢去那儿学习。 | 도서관이 비교적 조용하기 때문에, 그래서 많은 사람들은 그곳에 가서 공부하는 것을 좋아한다. |

| 해설 | 도서관이 비교적 조용해서 사람들이 가서 공부하기를 좋아한다는 내용을 바탕으로 도서관 환경이 비교적 좋다는 것을 유추할 수 있다. 따라서 답은 √이다. |

TIP 因为 A, 所以 B yīnwèi A, suǒyǐ B 왜냐하면 A하기 때문에 그래서 B하다

문제 3

★ 他喜欢喝牛奶。　　　(　　)	★ 그는 우유 마시는 것을 좋아한다.
过去，他喜欢每天早上起床后，一边吃苹果，一边看电视。现在，他没有这个习惯，因为太忙了，没时间。	과거에 그는 매일 아침 기상한 후에 사과를 먹으면서 TV 보는 것을 좋아했다. 현재 그는 이 습관이 없다. 왜냐하면 너무 바빠서 시간이 없기 때문이다.

해설　문제를 미리 보고 녹음 내용을 통해 그가 우유 마시는 것을 좋아하는지 유추해야 한다. 우선 '牛奶(우유)'라는 단어가 녹음에 언급되지 않았고, 과거에는 그가 일어나서 사과를 먹으며 TV를 보는 습관이 있었지만 현재는 그 습관이 없다는 내용으로는 우유를 좋아한다고 유추할 수도 없다. 따라서 답은 X이다.

문제 4

★ 他在画小狗。　　　(　　)	★ 그는 강아지를 그리고 있다.
把桌子上的铅笔给我，谢谢。眼睛、鼻子都画完了，现在该画这只小狗的耳朵了。	책상 위의 연필을 나에게 줘. 고마워. 눈과 코를 다 그렸어. 지금은 이 강아지의 귀를 그려야 해.

해설　그가 연필로 눈, 코를 그렸고 이제는 강아지의 귀를 그릴 차례라며 강아지를 언급했기 때문에 그가 강아지를 그리고 있다는 것을 알 수 있다. 문제에도 등장하는 '小狗(강아지)'라는 단어를 잘 들었다면 쉽게 답을 고를 수 있을 것이다. 답은 ✓이다.

TIP　[把 + 목적어] + 술어 + 给 + 대상: (목적어)를 (대상)에게 (술어)하다

문제 5

★ 这儿的人不习惯说左右。　　　(　　)	★ 이곳의 사람들은 왼쪽, 오른쪽이라고 말하는 것이 습관되지 않았다.
这里的人不习惯说东西南北，只说左或者右。我和朋友们找司机问路，他们总是回答向左走或者向右走。	이곳의 사람들은 동, 서, 남, 북이라고 말하는 것이 습관되지 않았다. 오직 왼쪽 또는 오른쪽이라고 말한다. 나와 친구들이 운전기사를 찾아 길을 물어보면 그들은 항상 왼쪽을 향해 걸어라 혹은 오른쪽을 향해 걸으라고 대답한다.

해설　문제에서는 '不习惯说左右(왼쪽, 오른쪽이라고 말하는 것이 습관되지 않았다)'라고 했지만 녹음 시작 부분에서 이곳의 사람들은 '东西南北(동, 서, 남, 북)'라고 말하는 것이 습관되지 않았다고 하며 오직 왼쪽 또는 오른쪽이라고 말한다고 했으므로 답은 X라는 것을 알 수 있다.

독해 제2부분 실전 PT 정답　　　▶p.146

1. A	2. C	3. E	4. D	5. E	6. A

문제 1-3

A 一直	B 想	C 在	D 经常	E 会
A 계속	B 생각하다	C ~에서	D 항상	E ~할 것이다

문제 1

( )到会议结束，大家也没想出来办法。	(계속) 회의가 끝날 때까지, 모두들 방법을 생각해내지 못했다.

해설 문장 맨 앞에 빈칸이 있는데 주어 자리도 주어를 수식하는 관형어 자리도 아니다. 그렇다면 문장 맨 앞에서 문장 전체를 수식하는 부사어 자리인데 여기에는 주로 시간명사, 일부 부사들이 들어간다. 보기에 시간에 관련된 명사가 없기 때문에 보기 중 하나밖에 없는 부사 **A 一直**(계속)가 정답이 된다. 의미상으로도 '회의가 끝날 때까지 줄곧'이라고 해석되어야 적합하다.

TIP 想出来 xiǎngchūlái (머릿속에 없던 것을) 생각해 내다
想起来 xiǎngqǐlái (이미 알고 있던 것이) 생각나다, 생각이 떠오르다

문제 2

请( )地图上找一下中国。	지도 위(에서) 중국을 한번 찾아주세요.

해설 '找(찾다)'라는 술어 앞에 '地图上(지도 위)'이 있지만 이는 주어는 아니다. 술어를 수식하는 부사어 자리에 가장 많이 들어가는 품사 중 명사와 짝을 이뤄 쓰이는 것은 전치사이다. 보기에서 의미상 적절한 전치사를 찾으면 답은 **C 在**(~에서)이다.

TIP 在…上 zài…shang ~위에서 / ~상에서 [방면]

문제 3

别担心，他的病一定( )好的。	걱정하지 마. 그의 병은 반드시 좋아 (질 거야).

해설 맨 앞에는 이미 주어 '他(그)'가 있고, 빈칸 뒤에는 술어 '好(좋다)'가 있으며 빈칸 앞에는 부사 '一定(반드시)'이 있다. 그렇다면 빈칸에 들어갈 수 있는 단어의 품사는 조동사 또는 전치사인데, 전치사는 뒤에 주로 명사와 함께 전치사구를 만들지만 빈칸 뒤에는 명사가 없기 때문에 조동사 자리라는 것을 알 수 있다. 따라서 답은 조동사 **E 会**(~할 것이다)이다.

TIP 会…的 huì…de ~할 것이다

문제 4-6

A 从	B 简单	C 终于	D 突然	E 应该
A ~에서부터	B 간단하다	C 마침내	D 갑자기	E 마땅히 ~해야 한다

문제 4

A: 我的电影票放哪儿了？怎么( )找不到？ B: 是不是和报纸放在一起了？	A: 내 영화표 어디 놓았지? 어째서 (갑자기) 찾을 수가 없는 거지? B: 신문이랑 같이 놓은 것 아니야?

해설 술어 '找(찾다)' 앞이 빈칸이고 해석상 주어 자리는 아니기 때문에 술어를 수식할 수 있는 단어를 찾는다. 보기 A는 전치사이기 때문에 괄호 뒤에는 명사가 필요하지만 명사가 없으므로 답이 아니고, C는 부사이므로 술어를 수식할 수 있지만 의미상 적합하지 않다. 해석을 통해 의미상 적절한 답은 부사 **D 突然**(갑자기)이라는 것을 알 수 있다.

문제 5

A：那家公司让我去面试，你说我去不去啊？ B：我觉得这个机会不错，你（　　　）试试。	A: 그 회사가 나에게 면접을 보러 오라고 했어. 너 말해봐, 나 갈까, 가지 말까? B: 내 생각에 이 기회는 괜찮은 것 같아. 너는 한번 시도해 (봐야 해).

해설　동사 중첩 '试试(한번 시도해보다)' 앞이 빈칸이고 빈칸 앞에는 주어가 있으므로 역시나 술어를 수식하는 부사어 자리이다. 좋은 기회이기 때문에 마땅히 시도해봐야 한다는 의미가 되어야 적합하므로 답은 조동사 **E** 应该(마땅히 ~해야 한다)가 된다.

문제 6

A：地铁站远不远？ B：（　　　）这儿到地铁站走路的话需要20分钟。	A: 지하철역이 먼가요, 안 먼가요? B: 여기(에서부터) 지하철역까지 걸어간다면 20분이 필요해요.

해설　'这儿(여기)'이 혼자 쓰이면 의미상 문장이 어색하고 뒤쪽에 '到(~까지)'가 있는 것을 통해서 전치사 **A** 从(~에서부터)이 답이다.

TIP　从…到… cóng…dào… ~에서부터 ~까지

쓰기 제1부분 실전 PT 정답　▶p.152

1. 我不敢把这件事告诉他。　나는 이 일을 그에게 함부로 알릴 수 없다.
2. 啤酒被姐姐喝完了。　맥주는 언니(누나)에 의해 다 마셔졌다.
3. 他决定把电脑送给妹妹。　그는 컴퓨터를 여동생에게 주기로 결정했다.
4. 这件衣服被洗干净了。　이 옷은 깨끗이 세탁되었다.
5. 他被妈妈打了一顿。　그는 엄마에게 한 대 맞았다.

문제 1

告诉他　把　不敢　这件事　我

분석　告诉 gàosu 동 알리다 ｜ 敢 gǎn 조동 감히 ~하다

해설　술어를 가장 먼저 찾는다. 배열된 단어 중 술어로 쓰일 수 있는 것은 목적어를 뒤에 동반하고 있는 '告诉他(그에게 알리다)'이다. 알리는 주어는 '我(나)'이고 '把'는 목적어를 술어 앞으로 끌고 오는 역할을 하기 때문에 '把' 뒤에는 '这件事(이 일)'이 와야 적합하다. 앞에서 말했듯이 '把'는 전치사이기 때문에 부사 '不敢(감히 ~하지 못하다)'은 당연히 전치사구 앞에 위치해야 한다.

TIP　일부 동사는 목적어를 두 개 동반할 수 있는데, 목적어를 두 개 동반할 때는 첫 번째 목적어 자리에는 사람 관련 목적어가 온다.

문제 2

姐姐　喝完了　啤酒　被

분석　啤酒 píjiǔ 명 맥주

해설　동사와 결과보어가 붙어있는 '喝完了(다 마셨다)'를 술어로 두고, '被'가 들어간 문장은 '(주어)가 ~에게 어떤 행위를 당했다'라는 것을 알려주기 때문에 주어 자리에는 행위를 당하는 대상이 온다. 두 명사 '姐姐(언니, 누나)'와 '啤酒(맥주)' 중, 언니(누나)가 맥주에게 마시는 행위를 당할 수 없으므로 주어 자리에는 '啤酒'가 오고, '被'와 함께 전치사구를 만들 목적어는 '姐姐'가 된다.

TIP　주어(행위를 당하는 것) + [被 + 명사(행위를 가하는 것)] + 술어 + 기타성분

문제 3

送给　　把电脑　　妹妹　　他决定

분석　送 sòng 동 보내다 | 电脑 diànnǎo 명 컴퓨터 | 决定 juédìng 동 결정하다

해설　주어와 술어가 묶여있는 '他决定(그는 결정했다)'부터 앞에 배치한다. 그리고 '把'자문이 나와있으니, '그가 ~을 어떻게 하기로 결정했다'라는 문장을 만들어야 함을 인식해야 한다. '送(보내다)' 뒤에는 '给(~에게)'가 있기 때문에 그 전치사 뒤에는 하나 남은 명사 '妹妹(여동생)'를 붙인다. '把'는 전치사이고 명사 '电脑(컴퓨터)'와 함께 전치사구를 이루었기 때문에, 술어 '送' 앞에 넣어준다. 즉, '컴퓨터를 여동생에게 주기로 결정했다'라는 문장이 완성된다.

TIP　주어 + [把 + 목적어] + 술어 + 给 + 대상: (주어)가 (목적어)를 (대상)에게 (술어)하다

문제 4

洗　　衣服　　干净了　　这件　　被

분석　衣服 yīfu 명 옷 | 洗 xǐ 동 씻다, 빨다 | 干净 gānjìng 형 깨끗하다

해설　'衣服(옷)'와 '지시대명사 + 옷을 세는 양사' 형태인 '这件'과 같이 우선 연결해둔다. '被'를 보고 '被'자문을 만들어야 함을 파악한다. 옷은 행위를 가하는 대상이 될 수 없다. 즉, 옷이 무언가에 어떤 행위를 당한다는 건데 '被'와 같이 쓰일 명사가 없다. '被'자문에서는 '被' 뒤 명사가 생략될 수 있기 때문이다. 따라서 '被' 뒤에 바로 술어 '洗(씻다, 빨다)'를 붙이면 된다. 그리고 '세탁한 결과 깨끗해졌다'는 의미로 '干净了'를 술어 뒤 기타성분 자리에 배치한다.

TIP　주어(행위를 당하는 것) + 被(행위를 가하는 것) + 술어 + 기타성분
여기에서 '被' 뒤에 따라오는 목적어(행위를 가하는 것)는 생략될 수 있다.

문제 5

一顿　　他　　打了　　被妈妈

분석　顿 dùn 양 구타, 질책, 식사 등의 횟수를 세는 단위 | 打 dǎ 동 치다, 때리다

해설　이 문제도 마찬가지로 '被'를 보고 '被'자문을 만들어야 함을 알 수 있다. 맞은 대상인 주어 '他(그)'와 전치사구 '被妈妈(엄마로부터)'를 알맞게 배열하고 그 뒤에 술어 '打了(때렸다 → 피동이므로 '맞았다')'를 배치한다. 술어 뒤에는 때린 횟수를 셀 때 쓰이는 양사 '一顿(한 대)'으로 기타성분 자리를 채운다.

TIP　주어(행위를 당하는 것) + [被 + 명사(행위를 가하는 것)] + 술어 + 기타성분

듣기 제2부분 실전 **PT** 정답				▶p.157
1. √	2. X	3. √	4. X	5. X

문제 1

★ 他觉得小时候的日子最快乐。　　（　　）	★ 그는 어렸을 때가 가장 즐겁다고 생각한다.
孩子的世界其实很简单，生气了就哭，高兴了就笑，也不用担心什么事情，所以我觉得小时候的日子是最快乐的。	아이들의 세계는 사실 단순하다. 화가 나면 울고, 기쁘면 웃는다. 어떤 일이든 걱정할 필요도 없다. 그래서 나는 어렸을 때가 가장 즐겁다고 생각한다.

해설　그의 어렸을 때에 대한 생각이 어떠한지 녹음 내용에서 찾아야 한다. 아이들의 세계는 느끼는 감정 그대로 표현하면 되기 때문에 단순하다고 하며 마지막에 '所以我觉得小时候的日子是最快乐的(그래서 나는 어렸을 때가 가장 즐겁다고 생각한다)'라고 했다. 문제와 지문 모두 '觉得(생각하다)'가 등장했고, '快乐(즐겁다)'라는 감정 관련 어휘도 똑같이 나왔다. 만약 문제를 훑어보고 말하는 이의 생각을 묻는 문제임을 파악한 후에 녹음을 듣는다면, 녹음 내용 속 '觉得' 부분을 집중해서 듣고 답을 고르기 수월했을 것이다. 따라서 답은 ✓이다.

TIP　…了就…　…le jiù…　~하면 바로 ~한다

문제 2

★ 着急的时候不会哭。　　（　　）	★ 급할 때는 울지 않을 것이다.
哭，不一定表示难过，有的人着急的时候会哭，有的人高兴的时候也会哭。	운다는 것이 반드시 힘들다는 것을 표시하는 것은 아니다. 어떤 사람은 급할 때 울 것이고, 어떤 사람은 기쁠 때도 울 것이다.

해설　운다는 것이 슬픈 감정만 나타내는 것은 아니다. 다양한 상황에서 울 수 있기 때문에 운다고 꼭 슬프다고 단정할 수는 없다. 따라서 문제를 먼저 본 후 녹음 내용 중 우는 상황에 대해서 더 주의해서 들었다면 '有的人着急的时候会哭(어떤 사람은 급할 때 울 것이다)'라는 부분이 들렸을 것이다. 따라서 답은 ✗이다.

문제 3

★ 他喜欢小猫。　　（　　）	★ 그는 새끼 고양이를 좋아한다.
我有一只小猫，和它在一起的时间越久，我越觉得它聪明、可爱。	나는 새끼 고양이 한 마리가 있다. 그(고양이)와 같이 있는 시간이 길수록 나는 더욱 그(고양이)가 똑똑하고 귀엽다고 생각한다.

해설　우선 문제에 감정과 관련된 단어인 '喜欢(좋아하다)'이 등장했다. 따라서 녹음 내용도 그 대상인 '小猫(새끼 고양이)'에 대해 좋은 감정인지 파악해야 한다. 녹음에서 고양이와 함께 하는 시간이 길수록 똑똑하고 귀엽게 느껴진다고 말하고 있기 때문에 그는 고양이를 좋아한다는 것을 알 수 있다. 답은 ✓이다.

TIP　越 A 越 B　yuè A yuè B　A하면 할수록 B하다

문제 4

★ 他认为手机作用不大。　　（　　）	★ 그는 휴대전화의 작용이 크지 않다고 여긴다.
手机的作用越来越多，除了打电话，我们还可以用手机照相，这样，出去玩儿的时候就不用带照相机了。	휴대전화의 작용은 점점 더 커진다. 전화를 거는 것 외에 우리는 휴대전화를 이용해서도 사진을 찍을 수 있다. 이렇기에 나가서 놀 때 사진기를 가져갈 필요가 없어졌다.

해설　문제에 '认为(~라고 여긴다)'라는 단어를 보니 말하는 이의 견해를 묻고 있는 듯하다. 따라서 녹음을 들을 때 휴대전화에 대한 글쓴이의 견해에 집중해야 한다. 녹음에서는 휴대전화의 작용이 점점 커짐에 따라 놀러 나갈 때도 카메라를 가져갈 필요가 없어졌다고 말하고 있다. 따라서 '他认为手机作用不大(그는 휴대전화의 작용이 크지 않다고 여긴다)'라는 문제는 옳지 않다. 답은 ✗이다.

TIP　越来越…　yuèláiyuè…　점점 더 ~해지다

문제 5

★ 他害怕动物。　　　　（　　　）	★ 그는 동물을 무서워한다.
到现在，我还清楚地记得，小时候，几乎每天都要看《动物世界》这个节目，看这个节目让我认识了很多动物。	지금까지 나는 분명하게 기억한다. 어렸을 때 거의 매일 〈동물의 세계〉이 프로그램을 보려고 했다. 이 프로그램을 보는 것은 나로 하여금 많은 동물을 알게 했다.

해설　녹음 내용은 어릴 적 〈동물의 세계〉를 자주 봤고, 그 프로그램을 통해서 많은 동물을 알게 되었다는 긍정적인 내용이다. 녹음 내용 어디에도 그가 동물을 무서워한다는 감정에 관한 내용은 없기 때문에 답은 X이다.

독해 제2부분 실전 PT 정답　　　▶p.164

| 1. D | 2. A | 3. C | 4. E | 5. A | 6. B |

문제 1-3

A 也	B 不是	C 而且	D 因为	E 只有
A ~도	B ~아니라	C 게다가	D 왜냐하면	E 오직 ~해야만

문제 1

（　　　）突然有事，所以我不能去看电影。	갑자기 일이 생겼기 (때문에) 그래서 나는 영화를 보러 갈 수 없다.

해설　'所以'는 앞에 주로 D 因为(~때문에)와 호응되어서 '어떠한 원인으로 인해 그래서 ~하다'라는 의미로 쓰인다.

TIP　因为 A, 所以 B　yīnwèi A, suǒyǐ B　(왜냐하면) A하기 때문에 그래서 B하다

문제 2

爸爸也说，妈妈（　　　）说，我到底听谁的话？	아빠도 말하고 엄마(도) 말한다. 나는 도대체 누구의 말을 들어야 하는가?

해설　'也(~도)'는 다른 사람의 행동과 같은 행동을 한다는 의미로 주로 주어가 2개 나온다. 앞에 '爸爸也说'에서 '说(말하다)'가 반복해서 나온 것을 보고 빈칸에도 같은 패턴으로 A 也(~도)를 넣어준다.

TIP　A + 也 + 술어, B + 也 + 술어: A도 ~하고, B도 ~하다

문제 3

天气非常冷，（　　　）还在下雪。	날씨가 매우 춥다. (게다가) 여전히 눈이 내리고 있다.

해설　날씨가 매우 추운데 밖에는 눈까지 내리는 상황이기 때문에 점층관계 접속사 C '而且(게다가)'를 사용한다. '而且'는 앞에 나온 상황보다 더 심화된 상황을 뒤쪽에 나열한다.

TIP　在 + 동사: ~하고 있는 중이다 [진행]

40 해설 PART 1

문제 4-6

A 一边	B 除了	C 还是	D 所以	E 但是
A 한편으로	B ~를 제외하고	C 아직도, 또는	D 그래서	E 그러나

문제 4

A: 这条怎么样?
B: 这条裙子虽然漂亮，（　　）有点儿短。

A: 이거 어때?
B: 이 치마 예뻐, (그러나) 조금 짧아.

해설 빈칸 앞 문장에서 접속사 '虽然(비록 ~이지만)'을 볼 수 있다. '虽然'은 혼자 쓰이기보다는 뒤에 **E 但是**(그러나)와 자주 호응해서 쓰인다. 따라서 다른 단어들을 잘 몰라도 자주 출제되는 접속사들이 주로 어떤 단어와 짝을 이루는지 알아두면 답을 쉽게 찾을 수 있다.

TIP 虽然 A, 但是 B　suīrán A, dànshì B　비록 A하지만, 그러나 B하다

문제 5

A: 你别一边走路，（　　）看手机，这样对眼睛不好。
B: 好，我知道了。

A: 너 길을 걸으면서 (한편으로) 휴대전화를 보지 마. 이렇게 하는 것은 눈에 좋지 않아.
B: 그래, 알겠어.

해설 '一边(한편으로 ~하다)'은 두 동작을 동시에 행하고 있음을 알려주는 단어로, '一边 + 동사, 一边 + 동사' 형식으로 쓰인다. 앞 문장에 '一边'이 쓰였고 형식도 같기 때문에 빈칸에도 **A 一边**(한편으로 ~하다)을 넣어준다.

TIP ① 一边 A, 一边 B　yìbiān A, yìbiān B　A하면서 B하다
② 对…不好　duì…bù hǎo　~에 좋지 않다

문제 6

A: 周末你（　　）在家休息以外，还做什么呢?
B: 有时看看电视，有时洗洗衣服，打扫打扫房间。

A: 주말에 너 집에서 쉬는 것 외에 또 무엇을 하니?
B: 때로는 TV를 보고, 때로는 옷을 세탁하고, 방 청소를 해.

해설 뒤쪽에 '以外(이외에)'가 있고, 다음 문장에 나온 '还(또한)'를 통해서 답은 **B 除了**(~을 제외하고)라는 것을 알 수 있다. '除了'는 혼자 쓰일 수도 있지만 뒤에 '以外'와 자주 호응하고, 혼자 쓰일 경우에도 뒤 문장에는 '还'가 나와 '~외에도 또 ~하다'라는 의미로 자주 쓰인다.

TIP ① 除了…以外　chúle…yǐwài　~이외에, ~을 제외하고
② 有时 A, 有时 B　yǒushí A, yǒushí B　때로는 A하고 때로는 B하다

쓰기 제1부분 실전 PT 정답 ▶p.168

1. 电影马上就要开始了。 영화가 곧 시작할 것이다.
2. 火车快到了。 기차가 곧 도착할 것이다.
3. 同学们快要去上课了。 학우들은 곧 수업을 하러 갈 것이다.
4. 马上要下雨了。 곧 비가 내릴 것이다.
5. 她下星期就要结婚了。 / 下星期她就要结婚了。 그녀는 다음 주에 곧 결혼할 것이다.

문제 1

马上　开始　电影　了　就要

분석 马上 mǎshàng [부] 곧, 즉시 | 开始 kāishǐ [동] 시작하다 | 电影 diànyǐng [명] 영화

해설 '了'를 보고 섣불리 동작이 완료되었다고 생각해서는 안 된다. 배열된 단어를 보면 '就要'가 있기 때문에 임박태를 떠올려야 한다. 임박태 '就要…了'는 동작이 잠시 후 발생함을 알려주는데, 앞에 종종 '马上'이 쓰여 '곧 ~할 것이다'라는 의미를 나타낸다. 주어 자리에는 '电影(영화)'을 넣고, '就要…了' 사이에는 곧 일어날 동작 '开始(시작하다)'를 알맞게 배열한다.

문제 2

了　到　快　火车

분석 火车 huǒchē [명] 기차 | 到 dào [동] 도착하다

해설 배열 단어를 훑어보았을 때 '快'가 '빠르다'라는 의미로, '了'는 완료의 의미로 쓰인 것 같지 않았을 경우 역시나 임박태를 떠올릴 수 있어야 한다. 여기서는 '快…了' 형태의 임박태가 쓰였다. 주어 자리에는 '火车(기차)'를 배치하고, '快…了' 사이에는 곧 일어날 동작 '到(도착하다)'를 놓는다.

문제 3

快要　同学们　上课　了　去

분석 同学 tóngxué [명] 학우

해설 '快要…了' 역시 임박태이다. 동작을 행하는 주어는 '同学们(학우들)'이고, 그들이 곧 할 동작은 수업하러 가는 것이기 때문에 순서대로 '去(가서)'와 '上课(수업하다)'를 '快要…了' 사이에 배열한다.

문제 4

马上　了　下　要　雨

분석 下雨 xiàyǔ [동] 비가 내리다

해설 임박태 형식인 '要…了' 앞에는 자주 함께 쓰이는 부사 '马上'을 맨 앞에 놓고, '要…了' 사이에는 일어날 동작 '下雨(비가 내리다)'를 배열한다.

| 문제 5 |

就要　　她　　结婚　　下星期　　了

| 분석 | 下星期 xiàxīngqī 명 다음 주 | 结婚 jiéhūn 동 결혼하다

| 해설 | 술어는 '结婚(결혼하다)', 결혼을 하는 주어는 '她(그녀)', 시간은 '下星期(다음 주)'이다. 시간명사는 주어 앞뒤에 와도 상관없으며 임박태 '就要…了' 사이에 곧 일어날 동작인 '结婚'을 넣어 알맞게 배열한다.

| 듣기 제3·4부분 실전 PT 정답 | ▶p.174 |

1. B   2. A   3. B   4. B   5. C   6. B

| 문제 1 |

A 丈夫和妻子
B 客人和服务员
C 老师和学生

A 남편과 아내
B 손님과 종업원
C 선생님과 학생

男: 你好，我住八零七，房间里的空调坏了，你能来看看吗？
女: 好的，先生，我们马上找人上去。
问: 他们最可能是什么关系?

남: 안녕하세요? 저는 807호에 머물고 있는데, 방 안의 에어컨이 고장 났어요. 당신이 와서 좀 봐주시겠어요?
여: 알겠습니다. 고객님, 저희가 곧 사람을 찾아 올라가겠습니다.
질문: 그들은 어떤 관계일 가능성이 가장 높은가?

| 해설 | 남자가 여자를 부르는 호칭이 나오지 않았지만 여자가 남자를 '先生(~님, 성인 남성에 대한 존칭)'이라고 불렀고, 녹음 내용 중 남자가 방 안의 에어컨을 와서 봐달라고 한 것을 토대로 그들의 관계는 보기 중 B 客人和服务员(손님과 종업원)이 가장 적합함을 알 수 있다.

| TIP | '先生'은 주로 성인 남성에 대한 존칭으로 쓰이며, 여기서는 손님을 뜻한다.

| 문제 2 |

A 夫妻
B 邻居
C 同学

A 부부
B 이웃
C 학우

男: 洗手间的灯怎么没关啊？
女: 女儿说要刷牙，所以没关。
问: 他们最可能是什么关系?

남: 화장실 불을 어째서 끄지 않았어?
여: 딸이 이를 닦을 거라고 말했어. 그래서 끄지 않았어.
질문: 그들은 무슨 관계일 가능성이 가장 높은가?

| 해설 | 남녀 간의 호칭이 등장하지 않았지만 여자의 말 중 '女儿(딸)'을 통해 그들의 관계는 A 夫妻(부부)일 가능성이 가장 높다.

문제 3

A 妈妈 B 老师 C 经理	A 엄마 B 선생님 C 사장
男：你明天要去哪儿？ 女：我要带学生去动物园，去看大熊猫。 问：女的最可能是做什么的？	남: 너 내일 어디 갈 거야? 여: 나는 학생을 데리고 동물원에 갈 거야. 가서 판다를 볼 거야. 질문: 여자는 무엇을 하는 사람일 가능성이 가장 높은가?

해설 보기를 보면, 남녀의 관계를 묻기보다는 한 사람에 대해 물을 것이라는 것을 알 수 있다. 학생을 데리고 갈 것이라는 여자의 말을 통해 여자의 직업이 **B 老师**(선생님)라는 것을 유추할 수 있다.

문제 4

A 游客 B 出租车司机 C 公共汽车司机	A 여행객 B 택시 운전기사 C 버스 운전기사
女：你好，我去国家图书馆。 男：好的，没问题。 女：从这儿到国家图书馆远不远？需要多长时间？ 男：不太远，半个小时吧。 问：男的是做什么的？	여: 안녕하세요? 저는 국가도서관에 갑니다. 남: 네. 문제없습니다. 여: 여기에서부터 국가도서관까지 머나요, 안 머나요? 시간이 얼마나 걸리죠? 남: 그다지 멀지 않아요. 30분 정도요. 질문: 남자는 무엇을 하는 사람인가?

해설 녹음에서 남녀가 서로를 부르는 호칭이 나오지 않았지만 여자가 첫마디에 가려고 하는 목적지를 이야기한다. 버스를 탔을 경우 가려고 하는 곳에 정차하는지 물어보는 경우는 있지만 정해진 노선이 있기 때문에 정확한 목적지를 이야기하지 않는다. 질문에서 남자에 대해 물었기 때문에 답은 **B 出租车司机**(택시 운전기사)가 된다.

문제 5

A 经理 B 朋友 C 同事	A 사장 B 친구 C 직장 동료
男：刚才在地铁站遇到的是你的同事？ 女：是，他是我们学校的数学老师。 男：这么年轻，我刚才还以为他是你的学生呢。 女：是吗？他女儿已经三岁了。 问：女的在地铁站遇到谁了？	남: 방금 지하철역에서 마주친 사람이 너의 직장 동료야? 여: 응. 그는 우리 학교 수학선생님이야. 남: 이렇게나 젊다니. 나는 방금 그가 너의 학생인줄 알았어. 여: 그래? 그의 딸이 이미 세 살이 되었어. 질문: 여자는 지하철역에서 누구와 마주쳤는가?

해설 질문을 듣기 전까지는 남녀의 관계가 친구인지 묻는 문제가 나올 것으로 유추할 수도 있었지만, 질문에서는 여자가 누구와 마주쳤는지에 대해 물었기 때문에 답은 **C 同事**(직장 동료)가 된다. 질문을 끝까지 잘 듣자!

TIP 以为 yǐwéi ~인 줄 알다 [생각했던 것과 결과가 다를 때 쓰임]

문제 6

A 经理 B 客人 C 妈妈	A 사장 B 손님 C 엄마
男：经理，您的信。 女：信放在我桌子上吧，客人几点来？ 男：十分钟后到公司。 女：等他们到了就告诉我。 问：女的在等谁？	남: 사장님, 당신의 편지입니다. 여: 편지는 내 책상 위에 올려 두세요. 손님은 몇 시에 오시나요? 남: 10분 후에 회사에 도착합니다. 여: 그들이 도착하면 바로 저에게 알려주세요. 질문: 여자는 누구를 기다리고 있는가?

해설 여자가 '客人几点来?(손님은 몇 시에 오시나요?)'라고 물었으며, 도착하면 바로 알려달라는 대화 내용을 통해 여자는 손님을 기다리는 중이라는 것을 알 수 있다. 녹음 시작 부분에 남자가 여자를 '经理(사장님)'라고 부르는 것 때문에 답을 헷갈리지 않도록 조심하자. 정답은 **B 客人**(손님)이다.

독해 제3부분 실전 PT 정답 ▶p.179

1. C　　**2.** C　　**3.** C　　**4.** B　　**5.** A

문제 1

新买的空调比以前那个旧的好多了，它的声音非常小，几乎没有声音，不会影响我们的工作和休息。	새로 산 에어컨은 이전의 그 낡은 것보다 훨씬 좋다. 그것은 소리도 매우 작아서 거의 소리가 없다. 우리의 일과 휴식에 영향을 주지 않을 것이다.
★ 新买的空调怎么样？ A 用电多 B 出现了问题 C 声音很小	★ 새로 산 에어컨은 어떤가? A 전기를 많이 사용한다 B 문제가 나타났다 C 소리가 작다

해설 새로 산 에어컨이 이전 것보다 좋다고 하면서 좋은 이유 중 하나가 소리가 작다는 것이었다. '它(그것)'는 지시대명사로 사람 이외의 사물이나 동물 등을 가리킬 때 쓴다. 이 문단에서 '它'는 앞에서 말한 새로 산 에어컨을 가리키기 때문에 답은 **C 声音很小**(소리가 작다)이다.

TIP　A + 比 + B + 술어 + 多了: A가 B보다 훨씬 ~하다

문제 2

每天工作前，他都会用不同颜色的笔写出今天要做的事情。黑色的表示只是一般的事情，红色的表示这件事很着急、很重要，必须完成。	매일 일을 하기 전, 그는 색이 다른 펜을 사용해서 오늘 해야 할 일을 써낼 것이다. 검은색이 나타내는 것은 단지 일반적인 일이고, 빨간색은 급하고, 중요하며 반드시 완성해야 하는 일을 나타낸다.
★ 根据这段话，红色表示： A 不着急的事情 B 需要别人帮助的事情 C 要快点儿做完的事情	★ 이 말에 근거하여, 빨간색이 나타내는 것은: A 급하지 않은 일 B 다른 사람의 도움이 필요한 일 C 빨리 완성해야 하는 일

| 해설 | 문제를 먼저 보고 빨간색이 의미하는 것이 무엇인지 지문에서 찾아야 한다. 지문 마지막에 '红色的表示…(빨간색은 ~을 나타낸다)'에서 나열되어 있는 부분을 확인한다. 답을 고를 때 보기 중 A에 '着急(급하다)'는 빨간색이 의미하는 것에 포함되지만 앞에 '不'가 붙어 있으므로 답이 될 수 없으니 주의하자. 따라서 답은 **C 要快点儿做完的事情**(빨리 완성해야 하는 일)이 된다. |

문제 3

手机使我们的学习、工作越来越方便，除了打电话，写短信外，还可以照相，有时候真的方便。	휴대전화는 우리의 학습과 일을 점점 편리하게 한다. 전화를 걸고, 문자를 쓰는 것 이외에, 또 사진도 찍을 수 있다. 가끔은 정말 편리하다.
★ 手机经常被用来： A 做练习 B 上网 C 写短信	★ 휴대전화가 종종 쓰이는 곳은: A 연습하는 데 B 인터넷을 하는 데 C 문자를 쓰는 데

| 해설 | 휴대전화가 어떻게 사용되는지 지문에서 찾아보자. 지문과 보기에 '写短信(문자를 쓰다)'이 그대로 나와있기 때문에 답은 **C 写短信**(문자를 쓰다)이 된다. 요즘 휴대전화로도 인터넷을 할 수 있지만 지문에는 인터넷을 하는 것과 관련된 내용이 없기 때문에 답이 될 수 없다. |

TIP 除了…(以)外 chúle…(yǐ)wài ~이외에, ~을 제외하고

문제 4

你看，这上面写着1.31元，前面的1表示元，中间的3表示角，最后的1表示分。明白了吗？	너 봐. 여기 위에 1.31위안이라고 쓰여있어. 앞쪽에 1이 의미하는 것은 위안(元), 중간에 3이 의미하는 것은 지아오(角), 마지막 1이 의미하는 것은 편(分)이야. 이해했어?
★ 中间的数字表示： A 元 B 角 C 分	★ 가운데 숫자가 의미하는 것은: A 위안(元) B 지아오(角) C 편(分)

| 해설 | 중국 화폐 단위에 대해 설명하고 있다. 문제에서 묻는 것은 가운데 숫자가 의미하는 것이기 때문에 지문에서 '中间(가운데)'을 찾아 내용을 확인한다. 가운데 숫자가 의미하는 것은 '角', 따라서 답은 **B 角**(지아오)이다. |

TIP '元(위안)', '角(지아오)', '分(편)'은 중국의 화폐 단위이다. 元 > 角 > 分 순으로 단위가 커서, 가장 큰 단위는 '元'이고 가장 작은 단위는 '分'이다.

문제 5

中午看新闻了吗？我很快就可以坐13号地铁了。13号地铁经过我家附近，以后，我上班就方便了，从我家到公司只要花15分钟，比坐公共汽车快多了。	정오에 뉴스 봤어? 나 곧 13호선 지하철을 탈 수 있게 되었어. 13호선 지하철은 우리 집 근처를 지나가. 이후에 나는 출근이 곧 편리해질 거야. 우리 집에서부터 회사까지 단지 15분이 걸릴 거야. 버스를 타는 것보다 훨씬 빨라.
★ 13号地铁： A 离他家不远 B 比坐公共汽车慢 C 旁边有火车站	★ 13호선 지하철은: A 그의 집에서부터 멀지 않다 B 버스를 타는 것보다 느리다 C 옆쪽에 기차역이 있다

| 해설 | 13호선 지하철에 대해 묻고 있다. 그의 집 근처를 지나간다는 것과 그의 집에서 멀지 않다는 것은 같은 의미이기 때문에 답은 **A 离他家不远**(그의 집에서부터 멀지 않다)이 된다. |

쓰기 제2부분 실전 PT 정답   ▶p.184

| 1. 事 | 2. 是 | 3. 千 | 4. 钱 | 5. 祝 |

문제 1

| 这件（ shì ）我不太清楚，你再给我讲讲吧。 | 이 일, 나는 그다지 명확하지 않아. 네가 나에게 다시 한번 설명해줘. |

분석 事 shì 명 일 | 清楚 qīngchu 형 분명하다, 명확하다 | 再 zài 부 다시, 또 | 讲 jiǎng 동 이야기하다, 말하다

해설 빈칸의 앞뒤로 이어지는 단어가 없을 경우 문장 앞에서부터 해석해보면서 빈칸의 힌트를 찾자. 빈칸 앞에 양사 '件'이 있다. '件'은 옷을 셀 때도 쓰이지만 사건, 일, 서류 등을 셀 때도 쓰인다. 양사를 통해 뒤에 명사가 나올 것이라는 힌트를 얻은 후 빈칸의 병음 'shì'를 통해 가장 적합한 답은 '事(일)'임을 알 수 있다.

문제 2

| 黑板上的这只鸟（ shì ）谁画的？ | 칠판 위에 이 새는 누가 그린 것이니? |

분석 黑板 hēibǎn 명 칠판 | 只 zhī 양 마리 [동물을 세는 단위] | 鸟 niǎo 명 새 | 画 huà 동 그리다

해설 빈칸 앞뒤로 연결해서 만들 수 있는 단어가 없다. 문장 맨 끝에 '的'와 빈칸의 병음인 'shì'를 통해서 '是…的' 강조구문을 만들어 준다. '是…的' 강조구문은 이미 일어난 일에 한해 동작의 대상, 방식, 시간, 장소 등을 강조할 때 쓰인다.

TIP '只 zhī'는 '마리'라는 뜻의 양사로 주로 동물을 셀 때 쓰인다. '오직, 단지'를 나타내는 부사 '只 zhǐ'와 한자는 같지만 성조와 뜻이 다르므로 주의하자!

문제 3

| 一（ qiān ）多年前，动物出现了吗？ | 천년 정도 전에는 동물이 출현했나요? |

분석 动物 dòngwù 명 동물 | 出现 chūxiàn 동 나타나다, 출현하다

해설 빈칸 앞에 숫자 '一(1, 일)'와 뒤쪽에 '年(해, 년)'을 통해 빈칸에는 숫자가 들어간다는 것을 알 수 있다. 수 관련 단어 중 'qiān'이라는 발음을 가진 단어는 천 단위인 '千'이다.

TIP '多(여, 남짓)'가 수와 관련된 문장에 쓰이면 어림수를 나타낸다.

문제 4

| 这是找您的5角3分（ qián ），欢迎你再来！ | 이것은 당신에게 거슬러드리는 5지아오 3편입니다. 또 오세요! |

분석 找 zhǎo 동 거슬러주다 | 欢迎 huānyíng 동 환영하다

해설 빈칸 앞에 화폐 단위인 '5角3分'을 통해 빈칸에 적합한 단어는 '钱(돈)'이라는 것을 알 수 있다. 화폐 단위만 알고 있으면 쉽게 답을 알 수 있었기 때문에 화폐 단위는 기본적으로 외워두자.

TIP '找'는 '찾다'라는 뜻 이외에도 '~에게 얼마를 거슬러주다'라는 뜻도 가진다.

문제 5

(zhù) 你生日快乐！	너의 생일을 축하해!

분석　祝 zhù 동 기원하다, 축복하다 | 生日 shēngrì 명 생일 | 快乐 kuàilè 형 즐겁다, 유쾌하다

해설　'너의 생일이 즐겁기를 바란다, 축하한다'는 의미인 '생일 축하해'라는 표현은 중국어로 '祝你生日快乐'라고 한다. 기본적인 표현이니 꼭 기억해두자.

듣기 제3·4부분 실전 PT 정답　　　　　　　　　　▶p.190

1. C　　2. B　　3. B　　4. B　　5. C　　6. B

문제 1

A 饭店 B 公司 C 商店	A 식당 B 회사 C 상점
女：先生，这是您的衬衫，请拿好，欢迎下次再来。 男：好，谢谢。 问：他们现在最可能在哪儿？	여: 손님, 이것은 당신의 셔츠입니다. 잘 받으세요. 다음에 또 와주세요. 남: 알겠어요. 고맙습니다. 질문: 그들은 현재 어디에 있을 가능성이 가장 높은가?

해설　여자가 남자에게 셔츠를 건네고 다음 번에 또 오라는 내용을 통해 그들은 상점에 있다는 것을 유추할 수 있기에 답은 C 商店(상점)이다.

문제 2

A 公司门口 B 咖啡店 C 公园	A 회사 입구 B 카페 C 공원
男：我们在哪儿见面？ 女：就去公司旁边那个咖啡店吧，那儿的咖啡不错。 问：他们在哪儿见面？	남: 우리 어디에서 만날까? 여: 회사 옆에 그 카페 가자. 거기 커피 괜찮아. 질문: 그들은 어디에서 만나는가?

해설　남녀가 만날 곳에 대해 이야기를 하고 있다. 보기 중 A의 '公司(회사)'가 녹음에서 들리지만 목적지는 회사가 아닌 옆에 있는 카페이기 때문에 헷갈려서는 안 된다. 답은 B 咖啡店(카페)이다.

문제 3

A 医院
B 超市
C 地铁站

A 병원
B 슈퍼마켓
C 지하철역

女: 这儿的环境很好, 很安静。
男: 环境很不错, 买东西也方便, 附近就有超市, 但是这儿离地铁站很远。
问: 这儿离哪里近?

여: 여기 환경 좋다. 조용해.
남: 환경이 괜찮고, 물건 사는 것도 편해. 근처에는 바로 슈퍼마켓이 있어. 하지만 여기는 지하철역에서부터 멀어.
질문: 여기는 어디에서부터 가까운가?

해설 　질문이 어디에서부터 가까운지 묻고 있다. 그런데 녹음 내용 중 정답을 찾을 수 있는 힌트인 '附近就有超市(근처에는 바로 슈퍼마켓이 있어)'와 그 뒤에 나온 문장 '这儿离地铁站很远(여기는 지하철역에서 멀어)'의 문장 형식이 비슷해서 헷갈릴 수 있다. 하지만 질문에서 '近(가깝다)'이라고 물었기 때문에 가까운 장소인 B 超市(슈퍼마켓)를 골라주면 된다. 질문을 유의 깊게 듣자.

문제 4

A 图书馆
B 学校
C 公园

A 도서관
B 학교
C 공원

男: 喂, 我到学校门口了, 你到了吗?
女: 对不起, 我刚从地铁站出来, 你再等我五分钟。
男: 好的, 我就在门口等你。
女: 好的, 一会儿见。
问: 他们在哪儿见面?

남: 여보세요? 나 학교 입구에 도착했어. 너 도착했어?
여: 미안해, 나 막 지하철역에서 나왔어. 너 5분만 더 기다려줘.
남: 알겠어, 내가 입구에서 너를 기다릴게.
여: 그래, 잠시 후에 보자.
질문: 그들은 어디에서 만나는가?

해설 　남자가 학교 입구에 도착했다고 여자에게 전화를 하고 있다. 또한, 여자가 아직 도착하지 않아서 남자가 학교 입구에서 기다리겠다고 한 내용을 보아 답은 B 学校(학교)가 된다.

문제 5

A 家
B 商店
C 图书馆

A 집
B 상점
C 도서관

男: 喂, 请问小王在家吗?
女: 他出去了, 请问您是哪位?
男: 我姓李, 是他的同事。他什么时候回来?
女: 他去图书馆借书, 可能半个小时以后就回来了。
问: 小王现在最可能在哪儿?

남: 여보세요, 실례지만 샤오왕 집에 있나요?
여: 그는 나갔어요, 실례지만 누구시죠?
남: 제 성은 리이고, 그의 직장 동료입니다. 그는 언제 돌아오나요?
여: 그는 도서관에 책을 빌리러 갔어요. 아마도 30분 후면 올 것 같아요.
질문: 샤오왕은 현재 어디에 있을 가능성이 가장 높은가?

해설 　'小王(샤오왕)'의 행방을 찾아야 하는데 여자의 말 중 '他去图书馆借书(그는 도서관에 책을 빌리러 갔어요)'를 통해 그가 도서관에 갔다는 것을 알 수 있다. 보기 중에 '家(집)'도 녹음에서 들리지만 집에 있는지 묻자 그는 나갔다고 했기 때문에 답은 C 图书馆(도서관)이다.

> 문제 6

A 书店 B 商店 C 银行	A 서점 B 상점 C 은행
女：还需要别的水果吗？ 男：不用了，这些香蕉多少钱？ 女：十三块五毛。 男：给你钱。 问：他们最可能在哪儿？	여: 다른 과일 더 필요하신가요? 남: 필요 없어요. 이 바나나들 얼마예요? 여: 13.5위안이에요. 남: 돈 드릴게요. 질문: 그들은 어디에 있을 가능성이 가장 높은가?

해설 여자와 남자의 첫마디를 통해 남자가 '水果(과일)'를 사고 있는 상황이라는 것을 알 수 있다. 문제에서 그들이 있는 장소를 물었기 때문에 답은 **B** 商店(상점)이다. 화폐 단위가 나오기 때문에 앞부분을 분명히 듣지 못했을 경우 C 银行(은행)과 답을 혼동할 수 있으니 주의하자.

독해 제3부분 실전 PT 정답 ▶p.195

1. A   **2.** A   **3.** B   **4.** C   **5.** C

> 문제 1

他姓高，但是长得不高，只有一米六。同学们都说：“我们以后叫你小高吧。”他笑着回答："当然可以，过去朋友们都这么叫我。"	그의 성은 '까오'이다. 그러나 키는 크지 않아 1m 60cm 밖에 되지 않는다. 학우들은 모두 "우리 앞으로 너를 '샤오까오'라고 부를 거야."라고 말한다. 그는 웃으면서 "당연히 가능하지, 과거에 친구들도 모두 이렇게 나를 불렀어."라고 대답했다.
★ 关于他，可以知道什么？ A 比较矮 B 头发很长 C 他姓王	★ 그에 관해서, 무엇을 알 수 있는가? A 비교적 작다 B 머리카락이 길다 C 그의 성은 '왕'이다

해설 문제를 먼저 확인한 후 지문에서 그와 관련된 내용을 찾자. '但是(그러나)'를 주의하자. '但是', '可是'와 같은 전환관계 접속사 뒤에는 상황이 전환되기 때문이다. 그의 성은 '高(높다, 크다)'이지만 키는 '不高(낮다, 작다)'라고 한 첫 문장을 통해서 '그의 키는 크지 않다'라는 것을 알 수 있다. 따라서 답은 **A** 比较矮(비교적 작다)이다. '矮'는 '키가 작다'로 '不高'와 같은 뜻이다.

TIP '长 zhǎng'은 동사로 '자라다, 성장하다, (외모가) 생기다'라는 의미를 갖는다. 참고로 '长'이 '길다'라는 의미를 나타낼 때는 'cháng'으로 발음되니 주의하자.

문제 2

这家饭馆很有名，来吃饭的人很多，主要是因为他们家的菜又好吃又便宜，所以大家都愿意来。	이 식당은 유명해서 밥을 먹으러 오는 사람이 많다. 주로 그들 식당의 요리가 맛있고 또 저렴하기 때문에, 그래서 모두가 오기를 원한다.
★ 那家饭馆： A 菜不贵 B 不新鲜 C 对客人要求高	★ 그 식당은: A 요리가 비싸지 않다 B 신선하지 않다 C 손님에 대한 요구가 높다

해설 그 식당은 맛도 좋고 값이 저렴하다고 특징이 나열되어 있다. 요리가 신선하지 않다는 것과 손님에 대한 요구가 높다는 내용은 나와 있지 않으며, 지문의 '便宜(저렴하다)'와 보기 A의 '不贵(비싸지 않다)'는 같은 의미이기 때문에 답은 **A 菜不贵**(요리가 비싸지 않다)이다.

TIP 又 A 又 B yòu A yòu B A하기도 하고 B하기도 하다
因为 A, 所以 B yīnwèi A, suǒyǐ B 왜냐하면 A하기 때문에 그래서 B하다

문제 3

现在人们经常会看到"二手车"、"二手房"这样的词语，这个"二手"是什么意思？它表示东西被人用过了，不是新的。但因为二手的东西很便宜，而且有的几乎没用过，所以有很多人买。	현재 사람들은 종종 '중고차', '중고집' 이러한 단어를 볼 수 있을 것이다. 이 '중고'는 무슨 뜻인가? 그것은 물건이 사람에 의해 사용되어 새것이 아닌 것을 의미한다. 그러나 중고 물건은 저렴하며, 게다가 어떤 것은 거의 사용되지 않았기 때문에 많은 사람들이 산다.
★ "二手"的东西： A 很难买到 B 比较便宜 C 太脏了	★ '중고' 물건은: A 사기 어렵다 B 비교적 저렴하다 C 너무 더럽다

해설 문단 앞부분에는 '二手(중고)'가 무슨 의미인지 설명하고 있다. '二手'는 가격이 저렴해서 많이 산다고 했기 때문에 답은 **B 比较便宜**(비교적 저렴하다)가 된다.

TIP '但(그러나)'은 전환관계 접속사로, 앞에 나온 내용을 전환하기 때문에 뒤쪽 내용을 잘 확인해야 한다.

문제 4

邻居张叔叔是小学校长。他每天都第一个到学校，最后一个离开。他常说，如果工作是你自己感兴趣的，再累也是快乐的。	이웃의 장 아저씨는 초등학교 교장이다. 그는 매일 가장 먼저 학교에 도착하고 맨 마지막에 떠난다. 그는 만약에 일이 네 스스로가 흥미를 느끼는 것이라면, 더 피곤해도 기쁘다고 늘 말한다.
★ 张叔叔： A 爱帮助学生 B 对老师们很热情 C 喜欢自己的工作	★ 장 아저씨는: A 학생을 돕는 것을 좋아한다 B 선생님들에게 친절하다 C 자신의 일을 좋아한다

해설 장 아저씨는 가장 먼저 학교에 도착하고 가장 마지막에 떠난다는 것과 지문 뒷부분 아저씨가 한 말을 토대로 그는 자신의 일을 좋아한다는 것을 알 수 있다. 학생과 선생님에 대한 내용은 없기 때문에 답을 쉽게 찾을 수 있다. 정답은 **C 喜欢自己的工作**(자신의 일을 좋아한다)이다.

문제 5

前天我在网上买了一双鞋，今天就拿到了。虽然颜色跟我在网上看的不太一样，但穿在脚上非常舒服，我比较满意。	그저께 나는 인터넷에서 신발 한 켤레를 샀고, 오늘 받았다. 비록 색깔은 내가 인터넷에서 봤던 것과 그다지 같지 않지만 발에 신어보니 매우 편하다. 나는 비교적 만족한다.
★ 根据这段话，可以知道那双鞋： A 卖完了 B 很贵 C 穿着舒服	★ 이 문단에 근거하여, 그 신발에 대해 알 수 있는 것은: A 다 팔렸다 B 비싸다 C 신기 편하다

해설 비록 색깔은 그다지 같지 않았지만 신어보니 편하다는 내용을 통해 답은 **C 穿着舒服**(신기 편하다)라는 것을 알 수 있다. 문장 안에 '但(是)'이 있다면 내용이 전환되기 때문에 뒤에 나오는 내용을 잘 확인해야 한다.

TIP 虽然 A, 但(是) B suīrán A, dàn(shì) B 비록 A하지만 B하다

쓰기 제2부분 실전 PT 정답 ▶p.200

1. 花   2. 化   3. 元   4. 远   5. 晴

문제 1

草地上开着五颜六色的（ huā ）。	풀밭에 가지각색의 꽃이 피어있다.

분석 草地 cǎodì 명 풀밭, 초지 | 开 kāi 동 피다, 열다 | 五颜六色 wǔyán liùsè 가지각색

해설 'huā'라는 발음을 가진 단어는 여러 가지가 있다. 우선 '的' 뒤가 빈칸이기 때문에 품사는 명사라는 것을 알 수 있다. 앞부분 내용을 보면 '풀밭에 피어있다'는 내용을 통해 빈칸에 들어갈 단어는 '花(꽃)'라는 것을 알 수 있다.

문제 2

这个城市变（ huà ）真大啊！	이 도시는 변화가 정말 크다!

분석 城市 chéngshì 명 도시

해설 전체적인 내용과 빈칸 앞에 나온 '变'을 통해 빈칸에 올 수 있는 가장 적절한 단어는 '化'임을 알 수 있다. 즉, '变化(변화)'라는 의미가 되면 자연스럽다.

TIP '花 huā'와 '化 huà'는 비슷하게 생겼지만 다른 한자이므로 잘 구분해서 써야 한다.

문제 3

10分是一角，10角是一（ yuán ）。	10펀은 1지아오이고, 10지아오는 1위안이다.

분석 元 yuán (화폐 단위) 위안 | 角 jiǎo (화폐 단위) 지아오 ['角'는 '1元'의 10분의 1] | 分 fēn (화폐 단위) 펀 ['1分'은 '1元'의 100분의 1]

해설 화폐 단위를 알고 있으면 쉽게 풀 수 있는 문제이다. '元', '角', '分' 단위를 각각 기억해두고, 의미와 병음에 따라 알맞은 단위를 넣어주자.

TIP 元 > 角 > 分

문제 4

| 医院离这儿很（　yuǎn　），我们坐出租车去吧。 | 병원은 여기에서부터 멀다. 우리 택시 타고 가자. |

분석 医院 yīyuàn 명 병원 | 离 lí 전 ~에서부터 | 出租车 chūzūchē 명 택시

해설 '离(~에서부터)'는 기준점에서부터의 거리를 알려주는 전치사로 뒤에 주로 '멀다, 가깝다'와 같이 거리와 관련된 표현이 따라 나온다. 따라서 '远(멀다)'이 답이다.

문제 5

| 今天是（　qíng　）天，没有云。 | 오늘은 맑은 날이다. 구름이 없다. |

분석 晴天 qíngtiān 명 맑은 날씨 | 云 yún 명 구름

해설 문장 뒷부분에 '云(구름)'과 빈칸 뒤에 '天(날, 하루)'을 통해 날씨 관련 표현 중에서 'qíng'이라는 발음을 가진 단어를 떠올려본다. 따라서 정답은 '晴(맑다)'이다.

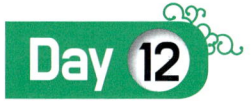

Day 12

듣기 제3·4부분 실전 PT 정답　▶p.206

| 1. C | 2. A | 3. C | 4. C | 5. B | 6. A |

문제 1

A 9:45 B 10:15 C 10:30	A 9:45 B 10:15 C 10:30
男：几点了？今天的会议几点开始？ 女：现在十点一刻，再有十五分钟开始。 问：会议几点开始？	남: 몇 시야? 오늘 회의 몇 시에 시작해? 여: 지금 10시 15분이야. 15분 더 있으면 시작해. 질문: 회의는 몇 시에 시작하는가?

해설 '刻'는 15분 단위를 나타내므로 '一刻'는 '15분'이다. 현재 시간은 10시 15분이라고 했는데 여기에 15분 더 있어야 회의를 시작한다고 했다. 질문이 현재 시간을 묻는 것이 아니고 회의 시작 시간을 물었기 때문에 답은 C 10:30가 된다. 정답을 직접적으로 언급하지 않고, 간단한 계산을 요구하는 문제도 종종 출제되고 있기 때문에 숫자가 나오면 더 열심히 메모를 해야 한다.

TIP '分(분)'은 시간의 단위인 '분'을 나타낼 때 쓴다.

문제 2

A 明天早上	A 내일 아침
B 明天晚上	B 내일 저녁
C 这个周末	C 이번 주말

男：我们明天早上一起去爬山，怎么样？	남: 우리 내일 아침에 같이 등산하러 가자. 어때?
女：明天可能会刮风，周末再去吧，周末天气好。	여: 내일 아마도 바람이 불 거야. 주말에 다시 가자. 주말에 날씨 좋아.
问：男的想什么时候去爬山？	질문: 남자는 언제 등산을 가고 싶어하는가?

해설 남자는 내일 아침에 등산을 가자고 하고 여자는 주말에 가자고 한다. 질문에서는 남자가 언제 가고 싶어하는지를 물었기 때문에 답은 **A 明天早上**(내일 아침)이 된다. 한 가지 사항에 대해서 서로 다른 의견을 이야기하는 경우, 막상 문제를 풀 때는 기억하기 쉽지 않으므로 반드시 메모를 잘 해두어야 하며 질문도 끝까지 잘 들어야 한다.

문제 3

A 3月17号	A 3월 17일
B 3月19号	B 3월 19일
C 3月20号	C 3월 20일

男：下星期二是几月几号？	남: 다음 주 화요일은 몇 월 며칠이야?
女：3月17号。妈妈快过生日了。下周五是她的生日。	여: 3월 17일. 곧 엄마 생신이야. 다음 주 금요일이 엄마 생신이야.
问：妈妈的生日是几月几号？	질문: 엄마의 생신은 몇 월 며칠인가?

해설 다음 주 화요일은 3월 17일이며 여자가 엄마의 생신이 다음 주 금요일이라는 것을 알려주었다. '星期'와 '周'는 같은 표현으로 두 단어 모두 '주', '요일'을 뜻한다. 엄마의 생신이 언제인지를 묻고 있으므로 답은 **C 3月20号**(3월 20일)이다. 이처럼 날짜나 숫자가 나오면 메모를 잘 해두어야 헷갈리지 않고 답을 고를 수 있다.

문제 4

A 一米七	A 1m 70cm
B 一米七一	B 1m 71cm
C 一米七二	C 1m 72cm

女：小李，你现在有多高？	여: 샤오리, 너 지금 키가 몇이니?
男：一米七二。你儿子呢？他比我高吗？	남: 1m 72cm. 네 아들은? 그가 나보다 크니?
女：他可能比你高一点儿。	여: 그는 아마도 너보다 조금 클 거야.
男：那也很高。	남: 그러면 역시나 크구나.
问：男的有多高？	질문: 남자는 키가 얼마인가?

해설 보기에 숫자가 나와있기 때문에 녹음에서 숫자와 관련된 표현을 잘 들어야 한다. 여자가 키를 묻고 있고 남자가 **C 一米七二**(1m 72cm)이라고 대답했다. 키를 묻는 표현과 'm(미터)'를 나타내는 단어 '米 mǐ'를 중국어로 어떻게 읽는지 알아두면 답을 쉽게 찾을 수 있을 것이다. 보기나 녹음 내용에 여러 가지 숫자가 나오면 헷갈릴 수 있으니 꼭 메모하는 습관을 들이자.

TIP ① 多高？ duōgāo? 높이(키)가 얼마나 되나요?
② 多 + 형용사: 얼마나 ~하나요?

문제 5

A 三角五分 B 三元五角 C 五元	A 0.35위안 B 3.5위안 C 5위안
女：西瓜多少钱一斤？ 男：三块五。您要多少？ 女：给我五斤吧。 男：好的。 问：西瓜多少钱一斤？	여: 수박은 한 근에 얼마예요? 남: 3.5위안이요. 당신은 얼마나 필요하신가요? 여: 저 5근 주세요. 남: 알겠습니다. 질문: 수박은 한 근에 얼마인가?

해설 여자가 첫마디에서 수박 한 근의 가격을 물었고 남자가 '三块五(3.5위안)'라고 대답했다. '块'는 '元'의 구어 표현이며, 마지막 자리의 단위는 생략이 가능하다. 만약 화폐 단위를 읽는 법과 구어 표현을 몰랐다면 보기 1번과 헷갈릴 수 있고, 자칫하면 여자가 마지막에 5근을 달라고 했던 것과 혼동에서 답을 잘못 선택할 수 있으니 항상 메모를 해두어서 오답을 피해야 한다. 따라서 정답은 **B 三元五角**(3.5위안)이다.

문제 6

A 3 B 4 C 5	A 3 B 4 C 5
男：请问，汉语词典在几层？ 女：在三层，三层左边。 男：还有一个问题，我可以借几天呢？ 女：对不起，词典不能外借，只能在这儿使用。 问：男的应该去第几层？	남: 실례지만 중국어 사전은 몇 층에 있나요? 여: 3층에 있습니다. 3층 왼쪽이요. 남: 그리고 질문이 하나 더 있어요. 제가 며칠 동안 빌릴 수 있나요? 여: 죄송합니다. 사전은 빌려가실 수 없어요. 오직 이곳에서만 이용 가능합니다. 질문: 남자는 몇 층으로 가야 하는가?

해설 남자는 사전이 몇 층에 있는지 물었고 여자가 3층이라고 대답했다. 남자가 며칠 빌릴 수 있는지도 물었지만 빌릴 수 없다고 했다. 그 뒤로는 숫자 표현이 나오지 않았기 때문에 답은 **A** 3임을 쉽게 찾을 수 있는 문제이다.

독해 제3부분 실전 PT 정답 ▶p.210

1. C **2.** A **3.** B **4.** C **5.** B

문제 1

越高的地方越冷，山路也越难走。但是不用担心，有我呢，我去年春天爬过这个山，这儿我比较了解。我饿了，我们先坐下吃点儿饭吧，然后再爬。一会儿我们可以从中间这条路上去。

높은 장소일수록 춥고, 산길 역시 걷기 어려워. 그러나 걱정하지 마, 내가 있잖아. 나는 작년 봄에 이 산을 오른 적이 있어서 이곳은 내가 비교적 잘 알아. 나 배고픈데, 우리 먼저 앉아서 밥을 조금 먹고 그 다음에 다시 오르자. 잠시 후에 우리는 중간에 이 길을 통해 올라갈 거야.

★ 根据这段话，可以知道什么?
A 现在是春季
B 今天是阴天
C 他来过这儿

★ 이 문단에 근거해서 알 수 있는 것은 무엇인가?
A 지금은 봄이다
B 오늘은 흐리다
C 그는 이곳에 온 적이 있다

해설 그가 '我去年春天爬过这个山(나는 작년 봄에 이 산을 오른 적이 있어)'이라고 말한 것을 토대로 그가 이곳에 와봤다는 것을 알 수 있다. 현재 계절에 대한 내용이나 날씨가 흐리진 언급한 내용도 없기 때문에 답은 C 他来过这儿(그는 이곳에 온 적이 있다)이 된다.

TIP 越 A, 越 B yuè A, yuè B A하면 할수록 B하다

문제 2

太阳从西边出来了吗? 他今天怎么这么早就起床了? 他一般都要睡到9点以后才起来。

해가 서쪽에서 떴나? 그가 오늘 어째서 이렇게 일찍 일어났지? 그는 보통 9시 이후에야 일어나잖아.

★ 根据这段话，可以知道今天:
A 他起得早
B 天气不好
C 他没起床

★ 이 문단에 근거해서 오늘에 대해 알 수 있는 것은:
A 그가 일찍 일어났다
B 날씨가 좋지 않다
C 그는 일어나지 않았다

해설 우리말의 '해가 서쪽에서 떴다'도 일어나기 힘든 일이 일어났다는 의미를 갖는다. 그리고 뒤에 나온 '他今天怎么这么早就起床了? (그가 오늘 어째서 이렇게 일찍 일어났지?)'라는 문장을 통해서 보통 늦게 일어나던 그가 오늘 일찍 일어났다는 것을 알 수 있다. 따라서 답은 A 他起得早(그가 일찍 일어났다)이다.

문제 3

西瓜的汁儿很多，吃的时候小心点儿，要低下头，不要吃得脸上、衣服上都是。

수박은 즙이 많아서, 먹을 때 조심해야 한다. 머리를 낮게 내려야 하고, 얼굴과 옷 위로 먹어서도 안 된다.

★ 吃西瓜时必须:
A 站着
B 低着头
C 多喝水

★ 수박을 먹을 때는 반드시:
A 서있어야 한다
B 머리를 낮게 하고 있어야 한다
C 물을 많이 마셔야 한다

해설 수박은 즙이 많아서 옷이나 얼굴에 묻을 수 있기 때문에 머리를 아래로 향하게 하고 먹어야 한다는 내용이다. 따라서 답은 B 低着头(머리를 낮게 하고 있어야 한다)이다. 지문에 '要低下头(머리를 낮게 내려야 한다)'라는 표현이 나왔기 때문에 비교적 답을 찾기 쉬울 것이다.

TIP '低 dī'는 '높이가 낮다'라는 의미이다.

문제 4

"再见"是一个很有意思的词语。"再见"表示"再一次见面"，**所以人们离开时说"再见"**，其实也是希望以后再见面。	'잘 가(再见)'는 재미있는 단어이다. '再见'은 '다시 한 번 만나자'는 것을 의미한다. 그래서 사람들은 이별할 때 '再见'이라고 말하는데, 사실 이후에 다시 만날 수 있기를 역시나 희망하는 것이다.
★ "再见"出现在什么时候? A 睡觉前 B 见面 **C 离开**	★ '再见'은 언제 나타나는가? A 잠 자기 전 B 만날 때 **C 헤어질 때**

해설 '再见'을 한자 그대로 해석하면 '다시 만나다'라는 뜻을 가지기 때문에 헤어질 때 하는 인사말이다. 따라서 답은 **C 离开**(헤어질 때)이다.

문제 5

笑笑，冰箱里有牛奶、蛋糕、还有个西瓜，渴了你就自己拿，别客气，**就像在自己家一样**。	샤오샤오, 냉장고 안에 우유, 케이크, 그리고 수박이 있어. 목이 마르면 네가 스스로 가져가, 사양하지 말고. 너희 집에 있듯이 (편히) 있어.
★ 笑笑： A 想吃蛋糕 **B 在别人家做客** C 爱吃面包	★ 샤오샤오는: A 케이크를 먹고 싶다 **B 다른 사람 집의 손님이다** C 빵 먹는 것을 좋아한다

해설 샤오샤오에게 사양하지 말고 자기 집처럼 있으라는 내용을 통해서 샤오샤오는 다른 사람 집에 손님으로 갔다는 것을 유추할 수 있다. 전체적인 흐름을 파악하면 답이 보인다. 따라서 답은 **B 在别人家做客**(다른 사람 집의 손님이다)이다.

TIP 像…一样 xiàng…yíyàng ~와 같다

쓰기 제2부분 실전 PT 정답 ▶p.214

| 1. 发 | 2. 发 | 3. 长 | 4. 长 | 5. 长 |

문제 1

你的头（ fa ）太长了，像草一样。	너 머리카락이 너무 길어. 마치 풀 같아.

분석 像 xiàng 동 닮다 | 草 cǎo 명 풀

해설 빈칸 앞에 '头'가 있고 발음이 경성 'fa'인 점과 빈칸 뒤에 '太长(너무 길다)'이라는 내용을 통해 답은 '发'이다. '发'는 원래 1성이지만 '头'와 함께 '头发(머리카락)'라는 단어로 쓰일 때는 경성이 된다.

문제 2

不用担心，就是感冒（ fā ）烧很快就会好的。	걱정하지 마. 단지 감기에 걸려서 열이 나는 거야. 곧 좋아질 거야.

분석 担心 dānxīn 동 걱정하다 | 感冒 gǎnmào 동 감기에 걸리다

해설 빈칸 앞에는 '感冒(감기에 걸리다)'라는 단어가 있고, 뒤쪽에는 '烧(열)'라는 단어가 있다. 이를 통해 답이 '发'인 것을 알 수 있다. '发'는 '발생하다'는 뜻으로 '烧'와 함께 '发烧'라고 쓰이면 '열이 나다'라는 뜻이다.

문제 3

下个月有篮球比赛，所以他每天花很（ cháng ）时间练习。	다음 달에 농구 경기가 있다. 그래서 그는 매일 긴 시간을 연습하는 데 소비한다.

분석 篮球 lánqiú 명 농구 | 比赛 bǐsài 명 시합, 경기 | 时间 shíjiān 명 시간 | 练习 liànxí 동 연습하다

해설 빈칸 앞에 '很'이라는 정도부사가 있기 때문에 빈칸에는 형용사가 들어갈 것이라고 유추할 수 있다. 또한, 빈칸 앞뒤 해석을 통해 '경기를 위해 긴 시간을 소비한다'는 내용이 적합하므로 답은 '长'이다.

문제 4

他（ zhǎng ）得真像他妈妈。	그는 생긴 것이 그의 엄마와 정말 닮았다.

분석 长 zhǎng 동 자라다, 생기다 | 真 zhēn 부 정말, 진짜

해설 빈칸 뒤에 '得'가 있기 때문에 빈칸에는 술어 성분이 필요하다. '得'는 술어 뒤에 쓰여 보어와의 수식 관계를 만들어주는 역할을 한다. 뒤쪽에 엄마와 정말 닮았다는 내용을 통해 답은 '长(자라다, 생기다)'임을 알 수 있다. 이처럼 '长'은 동사로 쓰일 때는 'zhǎng', '길다, 오래다'라는 뜻의 형용사로 쓰일 때는 'cháng'으로 발음이 달라지기 때문에 주의해야 한다.

문제 5

我们学校的校（ zhǎng ）很年轻。	우리 학교의 교장선생님은 젊다.

분석 学校 xuéxiào 명 학교 | 年轻 niánqīng 형 젊다

해설 빈칸 앞에 '校'가 있고 그 앞에 '的'를 통해 빈칸에는 '校'와 함께 명사 단어를 이루는 한자를 넣어야 한다. 답은 '长'으로 '校长(교장)'이라는 단어가 되면 적합하다. '长'의 발음이 변화하는 것에 주의하자.

듣기 제3·4부분 실전 PT 정답 ▶p.219

1. B　　**2.** A　　**3.** C　　**4.** B　　**5.** C　　**6.** B

문제 1

A 没带伞 B 忘拿手机了 C 生病了	A 우산을 챙기지 않았다 B 휴대전화를 가져가는 것을 잊었다 C 병이 났다
女：你怎么还在家里？我以为你已经上班去了。 男：我都到地铁站了，才发现我没带手机。 问：男的为什么又回来了？	여: 너 어째서 아직 집에 있어? 나는 네가 이미 출근하러 간 줄 알았어. 남: 나 지하철역에 거의 다 도착해서 그제서야 내가 휴대전화를 가져오지 않았다는 것을 발견했어. 질문: 남자는 왜 다시 돌아왔는가?

해설　남자가 휴대전화를 가져오지 않아 집으로 돌아왔다. 따라서 답은 B가 된다. 주의해야 할 점은 남자의 말에서 '没带手机(휴대전화를 챙기지 않았다)'와 보기 A의 '没带伞(우산을 챙기지 않았다)'이 똑같이 '没带(챙기지 않았다)'를 쓰고 있어서 목적어를 정확히 듣지 않았다면 답이 헷갈릴 수 있다. 하지만 보기 B의 '忘拿'도 '챙기는 것을 잊었다'라는 표현으로 '没带'와 비슷한 표현이기 때문에 답은 **B 忘拿手机了**(휴대전화를 가져가는 것을 잊었다)이다.

문제 2

A 要参加比赛 B 想学唱歌 C 要去朋友家	A 시합에 참가해야 한다 B 노래 부르는 것을 배우고 싶다 C 친구네 집에 갈 것이다
男：下周末我们要去爬山，你去不去？ 女：我不去，下周末我要参加学校举行的跳舞比赛。 问：女的为什么不去爬山？	남: 다음 주 주말에 우리 등산하러 가려고 하는데, 너 갈래? 여: 나는 안 가. 다음 주 주말에 나는 학교에서 열리는 춤추기 대회에 참가해야 해. 질문: 여자는 왜 등산하러 가지 않는가?

해설　여자가 다음 주 주말에 등산을 가지 않는 이유는 춤추기 대회에 참가해야 하기 때문이다. 여자가 한 말 중 '学校举行的跳舞比赛(학교에서 열리는 춤추기 대회)'처럼 정확한 문장이 보기에 없다고 당황하지 말자. '比赛(시합)' 앞에 '学校举行的跳舞(학교에서 열리는 춤추기)'는 시합을 꾸며주는 말이고, 중요한 것은 경기에 참가한다는 것이다. 따라서 답은 **A 要参加比赛**(시합에 참가해야 한다)이다.

문제 3

A 骑车 B 坐公共汽车 C 坐地铁	A 자전거를 타다 B 버스를 타다 C 지하철을 타다
女：下午我去银行办点儿事，把你的自行车借我用用。 男：我今天没骑自行车，坐地铁来的。你再问问小李吧。 问：男的今天怎么来的？	여: 오후에 나 은행 가서 일을 좀 처리하는데 네 자전거를 내가 한번 쓰게 빌려줘. 남: 나 오늘 자전거 타고 오지 않고 지하철 타고 왔어. 너 샤오리한테 다시 한번 물어봐. 질문: 남자는 오늘 어떻게 왔는가?

해설 자전거를 빌려달라는 여자의 말에 남자는 오늘 자전거를 타고 오지 않고 지하철을 타고 왔다고 한다. 따라서 답은 **C 坐地铁**(지하철을 타다)이다. A 骑车는 '자전거를 타다'라는 뜻으로 '骑'는 주로 자전거나 오토바이, 말과 같이 사람이 두 다리를 걸쳐서 타는 경우에 쓴다. '车'는 '차'라는 뜻이지만 '骑车'라고 쓰이면 앞에 '骑'를 보고 자전거라는 것을 알 수 있다.

문제 4

A 脚 B 腿 C 眼睛	A 발 B 다리 C 눈
女：丽丽家住四层，我们走楼梯上去吧。 男：还是等电梯吧，我的腿有点儿疼。 女：你的腿还没好？ 男：好多了，但还是有点儿疼。 问：男的哪儿不舒服？	여: 리리 집은 4층이야. 우리 계단을 걸어 올라가자. 남: 엘리베이터 기다리는 것이 낫겠어. 나 다리가 조금 아파. 여: 너 다리 아직도 좋아지지 않았어? 남: 많이 좋아졌어. 하지만 여전히 조금 아파. 질문: 남자는 어디가 불편한가?

해설 계단으로 가자는 여자의 말에 남자가 다리가 아프다고 한 것을 통해 남자는 **B 腿**(다리)가 불편하다는 것을 알 수 있다. 보기에는 모두 신체 부위와 관련된 어휘가 나왔기 때문에 녹음에서 어느 신체 부위를 말하는지 주의 깊게 들어야 한다.

문제 5

A 手机 B 手表 C 照相机	A 휴대전화 B 손목시계 C 사진기
女：你看见我的照相机了吗？ 男：没注意，你想想放哪儿了。 女：我记得洗澡前把它和裙子放一起了，你没洗吧？ 男：没有，裙子在那儿，你去看看在不在。 问：女的在找什么？	여: 너 내 사진기 봤어? 남: 주의 깊지 못하네. 네가 어디에 놓았는지 생각해봐. 여: 내가 샤워하기 전에 사진기와 치마를 같이 놓았다고 기억해. 너 빨지 않았지? 남: 빨지 않았어. 치마 저기 있네. 네가 가서 있나 없나 한번 봐봐. 질문: 여자는 무엇을 찾고 있는가?

해설 여자의 첫마디에서 사진기를 봤냐고 물었기 때문에 사진기의 행방을 찾고 있다는 것을 알 수 있다. 답은 **C 照相机**(사진기)가 된다.

문제 6

A 写信
B 离开
C 玩儿

A 편지를 쓰다
B 떠나다
C 놀다

男：你下周就要回去了？时间过得真快。
女：是啊，真不想现在就离开上海，不想和大家说再见。
男：以后还有很多机会见面的。
女：是，也欢迎你去我们那儿玩儿。
问：女的不想怎么样？

남: 너 다음 주에 귀국하지? 시간이 정말 빠르게 지나간다.
여: 응, 지금 바로 상하이를 떠나기 정말 싫고, 모두와 안녕이라고 인사하고 싶지 않아.
남: 이후에 만날 기회가 더 많이 있을 거야.
여: 맞아, 역시나 네가 우리 그곳에 놀러 오는 것을 환영해.
질문: 여자는 어떻게 하고 싶지 않은가?

해설 남자가 여자의 귀국에 대해 묻자 여자가 '真不想现在就离开上海(지금 바로 상하이를 떠나기 정말 싫다)'라고 말하는 것을 통해 여자는 떠나고 싶지 않다는 것을 알 수 있다. 따라서 정답은 B 离开(떠나다)이다.

독해 제3부분 실전 PT 정답 ▶p.223

1. A 2. B 3. A 4. A 5. C

문제 1

"笑一笑，十年少。"这是中国人经常说的一句话，意思是笑的作用很大，笑会让人年轻10岁。我们应该常笑，这样才能使自己年轻。

'웃으면 10년은 젊어진다.' 이것은 중국인이 종종 말하는 한 문장이다. 웃음의 작용은 아주 커서 웃는 것은 사람을 10년 젊게 한다는 의미이다. 우리는 마땅히 자주 웃어야 하고, 이렇게 하는 것은 비로소 자기 자신을 젊어지게 할 수 있다.

★ 根据这段话，可以知道：
A 人应该快乐
B 笑能使人聪明
C 爱笑的人更热情

★ 이 문단에 근거해서 알 수 있는 것은:
A 사람은 즐거워야 한다
B 웃음은 사람을 똑똑하게 한다
C 잘 웃는 사람이 더 친절하다

해설 사람이 웃으면 즐거워지고 그로 인해 우리 몸이 젊어진다는 내용이다. "笑一笑，十年少。"를 해석해보면 '웃으면 10년은 젊어진다.'라는 의미이다. 웃음이 사람을 똑똑하게 한다는 내용과 웃는 사람이 더 친절하다는 내용은 없기 때문에 가장 적합한 답은 A 人应该快乐(사람은 즐거워야 한다)이다.

문제 2

一般来说，我们可以从一个人选择和什么样的人做朋友了解他。同样，也可以从一个人对书的选择上认识他。因为书也是我们的朋友。

일반적으로 말해, 우리는 한 사람이 어떤 사람과 친구를 하는지로부터 그를 이해할 수 있다. 마찬가지로, 한 사람의 책에 대한 선택상으로도 역시나 그를 알 수 있다. 왜냐하면 책도 우리의 친구이기 때문이다.

★ 根据这段话，书可以帮助我们：
A 完成作业
B 了解一个人
C 看清楚自己

★ 이 문단에 근거해서 책이 우리를 도와줄 수 있는 것은:
A 숙제를 완성하도록
B 한 사람을 알도록
C 자신을 분명히 보도록

해설 이 문제는 우리말에 '주변 사람들을 보면 그 사람이 어떤 사람인지 알 수 있다'라는 말과 같은 내용이다. '同样(마찬가지로)' 뒤에는 앞과 같은 흐름의 이야기가 나온다. 해석해보면, '마찬가지로 책도 우리의 친구이기 때문에 어떤 책을 고르냐에 따라 역시나 그 사람이 어떤 사람인지 알 수 있다'라는 뜻이기 때문에 답은 **B 了解一个人**(한 사람을 알도록)이다.

문제 3

妈妈经常对我说："吃饭七分饱。""七分"就是70%的意思。很多中国人认为"吃饭七分饱"对身体很有帮助。	엄마는 자주 나에게 말씀하신다. "밥을 7할 배부르게 먹어라." '7할'은 곧 70%라는 뜻이다. 많은 중국인들은 '밥을 70%만 배부르게 먹는 것'이 건강에 도움을 준다고 생각한다.
★ "吃饭七分饱"是为了： A 健康 B 发现问题 C 帮助别人	★ 밥을 70%만 배부르게 먹는 것은: A 건강을 위해서이다 B 문제를 발견하기 위해서이다 C 다른 사람을 돕기 위해서이다

해설 너무 배부르게 먹는 것은 건강에 좋지 않고 적당히 배부르게 먹는 것이 건강에 좋다는 내용이다. "吃饭七分饱。" 이 쌍따옴표 안의 내용을 보고 유추할 수 없다면, 이 문장이 의미하는 바가 무엇인지 뒷부분의 해석을 통해 답을 찾아야 한다. '对身体很有帮助(건강에 도움을 준다)'를 통해 답은 **A 健康**(건강)임을 알 수 있다.

TIP 对…有帮助 duì…yǒu bāngzhù ~에 도움이 된다

문제 4

很多人想学游泳，但是害怕下水，到了河边也只是站着看别人游泳，不敢下去，这样学不会游泳的。其实只有敢做，才能学会。	많은 사람들은 수영을 배우고 싶어 한다. 그러나 물에 입수하는 것이 무서워서 강가에 도착하면 단지 서서 다른 사람이 수영하는 것을 볼 뿐 용감히 입수를 할 수 없다. 이렇게 하면 수영을 배울 수 없다. 사실 용감하게 실행하기만 하면, 비로소 배울 수 있다.
★ 根据这段话，怎样才能学会游泳？ A 要敢下水 B 找老师教 C 一边听音乐一边练习	★ 이 문단에 근거해서, 어떻게 하면 비로소 수영을 배울 수 있는가? A 용감하게 입수해야 한다 B 선생님의 가르침을 찾는다 C 음악을 들으면서 연습한다

해설 입수하는 것을 두려워하면 수영을 배울 수가 없지만 용감하게 한번 입수하면 비로소 수영을 배울 수 있게 된다는 내용이다. 문제에 나온 '才能学会(비로소 배울 수 있다)'가 지문 마지막 문장에도 똑같이 나왔다. 따라서 답은 **A 要敢下水**(용감하게 입수해야 한다)이다.

TIP 一边 A, 一边 B yìbiān A, yìbiān B   A하면서 B하다

문제 5

人们常说："面包会有的，牛奶也会有的。"是的，如果努力，什么都会有的。	사람들은 종종 말한다: '빵이 생길 수 있고, 우유도 생길 수 있다.' 그렇다. 만약 열심히 하면, 무엇이든지 모두 생길 수 있다.
★ 这句话主要想告诉我们： A 要相信别人 B 想吃面包 C 努力才有希望	★ 이 말이 우리에게 알리고 싶은 주된 것은: A 다른 사람을 믿어야 한다 B 빵을 먹고 싶다 C 열심히 하면 비로소 희망이 생긴다

해설 "面包会有的, 牛奶也会有的。"라는 문장은 쌍따옴표 뒤에 나오는 문장을 통해 뜻을 유추할 수 있다. 뒷문장을 해석해보면 '만약 열심히 하면 무엇이든지 모두 생길 수 있다'라는 뜻으로 열심히 해야 한다는 속뜻을 가지고 있다. 따라서 가장 적절한 답은 **C 努力才有希望**(열심히 하면 비로소 희망이 생긴다)가 된다.

쓰기 제2부분 실전 PT 정답 ▶p.226

1. 镜   2. 眼   3. 洗   4. 手   5. 机

문제 1

| 我的眼（ jìng ）用了很久了，想换个新的，周末一起去看看怎么样？ | 내 안경을 오랫동안 사용해서 하나 새로운 것으로 바꾸고 싶어. 주말에 같이 한번 보러 가는 것 어때? |

분석 用 yòng 동 사용하다 | 久 jiǔ 형 오랫동안 | 换 huàn 동 바꾸다 | 新 xīn 형 새롭다 | 周末 zhōumò 명 주말

해설 빈칸 앞에 '眼'과 뒤쪽에 무언가를 오랫동안 사용했다는 내용과 병음을 통해 답을 유추해보면 '镜'이 가장 적합하다. '眼镜'은 '안경'이란 뜻으로 '眼'을 통해 눈과 관련된 단어라는 것을 추측할 수 있다.

문제 2

| 最近我的（ yǎn ）睛一直很疼。 | 요즘 내 눈이 계속 아파. |

분석 最近 zuìjìn 명 요즘, 최근 | 一直 yìzhí 부 줄곧, 계속 | 疼 téng 형 아프다

해설 빈칸 뒤에는 '睛'이 있고 앞에는 '的'가 있기 때문에 빈칸은 명사 단어가 필요하다. 아픔을 느끼기도 하고 '睛'과 같이 쓰이는 단어는 바로 '眼'이다. '眼睛'은 신체 부위 중 '눈'이다.

문제 3

| 快去（ xǐ ）澡、刷牙，准备去上学。 | 빨리 가서 샤워하고, 이 닦고 등교할 준비해. |

분석 刷牙 shuāyá 동 이를 닦다 | 准备 zhǔnbèi 동 준비하다 | 上学 shàngxué 동 등교하다

해설 빈칸 뒤에 '澡'와 '刷牙'를 보고 씻는 것과 관련이 있다는 것을 알 수 있다. 답은 '洗'로 '씻다'라는 뜻을 나타내며, '澡'와 같이 쓰여 '洗澡'는 '샤워하다'라는 의미이다.

문제 4

| 我们这儿洗（ shǒu ）间的灯坏了。 | 우리 여기 화장실 불이 고장 났어요. |

분석 灯 dēng 명 등, 불 | 坏 huài 동 고장 나다

해설 빈칸 앞에 '洗'와 뒤에 '间'을 통해서 답은 '手'라는 것을 알 수 있다. '洗手间'은 정확하게 해석하면 손 씻는 공간이라는 뜻으로 '화장실'을 의미한다.

문제 5

| 把脏衣服放到洗衣（ jī ）里吧。 | 더러운 옷을 세탁기 안에 넣어라. |

분석 脏 zāng 형 더럽다 | 放 fàng 동 놓다

| 해설 | 빈칸 앞에 '洗衣(옷을 빨다)'가 있는데 더러운 옷을 어떤 곳에 놓으라고 한 것과 빈칸의 병음을 보아 빈칸에는 '机'를 써야 한다. '机'는 '기계'라는 의미로 '洗衣'와 함께 '洗衣机'라고 쓰이면 '세탁기'라는 뜻을 갖는다. |

| TIP | [把 + 대상] + 술어 + 到 + 장소: (대상)을 (장소)에 ~하다 |

Day 14

듣기 제1부분 실전 PT 정답				▶p.235
1. B	2. D	3. C	4. E	5. A
6. E	7. B	8. C	9. A	10. D

문제 1-5

A
B
C
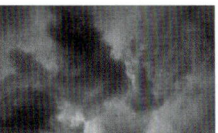

D
E

문제 1

女: 喝点儿水吧，今天踢得怎么样？
男: 我们班的水平比他们高，我们进了五个球！

여: 물 좀 마셔. 오늘 (공을) 찬 것이 어땠어?
남: 우리 반 수준이 그들보다 높아. 우리가 5골을 넣었어!

| 해설 | '踢'는 '공을 차다'라는 뜻으로 '축구를 하다'라는 의미를 갖는다. 따라서 축구화와 공이 있는 사진 **B**가 정답이다. |

문제 2

女: 十三床的病人今天好些了吗？
男: 好多了，后天应该可以出院了。

여: 13번 침대 환자 오늘 좀 좋아졌어요?
남: 많이 좋아졌어요. 모레 아마 퇴원할 수 있을 거예요.

| 해설 | '病人(환자)'과 '出院(퇴원하다)' 모두 병원과 관련된 단어이기 때문에 의사 두 명이 이야기를 나누고 있는 사진인 **D**가 정답이다. 상황 별로 자주 등장하는 관련 단어를 기억해두면 쉽게 답을 찾을 수 있다. |

문제 3

男: 妈，祝你生日快乐！
女: 谢谢你，谢谢你的礼物。

남: 엄마, 생신 축하드려요!
여: 고맙구나. 너의 선물 고마워.

| 해설 | 녹음 내용을 보면 엄마의 생일을 축하하고 있고, 대답으로 생일 선물에 고맙다고 한 내용을 통해 선물이 있는 사진 **C**가 정답이다. |

문제 4

男：怎么样？您满意吗？ 女：还好，如果这边的头发再长点儿就更好了。	남: 어때요? 만족하세요? 여: 그런대로 괜찮아요. 이쪽 머리카락이 조금 더 길었으면 더 좋았을 거예요.

해설) 남자가 무언가에 대해서 '满意(만족하다)'라고 물어보았고, 여자가 '这边的头发(이쪽 머리카락)'라고 대답한 것을 통해 미용실에서 머리를 하고 있는 상황이라는 것을 유추할 수 있다. 따라서 정답은 **E**이다.

문제 5

男：刚才还是晴天，怎么突然就阴了，可能一会儿要下雨。 女：没关系，我带了伞。	남: 방금 전에는 날씨가 그래도 맑았는데 어째서 갑자기 흐려졌지. 아마 곧 비가 내릴 거야. 여: 괜찮아. 나 우산 챙겼어.

해설) '阴了(날이 흐려졌다)'와 '一会儿要下雨(곧 비가 올 것이다)'라는 내용을 통해서 먹구름이 끼어있는 사진인 **A**가 정답이다. 곧 비가 내릴 것이라는 표현은 여러 가지가 있기 때문에 잘 외워두도록 하자.

문제 6-10

A  B  C

D  E

문제 6

男：您好，这是您的苹果，一共十三元七角。 女：好的，给你钱。	남: 안녕하세요? 이것은 당신의 사과입니다. 총 13.7위안입니다. 여: 알겠어요. 돈을 드릴게요.

해설) 남자가 사과를 건네며 가격을 이야기하고 있다. 다른 보기들은 녹음 내용과 전혀 관련이 없는 사진이므로 '苹果(사과)'를 듣고 남자가 사과를 들고 있는 사진인 **E**를 찾아주면 된다.

문제 7

女：你的腿好些了吗？ 男：好多了，今天天气很不错，我们出去走走吧。	여: 네 다리는 좀 좋아졌어? 남: 많이 좋아졌어. 오늘 날씨 좋은데, 우리 나가서 좀 걷자.

해설) 여자는 남자의 다리가 괜찮은지 묻고 있다. '腿(다리)'라는 핵심 단어를 잘 들어야 정답을 고를 수 있는 문제이기 때문에 항상 한 단어라도 잘 들을 수 있도록 집중해야 한다. 따라서 다리가 불편해 보이는 사진인 **B**가 정답이다.

문제 8

女: 你在想什么呢? 男: 没什么，我在想这次运动会在哪儿举行比较好。	여: 너 무슨 생각하고 있어? 남: 아무것도 아니야. 나는 이번 운동회를 어디에서 개최하는 것이 비교적 괜찮을지 생각하고 있어.

해설 질문과 대답에서 '想'이 반복해서 등장하고 있다. '想'은 동사로 '생각하다'라는 의미를 가진다. 따라서 남자가 무언가 골똘히 고민하고 있는 사진인 **C**가 정답이 된다.

TIP 在 + 동사: ~하고 있는 중이다 [진행]

문제 9

女: 雨下得越来越大了。 男: 我们坐出租车回去吧。	여: 비가 점점 더 많이 와. 남: 우리 택시 타고 돌아가자.

해설 비가 내리는 정도가 점점 더 많아진다는 내용이므로 우산을 쓰고 있는 사진인 **A**가 정답이다. 이처럼 앞부분에 답을 찾을 수 있는 키워드가 나올 수 있기 때문에 처음부터 집중하고 들어야 한다.

TIP 越来越…了 yuèláiyuè…le 점점 더 ~해졌다

문제 10

男: 妈妈，你来看，我比上个月高了多少? 女: 等一下，我马上就来。	남: 엄마, 와서 보세요. 저 지난달보다 얼마나 커졌어요? 여: 잠시만 기다려, 곧 갈게.

해설 지난달에 비해 키가 얼마나 커졌는지 묻고 있다. '高'는 '높다'라는 뜻도 있지만 '키가 크다'라는 뜻도 있기 때문에 아이의 키를 재고 있는 사진인 **D**가 답이 된다.

TIP 형용사 + 了: ~해졌다 [변화]

독해 제1부분 실전 PT 정답 ▶p.241

1. D	2. A	3. E	4. C	5. B
6. D	7. A	8. C	9. E	10. B

문제 1-5

문제 1

1. 你跳舞跳得真好，学多久了? D 我从6岁就开始学，一直到现在。	1. 너 춤 정말 잘 춘다. 얼마나 배웠어? D 나는 6살부터 배우기 시작해서, 계속해서 지금까지 배우고 있어.

해설 문제 1번의 끝이 배운 기간을 묻는 의문 형식으로 끝났으므로 기간에 대해 대답하는 문장을 찾아야 한다. 보기 중 D의 '从6岁就开始学(6살부터 배우기 시작했다)'라는 내용이 이어서 오면 적절하다. 따라서 1번은 보기 **D**와 연결되는 문장이다.

TIP 从… 到… cóng… dào… ~에서부터 ~까지

문제 2

A 我不饿，就是有点儿渴。 2. 那你在这儿休息一下，我看看附近有没有卖饮料的。	A 나는 배가 고프지 않아. 그냥 목이 조금 말라. 2. 그러면 너는 여기에서 좀 쉬고 있어. 내가 근처에 음료를 파는 곳이 있는지 한번 볼게.

해설 '渴(목마르다)'와 '饮料(음료)'는 관련 있는 단어이기 때문에 두 문장이 연결되면 적합하다. 목이 마르기 때문에 음료를 파는 곳이 있는지 보는 것으로 보기 A와 문제 2번이 연결되는 문장이다.

TIP '喝(마시다)'와 '渴(목이 마르다)'는 한자가 비슷하게 생겼기 때문에 잘 확인한 후 암기하고 해석에 주의하자.

문제 3

3. 大家都去上体育课了，你怎么没去？ E 我身体有点儿不舒服，就先回教室了。	3. 다들 체육 수업을 하러 갔는데, 너는 어째서 가지 않았어? E 나는 몸이 조금 불편해서, 먼저 교실로 돌아왔어.

해설 문제에서 '体育课(체육 수업)'와 E의 '教室(교실)'는 모두 학교와 관련된 단어들이다. 이렇게 상황과 관련된 핵심 단어로도 답을 쉽게 유추할 수 있다. 여기서 더 확실히 답을 결정짓기 위해 내용상 맞는지 확인해보면, 수업에 가지 못한 이유를 묻고 답하고 있는 문제 3번과 보기 E가 연결되는 문장임을 알 수 있다.

문제 4

C 明天的考试要带铅笔。 4. 没问题，我昨天已经准备好了。	C 내일 시험 반드시 연필을 챙겨야 해. 4. 문제 없어, 나 어제 이미 잘 준비했어.

해설 문제 4번의 '没问题(문제 없다)'는 앞에 나온 상황에 대한 대답으로 보기에서 이와 관련된 선 문장을 찾아야 한다. 이미 잘 준비했기 때문에 문제 없다는 대답을 했으므로 C의 '要带铅笔(연필을 챙겨야 한다)'라는 내용과 어울린다. 따라서 보기 C와 문제 4번이 연결되는 문장임을 알 수 있다.

문제 5

B 这双运动鞋是新买的？花了多少钱？ 5. 700多块钱，虽然比较贵，但是穿着很舒服。	B 이 운동화 새로 산 거야? 얼마에 샀어? 5. 700위안 정도. 비록 비교적 비싸지만 신었을 때 아주 편해.

해설 문제 5번의 시작 부분에서 '700多块钱(700위안 정도)'이라고 가격을 말하고 있다. 그렇기 때문에 '花了多少钱？(얼마에 샀어?)'이라며 가격을 묻고 있는 보기 B 문장과 어울린다.

문제 6-10

문제 6

6. 我很担心，你一个人去中国留学。 D 没问题，我会照顾好自己的。	6. 너 혼자 중국에 유학하러 가는 것이 나는 너무 걱정이 돼. D 문제 없어요. 나는 혼자 잘 지낼 거예요.

해설 문제 6번에서는 '我很担心(나는 너무 걱정이 돼)'이라며 걱정을 하고 있다. 이에 대한 대답으로 D의 '没问题(문제 없어요)'가 적합하다. 따라서 문제 6번은 보기 D와 연결되는 문장임을 알 수 있다. 기쁘다, 슬프다, 걱정하다 등 감정과 관련된 표현들을 기억해두자.

TIP 会…的 huì…de ~할 것이다

문제 7

7. 黑板上的那个字怎么读？是"漂亮"的"亮"吗？ A 我也不知道，正想查词典呢，查完我告诉你。	7. 칠판 위에 저 글자 어떻게 읽어? '漂亮'의 '亮'인가? A 나도 모르겠어. 사전을 찾아보려고 생각 중이야. 다 찾고 내가 너한테 알려줄게.

해설 　문제 7번에서 핵심 단어는 '字(글자)'이다. 이와 관련된 핵심 단어를 보기에서 찾으면 A의 '查词典(사전을 찾다)'이 된다. 문제 안에서 핵심 단어를 찾은 후, 보기에서 이와 관련된 또 다른 핵심 단어를 찾는다면 수월하게 답을 찾을 수 있다. 따라서 7번은 보기 A와 연결되는 문장이다.

문제 8

8. 现在除了小王，其他人都来了。 C 他刚打电话说，马上到，让我们再等几分钟。	8. 지금 샤오왕 외에 다른 사람은 모두 왔어. C 그가 방금 전화해서 말하길, 곧 도착하니 우리에게 몇 분 더 기다려달라고 했어.

해설 　직접적으로 힌트를 주는 단어가 없기 때문에 전체적인 내용을 파악해서 답을 찾아야 하는 문제이다. 문제에서는 '小王(샤오왕)'이 늦은 상태이기 때문에 '马上到(곧 도착한다)'라는 문장이 들어간 C와 연결되는 문장이다.

문제 9

9. 他在给别人照相呢。 E 大家都向我这儿看，来，笑一笑，一二三！	9. 그는 다른 사람에게 사진을 찍어주고 있다. E 모두들 제가 있는 여기를 보세요. 자, 좀 웃으세요. 하나, 둘, 셋!

해설 　문제 9번은 대화 형식이 아닌 상황을 설명하는 문장이다. 사진을 찍는 상황에 맞는 문장을 보기에서 찾으면 보기 E에서 여길 보고 웃으라고 말하는 내용일 것이다. 이러한 유형으로도 출제되기 때문에 다양한 문제를 통해 다양한 문장 유형에 익숙해져야 한다.

문제 10

10. 你这条裙子有点儿短。 B 真的？那我穿裤子好了。	10. 너 이 치마 조금 짧아. B 정말? 그럼 나 바지를 입는 것이 좋겠다.

해설 　문제에서 치마가 짧다는 말에 이어질 수 있는 문장은 보기 B의 '那我穿裤子好了(그럼 나 바지를 입는 것이 좋겠다)'이다. 이처럼 두 문장 모두 옷과 관련된 단어들이 나왔다는 것에서 힌트를 얻을 수 있으므로 상황마다 관련된 단어들을 다시 한번 정리해두자.

쓰기 제1부분 실전 PT 정답

1. 这两个词语的意思相同。 이 두 개의 단어의 뜻은 서로 같다.
2. 他的脸还没洗干净。 그의 얼굴은 아직 깨끗이 씻지 않았다.
3. 爸爸的太阳镜花了800块钱。 아버지의 선글라스는 800위안이 들었다.
4. 老年人要关心自己的腿脚。 노인은 자신의 다리와 발에 관심을 가져야 한다.
5. 她说汉语说得越来越好了。 그녀가 중국어를 말하는 것이 점점 더 좋아졌다.
6. 我洗干净了同事的衣服。 나는 직장 동료의 옷을 깨끗이 빨았다.
7. 他认真地看报纸。 그는 열심히 신문을 본다.
8. 会议什么时候举行? 회의는 언제 개최하나요?
9. 他准备和女朋友明年结婚。 그는 여자친구와 내년에 결혼을 준비한다.
10. 我没听懂他说的话。 나는 그가 한 말을 알아듣지 못했다.

문제 1

这两个   相同   词语的   意思

분석 相同 xiāngtóng 형 서로 같다 | 词语 cíyǔ 명 단어, 어휘 | 意思 yìsi 명 의미, 뜻

해설 술어가 될 수 있는 단어는 '相同(서로 같다)'이다. 형용사이기 때문에 목적어를 동반할 수 없으므로 나머지 명사는 알맞게 술어 앞으로 배열하면 된다. '的' 뒤에는 대부분 명사가 오기 때문에 '词语的(단어의)' 뒤에는 명사이고 의미상으로도 적절한 '意思(의미)'를 놓는다. 남아있는 양사 '这两个(이 두 개의)'는 명사 앞에 와야 하기 때문에 '词语' 앞에 배열한다.

문제 2

还   他的   洗干净   没   脸

분석 还 hái 부 아직, 여전히 | 洗 xǐ 동 씻다, 닦다 | 干净 gānjìng 형 깨끗하다 | 脸 liǎn 명 얼굴

해설 '洗干净(깨끗이 닦다)'을 술어와 결과보어 자리에 놓고, '他的(그의)' 뒤에는 꾸밈을 받는 명사 '脸(얼굴)'을 붙여 주어 자리에 놓는다. 또한, '还(아직)'는 일반부사이고 '没(~않다)'는 부정부사이다. 술어 앞에 일반부사와 부정부사가 같이 나올 경우에는 일반부사를 먼저 쓰기 때문에 술어 '洗(닦다)' 앞에 '还没(아직 ~않다)' 순으로 배열한다.

문제 3

花了   太阳镜   800块钱   爸爸的

분석 花 huā 동 쓰다, 소비하다 | 太阳镜 tàiyángjìng 명 선글라스

해설 '了'가 붙어 있기 때문에 '花了'가 술어라는 것을 쉽게 찾을 수 있다. 얼마를 썼는지에 대한 '800块钱(800위안)'을 술어 뒤 목적어 자리에 배치하고, '爸爸的(아버지의)' 뒤에는 꾸밈을 받는 명사 '太阳镜(선글라스)'을 붙여 주어 자리에 놓는다.

문제 4

腿脚   关心   自己的   老年人   要

분석 腿脚 tuǐjiǎo 명 다리와 발 | 关心 guānxīn 동 관심을 가지다 | 自己 zìjǐ 명 자기 자신 | 老年人 lǎoniánrén 명 노인

해설 술어 '关心(관심을 가지다)'과 관심을 가지는 주어는 '老年人(노인)'이며, 관심을 가지는 대상인 '自己的腿脚(자신의 다리와 발)'는 목적어가 된다. 마지막 남은 '要(~해야 한다)'는 조동사로 술어 앞에 배열한다.

문제 5

| 说 | 了 | 汉语 | 越来越好 | 说得 | 她 |

분석 越来越 yuèláiyuè 〔부〕 점점 더 ~해지다

해설 '得'를 통해 그 앞 단어 '说(말하다)'가 술어라는 것과 정도보어 문장을 만들어야 한다는 힌트를 얻을 수 있다. '汉语(중국어)'라는 목적어가 있기 때문에 주어 '她(그녀)' 뒤에 술어 '说', 목적어 '汉语'를 배열하고 그 뒤에 술어를 다시 한번 반복한다. 그리고 말하는 정도가 어떤지 나타내는 '越来越好了(점점 더 좋아졌다)'를 정도보어 자리에 배열한다.

TIP 정도보어 문장에 목적어가 들어간 경우의 어순: 주어 + (술어) + 목적어 + 술어 + 得 + 정도보어

문제 6

| 干净了 | 衣服 | 洗 | 同事的 | 我 |

분석 衣服 yīfu 〔명〕 옷 | 同事 tóngshì 〔명〕 직장 동료

해설 술어가 될 수 있는 단어는 '洗(세탁하다, 씻다)', 동작을 할 수 있는 주어는 '我(나)', 세탁할 수 있는 대상은 '衣服(옷)'이다. 명사를 수식하는 '同事的(직장 동료의)'는 의미상 명사 '衣服' 앞에서 수식해주며, '干净了(깨끗하다)'는 옷을 세탁한 결과를 보충해주는 결과보어 성분으로 술어 '洗' 뒤에 배열한다.

TIP 주어 + 술어 + 결과보어 + 了 + 목적어

문제 7

| 报纸 | 看 | 认真地 | 他 |

분석 报纸 bàozhǐ 〔명〕 신문 | 认真 rènzhēn 〔형〕 진지하다. 착실하다

해설 술어는 '看(보다)', 보는 행동을 할 수 있는 주어는 '他(그)', 보여지는 대상인 목적어는 '报纸(신문)'를 각각의 자리에 알맞게 배열한다. '…地'는 술어 앞에서 술어를 수식하는 부사어와 술어 사이에서 수식 관계를 이뤄주는 단어로, 주로 형용사와 같이 쓰여 '(형용사)하게 (술어)하다'라는 의미를 만들어준다. 따라서 '…地'가 나오면 술어 앞으로 배열한다.

문제 8

| 什么 | 会议 | 时候 | 举行 |

분석 会议 huìyì 〔명〕 회의 | 举行 jǔxíng 〔동〕 개최하다. 거행하다

해설 술어는 '举行(개최하다)'이고 의문대명사 '什么时候(언제)'를 술어 앞에 배열해서 언제 개최하는지 묻는 문장을 만들어주고, 주어 자리에는 '会议(회의)'를 배열한다.

문제 9

| 准备 | 女朋友 | 他 | 明年结婚 | 和 |

분석 准备 zhǔnbèi 〔동〕 준비하다 | 结婚 jiéhūn 〔동〕 결혼하다

해설 '准备(준비하다)'라는 동사는 목적어로 명사를 수반하지 않으며, 주로 동사 또는 동사구 등이 온다. 주어는 '他(그)'로 그가 준비하는 것은 여자친구와 내년에 결혼하는 것이다. '和(~와)'는 전치사로, 명사 '女朋友(여자친구)'와 함께 전치사구를 이루어 '明年结婚(내년에 결혼하다)'이라는 술어 앞에 배열한다.

[문제 10]

没　　他说的　　听懂　　话　　我

[분석] 懂 dǒng [동] 이해하다 | 话 huà [명] 말, 이야기

[해설] '听懂'은 '듣고 이해하다'라는 뜻으로 술어와 결과보어 성분으로 이루어진 단어이다. 듣고 이해하는 행위를 할 수 있는 주어는 '我(나)'이고 '목적어'는 '他说的话(그가 한 말)'이다. 마지막으로 '没(~하지 못하다)'는 부정부사로 술어 앞에 배열한다.

Day 15

듣기 제2부분 실전 PT 정답 ▶p.252

| 1. X | 2. X | 3. ✓ | 4. X | 5. ✓ |
| 6. X | 7. X | 8. ✓ | 9. ✓ | 10. X |

[문제 1]

★ 考试十点半开始。　　（　　）	★ 시험은 10시 30분에 시작한다.
考试不是十点结束吗？现在都十点一刻了，小王怎么还没出来？其他人都出来了。	시험 10시에 끝나는 것 아니야? 지금 10시 15분이 다 되었는데, 샤오왕은 어째서 아직 나오지 않았지? 다른 사람은 모두 나왔어.

[해설] 녹음에서 시험은 '十点结束(10시에 끝난다)'라고 했고, 현재 시간은 '十点一刻(10시 15분)'라고 했다. 시험이 시작하는 시간은 나오지 않았지만, 문맥상 시험이 10시 30분에 시작한다는 말은 X이다.

[TIP] 不是…吗? búshì…ma? ~한 것 아니야? [반어문으로 '~한 것이다'라는 의미]

[문제 2]

★ 我和黄先生是同学。　　（　　）	★ 나와 황 씨는 학우이다.
我女儿和黄先生的儿子在一个学校上学。他家孩子上三年级，我女儿上五年级。	나의 딸과 황 씨의 아들은 한 학교에 다닌다. 그 집 아이는 3학년이고, 내 딸은 5학년이다.

[해설] 녹음에서 '我女儿和黄先生的儿子(나의 딸과 황 씨의 아들)'가 같은 학교에 다닌다고만 언급했을 뿐, 나와 황 씨가 학우라는 것은 알 수 없다. 따라서 답은 X이다.

[문제 3]

★ 历史是他的爱好。　　（　　）	★ 역사는 그의 취미이다.
在爷爷的影响下，我也对历史很感兴趣，看过很多历史书，知道不少历史故事。	할아버지의 영향 아래에서, 나 역시 역사에 매우 흥미가 있다. 많은 역사책을 본 적이 있고 많은 역사 이야기도 안다.

| 해설 | 화자는 역사에 흥미가 있으며, 많은 책을 보고 역사에 관한 이야기를 많이 알고 있다는 내용을 통해 그의 취미는 역사라는 것을 알 수 있다. 또한, 결정적으로 녹음에 나온 '感兴趣(흥미가 있다)'라는 단어와 문제의 '爱好(취미)'라는 단어는 서로 관련된 단어이므로 답은 √이다. |

TIP 对…感兴趣 duì…gǎn xìngqù ~에 흥미가 있다

문제 4

★ 儿子比爸爸矮。　　　　（　　）	★ 아들은 아빠보다 작다.
儿子十八岁了，长得很快。去年买的裤子，现在已经不能穿了，现在他跟爸爸一样高了。	아들은 18살이 되었고, 매우 빨리 자란다. 작년에 산 바지가 지금은 이미 입을 수 없게 되었다. 현재 그는 아빠와 똑같이 커졌다.

| 해설 | '比'비교문과 '跟…一样'의 쓰임을 알면 문제 풀기 수월했을 것이다. 녹음 내용은 아들의 성장 속도가 매우 빨라서 지금은 아빠와 똑같이 커졌다는 내용이다. 따라서 아들은 아빠보다 작지 않다. 답은 X이다. |

TIP ① A + 比 + B + 술어: A는 B보다 ~하다
② '了'는 완료의 의미로 자주 쓰이지만 문장 끝에서 변화의 의미를 나타내기도 한다.

문제 5

★ 他家附近有个公园。　　　　（　　）	★ 그의 집 근처에는 공원이 하나 있다.
我家旁边有个公园，公园后面是一条小河。小时候，爸爸妈妈经常带我去那儿玩儿。	우리 집 옆쪽에는 공원이 하나 있다. 공원 뒤쪽은 작은 강이다. 어렸을 때, 아빠와 엄마는 자주 나를 데리고 그곳에 가서 놀았다.

| 해설 | '旁边'은 '옆쪽'을 의미하므로 '附近(근처)'이라고 할 수 있다. 따라서 답은 √가 된다. |

문제 6

★ 他这个周末去爬山。　　　　（　　）	★ 그는 이번 주말에 등산을 하러 간다.
这个周末有个重要的会议，所以不能和你一起去爬山了，对不起，下周怎么样？	이번 주말에 중요한 회의가 있어서 너와 함께 등산을 하러 갈 수가 없게 되었어. 미안해. 다음 주는 어때?

| 해설 | '这个周末(이번 주말)'라는 시간사는 문제와 녹음에서 동일하게 나왔지만, 그때 등산을 하는지 잘 들어야 한다. 그는 이번 주말에 중요한 회의가 있어서 '不能和你一起去爬山了(너와 함께 등산을 하러 갈 수 없게 되었어)'라고 하며 다음 주가 어떤지 묻고 있다. 따라서 답은 X이다. |

문제 7

★ 不要认真听老师说的话。　　　　（　　）	★ 선생님이 하는 말씀을 진지하게 들을 필요가 없다.
老师说话的时候，你要认真听，不要"一个耳朵进，一个耳朵出"。	선생님께서 말씀을 하실 때, 너는 진지하게 들어야 한다. 한 귀로 듣고, 한 귀로 내보내서는 안 된다.

| 해설 | 상식적으로 선생님의 말씀을 진지하게 들을 필요가 없다는 것은 틀린 말이기 때문에 답은 X라고 미리 추측할 수 있다. 녹음 내용에서도 '要认真听(진지하게 들어야 한다)'이라고 나오기 때문에 답은 X이다. |

문제 8

★ 他想介绍哥哥跟小高认识。　　（　　）	★ 그는 형과 샤오까오를 소개해주고 싶다.
小高，我哥对你说的事情很感兴趣，什么时候有时间我介绍你们认识一下？	샤오까오, 우리 형이 네가 말한 일에 흥미가 있어. 언제 시간 될 때 내가 너희들을 좀 소개해줄까?

해설 녹음에서는 '小高(샤오까오)'에게 형을 소개해주고 싶다고 언제 시간이 있는지 묻고 있는 내용으로 답은 ✓이다.

문제 9

★ 天气变冷了。　　　　　　（　　）	★ 날씨가 추워졌다.
昨天刮了一天的风，天气突然变冷了，你多穿点儿衣服，小心感冒。	어제 하루 종일 바람이 불었어. 날씨가 갑자기 추워졌어. 너 옷을 좀 많이 입고, 감기 조심해라.

해설 녹음에서는 '突然(갑자기)'이라는 부사가 더 들어갔을 뿐 문제와 녹음에서 '天气变冷了(날씨가 추워졌다)'라는 같은 표현이 나온다. 따라서 답은 ✓이다.

문제 10

★ 他长得很高。　　　　　　（　　）	★ 그는 키가 크다.
虽然他只有一米五八，但是他特别喜欢打篮球，而且打得很好。	비록 그는 키가 단지 1m 58cm이지만, 그는 농구하는 것을 특히 좋아한다. 게다가 아주 잘 한다.

해설 비록 키가 1m 58cm이지만 농구는 잘한다는 내용으로 그의 키가 작다는 것을 알 수 있다. 녹음에 키가 '高(크다)' 혹은 '矮(작다)'와 같은 구체적인 단어가 나오지는 않았기 때문에 전체적인 문맥을 잘 파악해야 한다. 따라서 답은 ✗이다.

TIP 虽然 A, 但是 B suīrán A, dànshì B 비록 A하지만 그러나 B하다

독해 제2부분 실전 PT 정답　　　▶p.259

1. C	2. A	3. B	4. E	5. D
6. D	7. C	8. B	9. A	10. E

문제 1-5

A 分	B 兴趣	C 提高	D 像	E 说
A 편(分)	B 흥미	C 향상시키다	D 닮다	E 말하다

문제 1

| 我相信在老师的帮助下，你的汉语水平一定会（　　　）的。 | 나는 선생님의 도움 아래에서 너의 중국어 수준이 반드시 (향상될) 것이라고 믿는다. |

해설 빈칸 앞에는 조동사 '会(~일 것이다)'가 있기 때문에 빈칸에는 술어가 필요하다. 앞쪽에 주어 '汉语水平(중국어 수준)'과 짝을 이룰 수 있는 단어는 **C 提高**(향상시키다)이다.

TIP　提高水平　tígāo shuǐpíng　수준을 향상시키다

문제 2

| 找您4角5（　　　），欢迎再来。 | 0.45위안 거슬러드립니다. 또 오세요. |

해설 '找'는 '거슬러주다'라는 뜻을 가진다. 화폐 단위 '角(지아오)'가 앞에 나와있기 때문에 빈칸에는 '角'보다 작은 화폐 단위인 **A 分**(편)이 정답이다.

TIP　元 > 角(元의 1/10) > 分(元의 1/100)

문제 3

| 他从小就对电子游戏感（　　　），长大后他选择了和游戏有关的工作。 | 그는 어렸을 때부터 컴퓨터 게임에 (흥미)를 느꼈고, 성장한 후 그는 게임과 관련된 회사를 선택했다. |

해설 빈칸 앞에 '感(느끼다)'이라는 동사술어가 있기 때문에 빈칸에는 목적어가 필요하다. 문맥을 보면 '컴퓨터 게임에 ~를 느꼈다'는 내용이므로, **B 兴趣**(흥미)가 와서 '对…感兴趣(~에 흥미를 느끼다)'라는 뜻이 되면 가장 적합하다.

문제 4

| 跟以前比，我现在的普通话（　　　）得好多了。 | 이전과 비교해보면, 나는 현재 표준어 (말하는) 것이 많이 좋아졌다. |

해설 빈칸 뒤에 나온 '得'를 통해 빈칸에는 동사술어가 필요하다는 것을 알 수 있다. 보기 중 **E 说**(말하다)가 '普通话(표준어)'와 관련된 동사이므로 정답이 된다.

문제 5

| 从地图上看，黄河很（　　　）一个"几"字。 | 지도상으로 보면 황허는 하나의 '几'자를 (닮았다). |

해설 빈칸 앞에 정도부사 '很'이 있어서 빈칸에는 형용사가 필요하다고 생각할 수 있지만 빈칸 뒤에 목적어가 있기 때문에 동사가 필요하다. 해석해보면 강이 '几' 모양과 매우 닮았다는 내용으로 답은 **D 像**(닮다)이다.

문제 6-10

A 礼物	B 双	C 河	D 检查	E 差
A 선물	B 짝, 쌍	C 강	D 검토하다	E 모자라다

문제 6

A: 我终于做完了数学作业。 B: 要不要再（　　　）一下？	A: 나는 마침내 수학 숙제를 다 했어. B: 다시 한번 (검토할) 필요 없어?

해설　빈칸 앞에는 부사 '再(다시, 또)'가 있고 빈칸 뒤에는 '一下'가 있는 것으로 보아 빈칸에는 동사가 필요하다. '一下'는 동사 뒤에서 쓰여 '한번(좀) ~하다'라는 의미로 쓰인다. A 문장 해석을 통해 보기 중 가장 적절한 답은 D 检查(검토하다)라는 것을 알 수 있다.

문제 7

A: 地图上这儿有条（　　　），怎么没看见啊？ B: 你看错了，在前面啊。	A: 지도상으로 이곳에는 (강)이 있는데 어째서 보이지 않지? B: 너 잘못 봤어. 앞쪽에 있잖아.

해설　빈칸 앞에 있는 '条'는 가늘고 긴 것을 세는 단위로 주로 길, 강, 바지, 치마 등을 셀 때 쓰이는 양사이다. 따라서 보기 중 이에 해당하는 명사는 C 河(강)이다.

문제 8

A: 服务员，我们这儿还少了一（　　　）筷子。 B: 对不起，我马上给您拿。	A: 종업원, 우리 여기 아직 한 (쌍)의 젓가락이 부족해요. B: 죄송합니다. 제가 곧 가져다 드릴게요.

해설　빈칸 앞에는 숫자 '一(일, 1)', 빈칸 뒤에는 명사 '筷子(젓가락)'가 있으므로 빈칸에는 양사가 필요하다. 보기 중 젓가락을 세는 양사로 쓰일 수 있는 것은 B 双(짝, 쌍)이다.

TIP　수양명(수사 + 양사 + 명사), 지양명(지시대명사 + 양사 + 명사)을 기억하자!

문제 9

A: 过两天是爷爷的生日，你给他买（　　　）没有？ B: 我准备给他买个新手机。	A: 이틀 지나면 할아버지의 생신이야. 너 할아버지께 드릴 (선물) 샀어? B: 나는 할아버지께 새 휴대전화를 사드리려고 준비했어.

해설　빈칸 앞에는 '买(사다)'라는 동사가 있기 때문에 빈칸에는 무엇을 사는지 그 목적어가 필요하다. 앞에 나온 '生日(생일)'라는 단어와 어울리고, 구매가 가능한 명사는 보기 중에 A 礼物(선물) 밖에 없다.

TIP　문장 끝에 '没有'는 '없다'라는 의미가 아니라 더 간단한 의문 형식을 만들어주는 역할을 한다.

문제 10

A: 现在几点？我的手表又坏了。 B: 我看一下，现在（　　　）一刻八点。	A: 지금 몇 시야? 내 손목시계가 또 고장 났어. B: 내가 한번 볼게. 지금 15분 (모자란) 8시야.

해설　시간과 관련된 문장에 들어갈 수 있는 단어는 보기 중 E 差(모자라다)이다. '差'가 시간과 관련해서 쓰이면 우리말로 '몇 시 되기 몇 분 전'과 같은 표현에서 '~전'이란 뜻을 나타낸다.

쓰기 제1부분 실전 PT 정답 ▶p.265

1. 他没有钱买房子。 그는 집을 살 돈이 없다.
2. 我已经被妈妈打了一顿。 나는 이미 엄마에게 한 대 맞았다.
3. 运动能使人健康。 운동은 사람을 건강하게 할 수 있다.
4. 前面走来一个人。 앞쪽에서 한 사람이 걸어온다.
5. 他没把这件事告诉大家。 그는 이 일을 모두에게 알리지 않았다.
6. 我跑得比他快。 나는 그보다 빨리 달린다.
7. 他下个月就要回国了。 그는 다음 달에 곧 귀국할 것이다.
8. 教室里坐着一个孩子。 교실 안에 한 아이가 앉아 있다.
9. 爸爸要去火车站接女儿。 아빠는 딸을 데리러 기차역에 가야 한다.
10. 床下躺着一只小狗。 침대 아래 강아지 한 마리가 누워 있다.

문제 1

买　他　钱　没有　房子

분석 买 mǎi 동 사다 | 钱 qián 명 돈 | 房子 fángzi 명 집

해설 주어가 될 수 있는 가능성이 가장 높은 단어는 '他(그)' 하나이고 동사와 목적어가 각각 두 개씩 있으므로 연동문을 만들어야 한다. 연동문의 종류 중 첫 번째 술어가 '没(有)'인 연동문은 '~할 ~이 있다(없다)'라고 해석된다. 첫 번째 술어는 '没有(없다)', 목적어는 '钱(돈)'이 된다. 그리고 두 번째 술어 '买(사다)'를 놓고 마지막으로 목적어 '房子(방)'를 순서대로 배열하여 '방을 살 돈이 없다'라는 의미의 문장을 만들면 된다.

문제 2

已经　我　一顿　打了　被　妈妈

분석 已经 yǐjīng 부 이미 | 顿 dùn 양 번, 끼 [식사·질책·구타 등을 세는 단위] | 打 dǎ 동 치다, 때리다 | 被 bèi 전 ~에게 ~을 당하다

해설 '被'를 보고 피동 문장을 만들어야 됨을 알 수 있다. 문맥상 행위를 당하는 주어는 '我(나)'이고, 그 행위는 '打了(때렸다)'가 될 것이다. '被'는 전치사로 동작을 가하는 목적어 '妈妈(엄마)'와 전치사구를 이루어서 술어 앞에 배치한다. 술어 뒤 기타성분 자리에는 때린 횟수인 '一顿(한 대)'을 배열한다. 마지막으로 부사 '已经(이미)'은 부→조→전 순서에 따라 전치사 '被' 앞에 놓아준다.

TIP 주어 + (부사 → 조동사 → 전치사) + [被 + 목적어] + 술어 + 기타성분

문제 3

使人　能　健康　运动

분석 使 shǐ 동 ~하게 하다 | 健康 jiànkāng 형 건강하다 | 运动 yùndòng 동 운동하다

해설 使는 '~하게 하다'라는 뜻으로 겸어문을 만드는 대표적인 동사이다. 뒤에 '人(사람)'이 이미 있기 때문에 무엇이 사람을 어떻게 하는지를 찾으면 된다. 의미상 첫 주어는 '运动(운동)'이고, 운동은 사람을 건강해지게 하므로 '人' 뒤에는 '健康(건강하다)'을 쓴다. '能(~할 수 있다)'은 조동사로, 겸어문에서 조동사는 첫 번째 술어 앞에 들어가기 때문에 '使' 앞에 써야 한다.

문제 4

一个人　　走来　　前面

분석　走 zǒu 동 걷다 | 前面 qiánmian 명 앞쪽

해설　'一个人(한 사람)'은 불특정한 대상으로 존현문을 만들 수 있다. 존현문은 어떤 장소에 불특정한 대상이 출현, 존재, 소실함을 나타내는 문장으로 주어 자리에 장소가 온다. 따라서 주어 '前面(앞쪽에서)'과 술어 '走来(걸어오다)', 목적어 '一个人'을 각각 배열한다.

TIP　장소 + 술어 + 불특정 대상

문제 5

他　　没　　告诉　　大家　　把这件事

분석　告诉 gàosu 동 알리다, 말하다 | 事 shì 명 일

해설　'把'를 보고 '把'자문을 만들어야 함을 알 수 있다. 술어는 '告诉(알리다)'이고 알리는 주어는 '他(그)'이다. '把'는 전치사이므로 뒤에 명사인 '这件事(이 일)'과 전치사구를 이루고 있다. 이 전치사구는 술어 '告诉' 앞에 배치하고, '告诉' 뒤에는 나머지 목적어인 '大家(모두)'를 놓는다. '没'는 부정부사로 전치사 '把' 앞에 놓아야 한다.

TIP　주어 + 부사 + [把 + 목적어] + 술어 + 기타성분

문제 6

比他　　我　　快　　跑得

분석　比 bǐ 전 ~보다 | 跑 pǎo 동 달리다, 뛰다

해설　'得'를 보고 정도보어 문장을 떠올려야 한다. 정도보어 자리에는 여러 가지 품사나 특수구문 등이 올 수 있다. 즉, '주어는 달리는 정도가 다른 대상보다 빠르다'는 의미로 주어 '我' 뒤에는 술어 '跑得(뛰는 정도가 ~하다)'를 놓아주고, 정도보어 자리에는 '比他(그보다)' + '快(빠르다)' 형태로 배열한다.

TIP　주어 + 술어 + 得 + 정도보어

문제 7

了　　回国　　他下个月　　就要

분석　回国 huíguó 동 귀국하다 | 下个月 xià ge yuè 명 다음 달

해설　'了'를 보고 완료를 나타내는 문장을 만들어야 한다고 생각할 수 있지만 배열된 다른 단어 중 '就要'를 통해 임박태를 만들어야 한다는 것을 눈치채야 한다. '就要…了' 사이에는 일어날 동작 '回国(귀국하다)'를 배열한다. 맨 앞에는 귀국하는 주어인 '他(그)'와 시간사 '下个月(다음 달)'가 붙어있는 '他下个月'를 놓아주면 된다.

문제 8

孩子　　里　　教室　　一个　　坐着

분석　孩子 háizi 명 아이 | 教室 jiàoshì 명 교실 | 坐 zuò 동 앉다

해설　'一个(한)' 양사 뒤에 필요한 품사는 명사 '孩子(아이)'이다. '一个孩子(한 아이)'는 역시나 불특정한 대상이기 때문에 존현문을 염두에 두어야 한다. 존현문은 장소가 먼저 나오기 때문에 장소를 나타내는 '教室(교실)'과 '~안'을 나타내는 '里'를 붙여 주어 자리에 두고, 그 뒤로 술어 '坐着(앉아 있다)'와 목적어 '一个孩子'를 각각 알맞게 배열해준다.

TIP　장소 + 술어 + 불특정 대상

문제 9

| 要 | 爸爸 | 接 | 火车站 | 女儿 | 去 |

분석   要 yào [조동] 해야 한다, ~할 것이다 | 接 jiē [동] 마중하다

해설   동작을 나타내는 동사가 여러 개 있기 때문에 연동문을 만들어야 한다. 문맥상 주어는 '爸爸(아빠)'이고 먼저 기차역에 가야 딸을 마중할 수 있기 때문에 첫 동작은 '去火车站(기차역에 가다)', 그 다음 동작은 '接女儿(딸을 데리러)'이다. '要(~해야 한다)'는 조동사로 연동문에서 조동사는 첫 번째 술어 앞에 위치한다.

TIP   연동문은 일반적으로 일의 발생 순서대로 배열한다.

문제 10

| 小狗 | 躺 | 一只 | 床下 | 着 |

분석   小狗 xiǎogǒu [명] 강아지 | 躺 tǎng [동] 눕다 | 床 chuáng [명] 침대

해설   '一只(한 마리)'는 동물을 셀 때 쓰는 양사로 뒤에는 '小狗(강아지)'가 와야 한다. '一只小狗'는 불특정한 대상으로 목적어 자리에 두어야 한다. 장소 '床下(침대 아래)'를 주어 자리에, 동사 '躺' 뒤에 진행·지속의 의미인 '着'를 붙여 술어 자리에 놓으면 된다.

듣기 제3·4부분 실전 PT 정답 ▶p.270

| 1. B | 2. B | 3. A | 4. A | 5. B |
| 6. C | 7. C | 8. C | 9. A | 10. C |

문제 1

| A 同事
B 师生
C 朋友 | A 직장 동료
B 선생님과 학생
C 친구 |

| 女: 老师，祝您生日快乐! 这是班上同学送您
　　的礼物。
男: 你们太客气了，谢谢大家。
问: 他们最可能是什么关系? | 여: 선생님, 생신 축하드려요! 이건 우리 반 학우들이 선생님께
　　드리는 선물이에요.
남: 뭘 이런 것을 다. 모두들 고마워요.
질문: 그들은 무슨 관계일 가능성이 가장 높은가? |

해설   여자의 첫마디에 남자를 '老师(선생님)'라고 부른 것을 통해 두 사람의 관계는 B 师生(선생님과 학생)이라는 것을 알 수 있다. '师生'은 '老师学生(선생님과 학생)'을 줄여서 표현한 것이다.

TIP   太客气了 tài kèqi le 뭘 이런 것을 다, 천만에요

문제 2

A 银行 B 动物园 C 图书馆	A 은행 B 동물원 C 도서관
女：你好，你知道动物园怎么走吗？ 男：对不起，我也不知道，你再问问其他人吧。 问：女的要去哪儿？	여: 안녕하세요? 당신은 동물원에 어떻게 가는지 아시나요? 남: 미안하지만 저도 몰라요. 다른 사람에게 다시 한번 물어보세요. 질문: 여자는 어디에 가려고 하는가?

해설 　여자가 '动物园怎么走吗? (동물원에 어떻게 가나요?)'라며 동물원 가는 법을 묻고 있기 때문에 답은 **B** 动物园(동물원)이 된다. 보기의 단어는 모두 장소이기 때문에 장소를 물어볼 것이라고 미리 추측할 수 있다. 따라서 녹음에 장소와 관련된 단어가 나오면 표시하며 듣도록 하자.

문제 3

A 同学 B 妈妈 C 姐姐	A 학우 B 엄마 C 누나, 언니
女：这位是？ 男：对不起，我忘了向你介绍，他是我大学同学，叫白云。 问：男的在介绍谁？	여: 이 분은? 남: 미안, 내가 너에게 소개하는 것을 잊었네. 그는 나의 대학 학우야. 바이윈이라고 불러. 질문: 남자는 누구를 소개하고 있는가?

해설 　여자가 누군지 묻는 말에 남자가 '大学同学(대학 학우)'라며 소개하고 있다. 따라서 답은 **A** 同学(학우)이다.

문제 4

A 王经理 B 王校长 C 王医生	A 왕 사장 B 왕 교장 C 왕 의사
女：请坐，王经理正在开会，会议马上就结束了。 男：谢谢你。 问：男的要找谁？	여: 앉으세요. 왕 사장님은 회의 중이세요. 회의는 곧 끝나요. 남: 감사합니다. 질문: 남자는 누구를 찾고자 하는가?

해설 　여자의 말에서 '王经理正在开会(왕 사장님은 회의 중이세요)'라는 내용을 통해 남자가 찾는 사람은 **A** 王经理(왕 사장)이라는 것을 알 수 있다. 보기를 보면 모두 직업에 대해 묻고 있으므로 그 부분을 집중해서 잘 들어야 한다.

문제 5

A 朋友家 B 图书馆 C 公司门口	A 친구 집 B 도서관 C 회사 입구
男：你要去哪儿？我让司机开车送你去吧。 女：不用，谢谢，我去国家图书馆，坐公共汽车更方便。 问：女的要去哪儿？	남: 너 어디 가려는 거야? 내가 기사님께 운전해서 너를 데려다 주라고 할게. 여: 괜찮아, 고마워. 나는 국가도서관에 가. 버스를 타는 것이 더 편리해. 질문: 여자는 어디에 가려고 하는가?

해설 여자가 '我去国家图书馆(나는 국가도서관에 가)'이라고 직접적으로 언급했으므로 답은 쉽게 **B 图书馆**(도서관)이 된다.

문제 6

A 书店 B 宾馆 C 商店	A 서점 B 호텔 C 상점
男：你好，我昨天买的裤子有点儿小，我可以换一条吗？ 女：当然可以，您买的是多大的？ 男：是31码。 女：好，请稍等。 问：他们最可能在哪儿？	남: 안녕하세요? 제가 어제 산 바지가 조금 작아요. 교환 가능한가요? 여: 당연히 가능합니다. 당신은 어떤 사이즈를 사셨죠? 남: 31사이즈입니다. 여: 알겠습니다. 잠시만 기다려주세요. 질문: 그들은 어디에 있을 가능성이 가장 높은가?

해설 장소가 어디라고 정확히 나오지 않기 때문에 대화를 통해서 장소를 유추해야 한다. 남자가 어제 산 옷을 교환하려 하는 내용이며 주로 옷·신발·모자 등의 치수를 나타내는 '码(치수, 사이즈)'라는 어휘도 나왔으므로 가장 적합한 답은 **C 商店**(상점)이라는 것을 알 수 있다.

TIP '多大'는 나이를 물을 때 또는 신발이나 옷 등의 사이즈를 물을 때 쓰인다.

문제 7

A 妈妈 B 爷爷 C 爸爸	A 엄마 B 할아버지 C 아빠
男：刚才还是大太阳，怎么突然下雨了。 女：是，这儿天气一会儿晴一会儿阴的。 男：你怎么知道带伞？ 女：早上我爸把它放我包里了。 问：谁把雨伞放包里了？	남: 방금 전까진 여전히 태양이 컸는데, 어째서 갑자기 비가 내리지. 여: 맞아, 이곳의 날씨는 잠시 맑았다 잠시 흐렸다 해. 남: 너 어떻게 알고 우산을 챙겼어? 여: 아침에 우리 아빠가 그것을(우산을) 내 가방 안에 넣어 놨어. 질문: 누가 우산을 가방 안에 넣었는가?

해설 남녀가 날씨와 관련된 이야기를 하면서 남자가 어떻게 알고 우산을 챙겼냐는 물음에 여자가 우산이라는 단어를 쓰진 않았지만 '它(우산)'를 아빠가 넣었다고 했다. '它'는 사람 이외의 사물 등을 가리키는 대명사로 이 문제에서는 우산을 가리킨다. 보기들이 모두 사람이고 녹음에선 사람과 관련된 단어가 '爸爸(아빠)' 뿐이므로 답은 **C**이다.

문제 8

A 公园
B 办公楼
C 体育馆

A 공원
B 사무실 건물
C 체육관

女：体育馆在哪儿？
男：我看看这张校园地图。
女：体育馆在这儿，在办公楼的后面。
男：知道了，谢谢。
问：他们要去哪儿？

여: 체육관은 어디에 있어?
남: 내가 이 캠퍼스 지도를 한번 볼게.
여: 체육관은 여기에 있어. 사무실 건물 뒤쪽에 있어.
남: 알겠어, 고마워.
질문: 그들은 어디에 가려고 하는가?

해설 '体育馆在哪儿？(체육관은 어디에 있어?)'이라는 여자의 첫마디를 통해 그들은 체육관에 가려고 한다는 것을 알 수 있다. 주의해야 할 점은 B 办公楼(사무실 건물)도 녹음에서 들렸지만 그것은 목적지가 아니라 목적지 주변 건물이기 때문에 답은 **C 体育馆**(체육관) 이다.

문제 9

A 医院
B 商店
C 咖啡店

A 병원
B 상점
C 카페

男：我给你开点儿药，这段时间注意身体，不要太累。
女：好的，我会注意的。
男：还有，咖啡和酒要少喝，不要吃鱼。
女：好，谢谢您。
问：他们在哪儿？

남: 제가 당신에게 약을 조금 처방해줄게요. 이 시기 동안은 몸 조심하세요. 너무 무리해서는 안 됩니다.
여: 알겠습니다, 조심할게요.
남: 그리고 커피와 술은 조금만 마셔야 하고, 생선을 드시면 안 됩니다.
여: 알겠습니다, 감사합니다.
질문: 그들은 어디에 있는가?

해설 보기의 단어들을 통해 장소에 대해 물을 것임을 미리 파악할 수 있다. '开药'는 '약을 처방하다'라는 뜻이며 남자가 여자에게 몸을 신경 쓰라고 말하며 해서는 안 되는 것들을 이야기하고 있다. 따라서 그들이 있는 장소는 **A 医院**(병원)이라는 것을 유추할 수 있다.

문제 10

A 姐姐
B 爸爸和妈妈
C 叔叔和阿姨

A 누나(언니)
B 아빠와 엄마
C 삼촌과 이모

男：看一下手表，现在几点？
女：两点，说两点半到，还差半个小时，再等等吧。
男：叔叔和阿姨是第一次来上海，会不会走错路了？
女：我再打电话问问吧。
问：他们在等谁？

남: 손목시계를 한번 봐봐. 지금 몇 시야?
여: 2시. 2시 30분에 도착한다고 말했으니 아직 30분 정도 남았네. 조금 더 기다리자.
남: 삼촌과 이모는 처음 상하이에 오는 건데 길을 잘못 오는 것은 아니겠지?
여: 내가 다시 전화 걸어서 한번 물어볼게.
질문: 그들은 누구를 기다리고 있는가?

해설 남자의 말 중 '叔叔和阿姨(삼촌과 이모)'가 길을 잘못 찾아 오는 것은 아닌지 걱정하는 내용을 통해서 그들은 **C 叔叔和阿姨**(삼촌 과 이모)를 기다린다는 것을 알 수 있다. 보기는 모두 인물에 대해 나와있으므로 어떤 인물이 나오는지 잘 듣고 메모해야 한다.

독해 제2부분 실전 PT 정답 ▶p.277

1. E	2. A	3. D	4. C	5. B
6. C	7. D	8. E	9. A	10. B

문제 1-5

A 可爱	B 然后	C 很	D 必须	E 如果
A 귀엽다	B 그 다음	C 아주	D 반드시	E 만약

문제 1

(　　　) 你有不懂的地方就去找王老师。	(만약) 네가 이해되지 않는 부분이 있다면 바로 왕 선생님을 찾아 가.

해설 주어 앞이 빈칸일 경우 시간명사 또는 일부 부사, 접속사 등이 들어갈 수 있는데 보기 중에는 시간명사나 주어 앞으로 들어갈 수 있는 부사가 없다. 따라서 접속사 중 해석을 통해 답이 될 수 있는 것은 E 如果(만약)이다. 또한 뒤에 나오는 '就'를 통해 '如果 A, 就 B (만약 A라면, B할 것이다)'라는 구문을 떠올리면 답을 쉽게 찾을 수 있을 것이다.

문제 2

大熊猫胖胖的，真(　　　)！	판다가 아주 통통하다. 정말 (귀여워)!

해설 정도부사 뒤가 빈칸이고 빈칸 뒤에는 아무것도 없기 때문에 형용사가 필요하다는 것을 알 수 있다. 보기 중 품사가 형용사이며 문맥상으로도 어울리는 단어는 A 可爱(귀엽다)밖에 없으므로 A가 정답이 된다.

문제 3

为了更好地解决问题，(　　　)提高自己的水平。	더 좋게 문제를 해결하기 위해서 자신의 실력을 (반드시) 향상시켜야 한다.

해설 '提高(향상시키다)'라는 동사 앞이 빈칸이므로 주어 혹은 술어를 수식하는 부사어로 쓰이는 단어들 중 하나가 들어갈 수 있다. 보기 중 주어가 될 수 있는 단어는 없으며, 접속사 B 然后(그 다음)와 부사 C 很(아주)은 의미상 맞지 않기 때문에 답은 부사 D 必须(반드시)가 된다.

문제 4

比赛要求(　　　)简单，10分钟，谁踢进的球最多，谁就是第一。	시합이 요구하는 것은 (아주) 간단하다. 10분에 누가 넣은 공이 가장 많으냐에 따라 그가 바로 1등이 된다.

해설 형용사 앞이 빈칸이다. 형용사가 술어로 쓰일 땐 그 앞에 정도부사가 필요하나. 보기 중에 정도부사이며 문맥상 적절한 단어는 C 很(아주)이다.

문제 5

我们先买衣服(　　　)吃饭吧。	우리 먼저 옷을 사고 (그 다음에) 밥 먹으러 가자.

해설 앞쪽에 '先(먼저)'을 보고 빈칸에는 그 다음 일어날 상황이 나와야 함을 알 수 있다. 따라서 보기 중에서 B 然后(그 다음에)가 가장 적합하다. '先 A, 然后 B'는 '먼저 A하고 그 다음 B하다'라는 뜻으로 자주 붙어서 쓰인다.

문제 6-10

A 久	B 能	C 而且	D 疼	E 会
A 오랫동안	B ~할 수 있다	C 게다가	D 아프다	E ~할 것이다

문제 6

A: 那本书你还了吗?
B: 对，没什么意思，（　　）很多地方看不懂。

A: 그 책 너 반납했어?
B: 응, 재미도 없고 (게다가) 많은 부분을 이해할 수 없어.

해설 정도부사 앞이 빈칸이지만 주어가 될 수 있는 단어가 없기 때문에 문맥상 가장 적합한 단어인 접속사 **C 而且**(게다가)가 답이 된다.

TIP '还'는 부사로 쓰일 때 'hái'로 발음되며 '여전히, 또'라는 의미이고, 동사로 쓰일 때는 'huán'으로 발음되며 '돌려주다, 반납하다'라는 의미이다. '还' 뒤에 다른 동사가 나오지 않고, 특히나 위의 문장과 같이 '了'가 있을 경우 부사가 아닌 동사로 쓰였다는 것을 알 수 있다.

문제 7

A: 你很长时间没锻炼，下午和我去爬山吧。
B: 我昨天刚踢了足球，今天腿还（　　）。

A: 너 오랫동안 단련하지 않았어. 오후에 나랑 같이 등산하러 가자.
B: 나 어제 막 축구를 했어. 오늘 다리가 아직 (아파).

해설 의미상 부사로 쓰인 '还(여전히)' 뒤가 빈칸이고 빈칸 뒤에는 목적어가 없으므로 빈칸에는 형용사술어가 필요하다. 보기 중에 '腿(다리)'와 관련해서 형용사술어로 쓰일 수 있는 단어는 **D 疼**(아프다)이다.

문제 8

A: 现在几点了? 我们不（　　）迟到吧?
B: 别担心，还有一个多小时呢。

A: 지금 몇 시야? 우리 늦는 거 아니(겠지)?
B: 걱정하지 마. 아직 한 시간 정도 남았어.

해설 빈칸 앞에는 부정부사 '不(아니다)'가 있고 빈칸 뒤에는 술어 '迟到(늦다)'가 있다. 따라서 빈칸에는 조동사 또는 전치사구가 들어갈 수 있는데 전치사구는 보기에 없으며, 조동사 중 문맥상 답이 될 수 있는 것은 **E 会**(~할 것이다)이다.

문제 9

A: 姐，你怎么去了那么（　　）?
B: 今天银行里人太多了。

A: 누나(언니), 어째서 그렇게 (오랫동안) 갔었어?
B: 오늘 은행에 사람이 너무 많았어.

해설 빈칸 앞에는 정도를 나타내는 단어 '那么(그렇게)'가 있기 때문에 빈칸에는 형용사가 필요하다. 따라서 보기 중 빈칸에 들어갈 적절한 형용사는 **A 久**(오랫동안)가 된다.

문제 10

A: 阿姨，我要出国两个星期，您（　　）帮我照顾一下我的猫吗?
B: 当然可以。

A: 아주머니, 저는 2주 동안 출국해야 합니다. 저를 도와 제 고양이를 좀 돌봐주(실 수 있나요)?
B: 당연히 가능해요.

해설 주어와 술어 사이가 빈칸이므로 술어를 수식할 수 있는 단어가 필요하다. 즉, '부사, 조동사, 전치사구' 등이 들어갈 수 있다. 보기의 조동사 중 의미상 답이 될 수 있는 것은 **B 能**(~할 수 있다)이다.

쓰기 제2부분 실전 PT 정답 ▶p.281

1. 化	2. 已	3. 日	4. 体	5. 篮
6. 做	7. 只	8. 花	9. 角	10. 雪

문제 1

我来中国，除了学习汉语，还希望了解更多的中国文（huà）。

나는 중국에 와서 중국어를 공부하는 것 외에 더 많은 중국 문화를 이해하기를 희망한다.

분석 除了 chúle 전 ~을 제외하고 | 希望 xīwàng 동 희망하다 | 了解 liǎojiě 동 알다, 이해하다 | 文化 wénhuà 명 문화

해설 빈칸 앞 단어 '文'을 통해 빈칸에는 '문화'라는 단어를 만들어주기 위해 '化'를 써야 한다. '中国文化(중국 문화)'라는 조합으로 자주 등장하므로 기억해두자.

문제 2

这个城市（yǐ）经有一千多年的历史了，很有名。

이 도시는 이미 천년 정도의 역사를 가지고 있고, 아주 유명해.

분석 城市 chéngshì 명 도시 | 已经 yǐjīng 부 이미

해설 빈칸 뒤쪽을 보면 술어 '有(있다)'가 있으며, 빈칸 바로 뒤에는 '经'이 있는 것으로 보아 '이미'라는 뜻을 가진 부사를 만들어야 한다. 따라서 빈칸에 '已'를 넣어서 '已经(이미)'이라는 단어를 만들면 된다. 비슷한 한자인 '己 jǐ'와 헷갈리지 않게 답을 적을 때 세 번째 획을 위로 확실하게 더 올려야 한다.

문제 3

春节是中国最重要的一个节（rì）。

춘절은 중국의 가장 중요한 명절 중 하나이다.

분석 重要 zhòngyào 형 중요하다 | 节日 jiérì 명 명절, 기념일

해설 앞쪽에 '节'와 전체적인 내용을 통해 '节日(명절, 기념일)'라는 단어가 필요하다는 것을 알 수 있다. 따라서 빈칸에는 '日'가 들어가야 적절하다. 참고로 앞에 나온 '春节 Chūn Jié'는 중국의 명절로, 비슷한 단어인 '春季 chūnjì(봄)'와 구분해서 기억해두자.

문제 4

工作太忙也要注意身（tǐ），要知道健康是最重要的。

일이 너무 바빠도 건강에 주의해야 한다. 건강이 가장 중요하다는 것을 알아야 한다.

분석 工作 gōngzuò 명 일 | 注意 zhùyì 동 주의하다 | 身体 shēntǐ 명 신체, 몸 | 健康 jiànkāng 명 건강

해설 빈칸 앞에 있는 단어 '身'과 그 앞의 동사 '注意(주의하다)'를 통해 빈칸에는 '体'가 들어가야 한다는 것을 알 수 있다. '注意身体'는 몸 조심하라는 표현으로 자주 쓰이는 말이니 꼭 알아두자!

문제 5

只有多练习，才能提高你的（lán）球水平。

연습을 많이 해야지만, 비로소 너의 농구 실력을 향상시킬 수 있다.

분석 练习 liànxí 동 연습하다 | 提高 tígāo 동 향상시키다 | 篮球 lánqiú 명 농구 | 水平 shuǐpíng 명 수준

해설 '多练习(많이 연습하다)'와 빈칸 뒤에 나온 '球'라는 내용을 통해 '篮球(농구)'라는 단어를 만들면 된다. 따라서 빈칸에 들어갈 한자로 '篮'이 적합하다.

TIP 只有 A, 才 B zhǐyǒu A, cái B A 해야만 비로소 B하다

문제 6

| 今天的作业很简单，我一会儿就（ zuò ）完了。 | 오늘 숙제는 매우 간단하다. 나는 곧 다 한다. |

분석 作业 zuòyè 명 숙제 | 简单 jiǎndān 형 간단하다

해설 부사 '就' 뒤와 결과보어 '完' 앞이 빈칸이기 때문에 이 자리에는 동사술어가 필요하다. 동사 중 'zuò'라는 발음을 가진 단어 중 숙제와 관련된 동사는 '做'이다.

문제 7

| 他不喜欢狗，也不喜欢猫，但他家有 3（ zhī ）小鸟。 | 그는 개를 좋아하지 않고, 고양이도 좋아하지 않는다. 그러나 그의 집에서는 세 마리의 작은 새가 있다. |

분석 狗 gǒu 명 개 | 猫 māo 명 고양이 | 鸟 niǎo 명 새

해설 빈칸 앞에는 숫자 3이 나와있고 빈칸 뒤에는 '小鸟(작은 새)', 즉, 동물이 있기 때문에 빈칸에는 동물을 셀 때 쓰는 양사인 '只'를 써야 한다. 참고로 '只'가 '단지, 오직'이라는 부사로 쓰일 때는 'zhǐ'이라고 발음되니 주의하도록 하자.

문제 8

| 今天我一共（ huā ）了20多块钱。 | 오늘 나는 총 20위안 정도를 썼다. |

분석 一共 yígòng 부 총, 합계 | 花 huā 동 쓰다, 소비하다

해설 문장 안에 술어 역할을 하는 단어가 없고, 빈칸 뒤에 '了'가 있기 때문에 빈칸에는 동사가 필요하다는 것을 알 수 있다. 또한, 목적어 자리에는 '钱(돈)'이 있기 때문에 이와 관련이 있으면서 'huā'라는 발음을 가진 동사 '花(쓰다, 소비하다)'가 빈칸에 들어간다.

문제 9

| 你带钱了吗？我还差3（ jiǎo ）5分。 | 너 돈 가져왔어? 나 0.35위안이 모자라. |

분석 带 dài 동 지니다, 휴대하다 | 差 chà 동 모자라다, 부족하다

해설 '钱(돈)'이 앞에 나와있고, 화폐 단위인 '分(펀, 元의 1/100)'을 통해 빈칸에는 '分'보다 한 단위 큰 화폐 단위인 '角(지아오, 元의 1/10)'를 써야 한다.

문제 10

| 外面下（ xuě ）了，你让孩子路上小心点儿。 | 바깥에 눈이 내렸어. 너 아이에게 길 위에서 조심하라고 해. |

분석 外面 wàimian 명 바깥 | 下雪 xiàxuě 동 눈이 내리다 | 小心 xiǎoxīn 동 조심하다

해설 빈칸 앞에 동사 '下(내리다)'와 뒤에 길 위로 조심하라는 내용을 통해 빈칸에는 '雪(눈)'를 써야 한다.

듣기 제3·4부분 실전 PT 정답 ▶p.286

1. C	2. B	3. B	4. A	5. C
6. A	7. B	8. C	9. B	10. C

문제 1

A 两百多年	A 200여 년
B 三百多年	B 300여 년
C 四百多年	C 400여 년

女：这个房子应该有很长历史了吧？	여: 이 집은 아마 긴 역사를 가지고 있겠지?
男：是啊，到今天有四百多年了。	남: 응, 오늘날까지 400여 년의 역사를 가지고 있어.
问：那个房子有多少年历史了？	질문: 그 집은 몇 년 동안의 역사를 가지고 있는가?

해설 보기에 공통적으로 숫자가 들어갔다는 점을 통해서 녹음에서는 수와 관련된 내용이 나올 것이라는 것을 유추할 수 있다. 다행히도 집의 역사를 정확하게 '四百多年(400여 년)'이라고 언급했기 때문에 답은 **C 四百多年**(400여 년)이다.

문제 2

A 在看书	A 책을 보고 있다
B 在开车	B 운전하고 있다
C 要上飞机了	C 비행기에 오르려고 한다

男：我正在开车，等会儿给你打回去。	남: 나는 운전하고 있어서 잠시만 기다리면 너에게 다시 걸게.
女：好的，那我等你电话。	여: 알겠어, 그러면 나는 네 전화를 기다릴게.
问：男的为什么不方便说话？	질문: 남자는 왜 통화를 하기 불편한가?

해설 남자는 첫마디에서 '我正在开车(나는 운전을 하고 있어)'라고 말하며 다시 전화를 걸겠다고 했다. 따라서 답은 **B 在开车**(운전하고 있다)이다.

문제 3

A 一分钱也没有	A 1위안 조차도 없다
B 票卖完了	B 표가 다 팔렸다
C 别看手机了	C 휴대전화를 보지 마라

男：你好，我要两张7月1号去北京的火车票。	남: 안녕하세요? 저는 7월 1일에 베이징으로 가는 기차표 두 장을 사려고 합니다.
女：三号以前的票都没有。	여: 3일 이전의 표는 모두 없습니다.
问：女的是什么意思？	질문: 여자는 무슨 의미인가?

해설 남자가 7월 1일 표를 사고 싶어하지만 여자는 3일 이전의 표는 없다고 한다. 즉, 표는 모두 팔렸다는 의미이기 때문에 답은 **B 票卖完了**(표가 다 팔렸다)이다. '票卖完了'라는 단어를 직접적으로 언급하지 않기 때문에, 문맥을 이해해야 답을 고를 수 있는 문제이다.

문제 4

A 开车
B 学习
C 骑自行车

A 운전하다
B 공부하다
C 자전거를 타다

女：前面是学校，学生很多，你开慢点儿。
男：我知道，我会注意的。
问：男的最可能在做什么?

여: 앞쪽이 학교야. 학생이 많으니 너 조금 천천히 운전해.
남: 나도 알아. 조심할 거야.
질문: 남자는 무엇을 하고 있을 가능성이 가장 높은가?

해설 여자가 한 말 중 '你开慢点儿(너 조금 천천히 운전해)'을 통해 남자가 운전 중이라는 것을 알 수 있다. '开'는 함께 쓰이는 명사에 따라 '(문을) 열다', '(꽃이) 피다', '(불을) 켜다', '(액체가) 끓다' 등 매우 다양하게 쓰이는 동사이므로 예문을 통해 그 쓰임을 파악해두면 좋다. 여기서는 문맥상 '운전하다'라는 의미로 쓰였다. 따라서 답은 **A 开车**(운전하다)이다.

문제 5

A 饱了
B 生病了
C 饿了

A 배가 부르다
B 병이 났다
C 배가 고프다

女：你是不是刷牙了? 怎么又吃呢?
男：我晚饭没吃饱，有点儿饿。
问：男的怎么了?

여: 너 이 닦지 않았어? 어째서 또 먹어?
남: 나 저녁을 배부르게 먹지 않아서 배가 조금 고파.
질문: 남자는 어떠한가?

해설 '怎么了'는 상태를 묻는 표현으로 남자의 상태를 묻고 있다. 남자가 '有点儿饿(배가 조금 고파)'라고 했기 때문에 답은 **C 饿了**(배가 고프다)이다.

문제 6

A 照片
B 电视
C 书

A 사진
B 텔레비전
C 책

女：这张照片上哪个是小王啊?
男：最左边那个是小王。
女：你们两个的关系不错?
男：是，我们两家以前住得很近，就像一家人一样。
问：他们在看什么?

여: 이 사진에서 누가 샤오왕이야?
남: 가장 왼쪽에 저 사람이 샤오왕이야.
여: 너희 둘의 관계가 좋구나?
남: 응, 우리 두 집은 이전에 아주 가까이 살아서 마치 한 가족 같았어.
질문: 그들은 무엇을 보고 있는가?

해설 여자의 첫마디에서 '这张照片上…(이 사진에서~)'이라고 말하는 것을 통해 **A 照片**(사진)을 보면서 누가 샤오왕인지 묻는 내용임을 알 수 있다.

문제 7

A 春节后 B 下周日 C 一个月后	A 춘절 이후 B 다음 주 일요일 C 한 달 후
男：你下周就回国了? 女：是的，下星期日的票，已经买好了。 男：回国后你有什么打算? 女：可能去学校教书吧，还没决定呢。 问：女的哪天回国?	남: 너 다음 주에 곧 귀국하지? 여: 응. 다음 주 일요일 표야. 이미 샀어. 남: 귀국 후에 너는 무엇을 할 계획이야? 여: 아마 학교에 가서 학생들을 가르칠 것 같은데, 아직 결정하지 않았어. 질문: 여자는 언제 귀국하는가?

해설 여자가 '下星期日(다음 주 일요일)'라고 말했지만 보기 B에서는 '下周日(다음 주 일요일)'라고 나왔기 때문에 헷갈릴 수 있다. '周'와 '星期'는 같은 표현이라는 것을 알아두자. 이처럼 같은 의미라도 다양한 어휘로 알아두면 문제 해결에 도움이 된다.

문제 8

A 很普通 B 有点儿短 C 还好	A 평범하다 B 조금 짧다 C 그런대로 좋다
女：你这件衬衫什么时候买的? 男：昨天刚买的。 女：在哪儿买的? 男：昨天下班经过那家新开的店，进去看了看，觉得不错，就买了。 问：男的觉得那件衬衫怎么样?	여: 너 이 셔츠 언제 산 거야? 남: 어제 막 산 거야. 여: 어디서 산 거야? 남: 어제 퇴근하고 그 새로 연 상점을 지나가다 들어가서 한번 봤는데 좋길래 바로 샀어. 질문: 남자는 그 셔츠가 어떻다고 생각하는가?

해설 남자가 셔츠에 대한 느낌을 '不错'라고 표현했다. '不错'는 '好'와 같은 의미로 '나쁘지 않다', 즉, '좋다, 괜찮다'라는 표현이다. 따라서 답은 C 还好(그런대로 좋다)가 된다.

문제 9

A 七张 B 四张 C 十张	A 7장 B 4장 C 10장
女：电影票多少钱一张? 男：七十。 女：好，我买四张。 男：好，你要买几点的? 问：女的要买几张电影票?	여: 영화표는 한 장에 얼마인가요? 남: 70위안이요. 여: 알겠습니다. 저 4장 살게요. 남: 네, 당신은 몇 시 표를 사려고 합니까? 질문: 여자는 몇 장의 영화표를 사려고 하는가?

해설 여자가 처음에 영화표가 한 장에 얼마인지 물었을 때 남자는 화폐 단위인 '元(위안)'을 생략한 채 '七十(70)'이라고 대답했다. 이때, A 七张(7장)이나 C 十张(10장)으로 잘못 들어서 답을 착각해서는 안 된다. 문제는 여자가 몇 장을 사려고 하는지 묻고 있기 때문에 답은 B 四张(4장)이다.

문제 10

A 五天 B 半年 C 还没决定	A 5일 B 반년 C 아직 결정하지 않았다
女: 你这次要离开多长时间? 男: 还没决定，两周或者三周吧。 女: 你这是第几次去那儿了? 男: 第五次。有什么事给我打电话、写电子邮件都可以。 问: 男的要出去多长时间?	여: 너 이번에 얼마 동안 떠날 거야? 남: 아직 결정하지 않았어. 2주 혹은 3주 정도야. 여: 너 이번이 몇 번째 그곳에 가는 거야? 남: 다섯 번째야. 무슨 일이 있으면 나한테 전화를 하거나 이메일을 써, 모두 가능해. 질문: 남자는 얼마 동안 나가있을 것인가?

해설 여자가 첫마디에 남자에게 얼마나 떠날 것인지 물었고, 남자가 '还没决定(아직 결정하지 않았다)'이라고 보기 C와 똑같이 대답했기 때문에 답은 **C 还没决定**(아직 결정하지 않았다)이다.

독해 제3부분 실전 PT 정답 ▶p.292

1. B　**2.** B　**3.** B　**4.** C　**5.** C
6. B　**7.** B　**8.** B　**9.** C　**10.** C

문제 1

你知道《百家姓》这本书吗？它主要介绍了中国人的姓。虽然叫《百家姓》，但其实中国人的姓比书中介绍的多。	너 「백가성」이 책을 아니? 이 책은 주로 중국인의 성을 소개했어. 비록 「백가성」이라고 부르지만, 사실 중국인의 성은 책에서 소개하는 것보다 훨씬 많아.
★《百家姓》介绍了： A 中国习惯 B 中国人的姓 C 姓出现的时间	★ 「백가성」이 소개하는 것은: A 중국의 풍습 B 중국인의 성 C 성이 출현한 시간

해설 '它'는 사람 이외의 사물이나 동물을 가리키는 지시대명사로 지문에서는 앞 문장에서 언급한 《百家姓》을 가리킨다. 두 번째 문장에서 '它主要介绍了中国人的姓(이 책은 주로 중국인의 성을 소개했어)'이라고 했기 때문에 답은 **B 中国人的姓**(중국인의 성)이다.

TIP 虽然 A, 但(是) B　suīrán A, dàn(shì) B　비록 A하지만 그러나 B하다

문제 2

了解一个人，除了要听他怎么说，还要看他怎么做。	한 사람을 이해하는 것은 그가 어떻게 말하는지 듣는 것 외에도 그가 어떻게 하는지 봐야 한다.
★ 了解一个人： A 要关心他 B 要听他怎么说 C 不需要看他怎么做	★ 한 사람을 이해하는 것은: A 그에게 관심을 가져야 한다 B 그가 어떻게 말하는지 들어야 한다 C 그가 어떻게 하는지는 볼 필요가 없다

해설 한 사람을 이해하려면 그의 말을 들어보고, 그의 행동을 잘 살펴봐야 한다고 말하고 있기 때문에 답은 **B 要听他怎么说**(그가 어떻게 말하는지 들어야 한다)이다. 보기 C와 같이 부정문이 쓰인 경우 오답일 확률이 높으니 주의해야 한다.

문제 3

这个空调用了8年了，几乎没出过什么问题。但儿子担心它声音太大，晚上会影响我和他爸爸休息，所以一定要换个新的。	이 에어컨은 8년째 사용하고 있는데, 거의 어떤 문제가 나타난 적이 없다. 그러나 아들은 그것의 소리가 너무 커서 저녁에 나와 (아이의) 아빠가 쉬는 것에 영향을 줄까 걱정한다. 그래서 반드시 새로운 것으로 바꿔야 한다.
★ 根据这段话，儿子： A 生病了 B 关心爸妈 C 不同意换空调	★ 이 문단에 근거해서 아들은: A 병이 났다 B 아빠와 엄마에게 관심을 가지고 있다 C 에어컨 바꾸는 것에 동의하지 않는다

해설 전체적인 해석을 통해 답을 찾아야 하는 문제이다. 아들은 에어컨 소리가 엄마 아빠의 휴식에 영향을 끼칠까 걱정하기 때문에 엄마 아빠에게 관심을 가지고 있다는 것으로 유추할 수 있다. 따라서 답은 **B 关心爸妈**(아빠와 엄마에게 관심을 가지고 있다)이다.

문제 4

我们还是坐船去吧，虽然比火车慢了5个小时，但是船票比火车票便宜多了。	우리 배를 타고 가는 것이 낫겠다. 비록 기차보다는 5시간 느리지만 배표가 기차표보다 훨씬 싸다.
★ 他们认为： A 要坐出租车 B 坐船时间短 C 火车票更贵	★ 그들이 생각하는 것은: A 택시를 타야 한다 B 배를 타는 시간이 짧다 C 기차표가 더 비싸다

해설 '但是(그러나)'는 전환관계 접속사로 상황을 전환하므로 '但是'가 나온 문장은 뒤에 나오는 내용을 잘 살펴야 한다. '船票比火车票便宜多了(배표가 기차표보다 훨씬 싸다)'라는 것을 통해 답은 **C 火车票更贵**(기차표가 더 비싸다)라는 것을 알 수 있다.

TIP A + 比 + B + 형용사 + 多了: A가 B보다 훨씬 더 ~하다

문제 5

这几年，他的汉语水平提高了不少，对中国的了解也越来越多，这跟他经常看中文报纸和节目有很大关系。	이 몇 년 동안 그의 중국어 수준은 적지 않게 향상되었고, 중국에 대한 이해도 점점 더 커졌다. 이것은 그가 자주 중국 신문과 프로그램을 보는 것과 많은 관계가 있다.
★ 关于他，可以知道： A 会唱中文歌 B 爱看体育比赛 C 中文水平提高了	★ 그에 관해서 알 수 있는 것은: A 중국 노래를 부를 줄 안다 B 스포츠 경기 보는 것을 좋아한다 C 중국어 실력이 향상되었다

해설 문장 시작 부분에 '他的汉语水平提高了不少(그의 중국어 수준은 적지 않게 향상되었다)'라고 나오기 때문에 답은 **C 中文水平提高了**(중국어 실력이 향상되었다)이다. '汉语'와 '中文'은 모두 '중국어'라는 의미인데 지문과 보기에 각각 다르게 표현되었다. 이처럼 같은 의미를 다양한 표현으로 알아두면 문제에 접근하기 편하다. 보기 A, B와 관련된 문장은 어디에도 없기 때문에 하나씩 지워가는 방법으로도 쉽게 답을 찾을 수 있는 문제이다.

TIP 跟…有关系 gēn…yǒu guānxi ~와 관계가 있다

문제 6

这里的西瓜**非常有名**，每年8月这里会举行一个西瓜节，所以，夏季有很多人来这儿玩儿。	이곳의 수박은 매우 유명하다. 매년 8월에 이곳은 수박 축제를 개최할 것이다. 그래서 여름에 많은 사람들이 이곳에 와서 논다.
★ 这个地方： A 常下雨 B 很有名 C 苹果有名	★ 이 장소는: A 자주 비가 내린다 B 유명하다 C 사과가 유명하다

해설 이 장소에 비가 자주 내린다는 내용은 없고, 사과가 아닌 수박이 유명하므로 A와 C는 답이 될 수 없다. 여름에는 많은 사람들이 놀러 오는 등의 전체적인 내용을 통해 이곳이 유명하다는 것을 알 수 있다. 따라서 답은 **B 很有名**(유명하다)이다.

문제 7

出国留学**对**很多年轻人**来说是一种锻炼**。因为一个人在外国，**不但**要学会照顾自己，**而且**还要学着解决自己以前没遇到过的问题。	해외에 나가 유학을 하는 것은 많은 젊은이들에게 있어서 일종의 단련이다. 왜냐하면 한 사람이 외국에서 자신을 돌보는 것을 배울 수 있을 뿐만 아니라, 게다가 스스로가 이전에 마주친 적이 없는 문제를 해결하는 것을 배울 수 있다.
★ 这段话主要想告诉我们，去国外留学： A 比较难 B 能锻炼自己 C 需要别人帮忙	★ 이 문단이 우리에게 주로 알리고 싶은 것은, 해외에 나가 유학하는 것이: A 비교적 어렵다 B 자신을 단련할 수 있다 C 다른 사람의 도움이 필요하다

해설 전체적인 내용이 유학을 통해서 스스로를 돌보고 문제 해결 방법을 배울 수 있다는 것이기 때문에 답은 **B 能锻炼自己**(자신을 단련할 수 있다)가 된다. 맨 앞에 유학이 일종의 '锻炼(단련)'이라고 한 부분에서 힌트를 얻을 수 있다.

TIP ① 对…来说 duì…láishuō ~에게 있어서, ~의 입장에서 보면
② 不但 A, 而且 B búdàn A, érqiě B A할 뿐만 아니라 게다가 B하다

문제 8

"6月的天，**孩子的脸，说变就变**。" 刚才还是大晴天，现在就要用伞了。雨越下越大，天也变得越来越黑，街上一辆出租车也找不到了。	'6월의 날씨와 아이의 얼굴은 자주 변한다.' 방금 전까지는 날이 아주 맑았는데 지금은 우산을 써야 한다. 비가 내리면 내릴수록 많이 오고, 날도 점점 어두워졌다. 거리에는 택시를 한 대도 찾을 수 없다.
★ 6月的天： A 热极了 B 变化快 C 一般不下雨	★ 6월의 날씨는: A 매우 덥다 B 변화가 빠르다 C 보통 비가 내리지 않는다

해설 6월 날씨는 아이의 얼굴처럼 변덕이 심해 맑았다가도 비가 많이 내리는 것처럼 변화가 빠르다는 것을 알 수 있다. 따라서 답은 **B 变化快**(변화가 빠르다)이다. 쌍따옴표 안에 나온 '说变就变'은 변화가 매우 빠르다는 말로 보기 B와 같은 의미이다.

문제 9

我上次买过这种面包，糖放得太多了，这次我想买别的。	나는 지난번에 이 빵을 산 적이 있는데 설탕이 너무 많이 들어가서 이번에 나는 다른 것을 사고 싶다.
★ 他觉得上次的面包: A 很贵 B 不新鲜 C 有点儿甜	★ 그는 지난번 빵이: A 비싸다고 느낀다 B 신선하지 않다고 느낀다 C 조금 달다고 느낀다

해설 지난번에 산 빵에 대해서 '糖放得太多了(설탕이 너무 많이 들어가다)'라고 했다. 그리고 이어서 이번에는 다른 것을 사고 싶다는 것을 토대로 지난번 빵이 달았다는 것을 알 수 있다. 따라서 답은 C 有点儿甜(조금 달다고 느낀다)이다.

문제 10

我弟弟是一名出租车司机，他每天早上都洗一下车。他常说，车就像人的衣服一样，车干净了，自己很开心，大家坐着也舒服。	내 남동생은 택시 운전기사다. 그는 매일 아침 차를 한번 닦는다. 차는 사람의 옷과 같아서 차가 깨끗해지면 자기도 기쁘고 모두가 타고 있기에도 편하다고 그는 자주 말한다.
★ 关于他弟弟，可以知道: A 买了辆新车 B 是公共汽车司机 C 经常洗车	★ 그의 남동생에 관해서 알 수 있는 것은: A 새 차를 샀다 B 버스 운전기사다 C 자주 세차한다

해설 '他每天早上都洗一下车(그는 매일 아침 차를 한번 닦는다)'라는 문장을 통해 답은 C 经常洗车(자주 세차한다)이다.

TIP 像…一样 xiàng…yíyàng ~와 같다

쓰기 제2부분 실전 PT 정답 ▶p.296

1. 西	2. 字	3. 事	4. 中	5. 子
6. 间	7. 眼	8. 快	9. 电	10. 梯

문제 1

看地图, 很容易, 上北, 下南, 左(xī), 右东, 明白了吗?	지도를 보는 것은 아주 쉬워. 위는 북, 아래는 남, 왼쪽은 서, 오른쪽은 동. 이해했어?

분석 地图 dìtú 명 지도 | 容易 róngyì 형 쉽다 | 明白 míngbai 동 알다, 이해하다

해설 빈칸 앞뒤에 '北(북)', '南(남)', '东(동)'이라는 방위사가 나열되어 있기 때문에, 이를 통해 빈칸에 들어갈 알맞은 답은 '西(서쪽)'라는 것을 알 수 있다.

문제 2

如果没有其他问题, 请在这儿写你的名(zi).	만약 다른 문제가 없다면, 여기에 당신의 이름을 써주세요.

| 분석 | 如果 rúguǒ 접 만약에 | 其他 qítā 대 기타, 다른 | 问题 wèntí 명 문제 | 名字 míngzi 명 이름
| 해설 | 빈칸 앞에 '名'과 병음 'zi'를 보고 빈칸에는 가장 적절한 답은 '名字(이름)'의 '字'이다.

문제 3

| 他以前没遇到过这样的（ shì ）情，所以也没想出来好办法。 | 그는 이전에 이러한 일을 마주친 적이 없다. 그래서 좋은 방법을 생각해낼 수도 없었다. |

| 분석 | 以前 yǐqián 명 이전 | 遇到 yùdào 동 마주치다 | 事情 shìqing 명 일 | 办法 bànfǎ 명 방법
| 해설 | 빈칸 뒤의 한자 '情'과 앞부분에 동사 '遇到(마주치다)'를 통해 빈칸에는 '事(일, 사정)'가 정답이다.
| TIP | 遇到事情 yùdào shìqing 문제(일)를 마주치다

문제 4

| 北京西站是（ zhōng ）国最大的火车站。 | 베이징 서역은 중국의 가장 큰 기차역이다. |

| 분석 | 最 zuì 부 가장, 최고 | 火车站 huǒchēzhàn 명 기차역
| 해설 | '北京(베이징)'과 빈칸 뒤의 '国'를 보고 정답은 '中国(중국)'의 '中'이라는 것을 알 수 있다.

문제 5

| 不是右边，我说的是左边的那个帽（ zi ）。 | 내가 말한 것은 오른쪽이 아니라 왼쪽의 저 모자야. |

| 분석 | 右边 yòubian 명 오른쪽 | 左边 zuǒbian 명 왼쪽 | 帽子 màozi 명 모자
| 해설 | 빈칸 앞에 '帽'와 병음 'zi'를 보고 빈칸에는 '帽子(모자)'의 '子'가 정답이다.

문제 6

| 老师，黑板中（ jiān ）的这个词是什么意思? | 선생님, 칠판 중간의 저 단어는 무슨 뜻이에요? |

| 분석 | 黑板 hēibǎn 명 칠판 | 中间 zhōngjiān 명 가운데 | 词 cí 명 단어
| 해설 | 빈칸 앞의 단어 '中'과 전체적인 내용을 통해 단어의 위치를 설명하고 있음을 알 수 있다. 따라서 빈칸에는 '中间(중간)'의 '间'이 들어가야 적절하다.

문제 7

| 就在这条街的西边，有个（ yǎn ）镜店。 | 바로 이 길의 서쪽에 안경점이 있다. |

| 분석 | 街 jiē 명 거리 | 眼镜店 yǎnjìngdiàn 명 안경점
| 해설 | 빈칸 뒤에 '镜'과 병음 힌트를 통해 빈칸에는 '眼镜(안경)'이라는 단어를 만들어주기 위해 '眼'을 써야 한다.

문제 8

| 祝你节日（　kuài　）乐！ | 명절 즐겁게 보내! |

분석 祝 zhù 동 축하하다, 축복하다 | 节日 jiérì 명 명절, 기념일 | 快乐 kuàilè 형 기쁘다, 유쾌하다

해설 '명절 즐겁게 보내'는 중국어로 '祝你节日快乐'이다. 따라서 답은 '快'이다.

문제 9

| 我的（　diàn　）脑还是有问题。 | 내 컴퓨터는 아무래도 문제가 있다. |

분석 电脑 diànnǎo 명 컴퓨터 | 问题 wèntí 명 문제

해설 빈칸 뒤에는 '脑'이고 'diàn'이라는 발음을 가지면서 '脑'와 같이 쓰일 수 있는 단어는 '电'이다.

문제 10

| 电（　tī　）坏了，我们走上去吧。 | 엘리베이터가 고장 났다. 우리 걸어 올라가자. |

분석 电梯 diàntī 명 엘리베이터 | 坏 huài 동 고장 나다

해설 빈칸 앞에는 '电'이 있고, 뒷부분에 '고장 났으니 걸어 올라가자'라는 내용을 통해 빈칸에는 '电梯(엘리베이터)'의 '梯'가 와야 적합하다.

Day 18

듣기 제1부분 실전 PT 정답　　　▶p.304

1. A 　2. E 　3. D 　4. C 　5. B
6. C 　7. E 　8. D 　9. A 　10. B

문제 1-5

A 　　B 　　C

D 　　E

문제 1

男：您好，这是您的葡萄，一共十五元。 女：好的，给你钱。	남: 안녕하세요? 이것은 당신의 포도입니다. 총 15위안입니다. 여: 알겠습니다. 돈 드릴게요.

단어 葡萄 pútáo 명 포도 | 给 gěi 동 주다 | 钱 qián 명 돈

해설 남자가 포도를 건네고 있다. 녹음에 '葡萄(포도)'라는 단어가 그대로 들리기 때문에 포도 사진인 **A**를 찾아주면 된다.

문제 2

女：出门前再检查一下你的行李，别忘了什么东西。 男：别担心，我已经检查好了。	여: 문을 나서기 전에 너의 짐을 다시 한번 점검해봐. 어떤 물건이든 잊으면 안 돼. 남: 걱정하지 마. 나 이미 잘 검사했어.

단어 再 zài 부 또, 다시 | 检查 jiǎnchá 동 검사하다, 검토하다 | 行李 xíngli 명 짐 | 忘 wàng 동 잊다 | 东西 dōngxi 명 물건 | 担心 dānxīn 동 걱정하다 | 已经 yǐjīng 부 이미

해설 여자가 '检查一下你的行李(너의 짐을 한번 검사해봐)'라는 말을 통해 가방과 짐들이 놓여있는 사진인 **E**가 정답이 된다.

TIP 检查行李 jiǎnchá xíngli 짐을 검사하다, 짐을 점검하다

문제 3

男：我听说爸爸年轻的时候特别喜欢运动，这是真的吗？ 女：当然是真的，他那时每天一回家，就出去踢足球，而且水平也非常好。	남: 제가 듣자 하니 아빠가 젊었을 때 운동하는 것을 특히 좋아했다던데, 이거 정말이에요? 여: 당연히 정말이지. 그는 그때 매일 집에 돌아오자마자 축구를 하러 나갔어. 게다가 실력도 매우 좋았지.

단어 年轻 niánqīng 형 젊다 | 特别 tèbié 부 특히, 특별히 | 运动 yùndòng 동 운동하다 | 一…就… yī…jiù… ~하자마자 ~하다 | 踢 tī 동 (발로) 차다 | 足球 zúqiú 명 축구 | 而且 érqiě 접 게다가 | 水平 shuǐpíng 명 수준, 실력

해설 대화 내용을 보면 아빠의 젊은 시절을 이야기하는 것을 알 수 있다. '特别喜欢运动(운동하는 것을 특히 좋아했다)'라는 남자의 말과 '就出去踢足球(바로 축구를 하러 나가다)'라는 여자의 말을 통해 축구를 하고 있는 사진인 **D**가 정답이다.

문제 4

女：下车吧，我们到了，这就是我的学校。 男：这么快到了？我以为很远呢。	여: 내리자, 우리 도착했어. 이게 바로 나의 학교야. 남: 이렇게 빨리 도착했어? 나는 먼 줄 알았어.

단어 下 xià 동 내리다 | 到 dào 동 도착하다 | 学校 xuéxiào 명 학교 | 远 yuǎn 형 멀다

해설 '下车'는 '차에서 내리다'라는 뜻으로 답은 차에서 내리고 있는 사진인 **C**가 된다.

TIP 以为 yǐwéi ~인 줄 알다 [주로 '~라고 여겼는데 사실은 아니었다'라는 의미를 내포함]

문제 5

男：我第一次听金老师唱歌，她唱得很好。 女：唱歌和跳舞，她都是高水平。	남: 나는 김 선생님이 노래 부르는 것을 처음 들어. 노래 잘 부른다. 여: 노래 부르는 것과 춤 추는 것 모두 그녀는 수준이 높아.

단어 唱歌 chànggē 동 노래를 부르다 | 跳舞 tiàowǔ 동 춤을 추다 | 高 gāo 형 높다

해설 | 남자의 말과 여자의 대답에서 '唱歌(노래 부르다)'라는 단어가 중복해서 쓰였다. 이런 점과 전체적인 대화 내용을 통해 여자가 노래를 부르고 있는 사진인 **B**가 정답이 된다.

문제 6-10

A
B
C
D
E

문제 6

女：怎么样？你的眼睛还不舒服吗？ 男：不舒服，我准备下班后去医院看看。	여: 어때? 네 눈 아직 불편해? 남: 불편해. 나 퇴근하고 병원에 가서 좀 볼 계획이야.

단어 | 眼睛 yǎnjing 명 눈 | 舒服 shūfu 형 편안하다 | 准备 zhǔnbèi 동 준비하다 | 下班 xiàbān 동 퇴근하다 | 医院 yīyuàn 명 병원

해설 | 여자가 '你的眼睛(네 눈)'이라고 말하며 남자의 눈 상태를 묻고 있다. 따라서 답은 남자가 눈을 비비고 있는 사진인 **C**이다. 신체 부위 중 어디가 불편한지에 관한 문제가 자주 출제되므로 다양한 신체 부위 명칭을 잘 기억해두자.

문제 7

男：你又在上网玩儿游戏？ 女：没有，我在网上买电影票，我们明天去看吧。	남: 너 또 인터넷 게임 중이야? 여: 아니, 나 인터넷에서 영화표를 샀어. 우리 내일 보러 가자.

단어 | 又 yòu 부 또 | 在 zài 부 ~하는 중이다 | 上网 shàngwǎng 동 인터넷을 하다 | 玩儿 wánr 동 놀다 | 游戏 yóuxì 명 게임 | 票 piào 명 표

해설 | 여자가 인터넷에서 영화표를 구매해서 내일 보러 가자고 제안하고 있다. 답은 노트북을 하며 카드를 들고 있는 사진인 **E**가 가장 적합하다.

TIP | 대화체에서 상대방의 물음에 '没有'라고 대답할 경우에는 '없다'라는 뜻 외에 '아니'라는 뜻으로도 쓰인다.

문제 8

女：外面还下雨吗？女儿今天没带伞。 男：没事，我等会儿去接她吧。	여: 바깥에 아직 비가 내려? 딸이 오늘 우산을 챙기지 않았어. 남: 괜찮아, 내가 기다렸다가 그녀를 마중 갈게.

단어 | 外面 wàimiàn 명 바깥 | 还 hái 부 아직, 여전히 | 下雨 xiàyǔ 동 비가 내리다 | 带 dài 동 지니다, 휴대하다 | 伞 sǎn 명 우산 | 接 jiē 동 맞이하다, 마중하다

해설 | 여자의 말을 통해 바깥에는 비가 오고 있다는 것을 알 수 있다. 따라서 비가 내리고 있는 배경에 아빠가 우산을 들고 딸을 안고 가는 사진인 **D**가 정답이다. 날씨와 관련된 표현을 묶어서 잘 기억해두자.

문제 9

女: 这只猫胖胖的, 真可爱。 男: 这是我们邻居的猫。	여: 이 고양이 아주 통통해, 정말 귀엽다. 남: 이 고양이는 우리 이웃의 고양이야.

단어 只 zhī 양 마리 | 猫 māo 명 고양이 | 胖 pàng 형 통통하다, 뚱뚱하다 | 邻居 línjū 명 이웃

해설 '只(마리)'는 짐승이나 동물을 세는 양사이고 '猫'는 '고양이'이다. 녹음에서 동물과 관련된 단어가 반복해서 등장하고 있고, 귀엽다는 내용을 통해 **A**가 정답임을 알 수 있다.

TIP 형용사를 중첩하면 강조를 나타내기 때문에 의미가 강해진다.

문제 10

男: 我们是去年春天结婚的, 你看, 这张照片就是那时候照的。 女: 你爱人真漂亮。	남: 우리는 작년 봄에 결혼했어. 너 봐, 이 사진은 그때 찍은 거야. 여: 네 아내분 정말 예쁘시다.

단어 春天 chūntiān 명 봄 | 结婚 jiéhūn 동 결혼하다 | 照片 zhàopiàn 명 사진 | 照 zhào 동 찍다 | 爱人 àiren 명 남편, 아내

해설 남자가 한 말 중 '结婚(결혼하다)', '这张照片(이 사진)'이란 단어를 통해 두 사람은 지금 결혼 사진을 보면서 이야기하고 있다는 것을 알 수 있다. 따라서 답은 결혼 사진인 **B**가 된다.

듣기 제2부분 실전 PT 정답 ▶p.306

| 11. ✓ | 12. X | 13. ✓ | 14. X | 15. ✓ |
| 16. ✓ | 17. X | 18. ✓ | 19. X | 20. X |

문제 11

★ 他没带照相机。 ( )	★ 그는 사진기를 챙기지 않았다.
春天来了, 花园里的花都开了, 如果带来照相机就好了。	봄이 왔고 화원의 꽃이 모두 피었다. 만약 사진기를 가져왔으면 좋았을 것이다.

단어 照相机 zhàoxiàngjī 명 사진기 | 花园 huāyuán 명 화원 | 开 kāi 동 (꽃이) 피다 | 如果 rúguǒ 접 만약에

해설 '如果'는 '만약에'라는 뜻으로 무언가를 가정할 때 사용한다. '如果' 뒤에 '带来照相机就好了(사진기를 가져왔으면 좋았을 것이다)'라는 내용을 통해 사진기를 가져오지 않았다는 것을 유추할 수 있다. 문제와 녹음에서의 표현이 달라 헷갈릴 수 있지만 같은 내용이다. 따라서 정답은 ✓이다.

문제 12

★ 他们正在看表演。 ( )	★ 그들은 공연을 보고 있는 중이다.
真是对不起, 我下午突然有点儿事, 我们下星期再一起去看表演好吗?	정말 미안해. 내가 오후에 갑자기 일이 조금 생겨서, 우리 다음 주에 다시 같이 공연을 보러 가도 괜찮겠니?

단어 正在 zhèngzài 부 ~하는 중이다 [진행] | 表演 biǎoyǎn 명 공연 | 突然 tūrán 부 갑자기 | 下星期 xiàxīngqī 명 다음 주

해설 '正在'는 '동작의 진행'을 나타낸다. 녹음에서 화자에게 일이 생겨 다음 주에 공연을 보러 가는 것은 어떤지 묻고 있기 때문에 현재 공연을 보고 있는 중이 아닌 것을 알 수 있다. 따라서 답은 X이다.

문제 13

★ 邻居们都喜欢王阿姨。　　（　　）	★ 이웃들은 모두 왕 아주머니를 좋아한다.
王阿姨是我们的邻居。她很爱笑，也很热情，认识她的人都很喜欢她。	왕 아주머니는 우리의 이웃이다. 그녀는 잘 웃고, 또한 친절하다. 그녀를 아는 사람들은 모두 그녀를 좋아한다.

단어 邻居 línjū 몡 이웃 | 阿姨 āyí 몡 아주머니, 이모 | 笑 xiào 동 웃다 | 热情 rèqíng 형 친절하다 | 认识 rènshi 동 알다

해설 왕 아주머니에 대한 설명이 나오고 마지막 '认识她的人都很喜欢她(그녀를 아는 사람들은 모두 그녀를 좋아한다)'라는 내용을 통해서 이웃들은 그녀를 좋아한다는 것을 알 수 있다. 따라서 정답은 ✓이다.

문제 14

★ 他在上海玩了很多地方。　　（　　）	★ 그는 상하이에서 많은 곳에 갔다.
我这次来上海，只能住两天，所以我只能选择一两个最有名的地方去看看，以后有机会再去别的地方。	나는 이번에 상하이에 와서 오직 이틀만 머무를 수 있다. 그래서 나는 한두 개의 가장 유명한 곳만 선택해 가서 조금 볼 수 밖에 없다. 이후에 기회가 있으면 다시 가서 다른 곳을 갈 것이다.

단어 地方 dìfang 몡 장소, 곳 | 只能 zhǐnéng 부 ~할 수밖에 없다 | 住 zhù 동 머무르다, 거주하다 | 选择 xuǎnzé 동 선택하다 | 最 zuì 부 가장, 최고 | 有名 yǒumíng 형 유명하다 | 机会 jīhuì 몡 기회

해설 '只能'은 '단지 ~할 수밖에 없다'라는 뜻으로 그가 단지 이틀밖에 머무를 수 없어서 많은 곳에 가지 못하기 때문에 기회가 생기면 다음 번에 다른 곳에 갈 것이라는 내용이다. 그는 많은 곳에 가지 못했으므로 답은 X이다.

문제 15

★ 小李没参加考试。　　（　　）	★ 샤오리는 시험에 참가하지 않았다.
这次的汉语水平考试，我们班除了小李没来，其他三十八个人都参加了。听金老师说，十七号就可以知道成绩了。	이번 HSK시험은 우리 반에서 샤오리가 오지 않은 것 외에, 다른 38명은 모두 참가했다. 김 선생님 말을 들어보니, 17일에 바로 성적을 알 수 있다고 한다.

단어 参加 cānjiā 동 참가하다 | 考试 kǎoshì 몡 시험 | 除了 chúle 접 ~을 제외하고 | 知道 zhīdào 동 알다 | 成绩 chéngjì 몡 성적

해설 '除了(~을 제외하고)'의 뜻을 정확히 알고 있어야 문제를 풀 수 있다. 샤오리는 오지 않았고, 그 외에는 모두 왔다고 했기 때문에 샤오리는 시험에 참가하지 않았다는 것을 알 수 있다. 따라서 답은 ✓이다.

TIP 听…说 tīng…shuō ~의 말을 듣자 하니

문제 16

★ 老王第一次坐船。　　　（　　）	★ 라오왕은 처음 배를 탄다.
我看老王的脸色不太好，一问才知道昨天晚上没睡好。他说，他第一次坐船，以为和坐车没什么不同，他现在明白了，差得远了。	내가 보니 라오왕의 안색이 그다지 좋지 않았다. 물어보고 나서야 어제 저녁에 잠을 잘 자지 못했다는 것을 알았다. 그가 말하길, 그는 처음 배를 타는데 차를 타는 것과 별다를 것이 없을 줄 알았다고 한다. 그는 차이가 크다는 것을 지금에야 알게 됐다.

단어 坐 zuò 동 타다, 앉다 | 船 chuán 명 배, 선박 | 脸色 liǎnsè 명 안색 | 睡 shuì 동 자다 | 明白 míngbai 동 알다, 이해하다

해설 라오왕의 안색이 좋지 않아 그에게 묻자 그는 '他第一次坐船(그는 처음 배를 탄다)'이라고 말했다. 문제와 녹음에서 똑같은 표현으로 언급했기 때문에 쉽게 답을 고를 수 있다. 따라서 답은 ✓이다.

TIP 差得远 chà de yuǎn 차이가 많다, 차이가 심하다

문제 17

★ 这本书主要介绍历史。　　　（　　）	★ 이 책은 주로 역사를 소개한다.
这本书可以买给孩子读，它介绍了世界上很多国家的节日，可以使孩子了解不同国家的文化。	이 책은 아이에게 사서 읽어줄 만하다. 이것은 세계 여러 국가들의 기념일을 소개했다. 아이들에게 다른 국가의 문화를 이해하게 할 수 있다.

단어 主要 zhǔyào 부 주로, 대부분 | 介绍 jièshào 동 소개하다 | 历史 lìshǐ 명 역사 | 读 dú 동 읽다 | 世界 shìjiè 명 세계 | 使 shǐ 동 ~하게 하다 | 了解 liǎojiě 동 알다, 이해하다 | 文化 wénhuà 명 문화

해설 '它(이것)'는 앞 문장에 나온 '这本书(이 책)'를 가리킨다. 이 책은 세계 여러 국가의 기념일을 주로 소개하고 있다고 했지 역사를 소개한다는 말은 언급되지 않았다. '介绍(소개하다)' 뒤에 어떤 것을 소개하는지 집중해서 들어야 한다. 따라서 답은 ✗이다.

문제 18

★ 他的成绩不错。　　　（　　）	★ 그의 성적은 좋다.
昨天，我在电子信箱里看到了我的成绩单，我的成绩比过去有了很大提高。今天一天我都很快乐。	어제 나는 이메일 우편함에서 내 성적표를 봤다. 내 성적은 과거에 비해 많은 향상이 있었다. 오늘 하루 나는 매우 기쁘다.

단어 不错 búcuò 형 좋다, 괜찮다 | 电子信箱 diànzǐ xìnxiāng 명 이메일 우편함 | 成绩单 chéngjìdān 명 성적표 | 提高 tígāo 동 향상시키다

해설 화자의 말 중 '我的成绩比过去有了很大提高(내 성적은 과거에 비해 많은 향상이 있었다)'라며 기쁘다는 언급을 통해 성적이 좋다는 것을 유추할 수 있다. 따라서 답은 ✓이다.

문제 19

★ 会议已经结束了。　　　（　　）	★ 회의는 이미 끝났다.
我现在正在开会，不方便说话，等会议结束，我就给你打电话，好吗？	나는 지금 회의 중이라서 말을 하기 불편해. 회의가 끝나면 내가 너에게 바로 전화를 걸게. 알겠지?

단어 会议 huìyì 명 회의 | 已经 yǐjīng 부 이미 | 结束 jiéshù 동 끝나다 | 开会 kāihuì 동 회의하다 | 方便 fāngbiàn 형 편리하다

해설 '正在'는 진행 상태를 나타내므로 회의는 아직 끝나지 않았음을 알 수 있다. 따라서 답은 X이다. 녹음에서 '会议结束(회의가 끝나다)'라는 표현이 들리기 때문에 답을 헷갈릴 수 있지만 앞에 '等'이 붙어 있다. 즉, 회의가 끝나기를 '기다리다'라는 뜻이므로 아직 회의는 끝나지 않았다.

TIP 等 + 시점: ~을 기다리다

문제 20

★ 弟弟拿了第一名。　　　　　（　　）	★ 남동생은 1등을 했다.
为了这次比赛，弟弟准备了两个多月，希望他能拿到好成绩。	이번 시합을 위해 남동생은 두 달 정도 준비했다. 그가 좋은 성적을 거둘 수 있기를 희망한다.

단어 拿 ná 동 쥐다, 받다 | 为了 wèile 전 ~을 위해 | 比赛 bǐsài 명 시합, 경기 | 希望 xīwàng 동 바라다, 희망하다 | 能 néng 조동 ~할 수 있다

해설 문제에 나온 '拿了第一名'은 '1등을 했다'라는 완료의 뜻이지만 녹음에서는 좋은 성적을 거두기를 '希望(희망한다)'고 했기 때문에 그의 성적은 아직 알 수가 없다. 따라서 답은 X이다.

듣기 제3·4부분 실전 PT 정답　　　　　　　　　　▶p.307

| 21. C | 22. B | 23. C | 24. A | 25. A |
| 26. A | 27. C | 28. C | 29. A | 30. A |

문제 21

A 办公室里 B 教室里 C 电梯里	A 사무실 안 B 교실 안 C 엘리베이터 안
女: 喂，你声音太小，我听不清楚，你大点儿声。 男: 我现在在电梯里，我一会儿再打给你吧。 问: 男的现在在哪儿？	여: 여보세요? 네 목소리가 너무 작아서 내가 분명하게 들을 수가 없어. 너 소리를 좀 더 크게 내. 남: 나 지금 엘리베이터 안에 있어. 내가 조금 이따 다시 전화를 걸게. 질문: 남자는 지금 어디에 있는가?

단어 声音 shēngyīn 명 목소리, 소리 | 清楚 qīngchu 형 분명하다, 명확하다 | 现在 xiànzài 명 현재, 지금 | 电梯 diàntī 명 엘리베이터 | 打 dǎ 동 (전화를) 걸다

해설 보기를 살펴보고 대화 속 장소를 파악해야 하는 것을 알 수 있다. 여자가 잘 들리지 않는다는 말에 남자가 '我现在在电梯里(나 지금 엘리베이터 안에 있어)'라고 한다. 남자가 어디 있는지에 대해 녹음에서도 보기 C와 동일하게 나오기 때문에 정답은 C 电梯里(엘리베이터 안)이다.

문제 22

A 洗手 B 休息会儿 C 开空调	A 손을 씻다 B 잠시 쉬다 C 에어컨을 켜다
男: 累不累? 我们休息会儿? 女: 好, 你口渴不? 喝水吗? 问: 女的希望怎么样?	남: 피곤해? 우리 잠시 쉴까? 여: 좋아, 너 목 마르니? 물 마실래? 질문: 여자는 어떻게 하길 희망하는가?

단어 累 lèi 형 피곤하다 | 休息 xiūxi 동 쉬다, 휴식하다 | 渴 kě 형 갈증 나다 | 开 kāi 동 켜다, 작동하다 | 空调 kōngtiáo 명 에어컨 | 洗 xǐ 동 씻다 | 手 shǒu 명 손

해설 남자의 '我们休息会儿? (우리 잠시 쉴까?)'이라는 질문에 여자가 '好(좋아)'라고 하며 긍정적인 답변을 한다. 따라서 여자는 **B 休息会儿**(잠시 쉬다) 하길 원한다.

문제 23

A 8年 B 9年 C 10年	A 8년 B 9년 C 10년
女: 你说汉语说得真好! 你学了多久? 男: 从8岁到现在学了10年了。 问: 男的学了多久了?	여: 너 중국어 정말 잘한다! 얼마나 배웠어? 남: 8살부터 지금까지 10년째 배우고 있어. 질문: 남자는 얼마 동안 배우고 있는가?

단어 汉语 Hànyǔ 명 중국어 | 说 shuō 동 말하다 | 学 xué 동 배우다 | 久 jiǔ 형 오래다

해설 여자가 남자에게 중국어를 공부한 기간을 묻고 있다. 여자가 남자에게 물어본 질문과 문제에 나온 질문이 '学了多久? (얼마나 배웠어?)'로 동일하기 때문에 비교적 답을 쉽게 찾을 수 있다. 보기가 모두 숫자로 기간을 묻고 있으므로 그 부분을 집중해서 메모하며 들어야 한다. 8살부터 배우기 시작했다는 부분에서 숫자 8이 나와서 헷갈릴 수 있지만 배운 시점이 아닌 배운 기간을 묻고 있으므로 답은 **C 10年**이다. 문제를 정확히 듣는 연습을 하자.

TIP 从 + A + 到 + B: A에서부터 B까지

문제 24

A 奶奶 B 朋友 C 邻居	A 할머니 B 친구 C 이웃
男: 你们去旅游的话, 谁来照顾狗呢? 女: 我们会把它放在奶奶家, 请奶奶照顾它, 奶奶也很喜欢它。 问: 女的会请谁来照顾她的狗?	남: 너희 여행 가면 누가 와서 개를 돌봐? 여: 우리는 개를 할머니 댁에 놓고, 할머니한테 돌봐달라고 부탁할 거야. 할머니도 개를 정말 좋아하시거든. 질문: 여자는 누구에서 그녀의 개를 돌봐달라고 부탁할 것인가?

단어 旅游 lǚyóu 동 여행하다 | 谁 shéi 대 누구 | 照顾 zhàogù 동 돌보다, 보살피다 | 狗 gǒu 명 개 | 请 qǐng 동 부탁하다, 요청하다

해설 할머니도 개를 좋아하시기 때문에 할머니 댁에 맡길 것이라는 내용으로 답은 **A 奶奶**(할머니)가 된다.

TIP [把 + 목적어] + 放在 + 장소: (목적어)를 (장소)에 놓다

문제 25

A 二层
B 回家
C 洗手间

A 2층
B 집으로 돌아가다
C 화장실

女: 帽子在几层?
男: 我看看，一层是家电，二层是衣帽，我们去二层。
问: 他们现在要去哪儿?

여: 모자는 몇 층에 있어?
남: 내가 한번 볼게. 1층은 가전이고 2층이 의류와 모자네. 우리 2층으로 가자.
질문: 그들은 지금 어디로 가려고 하는가?

단어 帽子 màozi 명 모자 | 在 zài 동 있다 | 层 céng 명 층 | 家电 jiādiàn 명 가전 | 衣帽 yīmào 명 의류와 모자

해설 여자가 모자가 있는 위치를 묻고 있고, 남자가 알아본 결과 2층에서 의류와 모자를 판매하고 있기 때문에 '我们去二层(우리 2층으로 가자)'이라고 했다. 따라서 답은 **A 二层**(2층)이다.

문제 26

A 男的
B 女儿
C 老师们

A 남자
B 딸
C 선생님들

男: 怎么样? 最近好点儿了吗?
女: 医生说我很快就能出院了，放心吧。
男: 下次你一定要注意。
女: 知道了。
问: 女的想让谁放心?

남: 어때? 요즘 좀 좋아졌어?
여: 의사가 말하길 나 곧 퇴원할 수 있대. 안심해.
남: 다음 번엔 너 반드시 주의해야 해.
여: 알겠어.
질문: 여자는 누구를 안심시키고 싶은가?

단어 最近 zuìjìn 명 요즘, 최근 | 医生 yīshēng 명 의사 | 出院 chūyuàn 동 퇴원하다 | 放心 fàngxīn 동 안심하다 | 一定 yídìng 부 반드시 | 要 yào 조동 ~해야 한다 | 注意 zhùyì 동 주의하다

해설 '吧'는 문장 끝에 쓰여 상대방에게 제안이나 권유를 나타내는 조사로, 여자가 남자에게 '放心吧(안심해)'라고 말한 것을 통해 여자는 **A 男的**(남자)를 안심시키고 싶다는 것을 알 수 있다.

문제 27

A 李老师
B 同学的男朋友
C 高中同学

A 이 선생님
B 학우의 남자친구
C 고등학교 동창

男: 我今天在路上看见小李了。
女: 就是你以前常说的那个高中同学?
男: 是，一开始我都没认出来，他比以前瘦了，头发也长了。
女: 这么多年没见面，当然会觉得变化大。
问: 男的遇见谁了?

남: 나 오늘 길에서 샤오리를 봤어.
여: 네가 이전에 자주 말한 그 고등학교 동창?
남: 응, 처음에 나는 못 알아봤어. 그는 이전에 비해 살이 빠졌고, 머리카락도 길어졌어.
여: 이렇게 수년 동안 만나지 않았으니 당연히 변화가 크다고 느낄 거야.
질문: 남자는 누구를 마주쳤는가?

단어 路 lù 명 길 | 以前 yǐqián 명 이전 | 同学 tóngxué 명 학우 | 瘦 shòu 형 마르다 | 头发 tóufa 명 머리카락 | 觉得 juéde 동 느끼다, 생각하다 | 变化 biànhuà 명 변화

| 해설 | 남자가 길에서 샤오리를 봤다는 말에 여자가 '那个高中同学(그 고등학교 동창)'냐고 물었고, 남자가 '是(응)'이라고 대답했다. 따라서 답은 C 高中同学(고등학교 동창)이다. 보기가 모두 인물에 대해 나와있으므로 그 부분을 잘 들어야 한다. |

문제 28

A 图书馆	A 도서관
B 家里	B 집 안
C 商店	C 상점

女：这把椅子有点儿低，坐着不舒服。	여: 이 의자는 조금 낮아서 앉아있는 것이 불편해.
男：没关系，我们上四层去看看吧，那儿也有。	남: 상관없어. 우리 4층에 올라가서 좀 보자. 거기에도 있어.
女：还有桌子，我们也一起换吧。	여: 그리고 책상도 우리 같이 바꾸자.
男：同意。我们先看桌子和椅子，然后再看看别的。	남: 동의해. 우리 먼저 책상이랑 의자를 보고, 그 다음에 다른 것을 다시 한번 보자.
问：他们最可能在哪儿？	질문: 그들은 어디에 있을 가능성이 가장 높은가?

| 단어 | 椅子 yǐzi 명 의자 | 有点儿 yǒudiǎnr 부 조금, 약간 | 低 dī 형 낮다 | 桌子 zhuōzi 명 책상 | 换 huàn 동 바꾸다 | 同意 tóngyì 동 동의하다 |

| 해설 | 녹음에 장소가 직접적으로 언급되지 않기 때문에 대화하는 상황을 통해 장소를 유추해야 한다. '桌子和椅子(책상과 의자)'처럼 가구와 관련된 단어들이 등장하고, '换(바꾸다)', '上四层去看看(4층에 올라가서 좀 보자)' 등을 통해 그들이 있는 장소는 C 商店(상점)이라는 것을 유추할 수 있다. |

문제 29

A 没拿眼镜	A 안경을 가져오지 않았다
B 不想学习	B 공부하고 싶지 않다
C 没带铅笔	C 연필을 챙기지 않았다

女：我忘记拿眼镜了。	여: 나 안경 가져오는 것을 잊었어.
男：黑板上的字你能看清楚吗？	남: 칠판 위의 글자 너 분명히 볼 수 있어?
女：有点儿看不清楚，我们坐前面吧。	여: 조금 분명하게 보이지 않아. 우리 앞쪽에 앉자.
男：好的。	남: 알겠어.
问：女的怎么了？	질문: 여자는 왜 그런가?

| 단어 | 忘记 wàngjì 동 잊다 | 拿 ná 동 가지다 | 眼镜 yǎnjìng 명 안경 | 黑板 hēibǎn 명 칠판 | 字 zì 명 글자 | 清楚 qīngchu 명 명확하다, 분명하다 | 坐 zuò 동 앉다 | 前面 qiánmiàn 명 앞쪽 |

| 해설 | 여자의 첫마디에서 '我忘记拿眼镜(나 안경 가져오는 것을 잊었어)'이라고 했다. 만약 여자의 첫마디를 놓쳤더라도 칠판의 글자가 분명히 보이지 않아서 앞쪽에 앉자고 하는 부분을 통해서 여자가 A 没拿眼镜(안경을 가져오지 않았다)이라는 것을 유추할 수 있다. |

문제 30

A 8:05	A 8:05
B 8:50	B 8:50
C 9:05	C 9:05

| 女: 喂，我已经到国家图书馆了，你到哪儿了？
男: 我还有一两站才到，你等我一会儿。
女: 不着急，才八点零五，还有时间。
男: 好的，一会儿见。
问: 现在几点了？ | 여: 여보세요? 나는 이미 국가도서관에 도착했는데 너 어디쯤 도착했어?
남: 나 아직 한두 정거장 있어야 비로소 도착해. 너 나를 잠시만 기다려.
여: 서두르지 마, 아직 8시 05분이야. 아직 시간 있어.
남: 알겠어, 이따 보자.
질문: 지금은 몇 시인가? |

단어 已经 yǐjīng 부 이미 | 到 dào 동 도착하다 | 还 hái 부 더, 아직 | 站 zhàn 명 역, 정거장 | 才 cái 부 아직, 겨우 | 着急 zháojí 동 급하다, 서두르다 | 时间 shíjiān 명 시간

해설 남자가 아직 도착하지 못한 상황이다. 이에 여자는 조급해하지 말라며 '才八点零五(아직 8시 05분이야)'라고 말했다. '零'은 숫자 '0'을 뜻하는 단어로 답은 A 8:05이다.

독해 제1부분 실전 PT 정답 ▶p.315

| 1. B | 2. D | 3. E | 4. C | 5. A |
| 6. C | 7. A | 8. D | 9. E | 10. B |

문제 1-5

문제 1

| 1. 你上次去的那家饭馆儿离这儿远吗？
B 不太远，就在这条街的后面。 | 1. 네가 지난번에 간 그 식당은 여기에서 멀어?
B 그다지 멀지 않아. 이 길 뒤쪽에 있어. |

단어 饭馆儿 fànguǎnr 명 식당 | 离 lí 전 ~에서부터 | 远 yuǎn 형 멀다 | 街 jiē 명 길, 거리 | 后面 hòumiàn 명 뒤쪽

해설 1번 문제의 뒷부분에서 의문형으로 '远吗? (멀어?)'라고 하며 거리를 묻고 있다. 이와 연결되는 문장을 보기에서 찾으면 첫 문장이 '不太远(그다지 멀지 않아)'으로 시작되는 보기 B가 적합하다. 따라서 1번은 보기 B와 서로 호응하는 문장이다.

문제 2

| 2. 蓝小姐，这个帽子真漂亮，谢谢你。
D 不客气，你喜欢就好。 | 2. 란 아가씨, 이 모자 정말 예뻐요. 고마워요.
D 별말씀을요. 당신이 좋으면 됐어요. |

단어 帽子 màozi 명 모자 | 真 zhēn 부 정말, 진짜 | 喜欢 xǐhuan 동 좋아하다

| 해설 | '谢谢(고마워요)'에 대한 대답은 주로 '不客气(별말씀을요)'라고 한다. 따라서 2번은 보기 D와 서로 호응하는 문장이다. 다양한 감정 표현과 그에 대한 알맞은 대답을 잘 기억해두자. |

문제 3

| E 雨下得越来越大了，你带伞了吗？
3. 没有，我早上出门的时候还是晴天呢。 | E 비가 점점 많이 내린다. 너 우산 챙겼어?
3. 아니, 나 아침에 문을 나설 때는 그래도 날이 맑았어. |

| 단어 | 越来越…了 yuèláiyuè…le 점점 더 ~해지다 | 带 dài 동 지니다, 휴대하다 | 伞 sǎn 명 우산 | 晴 qíng 형 맑다 |

| 해설 | 문제 3번의 첫 문장이 '没有(아니)'로 물음에 대한 대답이기 때문에 보기에서 해당 문제에 대한 질문을 찾아야 한다. 문제의 내용이 날씨와 관련되어 있으며, 보기 E 역시 날씨와 관련된 문장이고 우산을 챙겼는지 묻고 있으므로 '没有'로 답하면 적합하다. 따라서 두 문장 보기 E와 3번은 이어지는 문장이다. |

문제 4

| C 8点了，快起床，吃早饭。
4. 我不饿，让我再睡会儿。 | C 8시야. 빨리 일어나서 아침밥 먹어.
4. 나는 배 안 고파. 나 좀 더 자게 해줘. |

| 단어 | 起床 qǐchuáng 동 기상하다 | 早饭 zǎofàn 명 아침밥 | 饿 è 형 배고프다 | 让 ràng 동 ~하게 하다 | 再 zài 부 더, 또 | 睡 shuì 동 자다 |

| 해설 | 4번 문제에 '不饿(배가 고프지 않다)', '睡(자다)' 이 두 핵심 단어를 보고 보기 문장들 중 관련된 단어를 찾으면 '吃饭(밥을 먹다)', '起床(일어나다)'과 같이 반대되는 단어가 등장하는 C가 있다. 따라서 보기 C와 4번이 서로 호응하는 문장이다. |

문제 5

| 5. 妈妈，你给我讲这个故事吧？
A 好，但听完了就要睡觉啊。 | 5. 엄마, 나에게 이 이야기를 해주실래요?
A 좋아, 하지만 다 들으면 바로 잠을 자야 해. |

| 단어 | 给 gěi 전 ~에게 | 讲 jiǎng 동 말하다, 이야기하다 | 故事 gùshi 명 이야기 | 但 dàn 접 그러나 |

| 해설 | 문제 5번에서는 아이가 엄마에게 이야기를 해달라고 제안하고 있다. 보기 중 A의 앞부분 '好(좋아)'와 문맥을 통해 아이의 제안에 동의한다는 것을 알 수 있다. 따라서 5번은 보기 A와 서로 호응하는 문장이다. |

문제 6-10

문제 6

| 6. 我今天早上在路上遇到以前的邻居老马了。
C 他搬走以后，这是我们第一次见面。 | 6. 나 오늘 아침 길에서 이전에 이웃이었던 라오마와 마주쳤어.
C 그가 이사 간 후에 이것이 우리가 처음 만난 거야. |

| 단어 | 遇到 yùdào 동 마주치다 | 以前 yǐqián 명 이전 | 邻居 línjū 명 이웃 | 搬 bān 동 옮기다, 이사하다 |

| 해설 | 문제 6번은 전에 이웃이었던 라오마를 만났다는 내용으로, 문장 중 '遇到(마주치다)'와 비슷한 단어인 '见面(만나다)'이 보기 C에도 등장했다. 또한, 보기 C의 '搬走(이사 가다)'를 통해서도 내용상 6번과 보기 C가 서로 호응하는 문장이라는 것을 알 수 있다. '搬'은 '옮기다', '운반하다'라는 뜻이며, '이사하다'라는 의미로도 쓰인다. |

문제 7

7. 电梯坏了，我们只能走上去。 A 是，还好我们办公室在5层。	7. 엘리베이터가 고장 나서 우리 걸어서 올라갈 수밖에 없어. A 맞아, 그래도 우리 사무실이 5층에 있어서 다행이야.

단어 电梯 diàntī 명 엘리베이터 | 坏 huài 동 고장 나다, 망가지다 | 走 zǒu 동 걷다 | 办公室 bàngōngshì 명 사무실

해설 문제 7번은 엘리베이터가 고장 나서 걸어서 올라갈 수밖에 없는 상황이다. '还好我们办公室在5层(다행히 우리 사무실이 5층에 있다)'이라고 대답하는 보기 A를 통해 7번과 보기 A가 서로 호응하는 문장이라는 것을 알 수 있다.

문제 8

D 这儿附近有家饭馆儿，牛肉做得很不错。 8. 我相信你一定会喜欢的。	D 여기 근처에 식당이 있는데 소고기를 아주 잘해. 8. 난 네가 반드시 좋아할 것이라고 믿어.

단어 附近 fùjìn 명 근처, 부근 | 牛肉 niúròu 명 소고기 | 不错 búcuò 형 좋다, 괜찮다 | 相信 xiāngxìn 동 믿다 | 会 huì 조동 ~할 것이다

해설 문제 8번은 핵심 단어가 없으므로 전체적인 해석을 통해 답을 찾아야 한다. 보기 D는 근처 식당에 소고기 요리가 괜찮다는 내용으로 문제 8번의 '你一定会喜欢(네가 반드시 좋아할 것이다)'과 의미상 이어질 수 있다. 따라서 보기 D는 문제 8번과 서로 호응하는 문장이다.

문제 9

E 王阿姨每天很忙。 9. 除了工作学习以外，她还要照顾孩子。	E 왕 아주머니는 매일 바쁘다. 9. 일하고 공부하는 것 외에 그녀는 또 아이를 돌봐야 한다.

단어 忙 máng 형 바쁘다 | 工作 gōngzuò 동 일하다 | 学习 xuéxí 동 공부하다, 학습하다 | 还 hái 부 또, 더 | 要 yào 조동 ~해야 한다 | 照顾 zhàogù 동 돌보다, 보살피다 | 孩子 háizi 명 아이

해설 문제 9번에는 해야 하는 일들이 다양하게 나열되어 있기 때문에 보기 E의 '很忙(바쁘다)'과 연결하면 적합하다. 또한, 9번의 주어는 '她(그녀)'인데, 보기 E의 주어인 '阿姨(아주머니, 이모)' 역시 여자를 가리키는 단어이기 때문에 주어가 똑같이 여자라는 점을 통해서도 보기 E와 문제 9번이 서로 호응하는 문장이라는 힌트를 얻을 수 있다.

TIP 除了⋯以外, 还⋯ chúle⋯yǐwài, hái⋯ ~이외에 또 ~하다

문제 10

B 菜点完了，你想喝什么? 啤酒? 10. 晚上要开车，喝杯茶或者苹果汁吧。	B 요리를 다 주문했어. 너 뭐 마시고 싶어? 맥주? 10. 저녁에 운전을 해야 해서 차나 사과 주스를 마실게.

단어 菜 cài 명 요리 | 点 diǎn 동 주문하다 | 喝 hē 동 마시다 | 啤酒 píjiǔ 명 맥주 | 开车 kāichē 동 운전하다 | 茶 chá 명 차 | 或者 huòzhě 접 또는, 혹은 | 苹果汁 píngguǒzhī 명 사과 주스

해설 문제 10번과 보기 B 모두 '喝(마시다)'라는 동사가 쓰였으며, '啤酒(맥주)', '茶(차)', '苹果汁(사과 주스)' 등 음료와 관련된 단어가 두 문장 모두 계속해서 등장하고 있기 때문에 보기 B와 문제 10번이 연결되는 문장임을 쉽게 알 수 있다.

독해 제2부분 실전 PT 정답 ▶p.317

11. A	12. C	13. D	14. B	15. E
16. D	17. C	18. E	19. A	20. B

문제 11-15

A 音乐	B 但是	C 打扫	D 简单	E 终于
A 음악	B 그러나	C 청소하다	D 간단하다	E 마침내

문제 11

你跟我一样，我也喜欢一边走路，一边听（　　）。

너 나랑 똑같네. 나도 길을 걸으면서 (음악) 듣는 것을 좋아해.

단어 跟 gēn 전 ~와 | 也 yě 부 ~도, 역시 | 走 zǒu 동 걷다 | 路 lù 명 길

해설 동사 뒤에 빈칸이 왔기 때문에 목적어가 필요하다. 문맥상 '听(듣다)'의 목적어로 들어갈 만한 단어는 **A 音乐**(음악)이다.

TIP 一边 A, 一边 B yìbiān A, yìbiān B A하면서 B하다

문제 12

我（　　）房间，你洗碗筷，怎么样？

나는 방을 (청소할게). 너는 그릇과 젓가락을 씻어, 어때?

단어 房间 fángjiān 명 방 | 洗 xǐ 동 씻다, 닦다 | 碗筷 wǎnkuài 명 그릇과 젓가락

해설 주어와 목적어 사이가 빈칸이므로 빈칸에는 동사술어가 필요하다. 목적어 '房间(방)'과 함께 쓸 수 있는 단어는 **C 打扫**(청소하다)이다.

문제 13

其实问题不像你想的那么（　　）。

사실 문제는 네가 생각한 것처럼 그렇게 (간단하지) 않다.

단어 其实 qíshí 부 사실 | 问题 wèntí 명 문제 | 像 xiàng 동 닮다 | 想 xiǎng 동 생각하다

해설 정도를 나타내는 '那么(그렇게)' 뒤가 빈칸이므로 빈칸에는 형용사가 필요하다. 보기 중에는 형용사가 **D 简单**(간단하다) 하나뿐이다.

문제 14

虽然这两个问题有不一样的地方，（　　）解决的办法是相同的。

비록 이 두 문제는 같지 않은 부분이 (있지만), 해결하는 방법은 서로 같다.

단어 虽然 suīrán 접 비록 ~하지만 | 解决 jiějué 동 해결하다 | 办法 bànfǎ 명 방법 | 相同 xiāngtóng 동 서로 같다

해설 쉼표 뒤가 바로 빈칸인데, 문장 맨 앞을 보면 접속사 '虽然(비록 ~하지만)'이 나와 있다. 이를 통해 빈칸에는 '虽然'과 짝을 이루어 쓰이는 접속사인 **B 但是**(그러나)가 들어가야 하는 것을 알 수 있다. '虽然 A, 但是 B'로 짝을 이루어 '비록 A하지만 B하다'라는 의미로 쓰인다.

문제 15

（　　）完成了，大家可以好好休息一下了。

(마침내) 다 했다. 모두들 잘 쉴 수 있게 되었다.

단어 完成 wánchéng 동 완성하다, 다 하다 | 可以 kěyǐ 조동 ~할 수 있다 | 休息 xiūxi 동 쉬다, 휴식하다

해설 술어 앞이 빈칸이지만 보기에는 주어로 들어갈 만한 단어가 없다. 따라서 술어를 수식할 수 있는 부사인 **E 终于**(마침내)가 답이 된다. 문맥상으로도 '마침내 다 했다'라는 의미가 되어야 적합하다.

문제 16-20

A 舒服	B 比较	C 或者	D 见面	E 张
A 편하다	B 비교적	C 또는	D 만나다	E 종이나 평평한 물건을 세는 단위

문제 16

A: 我们在哪儿（　　　）？ B: 国家图书馆东门吧，那儿离你家比较近。	A: 우리 어디에서 (만나)? B: 국가도서관 동문에서 보자. 그곳은 너희 집에서 비교적 가까워.

단어 哪儿 nǎr 대 어디 | 图书馆 túshūguǎn 명 도서관 | 离 lí 전 ~에서부터 | 比较 bǐjiào 부 비교적 | 近 jìn 형 가깝다

해설 전치사구 '在哪儿(어디에서)' 뒤가 빈칸이므로 빈칸에는 술어가 들어가야 한다. B의 대답을 보면 만날 장소에 대해 말하고 있기 때문에 답은 D 见面(만나다)이다.

문제 17

A: 我爸快过生日了，我送他什么礼物好呢？ B: 给他买件衬衫，（　　　）买个帽子。	A: 우리 아빠가 곧 생신인데 내가 아빠에게 어떤 선물을 드리면 좋을까? B: 아빠에게 셔츠를 사드리거나 (또는) 모자를 사드려.

단어 过 guò 동 (시간 등을) 보내다 | 生日 shēngrì 명 생일 | 送 sòng 동 보내다. 주다 | 礼物 lǐwù 명 선물 | 买 mǎi 동 사다 | 衬衫 chènshān 명 셔츠

해설 A가 '我送他什么礼物好呢? (내가 아빠에게 어떤 선물을 드리면 좋을까?)'라고 물었다. 이에 B는 두 가지 선물을 추천하고 있다. '买件衬衫(셔츠를 사다)'과 '买个帽子(모자를 사다)' 두 가지 제안 사이가 빈칸이므로 두 문장을 연결해줄 수 있는 접속사가 필요하다. 따라서 보기 중 가장 적절한 답은 C 或者(또는)이다.

TIP 快…了 kuài…le 곧 ~할 것이다 [임박태]

문제 18

A: 昨天我生日，女儿送给我一（　　　）她画的画儿。 B: 那你一定很高兴吧?	A: 어제 내 생일이었어. 딸이 나에게 그녀가 그린 한 (장)의 그림을 줬어. B: 그러면 너 정말 기쁘겠구나.

단어 给 gěi 전 ~에게 | 画 huà 동 그리다 | 画儿 huàr 명 그림 | 那 nà 접 그러면, 그렇다면 | 高兴 gāoxìng 형 기쁘다

해설 수사나 지시대명사가 명사를 수식할 때 그 사이에는 각각의 명사를 세는 단위인 양사가 필요하다. 빈칸 뒤에서 '她画的(그녀가 그린)'이란 수식어가 '画儿(그림)'을 꾸미고 있기 때문에 수사와 양사가 수식하고자 하는 명사가 무엇인지 잘 파악해야 한다. 즉, 이 문제에서는 숫자 '一(1, 일)' 뒤와 명사 '画儿(그림)' 앞이 빈칸이다. 따라서 빈칸에는 그림을 셀 때 쓰이는 양사인 E 张(종이나 평평한 물건을 세는 단위)이 들어가는 것이 적절하다.

TIP '수양명, 지양명'을 기억하자! [수사 + 양사 + 명사] [지시대명사 + 양사 + 명사]

문제 19

A: 医生，这两天我的耳朵不太（　　　）。 B: 先请坐，我给你检查一下。	A: 의사선생님, 요 이틀 제 귀가 그다지 (편하지) 않아요. B: 먼저 앉으세요. 제가 한번 검사해볼게요.

단어 医生 yīshēng 명 의사 | 耳朵 ěrduo 명 귀 | 检查 jiǎnchá 동 검사하다, 진찰하다

| 해설 | 빈칸 앞에 있는 정도부사를 통해 빈칸에는 형용사가 필요하다는 것을 알 수 있다. 내용상으로도 병원에 가서 '귀가 불편하다'라고 말하는 상황이 적합하므로 답은 **A 舒服**(편하다)이다. 앞에 부정부사 '不'가 있으므로 의미상 빈칸에는 긍정 어휘가 들어가야 한다. |

문제 20

| A: 考试成绩出来了吗？考得怎么样？
B: 还可以，这次的题（　　）简单，我都会做。 | A: 시험 성적 나왔어? 시험 본 거 어때?
B: 그런대로 괜찮아. 이번 문제가 (비교적) 간단해서 나는 다 할 수 있었어. |

| 단어 | 考试 kǎoshì 명 시험 | 成绩 chéngjì 명 성적 | 考 kǎo 동 (시험을) 보다 | 题 tí 명 문제 | 简单 jiǎndān 형 간단하다 | 会 huì 조동 ~할 수 있다 | 做 zuò 동 하다 |

| 해설 | 형용사 '简单(간단하다)' 앞이 빈칸이고 그 앞엔 주어가 있다. 형용사가 술어로 쓰일 땐 앞에 정도부사와 함께 쓰여야 한다. 따라서 답은 보기에서 유일한 정도부사인 **B 比较**(비교적)가 된다. |

독해 제3부분 실전 PT 정답 ▶p.319

| 21. B | 22. C | 23. C | 24. A | 25. C |
| 26. B | 27. A | 28. C | 29. A | 30. B |

문제 21

| 我叫王月，第一个字是我的姓，中国人的名字和你们国家的不太一样。中国人的姓是放在前面的，而且一般都是一个字。 | 나는 왕위에라고 불린다. 첫 글자는 나의 성이다. 중국인의 이름과 너희 나라의 이름은 그다지 같지 않다. 중국인의 성은 앞쪽에 놓는다. 또한, 일반적으로 모두 한 글자이다. |
| ★ 根据这段话，中国人的名字:
A 比较长
B 姓在前面
C 一共三个字 | ★ 이 말에 근거해서 중국인의 이름은:
A 비교적 길다
B 성이 앞쪽에 있다
C 총 세 글자이다 |

| 단어 | 姓 xìng 명 성씨 | 名字 míngzi 명 이름 | 一样 yíyàng 동 같다 | 放 fàng 동 놓다 | 前面 qiánmiàn 명 앞쪽 | 而且 érqiě 접 게다가, 또한 | 一般 yìbān 형 보통, 일반적으로 | 都 dōu 부 모두 |

| 해설 | 지문을 읽기 전, 우선 문제가 무엇인지 파악해서 그 부분을 집중해서 봐야 정답을 찾기 쉽다. 즉, 이 문제에서는 중국인의 이름과 관련된 답을 찾아야 한다. 보기 A와 C의 내용은 나와있지 않았고 '中国人的姓是放在前面的(중국인의 성은 앞쪽에 놓는다)'라고 했기 때문에 답은 **B 姓在前面**(성이 앞쪽에 있다)이 된다. |

TIP　A + 和 + B + 一样: A와 B는 같다
　　　　A + 和 + B + 不(太)一样: A와 B는 (그다지) 같지 않다

문제 22

我是一个小学老师,教学生画画儿。每次下课前,我会把下次学生要准备的东西写在黑板上,但每次上课时,都有学生忘了拿铅笔。	나는 초등학교 선생님이다. 학생에게 그림 그리는 것을 가르친다. 매번 수업이 끝나기 전에 나는 다음 번에 학생이 준비해야 할 물건을 칠판 위에 적는다. 하지만 매번 수업할 때 어떤 학생은 연필 가져오는 것을 잊는다.
★ 学生会忘记拿什么? A 纸 B 手表 C 铅笔	★ 학생은 무엇을 가져오는 것을 잊는가? A 종이 B 손목시계 C 연필

단어 教 jiāo 동 가르치다 | 画 huà 동 그리다 | 画儿 huàr 명 그림 | 下课 xiàkè 동 수업이 끝나다 | 准备 zhǔnbèi 동 준비하다 | 写 xiě 동 쓰다 | 黑板 hēibǎn 명 칠판 | 上课 shàngkè 동 수업하다 | 忘 wàng 동 잊다 | 铅笔 qiānbǐ 명 연필

해설 문제를 먼저 보고 '학생이 무엇을 잊는지' 그 부분을 주목해야 한다. 칠판에 준비물을 써줌에도 불구하고 '有学生忘了拿铅笔(어떤 학생은 연필 가져오는 것을 잊는다)'라고 지문에 나와있기 때문에 답은 **C 铅笔**(연필)이다.

문제 23

小李是2018年3月来公司的,虽然时间短,但他做事一直很努力,很认真,同事们都很喜欢他。	샤오리는 2018년 3월 회사에 왔다. 비록 기간은 짧지만 그는 항상 노력하고 열심히 일을 한다. 직장 동료들은 모두 그를 좋아한다.
★ 根据这段话,可以知道小李: A 总是迟到 B 对工作没兴趣 C 参加工作了	★ 이 단락에 근거해서 샤오리에 대해 알 수 있는 것은: A 항상 지각한다 B 일에 흥미가 없다 C 취업했다

단어 公司 gōngsī 명 회사 | 短 duǎn 형 짧다 | 事 shì 명 일 | 一直 yìzhí 부 계속, 줄곧 | 努力 nǔlì 형 노력하다 | 认真 rènzhēn 형 열심히 하다, 진지하다 | 同事 tóngshì 명 직장 동료

해설 '2018年3月来公司(2018년 3월 회사에 왔다)'라는 것은 즉, 샤오리가 취직했다는 의미이다. 따라서 답은 **C 参加工作了**(취업했다)이다.

TIP 虽然 A, 但(是) B suīrán A, dàn(shì) B 비록 A하지만 B하다

문제 24

做蛋糕其实很简单,如果你有兴趣,我可以教你。我们要先准备面、鸡蛋、牛奶和水果这些东西,然后就可以开始了。	케이크를 만드는 것은 사실 간단하다. 만약 네가 흥미가 있다면 내가 너에게 가르쳐줄 수 있다. 우리는 먼저 밀가루, 달걀, 우유와 과일 이것들을 준비해야 한다. 그 다음에 바로 시작할 수 있다.
★ 说话人认为: A 做蛋糕很容易 B 蛋糕很贵 C 蛋糕很好吃	★ 화자가 생각하기에: A 케이크를 만드는 것은 쉽다 B 케이크는 비싸다 C 케이크는 맛있다

단어 蛋糕 dàngāo 명 케이크 | 简单 jiǎndān 형 간단하다 | 兴趣 xìngqù 명 흥미 | 面 miàn 명 밀가루 | 鸡蛋 jīdàn 명 달걀 | 开始 kāishǐ 동 시작하다

| 해설 | 첫 문장에서 '做蛋糕其实很简单(케이크를 만드는 것은 사실 간단하다)'라고 나온다. '简单(간단하다)'과 '容易(쉽다)'는 같은 의미이기 때문에 답은 **A 做蛋糕很容易**(케이크를 만드는 것은 쉽다)이다.

문제 25

对不起，我可能会迟到十几分钟，走到半路我才发现没带钱包，现在回去拿，你如果先到，就去公园旁边的那个咖啡馆等我一会儿。	미안해, 나 아마 10분 정도 늦을 것 같아. 길의 반을 와서야 나는 비로소 지갑을 챙기지 않았다는 것을 알고, 지금 가지러 돌아가. 만약 네가 먼저 도착하면 바로 공원 옆 그 카페에 가서 나를 잠시만 기다려줘.
★ 说话人为什么又回去了? A 来客人了 B 没带手机 C 没带钱包	★ 화자는 왜 다시 돌아갔는가? A 손님이 왔다 B 휴대전화를 챙기지 않았다 C 지갑을 챙기지 않았다

| 단어 | 可能 kěnéng 부 아마도 \| 迟到 chídào 동 지각하다 \| 分钟 fēnzhōng 명 분 [시간 단위] \| 发现 fāxiàn 동 발견하다, 알다 \| 钱包 qiánbāo 명 지갑 \| 公园 gōngyuán 명 공원 \| 旁边 pángbiān 명 옆쪽

| 해설 | 지문에서 화자가 다시 돌아간 이유를 찾아야 한다. 중간 부분에 '走到半路我才发现没带钱包(길의 반을 와서야 비로소 내가 지갑을 챙기지 않았다는 것을 알았다)'라는 내용을 통해 **C 没带钱包**(지갑을 챙기지 않았다)가 답이 된다. 지문과 정답에 똑같이 '没带钱包'라고 나와있기 때문에 쉽게 답을 찾을 수 있다.

문제 26

我们周末要去上海旅游，听说上海现在比我们这儿热多了，都可以穿裙子了。	우리 주말에 상하이에 가서 여행을 할 건데, 듣자 하니 상하이는 지금 우리 여기보다 훨씬 더워서 치마를 입을 수 있대.
★ 他们那儿现在: A 是冬季 B 不能穿裙子 C 跟上海一样冷	★ 그들의 그곳은 현재: A 겨울이다 B 치마를 입을 수 없다 C 상하이와 똑같이 춥다

| 단어 | 周末 zhōumò 명 주말 \| 旅游 lǚyóu 동 여행하다 \| 热 rè 형 덥다 \| 穿 chuān 동 입다, 신다 \| 裙子 qúnzi 명 치마

| 해설 | 지금 있는 곳과 상하이를 비교하며, 상하이는 더워서 치마를 입을 수 있다는 내용을 통해 지금 화자가 있는 그곳은 치마를 입을 수 없다는 사실을 유추할 수 있다. 따라서 답은 **B 不能穿裙子**(치마를 입을 수 없다)이다. 상하이가 여기보다 덥다고 해서 여기가 겨울인지는 알 수 없으며, 상하이는 덥다고 했으므로 A와 C는 정답이 될 수 없다.

문제 27

现在，我们做个练习，请大家用黑板上的这几个词语写一个小故事，最少100字，下课前给我，听明白了吗?	지금 우리 연습을 하나 해요. 모두들 칠판 위의 이 몇 개의 단어를 이용해서 하나의 짧은 이야기를 쓰세요. 최소 100자이고 수업이 끝나기 전에 저에게 주세요. 잘 알아들었나요?
★ 说话人最可能是做什么的? A 老师 B 医生 C 司机	★ 화자는 무엇을 하는 사람일 가능성이 가장 높은가? A 선생님 B 의사 C 운전기사

| 단어 | 练习 liànxí 동 연습하다 \| 用 yòng 동 사용하다 \| 几 jǐ 대 몇 \| 词语 cíyǔ 명 단어, 어휘 \| 写 xiě 동 쓰다 \| 故事 gùshi 명 이야기 \| 最 zuì 부 가장 \| 少 shǎo 형 적다 \| 给 gěi 동 주다

Day 19 111

| 해설 | 지문에서 '下课前给我(수업이 끝나기 전에 저에게 주세요)'라는 부분과 전체적인 문맥을 파악해보면 화자는 수업을 하고 있는 선생님이라는 것을 알 수 있다. '下课'는 '수업이 끝나다'라는 뜻으로 보기에서 관련된 직업은 **A 老师**(선생님)뿐이다.

문제 28

经常生气容易使人变老，所以遇到不高兴的事情的时候，我总是告诉自己："没关系，这些都会过去的，明天又是新的一天。"	자주 화를 내는 것은 쉽게 사람을 늙게 한다. 그래서 기쁘지 않은 일과 마주했을 때 나는 항상 스스로에게 말한다. '괜찮아, 이것들도 모두 지나갈 거야. 내일은 또 새로운 하루야.'
★ 根据这段话，我们应该： A 忘记过去 B 少用电脑 C 少生气	★ 이 단락에 근거해서 우리는 마땅히: A 과거를 잊어야 한다 B 컴퓨터를 적게 사용해야 한다 C 화를 적게 내야 한다

| 단어 | **经常** jīngcháng 튀 종종, 자주 | **生气** shēngqì 동 화내다 | **容易** róngyì 형 쉽다 | **使** shǐ 동 ~하게 하다 | **变** biàn 동 변하다 | **老** lǎo 형 늙다 | **遇到** yùdào 동 마주치다 | **事情** shìqing 명 일, 사건 | **总是** zǒngshì 튀 늘, 줄곧 | **告诉** gàosu 동 말하다, 알리다 | **过去** guòqù 동 지나가다

| 해설 | 단락 앞뒤 부분에 주제가 나오는 경우가 많다. 이 단락의 경우에도 맨 앞부분을 보면 '经常生气容易使人变老(자주 화를 내는 것은 쉽게 사람을 늙게 한다)'라고 말하고 있다. 이 문장에 근거해서 우리는 **C 少生气**(화를 적게 내야 한다)가 정답임을 알 수 있다. 또한 그 문장 뒤에도 '过去(과거)'나 '电脑(컴퓨터)'와 관련된 내용은 나오지 않으며, 화를 적게 내고 긍정적으로 생각하는 화자를 통해서도 정답을 알 수 있다.

문제 29

上午的考试很容易，就是让孩子们用刚学会的词语讲一个小故事，孩子们都很聪明，讲得非常好。	오전 시험은 쉬웠다. 아이들로 하여금 막 배워서 할 수 있는 단어를 사용해서 하나의 짧은 이야기를 말해보도록 했다. 아이들은 모두 똑똑해서 아주 잘 이야기했다.
★ 上午孩子们： A 故事讲得很好 B 考得很差 C 很难过	★ 오전에 아이들은: A 이야기를 아주 잘 말했다 B 시험을 너무 못 봤다 C 매우 고통스러웠다

| 단어 | **上午** shàngwǔ 명 오전 | **让** ràng 동 ~하게 하다 | **刚** gāng 튀 막 | **聪明** cōngming 형 똑똑하다 | **讲** jiǎng 동 말하다, 이야기하다

| 해설 | 단락 맨 앞에서부터 오전 시험은 쉬웠다고 언급했으며, '孩子们都很聪明，讲得非常好(아이들은 모두 똑똑해서 아주 잘 이야기했다)'라고 한 부분을 통해서 답은 **A 故事讲得很好**(이야기를 아주 잘 말했다)이다.

문제 30

这个地方的茶特别有名，每年春季有一次茶文化节，很多人都会来参加，有些人是从国外来的。	이곳의 차는 특히나 유명하다. 매년 봄에 차 문화제가 한 차례 있는데, 많은 사람들이 와서 참가할 것이다. 어떤 사람들은 해외에서 온다.
★ 那个地方的茶： A 不好喝 B 很有名 C 太甜了	★ 그곳의 차는: A 마시기 좋지 않다 B 유명하다 C 너무 달다

| 단어 | **地方** dìfang 명 곳, 장소 | **茶** chá 명 차 | **有名** yǒumíng 형 유명하다 | **春季** chūnjì 명 봄 | **参加** cānjiā 동 참가하다 | **从** cóng 전 ~에서부터 | **国外** guówài 명 해외

| 해설 | 단락 맨 앞에서 '这个地方的茶特别有名(이곳의 차는 특히나 유명하다)'이라고 했다. 또한, 해외에서 올 정도라고 했으니 정답은 쉽게 B 很有名(유명하다)임을 알 수 있다. |

쓰기 제1부분 실전 PT 정답 ▶p.325

1. 我们先看看菜单。 우리는 먼저 메뉴를 좀 볼게요.
2. 这次出现的问题跟上次相同。 이번에 출제된 문제는 지난번과 같다.
3. 那个孩子看书看得非常快。 그 아이는 책을 매우 빨리 읽는다.
4. 弟弟不喜欢用铅笔写字。 남동생은 연필을 사용해서 글씨 쓰는 것을 좋아하지 않는다.
5. 妈妈不让我看电视。 엄마는 내가 TV를 보지 못하게 한다.
6. 这本书被他借走了。 이 책은 그에 의해 빌려가졌다.
7. 飞机马上就要起飞了。 비행기가 곧 이륙할 것이다.
8. 我已经把电脑放在房间里了。 나는 이미 컴퓨터를 방 안에 놓았다.
9. 我们这儿的风景太美了。 우리 이곳의 풍경은 매우 아름답다.
10. 我打算去上海旅游。 나는 상하이로 여행을 갈 계획이다.

문제 1

菜单　　先　　我们　　看看

| 단어 | 菜单 càidān 명 메뉴 | 先 xiān 부 먼저 |
| 해설 | 술어가 될 수 있는 단어는 동사 '看(보다)'의 중첩인 '看看(좀 보다)'이며, 보는 동작을 하는 주어가 될 수 있는 단어는 대명사 '我们(우리)', 보여지는 대상인 목적어는 나머지 명사 '菜单(메뉴)'이다. '先(먼저)'은 부사로 술어 앞에 배열하여 문장을 완성한다. |

문제 2

这次　　相同　　跟　　上次　　问题　　出现的

| 단어 | 相同 xiāngtóng 형 서로 같다 | 跟 gēn 전 ~와/과 | 次 cì 명 번 | 问题 wèntí 명 문제 | 出现 chūxiàn 동 나타나다, 출현하다 |
| 해설 | 술어가 될 수 있는 단어는 형용사 '相同(서로 같다)'이며, 형용사 뒤에는 목적어가 올 수 없으므로 나머지 단어들을 앞쪽에 배열해야 한다. '出现的(출현한)' 뒤에는 꾸밈을 받을 명사 '问题(문제)'가 오고 '跟(~와/과)'은 전치사로 혼자 쓰일 수 없기에 뒤에 시간명사 '上次(지난번)'를 붙여 술어 앞으로 데려간다. 해석상 '이번에 출현한 문제는 지난번과 같다'라고 되어야 자연스럽기 때문에 주어 자리에는 '这次出现的问题(이번에 출제된 문제)'를 써야 한다. |

문제 3

孩子　　看得　　那个　　书　　非常快　　看

| 단어 | 孩子 háizi 명 아이 | 非常 fēicháng 부 매우 | 快 kuài 형 빠르다 |

해설 동사 뒤에 '得'를 통해 정도보어 문장을 만들어야 한다는 것을 알 수 있으며, '得' 앞에 나온 '看'이 술어라는 것을 알 수 있다. '지시대명사 + 양사' 형태인 '那个' 뒤에는 명사 '孩子'를 붙여 주어 자리에 배열한다. 정도보어 문장에서 목적어는 술어 바로 뒤에 위치하고, 그 뒤에 술어를 다시 한 번 반복하므로 '看书看得'를 차례대로 배열한다. 마지막으로 문장 끝에는 정도보어 '非常快'를 놓아 문장을 완성한다.

TIP 주어 + (술어) + 목적어 + 술어 + 得 + 정도보어

문제 4

铅笔　弟弟　写字　不喜欢　用

단어 铅笔 qiānbǐ 명 연필 | 用 yòng 동 사용하다

해설 동사가 여러 개 배열된 것을 보고 먼저 관련 있는 동사와 목적어를 알맞게 짝지어야 한다. '写字(글씨를 쓰다)'는 이미 동사와 목적어로 이루어져 있다. '用(사용하다)'은 '铅笔(연필)'와 연결해 준다. 연필을 사용해서 글씨를 쓰는 것이 흐름에 맞기 때문에, 먼저 일어나는 동작 '用铅笔', 그 다음 동작 '写字' 순으로 배열한다. 주어는 '弟弟(남동생)'이고 주어 뒤 술어 자리에는 '不喜欢(좋아하지 않다)'으로 남동생은 이러한 동작 전체를 싫어한다는 의미를 나타낸다.

문제 5

不　电视　让我　看　妈妈

단어 电视 diànshì 명 텔레비전 | 让 ràng 동 ~하게 하다

해설 '让'을 보고 겸어문을 떠올려야 한다. 동작을 하게 하는 첫 번째 주어는 '妈妈(엄마)'이고 '让我(나로 하여금)' 뒤에는 '我(나)'가 하는 동작 '看电视(텔레비전을 보다)'를 쓴다. '不'는 '부정부사'로 겸어문에서 부사와 조동사는 첫 번째 술어 앞에 들어가기 때문에 '让' 앞에 배열한다.

TIP 주어 + 让 + 겸어(목적어1/주어2) + 술어2 + 목적어2: (주어)가 (겸어)로 하여금 ~하게 하다

문제 6

他　走了　这本书　被　借

단어 被 bèi 전 ~을 당하다 | 借 jiè 동 빌리다. 빌려주다

해설 '被'가 들어간 문장은 어떤 행위를 당함을 강조하는 문장으로 행위를 당하는 대상이 주어 자리에, 행위를 가하는 대상은 '被' 뒤에 붙어서 쓰인다. 그가 책에게 어떤 행위를 당할 수 없으므로 주어 자리에는 '这本书(이 책)'가 와야 한다. '책이 빌려가졌다'라는 의미로 술어는 '借(빌리다)', 술어 뒤 기타성분 자리에는 '走了(갔다)'가 온다. '被'는 전치사로, 행위를 가하는 대상인 '他(그)'와 같이 전치사구를 이뤄 술어 '借' 앞에 배열한다.

TIP 행위를 당하는 대상 + [被 + 행위를 가하는 대상] + 술어 + 기타성분

문제 7

马上　起飞了　就要　飞机

단어 马上 mǎshàng 부 곧 즉시 | 起飞 qǐfēi 동 이륙하다

해설 '起飞(이륙하다)' 뒤에 '了'가 붙어있다고 무조건 동작이 완료되었다고 생각해서는 안 된다. 배열된 단어를 보면 '就要'가 있기 때문에 임박태라는 것을 알 수 있어야 한다. '就要…了'는 임박태로 동작의 발생이 머지않았음을 알려준다. 주어는 '飞机(비행기)', '马上'은 '곧, 즉시'라는 뜻의 부사로, 임박태 앞에 자주 쓰여 '곧 동작이 발생한다'라는 의미를 더욱 강조한다.

문제 8

把电脑　　房间里了　　已经　　放在　　我

단어 电脑 diànnǎo 명 컴퓨터 | **房间** fángjiān 명 방 | **已经** yǐjīng 부 이미 | **放** fàng 동 놓다

해설 '把'를 보고 처치를 나타내는 문장인 '把'자문을 만들어야 함을 알 수 있다. 우선 술어 '放(놓다)' 뒤에는 '在(~에)'가 붙어 있으므로 그 뒤에 장소 명사 '房间里了(방 안)'를 쓴다. 주어는 '我(나)'이며 '把'는 전치사로 목적어 '电脑(컴퓨터)'와 전치사구를 이뤄 술어 앞에 온다. 부사 '已经(이미)'은 전치사구 앞에 위치해야 한다.

TIP 주어 + [把 + 목적어] + 술어 + 在 + 장소

문제 9

风景　　美了　　我们这儿的　　太

단어 风景 fēngjǐng 명 풍경 | 美 měi 형 아름답다

해설 술어는 '美(아름답다)'로 형용사술어이다. 따라서 앞에는 '太(매우)'라는 정도부사가 와야 하며, 형용사는 목적어를 동반할 수 없기 때문에 나머지 명사들을 알맞게 주어 자리에 배치한다. '我们这儿的(우리 이곳의)' 뒤에는 명사가 와야 하므로 '风景(풍경)'을 붙여 주어 자리에 놓으면 된다.

TIP 太…了 tài…le 매우 ~하다

문제 10

打算　　旅游　　去　　我　　上海

단어 打算 dǎsuàn 동 ~할 계획이다 | 旅游 lǚyóu 동 여행하다

해설 술어가 될 수 있는 단어가 여러 개 있다. 동사 '打算'은 '~할 계획이다'라는 의미를 갖는데, 주로 동사 또는 동사구 등이 목적어 자리에 온다. 즉, 무엇을 하기를 계획하는지 그 의미에 따라 배열하면 된다. 먼저 상하이에 가야 여행을 할 수 있기 때문에 순서에 따라 '去上海旅游(상하이에 가서 여행하다)'라고 배열하고 이것을 술어 '打算'의 뒤 목적어 자리에 놓으면 된다.

쓰기 제2부분 실전 PT 정답 ▶p.327

| 11. 要 | 12. 快 | 13. 开 | 14. 从 | 15. 觉 |
| 16. 打 | 17. 长 | 18. 儿 | 19. 季 | 20. 太 |

문제 11

他是我最好的朋友，总是在我最需(yào)帮助的时候出现。

그는 나의 가장 좋은 친구이다. 항상 내가 가장 도움이 필요할 때 나타난다.

단어 总是 zǒngshì 부 항상 | 最 zuì 부 가장 | 帮助 bāngzhù 동 돕다 | 出现 chūxiàn 동 출현하다, 나타나다

해설 빈칸 앞에 나온 '需'와 빈칸 뒤에 '帮助(도움)'를 통해 도움이 '需要(필요하다)'라는 뜻으로 빈칸에는 '要'를 써야 한다.

문제 12

祝你生日（　kuài　）乐！	생일 축하해!

단어 祝 zhù 동 기원하다, 축하하다 ｜ 生日 shēngrì 명 생일

해설 익숙한 문장이 한눈에 들어와서 바로 '생일 축하해'라는 문장이 되도록 빈칸을 채워야 한다는 것을 알 수 있다. 정확히는 '너의 생일이 기쁘기를 바란다'라는 뜻으로, 빈칸 뒤에는 '乐'가 있으므로 빈칸에는 '快'가 필요하다.

문제 13

在哥哥的影响下，弟弟也（　kāi　）始喜欢踢足球了。	형의 영향으로 남동생도 축구하는 것을 좋아하기 시작했다.

단어 影响 yǐngxiǎng 동 영향을 미치다 ｜ 踢 tī 동 차다 ｜ 足球 zúqiú 명 축구

해설 빈칸 뒤에 '始'와 병음 'kāi'를 보고 바로 '开'가 답이라는 것을 알 수 있다. '开始'는 '시작하다'라는 의미로 '형의 영향으로 남동생도 축구를 좋아하기 시작했다'라는 문장을 만들어준다. 빈칸 앞뒤를 보고 바로 단어를 알 수 있는 경우가 많지만 방심하지 말고 전체적인 내용을 파악해서 그 단어가 확실한지 확인하는 것도 잊지 말자.

문제 14

（　cóng　）昨天晚上开始，外面一直在下雨。	어제 저녁부터 시작해서 밖에 계속 비가 내리고 있다.

단어 开始 kāishǐ 동 시작하다 ｜ 外面 wàimiàn 명 바깥 ｜ 一直 yìzhí 부 계속 ｜ 下雨 xiàyǔ 동 비가 오다

해설 빈칸 뒤에는 시간명사와 동사 '开始(시작하다)'가 있기 때문에 빈칸에는 언제부터 시작했는지 나타내주는 전치사 '从(~에서부터)'을 써야 한다.

TIP 从 + 시간 + 开始: ~부터 시작해서 [시간의 기점을 나타냄]

문제 15

我（　jué　）得这件事情很奇怪。	내가 생각하기엔 이 일은 이상해.

단어 事情 shìqing 명 일, 사건 ｜ 奇怪 qíguài 형 이상하다

해설 빈칸 뒤의 '得'와 병음 'jué'와 전체적인 내용 파악을 통해 답은 '觉'이다. '觉得'는 '~라고 생각하다'라는 뜻이다.

문제 16

我最近总是腿疼，我（　dǎ　）算下午去医院检查一下。	나 요즘 계속 다리가 아파서 나는 오후에 병원에 가서 검사를 한번 받을 계획이야.

단어 最近 zuìjìn 명 요즘, 최근 ｜ 腿 tuǐ 명 다리 ｜ 疼 téng 형 아프다 ｜ 医院 yīyuàn 명 병원 ｜ 检查 jiǎnchá 동 검사하다, 검토하다

해설 '算'과 앞에 붙어 단어를 이룰 수 있는 'dǎ' 발음의 한자는 '打'이다 '打算'은 '~할 계획이다'라는 뜻으로 목적어 자리에는 주로 명사가 혼자 쓰일 수 없어 동사, 동사구, 또는 절 등이 온다.

문제 17

校（ zhǎng ）每天骑自行车去上班。	교장선생님은 매일 자전거를 타고 출근하러 가신다.

단어 每天 měitiān 몡 매일 | 骑 qí 동 타다 | 自行车 zìxíngchē 몡 자전거

해설 주어 자리가 빈칸으로 나와 있고 앞에는 '校'가 있기 때문에 답은 '长'이다. '校长'은 '교장'이라는 뜻이다. '长'은 단어 또는 품사에 따라 발음이 변화하므로 문장에 '长'이 있다면 어떤 품사인지 어떤 뜻으로 쓰였는지 확인해야 한다.

문제 18

我（ ér ）子不喜欢学习历史，他喜欢数学。	내 아들은 역사 공부하는 것을 좋아하지 않고, 수학을 좋아한다.

단어 历史 lìshǐ 몡 역사 | 数学 shùxué 몡 수학

해설 'ér' 발음을 가진 한자 중 '子'와 붙어 단어를 만들 수 있는 것은 '儿' 밖에 없다. '儿子'는 '아들'이라는 뜻으로 이 문장에서 주어 역할을 한다.

문제 19

这个（ jì ）节的苹果最好吃。	이 계절의 사과가 가장 맛있다.

단어 苹果 píngguǒ 몡 사과

해설 빈칸 앞은 '지시대명사 + 양사' 형태이므로 이를 통해 빈칸에 들어갈 단어가 명사라는 것을 알 수 있다. 병음 'jì'와 빈칸 뒤에 '节'가 있다는 점을 통해 빈칸에는 '季'가 들어가야 적합하다. '季节'는 계절이다.

문제 20

爷爷，是不是（ tài ）阳下山了，月亮就出来了。	할아버지, 태양이 산을 내려갔어요. 달이 곧 나올 거예요.

단어 爷爷 yéye 몡 할아버지 | 月亮 yuèliang 몡 달

해설 '下山(산을 내려가다)'을 하는 주어 자리가 빈칸이다. 그런데 쉼표 뒤를 보면 달이 나올 것이라고 했으므로 이를 통해 해가 지고 달이 뜨는 것을 의미한다는 것을 알 수 있다. 따라서 빈칸은 '太阳(태양)'의 '太'가 들어가야 한다.

新HSK PT 3급

실전 모의고사 1회

听力

第一部分
1. A   2. E   3. F   4. B   5. C   6. D   7. A   8. B   9. C   10. E

第二部分
11. X   12. X   13. ✓   14. ✓   15. ✓   16. X   17. X   18. ✓   19. ✓   20. X

第三部分
21. A   22. B   23. A   24. C   25. B   26. B   27. C   28. C   29. A   30. A

第四部分
31. B   32. C   33. C   34. A   35. B   36. A   37. A   38. C   39. C   40. B

阅读

第一部分
41. F   42. D   43. A   44. B   45. C   46. D   47. A   48. E   49. B   50. C

第二部分
51. D   52. F   53. A   54. C   55. B   56. A   57. E   58. B   59. C   60. F

第三部分
61. B   62. A   63. C   64. C   65. B   66. A   67. C   68. A   69. C   70. B

书写

第一部分
71. 这只熊猫真可爱。 이 판다 정말 귀엽다.
72. 你想吃哪种蛋糕? 너는 어떤 종류의 케이크를 먹고 싶어?
73. 这个季节容易感冒。 이 계절에는 감기 걸리기 쉽다.
74. 这家饭馆换了新菜单。 이 식당은 새 메뉴로 바꿨다.
75. 经理对我的回答非常满意。 사장님은 나의 대답에 매우 만족한다.

第二部分
76. 冬   77. 从   78. 年   79. 物   80. 己

실전 모의고사 1회 - 듣기 제1부분

문제 1-5

A
B
C
D
E
F

문제 1

男: 这两个孩子真可爱，他们多大了?	남: 이 두 아이 정말 귀엽다. 그들은 몇 살이야?
女: 两岁。你知道哪个是哥哥，哪个是弟弟?	여: 두 살. 너 누가 형이고 누가 남동생인지 알겠어?

단어 孩子 háizi 명 아이 | 可爱 kě'ài 형 귀엽다 | 岁 suì 명 나이, 살 | 知道 zhīdào 동 알다 | 哪 nǎ 대 어느

해설 남자의 말 중 '两个孩子(두 아이)'와 여자의 말 중 '哥哥(형)', '弟弟(남동생)'를 통해 아기들 사진이 있는 **A**가 정답임을 알 수 있다.

문제 2

女: 先生，这是您的裤子，请拿好。欢迎您下次再来。	여: 손님, 이것은 당신의 바지입니다. 잘 받으세요. 다음에 또 오세요.
男: 好的，谢谢。	남: 알겠습니다, 감사합니다.

단어 裤子 kùzi 명 바지 | 拿 ná 동 받다 | 欢迎 huānyíng 동 환영하다 | 再 zài 부 다시

해설 여자가 '裤子(바지)'를 받아달라고 한 것을 통해 바지 사진이 있는 **E**를 쉽게 고를 수 있다.

문제 3

男: 这花真漂亮，是谁给你的?	남: 이 꽃 정말 예쁘다. 누가 네게 준 거야?
女: 我爸爸，今天是我的生日。	여: 우리 아빠, 오늘 내 생일이야.

단어 花 huā 명 꽃 | 谁 shéi 대 누구 | 给 gěi 동 주다 | 生日 shēngrì 명 생일

해설 남자가 첫마디에서 '这花真漂亮(이 꽃 정말 예쁘다)'이라고 했기 때문에 답은 여자가 꽃다발을 들고 있는 사진인 **F**이다.

문제 4

女: 爷爷，你看，树上有两只小鸟。	여: 할아버지, 보세요. 나무 위에 작은 새 두 마리가 있어요.
男: 是啊，我们走近点儿看看。	남: 그렇네, 우리 좀 가까이 가서 한번 보자.

단어 树 shù 명 나무 | 只 zhī 양 마리 | 鸟 niǎo 명 새 | 近 jìn 형 가깝다

해설 여자가 '树上有两只小鸟(나무 위에 작은 새 두 마리가 있다)'라고 한 것을 통해 두 마리의 새 사진이 있는 **B**가 정답이다. '只(마리)'는 동물을 셀 때 쓰이 양사이다.

문제 5

女：你在看什么节目？晚间新闻开始了吗？ 男：七点半才开始，还没到时间。	여: 너 무슨 프로그램 보고 있어? 저녁 뉴스 시작했어? 남: 7시 30분이 되어야 시작해. 아직 시간이 안 됐어.

단어 节目 jiémù 명 프로그램 | 晚间 wǎnjiān 명 저녁 | 新闻 xīnwén 명 뉴스 | 开始 kāishǐ 동 시작하다 | 时间 shíjiān 명 시간

해설 여자가 '你在看什么节目？(너 무슨 프로그램 보고 있어?)'라고 물었다. '节目'는 'TV 프로그램'을 가리킬 때 쓰이며, '新闻'은 라디오, TV와 같은 매스컴의 뉴스를 의미한다. 따라서 TV를 보고 있는 사진인 **C**가 정답이다.

문제 6-10

A    B    C

D    E

문제 6

女：我刚才试的那双鞋不好看吗？ 男：还可以，但我觉得这双更好看。	여: 내가 방금 신어본 그 신발 별로야? 남: 그런대로 괜찮아. 근데 나는 이 신발이 더 예쁘다고 생각해.

단어 刚才 gāngcái 명 방금, 막 | 试 shì 동 시험 삼아 해보다 | 双 shuāng 양 쌍, 켤레 | 鞋 xié 명 신발 | 觉得 juéde 동 느끼다, 생각하다 | 更 gèng 부 더, 더욱

해설 여자가 '试的那双鞋(신어본 그 신발)'가 어떤지 묻고 있으므로 정답은 신발을 들고 고민하고 있는 사진인 **D**이다. 여자의 말을 정확히 못 들었더라도 남자의 말 중 '双(짝을 이룬 것을 세는 양사)'을 통해 답을 유추할 수 있다.

문제 7

女：这个包这么小，能放下笔记本电脑吗？ 男：应该没问题，你试试。	여: 이 가방 이렇게 작은데 노트북을 넣을 수 있나요? 남: 아마 문제 없을 거예요. 당신 한번 시도해보세요.

단어 包 bāo 명 가방 | 放 fàng 동 넣다, 놓다 | 笔记本电脑 bǐjìběn diànnǎo 명 노트북 | 应该 yīnggāi 조동 아마도

해설 '包(가방)'가 작다는 표현과 '放下(넣다)'라는 여자의 말을 통해 가방 사진인 **A**가 정답이다.

문제 8

女：爷爷，累不累？ 男：不累，锻炼完觉得身体舒服多了。	여: 할아버지, 피곤하세요? 남: 안 피곤해. 운동을 다 하면 몸이 아주 편안해지는 느낌이야.

단어 累 lèi 형 피곤하다 | 锻炼 duànliàn 동 단련하다 | 身体 shēntǐ 명 몸, 신체, 건강 | 舒服 shūfu 형 편안하다

해설 남자의 말에서 '锻炼(단련하다)'과 '身体(몸)'라는 단어가 등장하고, 운동을 하면 몸이 편안해진다고 이야기를 하고 있기 때문에 운동과 관련된 사진이 답이 되는 것을 알 수 있다. 따라서 두 사람이 자전거를 타고 있는 사진 **B**가 정답이다.

문제 9

男：你会做蛋糕吗? 在哪儿学的? 女：我在电视上学的。来，吃一块，看看怎么样。	남: 너 케이크 만들 줄 알아? 어디서 배운 거야? 여: 나 TV로 배운 거야. 와서 한 조각 먹고 어떤지 좀 봐봐.

단어 会 huì [조동] ~할 수 있다 | 做 zuò [동] 하다, 만들다 | 蛋糕 dàngāo [명] 케이크 | 哪儿 nǎr [대] 어디 | 电视 diànshì [명] TV, 텔레비전 | 块 kuài [양] 조각, 덩어리

해설 남자가 여자에게 '你会做蛋糕吗? (너 케이크 만들 줄 알아?)'라고 물어봤고, 여자의 대답에서도 '吃一块(한 조각 먹다)'라고 하는 것을 통해 정답은 케이크 사진인 C라는 것을 알 수 있다.

문제 10

男：故事讲完了，我们去睡觉吧。 女：您再给我讲一个吧，最后一个！	남: 이야기를 다 했으니, 우리 잠을 자러 가자. 여: 저에게 한 개만 더 이야기해주세요. 마지막 하나!

단어 故事 gùshi [명] 이야기, 옛날 이야기 | 讲 jiǎng [동] 이야기하다, 말하다 | 睡觉 shuìjiào [동] 잠을 자다 | 最 zuì [부] 가장, 최고

해설 남자가 여자에게 '故事讲完了(이야기를 다 했다)'라고 했고, 여자는 '讲一个(한 개 더 이야기하다)'라고 하는 내용을 통해 남자가 아이에게 책을 읽어주는 사진인 E가 정답이다.

실전 모의고사 1회 – 듣기 제2부분

문제 11

★ 今天下午会下雪。　　(　　)	★ 오늘 오후에 눈이 내릴 것이다.
报纸上说今天下午有雨，你出门的时候别忘了带伞。	신문에서 말하길 오늘 오후에 비가 온대. 너 나갈 때 우산 챙기는 거 잊지 마.

단어 下午 xiàwǔ [명] 오후 | 会 huì [조동] ~할 것이다 | 下雪 xiàxuě [동] 눈이 내리다 | 报纸 bàozhǐ [명] 신문 | 雨 yǔ [명] 비 | 忘 wàng [동] 잊다 | 带 dài [동] 챙기다, 휴대하다 | 伞 sǎn [명] 우산

해설 '有雨(비가 올 것이다)'는 '会下雨'와 같은 뜻으로, 녹음에서는 오후에 비가 내릴 것이라고 했지만 문제에서는 '会下雪(눈이 올 것이다)'라고 했기 때문에 답은 X이다.

문제 12

★ 这张地图是新买的。　　(　　)	★ 이 지도는 새로 산 것이다.
这个城市变化真大，去年买的地图今年就不能用了。你看，有好几条街道这张地图上都找不到。	이 도시의 변화는 정말 커. 작년에 산 지도가 올해는 사용할 수 없어졌어. 너 봐, 여러 개의 도로가 이 지도에서는 모두 찾을 수가 없어.

단어 地图 dìtú [명] 지도 | 新 xīn [형] 새롭다 | 买 mǎi [동] 사다 | 城市 chéngshì [명] 도시 | 变化 biànhuà [동] 변화하다 | 街道 jiēdào [명] 거리, 도로 | 找 zhǎo [동] 찾다

해설 '去年买的地图今年就不能用了(작년에 산 지도가 올해는 사용할 수 없어졌어)'라며 지도상에서 여러 도로를 찾을 수 없다고 했기 때문에 이 지도는 새로 산 것이라고 할 수 없다. 따라서 답은 X가 된다.

문제 13

★ 水果超市离他家很近。　　（　　）	★ 과일 마켓은 그의 집에서부터 가깝다.
我家附近有个水果超市，那里的水果又新鲜又便宜，我一般都在那儿买水果。	우리 집 근처에는 과일 마켓 하나가 있다. 그곳의 과일은 신선하기도 하고 값도 싸다. 나는 보통 그곳에서 과일을 산다.

단어 水果 shuǐguǒ 명 과일 | 超市 chāoshì 명 슈퍼마켓 | 离 lí 전 ~에서부터 | 近 jìn 형 가깝다 | 附近 fùjìn 명 근처, 부근 | 又…又… yòu…yòu… ~하기도 하고 ~하기도 하다 | 新鲜 xīnxiān 형 신선하다 | 便宜 piányi 형 싸다 | 一般 yìbān 형 보통, 일반적이다

해설 '近(가깝다)'과 '附近(부근)'은 비슷한 표현으로 집 근처라 함은 멀지 않은 곳을 뜻하기 때문에 과일 마켓은 집에서부터 가깝다는 것을 알 수 있다. 따라서 답은 ✓이다

문제 14

★ 他想请妈妈拿机票。　　（　　）	★ 그는 엄마에게 비행기표를 받아 달라고 부탁하고자 한다.
喂，妈，你在家吗？我买的机票送来了，但我现在在外面，没办法回去，你能帮我拿一下吗？	여보세요? 엄마, 집에 계세요? 제가 산 비행기표가 왔어요. 그런데 제가 지금 밖에 있어서 돌아갈 방법이 없어요. 엄마가 저 대신 좀 받아주실 수 있나요?

단어 机票 jīpiào 명 비행기표 | 送 sòng 동 보내다 | 但 dàn 접 그러나 | 在 zài 동 있다 | 外面 wàimiàn 명 바깥 | 办法 bànfǎ 명 방법 | 能 néng 조동 ~할 수 있다 | 帮 bāng 동 돕다

해설 녹음을 들을 때 엄마에게 부탁한 것이 비행기표가 맞는지 우선 목적어를 잘 확인해야 한다. 문제를 먼저 확인하고 '机票(비행기표)'라는 단어가 들리는지 집중하자. 그가 집에 없기 때문에 엄마에게 '机票'를 받아달라고 하고 있으므로 답은 ✓이다.

문제 15

★ 弟弟看比赛看到很晚。　　（　　）	★ 남동생은 늦게까지 경기를 봤다.
为看足球比赛，弟弟到今天早上四点多才睡。他起床后觉得头有点儿疼。	축구 경기를 보는 것 때문에 남동생은 오늘 새벽 4시쯤에야 비로소 잤다. 그는 일어난 후에 머리가 조금 아프다고 느꼈다.

단어 比赛 bǐsài 명 시합, 경기 | 晚 wǎn 형 늦다 | 足球 zúqiú 명 축구 | 才 cái 부 비로소 | 起床 qǐchuáng 동 기상하다 | 有点儿 yǒudiǎnr 부 조금, 약간 | 疼 téng 형 아프다

해설 '동사 + 到 + 시간'은 '(~시간)까지 (동사)하다'라는 뜻이다. 녹음에서 남동생이 축구 경기를 보다가 새벽 4시쯤에야 비로소 잤다는 내용을 통해 늦게까지 경기를 봤다는 것을 알 수 있다. 따라서 답은 ✓이다.

문제 16

★ 小张在银行工作。　　（　　）	★ 샤오장은 은행에서 일한다.
你还记得我们班的小张吗？就是学习很好的那个。我刚才在路上遇到他了，他现在是医院的医生。	너 우리 반의 샤오장 아직 기억해? 바로 공부 잘하던 그 애 있잖아. 내가 방금 길에서 그를 마주쳤는데 그는 지금 병원 의사래.

단어 在 zài 전 ~에서 | 银行 yínháng 명 은행 | 工作 gōngzuò 동 일하다 | 记得 jìde 동 기억하다 | 遇到 yùdào 동 마주치다 | 医院 yīyuàn 명 병원 | 医生 yīshēng 명 의사

해설 문제를 보고 녹음 속 핵심 문장의 주어가 샤오장인지 잘 확인해야 하며, 그가 어떤 일을 하는지 잘 들어야 한다. 녹음 마지막 내용 중 '他现在是医院的医生(그는 지금 병원 의사래)'이라는 부분을 통해 은행에서 일하는 것이 아님을 알 수 있다. 따라서 정답은 ✗이다.

문제 17

★ 他和妹妹每周末都见面。　　（　　）	★ 그와 여동생은 매 주말마다 만난다.
我妹妹去外地上学了，我们虽然不能经常见面，但每个周末都发电子邮件或者上网聊天儿。	내 여동생은 해외에 가서 학교를 다닌다. 우리는 비록 자주 만나지는 못하지만 매 주말마다 이메일을 보내거나 또는 인터넷에서 이야기한다.

단어 每 měi [대] 매 | 周末 zhōumò [명] 주말 | 都 dōu [부] 모두 | 上学 shàngxué [동] 학교에 다니다 | 经常 jīngcháng [부] 자주 | 虽然 A, 但(是) B suīrán A, dàn(shì) B 비록 A하지만 B하다 | 发 fā [동] 보내다 | 电子邮件 diànzǐ yóujiàn [명] 전자우편, 이메일 | A 或者 B A huòzhě B [접] A 혹은 B | 上网 shàngwǎng [동] 인터넷에 접속하다 | 聊天 liáotiān [동] 이야기하다

해설 화자가 '虽然不能经常见面(비록 자주 만나지는 못한다)'이라고 했고 매 주말마다 이메일이나 인터넷상으로 이야기한다고 했다. 문제에서는 매주 만난다고 했기 때문에 답은 X이다.

문제 18

★ 在中国姓王的人很多。　　（　　）	★ 중국에는 성이 왕 씨인 사람이 많다.
"王"现在是中国第一大姓，在中国，姓王的人有九千多万。拿我们家来说，我姓王，我妈和我妻子也姓王，是不是很有意思？	'왕'은 현재 중국에서 가장 많은 성씨이다. 중국에서는 성이 왕 씨인 사람이 9천만 명 정도가 있다. 우리 집을 가지고 말해보자면, 나는 성이 왕이다. 나의 엄마와 나의 부인도 성이 왕이다. 재미있지 않은가?

단어 姓 xìng [명] 성씨 | 拿…来说 ná…láishuō ~를 가지고 말해보면 | 妻子 qīzi [명] 아내 | 有意思 yǒuyìsi [형] 재미있다

해설 녹음에서 '"王"现在是中国第一大姓('왕'은 현재 중국에서 가장 많은 성씨이다)'이라고 했기 때문에 중국에서는 왕 씨가 많다는 것을 알 수 있다. 따라서 답은 √이다.

문제 19

★ 他下周要去北京。　　（　　）	★ 그는 다음 주에 베이징에 갈 것이다.
我下星期要去北京旅游，听说你以前去过那儿，能给我介绍几个好玩儿的地方吗？	나는 다음 주에 베이징으로 여행 갈 거야. 듣자 하니 너 이전에 그곳에 간 적이 있다고 하던데 나에게 놀기 좋은 장소를 몇 군데 소개시켜 줄 수 있니?

단어 下周 xiàzhōu [명] 다음 주 | 要 yào [조동] ~할 것이다 | 星期 xīngqī [명] 주, 요일 | 旅游 lǚyóu [동] 여행하다 | 介绍 jièshào [동] 소개하다 | 玩儿 wánr [동] 놀다 | 地方 dìfang [명] 곳, 장소

해설 '周(주, 요일)'와 '星期'는 같은 표현이다. 녹음에서는 '星期', 문제에서는 '周'를 사용했지만 같은 표현이므로 답은 √이다.

문제 20

★ 考试已经结束了。　　　　（　　）	★ 시험은 이미 끝났다.
这次考试很简单，你不用害怕。你认真听题，回答的时候慢慢说就可以了。	이번 시험 간단해. 너 두려워할 필요 없어. 네가 열심히 문제를 듣고 대답할 때 천천히 말하면 돼.

단어 考试 kǎoshì 몡 시험 | 已经 yǐjīng 囝 이미 | 结束 jiéshù 통 끝나다 | 次 cì 양 번, 회 | 简单 jiǎndān 혱 간단하다 | 害怕 hàipà 통 무서워하다, 두려워하다 | 认真 rènzhēn 혱 열심히 하다 | 回答 huídá 통 대답하다 | 慢 màn 혱 느리다, 천천히

해설 문제에서는 시험이 이미 끝났는지 묻고 있다. 하지만 녹음에서는 상대방에게 두려워하지 말라며 대답할 때 천천히 말하라는 부분을 통해 아직 시험이 끝나지 않았다는 것을 유추할 수 있다. 따라서 답은 **X**이다.

실전 모의고사 1회 – 듣기 제3부분

문제 21

A 要来家人 B 爷爷生病了 C 去买东西	A 식구가 올 것이다 B 할아버지가 병이 났다 C 물건을 사러 간다
女: 晚上家里来爷爷和奶奶，你下班早点儿回来。 男: 你不说我差点儿忘了，需要带什么东西回来吗？ 问: 女的为什么让男的早点儿回家？	여: 저녁에 집에 할아버지와 할머니가 오실 거야. 너 퇴근하고 조금 일찍 돌아와. 남: 네가 말하지 않았으면 나 하마터면 잊을 뻔했어. 무슨 물건을 가지고 올 필요가 있니？ 질문: 여자는 왜 남자를 일찍 돌아오게 하는가？

단어 生病 shēngbìng 통 병이 나다 | 下班 xiàbān 통 퇴근하다 | 早 zǎo 혱 이르다 | 差点儿 chàdiǎnr 囝 하마터면 | 忘 wàng 통 잊다 | 需要 xūyào 통 필요하다 | 让 ràng 통 ~하게 하다

해설 '晚上家里来爷爷和奶奶(저녁에 집에 할아버지와 할머니가 오실 거야)'에서 알 수 있듯이 여자의 첫마디에 모든 것이 나와 있다. 할머니와 할아버지는 '家人(식구)'이므로 답은 **A 要来家人**(식구가 올 것이다)이다.

문제 22

A 唱歌 B 查词典 C 睡觉	A 노래를 부르다 B 사전을 찾다 C 잠을 자다
男: 这个词什么意思？ 女: 我也不知道。这儿有电子词典，你查一下。 问: 女的让男的做什么？	남: 이 글자 무슨 뜻이야？ 여: 나도 몰라. 여기 전자사전이 있어. 네가 한번 찾아봐 질문: 여자는 남자가 무엇을 하도록 시키는가？

단어 查 chá 통 찾다, 조사하다 | 词典 cídiǎn 몡 사전 | 词 cí 몡 단어 | 意思 yìsi 몡 의미

해설 남자가 여자에게 단어의 뜻을 물어봤지만 여자도 모르기 때문에 남자에게 전자사전을 찾아보라고 했다. 따라서 답은 **B 查词典**(사전을 찾다)이다.

문제 23

A 商店 B 家里 C 咖啡馆	A 상점 B 집 안 C 카페
男：这张桌子太矮了，坐着不舒服。 女：左边那张蓝色的怎么样？比这张高一些，而且更便宜。 问：他们最可能在哪儿？	남: 이 책상 너무 낮아. 앉아있는 것이 불편해. 여: 왼쪽에 저 파란색은 어때? 이것보다 조금 높아. 게다가 훨씬 저렴해. 질문: 그들은 어디에 있을 가능성이 가장 높은가?

단어 商店 shāngdiàn 명 상점 | 咖啡馆 kāfēiguǎn 명 카페 | 桌子 zhuōzi 명 책상 | 矮 ǎi 형 낮다 | 坐 zuò 동 앉다, 타다 | 舒服 shūfu 형 편안하다 | 比 bǐ 전 ~보다 | 而且 érqiě 접 게다가

해설 '商店(상점)'이라는 단어가 나오진 않았지만 남자와 여자가 물건을 비교하고 있으며 여자의 말에서 '便宜(저렴하다)'라는 표현을 통해 그들은 지금 A 商店(상점)에 있을 가능성이 높다.

문제 24

A 开车 B 坐地铁 C 坐出租车	A 운전하다 B 지하철을 타다 C 택시를 타다
女：我开车送你到地铁站吧。 男：不用，我只有一个小箱子，坐出租车就可以。 问：男的打算怎么去地铁站？	여: 내가 운전해서 너를 지하철역에 데려다줄게. 남: 괜찮아, 나 짐가방이 하나밖에 없어. 택시 타고 가면 돼. 질문: 남자는 어떻게 지하철역에 갈 계획인가?

단어 开车 kāichē 동 운전하다 | 地铁 dìtiě 명 지하철 | 出租车 chūzūchē 명 택시 | 送 sòng 동 보내다. 바래다주다 | 站 zhàn 명 역 | 只 zhǐ 부 오직, 단지 | 箱子 xiāngzi 명 상자 | 打算 dǎsuàn 동 ~할 계획이다

해설 앞부분에서 여자가 한 말 중 '开车(운전하다)'만 듣고 답을 A라고 성급히 판단하지 말고, 끝까지 잘 듣고 답을 선택해야 한다. 여자가 운전해서 데려다준다고 했지만 남자는 택시를 타고 간다고 했다. 따라서 답은 A가 아닌 C 坐出租车(택시를 타다)이다.

문제 25

A 爸爸 B 妈妈 C 奶奶	A 아빠 B 엄마 C 할머니
男：妈妈喜欢吃香蕉，我们多买吧。 女：香蕉放久了容易坏，先买这些，等吃完了再买。 问：谁喜欢吃香蕉？	남: 엄마가 바나나 먹는 것을 좋아하셔. 우리 많이 사자. 여: 바나나는 오래 두면 쉽게 상해. 먼저 이만큼만 사고 다 먹고 또 사자. 질문: 누가 바나나 먹는 것을 좋아하는가?

단어 香蕉 xiāngjiāo 명 바나나 | 放 fàng 동 놓다, 두다 | 久 jiǔ 형 오래다 | 容易 róngyì 형 쉽다 | 坏 huài 형 썩다

해설 남자가 첫마디에 '妈妈喜欢吃香蕉(엄마가 바나나 먹는 것을 좋아하셔)'라고 했기 때문에 답은 쉽게 B 妈妈(엄마)라는 것을 알 수 있다. 첫마디에 답이 나오는 경우도 많으니 처음부터 집중해서 들어야 한다.

문제 26

A 是南方人 B 教历史 C 很年轻	A 남방사람이다 B 역사를 가르친다 C 젊다
女：站在校长右边的那位，是新来的历史老师吗？ 男：对，他和你一样，也教一年级。 问：关于新老师，可以知道什么？	여: 교장선생님 오른쪽에 서있는 저 분이 새로 오신 역사 선생님이야? 남: 맞아, 그는 너와 똑같아. 역사나 1학년을 가르쳐. 질문: 새 선생님에 관해서 알 수 있는 것은?

단어 教 jiāo 동 가르치다 | 历史 lìshǐ 명 역사 | 年轻 niánqīng 형 젊다 | 站 zhàn 동 서다 | 校长 xiàozhǎng 명 교장 | 年级 niánjí 명 학년

해설 여자가 한 사람을 가리키며 '是新来的历史老师吗?(새로 오신 역사 선생님이야?)'라고 묻는 질문에 남자가 '对(맞다)'라고 대답한다. 따라서 새로 온 선생님은 역사를 가르친다는 것을 알 수 있다. 따라서 답은 **B 教历史**(역사를 가르친다)이다.

문제 27

A 坐电梯 B 开灯 C 关灯	A 엘리베이터를 타다 B 불을 켜다 C 불을 끄다
男：电梯坏了，我们走吧。 女：你先下去吧，我突然想起来厨房的灯没关。 问：女的要去做什么？	남: 엘리베이터가 고장 났어. 우리 걸어가자. 여: 너 먼저 내려가. 나 주방의 불을 끄지 않은 것이 갑자기 생각났어. 질문: 여자는 무엇을 하러 갈 것인가?

단어 电梯 diàntī 명 엘리베이터 | 开 kāi 동 켜다 | 灯 dēng 명 등, 램프, 랜턴 | 关 guān 동 끄다 | 坏 huài 동 고장 나다 | 突然 tūrán 부 갑자기 | 想起来 xiǎngqǐlái 생각이 나다 | 厨房 chúfáng 명 주방

해설 여자가 남자를 먼저 내려 보내며 '我突然想起来厨房的灯没关(나 주방의 불을 끄지 않은 것이 갑자기 생각났어)'이라고 한다. '关'은 '(기계나 불 등을) 끄다'라는 뜻을 가지며 '想起来'는 잊고 있던 것이 떠올랐을 때 사용하는 표현이다. 따라서 답은 **C 关灯**(불을 끄다)이다.

문제 28

A 邻居 B 校长 C 司机	A 이웃 B 교장 C 운전기사
女：奇怪，前面那辆车怎么不走了？ 男：可能是出问题了，我去问问那个司机。 问：男的要去问谁？	여: 이상하다. 앞에 저 차 왜 가지 않지? 남: 아마 문제가 생겼나 봐. 내가 가서 저 운전기사에게 한번 물어볼게. 질문: 남자는 누구한테 물어보러 갈 것인가?

단어 邻居 línjū 명 이웃 | 司机 sījī 명 운전기사 | 奇怪 qíguài 형 이상하다 | 辆 liàng 양 대 [차를 세는 단위] | 可能 kěnéng 조동 아마도 | 问题 wèntí 명 문제

해설 앞 차가 가지 않아 남자가 '我去问问那个司机(내가 가서 저 운전기사에게 한번 물어볼게)'라고 했기 때문에 답은 **C 司机**(운전기사)이다. '司机'라는 단어를 듣지 못했더라도 차에 대해 이야기하고 있기 때문에 C가 답이라는 것을 유추할 수도 있다.

문제 29

A 公司附近
B 图书馆旁边
C 学校里

A 회사 근처
B 도서관 옆쪽
C 학교 안

女：听王阿姨说你搬家了？
男：对，我现在住在公司附近，上班很方便。
问：男的搬到哪儿了？

여: 왕 아주머니 말을 듣자 하니 너 이사 갔다며?
남: 맞아, 나는 지금 회사 근처에 살아. 출근하는 것이 아주 편해.
질문: 남자는 어디로 이사했는가?

단어 公司 gōngsī 명 회사 | 附近 fùjìn 명 근처 | 旁边 pángbiān 명 옆쪽 | 搬家 bānjiā 동 이사하다 | 住 zhù 동 살다 | 上班 shàngbān 동 출근하다 | 方便 fāngbiàn 형 편하다, 편리하다

해설 '住在公司附近(회사 근처에 살아)'과 '上班很方便(출근이 편해)'이라는 남자의 말을 통해서 그는 회사 근처로 이사 간 것을 알 수 있다. 따라서 답은 **A 公司附近**(회사 근처)이다.

문제 30

A 现在是短发
B 结婚了
C 现在是长发

A 지금 짧은 머리이다
B 결혼했다
C 지금 긴 머리이다

男：你的头发怎么变短了？我没认出来是你。
女：我以前一直是长头发，这次想试试短发好不好看。
问：关于女的，可以知道什么？

남: 너 머리카락이 어째서 짧아졌어? 너인지 알아보지 못했어.
여: 나 이전에 계속 긴 머리여서 이번에 짧은 머리가 보기 좋은지 한번 시도해보고 싶었어.
질문: 여자에 대해 알 수 있는 것은?

단어 短 duǎn 형 짧다 | 长 cháng 형 길다 | 结婚 jiéhūn 동 결혼하다 | 头发 tóufa 명 머리카락 | 变 biàn 동 변하다 | 以前 yǐqián 명 이전 | 一直 yīzhí 부 줄곧, 계속

해설 남자의 첫마디부터 '你的头发怎么变短了？(너 머리카락이 어째서 짧아졌어?)'라고 하며 여자에게 머리가 짧아져서 알아보지 못했다고 한 내용과 여자의 '这次想试试短发好不好看(이번에 짧은 머리가 보기 좋은지 시도해보고 싶었어)'이라는 말을 통해 여자는 **A 现在是短发**(지금 짧은 머리이다)임을 알 수 있다.

실전 모의고사 1회 - 듣기 제4부분

문제 31

A 想换颜色	A 색을 바꾸고 싶다
B 拿错鞋了	B 신발을 잘못 가져왔다
C 拿错裤子了	C 바지를 잘못 가져왔다

女: 刚才在店里没注意，我拿错鞋了。	여: 방금 가게 안에서 주의하지 않아서 나 신발을 잘못 가져왔어.
男: 怎么了? 是颜色错了吗?	남: 무슨 일이야? 색이 다른 거야?
女: 不是，你看，这双运动鞋一只大一只小。	여: 아니, 봐. 이 운동화가 한 쪽은 크고 한 쪽은 작아.
男: 那我们快回去换吧。	남: 그럼 우리 얼른 돌아가서 바꾸자.
问: 他们为什么要回去?	질문: 그들은 왜 돌아가야 하는가?

단어 想 xiǎng 조동 ~하고 싶다 | 换 huàn 동 바꾸다 | 颜色 yánsè 명 색깔 | 错 cuò 동 틀리다 | 鞋 xié 명 신발 | 裤子 kùzi 명 바지 | 店 diàn 명 상점 | 注意 zhùyì 동 주의하다 | 只 zhī 양 쪽 [짝을 이룬 것 중 한 쪽을 세는 단위]

해설 여자가 '我拿错鞋了(나 신발을 잘못 가져왔어)'라고 말했기 때문에 바로 답을 고를 수 있다. 설령 목적어 '鞋(신발)'를 못 들었다고 해도 여자의 다음 말에서 '这双运动鞋(이 운동화)'라고 정확한 목적어를 언급했으므로 이를 통해 답을 찾을 수 있다. 따라서 답은 **B 拿错鞋了**(신발을 잘못 가져왔다)이다.

문제 32

A 爱跳舞	A 춤추는 것을 좋아한다
B 喜欢篮球	B 농구를 좋아한다
C 喜欢足球	C 축구를 좋아한다

女: 你足球踢得真好。	여: 너 축구 정말 잘한다.
男: 谢谢。你也对足球感兴趣?	남: 고마워. 너도 축구에 흥미를 느끼니?
女: 是，但我踢得不好。	여: 응, 하지만 나는 잘 못해.
男: 没关系，过来一起玩儿吧。	남: 괜찮아, 와서 같이 놀자.
问: 关于女的可以知道什么?	질문: 여자에 관해서 알 수 있는 것은?

단어 跳舞 tiàowǔ 동 춤추다 | 篮球 lánqiú 명 농구 | 足球 zúqiú 명 축구 | 踢 tī 동 차다 | 感 gǎn 동 느끼다 | 兴趣 xìngqù 명 흥미 | 过来 guòlái 동 오다, 지나오다 | 一起 yìqǐ 부 같이 | 玩儿 wánr 동 놀다

해설 남자가 여자에게 '你也对足球感兴趣? (너도 축구에 흥미를 느끼니?)'라는 질문에 여자가 잘하지는 않지만 '是(응)'라는 긍정적인 대답을 했다. 따라서 여자도 축구를 좋아한다는 것을 알 수 있다. 정답은 **C 喜欢足球**(축구를 좋아한다)이다.

문제 33

A 图书馆
B 饭店
C 书店

A 도서관
B 호텔
C 서점

男：喂，我已经到书店门口了，你在哪儿？
女：我正在往那儿走呢，马上就到。
男：好，那一会儿见。
女：好的，再见。
问：他们要去哪儿？

남: 여보세요? 나는 이미 서점 입구에 도착했는데, 너 어디야?
여: 나 지금 그쪽으로 가고 있는 중이야. 곧 도착해.
남: 알겠어, 그럼 잠시 후에 보자.
여: 응, 안녕.
질문: 그들은 어디에 가려고 하는가?

단어 饭店 fàndiàn 명 호텔 | 书店 shūdiàn 명 서점 | 门口 ménkǒu 명 입구 | 正在 zhèngzài 부 ~하는 중이다 | 往 wǎng 전 ~를 향해 | 马上 mǎshàng 부 곧, 바로

해설 남자가 '我已经到书店门口了(나는 이미 서점 입구에 도착했어)'라고 하자 여자는 '正在往那儿走(그곳을 향해 가고 있다)'라고 했다. 이를 통해 그들은 서점을 가려고 한다는 것을 알 수 있다. 따라서 답은 **C** 书店(서점)이다.

문제 34

A 机场
B 宾馆
C 地铁站

A 공항
B 호텔
C 지하철역

男：小王下飞机了吗？
女：下了，他正在等行李呢。
男：那应该还要十几分钟才能出来。
女：是，我跟他说我们在七号门等他。
问：他们现在最可能在哪里？

남: 샤오왕은 비행기에서 내렸어?
여: 내렸어, 그는 짐을 기다리고 있는 중이야.
남: 그럼 아마도 십몇 분은 더 있어야 나올 거야.
여: 응, 나는 그에게 우리가 7번 게이트에서 그를 기다리겠다고 말했어.
질문: 그들은 현재 어디에 있을 가능성이 가장 높은가?

단어 机场 jīchǎng 명 공항 | 宾馆 bīnguǎn 명 호텔 | 地铁站 dìtiězhàn 명 지하철역 | 等 děng 동 기다리다 | 行李 xíngli 명 짐

해설 '下飞机(비행기에서 내리다)'라는 단어와 남자와 여자가 샤오왕이 비행기에서 내려 나오길 기다리고 있는 전체적인 상황을 통해서 그들은 **A** 机场(공항)에 있다는 것을 알 수 있다.

문제 35

A 是新歌
B 以前很有名
C 很多人都会唱

A 신곡이다
B 이전에 유명했다
C 많은 사람들이 부를 줄 안다

女：中秋晚会你准备节目了吗？
男：我想唱个歌——《月亮船》。
女：我怎么没听过这个歌？
男：这是个老歌，过去很有名，现在会唱的人已经很少了。
问：关于那个歌，可以知道什么？

여: 중추완회(중추절 기념 행사 프로그램)에 너 레퍼토리 준비했어?
남: 나는 노래 《달님배》를 부르고 싶어.
여: 나는 어째서 이 노래를 들어본 적이 없지?
남: 이건 오래된 노래야. 과거에 유명했고, 현재는 부를 줄 아는 사람이 이미 적어졌어.
질문: 그 노래에 관해서 알 수 있는 것은?

| 단어 | 歌 gē 명 곡, 노래 | 有名 yǒumíng 형 유명하다 | 唱 chàng 동 부르다 | 准备 zhǔnbèi 동 준비하다 | 节目 jiémù 명 프로그램 | 老 lǎo 형 오래되다, 늙다 | 过去 guòqù 명 과거 | 会 huì 조동 ~할 수 있다

| 해설 | 마지막 부분에 남자는 그 노래가 '过去很有名(과거에 유명했다)'이라고 언급했다. '过去(과거)'는 '以前(이전)'에 포함되는 의미이므로 같은 의미이다. 따라서 답은 **B** 以前很有名(이전에 유명했다)이다.

문제 36

A 蓝阿姨
B 朋友
C 同事

A 란 이모
B 친구
C 직장 동료

女: 儿子, 快来看, 蓝阿姨送给你一只小猫。
男: 真可爱, 它叫什么?
女: 它还没有名字呢, 你想叫它什么?
男: 它看上去胖胖的, 就叫球球吧。
问: 小猫是谁送的?

여: 아들, 빨리 와서 봐. 란 이모가 너에게 고양이 한 마리를 보냈어.
남: 정말 귀엽다. 얘 뭐라고 불러요?
여: 얘는 아직 이름이 없어. 너 뭐라고 부르고 싶어?
남: 보아하니 매우 통통해요. '치우치우'라고 부를래요.
질문: 고양이는 누가 보낸 것인가?

| 단어 | 阿姨 āyí 명 이모, 아주머니 | 同事 tóngshì 명 직장 동료 | 儿子 érzi 명 아들 | 猫 māo 명 고양이 | 叫 jiào 동 부르다 | 它 tā 대 그것 | 胖 pàng 형 통통하다, 뚱뚱하다

| 해설 | 여자의 첫마디 '蓝阿姨送给你一只小猫(란 이모가 너에게 고양이 한 마리를 보냈어)'에서 고양이는 란 이모가 보냈다는 것을 알 수 있다. 보기를 먼저 보고 호칭 및 관계에 대한 문제임을 미리 파악하고 그 부분을 특히 집중해서 들어야 한다. 답은 **A** 蓝阿姨(란 이모)이다.

문제 37

A 太小
B 很贵
C 不新鲜

A 너무 작다
B 비싸다
C 신선하지 않다

男: 这条鱼多少斤?
女: 三斤多点儿。
男: 太小了, 我们有六个人呢。
女: 那我给您换条大的, 您等一下。
问: 男的觉得那条鱼怎么样?

남: 이 생선은 몇 근인가요?
여: 세 근 정도입니다.
남: 너무 작아요. 우리는 여섯 명이에요.
여: 그럼 내가 큰 것으로 바꿔줄게요. 잠시만 기다리세요.
질문: 남자가 느끼기에 그 생선은 어떠한가?

| 단어 | 贵 guì 형 비싸다 | 新鲜 xīnxiān 형 신선하다 | 鱼 yú 명 생선 | 斤 jīn 양 근 | 换 huàn 동 바꾸다 | 等 děng 동 기다리다

| 해설 | 남자가 생선이 몇 근이냐고 묻자 여자는 세 근 정도 된다고 답하지만 남자는 우리가 여섯 명이기 때문에 '太小了(너무 작다)'라고 한다. 따라서 남자가 느끼기에 그 생선은 **A** 太小(너무 작다)라는 것을 알 수 있다. 보기에 나온 어휘가 녹음에 그대로 나와서 비교적 쉽게 답을 찾을 수 있다.

문제 38

A 哭了 B 耳朵疼 C 腿疼	A 울었다 B 귀가 아프다 C 다리가 아프다
男：你怎么穿裙子来上体育课？一会儿还要打篮球呢。 女：我的腿有点儿疼，我想向老师请个假，回去休息。 男：怎么了？要不要去医院看看？ 女：不用，休息一会儿就好了。 问：女的怎么了？	남: 너 어째서 치마를 입고 체육 수업을 하러 왔어? 잠시 후에 농구를 해야 해. 여: 나 다리가 조금 아파. 나는 선생님께 조퇴를 신청하고 돌아가서 쉬고 싶어. 남: 왜 그래? 병원에 한번 가봐야 하는 거 아니야? 여: 괜찮아, 잠시 쉬면 괜찮아질 거야. 질문: 여자는 왜 그런가?

단어 哭 kū 동 울다 | 耳朵 ěrduo 명 귀 | 疼 téng 형 아프다 | 腿 tuǐ 명 다리 | 穿 chuān 동 입다 | 体育课 tǐyùkè 명 체육 수업 | 向 xiàng 전 ~를 향해, ~에게 | 请假 qǐngjià 동 휴가 내다, 조퇴하다 | 休息 xiūxi 동 쉬다 | 医院 yīyuàn 명 병원

해설 여자가 직접적으로 '我的腿有点儿疼(나 다리가 좀 아파)'이라고 했기 때문에 답을 쉽게 찾을 수 있다. 답은 C 腿疼(다리가 아프다)이다.

문제 39

A 电脑 B 冰箱 C 空调	A 컴퓨터 B 냉장고 C 에어컨
男：您好，您要买什么？ 女：我想看看空调。 男：空调在三层，这层主要是卖电脑和手机的。 女：好，那我去楼上看看，谢谢你。 问：女的想买什么？	남: 안녕하세요? 당신은 무엇을 사려고 하시나요? 여: 저는 에어컨을 좀 보고 싶어요. 남: 에어컨은 3층에 있어요. 이 층에는 주로 컴퓨터와 휴대전화를 팔아요. 여: 알겠습니다, 그럼 저는 올라가서 좀 볼게요. 감사합니다. 질문: 여자는 무엇을 사고 싶은가?

단어 电脑 diànnǎo 명 컴퓨터 | 冰箱 bīngxiāng 명 냉장고 | 空调 kōngtiáo 명 에어컨 | 买 mǎi 동 사다 | 卖 mài 동 팔다

해설 여자의 '我想看看空调(저는 에어컨을 좀 보고 싶어요)'라는 말에 남자가 현재 있는 층에서는 컴퓨터와 휴대전화를 주로 팔고 에어컨은 3층에 있다고 한다. 보기 A의 '电脑(컴퓨터)'도 녹음 내용에 등장하기 때문에 질문을 잘 듣고 여자가 사려고 하는 것이 무엇인지 정확히 골라야 한다. 답은 C 空调(에어컨)이다.

문제 40

A 妻子很年轻 B 女儿更像妈妈 C 女儿不像妈妈	A 아내가 젊다 B 딸은 엄마를 더 닮았다 C 딸은 엄마를 닮지 않았다
女：这是你女儿？长得跟你像极了。 男：其实她更像她妈妈。 女：是吗？我看她的眼睛、鼻子都特别像你。 男：等你见了我妻子就知道我女儿更像谁了。 问：男的是什么意思？	여: 이 사람이 너의 딸이야? 생긴 것이 너랑 정말 닮았다. 남: 사실 딸은 그녀의 엄마를 더 닮았어. 여: 그래? 내가 보기에 그녀의 눈과 코는 모두 특히 너를 닮았어. 남: 기다렸다가 네가 내 아내를 보면 내 딸이 누구를 더 닮았는지 바로 알게 될 거야. 질문: 남자는 무슨 의미인가?

단어 妻子 qīzi 명 아내 | 年轻 niánqīng 형 젊다 | 像 xiàng 동 닮다, ~와 같다 | 女儿 nǚ'ér 명 딸 | 长 zhǎng 동 자라다, 생기다 | 其实 qíshí 부 사실 | 眼睛 yǎnjing 명 눈 | 鼻子 bízi 명 코

해설 여자가 딸이 남자를 많이 닮았다고 말하지만 남자는 '其实她更像她妈妈(사실 딸은 그녀의 엄마를 더 닮았어)'고 말하며, 마지막에는 아내를 보면 바로 누구를 더 닮았는지 알 수 있다고 했다. 이를 통해 남자가 하는 말의 의미는 **B 女儿更像妈妈**(딸은 엄마를 더 닮았다)임을 알 수 있다.

실전 모의고사 1회 – 독해 제1부분

문제 41-45

문제 41

41. 你打算什么时候把这件事告诉妈妈？ 　F 我还没决定要不要说，我怕妈妈不同意。	41. 너 언제 이 일을 엄마에게 알릴 계획이야? 　F 나 말을 해야 할지 아직 결정을 못 했어. 나는 엄마가 동의하지 않을까 두려워.

단어 打算 dǎsuàn 동 ~할 계획이다 | 件 jiàn 양 건(사건 등을 세는 단위) | 事 shì 명 일 | 告诉 gàosu 동 알리다 | 还 hái 부 아직 | 决定 juédìng 동 결정하다 | 怕 pà 동 무섭다, 두렵다 | 同意 tóngyì 동 동의하다

해설 엄마에게 일을 알리면 엄마가 동의하지 않을까 두렵다는 내용이 연결된다. 두 문장 모두 '妈妈(엄마)'라는 단어가 등장하고 의미상으로 연결되므로 41번은 보기 F와 서로 호응하는 문장이다.

문제 42

42. 前几天我们去北京照的照片在你那儿吗？ 　D 都在我相机里，我一会儿网上发给你吧。	42. 며칠 전에 우리 베이징에 가서 찍은 사진 너한테 있어? 　D 모두 내 사진기 안에 있어. 내가 이따 인터넷상으로 너에게 보내줄게.

단어 照 zhào 동 찍다 | 照片 zhàopiàn 명 사진 | 在 zài 동 있다 | 相机 xiàngjī 명 사진기 | 网上 wǎngshàng 명 인터넷상 | 发 fā 동 보내다, 발송하다

해설 베이징에서 찍은 사진의 행방을 묻는 42번 질문에 대해 보기 D의 '都在我相机里(모두 내 사진기 안에 있어)'라는 내용과 연결해주면 된다. 두 문장 모두 '照(찍다)', '照片(사진)', '相机(사진기)'라는 관련 어휘가 등장하고 있다.

문제 43

43. 您好，一共400元。 　A 可不可以刷信用卡？	43. 안녕하세요? 총 400위안입니다. 　A 신용카드로 결제해도 되나요?

단어 一共 yígòng [부] 총, 합계 | 可以 kěyǐ [조동] ~해도 된다, 가능하다 | 刷信用卡 shuā xìnyòngkǎ [동] 신용카드로 결제하다

해설 '400元(400위안)', '刷信用卡(신용카드로 결제하다)'는 모두 돈, 결제와 관련된 표현들이기 때문에 43번은 보기 A와 서로 호응하는 문장이라는 것을 알 수 있다. 여기서 '可以'는 '~해도 된다'는 허가의 의미가 강하다.

문제 44

B 饿了吧？我马上去做饭。 44. 不着急，我早上吃得很饱。	B 배고프지? 내가 곧 가서 밥 해줄게. 44. 서두르지 마, 나 아침에 배부르게 먹었어.

단어 着急 zháojí [형] 급하다, 서두르다 | 饱 bǎo [형] 배부르다 | 饿 è [형] 배고프다 | 马上 mǎshàng [부] 곧, 바로

해설 문제 44번의 '饱(배부르다)'라는 표현이 보기 B의 '饿了吧? (배고프지?)'라는 문장과 관련이 있기 때문에 보기 B와 문제 44번 두 문장이 이어짐을 알 수 있다. 이처럼 반대되는 의미의 어휘들을 잘 기억해두면 답을 쉽게 찾을 수 있다.

문제 45

C 最近你哥哥怎么不来打篮球了？他忙什么呢？ 45. 快考试了，他这几天都在家复习呢。	C 요즘 네 형 어째서 농구하러 안 와? 그는 뭐가 바빠? 45. 곧 시험이라 형은 요 며칠 집에서 복습을 해.

단어 考试 kǎoshì [동] 시험 보다 | 复习 fùxí [동] 복습하다 | 最近 zuìjìn [명] 요즘, 최근 | 打篮球 dǎ lánqiú [동] 농구하다 | 忙 máng [형] 바쁘다

해설 '快…了'는 동작이 곧 발생함을 의미한다. 문제 45번의 '快考试了(곧 시험이다)'라고 시작되는 문장은 보기 C의 '他忙什么呢? (그는 뭐가 바빠?)'라는 질문에 대한 대답이 될 수 있다.

문제 46-50

문제 46

46. 喂，你大声说，我听不清楚。 　D 我还是出了电梯再给你打电话吧。	46. 여보세요? 너 큰 소리로 말해. 나 분명하게 들리지 않아. 　D 나 엘리베이터를 나가서 다시 너에게 전화를 거는 것이 낫겠어.

단어 大声 dàshēng [명] 큰 소리 | 清楚 qīngchu [형] 분명하다, 명확하다 | 再 zài [부] 다시 | 打电话 dǎ diànhuà [동] 전화를 걸다

해설 '喂 wéi'는 전화를 걸거나 받았을 때 처음 하는 말로 우리말의 '여보세요?'와 같은 표현이다. 이를 통해 46번 문장은 전화를 받은 상황임을 알 수 있고, 이에 보기 D의 '再给你打电话(다시 너에게 전화를 걸다)'라는 내용이 자연스럽게 이어진다.

문제 47

47. 今年的冬天一点儿也不冷。 　A 是啊，马上就要到春天了，还没下过雪呢。	47. 올해 겨울은 조금도 춥지 않아. 　A 맞아, 곧 봄이 오려고 하는데, 아직 눈이 내린 적도 없어.

단어 今年 jīnnián [명] 올해 | 冬天 dōngtiān [명] 겨울 | 一点儿 yìdiǎnr [양] 조금, 약간 | 冷 lěng [형] 춥다 | 就要…了 jiùyào…le 곧 ~할 것이다 | 春天 chūntiān [명] 봄 | 还 hái [부] 아직 | 下雪 xiàxuě [동] 눈이 내리다

해설 '一点儿也不…'는 '조금도 ~하지 않다'라는 표현으로 올해 겨울이 하나도 춥지 않다는 내용의 문제 47번과 보기 **A**의 '马上就要到春天了(곧 봄이 오려고 해)'라는 내용이 연결되면 적합하다. 두 문장 모두 '冬天(겨울)', '春天(봄)', '下雪(눈이 내리다)'와 같이 계절이나 날씨와 관련된 어휘들이 등장한 점을 주목하자.

문제 48

E 才到中国没多长时间，你就学会用筷子了，真棒。	E 중국에 온 지 오래되지 않았는데, 너는 젓가락 사용하는 것을 바로 배웠네. 정말 대단하다.
48. 一开始我也觉得很难，每天多练习就好了。	48. 시작하자마자 나도 어렵다고 느꼈는데 매일 많이 연습하니까 좋아졌어.

단어 开始 kāishǐ 동 시작하다 | 觉得 juéde 동 느끼다, 생각하다 | 难 nán 형 어렵다 | 每天 měitiān 명 매일 | 练习 liànxí 동 연습하다 | 筷子 kuàizi 명 젓가락 | 棒 bàng 형 대단하다

해설 문제 48번의 무언가를 매일 연습해서 좋아졌다는 내용과 이어질 수 있는 문장은 보기 **E**의 '你就学会用筷子(너는 젓가락 사용하는 것을 바로 배웠네)'와 연결된다. '学会'는 '배워서 할 줄 알게 되었다'라는 의미이다. 이 두 문장에는 관련 있는 단어가 등장하지 않기 때문에 전체적인 내용을 해석해서 연결시켜야 한다.

문제 49

49. 医生，除了每天吃药外，还需要注意什么？ B 多休息，少运动，下周一再过来检查一下你的腿。	49. 의사선생님, 매일 약을 먹는 것 외에 또 주의해야 할 것이 뭐죠? B 많이 쉬고, 적게 운동하고, 다음 주 월요일에 다시 와서 다리를 진찰 받으면 됩니다.

단어 医生 yīshēng 명 의사 | 除了…外 chúle…wài ~을 제외하고 | 药 yào 명 약 | 还 hái 또, 더 | 需要 xūyào 동 필요하다 | 注意 zhùyì 동 주의하다 | 运动 yùndòng 동 운동하다 | 检查 jiǎnchá 동 검사하다, 진찰하다 | 腿 tuǐ 명 다리

해설 문제 49번에는 '医生(의사선생님)'과 '吃药(약을 먹다)'를 통해 병원, 진찰 등과 관련된 문장이 나올 것을 알 수 있다. 따라서 '休息(쉬다)', '运动(운동하다)', '检查(검사하다, 진찰하다)' 등의 어휘를 사용해서 처방을 내려주는 보기 **B**와 서로 호응하는 문장이다.

문제 50

50. 你和小王中间的人是谁？ C 是我高中同学小李，和我关系一直很不错。	50. 너와 샤오왕 사이의 사람은 누구야? C 내 고등학교 학우 샤오리야. 나와 관계가 줄곧 좋았어.

단어 中间 zhōngjiān 명 가운데, 중간 | 谁 shéi 대 누구 | 高中 gāozhōng 명 고등학교 | 同学 tóngxué 명 학우 | 关系 guānxi 명 관계 | 一直 yìzhí 부 계속, 줄곧 | 不错 búcuò 형 좋다, 괜찮다

해설 문제 50번에서 누군지를 묻고 있기 때문에 어떤 인물에 대한 정보가 나와야 한다. 따라서 '是我高中同学小李(내 고등학교 학우 샤오리야)'라고 대답해주는 보기 **C**와 어울린다. 이렇게 질문에 사용한 술어를 똑같이 사용해서 대답하는 문장을 찾으면 쉽게 답을 찾아낼 수 있다.

실전 모의고사 1회 - 독해 제2부분

문제 51-55

A 小心	B 突然	C 书	D 瓶	E 声音	F 上班
A 조심하다	B 갑자기	C 책	D 병	E 목소리	F 출근하다

문제 51

服务员，再给我们拿四（　　）啤酒。	종업원, 저희 맥주 네 (병)을 더 주세요.

단어 服务员 fúwùyuán 명 종업원 | 再 zài 부 다시, 더 | 给 gěi 전 ~에게 | 拿 ná 동 가지다 | 啤酒 píjiǔ 명 맥주 | 瓶 píng 양 병

해설 숫자와 명사 사이에 빈칸이 있다. 명사가 숫자 또는 지시대명사의 수식을 받으면 중간에 그 명사에 어울리는 양사가 필요하다. 따라서 명사 '啤酒(맥주)'를 셀 수 있는 양사 **D 瓶**(병)이 정답이다.

문제 52

快起床刷牙洗脸，准备去（　　）。	빨리 일어나서 이를 닦고 세수해. (출근하러) 갈 준비해.

단어 起床 qǐchuáng 동 기상하다 | 刷牙 shuāyá 동 이를 닦다 | 洗脸 xǐliǎn 동 세수하다 | 准备 zhǔnbèi 동 준비하다 | 上班 shàngbān 동 출근하다

해설 무엇을 하러 갈 준비를 하는지를 찾아야 한다. 보기에서 동작을 나타내는 단어 '上班(출근하다)'이 의미상으로도 적합하기 때문에 답은 **F 上班**(출근하다)이다.

문제 53

过马路的时候要（　　），别一边走路一边看手机。	대로를 건널 때는 (조심)해야 한다. 길을 걸으면서 휴대전화를 봐서는 안 된다.

단어 过 guò 동 건너다, 지나다 | 马路 mǎlù 명 대로 | 要 yào 조동 ~해야 한다 | 别 bié 부 ~하지 마라 | 一边…一边… yìbiān…yìbiān… 접 ~하면서 ~하다 | 路 lù 명 길 | 手机 shǒujī 명 휴대전화 | 小心 xiǎoxīn 동 조심하다

해설 '要(~해야 한다)'라는 조동사 뒤가 빈칸이다. 조동사는 주로 동사 앞에서 동사를 수식하는 역할을 하기 때문에 보기 중 의미상으로도 적절한 동사 **A 小心**(조심하다)이 정답이 된다.

문제 54

这本（　　）主要介绍了中国茶文化。	이 (책)은 주로 중국 차 문화를 소개한다.

단어 本 běn 양 권 [책을 세는 단위] | 主要 zhǔyào 부 주로, 대부분 | 介绍 jièshào 동 소개하다 | 茶 chá 명 차 | 文化 wénhuà 명 문화

해설 '지시대명사 + 양사' 뒤가 빈칸이므로 빈칸에는 명사가 와야 한다. '本'은 책을 세는 양사로 답은 쉽게 **C 书**(책)라는 것을 알 수 있다.

문제 55

教室里怎么（　　）变得这么安静?	교실 안이 어째서 (갑자기) 이렇게 조용해졌지?

단어 教室 jiàoshì 명 교실 | 变 biàn 동 바뀌다 | 安静 ānjìng 형 조용하다 | 突然 tūrán 부 갑자기

| 해설 | 술어 앞이 빈칸이며 의미상 주어로 들어갈 만한 단어가 없기 때문에 술어를 수식할 수 있는 단어가 필요하다. **B 突然**(갑자기)은 부사로 술어 앞에서 술어를 수식할 수 있으며, 문맥상으로도 적합하다. |

문제 56-60

A 聪明	B 还	C 太	D 爱好	E 在	F 经常
A 똑똑하다	B 반납하다	C 너무	D 취미	E ~에서	F 자주

문제 56

A: 这个孩子真（　　　），这么多题她几乎没错。 B: 对啊，她学习一直很努力。	A: 이 아이 정말 (똑똑하다). 이렇게 많은 문제를 그녀는 거의 틀리지 않았어. B: 맞아, 그녀는 공부를 항상 열심히 해.

| 단어 | 孩子 háizi 명 아이 | 真 zhēn 부 정말, 진짜 | 题 tí 명 문제 | 几乎 jīhū 부 거의 | 努力 nǔlì 형 열심히 하다, 노력하다 | 聪明 cōngming 형 똑똑하다 |

| 해설 | 정도부사의 수식을 받는 것은 주로 형용사이다. 보기에는 형용사가 하나밖에 없기 때문에 우선 **A 聪明**(똑똑하다)을 답으로 염두에 둔다. 의미상으로도 그녀는 많은 문제를 거의 틀리지 않았기 때문에 빈칸에는 '聪明(똑똑하다)'이 와야 적합하다. |

문제 57

A: 上星期六爬山你怎么没来? B: 我（　　　）家照顾我女儿了，她发烧了。	A: 지난주 토요일에 등산하러 너 왜 안 왔어? B: 나는 집 (에서) 내 딸을 돌봤어. 그녀는 열이 났어.

| 단어 | 星期 xīngqī 명 주, 요일 | 爬山 páshān 동 등산하다 | 照顾 zhàogù 동 돌보다 | 发烧 fāshāo 동 열이 나다 |

| 해설 | 빈칸 앞에는 주어 '我(나)'가 있고, 술어 '照顾(돌보다)' 앞에 '家(집)'가 덩그러니 놓여져 있다. 술어 앞에 있는 '家'를 술어를 수식할 수 있는 성분으로 만들어 줄 수 있는 성분은 전치사 **E 在**(~에서)이다. '在'는 '~에서'라는 뜻을 가지며 전치사일 경우 혼자 쓰일 수 없기 때문에 뒤에 명사 또는 대명사와 짝을 이뤄야 한다. |

문제 58

A: 你别忘了去图书馆（　　　）书。 B: 别担心，吃完早饭我就去。	A: 너 도서관에 가서 책 (반납하는) 것을 잊지 마. B: 걱정 마, 아침 밥을 다 먹고 나는 바로 갈 거야.

| 단어 | 忘 wàng 동 잊다 | 担心 dānxīn 동 걱정하다 | 完 wán 동 다 하다 | 早饭 zǎofàn 명 아침밥 | 还 huán 동 돌려주다, 반납하다 |

| 해설 | '书(책)'에 대한 술어가 없다. 보기 중 책과 관련해서 술어가 될 수 있는 보기는 B 还(반납하다)이다. '还'는 'hái'로 발음하여 부사로도 쓰일 수 있지만 동사로 쓰이면 '还 huán(돌려주다, 반납하다)'이라는 의미이기 때문에 답은 **B 还**(반납하다)가 된다. |

문제 59

A: 你不是渴了吗? 怎么只喝了一口? B: 这果汁（　　　）甜了。	A: 너 목 마르지 않아? 어째서 한 입만 마셔? B: 이 과일주스는 (너무) 달아.

| 단어 | 渴 kě 형 목이 마르다 | 只 zhǐ 부 오직, 단지 | 果汁 guǒzhī 명 과일주스 | 甜 tián 형 달다 |

| 해설 | 형용사 앞이 빈칸이다. 형용사는 술어로 쓰일 경우 앞에 정도부사를 필요로 한다. 보기에서 정도부사는 C 太(너무)가 있는데, '太'는 주로 문장 끝에 '了'와 호응되어 '太…了(너무 ~하다)' 형식으로 쓰인다. 따라서 정답은 **C 太**(너무)이다. |

문제 60

A: 这儿环境真不错。 B: 是，这儿不但环境好，离我妈家很近，所以我（　　　）去看她。	A: 여기 환경 정말 괜찮다. B: 응, 여기는 환경이 좋을 뿐만 아니라 우리 엄마 집에서도 가까워. 그래서 나는 (자주) 엄마를 보러 가.

단어 环境 huánjìng 몡 환경 | 不但 búdàn 쩹 ~뿐만 아니라 | 离 lí 젼 ~에서부터 | 经常 jīngcháng 뷔 자주

해설 주어와 술어 사이가 빈칸이기 때문에 이 자리는 술어를 수식하는 자리이다. 주로 술어 앞에서 수식하는 품사는 부사, 조동사, 전치사구가 가장 많이 오기 때문에 보기 중 의미상 가장 적절한 답은 부사 F 经常(자주)이 된다.

실전 모의고사 1회 - 독해 제3부분

문제 61

如果你问我最大的爱好是什么，我的回答一定是运动。我特别喜欢运动，每天晚上我去打篮球，或者跑步。	만약 네가 나에게 가장 큰 취미가 무엇이냐고 묻는다면 나의 대답은 반드시 운동이다. 나는 운동을 특히나 좋아한다. 매일 저녁 나는 농구를 하거나 또는 조깅을 하러 간다.
★ 他最喜欢： A 看书 B 运动 C 画画儿	★ 그가 가장 좋아하는 것은: A 책을 보는 것 B 운동하는 것 C 그림을 그리는 것

단어 如果 rúguǒ 쩹 만약 | 回答 huídá 동 대답하다 | 一定 yídìng 뷔 반드시 | 运动 yùndòng 동 운동하다 | 或者 huòzhě 쩹 혹은, 또는 | 跑步 pǎobù 동 달리다, 조깅하다 | 画画儿 huàhuàr 동 그림을 그리다

해설 문제에서 그가 가장 좋아하는 것을 묻고 있기 때문에 지문에서 동사 '喜欢(좋아하다)'을 찾아서 목적어를 확인해야 한다. 지문에 '我特别喜欢运动(나는 운동을 특히나 좋아한다)'이라고 나와 있기 때문에 그가 가장 좋아하는 것은 B 运动(운동하는 것)이다.

문제 62

我们的飞机是明天下午5点半的，大家必须在两点前到机场。还有最重要的是别忘记带护照。	우리 비행기는 내일 오후 5시 30분 거야. 모두들 반드시 2시 전에 공항에 도착해야 해. 그리고 가장 중요한 것은 여권 챙기는 것을 잊지 않는 거야.
★ 根据这段话，可以知道什么？ A 飞机17:30起飞 B 他们要去上海 C 他们忘记带护照	★ 이 문단에 근거해서 알 수 있는 것은? A 비행기는 17시 30분에 이륙한다 B 그들은 상하이에 갈 것이다 C 그들은 여권 챙기는 것을 잊었다

단어 飞机 fēijī 몡 비행기 | 必须 bìxū 뷔 반드시 | 重要 zhòngyào 동 중요하다 | 别 bié 뷔 ~하지 마라 | 忘记 wàngjì 동 잊다 | 带 dài 동 지니다, 챙기다 | 护照 hùzhào 몡 여권 | 起飞 qǐfēi 동 이륙하다

해설 이 문단에 근거해서 알 수 있는 것을 묻는 문제의 경우 보기에 어떤 내용이 나와 있는지 보고 지문과 일치하는지 확인해야 한다. 지문의 시작 부분에 내일 오후 5시 30분 비행기라고 했기 때문에 A 飞机17:30起飞(비행기는 17시 30분에 이륙한다)와 일치한다.

문제 63

小马，这是新来的同事小庆。你先带他在公司走走，了解了解工作环境，然后再带他认识一下其他同事。	샤오마, 이 사람은 새로 온 직장 동료 샤오칭이야. 너 먼저 그를 데리고 회사를 좀 거닐면서 업무 환경을 한번 이해시켜 주고, 그 다음에 다시 그를 데리고 다른 동료들을 좀 알게해줘.
★ 关于小庆，可以知道什么？ A 对人很热情 B 在国外留学过 C 第一天上班	★ 샤오칭에 관해서 알 수 있는 것은? A 사람에게 친절하다 B 외국에서 유학한 적이 있다 C 출근 첫날이다

단어 同事 tóngshì 명 직장 동료 | 了解 liǎojiě 동 알다, 이해하다 | 环境 huánjìng 명 환경 | 再 zài 부 다시 | 认识 rènshi 동 알다 | 热情 rèqíng 형 친절하다 | 留学 liúxué 동 유학하다

해설 지문은 샤오마에게 샤오칭을 소개시켜주며 행동을 지시하는 상황이다. 첫마디에 새로 온 직장 동료라고 소개하는 것을 통해 샤오칭이 오늘이 출근 첫날이라는 것을 알 수 있다. 정답은 **C 第一天上班**(출근 첫날이다)이다.

문제 64

对不起，我的手机没电了。我现在有点儿急事，可以借你的手机打个电话吗？	미안해, 내 휴대전화 배터리가 없어. 나 지금 조금 급한 일이 있어서 네 휴대전화를 빌려 전화를 걸어도 될까?
★ 说话人想做什么？ A 找朋友 B 离开这儿 C 借手机	★ 말하는 사람은 무엇을 하고 싶은가? A 친구를 찾다 B 이곳을 떠나다 C 휴대전화를 빌리다

단어 手机 shǒujī 명 휴대전화 | 电 diàn 명 전기 | 急 jí 형 급하다 | 事 shì 명 일 | 借 jiè 동 빌리다, 빌려주다 | 找 zhǎo 동 찾다 | 离开 líkāi 동 떠나다

해설 휴대전화의 배터리가 없는데 급한 일이 있어 휴대전화를 빌려 써도 되냐고 묻고 있다. 따라서 답은 **C 借手机**(휴대전화를 빌리다)가 된다.

문제 65

今天的作业就是用黑板上的这些词，介绍一个自己最喜欢的中国菜。	오늘의 숙제는 바로 칠판 위의 저 단어들을 이용해서 자신이 가장 좋아하는 중국 음식을 한 가지 소개하는 것입니다.
★ 作业要求介绍什么？ A 中国历史 B 中国菜 C 中国节日	★ 숙제는 무엇을 소개하길 요구하는가? A 중국 역사 B 중국 음식 C 중국 명절

단어 作业 zuòyè 명 숙제 | 用 yòng 동 사용하다 | 黑板 hēibǎn 명 칠판 | 词 cí 명 단어 | 历史 lìshǐ 명 역사 | 节日 jiérì 명 명절, 기념일

해설 무엇을 소개해야 하는지를 묻고 있으므로 지문에서 '介绍(소개하다)'라는 동사가 나오는 부분을 찾아 목적어를 확인하면 된다. 지문 마지막 부분에 '介绍一个自己最喜欢的中国菜(자신이 가장 좋아하는 중국 음식을 한 가지 소개하다)'라는 것을 통해 정답은 **B 中国菜**(중국 음식)가 된다.

문제 66

中国有句话，叫"有借有还，再借不难"，是说向别人借的东西，用完就要还回去，这样才能让别人相信你，下次还会借给你。

중국에는 구절이 하나 있는데, '빌리는 것이 있으면 돌려주는 것이 있고, 다시 빌리는 것은 어렵지 않다.'라고 부른다. 다른 사람에게 빌린 물건을 다 사용하면 바로 돌려줘야 한다. 이렇게 해야 비로소 다른 사람이 너를 믿을 수 있고 다음 번에 또 너에게 물건을 빌려줄 것을 말한다.

★ 借了别人的东西：
A 要记得还
B 要洗干净
C 别用太长时间

★ 다른 사람의 물건을 빌리면:
A 돌려주는 것을 기억해야 한다
B 깨끗이 씻어야 한다
C 너무 긴 시간 사용해선 안 된다

단어 借 jiè 동 빌리다, 빌려주다 | 还 huán 동 돌려주다, 반납하다 | 再 zài 부 다시 | 难 nán 형 어렵다 | 向 xiàng 전 ~향해서, ~에게 | 东西 dōngxi 명 물건 | 让 ràng 동 ~하게 하다 | 相信 xiāngxìn 동 믿다 | 洗 xǐ 동 씻다 | 干净 gānjìng 형 깨끗하다

해설 중국에 있는 어떤 구절을 예시로 들어 남의 물건을 빌리면 잘 돌려줘야 한다고 말하고 있다. 따라서 답은 **A 要记得还**(돌려주는 것을 기억해야 한다)이다. 보기 A, B, C는 상식상 모두 옳은 말이지만 지문을 토대로 지문에서 언급된 내용을 답으로 골라야 한다.

문제 67

上周我和朋友们去游泳，我累死了，到现在我的腿还在疼。看来我是应该多运动运动。

지난주에 나는 친구와 수영을 하러 갔는데, 나는 너무 피곤했다. 지금까지 내 다리는 아직도 아프다. 보아하니 나는 운동을 많이 해야 한다.

★ 他打算：
A 去医院
B 下午去游泳
C 多运动

★ 그가 계획하는 것은:
A 병원에 가다
B 오후에 수영하러 가다
C 많이 운동하다

단어 游泳 yóuyǒng 동 수영하다 | 累 lèi 형 피곤하다 | 腿 tuǐ 명 다리 | 疼 téng 형 아프다 | 应该 yīnggāi 조동 ~해야 한다 | 打算 dǎsuàn 동 ~할 계획이다 | 医院 yīyuàn 명 병원

해설 문제에서는 그가 무엇을 계획하는지 묻고 있다. 수영을 하고 자신의 체력이 부족하다는 것을 느끼고 운동을 많이 해야겠다고 하는 내용을 통해 그의 계획은 **C 多运动**(많이 운동하다)임을 알 수 있다. 지문을 성급하게 봤다간 '游泳(수영하다)'이라는 단어가 지문과 보기 B에 모두 등장하기 때문에 오답을 고를 수 있다. 앞뒤 문맥을 잘 살펴 정확한 답을 선택하도록 하자!

문제 68

你说的是中间那个碗吗？它有好几百年的历史了，听说现在最少能卖到一万多元。

네가 말한 것이 중간의 저 그릇이야? 저것은 몇 백 년의 역사를 가지고 있어. 듣자 하니 지금 최소 1만 위안 정도에 팔 수 있다고 해.

★ 那个碗：
A 历史很长
B 漂亮极了
C 里面有米

★ 그 그릇은:
A 역사가 길다
B 매우 예쁘다
C 안에 쌀이 있다

단어 中间 zhōngjiān 명 중간, 가운데 | 碗 wǎn 명 그릇 | 历史 lìshǐ 명 역사 | 卖 mài 동 팔다 | 长 cháng 형 길다 | 米 mǐ 명 쌀

| 해설 | 지문에서 지시대명사가 나올 경우 무엇을 가리키는 것인지 앞뒤 내용을 통해 잘 파악해야 한다. '它(그것)'는 앞에 '那个碗(저 그릇)'을 가리키며 문제에서도 '那个碗'에 대해 묻고 있으므로 '它有好几百年的历史了(저것은 몇 백 년의 역사를 가지고 있어)'라는 문장을 통해 정답은 **A 历史很长**(역사가 길다)임을 알 수 있다.

문제 69

我丈夫是南方人，以前几乎每天都要吃米饭，来北方住了两年后，也开始习惯吃面条了。	내 남편은 남방사람이다. 이전에는 거의 매일 쌀밥을 먹어야 했는데, 북방에 와서 산 지 2년이 된 후에 국수를 먹는 것에 적응하기 시작했다.
★ 她丈夫现在: A 瘦了 B 开始吃羊肉 C 习惯吃面条了	★ 그녀의 남편은 현재: A 말랐다 B 양고기를 먹기 시작했다 C 국수를 먹는 것에 적응됐다

| 단어 | 丈夫 zhàngfu 명 남편 | 以前 yǐqián 명 이전 | 几乎 jīhū 부 거의 | 要 yào 조동 ~해야 한다 | 习惯 xíguàn 동 습관이 되다, 적응이 되다 | 面条 miàntiáo 명 국수 | 瘦 shòu 형 마르다

| 해설 | 남편이 남방사람이어서 쌀밥을 먹는 것에 익숙하지만 북방에 온 후로 국수를 먹는 것에 적응했다는 내용이 마지막에 등장한다. 따라서 정답은 **C 习惯吃面条了**(국수 먹는 것에 적응됐다)이다. 보기 A와 B에 대한 내용은 아예 찾아볼 수 없으니 헷갈리지 않고 정답을 고를 수 있다.

문제 70

他的中文还可以，虽然不是每句话都能听懂，但如果你慢慢说，他一般都能明白你的意思。	그의 중국어는 그런대로 괜찮다. 비록 모든 말을 다 알아들을 수 있는 것은 아니지만 만약에 네가 천천히 말한다면 그는 너의 의미를 대부분 다 이해할 수 있다.
★ 他: A 很胖 B 会说汉语 C 喜欢狗	★ 그는: A 뚱뚱하다 B 중국어를 할 수 있다 C 개를 좋아한다

| 단어 | 虽然A, 但(是)B suīrán A, dàn(shì) B 접 비록 A하지만 B하다 | 能 néng 조동 ~할 수 있다 | 懂 dǒng 동 알다, 이해하다 | 如果 rúguǒ 접 만약에 | 慢 màn 형 느리다 | 一般 yìbān 형 보통이다 | 明白 míngbai 형 알다, 이해하다 | 意思 yìsi 명 의미, 뜻 | 胖 pàng 형 뚱뚱하다, 통통하다 | 狗 gǒu 명 개

| 해설 | '他(그)'에 관해 묻고 있으므로 보기와 지문이 일치하는 것을 찾으면 된다. 지문 첫 문장에 '他的中文还可以(그의 중국어는 그런대로 괜찮다)'라고 나와 있으므로 보기 **B 会说汉语**(중국어를 할 수 있다)와 같은 의미이다.

실전 모의고사 1회 – 쓰기 제1부분

문제 71

可爱   只   熊猫   这   真

| 단어 | 可爱 kě'ài 형 귀엽다 | 只 zhī 양 마리 | 熊猫 xióngmāo 명 판다 | 真 zhēn 부 정말, 진짜

| 해설 | 술어를 먼저 찾아보면 술어가 될 수 있는 단어는 '可爱(귀엽다)' 뿐이다. '可爱'는 형용사로 형용사가 술어로 쓰일 경우 앞에 정도부사가 필요하므로 정도부사 '真(정말)'과 짝지어 준다. 주어가 되는 명사는 '熊猫(판다)'이며 '熊猫'를 꾸며주는 지시대명사 '这(이, 이것)' + 양사 '只(마리)'가 앞에 나와서 관형어 역할을 해주면 된다. '只'는 동물을 세는 양사이다. |

TIP 관형어 + 주어 + 부사어 + 술어

문제 72

蛋糕　吃　你　哪种　想

| 단어 | 蛋糕 dàngāo 명 케이크 | 哪 nǎ 대 어느 | 种 zhǒng 양 종류 | 想 xiǎng 조동 ~하고 싶다 |
| 해설 | 술어는 동사 '吃(먹다)'이고 먹는 주어는 '你(너)', 목적어는 '蛋糕(케이크)'이다. 주, 술, 목을 찾았으면 나머지 단어들은 수식 성분에 알맞게 배치해야 하는데, 조동사 '想(~하고 싶다)'은 동사 앞에서 수식하므로 동사 '吃' 앞에 배열하고, '의문대명사 + 양사' 구조인 '哪种(어떤 종류)'은 명사 '蛋糕' 앞에서 수식한다. |

TIP 주어 + (부사어) + 술어 + (관형어) + 목적어

문제 73

感冒　这个　容易　季节

| 단어 | 感冒 gǎnmào 동 감기에 걸리다 | 容易 róngyì 형 쉽다 | 季节 jìjié 명 계절 |
| 해설 | 배열된 단어 중 술어가 될 수 있는 단어는 동사 '感冒(감기에 걸리다)'와 형용사 '容易(쉽다)' 두 가지가 있다. 나머지 배열된 단어들을 통해 유추해보면 '感冒'가 술어로 쓰였고, '容易'는 술어 앞에서 술어를 수식하는 부사어로 쓰였음을 알 수 있다. '지시대명사 + 양사' 구조인 '这个(이)'는 명사를 수식하므로 '季节(계절)'와 짝을 이루어 문장 맨 앞으로 배열한다. |

TIP 문장 맨 앞 부사어(시간) + 부사어 + 술어

문제 74

这　换了　饭馆　家　新菜单

| 단어 | 换 huàn 동 바꾸다 | 饭馆 fànguǎn 명 식당 | 家 jiā 양 영리단체를 세는 단위 | 新 xīn 형 새롭다 | 菜单 càidān 명 메뉴 |
| 해설 | 술어는 '了'가 붙어 있는 '换(바꾸다)'이라는 것을 쉽게 찾을 수 있고, 문맥상 목적어는 '新菜单(새 메뉴), 주어는 '饭馆(식당)'이다. '家'가 양사로 쓰일 땐 영리단체를 세는 단위이므로 지시대명사 '这(이)'와 짝을 이루어 '饭馆' 앞에서 수식한다. |

TIP (관형어) + 주어 + 술어 + (관형어) + 목적어

문제 75

非常　经理　我的回答　对　满意

| 단어 | 非常 fēicháng 부 매우 | 经理 jīnglǐ 명 사장 | 回答 huídá 동 대답하다 | 对 duì 전 ~에 대해서 | 满意 mǎnyì 형 만족하다 |
| 해설 | '满意(만족하다)'는 형용사술어로 앞에서 정도부사의 수식을 받는다. 형용사가 술어일 경우 뒤에 목적어를 동반할 수 없기 때문에 나머지 단어들은 형용사 앞에 알맞게 배치해야 한다. 주어가 되는 단어는 '经理(사장)'이며, '对(~에 대해서)'는 전치사로 혼자 쓰일 수 없으므로 명사 '我的回答(나의 대답)'와 전치사구를 이루어 술어 앞에서 술어를 수식한다. |

TIP 주어 + (부사어) + 술어

실전 모의고사 1회 – 쓰기 제2부분

문제 76

| 终于（ dōng 　）天来了，天黑得越来越早了。 | 드디어 겨울이 왔다. 날이 어두워지는 것이 점점 더 일러졌다. |

단어 天 tiān 몡 날, 하루 | 黑 hēi 혱 어둡다 | 越来越 yuèláiyuè 뷔 점점 더 ~해지다 | 早 zǎo 혱 이르다

해설 '天'과 단어를 만들 수 있는 'dōng' 발음을 가진 글자는 '冬'으로 '冬天'은 '겨울'이라는 뜻이다. 뒷부분도 '天黑得越来越早了(날이 어두워지는 것이 점점 일러졌다)'라는 내용으로 겨울에는 낮 시간이 짧기 때문에 빈칸에는 '冬'이 들어가면 적합하다.

문제 77

| 我（ cóng 　）三天前开始，身体就不舒服。 | 나는 3일 전부터 시작해서 몸이 불편했다. |

단어 开始 kāishǐ 동 시작하다 | 身体 shēntǐ 몡 몸, 신체, 건강 | 舒服 shūfu 혱 편안하다 | 从 cóng 젠 ~에서부터

해설 빈칸 앞뒤로 이어지는 단어가 없지만 조금만 더 뒤를 보면 동사 '开始(시작하다)'가 있다. '从…开始'는 '~에서부터 시작해서'라는 뜻으로 '从'은 시작점을 알려준다. 따라서 정답은 '从'이다.

문제 78

| 我希望你在新的一（ nián 　）里，身体健康，万事如意！ | 나는 네가 새로운 한 해에 몸 건강하고 만사형통하길 바란다! |

단어 希望 xīwàng 동 바라다, 희망하다 | 健康 jiànkāng 혱 건강하다 | 万事如意 wànshìrúyì 만사형통하다

해설 숫자의 수식을 받을 수 있는 'nián'이란 발음을 가진 단어는 '年'이다. 전체적인 문맥을 봐도 새로 시작하는 1년에 대한 바람을 이야기하고 있으므로 정답은 '年(년, 해)'이다.

문제 79

| 这是我送给妈妈的礼（ wù 　）。 | 이것은 내가 엄마에게 주는 선물이다. |

단어 送 sòng 동 보내다, 주다 | 给 gěi 젠 ~에게 | 礼物 lǐwù 몡 선물

해설 우선 빈칸 앞에 '礼'를 통해서 정답이 '物'라는 것을 눈치챌 수 있다. 또한, '礼物(선물)'는 주로 앞에 술어로 '送(보내다)'과 자주 쓰여 '送礼物(선물을 보내다)'로 많이 쓰인다. 따라서 정답은 '物'이다.

문제 80

| 要相信自（ jǐ 　）的选择，不要被别人影响。 | 자신의 선택을 믿어야 한다. 다른 사람의 영향을 받아서는 안 된다. |

단어 要 yào 조동 ~해야 한다 | 相信 xiāngxìn 동 믿다 | 自己 zìjǐ 몡 자기 자신 | 不要 búyào 조동 ~해서는 안 된다 | 被 bèi 젠 ~을 당하다 | 别人 biérén 몡 다른 사람 | 影响 yǐngxiǎng 동 영향을 미치다

해설 빈칸 앞에 '自'가 있으므로 정답은 '己'이다. '自己'는 '자기 자신'이라는 뜻으로 문맥상 일치한다. 주의해야 할 점은 '已经(이미)'의 '已'와 생김새가 비슷하므로 마지막 세로 획의 윗부분이 위로 더 올라오지 않도록 주의해서 써야 한다.

실전 모의고사 2회

听力

第一部分
1. B 2. F 3. A 4. C 5. E 6. D 7. B 8. E 9. C 10. A

第二部分
11. X 12. ✓ 13. X 14. X 15. ✓ 16. X 17. ✓ 18. ✓ 19. ✓ 20. X

第三部分
21. C 22. B 23. C 24. A 25. A 26. C 27. A 28. C 29. B 30. B

第四部分
31. B 32. A 33. C 34. B 35. A 36. C 37. C 38. A 39. A 40. B

阅读

第一部分
41. C 42. D 43. A 44. B 45. F 46. E 47. D 48. B 49. C 50. A

第二部分
51. F 52. A 53. B 54. C 55. D 56. B 57. F 58. A 59. E 60. C

第三部分
61. C 62. B 63. A 64. C 65. C 66. A 67. B 68. A 69. B 70. C

书写

第一部分
71. 我们班的学生很努力学习。 우리 반 학생들은 열심히 공부한다.
72. 今天终于出太阳了。 오늘 드디어 태양이 나왔다(떴다).
73. 那个城市的环境变得越来越好了。 그 도시의 환경은 점점 더 좋게 변했다.
74. 桌子上放着四本书。 책상 위에 네 권의 책이 놓여 있다.
75. 你丈夫的眼睛怎么了? 네 남편의 눈이 왜 그래?

第二部分
76. 号 77. 会 78. 月 79. 告 80. 知

실전 모의고사 2회 - 듣기 제1부분

문제 1-5

A    B    C

D    E    F

문제 1

男: 没见你穿过这条裙子，新买的? 女: 不是买的，这是姐姐送我的生日礼物，好看吗?	남: 네가 이 치마를 입은 것은 본 적이 없는데, 새로 산 거야? 여: 산 게 아니고 이건 언니가 내 생일에 준 선물이야. 예뻐?

단어 穿 chuān 동 입다 | 裙子 qúnzi 명 치마 | 姐姐 jiějie 명 누나, 언니 | 送 sòng 동 보내다, 주다 | 生日 shēngrì 명 생일 | 礼物 lǐwù 명 선물

해설 남자가 여자에게 '没见你穿过这条裙子(네가 이 치마를 입은 것은 본 적이 없다)'라는 내용을 통해 여자가 치마를 입고 있는 사진인 **B**가 정답이다. '条'는 주로 가늘고 긴 것을 셀 때 쓰이는 양사로 옷 중에서는 바지, 치마를 셀 때 쓰인다.

문제 2

男: 小姐, 这么长。你看可以吗? 女: 再短一些吧。夏天到了，头发还是短一点儿好。	남: 아가씨, 이만큼이나 길어요. 보기에 괜찮나요? 여: 조금 더 짧게요. 여름이 되었으니 머리카락이 그래도 조금 짧은 것이 좋아요.

단어 小姐 xiǎojiě 명 아가씨 | 长 cháng 형 길다 | 再 zài 부 다시, 더 | 短 duǎn 형 짧다 | 夏天 xiàtiān 명 여름 | 头发 tóufa 명 머리카락

해설 '长(길다)', '短(짧다)'이라는 단어들이 들리고 여자가 여름이 되었으니 '头发还是短一点儿好(머리카락이 그래도 조금 짧은 것이 좋아요)'라고 이야기하는 것을 통해 미용실에서 하는 대화라는 것을 알 수 있다. 따라서 정답은 **F**이다.

문제 3

女: 面条儿做好了，你给妹妹打电话吧，让她来一起吃。 男: 我正在打呢，但没有人接。	여: 국수 다 만들었어. 너 여동생에게 전화해서 그녀에게 와서 같이 먹자고 해. 남: 나 지금 걸고 있는데, 아무도 받지 않아.

단어 面条 miàntiáo 명 면, 국수 | 打电话 dǎ diànhuà 동 전화를 걸다 | 让 ràng 동 ~하게 하다, 시키다 | 正在 zhèngzài 부 ~하는 중이다 | 接 jiē 동 받다, 연결하다

해설 대화의 시작 부분을 보면 여자가 '面条儿做好了(국수 다 만들었어)'라고 말하며, 여동생한테 전화를 걸도록 남자에게 시킨다. 따라서 답은 국수 사진인 **A**이다.

문제 4

女: 我把需要注意的问题，<u>都写在电子邮件里了</u>。 男: 好的，我现在就看。	여: 내가 주의가 필요한 문제를 모두 이메일에 적었어. 남: 알겠어, 내가 지금 볼게.

단어 需要 xūyào 동 필요하다 | 注意 zhùyì 동 주의하다 | 问题 wèntí 명 문제 | 写 xiě 동 쓰다 | 电子邮件 diànzǐ yóujiàn 명 전자우편, 이메일

해설 이 대화에서 가장 중요한 단어는 바로 '电子邮件'이다. '电子邮件'은 '전자우편', '이메일'이라는 뜻으로, 여자가 주의해야 할 문제를 모두 이메일에 썼다고 말하므로 정답은 여자가 컴퓨터를 하고 있는 사진인 **C**이다.

문제 5

男: 椅子上的<u>这本词典</u>是谁的，你知道吗？ 女: 不知道，上面没写名字吗？	남: 의자 위의 이 사전이 누구 것인지 너 알아? 여: 몰라, 위쪽에 이름이 쓰여져 있지 않니?

단어 椅子 yǐzi 명 의자 | 词典 cídiǎn 명 사전 | 知道 zhīdào 동 알다 | 上面 shàngmian 명 위쪽 | 名字 míngzi 명 이름

해설 남자는 '这本词典(이 사전)'의 주인을 찾고 있다. 책을 세는 양사 '本(권)'이나 '词典(사전)'을 들었다면 답을 쉽게 찾을 수 있었을 것이다. 정답은 **E**이다.

문제 6-10

A

B

C

D

E

문제 6

女: 你爬那么高做什么? 小心点儿！ 男: 没关系，<u>厨房的灯坏了，我换个新的</u>。	여: 너 그렇게 높은 곳에 올라가서 뭐해? 조심해! 남: 괜찮아, 주방의 불이 고장 나서 내가 새것으로 바꿨어.

단어 爬 pá 동 기다, 오르다 | 小心 xiǎoxīn 동 조심하다 | 厨房 chúfáng 명 주방 | 灯 dēng 명 등 | 坏 huài 동 고장 나다 | 换 huàn 동 바꾸다

해설 여자는 남자에게 높은 곳에 올라가서 무엇을 하는지 묻고 있다. '爬'는 '등산하다'라고 할 때 많이 쓰지만, 크게는 '기다, 오르다'라는 뜻을 갖는다. 이에 남자는 '厨房的灯坏了，我换个新的(주방의 불이 고장 나서 내가 새것으로 바꿨어)'라고 말하는 것을 통해 남자가 위로 손을 뻗어 등을 바꾸고 있는 사진인 **D**가 정답이다.

문제 7

| 男: 你想把这箱子搬到哪儿？要不要我帮忙？ | 남: 너 이 상자 어디로 옮기고 싶어? 내가 도와줄까? |
| 女: 不用，我把它放到楼下就可以。 | 여: 괜찮아, 내가 그것을 건물 아래에 놓기만 하면 돼. |

단어 箱子 xiāngzi 명 상자 | 搬 bān 동 옮기다 | 帮忙 bāngmáng 동 돕다 | 它 tā 대 그것 | 放 fàng 동 놓다 | 楼 lóu 명 건물, 층

해설 '주어 + 把 + 목적어 + 술어 + 到/在 + 장소'는 '(주어)가 (목적어)를 (장소)에 (술어)하다'라는 뜻으로 남자가 여자에게 상자를 어디에 옮기는지 묻고 있다. 여자의 말 중에 '它'는 '사물, 동물 등을 가리킬 때 쓰는 대명사'로 여기서는 '箱子(상자)'를 가리킨다. 따라서 정답은 여자가 상자를 들고 있는 사진인 **B**이다.

문제 8

| 女: 先生等等，您把照相机忘在车上了。 | 여: 손님, 기다리세요. 당신이 사진기를 차에 두고 갔어요. |
| 男: 刚才太着急了，真是谢谢你。 | 남: 방금 너무 급했네요. 정말 감사합니다. |

단어 等 děng 동 기다리다 | 照相机 zhàoxiàngjī 명 사진기 | 忘 wàng 동 잊다 | 刚才 gāngcái 명 방금 | 着急 zháojí 형 급하다, 서두르다

해설 문제 7번과 마찬가지로 '주어 + 把 + 목적어 + 술어 + 到/在 + 장소' 구조가 어떻게 해석되는지 기억해두자. 여자의 말 중 '您把照相机忘在车上了(당신이 사진기를 차에 두고 갔어요)'라는 말을 통해 여자가 차에서 누군가를 부르고 있는 사진인 **E**가 정답이다.

문제 9

| 男: 你看看这段话这样写怎么样？ | 남: 너 봐봐, 이 단락은 이렇게 쓰는 것이 어때? |
| 女: 除了这个句子意思有些不清楚外，其他都不错。 | 여: 이 말의 의미가 조금 불명확한 것 외에 다른 것은 모두 괜찮아. |

단어 段 duàn 양 단락, 토막 | 话 huà 명 말, 이야기 | 写 xiě 동 쓰다 | 除了 chúle ~이외에, ~을 제외하고 | 句子 jùzi 명 문장 | 意思 yìsi 명 뜻, 의미 | 清楚 qīngchu 형 명확하다, 분명하다 | 其他 qítā 대 기타, 다른

해설 전체적인 내용을 해석해서 답을 찾을 수도 있지만 가장 쉽게 찾을 수 있는 힌트는 바로 남자가 처음에 여자에게 '你看看(너 봐봐)'이라고 한 것을 통해 두 사람이 무언가를 같이 보고 있다는 것을 알 수 있다. 따라서 정답은 두 사람이 같이 노트북을 보고 있는 사진인 **C**이다.

문제 10

| 女: 真为你高兴！希望你以后能有更大的成绩。 | 여: 축하해! 네가 이후에 더 좋은 성적이 있길 바란다. |
| 男: 谢谢老师！我一定会努力的。 | 남: 감사합니다, 선생님! 저는 반드시 노력할 거예요. |

단어 希望 xīwàng 동 희망하다 | 更 gèng 부 더, 더욱 | 成绩 chéngjì 명 성적 | 一定 yídìng 부 반드시 | 会 huì 조동 ~할 것이다 | 努力 nǔlì 형 노력하다, 열심히 하다

해설 여자가 남자에게 축하를 하고 있고, 남자는 여자를 '老师(선생님)'라고 부르는 것을 통해 학교를 졸업하는 사진인 **A**가 정답이라는 것을 알 수 있다.

실전 모의고사 2회 – 듣기 제2부분

문제 11

★ 我的眼睛比姐姐大。　　　(　　)	★ 내 눈은 언니보다 크다.
很多人都说我跟姐姐长得很像，其实我觉得，我们一点儿也不像，她的脸比我小，眼睛也比我大。	많은 사람들이 나와 언니가 생긴 것이 닮았다고 말하는데, 사실 내가 느끼기에 우리는 조금도 닮지 않았다. 그녀의 얼굴은 나보다 작고, 눈도 나보다 크다.

단어 眼睛 yǎnjing 명 눈 | 比 bǐ 전 ~보다 | 长 zhǎng 동 자라다, 생기다 | 像 xiàng 동 닮다 | 其实 qíshí 부 사실 | 觉得 juéde 동 느끼다, 생각하다 | 脸 liǎn 명 얼굴

해설 비교문이 나왔을 때 주의해야 할 점은 문제와 녹음에서 등장한 술어가 같은지, 또는 비교의 대상이 알맞은 위치에 들어가 있는지 확인하는 것이다. 'A + 比 + B + 술어'는 'A가 B보다 더 ~하다'라는 뜻으로 문제를 먼저 훑어봤을 때 '我的眼睛比姐姐大(내 눈은 언니보다 크다)'라고 나와 있다. 따라서 녹음을 들을 때 누구의 눈이 크다고 하는지를 잘 들어야 한다. 녹음에서는 '(她的)眼睛也比我大(언니의 눈도 나보다 크다)'라고 했기 때문에 답은 X이다.

문제 12

★ 那双鞋卖两千多元。　　　(　　)	★ 그 신발은 2000위안 정도에 판다.
这双鞋很漂亮，但是太贵了，要两千多块钱，我们去别的商店看看吧。	이 신발은 예쁜데 너무 비싸. 2000위안 정도가 필요해. 우리 다른 상점에 가서 한번 보자.

단어 双 shuāng 양 쌍, 켤레 | 鞋 xié 명 신발 | 卖 mài 동 팔다 | 贵 guì 형 비싸다 | 要 yào 동 필요하다 | 商店 shāngdiàn 명 상점

해설 '要'는 동사로 '필요하다'라는 뜻이다. 이 신발을 사려면 '要两千多块钱(2000위안 정도가 필요하다)'이라고 하며 비싸다고 한다. 따라서 그 신발은 2000위안 정도에 판다는 것을 알 수 있다. 정답은 ✓이다.

문제 13

★ 邻居是位老人。　　　(　　)	★ 이웃은 한 분의 노인이다.
邻居是一位年轻的老师，他很热情，喜欢帮助别人，所以认识他的人都很喜欢他。	이웃은 젊은 선생님이다. 그는 친절하고, 다른 사람을 돕는 것을 좋아한다. 그래서 그를 아는 사람들은 모두 그를 좋아한다.

단어 邻居 línjū 명 이웃 | 位 wèi 양 분 [사람을 세는 양사, 공경의 뜻을 내포함] | 老人 lǎorén 명 노인 | 年轻 niánqīng 형 젊다 | 热情 rèqíng 형 친절하다 | 帮助 bāngzhù 동 돕다 | 别人 biérén 명 다른 사람 | 认识 rènshi 동 알다

해설 문제를 먼저 훑었을 때, 이웃이 누구인지를 주의 깊게 들어야 한다는 것을 알 수 있다. 녹음 맨 처음에 '邻居是一位年轻的老师(이웃은 젊은 선생님이다)'라고 했기 때문에 녹음에서 소개하고 있는 이웃은 노인이 아니다. 답은 X이다.

문제 14

★ 王阿姨会打篮球。　　　　(　　)	★ 왕 아주머니는 농구를 할 수 있다.
王阿姨和她先生有相同的爱好，那就是踢足球。他们是踢足球时认识的。王阿姨虽然说跑得不快，但是她的足球踢得非常好。	왕 아주머니와 그의 남편은 같은 취미를 가지고 있다. 그것은 바로 축구를 하는 것이다. 그들은 축구를 하면서 알게 되었다. 왕 아주머니는 비록 달리는 것이 빠르지 않지만 그녀는 축구를 매우 잘한다.

단어 阿姨 āyí 명 아주머니, 이모 | 会 huì 조동 ~할 수 있다 | 打篮球 dǎ lánqiú 동 농구하다 | 相同 xiāngtóng 형 서로 같다 | 踢足球 tī zúqiú 동 축구하다 | 虽然 A, 但是 B suīrán A, dànshì B 비록 A하지만 B하다

해설 왕 아주머니가 할 수 있는 것이 무엇인지, 또는 농구를 할 수 있는 주어가 왕 아주머니가 맞는지 녹음을 통해서 확인해야 한다. 주어는 '王阿姨(왕 아주머니)'로 일치하지만 아주머니가 할 수 있는 것은 '篮球(농구)'가 아닌 '足球(축구)'이므로 답은 X이다.

문제 15

★ 考试时要带铅笔。　　　　(　　)	★ 시험 볼 때는 연필을 챙겨야 한다.
除了记得带护照外，大家还要注意，考试时只能用铅笔答题，听明白了吗?	여권 챙기는 것을 기억하는 것 외에 모두들 또 주의해야 합니다. 시험 볼 때 오직 연필만 사용해서 답안을 작성할 수 있습니다. 알아들었나요?

단어 考试 kǎoshì 동 시험 보다 | 要 yào 조동 ~해야 한다 | 带 dài 동 지니다, 챙기다 | 铅笔 qiānbǐ 명 연필 | 记得 jìde 동 기억하다 | 护照 hùzhào 명 여권 | 注意 zhùyì 동 주의하다 | 只能 zhǐnéng 부 ~할 수밖에 없다 | 答题 dátí 동 문제에 답하다

해설 '只能'은 '~할 수밖에 없다'라는 의미로 시험을 볼 때는 '只能用铅笔(연필만 사용할 수 있다)'라는 내용을 통해 시험 볼 때는 '要带铅笔(연필을 챙겨야 한다)'라는 것을 알 수 있다. 따라서 정답은 √이다.

문제 16

★ 他已经把书还了。　　　　(　　)	★ 그는 이미 책을 반납했다.
上周，我从学校图书馆借了一本书。现在已经看完了，我打算明天去把它还了。	지난주에 나는 학교 도서관에서부터 책 한 권을 빌렸다. 지금은 이미 다 봤다. 나는 내일 그것을 반납하러 갈 것이다.

단어 已经 yǐjīng 부 이미 | 还 huán 동 반납하다 | 从 cóng 전 ~에서부터 | 借 jiè 동 빌리다, 빌려주다 | 打算 dǎsuàn 동 ~할 계획이다

해설 그가 책을 어떻게 했는지 동사를 주의 깊게 들어야 한다. 문제에서는 '还了(반납했다)'라고 했지만, 녹음 마지막 부분에 '打算'은 '~할 계획이다'라는 의미로 그는 내일 책을 반납할 계획이지 아직 반납하지는 않은 상태임을 알 수 있다. 따라서 답은 X이다.

문제 17

★ 他觉得那个房子真好。　　　　(　　)	★ 그는 그 집이 정말 좋다고 생각한다.
这个房子真的很不错，厨房和洗手间都很大，房子后面还有一个小花园，像你这么喜欢小动物，有个花园会很方便。	이 집은 정말 좋다. 주방과 화장실이 모두 크고, 집 뒤쪽에는 또 작은 화원이 하나 있다. 너처럼 이렇게 작은 동물을 좋아하면 화원이 있는 것은 편리할 것이다.

단어 觉得 juéde 동 느끼다, 생각하다 | 房子 fángzi 명 집 | 厨房 chúfáng 명 주방 | 洗手间 xǐshǒujiān 명 화장실 | 后面 hòumian 명 뒤쪽 | 花园 huāyuán 명 화원 | 动物 dòngwù 명 동물 | 方便 fāngbiàn 형 편리하다

| 해설 | 주어가 집에 대해 느끼는 감정이 좋은지 잘 들어야 한다. 녹음의 시작 부분에서 '这个房子真的很不错(이 집은 정말 좋다)'라고 했으므로 답은 ✓이다. '不错'는 '좋다, 괜찮다'라는 의미로, '好(좋다)'와 의미와 같다. 이처럼 동의어를 사용한 문제를 주의하도록 하자. |

문제 18

★ 人对人的影响很大。　　　( )	★ 사람 대 사람의 영향은 크다.
人对人的影响是很大的，如果两个人是很好的朋友，他们可能很快就会有相同的爱好。	사람 대 사람의 영향은 크다. 만약 두 사람이 좋은 친구라면 그들은 아마도 빠르게 같은 취미를 가지게 될 것이다.

| 단어 | 对 duì 전 ~에 대해서 | 影响 yǐngxiǎng 동 영향을 미치다 | 如果 rúguǒ 접 만약에 | 朋友 péngyou 명 친구 | 可能 kěnéng 부 아마 | 相同 xiāngtóng 형 서로 같다 | 爱好 àihào 명 취미 |
| 해설 | 사람과 사람 사이에 미치는 영향이 어떠한지 집중해서 듣는다. 녹음 가장 첫 문장에서 문제의 문장이 거의 비슷하게 등장하기 때문에 답은 쉽게 ✓라는 것을 알 수 있다. |

문제 19

★ 这个题很难。　　　( )	★ 이 문제는 어렵다.
你看看这个题？大家以为很容易，没想到，到下课也没做出来。	너 이 문제 봤어? 모두들 쉬운 줄 알았는데, 생각지도 못하게 수업이 끝날 때까지 생각해내지 못했어.

| 단어 | 题 tí 명 문제 | 难 nán 형 어렵다 | 以为 yǐwéi 동 ~인 줄 알다 (주로 '~라고 여겼는데 아니다'라는 뜻을 내포함) | 容易 róngyì 형 쉽다 | 下课 xiàkè 동 수업이 끝나다 |
| 해설 | '以为'의 정확한 뜻은 생각했던 것과 그 결과가 다를 때, 즉, '~인 줄 알다'라는 의미로 쓰인다. 모두들 그 문제가 쉬운 줄 알았지만, 수업이 끝날 때까지 풀지 못했다는 것을 통해 문제가 어렵다는 것을 알 수 있다. 따라서 답은 ✓이다. 문제에 등장한 단어 '难(어렵다)'이 그대로 나오지 않았기 때문에 조금 어렵게 느껴질 수 있다. 따라서 이런 문제가 등장할 가능성이 있으므로 최대한 전체 내용을 파악하기 위해 처음부터 끝까지 집중하는 것이 중요하다. |

문제 20

★ 今天天气很冷。　　　( )	★ 오늘은 날씨가 춥다.
客人马上就要来了，你去告诉蓝小姐先把房间里的空调打开，今天天气太热了。	손님이 곧 올 것이다. 네가 가서 란 아가씨에게 우선 방 안의 에어컨을 켜라고 해. 오늘 날씨가 너무 더워.

| 단어 | 天气 tiānqì 명 날씨 | 冷 lěng 형 춥다 | 客人 kèrén 명 손님 | 马上 mǎshàng 부 곧, 즉시 | 就要…了 jiùyào…le 곧 ~할 것이다 | 告诉 gàosu 동 알리다, 말하다 | 房间 fángjiān 명 방 | 空调 kōngtiáo 명 에어컨 | 打开 dǎkāi 동 켜다, 열다 | 热 rè 형 덥다 |
| 해설 | 문제를 먼저 확인하고, 오늘 날씨가 어떤지 주목해야 한다. 화자의 마지막 말에 '今天天气太热了(오늘 날씨가 너무 더워)'라고 했으므로 오늘 날씨가 '很冷(춥다)'이라고 한 문제는 ✗가 된다. |

실전 모의고사 2회 - 듣기 제3부분

문제 21

A 邻居
B 老师和学生
C 丈夫和妻子

A 이웃
B 선생님과 학생
C 남편과 아내

男：别说话，你听，这是什么声音？
女：你不知道？儿子昨天买了两只鸟，一只蓝色的，一只红色的。
问：他们最可能是什么关系？

남: 말하지 말고 당신 들어봐요. 이게 무슨 소리죠?
여: 당신 몰랐어요? 아들이 어제 새 두 마리를 사왔어요. 한 마리는 파란색, 한 마리는 빨간색이에요.
질문: 그들은 어떤 관계일 가능성이 가장 높은가?

단어 邻居 línjū 명 이웃 | 丈夫 zhàngfu 명 남편 | 妻子 qīzi 명 아내 | 声音 shēngyīn 명 소리 | 儿子 érzi 명 아들 | 鸟 niǎo 명 새 | 只 zhī 양 마리 [짐승이나 동물을 세는 단위] | 蓝色 lánsè 명 파란색 | 红色 hóngsè 명 빨간색 | 关系 guānxi 명 관계

해설 여자가 남자에게 한 '儿子昨天买了两只鸟(아들이 어제 새 두 마리를 사왔어요)'라는 문장을 통해 둘 사이가 부부라는 것을 유추할 수 있다. 따라서 답은 **C 丈夫和妻子**(남편과 아내)이다. 서로를 부르는 호칭도 중요하지만 제삼자를 뭐라고 부르는지도 문제의 결정적인 힌트가 될 수 있으니 놓치지 말고 듣도록 하자.

문제 22

A 医院
B 学校
C 公司

A 병원
B 학교
C 회사

女：请问，校长办公室在哪儿？
男：就在前面，右边第三个办公室。
问：他们现在在哪儿？

여: 실례합니다. 교장선생님 사무실은 어디에 있나요?
남: 바로 앞에 있어요. 오른쪽 세 번째 사무실이요.
질문: 그들은 현재 어디에 있는가?

단어 医院 yīyuàn 명 병원 | 学校 xuéxiào 명 학교 | 校长 xiàozhǎng 명 교장 | 办公室 bàngōngshì 명 사무실 | 前面 qiánmian 명 앞쪽 | 右边 yòubian 명 오른쪽

해설 '校长'은 '교장선생님'으로, 여자가 교장선생님의 사무실 위치를 묻고 있고 남자는 바로 앞에 있다고 했으므로 그들은 학교에 있다는 것을 알 수 있다. 따라서 정답은 **B 学校**(학교)이다.

문제 23

A 地铁站
B 公司
C 饭馆儿

A 지하철역
B 회사
C 식당

女：先生您好，您现在点菜吗？
男：我还有几个同事，等他们来了以后点吧。
问：他们现在在哪儿？

여: 손님, 안녕하세요? 지금 주문을 하실 건가요?
남: 저 몇 명의 직장 동료가 더 있어요. 그들이 오길 기다렸다가 후에 주문할게요.
질문: 그들은 현재 어디에 있는가?

단어 地铁 dìtiě 명 지하철 | 站 zhàn 명 역 | 点 diǎn 동 주문하다 | 菜 cài 명 요리 | 同事 tóngshì 명 직장 동료 | 等 děng 동 기다리다

해설 '点'이 시간을 표현할 땐 '~시'라는 뜻을 갖지만 동사로 쓰이면 '주문하다'라는 뜻이다. 이 대화에서는 동사로 쓰여 '点菜(요리를 주문하다)'라고 했기 때문에 그들은 현재 **C 饭馆儿**(식당)에 있다는 것을 알 수 있다.

문제 24

A 明天下午
B 明天上午
C 今天

A 내일 오후
B 내일 오전
C 오늘

男: 明天下午我们要去看你奶奶，你作业写完了吗?
女: 我今天一定能完成作业，相信我吧。
问: 他们哪天去奶奶家?

남: 내일 오후에 우리는 너희 할머니를 뵈러 갈 거야. 너 숙제 다 했어?
여: 저는 오늘 반드시 숙제를 다 할 수 있어요. 절 믿으세요.
질문: 그들은 언제 할머니 댁에 가는가?

단어 下午 xiàwǔ 몡 오후 | 上午 shàngwǔ 몡 오전 | 一定 yídìng 円 반드시 | 完成 wánchéng 동 완성하다 | 作业 zuòyè 몡 숙제 | 相信 xiāngxìn 동 믿다

해설 보기 A, B, C 모두 시간에 관련된 단어들이기 때문에 시간을 묻는 문제가 나올 것이라는 것을 유추할 수 있다. 남자의 첫마디에 '明天下午我们要去看你奶奶(내일 오후에 우리는 너희 할머니를 뵈러 갈 거야)'라고 하는 것을 통해 그들은 **A 明天下午**(내일 오후)에 할머니 댁에 간다는 것을 알 수 있다.

문제 25

A 聪明
B 不好
C 热情

A 똑똑하다
B 좋지 않다
C 친절하다

女: 你看，我这个办法是不是更好呢?
男: 是，比我的好，还是你聪明。
问: 男的觉得女的怎么样?

여: 너 봐, 내 이 방법이 더 좋지 않아?
남: 응, 내 것보다 좋네. 역시 너는 똑똑해.
질문: 남자는 여자가 어떻다고 생각하는가?

단어 聪明 cōngming 톙 똑똑하다 | 热情 rèqíng 톙 친절하다 | 办法 bànfǎ 몡 방법 | 比 bǐ 전 ~보다

해설 여자가 자신의 방법이 어떤지 묻자 남자는 자기 것보다 낫다고 하며 '还是你聪明(역시 너는 똑똑해)'이라고 한다. 남자가 여자를 어떻게 생각하는지를 물었으므로 답은 **A 聪明**(똑똑하다)이다.

문제 26

A 下雨
B 热
C 阴

A 비가 내리다
B 덥다
C 흐리다

女: 天阴了，可能要下雨，你还是别出去了。
男: 没关系，我带着伞，而且朋友家离这儿很近。
问: 现在天气怎么样?

여: 날이 흐려져서 아마도 비가 내릴 것 같아. 너 아무래도 나가지 않는 것이 좋겠어.
남: 괜찮아. 나 우산 가져가. 게다가 친구 집은 여기에서부터 가까워.
질문: 지금 날씨는 어떤가?

단어 热 rè 톙 덥다 | 阴 yīn 톙 흐리다 | 带 dài 동 지니다, 챙기다 | 伞 sǎn 몡 우산 | 而且 érqiě 접 게다가 | 朋友 péngyou 몡 친구 | 离 lí 전 ~에서부터 | 近 jìn 톙 가깝다

해설 보기에는 모두 날씨와 관련된 단어들이 나열되어 있다. 여자의 첫마디에서 '天阴了，可能要下雨(날이 흐려져서 아마도 비가 내릴 것 같아)'라고 말하고 있다. 형용사 뒤에 쓰인 '了'는 변화의 의미로 '~해졌다'라는 의미를 갖는다. 따라서 답은 **C 阴**(흐리다)이다.

문제 27

A 同事	A 직장 동료
B 同学	B 학우
C 妈妈和儿子	C 엄마와 아들

| 女：这件事我也不太清楚，你去问问王经理吧，他的办公室在五层，五零三。
男：好，谢谢你。
问：他们最可能是什么关系？ | 여: 이 일은 나도 그다지 명확하지 않아. 네가 가서 왕 사장님께 한번 여쭤봐. 그의 사무실은 5층에 있어. 503호야.
남: 알겠어, 고마워.
질문: 그들은 어떤 관계일 가능성이 가장 높은가? |

단어 事 shì 명 일, 업무, 사건 | 清楚 qīngchu 형 분명하다, 명확하다 | 经理 jīnglǐ 명 사장 | 层 céng 명 층 | 零 líng 수 0, 영

해설 여자가 남자에게 확실치 않은 문제에 대해 '你去问问王经理吧(네가 가서 왕 사장님께 한번 여쭤봐)'라고 했으므로 두 사람은 직장 동료임을 유추할 수 있다. 따라서 그들은 **A** 同事(직장 동료)일 가능성이 가장 높다.

문제 28

A 要去银行	A 은행에 가려고
B 找词典	B 사전을 찾으려고
C 找手机	C 휴대전화를 찾으려고

| 男：奇怪，我记得把手机放在包里了，怎么找不到了？
女：别着急，我给你打个电话，就知道在哪儿了。
问：女的为什么要给男的打电话？ | 남: 이상하다. 나 휴대전화를 가방 안에 넣었다고 기억하는데 어째서 찾을 수가 없지?
여: 조급해하지 마. 내가 너에게 전화를 걸면 바로 어디에 있는지 알 수 있어.
질문: 여자는 왜 남자에게 전화를 걸려고 하는가? |

단어 银行 yínháng 명 은행 | 找 zhǎo 동 찾다 | 词典 cídiǎn 명 사전 | 手机 shǒujī 명 휴대전화 | 奇怪 qíguài 형 이상하다 | 记得 jìde 동 기억하다 | 放 fàng 동 놓다 | 包 bāo 명 가방 | 着急 zháojí 형 급하다, 서두르다 | 知道 zhīdào 동 알다

해설 남자가 휴대전화를 찾을 수 없다는 말에 여자가 전화를 걸어 휴대전화가 어디에 있는지 알아보자고 한다. 따라서 여자가 남자에게 전화를 거는 이유는 **C** 找手机(휴대전화를 찾으려고)이다.

문제 29

A 很甜	A 달다
B 不新鲜	B 신선하지 않다
C 比较贵	C 비교적 비싸다

| 男：你等一下，我们买几斤葡萄吧。
女：还是买别的水果吧，这些葡萄像是放了很久了。
问：女的觉得葡萄怎么样？ | 남: 너 좀 기다려. 우리 포도 몇 근 사자.
여: 다른 과일을 사는 게 낫겠어. 이 포도들 생긴 게 오래 두었던 것 같아.
질문: 여자가 느끼기에 포도는 어떠한가? |

단어 甜 tián 형 달다 | 新鲜 xīnxiān 형 신선하다 | 比较 bǐjiào 부 비교적 | 葡萄 pútáo 명 포도 | 像 xiàng 동 닮다, ~와 같다 | 久 jiǔ 형 오래다

해설 남자는 포도를 사자고 하지만 여자는 사지 말자고 한다. 그 이유로 '这些葡萄像是放了很久了(이 포도들 생긴 게 오래 두었던 것 같아)'라고 말했기 때문인데, 이는 **B** 不新鲜(신선하지 않다)과 같은 표현이다. 의미를 잘 파악해야 정답을 찾을 수 있는 문제이다.

문제 30

A 走路 B 打车 C 坐地铁	A 길을 걷다 B 택시를 타다 C 지하철을 타다
女：我们坐地铁去爷爷家吧。 男：那下车后还要走很长一段路，还是坐出租车去吧。 问：男的打算怎么去爷爷家？	여: 우리 지하철 타고 할아버지 댁에 가자. 남: 그러면 하차 후에 긴 길을 또 걸어야 해. 아무래도 택시 타고 가는 게 더 좋겠어. 질문: 남자는 어떻게 할아버지 댁에 갈 계획인가?

단어 路 lù 몡 길 | 打车 dǎchē 동 택시를 타다 | 地铁 dìtiě 몡 지하철 | 段 duàn 양 단락, 토막 [사물의 한 부분을 나타냄] | 打算 dǎsuàn ~할 계획이다 | 还是 háishi ~하는 편이 (더) 좋다

해설 남자는 지하철을 타게 되면 내려서 오래 걸어야 하기 때문에 택시를 타고 가는 것이 더 좋겠다고 했다. '坐出租车(택시를 타다)'는 B 打车(택시를 타다)와 같은 의미이다.

실전 모의고사 2회 - 듣기 제4부분

문제 31

A 吃葡萄 B 看花 C 还书	A 포도를 먹다 B 꽃을 보다 C 책을 반납하다
男：我家花园里的花终于开了。 女：是吗？哪天去你家看看。 男：可以，明天或者后天我都有时间。 女：那就明天吧，到时候我给你打电话。 问：女的明天要做什么？	남: 우리 집 화원 안의 꽃이 드디어 피었어. 여: 그래? 언제 너희 집에 가서 한번 봐야겠어. 남: 가능하지, 내일이나 모레 나는 다 시간이 있어. 여: 그럼 내일로 하자. 그때 가서 내가 너에게 전화할게. 질문: 여자는 내일 무엇을 할 것인가?

단어 花 huā 몡 꽃 | 还 huán 동 돌려주다 | 花园 huāyuán 몡 화원 | 终于 zhōngyú 부 드디어, 마침내 | 开 kāi 동 (꽃이) 피다 | A 或者 B A huòzhě B A 혹은 B | 时间 shíjiān 몡 시간 | 到时候 dào shíhòu 그때가 되어서

해설 남자의 화원에 꽃이 피었다는 말을 듣고 여자가 내일 가서 봐야겠다고 한다. 문제에서는 여자가 내일 무엇을 할지 물었기 때문에 답은 B 看花(꽃을 보다)이다.

문제 32

A 他以为女的在图书馆 B 茶太甜了 C 又饿了	A 그는 여자가 도서관에 있는 줄 알았다 B 차가 너무 달다 C 또 배가 고프다
男：真奇怪，你怎么在这里喝茶呢？ 女：在这儿喝茶很奇怪吗？ 男：我刚才看见你在图书馆里。 女：不可能，你一定看错了，我上午一直在这儿。 问：男的为什么觉得奇怪？	남: 정말 이상하다. 너 어째서 여기에서 차를 마시고 있어? 여: 여기에서 차 마시는 것이 이상해? 남: 나 방금 도서관 안에서 너를 봤어. 여: 그럴 리가. 너 분명히 잘못 봤어. 나 오전에 계속 여기 있었어. 질문: 남자는 왜 이상하다고 느끼는가?

실전 모의고사 2회 155

| 단어 | 以为 yǐwéi 동 ~인 줄 알다 | 茶 chá 명 차 | 甜 tián 형 달다 | 又 yòu 부 또 | 饿 è 형 배고프다 | 奇怪 qíguài 형 이상하다 | 杯 bēi 양 잔, 컵 | 错 cuò 동 틀리다 |

| 해설 | 남자는 방금 여자를 도서관에서 봤는데 다른 장소에서 차를 마시고 있는 모습을 이상하게 여겼다. 하지만 여자는 오전부터 같은 자리에서 차를 마시고 있었기 때문에 답은 **A 他以为女的在图书馆**(그는 여자가 도서관에 있는 줄 알았다)이 된다. 여기서 '以为'는 '~인 줄 알다'라는 뜻이다. 전체적인 문맥을 파악해야 알맞은 답을 고를 수 있는 문제이다.

문제 33

A 明天下午 B 后天早上 C 下个星期	A 내일 오후 B 모레 아침 C 다음 주
女: 你的脚怎么样了? 男: 快好了, 谢谢你的关心。 女: 会不会影响你参加下周三的比赛? 男: 医生说没关系。 问: 比赛什么时候举行?	여: 네 다리는 어때졌어? 남: 곧 좋아질 거야. 관심 가져줘서 고마워. 여: 네가 다음 주 수요일에 참가하는 경기에 영향 끼치는 거 아니야? 남: 의사 선생님이 괜찮대. 질문: 경기는 언제 열리는가?

| 단어 | 星期 xīngqī 명 주, 요일 | 脚 jiǎo 명 발 | 关心 guānxīn 동 관심을 가지다 | 影响 yǐngxiǎng 동 영향을 미치다 | 参加 cānjiā 동 참가하다 | 周 zhōu 명 주, 요일 | 比赛 bǐsài 명 시합, 경기 |

| 해설 | 보기를 통해 시간에 대해 물을 것이라고 유추할 수 있다. '星期(주, 요일)'와 '周(주, 요일)'는 같은 의미인데, 녹음에서 '下周三(다음 주 수요일)'에 경기에 참가한다고 했으므로 보기 **C 下个星期**(다음 주)가 정답이다.

문제 34

A 厨房 B 电梯里 C 洗手间	A 주방 B 엘리베이터 안 C 화장실
女: 喂, 你到哪儿了? 男: 我已经进电梯了。 女: 这么快, 我还想让你买点儿苹果上来呢。 男: 一会儿再去吧, 我已经到了。 问: 男的现在在哪儿?	여: 여보세요? 너 어디 도착했어? 남: 나 이미 엘리베이터에 들어왔어. 여: 이렇게나 빠르다니. 나는 너에게 사과를 조금 사서 올라오라고 하려고 했어. 남: 조금 이따 다시 갈게. 나 이미 도착했어. 질문: 남자는 지금 어디인가?

| 단어 | 厨房 chúfáng 명 주방 | 电梯 diàntī 명 엘리베이터 | 洗手间 xǐshǒujiān 명 화장실 | 已经 yǐjīng 부 이미 | 进 jìn 동 (밖에서 안으로) 들다 | 让 ràng 동 ~하게 하다 | 苹果 píngguǒ 명 사과 |

| 해설 | 보기의 공통점은 장소이기 때문에 우리는 녹음을 들으며 장소에 관련된 말을 주의 깊게 들어야 한다. 여자가 남자의 위치를 묻고 남자가 엘리베이터에 들어왔다고 했으므로 남자의 위치는 **B 电梯里**(엘리베이터 안)이다.

문제 35

A 9月9日爬山 B 山高990米 C 9个人住在山上	A 9월 9일에 등산해서 B 산의 높이가 990m이라서 C 9명이 산에 살아서
男: 这个山我来过好几次，但还不知道它叫什么山。 女: 它叫"九日山"。 男: 为什么叫这个名字呢? 女: 以前，九月九号人们都要来这儿爬山。 问: 它为什么被叫做"九日山"?	남: 이 산에 나는 아주 여러 번 온 적이 있어. 그런데 여전히 이것이 무슨 산이라고 불리는지 몰라. 여: 이 산은 '구일산'이라고 불려. 남: 왜 그 이름으로 불려? 여: 예전에 9월 9일에 사람들이 모두 여기에 와서 등산을 했어. 질문: 그 산은 왜 '구일산'으로 불리게 되었는가?

단어 米 mǐ 양 미터(m) | 住 zhù 동 살다 | 知道 zhīdào 동 알다 | 它 tā 대 그것 | 叫 jiào 동 부르다 | 爬山 páshān 동 등산하다 | 被 bèi 전 ~을 당하다

해설 남자는 이 산이 왜 '구일산'이라고 불리는지 이유를 물었고, 여자가 그에 대한 대답으로 '以前，九月九号人们都要来这儿爬山(예전에 9월 9일에 사람들이 모두 여기에 와서 등산을 했어)'이라고 답했기 때문에 정답은 **A** 9月9日爬山(9월 9일에 등산해서)이다.

문제 36

A 7号上午 B 今天下午 C 7号下午	A 7일 오전 B 오늘 오후 C 7일 오후
女: 你好，七号下午去北京的火车票还有吗? 男: 有，下午七点的。 女: 好的，我要三张。 男: 三张一共九百六。 问: 女的打算什么时候去北京?	여: 안녕하세요? 7일 오후에 베이징으로 가는 기차표 아직 있나요? 남: 있어요. 오후 7시 것이요. 여: 알겠습니다. 저는 세 장이 필요해요. 남: 세 장은 총 960위안입니다. 질문: 여자는 언제 베이징에 갈 계획인가?

단어 火车 huǒchē 명 기차 | 票 piào 명 표 | 还 hái 부 아직 | 要 yào 동 필요하다 | 张 zhāng 양 장[종이나 가죽 등을 세는 단위]

해설 여자가 '七号下午去北京的火车票还有吗?(7일 오후에 베이징으로 가는 기차표 아직 있나요?)'라고 묻고 있다. 질문 역시 여자가 언제 베이징으로 가려고 하는지 날짜를 묻고 있으므로 정답은 **C** 7号下午(7일 오후)이다. 녹음 뒷부분으로 가면 표가 몇 장인지, 가격이 얼마인지에 대한 내용도 숫자로 나오기 때문에 헷갈릴 수 있지만, 먼저 보기를 훑어봤을 때 날짜를 묻고 있기 때문에 날짜 부분에 귀 기울여 들어야 한다.

문제 37

A 很胖 B 口渴了 C 不胖	A 뚱뚱하다 B 목이 마르다 C 뚱뚱하지 않다
男: 别吃了，你已经吃了三块儿面包了。 女: 这是最后一块儿。 男: 你总是吃甜的东西，不怕变胖吗? 女: 你放心，我们家的人都很瘦，吃不胖，我也一样。 问: 关于女的可以知道什么?	남: 먹지 마, 너 이미 빵을 세 조각 먹었어. 여: 이게 마지막 한 조각이야. 남: 너는 항상 단 것을 먹는데 살찔까 무섭지 않아? 여: 안심해, 우리 집 사람들은 모두 말랐어. 먹어도 살이 안 쪄, 나도 똑같아. 질문: 여자에 관해서 알 수 있는 것은?

단어	口渴 kǒu kě 형 목이 타다, 갈증나다 | 块 kuài 양 조각, 덩어리 | 面包 miànbāo 명 빵 | 总是 zǒngshì 부 늘, 항상 | 甜 tián 형 달다 | 怕 pà 동 두렵다, 무섭다 | 变 biàn 동 변하다 | 胖 pàng 형 뚱뚱하다, 통통하다 | 放心 fàngxīn 동 안심하다 | 瘦 shòu 형 마르다
해설	여자가 빵을 계속 먹는 상황에 남자가 살찔 것을 걱정하고 있지만 여자는 '我们家的人都很瘦, 吃不胖, 我也一样(우리 집 사람들은 모두 말랐어. 먹어도 살이 안 쪄. 나도 똑같아)'이라고 말하고 있기 때문에 여자에 관해 알 수 있는 것은 **C 不胖**(뚱뚱하지 않다)이다. 대화 앞부분에 많이 먹어서 살이 찌지 않을까 이야기하는 부분에서 보기 A 很胖(뚱뚱하다)이라고 답을 착각할 수 있지만, 끝부분까지 잘 들어서 정확한 답을 골라야 한다.

문제 38

A 选衣服 B 选帽子 C 卖衣服	A 옷을 고르다 B 모자를 고르다 C 옷을 팔다
女: 我明天穿什么衣服好? 你帮我选选? 男: 你想穿裙子还是裤子? 女: 我想穿裙子, 这条红色的怎么样? 男: 很好看, 那穿哪双鞋呢? 问: 他们在做什么?	여: 나 내일 무슨 옷을 입으면 좋을까? 네가 나를 도와 좀 골라줄래? 남: 너 치마 입고 싶어 아니면 바지 입고 싶어? 여: 나는 치마 입고 싶어. 이 빨간색 어때? 남: 보기 좋아, 그러면 신발은 어떤 것을 신을 거야? 질문: 그들은 무엇을 하고 있는가?

단어	选 xuǎn 동 고르다 | 帽子 màozi 명 모자 | 卖 mài 동 팔다 | 帮 bāng 동 돕다 | 穿 chuān 동 입다, 신다 | 裙子 qúnzi 명 치마 | A 还是 B? A háishi B? A인가 아니면 B인가? [선택의문문] | 裤子 kùzi 명 바지 | 鞋 xié 명 신발
해설	여자가 남자에게 '我明天穿什么衣服好? 你帮我选选? (나 내일 무슨 옷을 입으면 좋을까? 네가 나를 도와 좀 골라줄래?)'이라고 하며 옷 고르는 것을 도와달라고 부탁한다. 따라서 정답은 **A 选衣服**(옷을 고르다)이고, 보기 C는 목적어가 '衣服(옷)'로 정답과 같지만 술어가 다르기 때문에 답을 선택할 때 헷갈리지 않도록 주의해야 한다.

문제 39

A 蓝色 B 黑色 C 白色	A 파란색 B 검은색 C 흰색
男: 咱们也买辆车吧? 女: 你怎么突然决定买车了? 男: 有车会很方便。我们可以买辆十万左右的, 买辆蓝色的好不好? 女: 我觉得黑色的好。 问: 男的想买哪种颜色的车?	남: 우리도 차 살까? 여: 너 어째서 갑자기 차를 사기로 결정했어? 남: 차가 있으면 편리할 거야. 우리는 10만 위안 정도의 차를 살 수 있어. 파란색으로 사면 좋을까? 여: 나는 검은색이 좋다고 생각해. 질문: 남자는 어떤 색의 차를 사고 싶은가?

단어	蓝色 lánsè 명 파란색, 남색 | 黑色 hēisè 명 검은색 | 白色 báisè 명 흰색 | 咱们 zánmen 대 우리 | 辆 liàng 양 대 | 突然 tūrán 부 갑자기 | 决定 juédìng 동 결정하다 | 方便 fāngbiàn 형 편리하다 | 觉得 juéde 동 느끼다, 생각하다
해설	남자는 파란색 차가 어떤지 물었고 여자는 검은색이 낫다고 했다. 하지만 문제에서는 여자가 사고 싶은 차의 색을 물은 것이 아니라 남자가 사고 싶은 색을 물었기 때문에 답은 **A 蓝色**(파란색)이다. 항상 질문에서 묻고 있는 것이 무엇인지 집중해서 듣도록 하자!

문제 40

A 再买一只小狗 B 照顾小狗 C 洗澡	A 한 마리의 강아지를 더 사다 B 강아지를 돌보다 C 샤워하다
女：这几天我不在家，你别忘了照顾好我的小狗。 男：好的，你放心吧。 女：要记得给它吃饭和洗澡。 男：记住了，没问题。 问：女的让男的做什么？	여: 요 며칠 나 집에 없어. 너 내 강아지를 잘 돌보는 것을 잊지 마. 남: 알겠어, 너 안심해도 돼. 여: 강아지에게 밥 주고 샤워시키는 것도 기억해야 해. 남: 기억했어, 문제 없어. 질문: 여자는 남자에게 무엇을 하라고 시키는가?

단어 照顾 zhàogù 동 돌보다, 보살피다 | 小狗 xiǎogǒu 명 강아지 | 洗澡 xǐzǎo 동 샤워하다 | 忘 wàng 동 잊다 | 记住 jìzhù 동 기억하다

해설 여자가 며칠 동안 집을 비우는 상황이라 남자에게 강아지를 부탁하며 해야 할 일들을 다시 언급하고 있다. 녹음 첫 부분에서 '你别忘了照顾好我的小狗(너 내 강아지를 잘 돌보는 것을 잊지 마)'라고 했다. 따라서 정답은 **B** 照顾小狗(강아지를 돌보다)가 된다.

실전 모의고사 2회 - 독해 제1부분

문제 41-45

문제 41

C 图书馆里比较安静，我们喜欢在那儿学习。 41. 他的习惯和我们不一样，他喜欢在家学习。	C 도서관 안은 비교적 조용해서 우리는 그곳에서 공부하는 것을 좋아한다. 41. 그의 습관과 우리의 습관은 같지 않다. 그는 집에서 공부하는 것을 좋아한다.

단어 习惯 xíguàn 명 습관 | 学习 xuéxí 동 공부하다 | 比较 bǐjiào 부 비교적 | 安静 ānjìng 형 조용하다

해설 41번에 그의 습관과 우리의 습관은 다르다고 했기 때문에 우리의 습관이 무엇인지 보기에서 찾아야 한다. '在…学习'라는 같은 유형의 문장이 나오고 있는 보기 C를 보자. 보기 C에선 우리가 도서관에서 학습하는 것을 좋아한다고 나오기 때문에 보기 C와 문제 41번이 서로 호응하는 문장이다.

문제 42

42. 妈妈，家里是不是没有水果？ D 冰箱里还有不少葡萄和苹果呢。	42. 엄마, 집에 과일 없는 거 아니에요? D 냉장고 안에 여전히 적지 않은 포도와 사과가 있어.

단어 水果 shuǐguǒ 명 과일 | 冰箱 bīngxiāng 명 냉장고 | 少 shǎo 형 적다 | 葡萄 pútáo 명 포도 | 和 hé 전 ~와 | 苹果 píngguǒ 명 사과

해설 '水果(과일)'가 있는지 없는지 묻고 있으므로, '葡萄和苹果(포도와 사과)'가 나열되어 있는 보기 D와 연결된다. 같은 부류의 단어들이 나열되어 있는 문장을 찾으면 쉽게 답을 찾을 수 있다. 따라서 42번은 보기 **D**와 서로 호응하는 문장이다.

문제 43

A 照片上这个短头发的就是我妹妹。 43. 那时候她比较瘦，不到50公斤。	A 사진상에 이 짧은 머리가 바로 내 여동생이야. 43. 그때 그녀는 비교적 말랐어. 50kg이 안 됐어.

단어 时候 shíhou 명 무렵, 때 | 公斤 gōngjīn 양 킬로그램(kg) | 照片 zhàopiàn 명 사진 | 短 duǎn 형 짧다 | 头发 tóufa 명 머리카락

해설 문제에서 가리키는 그녀가 누군지 보기에서 찾아야 한다. 보기 A에서 누군가를 묘사하며 끝에 '我妹妹(나의 여동생)'라고 한 것을 통해 답은 보기 **A**라는 것을 알 수 있고, 43번은 보기 A와 이어지는 내용으로 함께 사진을 보며 여동생에 대해 설명하고 있는 문장이 된다.

문제 44

44. 她正在买衣服。 B 服务员，这条裙子有点儿短，帮我再换一条吧。	44. 그녀는 옷을 사고 있는 중이다. B 종업원, 이 치마가 조금 짧아요. 다시 바꿔주세요.

단어 正在 zhèngzài 부 ~하고 있는 중이다 | 服务员 fúwùyuán 명 종업원 | 有点儿 yǒudiǎnr 부 조금, 약간 | 再 zài 부 다시 | 换 huàn 동 바꾸다

해설 문제 44번의 '正在买衣服(옷을 사고 있는 중)'라는 상황과 연결될 만한 알맞은 문장을 보기에서 찾아보자. 보기 **B**를 보면 종업원을 부르며 치마를 바꿔 달라고 하고 있다. '服务员(종업원)'과 '这条裙子(이 치마)'를 통해 옷을 사고 있는 상황에 적합하다는 것을 알 수 있다. 이 문제는 대화 형식이 아닌 어떤 한 상황과 그 상황을 설명해주는 문장으로 구성되어 있다. 다양한 문장 유형에 익숙해지자.

문제 45

45. 我记得离开教室的时候把空调关了。 F 怎么现在还是开着呢？	45. 나는 교실을 떠날 때 에어컨을 껐다고 기억해. F 어째서 지금 여전히 켜져 있지?

단어 离开 líkāi 동 떠나다 | 教室 jiàoshì 명 교실 | 空调 kōngtiáo 명 에어컨 | 关 guān 동 끄다 | 开 kāi 동 켜다

해설 문제에서 가장 중요한 단어는 '关(끄다)'이므로 이와 관련된 단어를 보기에서 찾으면 보기 F에서 '关'의 반대말 '开(켜다)'를 찾을 수 있다. 떠날 때 에어컨을 껐지만 여전히 켜져 있는 상태를 의아해하는 상황으로 45번은 보기 **F**와 서로 호응하는 문장이다. 따라서 반의어도 잘 알아두면 문제를 푸는 데 도움이 된다.

문제 46-50

문제 46

46. 书店马上就要关门了。 E 没关系，我明天去也可以。	46. 서점이 곧 문을 닫을 거야. E 괜찮아, 나 내일 가도 돼.

단어 书店 shūdiàn 명 서점 | 马上 mǎshàng 부 곧, 바로 | 就要…了 jiùyào…le ~할 것이다 | 关门 guānmén 동 문을 닫다

해설 서점이 곧 문을 닫을 거이라는 말에 알맞은 대답으로 보기 E 明天去也可以(내일 가도 된다)라는 문장과 연결해주면 된다. 이 문제는 직접적으로 연결되는 단어가 없기 때문에 해석을 통해 답을 찾아야 한다. '就要…了'가 완료가 아닌 동작의 발생을 의미한다는 것을 잊지 말자! 따라서 46번은 보기 **E**와 서로 호응하는 문장이다.

문제 47

47. 冰箱里只有果汁和鸡蛋，没有其他吃的。 　D 那我们现在去超市吧。	47. 냉장고 안에 과일 주스와 달걀밖에 없어. 다른 먹을 것은 없어. 　D 그러면 우리 지금 슈퍼마켓에 가자.

단어 只 zhǐ 부 오직, 단지 | 果汁 guǒzhī 명 과일주스 | 鸡蛋 jīdàn 명 달걀 | 其他 qítā 대 기타, 다른 | 超市 chāoshì 명 슈퍼마켓

해설 문제 47에서는 냉장고에 '没有其他吃的(다른 먹을 것은 없다)'라고 했다. 이 내용과 연결될 수 있는 문장은 슈퍼마켓에 가자는 내용이 담긴 보기 D이다. '吃的(먹을 것)'과 '超市(슈퍼마켓)'는 연관된 단어이기 때문에 비교적 쉽게 답을 찾을 수 있다.

문제 48

48. 请问，现在是十点吗？ 　B 现在十点十五了，您的表慢了一刻。	48. 실례지만 지금 10시인가요? 　B 지금 10시 15분이에요. 당신 시계가 15분 늦네요.

단어 点 diǎn 명 시 [시간 단위] | 表 biǎo 명 시계 | 慢 màn 형 느리다 | 刻 kè 양 15분

해설 48번 문제에서 현재 시간을 묻고 있으므로 시간으로 답하는 문장을 찾아야 한다. 보기 B에서 '现在十点十五了(지금 10시 15분이에요)'라고 답하고 있으므로 48번은 보기 B와 서로 호응하는 문장이다.

문제 49

C 我的几个朋友周末想去上海玩儿，但他们都不会开车。 49. 我爸是司机，我问问他，看他有没有时间。	C 내 몇 명의 친구가 주말에 상하이에 가서 놀고 싶어해. 그러나 그들은 모두 운전을 할 줄 몰라. 49. 우리 아빠는 운전기사야. 내가 아빠한테 시간이 있는지 없는지 봐달라고 한번 물어볼게.

단어 司机 sījī 명 운전기사 | 时间 shíjiān 명 시간 | 周末 zhōumò 명 주말 | 玩儿 wánr 동 놀다 | 都 dōu 부 모두 | 会 huì 조동 (배워서) ~할 수 있다 | 开车 kāichē 동 운전하다

해설 문제 49번을 해석해보면 우리 아빠는 운전기사이며, 아빠의 시간 여부를 묻는다고 했다. 이 문장과 어울리는 문장은 보기 C이다. 보기 C의 문장 끝을 보면 '但他们都不会开车(그러나 그들은 모두 운전을 할 줄 모른다)'라는 내용이 있다. '开车(운전을 하다)'와 '司机(운전기사)'는 연관된 단어이므로 공통점이 있다.

문제 50

A 七个小矮人的故事，你听说过吗？ 50. 小时候奶奶给我讲过，很有名。	A 일곱 난쟁이 이야기 너 들어본 적 있어? 50. 어렸을 때 할머니가 나에게 들려준 적 있어. 유명해.

단어 给 gěi 전 ~에게 | 讲 jiǎng 동 이야기하다, 말하다 | 有名 yǒumíng 형 유명하다 | 矮人 ǎirén 명 난쟁이 | 故事 gùshi 명 이야기

해설 문제 50번은 할머니가 어떤 이야기를 들려준 적이 있다는 내용으로 이런 대답이 나올 만한 질문을 보기에서 찾으면 어떤 이야기를 들어본 적 있는지 묻고 있는 보기 A이다. '七个小矮人(일곱 난쟁이)'이라는 단어를 몰라도 어떤 '故事(이야기)'를 들어본 적 있는지를 묻는 보기 A와 연결되는 문장임을 알 수 있다.

실전 모의고사 2회 - 독해 제2부분

문제 51-55

A 起飞	B 感冒	C 简单	D 环境	E 声音	F 能
A 이륙하다	B 감기	C 간단하다	D 환경	E 목소리	F ~할 수 있다

문제 51

会议10点半（　　　）结束吗? 外面有人找王经理。	회의가 10시 30분에 끝날(수 있나요)? 바깥에 왕 사장님을 찾는 사람이 있어요.

단어 会议 huìyì 명 회의 | 结束 jiéshù 동 끝나다 | 外面 wàimian 명 바깥 | 找 zhǎo 동 찾다 | 经理 jīnglǐ 명 사장

해설 빈칸 앞쪽으로는 주어가 있고 술어 '结束(끝나다)' 앞이 빈칸이므로 술어를 수식하는 부사어가 필요하다는 것을 알 수 있다. 보기에서 술어 앞에서 술어를 수식할 수 있는 단어는 조동사인 **F 能**(~할 수 있다)이다. 의미상으로도 바깥에 왕 사장님을 찾으니 회의가 몇 시쯤 끝날 수 있는지 묻는 문장이 되면 된다.

문제 52

请大家关上手机，飞机马上就要（　　　）了。	모두 휴대전화를 꺼주세요. 비행기가 곧 (이륙)할 것입니다.

단어 关 guān 동 끄다 | 手机 shǒujī 명 휴대전화 | 飞机 fēijī 명 비행기 | 马上 mǎshàng 부 곧, 바로 | 起飞 qǐfēi 동 이륙하다

해설 '就要…了'는 임박태로 중간에 있는 동작이 곧 발생함을 알려준다. 주어가 '飞机(비행기)'이므로 임박태 사이에 들어갈 수 있는 동작은 **A 起飞**(이륙하다)이다.

문제 53

下雨了，你还是多穿点儿再出去，小心（　　　）。	비가 내렸어. 너 아무래도 많이 입고 다시 나가는 게 좋겠다. (감기) 조심해.

단어 下雨 xiàyǔ 동 비가 내리다 | 穿 chuān 동 입다 | 小心 xiǎoxīn 동 조심하다 | 感冒 gǎnmào 명 감기

해설 '小心'은 '조심하다'라는 동사로 뒤에 목적어를 동반할 수 있다. 비가 오기 때문에 무언가를 조심하라고 하는데, 의미상 이 목적어 자리에 들어갈 만한 명사는 **B 感冒**(감기)이다.

문제 54

其实问题不像你想的那么（　　　）。	사실 문제는 네가 생각한 것만큼 그렇게 (간단)하지 않다.

단어 其实 qíshí 부 사실 | 问题 wèntí 명 문제 | 像 xiàng 동 ~와 같다, 닮다 | 简单 jiǎndān 형 간단하다

해설 '那么'는 '그렇게'라는 의미로 동사나 형용사 앞에서 상태, 방법, 정도 등을 나타낸다. 따라서 남은 보기 중 '그렇게 ~하지 않다'라는 문장에 들어가도 매끄러운 어휘는 형용사 **C 简单**(간단하다)이다.

문제 55

听金老师说，机场附近那个宾馆的（　　）不错。	김 선생님 말을 듣자 하니 공항 근처에 그 호텔의 (환경)이 괜찮대.

단어 机场 jīchǎng 명 공항 | 附近 fùjìn 명 근처, 부근 | 宾馆 bīnguǎn 명 호텔 | 不错 búcuò 형 괜찮다, 좋다 | 环境 huánjìng 명 환경

해설 '的'는 관형어와 명사 사이에서 수식 관계를 나타내는 단어이다. '的' 뒤가 빈칸이므로 빈칸에는 명사가 필요하다. 호텔의 어떤 점이 괜찮다고 했으므로 이에 적절한 명사는 **D 环境**(환경)이다.

문제 56-60

A 满意	B 菜单	C 碗	D 爱好	E 教	F 敢
A 만족하다	B 메뉴	C 공기, 그릇	D 취미	E 가르치다	F 감히 ~하다

문제 56

A: 您好，请问您几位？ B: 4位，请给我们拿一下（　　），谢谢。	A: 안녕하세요? 실례지만 몇 분이십니까? B: 4명이요. 우리에게 (메뉴)를 좀 가져다주세요. 감사합니다.

단어 位 wèi 양 분 [사람을 세는 단위로 공경의 뜻을 내포함] | 给 gěi 전 ~에게 | 拿 ná 동 가지다, 들다 | 菜单 càidān 명 메뉴

해설 동사 뒤가 빈칸이므로 빈칸에는 목적어 역할을 하는 품사인 명사가 필요하다. 대화 내용을 살펴보면 식당에서 하는 대화임을 유추할 수 있으므로 정답은 **B 菜单**(메뉴)이다.

문제 57

A: 你丈夫的脚怎么样了？ B: 吃了药好多了，但还是不（　　）走太多路。	A: 네 남편의 발은 어때졌어? B: 약을 먹고 많이 좋아졌어. 그런데 여전히 (감히) 많은 길은 걷지 못해.

단어 丈夫 zhàngfu 명 남편 | 脚 jiǎo 명 발 | 药 yào 명 약 | 还是 háishi 부 여전히 | 敢 gǎn 조동 감히 ~하다 | 走 zǒu 동 걷다 | 路 lù 명 길

해설 부정부사와 술어 사이가 빈칸이므로 역시나 술어를 수식하는 단어가 들어가야 한다는 것을 알 수 있다. 술어 앞에는 여러 품사들이 수식할 수 있지만 그중 가장 많이 오는 품사는 부사, 조동사, 전치사구이다. 이미 빈칸 앞에 부정부사 '不'가 있으며, 전치사는 명사와 같이 쓰여야 하는데 빈칸 뒤에 명사가 없으므로 빈칸에는 조동사가 필요하다. 문맥상 정답은 **F 敢**(감히 ~하다)이다.

문제 58

A: 我画完了，你看看，（　　）吗？ B: 好极了，你画得越来越好了。	A: 나 다 그렸어. 너 봐봐. (만족스럽니)? B: 아주 좋아. 너 점점 더 잘 그린다.

단어 画 huà 동 그리다 | 满意 mǎnyì 형 만족하다 | 越来越…了 yuèláiyuè…le 부 점점 더 ~해졌다

해설 의문문을 만들어주는 '吗' 앞이 빈칸이므로 빈칸에는 술어가 될 수 있는 단어가 필요하다. 전체적인 내용을 보면 그림을 보여주며 의견을 묻는 상황으로 답은 **A 满意**(만족하다)이다.

문제 59

A: 您做过哪些工作？ B: 我以前是小学老师，主要（　　）数学。	A: 당신은 어떤 일을 해본 적이 있습니까? B: 나는 이전에는 초등학교 선생님이었고, 주로 수학을 (가르쳤습니다).

단어 做 zuò 동 하다 | 哪 nǎ 대 어느, 어떤 | 工作 gōngzuò 동 일하다 | 小学 xiǎoxué 명 초등학교 | 主要 zhǔyào 부 주로, 대부분 | 教 jiāo 동 가르치다 | 数学 shùxué 명 수학

해설 부사 '主要(주로)'와 목적어 '数学(수학)' 사이가 빈칸으로 빈칸에는 동사술어가 필요하다. '수학을 ~하다'라는 의미로 들어갈 수 있는 단어는 **E** 教(가르치다)이다.

문제 60

A: 再来一（　　）米饭？ B: 不用了，我吃饱了，刚才吃了很多面包。	A: 밥 한 (공기) 더 가져다 드릴까요? B: 필요 없어요. 저는 배불러요. 방금 빵을 많이 먹었어요.

단어 再 zài 부 다시, 더 | 碗 wǎn 양 공기, 그릇 | 米饭 mǐfàn 명 쌀밥 | 饱 bǎo 형 배부르다 | 刚才 gāngcái 명 방금 | 面包 miànbāo 명 빵

해설 수사 '一(1, 하나)'와 명사 '米饭(밥)' 사이가 빈칸이므로 이 자리에는 양사가 필요하다. 수사 또는 지시대명사가 명사를 수식할 경우 중간에는 양사가 들어가야 하기 때문이다. 정답은 **C** 碗(공기, 그릇)이 된다.

실전 모의고사 2회 – 독해 제3부분

문제 61

每次经过他家门口的时候，我几乎都能看到他的两只猫在树下睡觉。	매번 그의 집 입구를 지나갈 때, 나는 거의 그의 고양이 두 마리가 나무 아래에서 잠을 자고 있는 것을 볼 수 있다.
★ 那两只猫在哪儿睡觉？ A 桌子上 B 房间里 C 树下	★ 그 고양이 두 마리는 어디에서 잠을 자는가? A 책상 위 B 방 안 C 나무 아래

단어 经过 jīngguò 동 지나가다, 거치다 | 几乎 jīhū 부 거의 | 猫 māo 명 고양이 | 树 shù 명 나무 | 睡觉 shuìjiào 동 잠자다 | 桌子 zhuōzi 명 책상, 테이블 | 房间 fángjiān 명 방

해설 고양이들이 어디서 자는지 묻고 있으므로 먼저 지문에서 '猫(고양이)'라는 단어를 찾자. 문장 맨 마지막에 '两只猫在树下睡觉(고양이 두 마리가 나무 아래에서 잠을 잔다)'라고 나오므로 정답은 **C** 树下(나무 아래)이다.

문제 62

过去，这条街道上除了一家小商店外，什么都没有，不像现在，有这么多宾馆和银行。	과거에 이 거리에는 하나의 작은 상점 외에 아무 것도 없었다. 이렇게 많은 호텔과 은행이 있는 지금과 같지 않았다.
★ 这条街道: A 没变化 B 变化大 C 跟以前相同	★ 이 거리는: A 변화가 없다 B 변화가 크다 C 이전과 같다

단어 过去 guòqù 명 과거 | 街道 jiēdào 명 거리, 도로 | 商店 shāngdiàn 명 상점 | 宾馆 bīnguǎn 명 호텔 | 银行 yínháng 명 은행 | 变化 biànhuà 명 변화 | 相同 xiāngtóng 형 서로 같다

해설 과거에는 지금과 같이 많은 호텔과 은행이 없었기 때문에 그 거리는 변화가 크다는 것을 알 수 있다. 따라서 정답은 **B 变化大**(변화가 크다)이다.

문제 63

我办公室的电脑突然不能用了，所以我下午要出去。不在公司，有什么事就给我发短信或者打我手机。	제 사무실 컴퓨터를 갑자기 사용할 수 없어졌어요. 그래서 저는 오후에 나가야 합니다. 회사에 없으니 무슨 일이 있으면 바로 제게 메시지를 보내거나 전화를 거세요.
★ 他下午: A 不在办公室 B 去检查身体 C 在家休息	★ 그는 오후에: A 사무실에 없다 B 몸을 진찰하러 간다 C 집에서 쉰다

단어 办公室 bàngōngshì 명 사무실 | 电脑 diànnǎo 명 컴퓨터 | 突然 tūrán 부 갑자기 | 所以 suǒyǐ 접 그래서 | 公司 gōngsī 명 회사 | 发 fā 동 보내다, 전송하다 | 短信 duǎnxìn 명 메시지 | 检查 jiǎnchá 동 검사하다, 진찰하다

해설 사무실 컴퓨터가 고장이 나서 오후에 나가야 하기 때문에 부재를 알리며 '不在公司(회사에 없다)'라고 했다. 사무실은 회사 안에 있으므로 정답 **A 不在办公室**(사무실에 없다)와 같은 의미이다.

문제 64

到了机场，她发现护照不见了，在行李箱里找了两个小时，也没找到，很着急。	공항에 도착해서 그녀는 여권이 보이지 않는다는 것을 발견했다. 짐가방 안을 두 시간 동안 찾았는데, 역시나 찾을 수 없어서 매우 조급하다.
★ 她为什么着急? A 迟到了 B 忘记带手机了 C 找不到护照	★ 그녀는 왜 조급한가? A 지각했다 B 휴대전화 챙기는 것을 잊었다 C 여권을 찾을 수 없다

단어 发现 fāxiàn 동 발견하다, 알다 | 护照 hùzhào 명 여권 | 行李箱 xínglixiāng 명 짐가방 | 找 zhǎo 동 찾다 | 着急 zháojí 형 급하다, 서두르다 | 迟到 chídào 동 지각하다 | 忘记 wàngjì 동 잊다

해설 그녀가 조급한 이유를 묻고 있다. '不见了'는 '없어졌다, 보이지 않는다'라는 뜻으로 '她发现护照不见了(그녀는 여권이 보이지 않는다는 것을 발견했다)'라고 하며 그 뒤에 두 시간 동안 찾았지만 역시나 찾지 못해 조급하다는 내용이 나오므로 정답은 **C 找不到护照**(여권을 찾을 수 없다)이다.

문제 65

每个人都有自己的兴趣爱好，我最大的爱好就是旅游。旅游使我发现外面的世界是那么大，有很多东西是书本上学不到的。	사람마다 모두 자기의 흥미, 취미가 있다. 나의 가장 큰 취미는 바로 여행이다. 여행은 내가 바깥 세상이 그렇게 크다는 것을 알게 하고, 책에서는 배울 수 없는 것들이 많이 있다.
★ 旅游让我： A 变热情 B 没影响 C 学到很多	★ 여행은 내가: A 친절해지게 한다 B 영향을 끼치지 않는다 C 많은 것을 배우게 한다

단어 兴趣 xìngqù 명 흥미 | 爱好 àihào 명 취미 | 旅游 lǚyóu 동 여행하다 | 使 shǐ 동 ~하게 하다 | 世界 shìjiè 명 세계 | 变 biàn 동 변하다 | 热情 rèqíng 형 친절하다 | 影响 yǐngxiǎng 동 영향을 미치다

해설 여행이 우리에게 어떤 영향을 미치는지 전체적인 내용을 통해 확인해야 한다. '旅游使我发现外面的世界是那么大(여행은 내가 바깥 세상이 그렇게 크다는 것을 알게 한다)'라고 했기 때문에 정답은 **C 学到很多**(많은 것을 배우게 한다)가 된다.

문제 66

上周日我去奶奶家玩儿，她一开门，我就笑了，她的鼻子上，耳朵上都是面，眼睛上也有，她告诉我她正在做面包呢。	지난주 일요일에 나는 할머니 댁에 가서 놀았다. 할머니께서 문을 열자마자 나는 웃었다. 그녀의 코 위, 귀 위가 모두 밀가루였고 눈 위에도 역시나 있었다. 할머니는 나에게 빵을 만드는 중이라고 알려주셨다.
★ 他奶奶： A 在做面包 B 在洗盘子 C 喜欢太阳	★ 그의 할머니는: A 빵을 만드는 중이다 B 접시를 닦는 중이다 C 태양을 좋아한다

단어 玩儿 wánr 동 놀다 | 笑 xiào 동 웃다 | 鼻子 bízi 명 코 | 耳朵 ěrduo 명 귀 | 面 miàn 명 밀가루 | 眼睛 yǎnjing 명 눈 | 告诉 gàosu 알리다, 말하다 | 正在 zhèngzài 부 ~하는 중이다 | 盘子 pánzi 명 접시 | 太阳 tàiyáng 명 태양

해설 그의 할머니가 어떤 동작을 하는지 지문을 보며 보기에 나온 단어를 찾는다. 마지막 문장에 '她告诉我她正在做面包呢(할머니는 나에게 빵을 만드는 중이라고 알려주셨다)'라는 것을 통해 **A 在做面包**(빵을 만드는 중이다)가 정답이 된다.

문제 67

喂？你在哪儿呢？你声音大一点儿好吗？我刚才没听清楚你在说什么。	여보세요? 너 어디야? 네 목소리 조금 크게 해줄 수 있겠니? 나 방금 네가 무슨 말을 하는지 분명하게 알아듣지 못했어.
★ 那个人的声音很： A 大 B 小 C 清楚	★ 그 사람의 목소리는: A 크다 B 작다 C 분명하다

단어 声音 shēngyīn 명 목소리 | 刚才 gāngcái 명 방금 | 清楚 qīngchu 형 분명하다, 명확하다

해설 형용사 뒤에 나온 '一点儿'은 '조금 ~하다'라고 해석하며 비교의 의미를 가지고 있다. 즉, 지금보다 조금 더 크게 말해달라는 뜻으로 현재 그의 목소리가 작다는 것을 알 수 있다. 따라서 정답은 **B 小**(작다)이다.

문제 68

米饭马上就好，我准备一下碗筷就可以吃饭了。儿子，你来帮我把牛肉放到桌子上，小心点儿，盘子很热。	밥이 곧 다 돼. 내가 그릇과 젓가락을 준비하면 바로 밥을 먹을 수 있어. 아들, 너 와서 내가 소고기를 테이블 위에 놓는 것을 도와줘. 조심해, 접시가 뜨거워.
★ 说话人让儿子做什么？ A 拿牛肉 B 拿碗筷 C 做米饭	★ 화자는 아들이 무엇을 하도록 시키는가？ A 소고기를 놓다 B 그릇과 젓가락을 놓다 C 밥을 하다

단어 准备 zhǔnbèi 동 준비하다 | 碗筷 wǎnkuài 명 그릇과 젓가락 | 儿子 érzi 명 아들 | 牛肉 niúròu 명 소고기 | 放 fàng 동 놓다 | 桌子 zhuōzi 명 책상, 테이블

해설 보기에 있는 단어들이 지문에 모두 나오기 때문에 아들이 해야 하는 일이 정확히 무엇인지 지문에서 찾아야 한다. 따라서 우선 아들이라는 단어를 지문에서 찾으면 정답을 쉽게 알 수 있다. 엄마는 아들에게 '儿子，你来帮我把牛肉放到桌子上(아들, 너 와서 내가 소고기를 테이블 위에 놓는 것을 도와줘)'이라고 말하고 있으므로 정답은 **A 拿牛肉**(소고기를 놓다)이다.

문제 69

经过一年的努力，他的游泳水平终于有了很大的提高，我相信他一定能在下个月的比赛中拿个好成绩。	1년의 노력을 거쳐서 그의 수영 실력은 마침내 크게 향상되었다. 나는 그가 다음 달 경기에서 좋은 성적을 받을 것이라고 믿는다.
★ 他： A 个子很高 B 要参加比赛 C 拿了第一名	★ 그는： A 키가 크다 B 경기에 참가할 것이다 C 1등을 했다

단어 经过 jīngguò 동 거치다, 지나가다 | 努力 nǔlì 동 노력하다 | 游泳 yóuyǒng 동 수영하다 | 水平 shuǐpíng 명 수준 | 终于 zhōngyú 부 드디어, 마침내 | 提高 tígāo 동 향상시키다 | 相信 xiāngxìn 동 믿다 | 成绩 chéngjì 명 성적 | 参加 cānjiā 동 참가하다

해설 지문을 통해 그에 관한 내용을 보기와 비교하면서 일치하지 않는 것을 지워나가야 한다. 보기 A와 C에 관한 내용은 없고, '在下个月的比赛中(다음 달 경기에서)'이라는 부분을 통해 정답은 **B 要参加比赛**(경기에 참가할 것이다)임을 알 수 있다.

문제 70

我教你一个办法。工作前，先把要做的事情写下来，重要的、着急的事情用红笔画出来，这样你就能清楚地知道应该先做什么，后做什么了。	내가 너에게 방법을 하나 가르쳐줄게. 일하기 전에 먼저 해야 할 일들을 써 내려가고, 중요하고 급한 일은 빨간 펜을 사용해서 표시해둬. 이렇게 하면 너는 어떤 것을 먼저 해야 하고, 후에 무엇을 해야 하는지 정확히 알 수 있어.
★ 根据这段话： A 工作不必认真 B 容易的事后做 C 要先做重要的事	★ 이 문단에 근거해서： A 일을 열심히 할 필요가 없다 B 쉬운 일은 나중에 한다 C 중요한 일을 먼저 해야 한다

단어 办法 bànfǎ 명 방법 | 事情 shìqing 명 일 | 写 xiě 동 쓰다 | 重要 zhòngyào 형 중요하다 | 红笔 hóngbǐ 명 빨간 펜 | 画 huà 동 그리다 | 应该 yīnggāi 조동 ~해야 한다 | 先 xiān 부 먼저 | 不必 búbì 부 ~할 필요 없다 | 认真 rènzhēn 형 열심히 하다 | 容易 róngyì 형 쉽다

| 해설 | 지문 내용에 근거해서 맞는 답을 찾는 문제 역시 보기와 지문을 비교하며 일치하지 않는 것부터 차근히 지워나가야 한다. 중요하고 급한 일을 표시해두면 무엇을 먼저 하고 나중에 할지 알 수 있다는 내용으로 정답은 **C 要先做重要的事**(중요한 일을 먼저 해야 한다)이다. 중요하고 급한 일을 먼저 해야 할 뿐 보기 B의 **容易的事后做**(쉬운 일은 나중에 한다)라는 직접적인 내용은 없으므로 가장 적절한 답은 C이다.

실전 모의고사 2회 – 쓰기 제1부분

문제 71

很努力   我们班的   学习   学生

단어 | 班 bān 명 반 | 学习 xuéxí 동 공부하다 | 学生 xuésheng 명 학생

해설 | 문장의 술어가 되는 단어는 '学习(공부하다)'이며, 공부를 하는 주어는 '学生(학생)'이고 목적어는 없다. '我们班的(우리 반의)'는 명사를 수식해야 하므로 '学生' 앞, '很努力(노력하다)'는 술어 앞으로 배열하여 문장을 완성한다.

TIP | 관형어 + 주어 + 부사어 + 술어

문제 72

今天   出   终于   太阳了

단어 | 出 chū 동 나오다 | 终于 zhōngyú 부 드디어, 마침내 | 太阳 tàiyang 명 태양

해설 | '了'는 동사 뒤뿐만 아니라 문장 끝에 붙을 수도 있기 때문에 보기 어휘 중 '了'가 붙어있으면 앞 단어가 동사 또는 형용사인지 확인해서 술어 자리에 배열해야 하고, 그렇지 않은 경우엔 문장 끝에 보내면 된다. 이 문제에서는 '了' 앞이 명사이기 때문에 문장 끝으로 보내야 한다. 이 문장의 술어는 '出(나오다)', 목적어는 '太阳(태양)'이며, 시간에 관련된 명사 '今天(오늘)'은 문장 맨 앞에서 문장 전체를 수식한다. '终于(드디어)'는 부사로 술어 앞에서 술어를 수식해야 한다.

TIP | 문장 맨 앞 부사어(시간) + 부사어 + 술어 + 목적어

문제 73

越来越   那个城市的   变得   好了   环境

단어 | 越来越 yuèláiyuè 부 점점 더 ~해지다 | 城市 chéngshì 명 도시 | 环境 huánjìng 명 환경

해설 | '得'를 통해 정도보어 문장을 만들어야 한다는 힌트를 얻을 수 있고, 동시에 '得' 앞에 있는 단어가 술어라는 것도 알 수 있다. 주어는 '环境(환경)', '那个城市的(그 도시의)'는 명사밖에 수식하지 못하므로 주어 앞에 배열한다. 술어는 '变得(~하게 변하다)', 정도보어는 '越来越好了(점점 더 좋아지다)'이다. '越来越'는 '점점 더 ~해지다'라는 뜻으로 주로 문장 끝에 '了'를 호응하는데, 이때의 '了'는 변화의 의미이다.

TIP | 관형어 + 주어 + 술어 + 정도보어

문제 74

书   着   四本   桌子上   放

단어 | 着 zhe 조 동작의 진행, 지속 상태 | 本 běn 양 권 [책을 세는 단위] | 桌子 zhuōzi 명 책상, 테이블 | 放 fàng 동 놓다

해설 | 문장의 술어가 될 수 있는 단어는 '放(놓다)'이며 '着'는 동사 뒤에서 지속, 진행의 의미를 갖는다. 또한, 책에 대해 특정한 점이 언급되지 않았다는 것과 소유의 수식이 아닌 숫자의 수식을 받기 때문에 대상이 불명확하다. 따라서 이 문장은 존현문이라는 것을 알 수 있다. 존현문은 어떤 장소에 불특정한 대상의 존재, 출현, 소실을 나타내는 문장으로, 이때 주어 자리에는 장소가 온다.

TIP | 존현문: 장소 + 술어 + 불특정대상

문제 75

怎么了　　眼睛　　丈夫的　　你

단어 怎么了? zěnmele? 왜 그래? | 眼睛 yǎnjing 명 눈 | 丈夫 zhàngfu 명 남편

해설 '怎么了? (왜 그래?)'는 상태를 묻는 표현이다. 주어는 '眼睛(눈)'이며, 그 앞에 '你丈夫的(네 남편의)'를 놓아 주어를 꾸며준다.

TIP 관형어 + 주어 + 술어

실전 모의고사 2회 – 쓰기 제2부분

문제 76

| 8月27（ hào ）是我的生日，下午你们来我家吃饭吧。 | 8월 27일은 내 생일이야. 오후에 너희들 우리 집에 와서 밥 먹어. |

단어 月 yuè 명 월 | 号 hào 명 일 | 生日 shēngrì 명 생일 | 下午 xiàwǔ 명 오후

해설 앞쪽에 월을 의미하는 '月'와 숫자, 그리고 뒤쪽에 '生日(생일)'라는 단어가 있는 것으로 보아 빈칸에 날짜 표현이 들어간다는 것을 알 수 있다. 'hào'라는 병음에 '일'을 알려주는 단어는 '号'이다.

문제 77

| 这边太热了，我们去树下坐一（ huì ）儿吧。 | 이쪽은 너무 더워. 우리 나무 아래 가서 잠시 앉자. |

단어 这边 zhèbiān 대 이곳, 이쪽 | 热 rè 형 덥다 | 树 shù 명 나무 | 坐 zuò 동 앉다, 타다 | 一会儿 yíhuìr 명 잠시, 잠깐 동안

해설 빈칸 앞뒤에 있는 단어와 'huì' 발음을 가진 글자로 만들 수 있는 단어는 '一会儿'이다. 동사 뒤에 '一会儿'이 있을 경우 '잠시 동안 ~하다'는 의미로 쓰인다. 의미상으로도 잠시 앉자는 내용이 되면 적합하므로 정답은 '会'이다.

문제 78

| 今晚的（ yuè ）亮让我想家了。 | 오늘 저녁의 달은 나로 하여금 집이 생각나게 했다. |

단어 今晚 jīnwǎn 명 오늘 저녁 | 月亮 yuèliang 명 달 | 让 ràng 동 ~하게 하다 | 想 xiǎng 동 생각하다

해설 관형어가 명사를 수식할 때 주로 쓰이는 '的'가 빈칸 앞에 있다는 점을 통해 그 뒤에 명사가 올 것임을 알 수 있다. 뒤를 보면 '亮'이 있는 것을 통해 정답은 '月'라는 것을 알 수 있다. '月亮'은 하늘에 떠 있는 달을 의미한다.

문제 79

| 他（ gào ）诉我，他姓张，今年20岁。 | 그는 나에게 그의 성이 장이고 올해 20살이라고 알려줬다. |

단어 告诉 gàosu 동 알리다, 말하다 | 姓 xìng 명 성씨 | 岁 suì 명 살, 세

해설 빈칸 앞뒤로 주어와 목적어는 있지만 술어가 없기 때문에 빈칸에는 동사술어가 들어가야 한다. '诉'와 자주 짝지어 나오는 글자는 '告'로 '告诉'는 동사로 '알리다, 말하다'라는 뜻이다.

문제 80

做选择时，最重要的是（ zhī ）道自己想要什么。	선택을 할 때, 가장 중요한 것은 자기가 무엇을 필요로 하는지 아는 것이다.

단어 选择 xuǎnzé 동 선택하다 | 最 zuì 부 가장, 최고 | 重要 zhòngyào 형 중요하다 | 知道 zhīdào 동 알다 | 自己 zìjǐ 명 자기, 자신

해설 빈칸 뒤에 '道'와 전체적인 해석을 통해 빈칸에 알맞은 단어는 '知'이다. '知道'는 알다'라는 동사로 'zhī' 발음을 가진 다른 단어와 헷갈리지 않도록 주의하자.

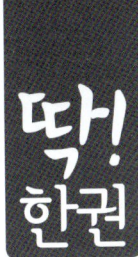

체계적인 20일 코칭 시스템

新 HSK
PT
퍼스널 트레이닝

김혜연 저

PT 어휘집　3급

PART 01

新HSK ❸급
시험장에서 보면
딱! 붙는
PT 어휘

1 🎧 듣기

❶ 일상생활 관련 빈출 단어
　　　　　　　　　　　　　　　　　　　　　　　Part 1-1

1	집	起床 qǐchuáng 기상하다	睡觉 shuìjiào (잠을) 자다	洗手间 xǐshǒujiān 화장실	房间 fángjiān 방	搬家 bānjiā 이사하다	打扫 dǎsǎo 청소하다
2	회사	经理 jīnglǐ 사장	同事 tóngshì 직장 동료	办公室 bàngōngshì 사무실	上班 shàngbān 출근하다	下班 xiàbān 퇴근하다	事情 shìqing 일, 사정
3	식당	菜单 càidān 메뉴, 메뉴판	点菜 diǎncài 주문하다	服务员 fúwùyuán 종업원
4	학교	教室 jiàoshì 교실	同学 tóngxué 학우	教 jiāo 가르치다	考试 kǎoshì 시험	成绩 chéngjì 성적	黑板 hēibǎn 칠판

❷ 여가생활 관련 빈출 단어
　　　　　　　　　　　　　　　　　　　　　　　Part 1-2

1	운동	跑步 pǎobù 달리기하다, 구보하다	游泳 yóuyǒng 수영하다	踢足球 tī zúqiú 축구하다	打篮球 dǎ lánqiú 농구하다	锻炼身体 duànliàn shēntǐ 몸을 단련하다	骑自行车 qí zìxíngchē 자전거 타다	爬山 páshān 등산하다
2	컴퓨터	上网 shàngwǎng 인터넷하다	玩儿游戏 wánr yóuxì 게임을 하다
3	기타	跳舞 tiàowǔ 춤추다	唱歌 chànggē 노래하다	听音乐 tīng yīnyuè 음악을 듣다	画画儿 huà huàr 그림을 그리다

❸ 계절별 관련 단어
　　　　　　　　　　　　　　　　　　　　　　　Part 1-3

1	春天 chūntiān 봄	春季 chūnjì 봄	开花 kāihuā 꽃이 피다	草 cǎo 풀	绿 lǜ 푸르다	暖和 nuǎnhuo 따뜻하다	春风 chūnfēng 봄바람
2	夏天 xiàtiān 여름	热 rè 덥다	西瓜 xīguā 수박	开空调 kāi kōngtiáo 에어컨을 켜다	下雨 xiàyǔ 비가 내리다	游泳 yóuyǒng 수영하다	暑假 shǔjià 여름방학	雨衣 yǔyī 우비
3	秋天 qiūtiān 가을	不冷不热 bù lěng bú rè 덥지도 않고 춥지도 않다	秋游 qiūyóu 가을 여행	读书 dúshū 책을 읽다	天高 tiān gāo 하늘이 높다
4	冬天 dōngtiān 겨울	冬季 dōngjì 겨울	下雪 xiàxuě 눈이 내리다	冷 lěng 춥다	感冒 gǎnmào 감기, 감기에 걸리다	多穿 duō chuān 많이 입다

❹ 듣기 제1부분에 자주 등장하는 단어 및 표현

◉ Part 1-4

1	…怎么样? …zěnmeyàng ~어때?, 괜찮아?	这双鞋怎么样? zhè shuāng xié zěnmeyàng? 이 신발 어때? 这个帽子怎么样? zhège màozi zěnmeyàng? 이 모자 어때? 这件衣服怎么样? zhè jiàn yīfu zěnmeyàng? 이 옷 어때? 这条裤子怎么样? zhè tiáo kùzi zěnmeyàng? 이 바지 어때? 这辆车怎么样? zhè liàng chē zěnmeyàng? 이 차 어때? 眼镜怎么样? yǎnjìng zěnmeyàng? 안경 어때? 照得怎么样? zhào de zěnmeyàng? 사진 찍은 것이 어때? 踢得怎么样? tī de zěnmeyàng? 축구 어땠어? 身体怎么样? shēntǐ zěnmeyàng? 몸(건강) 어때? 腿怎么样? tuǐ zěnmeyàng? 다리 괜찮아? 脚怎么样? jiǎo zěnmeyàng? 발 괜찮아? 这个颜色怎么样? zhège yánsè zěnmeyàng? 이 색깔 어때? **TIP** 蓝色 lánsè 파란색 | 黑色 hēisè 검은색 | 黄色 huángsè 노란색 | 红色 hóngsè 빨간색 | 白色 báisè 흰색
2	舒服 shūfu 편하다, 편안하다	穿着舒服 chuānzhe shūfu 입고(신고) 있는 것이 편하다 坐着舒服 zuòzhe shūfu 앉아 있는 것이 편하다 哪儿不舒服? nǎr bù shūfu? 어디가 불편하니? 身体不舒服 shēntǐ bù shūfu 몸이 불편하다 有点儿不舒服 yǒudiǎnr bù shūfu 조금 불편하다
3	A 比 B A bǐ B A가 B보다 ~하다	我比上个月高了多少? 저 지난달보다 얼마나 컸어요? Wǒ bǐ shàng ge yuè gāo le duōshao? 和刚才那个比哪个好? Hé gāngcái nàge bǐ nǎge hǎo? 방금 전에 그것과 비교했을 때 어느 것이 나아? 我们班的汉语水平比他们高 우리 반의 중국어 성적이 그들 반보다 높다 wǒmen bān de Hànyǔ shuǐpíng bǐ tāmen gāo 我比以前胖了 wǒ bǐ yǐqián pàng le 나는 이전보다 살이 쪘다 比以前瘦了 bǐ yǐqián shòu le 이전보다 살이 빠졌다
4	동사 + (一)点儿 + 목적어 약간의 (목적어)를 (동사)하다 형용사 + (一)点儿 약간, 조금 (형용사)하다	小心点儿 xiǎoxīn diǎnr 조심해 快点儿 kuài diǎnr 빨리 해 长点儿 cháng diǎnr 조금 더 길게 하다 短一点儿 duǎn yìdiǎnr 조금 짧게 하다 高一点儿 gāo yìdiǎnr 조금 높게 하다 低一点儿 dī yìdiǎnr 조금 낮게 하다 右一点儿 yòu yìdiǎnr 약간 오른쪽으로 하다 站近点儿 zhàn jìn diǎnr 약간 가까이 서다 多穿点儿衣服 duō chuān diǎnr yīfu 옷을 많이 입어라 喝点儿水 hē diǎnr shuǐ 물을 조금 마시다

5	觉得 juéde ~라고 느끼다, 생각하다	觉得更漂亮 juéde gèng piàoliang 느끼기에 훨씬 예쁘다 觉得你的办法是最好的 너의 방법이 가장 좋은 것 같다 juéde nǐ de bànfǎ shì zuì hǎode 觉得哪个更好? 생각하기에 어느 것이 더 괜찮아? juéde nǎge gèng hǎo? 觉得比那条黑色的好看 생각하기에 저 검은색이 더 보기 좋다 juéde bǐ nà tiáo hēisè de hǎokàn 觉得有点儿冷 juéde yǒudiǎnr lěng 조금 추운 것 같다 觉得头很疼 juéde tóu hěn téng 머리가 아픈 것 같다 觉得不舒服 juéde bù shūfu 불편하게 느끼다 觉得累 juéde lèi 피곤하게 느끼다 觉得怎么样? juéde zěnmeyàng? 어떻게 생각해? 느끼기에 어때?
6	동사 + 一下 한번 (동사)하다, 좀 (동사)하다 [시도의 의미, 가볍게 하는 동작을 의미]	检查一下 jiǎnchá yíxià 한번 검토하다 看一下 kàn yíxià 한번 보다 开一下 kāi yíxià 좀 열다 等一下 děng yíxià 좀 기다리다 复习一下 fùxí yíxià 복습 좀 하다 休息一下 xiūxi yíxià 좀 쉬다, 휴식하다
7	祝 zhù ~을 축하하다, 기원하다	祝你生日快乐 zhù nǐ shēngrì kuàilè 생일 축하해 祝你节日快乐 zhù nǐ jiérì kuàilè 명절 즐겁게 보내세요 祝您健康 zhù nín jiànkāng 당신이 건강하시길 기원합니다

5 다른 어휘를 사용했지만 의미가 같은 표현들

Part 1-5

1	打算买房 집을 살 계획이다 dǎsuàn mǎi fáng	=	准备买房 집을 살 준비하다 zhǔnbèi mǎi fáng
2	去国外留学 외국에 가서 유학을 하다 qù guówài liúxué	=	去国外读书 외국에 가서 공부를 하다 qù guówài dúshū
3	这个字不知道怎么读 zhège zì bù zhīdào zěnme dú 이 글자를 어떻게 읽는지 모르겠다	=	不认识这个字 이 글자를 알지 못한다 bú rènshi zhège zì
4	爱唱歌 노래 부르는 것을 좋아하다 ài chànggē	=	对唱歌感兴趣 duì chànggē gǎn xìngqù 노래 부르는 것에 흥미가 있다

5	我家附近有个花园 wǒ jiā fùjìn yǒu ge huāyuán 우리 집 근처에는 화원이 있다	=	花园离我家很近 huāyuán lí wǒ jiā hěn jìn 우리 집에서 화원은 가깝다
6	听着音乐走路 tīngzhe yīnyuè zǒu lù 음악을 들으면서 길을 걷는다	=	一边走路一边听音乐 yìbiān zǒu lù yìbiān tīng yīnyuè 한편으로는 길을 걸으면서 한편으로는 음악을 듣는다

❻ 장소·직업 문제에서 자주 들리는 어휘

◯ Part 1-6

	장소	직업	관련 단어
1	医院 yīyuàn 병원	医生 yīshēng 의사 病人 bìngrén 환자	检查 jiǎnchá 동 검사하다 ｜ 疼 téng 형 아프다 ｜ 感冒 gǎnmào 명 감기 ｜ 发烧 fāshāo 동 열이 나다 ｜ 吃药 chīyào 동 약을 먹다 ｜ 腿 tuǐ 명 다리 ｜ 脚 jiǎo 명 발 ｜ 头 tóu 명 머리
2	学校 xuéxiào 학교 教室 jiàoshì 교실	老师 lǎoshī 선생님 学生 xuésheng 학생 同学 tóngxué 학우 校长 xiàozhǎng 교장	上课 shàngkè 동 수업하다 ｜ 下课 xiàkè 동 수업이 끝나다 ｜ 考试 kǎoshì 명 시험 ｜ 复习 fùxí 동 복습하다 ｜ 作业 zuòyè 명 숙제 ｜ 学习 xuéxí 동 공부하다
3	家 jiā 집 厨房 chúfáng 주방 洗手间 xǐshǒujiān 화장실	爸爸 bàba 아빠 妈妈 māma 엄마 丈夫 zhàngfu 남편 妻子 qīzi 아내 儿子 érzi 아들 女儿 nǚ'ér 딸 邻居 línjū 이웃	打扫 dǎsǎo 동 청소하다 ｜ 睡觉 shuìjiào 동 잠을 자다 ｜ 做饭 zuòfàn 동 밥을 하다 ｜ 吃饭 chīfàn 동 밥을 먹다
4	公司 gōngsī 회사 办公室 bàngōngshì 사무실 会议室 huìyìshì 회의실	经理 jīnglǐ 사장 同事 직장 동료 tóngshì	上班 shàngbān 동 출근하다 ｜ 下班 xiàbān 동 퇴근하다 ｜ 开会 kāihuì 동 회의하다 ｜ 会议 huìyì 명 회의 ｜ 问题 wèntí 명 문제 ｜ 事 shì 명 일

5	宾馆 bīnguǎn 호텔 房间 fángjiān 방 饭馆 fànguǎn 식당	服务员 종업원 fúwùyuán 客人 kèrén 손님	灯 dēng 명 등 | 空调 kōngtiáo 명 에어컨 | 坏 huài 동 고장 나다 | 换 huàn 동 바꾸다 | 先生 xiānsheng 명 손님을 높여 부르는 말 | 菜单 càidān 명 메뉴 | 点菜 diǎncài 동 주문하다 | 有名 yǒumíng 형 유명하다 | 菜 cài 명 요리
6	商店 shāngdiàn 상점	服务员 종업원 fúwùyuán 客人 kèrén 손님	买 mǎi 동 사다 | 卖 mài 동 팔다 | 不错 búcuò 형 괜찮다 | 好看 hǎokàn 형 보기 좋다 | 漂亮 piàoliang 형 예쁘다 | 喜欢 xǐhuan 동 좋아하다 | 怎么样 zěnmeyàng 어때? | 觉得 juéde 동 느끼다 | 更 gèng 부 더, 더욱 | 帽子 màozi 명 모자 | 裤子 kùzi 명 바지 | 裙子 qúnzi 명 치마 | 鞋 xié 명 신발 | 穿 chuān 동 입다, 신다

❼ 다양한 숫자 표현   ● Part 1-7

1	요일을 나타내는 다양한 표현	周 zhōu = 星期 xīngqī 주, 요일 下周 xià zhōu = 下星期 xià xīngqī 다음 주 周一 zhōuyī = 星期一 xīngqīyī 월요일 星期日 xīngqīrì = 星期天 xīngqītiān 일요일
2	刻 kè 15분 단위 半 bàn 30분 단위	一刻 yíkè = 十五分 shíwǔ fēn 15분 半 bàn = 三十分 sānshí fēn 30분 三刻 sān kè = 四十五分 sìshíwǔ fēn 45분
3	시간 표현에서 '差 chà'는 '~전'으로 해석	差十分两点 2시 10분 전(= 1시 50분) chà shí fēn liǎng diǎn
4	'2시'에서 '2'는 '二 èr'이 아니라 '两 liǎng'으로 표현	两点 liǎng diǎn (○) / 二点 èr diǎn (✗)
5	숫자 0은 '零 líng'	三零五 sān líng wǔ 305호

8 듣기 제1부분 – 자주 등장하는 사물의 명칭 종합

1	거실·주방	报纸 bàozhǐ 신문 | 杯子 bēizi 컵 | 冰箱 bīngxiāng 냉장고 | 筷子 kuàizi 젓가락 | 盘子 pánzi 쟁반 | 碗 wǎn 그릇 | 灯 dēng 등 | 空调 kōngtiáo 에어컨
2	음식·음료	蛋糕 dàngāo 케이크 | 面包 miànbāo 빵 | 面条 miàntiáo 국수 | 米饭 mǐfàn 밥 | 鸡蛋 jīdàn 계란 | 糖 táng 사탕 | 牛奶 niúnǎi 우유 | 咖啡 kāfēi 커피 | 果汁 guǒzhī 주스 | 苹果 píngguǒ 사과 | 西瓜 xīguā 수박 | 香蕉 xiāngjiāo 바나나 | 葡萄 pútáo 포도 | 水果 shuǐguǒ 과일
3	복장	衬衫 chènshān 와이셔츠 | 裤子 kùzi 바지 | 裙子 qúnzi 치마 | 帽子 màozi 모자 | 鞋 xié 신발 | 眼镜 yǎnjìng 안경 | 手表 shǒubiǎo 손목시계
4	교통수단	出租车 chūzūchē 택시 | 船 chuán 배 | 公共汽车 gōnggòng qìchē 버스 | 地铁 dìtiě 지하철 | 电梯 diàntī 엘리베이터 | 自行车 zìxíngchē 자전거
5	학업·업무	电子邮件 diànzǐ yóujiàn 이메일 | 电子词典 diànzǐ cídiǎn 전자사전 | 电脑 diànnǎo 컴퓨터 | 黑板 hēibǎn 칠판 | 椅子 yǐzi 의자 | 桌子 zhuōzi 책상 | 书 shū 책 | 铅笔 qiānbǐ 연필 | 地图 dìtú 지도
6	신체·건강	感冒 gǎnmào 감기 | 头 tóu 머리 | 牙 yá 이, 치아 | 腿 tuǐ 다리 | 脚 jiǎo 발 | 鼻子 bízi 코 | 眼睛 yǎnjing 눈 | 耳朵 ěrduo 귀 | 病 bìng 병 | 医院 yīyuàn 병원 | 药 yào 약
7	기타	护照 hùzhào 여권 | 画 huà 그림 | 礼物 lǐwù 선물 | 票 piào 표 | 雨伞 yǔsǎn 우산 | 行李箱 xínglixiāng 여행용 가방 | 照相机 zhàoxiàngjī 사진기 | 手机 shǒujī 휴대전화

9 듣기 제2부분 – 바꿔서 사용할 수 있는 유사 표현

1	좋다	不错 búcuò | 好 hǎo
2	낮다	矮 ǎi | 低 dī | 不高 bùgāo
3	쉽다, 용이하다	容易 róngyì | 不难 bù nán | 很简单 hěn jiǎndān
4	매우 많다	很多 hěn duō | 好多 hǎo duō | 不少 bù shǎo
5	(값이) 저렴하다	便宜 piányi | 不贵 bú guì | 价钱低 jiàqián dī

6	간단하다, 단순하다	简单 jiǎndān ｜ 不复杂 bú fùzá
7	예쁘다, 아름답다	漂亮 piàoliang ｜ 好看 hǎokàn ｜ 美丽 měilì
8	안심하다, 마음을 놓다	放心 fàngxīn ｜ 别担心 bié dānxīn ｜ 安心 ānxīn
9	조심하다, 주의하다	小心 xiǎoxīn ｜ 注意 zhùyì
10	동의하다, 찬성하다	同意 tóngyì ｜ 说得对 shuōdeduì
11	고통스럽다, 슬프다	难过 nánguò ｜ 痛苦 tòngkǔ ｜ 伤心 shāngxīn
12	기쁘다, 유쾌하다	高兴 gāoxìng ｜ 快乐 kuàilè ｜ 幸福 xìngfú ｜ 开心 kāixīn ｜ 愉快 yúkuài
13	건강하다	健康 jiànkāng ｜ 身体很好 shēntǐ hěn hǎo ｜ 很少生病 hěn shǎo shēngbìng
14	병이 나다, 병에 걸리다	生病 shēngbìng ｜ 得病 débìng ｜ 身体不舒服 shēntǐ bù shūfu
15	조용하다, 잠잠하다	安静 ānjìng ｜ 不热闹 bú rènao ｜ 没有声音 méiyǒu shēngyīn
16	곧 도착하다, 아직 도착하지 못했다	很快就到了 hěn kuài jiù dào le ｜ 马上就到了 mǎshàng jiù dào le ｜ 还没到 hái méi dào
17	아마도 (곧) 비가 올 것이다	可能要下雨 kěnéng yào xiàyǔ ｜ 会下雨 huì xiàyǔ ｜ 快要下雨了 kuàiyào xiàyǔ le

⑩ 듣기 제3·4부분 – 자주 등장하는 문장 패턴

○ Part 1–10

1	…完了吗? ~을 다 했니? …wán le ma? …完了 ~을 다 했다 …wán le	A: 你房间打扫完了吗? 너 방 청소 다 했니? 　Nǐ fángjiān dǎsǎo wán le ma? B: 很快就打扫完了。 청소를 금방 다 했어. 　Hěn kuài jiù dǎsǎo wán le. A: 你的作业写/做完了吗? 너 숙제 다 했니? 　Nǐ de zuòyè xiě/zuò wán le ma? B: 我已经写/做完了。 나는 이미 다 했어. 　Wǒ yǐjīng xiě/zuò wán le.

#		
2	…（马上）就要开始了 …(mǎshàng) jiùyào kāishǐ le ~가 곧 시작할 것이다 * 就要…了 jiùyào…le 곧 ~할 것이다 [임박태]	电影(马上)就要开始了。 Diànyǐng (mǎshàng) jiùyào kāishǐ le. 영화가 곧 시작할 것이다. 表演(马上)就要开始了。 Biǎoyǎn (mǎshàng) jiùyào kāishǐ le. 공연이 곧 시작할 것이다. 比赛(马上)就要开始了。 Bǐsài (mǎshàng) jiùyào kāishǐ le. 경기가 곧 시작할 것이다.
3	…坏了 …huàile ~이 망가지다, 썩다	洗手间的灯坏了。 화장실 전등이 고장 났다. Xǐshǒujiān de dēng huàile. 房间里的灯坏了。 방 안의 등이 고장 났다. Fángjiān lǐ de dēng huàile. 空调坏了。 Kōngtiáo huàile. 에어컨이 망가졌다. 我的手表坏了。 내 손목시계가 고장 났다. Wǒ de shǒubiǎo huàile. 水果坏了。 Shuǐguǒ huàile. 과일이 썩었다.
4	从 A 到 B cóng A dào B A에서부터 B까지	从这儿到火车站坐公共汽车去吧。 Cóng zhèr dào huǒchēzhàn zuò gōnggòngqìchē qù ba. 여기에서부터 기차역까지 버스를 타고 가자. 从4点到6点学习汉语。 Cóng sì diǎn dào liù diǎn xuéxí Hànyǔ. 4시부터 6시까지 중국어 공부를 한다.
5	A 离 B… A lí B … A는 B에서부터 ~하다	火车站离这儿远吗? 기차역은 여기서부터 멀어? Huǒchēzhàn lí zhèr yuǎn ma? 朋友家离这儿很近。 Péngyou jiā lí zhèr hěn jìn. 친구네 집은 여기서부터 가깝다.
6	…怎么找不到? …zěnme zhǎobudào? ~을 어째서 찾을 수 없는 거지?	我的护照怎么找不到? Wǒ de hùzhào zěnme zhǎobudào? 내 여권 어째서 찾을 수 없지? 我的手机怎么找不到? Wǒ de shǒujī zěnme zhǎobúdào? 내 휴대전화 어째서 찾을 수 없는 거지? 我的眼镜怎么找不到? Wǒ de yǎnjing zěnme zhǎobudào? 내 안경 어째서 찾을 수 없는 거지?

7	看见我的…了吗? kànjiàn wǒ de…le ma? 내 ~ 봤어?	看见我的书了吗? 내 책 봤어? Kànjiàn wǒ de shū le ma? 看见我的词典了吗? 내 사전 봤어? Kànjiàn wǒ de cídiǎn le ma? 看见我的手表了吗? 내 손목시계 봤어? Kànjiàn wǒ de shǒubiǎo le ma?
8	A 还是 B? A háishi B? A 아니면 B?	明天是晴天还是阴天? Míngtiān shì qíngtiān háishi yīntiān? 내일 날이 맑아 아니면 흐려? 你想穿裙子还是裤子? Nǐ xiǎng chuān qúnzi háishi kùzi? 너 치마 입고 싶어 아니면 바지 입고 싶어? 你洗碗还是打扫房间? Nǐ xǐwǎn háishi dǎsǎo fángjiān? 네가 설거지 할래 아니면 방 청소할래?
9	什么时候…的? shénme shíhou…de? 언제 ~한 것이니?	这张照片什么时候照的? Zhè zhāng zhàopiàn shénme shíhou zhào de? 이 사진 언제 찍은 것이니? 这条裤子什么时候买的? Zhè tiáo kùzi shénme shíhou mǎi de? 이 바지 언제 산 것이니? 你什么时候来的? 너 언제 왔어? Nǐ shénme shíhou lái de?
10	…用了很多年了 …yòng le hěn duō nián le …用了很久了 …yòng le hěn jiǔ le ~을 아주 오랫동안 사용하고 있다	我的眼镜用了很多年了。 Wǒ de yǎnjìng yòng le hěn duō nián le. 내 안경을 오랫동안 사용 중이야. 桌子和椅子用了很多年了。 Zhuōzi hé yǐzi yòng le hěn duō nián le. 책상과 의자를 아주 오랫동안 사용하고 있어. 爸爸的钱包用了很久了。 Bàba de qiánbāo yòng le hěn jiǔ le. 아빠는 지갑을 오랫동안 사용하고 계신다.
11	遇到… yùdào… ~을 우연히 마주치다	遇到老朋友 오랜 친구를 우연히 마주치다 yùdào lǎo péngyou 遇到同事 yùdào tóngshì 직장 동료를 우연히 마주치다 遇到同学 yùdào tóngxué 학우를 우연히 마주치다

12	…有点儿不舒服 …yǒudiǎnr bù shūfu ~가 조금 불편하다	我的腿有点儿不舒服。 내 다리가 약간 불편하다. Wǒ de tuǐ yǒudiǎnr bù shūfu. 我的脚有点儿不舒服。 내 발이 조금 불편하다. Wǒ de jiǎo yǒudiǎnr bù shūfu. 我的眼睛有点儿不舒服。 Wǒ de yǎnjing yǒudiǎnr bù shūfu. 나의 눈이 조금 불편하다.
13	A 怎么还在 B? A zěnme hái zài B? A는 어째서 아직도 B에 있어?	你怎么还在教室? 너 어째서 아직 교실에 있어? Nǐ zěnme hái zài jiàoshì? 你怎么还在办公室? Nǐ zěnme hái zài bàngōngshì? 너 어째서 아직도 사무실에 있어? 你怎么还在家里? 너 왜 아직 집에 있어? Nǐ zěnme hái zài jiā lǐ? 你怎么还在这儿? 너 왜 아직도 여기 있어? Nǐ zěnme hái zài zhèr?
14	以为… yǐwéi… ~인 줄 알다	我以为他是你的学生呢。 Wǒ yǐwéi tā shì nǐ de xuésheng ne. 나는 그가 너의 학생인 줄 알았어. 我以为你已经上班去了。 Wǒ yǐwéi nǐ yǐjīng shàngbān qù le. 나는 네가 이미 출근한 줄 알았어.
15	奇怪 qíguài 이상하다	真奇怪 zhēn qíguài 정말 이상하다

2 📖 독해

❶ 반대되는 감정을 나타내는 어휘들

긍정적인 감정	부정적인 감정
기쁘다, 즐겁다	**화나다, 고통스럽다, 힘겹다**
高兴 gāoxìng 기쁘다, 즐겁다 开心 kāixīn 기쁘다, 즐겁다 快乐 kuàilè 기쁘다, 즐겁다	生气 shēngqì 화나다 伤心 shāngxīn 아프다 痛苦 tòngkǔ 고통스럽다 难过 nánguò 힘겹다
행복하다	**두렵다, 무섭다, 걱정하다**
幸福 xìngfú 행복하다	害怕 hàipà 무섭다 担心 dānxīn 걱정하다
사랑하다, 좋아하다, 관심을 가지다	**싫어하다, 관심이 없다**
爱 ài 사랑하다, 좋아하다 喜欢 xǐhuan 사랑하다, 좋아하다 关心 guānxīn 관심을 가지다	不喜欢 bù xǐhuan 싫어하다 不关心 bù guānxīn 관심이 없다
재미있다	**재미없다**
有意思 yǒuyìsi 재미있다	没有意思 méiyǒuyìsi 재미없다
마음을 놓다, 안심하다	**조심하다**
放心 fàngxīn 마음을 놓다 安心 ānxīn 안심하다	小心 xiǎoxīn 조심하다 注意 zhùyì 주의하다
원하다	**원하지 않다**
要 yào 원하다 愿意 yuànyì 원하다	不要 búyào 원하지 않다 不愿意 búyuànyì 원하지 않다
만족하다	**만족하지 못하다**
满意 mǎnyì 만족하다	不满意 bù mǎnyì 만족하지 못하다

❷ 3급 시험에 자주 출제되는 양사

양사	[양사 + 명사] 표현 정리
1	个 ge 개 사람이나 사물을 세는 가장 보편적인 단위	一个人 yí ge rén 한 사람 这个问题 zhège wèntí 이 문제 三个苹果 sān ge píngguǒ 사과 세 개
2	条 tiáo (치마·길·강 등) 가지, 가닥 가늘고 긴 것을 세는 단위	一条裤子 yì tiáo kùzi 바지 한 벌 一条裙子 yì tiáo qúnzi 치마 한 벌 这条路 zhè tiáo lù 이 길 这条新闻 zhè tiáo xīnwén 이 소식
3	双 shuāng (젓가락·양말·신발 등) 쌍 짝을 이루고 있는 것을 세는 단위	一双鞋 yì shuāng xié 신발 한 켤레 一双筷子 yì shuāng kuàizi 젓가락 한 쌍
4	家 jiā (회사·호텔·식당 등) 집, 채 영리단체를 세는 단위	这家商店 zhè jiā shāngdiàn 이 상점 这家饭馆 zhè jiā fànguǎn 이 식당 一家公司 yì jiā gōngsī 한 회사
5	张 zhāng (침대·책상 등) 장, 개 종이 또는 평평한 물건을 세는 단위	这张床 zhè zhāng chuáng 이 침대 一张桌子 yì zhāng zhuōzi 책상 한 개 一张纸 yì zhāng zhǐ 종이 한 장 这张照片 zhè zhāng zhàopiàn 이 사진
6	本 běn (책·잡지 등) 권 서적을 세는 단위	一本书 yì běn shū 책 한 권 一本词典 yì běn cídiǎn 사전 한 권
7	杯 bēi 잔, 컵 잔에 담긴 액체를 세는 단위	一杯咖啡 yì bēi kāfēi 커피 한 잔 一杯果汁 yì bēi guǒzhī 과일주스 한 잔
8	件 jiàn 벌, 건 옷·사건 등을 세는 단위	这件衣服 zhè jiàn yīfu 이 옷 这件事 zhè jiàn shì 이 일 一件衬衫 yí jiàn chènshān 셔츠 한 벌
9	辆 liàng 대 차량을 세는 단위	一辆车 yí liàng chē 차 한 대

10	位 wèi 분	一位老师 yí wèi lǎoshī 선생님 한 분
	사람을 높여 세는 단위	一位客人 yí wèi kèrén 손님 한 분
11	把 bǎ (칼·우산·의자 등) 자루, 다발	一把伞 yì bǎ sǎn 우산 한 개
	손잡이가 있는 것을 세는 단위	这把椅子 zhè bǎ yǐzi 이 의자

❸ 자주 출제되는 지양명! 수양명!

지시대명사 · 수사	양사	자주 쓰이는 명사
这, 那, 一 …	个 ge 개, 명 일반적으로 쓰이는 단위	问题 wèntí 문제 | 人 rén 사람 | 苹果 píngguǒ 사과
	本 běn 권 책을 세는 단위	书 shū 책 | 杂志 zázhì 잡지
	辆 liàng 대 차량을 세는 단위	车 chē 차 | 自行车 zìxíngchē 자전거
	台 tái 대 기계·큰 제품을 세는 단위	电脑 diànnǎo 컴퓨터 | 冰箱 bīngxiāng 냉장고
	条 tiáo 줄기, 개 가늘고 긴 것을 세는 단위	裤子 kùzi 바지 | 裙子 qúnzi 치마 | 路 lù 길 | 河 hé 강
	件 jiàn 벌, 건, 개 옷·사건·서류 등을 세는 단위	衣服 yīfu 옷 | 事 shì 일
	位 wèi 분 사람을 높여 세는 단위	医生 yīshēng 의사 | 老师 lǎoshī 선생님
	双 shuāng 짝, 쌍 짝을 이룬 것을 세는 단위	筷子 kuàizi 젓가락 | 鞋 xié 신발
	张 zhāng 장 종이 또는 윗면이 평평한 물건을 세는 단위	画 huà 그림 | 地图 dìtú 지도 | 桌子 zhuōzi 책상 | 床 chuáng 침대
	只 zhī 마리 동물을 세는 단위	狗 gǒu 개 | 猫 māo 고양이

화폐 단위	元 yuán (구어: 块 kuài) > 角 jiǎo (구어: 毛 máo) > 分 fēn (1元 = 10角 = 100分)

❹ 문장 속에 숨어있는 핵심 단어

1	회사	公司 gōngsī 명 회사 ǀ 经理 jīnglǐ 명 사장 ǀ 同事 tóngshì 명 직장 동료 ǀ 办公室 bàngōngshì 명 사무실 ǀ 会议室 huìyìshì 명 회의실 ǀ 会议 huìyì 명 회의 ǀ 开会 kāihuì 동 회의하다 ǀ 问 wèn 동 묻다 ǀ 解决 jiějué 동 해결하다 ǀ 问题 wèntí 명 문제
2	학교	学校 xuéxiào 명 학교 ǀ 年级 niánjí 명 학년 ǀ 学生 xuésheng 명 학생 ǀ 同学 tóngxué 명 학우 ǀ 老师 lǎoshī 명 선생님 ǀ 上课 shàngkè 동 수업하다 ǀ 下课 xiàkè 동 수업이 끝나다 ǀ 考试 kǎoshì 명 시험 ǀ 成绩 chéngji 명 성적 ǀ 黑板 hēibǎn 명 칠판 ǀ 查 chá 동 찾다 ǀ 词典 cídiǎn 명 사전 ǀ 字 zì 명 글자
3	식당	服务员 fúwùyuán 명 종업원 ǀ 先生 xiānsheng 명 ~씨, 선생님 [성인 남성을 부르는 말] ǀ 菜单 càidān 명 메뉴 ǀ 点菜 diǎncài 동 주문하다 ǀ 饭馆儿 fànguǎnr 명 식당
4	상점	买 mǎi 동 사다 ǀ 卖 mài 동 팔다 ǀ 花 huā 동 소비하다 ǀ 多少 duōshao 대 얼마 ǀ 钱 qián 명 돈 ǀ 便宜 piányi 형 저렴하다 ǀ 贵 guì 형 비싸다 ǀ 旧 jiù 형 오래되다, 낡다 ǀ 换 huàn 동 바꾸다 ǀ 新 xīn 형 새롭다 ǀ 商店 shāngdiàn 명 상점
5	음식	喝 hē 동 마시다 ǀ 渴 kě 동 갈증나다 ǀ 冰箱 bīngxiāng 명 냉장고 ǀ 牛奶 niúnǎi 명 우유 ǀ 咖啡 kāfēi 명 커피 ǀ 果汁 guǒzhī 명 과일주스 ǀ 饿 è 형 배고프다 ǀ 蛋糕 dàngāo 명 케이크 ǀ 面包 miànbāo 명 빵 ǀ 做饭 zuòfàn 동 밥을 하다 ǀ 筷子 kuàizi 명 젓가락 ǀ 碗 wǎn 명 그릇, 사발 ǀ 盘子 pánzi 명 쟁반
6	옷	件 jiàn 양 옷·셔츠 등을 세는 단위 ǀ 衬衫 chènshān 명 셔츠 ǀ 条 tiáo 양 가늘고 긴 것을 세는 단위 ǀ 裤子 kùzi 명 바지 ǀ 裙子 qúnzi 명 치마 ǀ 洗 xǐ 동 씻다, 빨다 ǀ 穿 chuān 동 입다 ǀ 衣服 yīfu 명 옷
7	계절·날씨	季节 jìjié 명 계절 ǀ 春天 chūntiān 명 봄 ǀ 开花 kāihuā 동 꽃이 피다 ǀ 夏天 xiàtiān 명 여름 ǀ 热 rè 형 덥다 ǀ 秋天 qiūtiān 명 가을 ǀ 不冷不热 bùlěngbúrè 춥지도 않고 덥지도 않다 ǀ 冬天 dōngtiān 명 겨울 ǀ 下雪 xiàxuě 동 눈이 내리다 ǀ 下雨 xiàyǔ 동 비가 내리다 ǀ 带伞 dàisǎn 동 우산을 챙기다 ǀ 晴天 qíngtiān 명 맑은 날 ǀ 阴天 yīntiān 명 흐린 날
8	질병·상태	感冒 gǎnmào 명 감기 ǀ 发烧 fāshāo 동 열이 나다 ǀ 生病 shēngbìng 동 병이 나다 ǀ 注意 zhùyì 동 주의하다 ǀ 身体 shēntǐ 명 신체, 건강 ǀ 医院 yīyuàn 명 병원 ǀ 休息 xiūxi 동 쉬다

9	기념일	生日 shēngrì 명 생일 ǀ 送 sòng 동 보내다, 주다 ǀ 礼物 lǐwù 명 선물 ǀ 节日 jiérì 명 명절, 기념일
10	생김새	长 zhǎng 동 자라다 ǀ 像 xiàng 동 닮다 ǀ 鼻子 bízi 명 코 ǀ 眼睛 yǎnjing 명 눈 ǀ 耳朵 ěrduo 명 귀

❺ 자주 출제되는 질문

1	会不会…? ~한 거 아니야? huì bu huì…?	明天会不会下雨? Míngtiān huì bu huì xiàyǔ? 내일 비오는 거 아니야?
2	能不能…? ~할 수 있니 없니? néng bu néng…?	能不能便宜点儿? Néng bu néng piányi diǎnr? 조금 싸게 해주실 수 있나요?
3	…怎么样? ~는 어때? …zěnmeyàng?	明天我们一起去爬山, 怎么样? Míngtiān wǒmen yìqǐ qù páshān, zěnmeyàng? 내일 우리 같이 등산하러 가자. 어때?
4	多少钱? 얼마야? duōshao qián?	一共多少钱? 총 얼마입니까? Yígòng duōshao qián?
5	谁的? / 谁啊? 누구의 것이야? / 누구야? shéi de? / shéi a?	椅子上的那条裤子是谁的? Yǐzi shang de nà tiáo kùzi shì shéi de? 의자 위에 저 바지는 누구의 것이야?
6	远吗? 멀어? yuǎn ma?	北京大学离这儿远吗? Běijīng Dàxué lí zhèr yuǎn ma? 베이징대학교는 여기에서 먼가요?
7	怎么办? 어떻게 하지?, 어쩌지? zěnmebàn?	现在我没有零钱, 怎么办? Xiànzài wǒ méiyǒu língqián, zěnmebàn? 지금 나는 잔돈이 없어. 어떡하지?
8	好不好? 좋아 안 좋아?, 어때? hǎo bu hǎo?	请帮我照张相吧, 好不好? Qǐng bāng wǒ zhào zhāng xiàng ba, hǎo bu hǎo? 나 사진 찍는 것을 도와줘. 어때?

9	妈妈呢? / 爸爸呢? 엄마는? 아빠는? māma ne? / bàba ne?	我们吃饭吧，你爸爸呢? Wǒmen chī fàn ba, nǐ bàba ne? 우리 밥 먹자. 너희 아빠는?
10	喜欢哪个? 어느 것이 좋아? xǐhuan nǎge?	你最喜欢哪个季节? Nǐ zuì xǐhuan nǎge jìjié? 너는 어느 계절을 가장 좋아해?
11	去哪儿? 어디 가? qù nǎr?	我们要去哪儿? Wǒmen yào qù nǎr? 우리 어디로 가야 하지?
12	什么时候买的? 언제 산 거야? shénme shíhou mǎi de?	这小包你什么时候买的? Zhè xiǎo bāo nǐ shénme shíhou mǎi de? 이 작은 가방 너 언제 산 거야?
13	什么时候照的? 언제 찍은 거야? shénme shíhou zhào de?	这张照片你什么时候照的? Zhè zhāng zhàopiàn nǐ shénme shíhou zhào de? 이 사진 너 언제 찍은 거야?
14	想吃什么? 뭐 먹고 싶어? xiǎng chī shénme?	晚上你想吃什么? Wǎnshang nǐ xiǎng chī shénme? 저녁에 너 뭐 먹고 싶어?
15	想看什么? 뭐 보고 싶어? xiǎng kàn shénme?	你想看什么节目? Nǐ xiǎng kàn shénme jiémù? 너는 무슨 프로그램을 보고 싶어?

❻ 기본적으로 알아두어야 할 동사

1	일상	穿衣服 chuān yīfu 옷을 입다 ｜ 准备做饭 zhǔnbèi zuòfàn 밥을 할 준비하다 ｜ 买东西 mǎi dōngxi 물건을 사다 ｜ 卖东西 mài dōngxi 물건을 팔다 ｜ 花钱 huā qián 돈을 쓰다. 소비하다 ｜ 坐椅子 zuò yǐzi 의자에 앉다 ｜ 站在前面 zhàn zài qiánmian 앞쪽에 서다 ｜ 开门 kāi mén 문을 열다 ｜ 关门 guān mén 문을 닫다 ｜ 跑来 pǎo lai 뛰어오다 ｜ 找手机 zhǎo shǒujī 휴대전화를 찾다 ｜ 打扫房间 dǎsǎo fángjiān 방을 청소하다
2	학습	教汉语 jiāo Hànyǔ 중국어를 가르치다 ｜ 开始上课 kāishǐ shàngkè 수업을 시작하다 ｜ 参加考试 cānjiā kǎoshì 시험에 참가하다 ｜ 差一刻 chà yíkè 15분 모자라다 (15분 전) ｜ 要复习 yào fùxí 복습해야 한다 ｜ 做作业 zuò zuòyè 숙제를 하다 ｜ 借书 jiè shū 책을 빌리다 ｜ 还这本书 huán zhè běn shū 이 책을 돌려주다 ｜ 用电脑 yòng diànnǎo 컴퓨터를 사용하다

3	직장	换地铁 huàn dìtiě 지하철로 갈아타다 ｜ 工作很忙 gōngzuò hěn máng 일이 바쁘다 ｜ 很了解 hěn liǎojiě 잘 알다, 이해하다 ｜ 觉得很好 juéde hěn hǎo 괜찮다고 생각하다 ｜ 带伞 dài sǎn 우산을 휴대하다
4	관계	认识他 rènshi tā 그를 알다 ｜ 讲话 jiǎng huà 이야기하다 ｜ 关心别人 guānxīn biérén 다른 사람에게 관심을 가지다 ｜ 帮助别人 bāngzhù biérén 다른 사람을 돕다 ｜ 影响很大 yǐngxiǎng hěn dà 영향이 크다 (영향을 끼치다)
5	성장	长大了 zhǎng dà le 다 컸다, 성장했다 ｜ 照顾自己 zhàogù zìjǐ 자신을 돌보다 ｜ 锻炼身体 duànliàn shēntǐ 몸을 단련하다 ｜ 检查身体 jiǎnchá shēntǐ 신체를 검사하다 ｜ 努力运动 nǔlì yùndòng 열심히 운동하다
6	문제	出现问题 chūxiàn wèntí 문제가 출현하다 ｜ 遇到问题 yùdào wèntí 문제를 마주치다 ｜ 发现问题 fāxiàn wèntí 문제를 발견하다 ｜ 回答问题 huídá wèntí 문제에 대답하다 ｜ 解决问题 jiějué wèntí 문제를 해결하다
7	이동	打算去中国 dǎsuàn qù Zhōngguó 중국에 갈 계획이다 ｜ 拿行李 ná xíngli 짐을 들다 ｜ 搬家 bān jiā 집을 옮기다, 이사하다 ｜ 放在这儿 fàng zài zhèr 여기에 놓다
8	경기	举行比赛 jǔxíng bǐsài 경기를 열다, 개최하다 ｜ 相信自己 xiāngxìn zìjǐ 자신을 믿다 ｜ 骑自行车 qí zìxíngchē 자전거를 타다 ｜ 踢足球 tī zúqiú 축구하다 (공 등을 차다) ｜ 打篮球 dǎ lánqiú 농구하다 (손으로 치다, 때리다)
9	대화	别担心 bié dānxīn 걱정하지 마 ｜ 你放心 nǐ fàngxīn 너 안심해 ｜ 别哭 bié kū 울지 마 ｜ 小心感冒 xiǎoxīn gǎnmào 감기 조심해 ｜ 祝你生日快乐 zhù nǐ shēngrì kuàilè 생일 축하해 (축복하다, 기원하다)

❼ 자주 출제되는 부사

1	很 hěn 아주	他很热情。 Tā hěn rèqíng. 그는 친절하다.
	非常 fēicháng 매우	这本书非常有意思。 이 책은 매우 재미있다. Zhè běn shū fēicháng yǒuyìsi.
2	也 yě ~도	我也想去。 Wǒ yě xiǎng qù. 나도 가고 싶다.
	都 dōu 모두	他们都是中国人。 그들은 모두 중국인이다 Tāmen dōu shì Zhōngguórén.

3	只 zhǐ 오직, 단지	我只有一个。 Wǒ zhǐyǒu yí ge. 나는 오직 한 개 밖에 없다.
	才 cái 겨우, 고작	他8岁才会写字。 Tā bā suì cái huì xiě zì. 그는 8살이 되어서야 글씨를 쓸 줄 알았다.
4	又 yòu 또	他们又来了。 Tāmen yòu lái le. 그들은 또 왔다.
	再 zài 다시	你再说一下。 Nǐ zài shuō yíxià. 너 다시 한번 말해줘.
5	总是 zǒngshì 항상	她的孩子总是哭。 그녀의 아이는 계속 운다. Tā de háizi zǒngshì kū.
	一直 yìzhí 계속	一直走。 Yìzhí zǒu. 계속해서 걸어가세요.
6	一定 yídìng 반드시	他一定会来的。 그는 꼭 돌아올 것이다. Tā yídìng huì lái de.
	必须 bìxū 반드시	我必须见他。 나는 그를 반드시 만나야 한다. Wǒ bìxū jiàn tā.
7	太 tài 너무	这条裤子太贵了。 이 바지는 너무 비싸다. Zhè tiáo kùzi tài guì le.
	有点儿 yǒudiǎnr 조금, 약간	我有点儿冷。 Wǒ yǒudiǎnr lěng. 나는 조금 춥다.
8	已经 yǐjīng 이미	我已经到了。 Wǒ yǐjīng dào le. 나는 이미 도착했다.
	还 hái 여전히, 아직도	他还在睡觉。 Tā hái zài shuìjiào. 그는 아직 자고 있다.
9	比较 bǐjiào 비교적	我的房间比较大。 나의 방은 비교적 크다. Wǒ de fángjiān bǐjiào dà.
	最 zuì 가장	你最喜欢哪个季节？ 너는 어느 계절을 가장 좋아하니? Nǐ zuì xǐhuan nǎge jìjié?
10	马上 mǎshàng 곧	妈妈马上回来。 엄마는 곧 돌아온다. Māma mǎshàng huílai.
	刚 gāng 막	他刚走了。 Tā gāng zǒu le. 그는 막 갔다.

	突然 tūrán 갑자기	突然下雨了。 Tūrán xiàyǔ le. 갑자기 비가 내렸다.
11	终于 zhōngyú 드디어	我终于找到了手机。 Wǒ zhōngyú zhǎodào le shǒujī. 나는 마침내 휴대전화를 찾아냈다.
12	不 bù / 没 méi / 别 bié ~하지 마라	我爸爸不抽烟。 우리 아빠는 담배를 피우지 않는다. Wǒ bàba bù chōuyān. 我没带伞。 Wǒ méi dài sǎn. 나는 우산을 챙기지 않았다. 别担心。 Bié dānxīn. 걱정하지 마.

⑧ 자주 출제되는 조동사

1	应该 yīnggāi 마땅히 ~해야 한다, 아마도 ~일 것이다	学生应该努力学习。 Xuésheng yīnggāi nǔlì xuéxí. 학생은 마땅히 공부를 열심히 해야 한다.
2	想 xiǎng ~하고 싶다	我想陪妈妈去中国旅行。 Wǒ xiǎng péi māma qù Zhōngguó lǚxíng. 나는 엄마를 모시고 중국여행을 가고 싶다.
3	要 yào ~해야 한다, ~할 것이다	我要回去。 Wǒ yào huí qù. 나는 돌아가야 한다. 我要去中国。 나는 중국에 갈 것이다. Wǒ yào qù Zhōngguó.
4	得 děi ~해야 한다 ['要'보다 어투가 다소 강함]	我得马上回家。 나는 곧 집으로 돌아가야 한다. Wǒ děi mǎshàng huí jiā.
5	敢 gǎn 감히 ~하다	他不敢做这样的事。 그는 이런 일을 감히 하지 못한다. Tā bùgǎn zuò zhèyàng de shì.
6	能 néng (능력이나 조건이 되어) ~할 수 있다	我能看懂中国电影。 Wǒ néng kàndǒng Zhōngguó diànyǐng. 나는 중국 영화를 보고 이해할 수 있다.
7	会 huì (배워서) ~할 수 있다 ~할 가능성이 있다	我会游泳。 Wǒ huì yóuyǒng. 나는 수영을 할 줄 안다. 今天不会下雨吧? 오늘 비가 오지 않겠지? Jīntiān búhuì xiàyǔ ba?

8	可以 kěyǐ (조건이나 여건상) ~할 수 있다 (허락) ~해도 된다	游泳可以减肥。 수영은 다이어트를 할 수 있다. Yóuyǒng kěyǐ jiǎnféi. 你可以进来。 Nǐ kěyǐ jìnlái. 당신은 들어와도 됩니다.

TIP 조동사는 부정은 '不'로! '不想/不敢/不能/不会…' 등으로 쓰이지만 조동사 '得'의 부정 '~할 필요 없다'는 '不得'가 아니라 '不用'이라고 쓴다.

❾ 자주 출제되는 전치사

从 cóng ~에서부터	从三天前开始他一直发烧。 3일 전부터 시작해서 그는 계속 열이 난다. Cóng sān tiān qián kāishǐ tā yìzhí fāshāo.
离 lí ~에서부터	国家图书馆离我家很近。 국가도서관은 우리 집에서부터 가깝다. Guójiā túshūguǎn lí wǒ jiā hěn jìn.
在 zài ~에서	他在商店买了一件衬衫。 그는 상점에서 셔츠 한 벌을 샀다. Tā zài shāngdiàn mǎi le yí jiàn chènshān.
对 duì ~에 대해서	她对她的成绩很满意。 그녀는 그녀의 성적에 대해 만족한다. Tā duì tā de chéngjì hěn mǎnyì.
向 xiàng ~을 향해서	大家向我看。 모두들 저를 향해 보세요. Dàjiā xiàng wǒ kàn.
给 gěi ~에게	我给妈妈写信。 나는 엄마에게 편지를 쓴다. Wǒ gěi māma xiě xìn.
跟 gēn ~와(과)	我跟老师一起吃饭。 나는 선생님과 함께 식사를 한다. Wǒ gēn lǎoshī yìqǐ chīfàn.
和 hé ~와(과)	我家有爸爸、妈妈和我。 우리 집에는 아빠, 엄마와 내가 있다. Wǒ jiā yǒu bàba、māma hé wǒ.
把 bǎ ~을(를)	老师把我的书拿出去了。 선생님은 내 책을 가지고 나갔다. Lǎoshī bǎ wǒ de shū náchūqù le.
被 bèi ~에게 당하다	我的自行车被朋友借走了。 내 자전거는 친구에게 빌려가졌다. Wǒ de zìxíngchē bèi péngyou jièzǒu le.
为了 wèile ~을 위하여	为了考上北京大学，他每天努力学习。 Wèile kǎoshàng Běijīng Dàxué, tā měitiān nǔlì xuéxí. 베이징대학에 합격하기 위해, 그는 매일 열심히 공부한다.

🔟 자주 출제되는 접속사

병렬 관계	一边 A, 一边 B yìbiān A, yìbiān B A하면서, B하다	他一边洗澡，一边唱歌。 Tā yìbiān xǐzǎo, yìbiān chànggē. 그는 샤워를 하면서 노래를 부른다. 他们一边吃面包，一边看书。 Tāmen yìbiān chī miànbāo, yìbiān kàn shū. 그들은 빵을 먹으면서 책을 본다.
	又 A 又 B yòu A yòu B A하기도 하고 또 B하기도 하다	我的房间又大又干净。 내 방은 크고 깨끗하다. Wǒ de fángjiān yòu dà yòu gānjìng. 她又高又瘦。 그녀는 키도 크고 날씬하다. Tā yòu gāo yòu shòu.
	A 也…, B 也… A yě…, B yě… A도 ~하고, B도 ~하다	这个也好，那个也好。 이것도 좋고, 저것도 좋다. Zhège yě hǎo, nàge yě hǎo. 我也喜欢，他也喜欢。 Wǒ yě xǐhuan, tā yě xǐhuan. 나도 좋아하고, 그도 좋아한다.
점층 관계	而且 érqiě 게다가	我不想听，而且不想看。 Wǒ bù xiǎng tīng, érqiě bù xiǎng kàn. 나는 듣고 싶지 않고 게다가 보고 싶지 않다. 天很冷，而且下了大雪。 Tiān hěn lěng, érqiě xià le dàxuě. 날이 춥고 게다가 많은 눈이 내렸다.
	不但 A, 而且 B búdàn A, érqiě B A뿐만 아니라, 또한 B하다	这家超市的水果不但很新鲜，而且价格很便宜。 Zhè jiā chāoshì de shuǐguǒ búdàn hěn xīnxiān, érqiě jiàgé hěn piányi. 이 슈퍼마켓의 과일은 신선할 뿐만 아니라 게다가 가격도 저렴하다. 我弟弟不但会说汉语，而且会说英语。 Wǒ dìdi búdàn huì shuō Hànyǔ, érqiě huì shuō Yīngyǔ. 내 남동생은 중국어를 말할 수 있을 뿐만 아니라, 게다가 영어도 말할 수 있다.

전환 관계	但是 dànshì 그러나	我想去中国旅行但是没有时间。 Wǒ xiǎng qù Zhōngguó lǚxíng dànshì méiyǒu shíjiān. 나는 중국 여행을 가고 싶지만 시간이 없다. 我把手机放在桌子上了，但是找不到。 Wǒ bǎ shǒujī fàng zài zhuōzi shang le, dànshì zhǎobudào. 나는 휴대전화를 책상 위에 두었지만 찾을 수 없다.
	虽然 A, 但是 B suīrán A, dànshì B 비록 A하지만, B하다	这个苹果虽然很小，但是非常甜。 Zhège píngguǒ suīrán hěn xiǎo, dànshì fēicháng tián. 이 사과는 비록 매우 작지만 매우 달다. 虽然学了英语，但是说得不太好。 Suīrán xué le Yīngyǔ, dànshì shuō de bú tài hǎo. 비록 영어를 배웠지만 말은 잘하지 못한다.
선택 관계	A 或者 B A huòzhě B A 또는, 혹은 B [평서문]	走路或者坐地铁，你自己决定吧。 Zǒu lù huòzhě zuò dìtiě, nǐ zìjǐ juédìng ba. 걸어가거나 지하철을 타거나 네가 스스로 결정해. 每周末我在家休息或者和朋友出去玩儿。 Měi zhōumò wǒ zài jiā xiūxi huòzhě hé péngyou chūqù wánr. 주말마다 나는 집에서 쉬거나 또는 친구와 나가서 논다.
	A 还是 B? A háishi B? A인가 B인가? [선택의문문]	你今天去还是明天去? Nǐ jīntiān qù háishi míngtiān qù? 너 오늘 가니, 아니면 내일 가니? 他喜欢吃中国菜还是韩国菜? Tā xǐhuan chī Zhōngguócài háishi Hánguócài? 그는 중국 음식 먹는 것을 좋아하니, 아니면 한국 음식 먹는 것을 좋아하니?
	不是 A, 就是 B búshì A, jiùshì B A가 아니면, B이다	我觉得他不是美国人就是法国人。 Wǒ juéde tā búshì měiguórén jiùshì fǎguórén. 내가 생각하기에 그는 미국인 아니면 프랑스인이다. 他的衣服不是黑色就是白色。 Tā de yīfu búshì hēisè jiùshì báisè. 그의 옷은 검은색이 아니면 흰색이다.

선택 관계	不是 A, 而是 B búshì A, érshì B A가 아니라, B이다	他不是美国人而是法国人。 Tā búshì Měiguórén érshì Fǎguórén. 그는 미국인이 아니라 프랑스인이다. 这本书不是他的而是我的。 Zhè běn shū búshì tā de érshì wǒ de. 이 책은 그의 것이 아니라 내 것이다.
연속 관계	先 A, 然后 B xiān A, ránhòu B 먼저 A하고, 그 다음에 B하다	我们先在网上查查，然后再买吧。 Wǒmen xiān zài wǎngshàng chácha, ránhòu zài mǎi ba. 우리 먼저 인터넷에서 좀 찾아본 다음에 사자. 你先做作业，然后看电影吧。 Nǐ xiān zuò zuòyè, ránhòu kàn diànyǐng ba. 너 먼저 숙제를 하고, 그 다음에 영화를 봐라.
	一 A, 就 B yì A, jiù B A하자마자 바로 B하다	我一紧张，就头疼。 Wǒ yì jǐnzhāng, jiù tóu téng. 나는 긴장을 하면 바로 머리가 아프다. 她一毕业，就去中国留学。 Tā yí bìyè, jiù qù Zhōngguó liúxué. 그녀는 졸업하자마자 중국에 유학을 간다.
인과 관계	因为 A, 所以 B yīnwèi A, suǒyǐ B A때문에, B하다	因为今天是周末，所以人很多。 Yīnwèi jīntiān shì zhōumò, suǒyǐ rén hěn duō. 오늘은 주말이기 때문에 사람이 많다. 因为明天有考试，所以我要好好儿复习。 Yīnwèi míngtiān yǒu kǎoshì, suǒyǐ wǒ yào hǎohāor fùxí. 내일 시험이 있기 때문에 나는 복습을 해야 한다.
가정 관계	如果 A, 就 B rúguǒ A, jiù B 만약 A라면, B할 것이다	如果你身体不舒服，就去医院。 Rúguǒ nǐ shēntǐ bù shūfu, jiù qù yīyuàn. 만약 네 몸이 불편하다면 바로 병원에 가라. 如果你不能来，就告诉我。 Rúguǒ nǐ bù néng lái, jiù gàosu wǒ. 만약 네가 올 수 없으면 바로 나에게 알려줘.

조건 관계	只有 A, 才 B zhǐyǒu A, cái B A해야만 비로소 B하다	只有慢点儿说，我才能听得懂。 Zhǐyǒu màndiǎnr shuō, wǒ cái néng tīngdedǒng. 조금 천천히 말해야만 나는 비로소 알아들을 수 있다. 只有多听多说才能学会外语。 Zhǐyǒu duō tīng duō shuō cái néng xuéhuì wàiyǔ. 많이 듣고 많이 말해야만 비로소 외국어를 배울 수 있다.

⑪ 독해 제1부분 – 자주 출제되는 핵심단어가 들어간 상황별 문장

1	회사	中午见到经理了吗? 정오에 사장님 만났어? Zhōngwǔ jiàndào jīnglǐ le ma? 没有，他不在办公室。 아니, 그는 사무실에 없어. Méiyǒu, tā bú zài bàngōngshì. 他让我告诉你，下午4点在公司会议室开会。 Tā ràng wǒ gàosu nǐ, xiàwǔ sì diǎn zài gōngsī huìyìshì kāihuì. 그가 오후 4시에 회사 회의실에서 회의한다고 너에게 알려주래. 我刚才在电梯门口遇到经理了。 Wǒ gāngcái zài diàntī ménkǒu yùdào jīnglǐ le. 나 방금 엘리베이터 입구에서 사장님을 마주쳤어. 我有一个问题，经理在哪儿? 나 문제 하나가 있는데 사장님 어디 계셔? Wǒ yǒu yí ge wèntí, jīnglǐ zài nǎr? 他的办公室在5层。 그의 사무실은 5층에 있어. Tā de bàngōngshì zài wǔ céng.
2	학교	明天考试要带铅笔。 내일 시험에 연필을 가져와야 해. Míngtiān kǎoshì yào dài qiānbǐ. 同学们注意一下，运动会结束以后，请大家先回教室。 Tóngxuémen zhùyì yíxià, yùndònghuì jiéshù yǐhòu, qǐng dàjiā xiān huí jiàoshì. 학우 여러분 좀 집중해주세요. 운동회가 끝나면 모두 먼저 교실로 돌아가주세요. 老师要说一下明天考试的事情。 Lǎoshī yào shuō yíxià míngtiān kǎoshì de shìqing. 선생님께서 내일 시험에 관한 일을 말씀하시려고 한다.

2	학교	

听说昨天的考试你又是第一名!
Tīngshuō zuótiān de kǎoshì nǐ yòu shì dì yī míng!
듣자 하니 어제 시험 네가 또 1등 했다며!

你一直很努力，所以才有那么好的成绩。
Nǐ yìzhí hěn nǔlì, suǒyǐ cái yǒu nàme hǎo de chéngjì.
너는 항상 열심히 해서 그렇게 좋은 성적을 얻은 거야.

他是我们学校的老师。 그는 우리 학교 선생님이다.
Tā shì wǒmen xuéxiào de lǎoshī.

教三年级历史课。 Jiāo sān niánjí lìshǐ kè. 3학년 역사를 가르친다.

快点儿吧，再有一个小时就要考试了。
Kuài diǎnr ba, zài yǒu yí ge xiǎoshí jiùyào kǎoshì le.
빨리 와, 한 시간 더 있으면 곧 시험이야.

别担心，我坐出租车去，30分钟就到学校。
Bié dānxīn, wǒ zuò chūzūchē qù, sānshí fēnzhōng jiù dào xuéxiào.
걱정 마. 나 택시 타고 가서 30분이면 학교에 도착해.

没问题，我已经准备好了。 문제없어. 나는 이미 준비했어.
Méi wèntí, wǒ yǐjīng zhǔnbèi hǎo le.

3	옷	

你这条裙子是不是有点儿短? 너 이 치마 조금 짧은 거 아니야?
Nǐ zhè tiáo qúnzi shì bu shì yǒudiǎnr duǎn?

真的? 那我穿裤子好了。 정말? 그럼 나 바지 입는 게 좋겠다.
Zhēnde? Nà wǒ chuān kùzi hǎo le.

昨天我把它洗了，你穿别的吧。
Zuótiān wǒ bǎ tā xǐ le, nǐ chuān biéde ba.
어제 내가 그것을 빨았어. 다른 것을 입어.

你看见我那件衬衫了吗? 너 내 그 셔츠 봤어?
Nǐ kànjiàn wǒ nà jiàn chènshān le ma?

这条裙子卖得很好，而且才200块。
Zhè tiáo qúnzi mài de hěn hǎo, érqiě cái liǎng bǎi kuài.
이 치마는 팔리는 것도 괜찮고, 게다가 겨우 200위안이다.

如果您喜欢，可以穿上看看，一定很漂亮。
Rúguǒ nín xǐhuan, kěyǐ chuānshàng kànkan, yídìng hěn piàoliang.
만약 당신이 좋으시다면 한번 입어보셔도 됩니다. 분명히 예쁠 거예요.

4	계절·날씨	

刚才还是**晴天**，怎么突然就**阴天**了?
Gāngcái háishi qíngtiān, zěnme tūrán jiù yīntiān le?
방금 전에는 날이 맑았는데, 어째서 갑자기 흐려졌지?

可能要**下雨**，我们坐出租车回去吧。
Kěnéng yào xiàyǔ, wǒmen zuò chūzūchē huíqù ba.
아마 비가 올 것 같으니, 우리 택시 타고 돌아가자.

雨越下越大了，你带**伞**了吗?
Yǔ yuè xià yuè dà le, nǐ dài sǎn le ma?
비가 점점 더 많이 내려. 너 우산 가져왔어?

没有，我早上出门的时候还是**晴天**呢。
Méiyǒu, wǒ zǎoshang chūmén de shíhou háishi qíngtiān ne.
아니, 내가 아침에 나올 때는 날이 맑았어.

你还不习惯我们这儿的**天气**吧?
Nǐ hái bù xíguàn wǒmen zhèr de tiānqì ba?
너는 우리 이곳의 날씨가 아직 적응이 안 됐지?

还可以，北方的**冬天**很冷。 그런대로 괜찮아. 북방의 겨울은 정말 추워.
Hái kěyǐ, běifāng de dōngtiān hěn lěng.

外面**风刮**得真大! 밖에 바람이 매우 세게 불어!
Wàimiàn fēng guā de zhēn dà!

这儿的**冬天**就是这样，慢慢地你就会习惯。
Zhèr de dōngtiān jiùshì zhèyàng, mànmàn de nǐ jiù huì xíguàn.
이곳의 겨울은 이래. 너는 천천히 적응될 거야.

一年四个**季节**中，你最喜欢哪个?
Yì nián sì ge jìjié zhōng, nǐ zuì xǐhuan nǎge?
1년 사계절 중에 너는 어느 계절이 가장 좋아?

春天，特别是**开花**的**时候**，漂亮极了。
Chūntiān, tèbié shì kāihuā de shíhou, piàoliang jíle.
봄, 특히 꽃이 필 때 정말 예뻐.

5 신체·건강

我**感冒**了，有点儿**发烧**。 나 감기 걸렸어. 열이 조금 나.
Wǒ gǎnmào le, yǒudiǎnr fāshāo.

那你在家**休息**几天吧。 그러면 너는 집에서 며칠 쉬어.
Nà nǐ zài jiā xiūxi jǐ tiān ba.

电影院在4层，还是走上去吧，**锻炼**锻炼**身体**。
Diànyǐngyuàn zài sì céng, háishi zǒushàngqù ba, duànliàn duànliàn shēntǐ.
영화관이 4층에 있어서 우리 걸어 올라가는 게 낫겠다. 몸을 좀 단련해야지.

我的**脚**还没好，我们坐电梯去吧。
Wǒ de jiǎo hái méi hǎo, wǒmen zuò diàntī qù ba.
내 다리가 아직 좋아지지 않았어. 우리 엘리베이터 타고 가자.

腿疼，是吗？那我们在这儿坐坐吧。
Tuǐ téng, shì ma? Nà wǒmen zài zhèr zuòzuò ba.
다리가 아파? 그럼 우리 여기에 좀 앉자.

这孩子**长**得真**像**他爸爸。 이 아이 생긴 게 그의 아빠와 정말 닮았다.
Zhè háizi zhǎng de zhēn xiàng tā bàba.

是啊，特别是**眼睛**和**鼻子**。 응, 특히 눈이랑 귀가 (닮았어).
Shì a, tèbié shì yǎnjing hé bízi.

我天天去**游泳**，你没发现我**瘦**了？
Wǒ tiāntiān qù yóuyǒng, nǐ méi fāxiàn wǒ shòu le?
나 매일 수영하러 가는데, 너 내가 살 빠진 것 발견하지 못했니?

你这么忙，有时间去**运动**吗？
Nǐ zhème máng, yǒu shíjiān qù yùndòng ma?
너 이렇게 바쁜데, 운동하러 갈 시간이 있어?

怎么办？我又**胖**了两公斤。 어떡해? 나 또 2kg이 쪘어.
Zěnmebàn? Wǒ yòu pàng le liǎng gōngjīn.

没关系，我觉得你这样更**可爱**。
Méiguānxi, wǒ juéde nǐ zhèyàng gèng kě'ài.
괜찮아, 내가 보기에 넌 이게 더 귀여워.

健康是最重要的。 건강이 가장 중요해.
Jiànkāng shì zuì zhòngyào de.

⑫ 독해 제2부분 – 자주 출제되는 동사 + 명사 짝꿍 어휘

1	表示 표시하다 biǎoshì	表示感谢 biǎoshì gǎnxiè 감사를 표하다 ｜ 表示满意 biǎoshì mǎnyì 만족을 표하다
2	参加 참가하다 cānjiā	参加考试 cānjiā kǎoshì 시험에 참가하다 ｜ 参加面试 cānjiā miànshì 면접에 참가하다 ｜ 参加会议 cānjiā huìyì 회의에 참가하다 ｜ 参加比赛 cānjiā bǐsài 시합에 참가하다
3	发现 발견하다 fāxiàn	发现问题 fāxiàn wèntí 문제를 발견하다 ｜ 发现错误 fāxiàn cuòwù 잘못을 발견하다 ｜ 发现变化 fāxiàn biànhuà 변화를 발견하다
4	检查 검사하다 jiǎnchá	检查作业 jiǎnchá zuòyè 숙제를 검사하다 ｜ 检查身体 jiǎnchá shēntǐ 신체를 검사하다 ｜ 检查行李 jiǎnchá xíngli 짐을 검사하다
5	解决 해결하다 jiějué	解决困难 jiějué kùnnan 어려움을 해결하다 ｜ 解决问题 jiějué wèntí 문제를 해결하다 ｜ 解决办法 jiějué bànfǎ 해결 방법
6	举行 개최하다, 열다 jǔxíng	举行比赛 jǔxíng bǐsài 시합을 개최하다 ｜ 举行会议 jǔxíng huìyì 회의를 열다
7	离开 떠나다 líkāi	离开中国 líkāi Zhōngguó 중국을 떠나다 ｜ 离开父母 líkāi fùmǔ 부모님을 떠나다
8	遇到 만나다 yùdào	遇到困难 yùdào kùnnan 어려움을 마주치다 ｜ 遇到老朋友 yùdào lǎopéngyou 오랜 친구를 마주치다
9	照顾 돌보다 zhàogù	照顾孩子 zhàogù háizi 아이를 돌보다 ｜ 照顾病人 zhàogù bìngrén 환자를 돌보다 ｜ 照顾自己 zhàogù zìjǐ 스스로를 돌보다
10	注意 주의하다 zhùyì	注意身体 zhùyì shēntǐ 몸조심하다 ｜ 注意感冒 zhùyì gǎnmào 감기 조심하다 ｜ 注意安全 zhùyì ānquán 안전에 주의하다

13 독해 제3부분 – 자주 출제되는 관용어와 그 풀이

	관용어 표현	관용어 풀이
1	**太阳从西边出来了** tàiyang cóng xībiān chūlái le 해가 서쪽에서 뜨다	出现的事让人觉得是不太可能的事情 chūxiàn de shì ràng rén juéde shì bútài kěnéng de shìqing 사람이 생각하기에 불가능하다고 느껴지는 일이 일어나다 出现了不太可能的事 chūxiàn le bútài kěnéng de shì 거의 불가능한 일이 일어나다
2	**吃饭七分饱** chīfàn qī fēn bǎo 밥은 7할 정도만 배부르게 먹어야 한다	七分 qī fēn = 70% = 吃得不太饱 그다지 배부르지 않게 먹다 　chī de bútài bǎo = 对身体健康很有帮助 　duì shēntǐ jiànkāng hěn yǒu bāngzhù 　신체 건강에 도움이 된다
3	**有借有还再借不难** yǒu jiè yǒu huán zài jiè bù nán 빌리고 갚으면 다시 빌리기 쉽다	向别人借的东西，用完就要还，这样才能让别人相信你，下次还会借给你 xiàng biérén jiè de dōngxi, yòngwán jiù yào huán, zhèyàng cái néng ràng biérén xiāngxìn nǐ, xiàcì hái huì jiè gěi nǐ 다른 사람에게 빌린 물건은 다 쓰고 바로 돌려줘야 한다. 이렇게 해야 비로소 다른 사람이 당신을 믿을 수 있게 하고 다음 번에 또 빌려줄 것이다 如果你借了别人的东西要记得还 rúguǒ nǐ jiè le biérén de dōngxi yào jìde huán 만약 당신이 다른 사람의 물건을 빌리면 돌려주는 것을 기억해야 한다
4	**二手** èrshǒu 중고	表示东西被人用过了 biǎoshì dōngxi bèi rén yòngguo le 물건이 사람에 의해 사용되어졌음을 의미한다 不是新的 búshi xīn de 새것이 아니다

5	明天又是新的一天 míngtiān yòu shì xīn de yì tiān 내일은 새로운 하루이다	不高兴的事情都会过去的 bù gāoxìng de shìqing dōu huì guòqù de 기쁘지 않은 일은 모두 지나갈 것이다
		我们应该少生气 wǒmen yīnggāi shǎo shēngqì 우리는 화를 적게 내야 한다
6	笑一笑，十年少 xiào yí xiào, shí nián shào 웃으면 10년은 젊어진다	笑的作用很大，笑会让人年轻10岁 xiào de zuòyòng hěn dà, xiào huì ràng rén niánqīng shí suì 웃는 것은 영향이 커서, 웃음은 사람을 10년을 젊게 한다
		我们应该常笑 우리는 자주 웃어야 한다 wǒmen yīnggāi cháng xiào
7	面包会有的，牛奶也会有的 miànbāo huì yǒude, niúnǎi yě huì yǒude 빵도 있고 우유도 있을 것이다	如果努力，什么都会有的 rúguǒ nǔlì, shénme dōu huì yǒude 노력한다면 어떤 것이든 얻을 수 있다
8	6月的天，孩子的脸，说变就变 liù yuè de tiān, háizi de liǎn, shuō biàn jiù biàn 6월의 하늘과 아이의 얼굴은 자주 변한다	6月的天气变化快 liù yuè de tiānqì biànhuà kuài 6월의 날씨는 빨리 변화한다
		刚才还是晴天，突然下大雨 gāngcái háishi qíngtiān, tūrán xià dàyǔ 방금 전까진 맑았는데 갑자기 많은 비가 내린다
9	左耳朵进，右耳朵出 zuǒ ěrduo jìn, yòu ěrduo chū 왼쪽 귀로 들어왔다가 오른쪽 귀로 나가다	别人说的话没有放在心上 biérén shuō de huà méiyǒu fàngzài xīn shang 다른 사람이 한 말을 마음에 담아두지 않는다

3 ✏️ 쓰기

❶ 3급 시험에 자주 등장하는 결과보어

1	好 hǎo 만족스러운 결과 또는 완료	我做好了作业。 나는 숙제를 잘했다. / 나는 숙제를 다 했다.
2	完 wán 완료, 완성되다	我已经吃完了面包。 나는 이미 빵을 다 먹었다.
3	懂 dǒng 알다, 이해하다	我听懂了老师说的话。 나는 선생님의 말씀을 듣고 이해했다. 我能看懂中国报纸。 나는 중국 신문을 보고 이해할 수 있다.
4	到 dào 목적을 달성(해냈다)	我终于买到了演唱会的票。 나는 드디어 콘서트 티켓을 샀다. 我找到了手机。 나는 휴대전화를 찾아냈다.
5	见 jiàn 감각기관에 의한 감지를 나타냄	你听见了吗? 너 들었어? 我刚才看见老师了。 나 방금 선생님을 봤어.
6	错 cuò 틀리다	我打错了电话。 나는 전화를 잘못 걸었다.

❷ 존재를 나타내는 존현문

① **有** : '어떤 장소'에 '어떤 사람/사물'이 있다.

장소	+	有	+	불특정한 사람/사물	
房间里		有		两张桌子。	방 안에는 두 개의 책상이 있다.
家里		有		三只猫。	집 안에는 세 마리의 고양이가 있다.

② **在** : '어떤 사람/사물'은 '어떤 장소'에 있다.

불특정한 사람/사물	+	在	+	장소	
商店		在		公司旁边。	상점은 회사 옆쪽에 있다.
学生		在		后边。	학생은 뒤쪽에 있다.

③ **是** : '장소'는 '어느 곳'이다. (목적어가 상대적으로 명확함)

公司旁边是商店，后边是银行。　　회사 옆은 상점이고, 뒤는 은행이다.
楼上是教室，楼下是体育馆。　　건물 위는 교실이고, 건물 아래는 체육관이다.

④ **동사 + 着** : '사람/장소'에는 ~이 '동사'하고 있다.

路边站着几个人。　　길가에 몇 명의 사람들이 서있다.
黑板上写着很多汉字。　　칠판 위에는 많은 한자들이 쓰여있다.

③ '把'자문 & '被'자문 정리

① '把'자문과 '被'자문은 절대로 술어 혼자 끝나서는 안 된다.

'把'자문은 주어가 목적어에게 처치를 가한 것으로 끝나면 안 되고 술어 뒤 기타성분 자리에 그 행위를 가한 결과를 보충해야 한다. '被'자문도 역시 주어가 목적어에게 단순히 행위를 당한 것으로 끝나면 안 되고 그 행위를 당한 결과를 기타성분 자리에 채워야 한다. 따라서 '把'자문, '被'자문 모두 술어 혼자 끝나선 안 되고 뒤에는 항상 기타성분이 따라와야 한다.

我把这件衣服洗干净了。 　내가 옷을 세탁하는 동작을 한 결과 → 깨끗하게 빨았다.
我的书被他拿出去了。 　그가 내 책을 가진 결과 → 가지고 나갔다.

② '把'자문은 목적어, '被'자문은 주어가 명확해야 한다.

'把'자문, '被'자문 모두 동작을 당하는(처리되는) 대상이 명확해야 하기 때문에 수량사의 수식을 받지 못한다. 숫자의 수식을 받게 되면 대상이 명확하지 않기 때문이다.

我把一件衣服洗干净了。 　나는 옷 한 벌을 깨끗이 빨았다. (X)
一本书被他拿出去了。 　한 권의 책이 그에 의해 가져가졌다. (X)

*수량사의 수식을 받는 경우, 위와 같이 옷 한 벌과 책 한 권이 무엇인지 명확하지 않기 때문에 수량사의 수식을 받으면 안 된다.

③ '被'자문은 행위를 당한 것이 주어이다.

'被'자문은 주어 자리에 행위를 당하는 대상이 와야 한다. 행위를 가한 대상과 자리를 혼동하지 않기 위해 해석을 통해서 어떤 대상이 주어 자리에 와야 하는지 주의해서 배치하자.

他被我的书拿出去了。 　그는 내 책에 의해 가지고 나가졌다. (X)
我的书被他拿出去了。 　내 책은 그에 의해 가지고 나가졌다. (O)

我被面包吃了。 　나는 빵에게 먹혔다. (X)
面包被我吃了。 　빵은 나에게 먹혔다. (O)

④ 발음이 같거나 비슷한 新HSK 3급 주요 단어

1	bān	班 명 반, 그룹 / 근무	我们班一共30个人。 Wǒmen bān yígòng sānshí ge rén. 우리 반은 총 30명이다
		搬 동 옮기다, 운반하다	她已经搬家了。 그녀는 이미 이사했다. Tā yǐjīng bānjiā le.
2	bàn	半 수 절반	现在是两点半。 지금은 2시 30분이다. Xiànzài shì liǎng diǎn bàn.
3	chéng	成 동 완성하다, 성공하다	完成 wánchéng 완성하다 ｜ 成功 chénggōng 성공하다
		城 명 성, 도시	城市 chéngshì 도시
4	chuān	穿 동 입다, 신다	穿衣服 chuān yīfu 옷을 입다 ｜ 穿鞋 chuān xié 신발을 신다
5	chuán	船 명 배, 선박	老师坐船去中国。 Lǎoshī zuò chuán qù Zhōngguó. 선생님은 배를 타고 중국에 가신다.
6	dōng	东 명 동쪽	东西 dōngxi 물건 ｜ 东边 dōngbiān 동쪽
		冬 명 겨울	冬天 dōngtiān 겨울(= 冬季 dōngjì)
7	hé	和 전 ~와 / 과	我和你一起去游泳。 Wǒ hé nǐ yìqǐ qù yóuyǒng. 나는 너와 같이 수영을 하러 간다.
		河 명 강, 하천	河边 hébiān 강가
8	huán	还 동 돌려주다, 반납하다	那几本书都还了。 Nà jǐ běn shū dōu huán le. 그 몇 권의 책을 모두 반납했다.
9	huàn	换 동 바꾸다	你又换相机了? 너 또 사진기 바꿨어? Nǐ yòu huàn xiàngjī le?

10	jìn	进 [동] (밖에서 안으로) 들다	请进。Qǐng jìn. 들어오세요.
		近 [형] 가깝다	离这儿很近 lí zhèr hěn jìn 여기서부터 가깝다 | 附近 fùjìn 근처, 부근
11	jiù	就 [부] 곧, 즉시	你现在就去。너 지금 바로 가. Nǐ xiànzài jiù qù.
		旧 [형] 오래되다, 낡다	这辆车很旧。이 차는 낡았다. Zhè liàng chē hěn jiù.
12	kè	课 [명] 수업	明天上课要听写。 Míngtiān shàngkè yào tīngxiě. 내일 수업에 받아쓰기를 할 것이다.
		刻 [양] 15분	现在八点一刻。지금은 8시 15분이다. Xiànzài bā diǎn yíkè.
13	nán	男 [명] 남자	这男孩儿是谁的孩子？ Zhè nán hái'ér shéi shéi de háizi? 이 남자아이는 누구의 아이야?
		南 [명] 남쪽	南边 nánbiān 남쪽
		难 [형] 어렵다	昨天的考试很难。어제의 시험은 어려웠어. Zuótiān de kǎoshì hěn nán.
14	qiān	千 [수] 천, 1,000	一千 yìqiān 천, 1,000
15	qián	钱 [명] 돈	钱包 qiánbāo 지갑
		前 [명] 전, 앞	前面 qiánmian 앞
16	shì	事 [명] 일, 사건	事情 shìqing 일, 사건 | 同事 tóngshì 직장 동료 | 故事 gùshi 이야기
		是 [동] ~이다	但是 dànshì 그러나 | 不是 búshì 아니다 我是中国人。나는 중국인이다. Wǒ shì Zhōngguórén.

17	zài	在 [전] ~에서 [동] 있다	现在 xiànzài 현재, 지금 | 正在 zhèngzài ~하고 있는 중이다
		再 [부] 다시, 또	再见 zàijiàn 또 보자, 안녕
18	zuò	坐 [동] 앉다, 타다	坐椅子 zuò yǐzi 의자에 앉다 | 坐地铁 zuò dìtiě 지하철을 타다 | 坐公共汽车 zuò gōnggòng qìchē 버스를 타다
		做 [동] 하다, 만들다	做作业 zuò zuòyè 숙제를 하다 | 做饭 zuò fàn 밥을 만들다
19	zhù	祝 [동] 기원하다, 축복하다	祝你生日快乐! 생일 축하해요! Zhù nǐ shēngrì kuàilè!
		住 [동] 살다, 머무르다	你住在哪儿? 당신은 어디에 사나요? Nǐ zhù zài nǎr?

5 모양이 비슷한 한자

1	日 rì	[명] 날, 일 节日 jiérì 기념일, 명절 | 生日 shēngrì 생일 | 日记 rìjì 일기
	白 bái	[형] 하얗다, 밝다, 명백하다 明白 míngbai 알다, 이해하다 | 白天 báitiān 낮
	百 bǎi	[수] 백, 100 一百 yìbǎi 100
2	票 piào	[명] 표, 티켓 电影票 diànyǐngpiào 영화표 | 机票 jīpiào 비행기표
	漂 piào	'漂亮'의 구성자 漂亮 piàoliang 예쁘다
	要 yào	[조동] ~해야 한다, ~할 것이다 [동] 필요하다 需要 xūyào 필요하다
3	大 dà	[형] 크다 大家 dàjiā 모두
	太 tài	[부] 매우, 너무 太阳 tàiyáng 태양

4	午 wǔ	명 정오, 12시 上午 shàngwǔ 오전 ｜ 中午 zhōngwǔ 정오 ｜ 下午 xiàwǔ 오후
	牛 niú	명 소 牛奶 niúnǎi 우유
5	四 sì	수 사, 4 十四岁 shísì suì 14세
	西 xī	명 서쪽 东西 dōngxi 물건 ｜ 西瓜 xīguā 수박 ｜ 西方 xīfāng 서방국가
6	买 mǎi	동 사다 买到 mǎidào 사들이다
	卖 mài	동 팔다 卖掉 màidiào 팔아버리다
7	门 mén	명 문, 입구 关门 guānmén 문을 닫다 ｜ 开门 kāimén 문을 열다 ｜ 出门 chūmén 외출하다
	问 wèn	동 묻다 问题 wèntí 문제 ｜ 请问 qǐngwèn 말씀 좀 묻겠습니다
	间 jiān	명 틈, 사이 时间 shíjiān 시간 ｜ 房间 fángjiān 방 ｜ 中间 zhōngjiān 중간 ｜ 洗手间 xǐshǒujiān 화장실
8	己 jǐ	대 자기, 자신 自己 zìjǐ 자기, 자신, 스스로
	已 yǐ	부 이미, 벌써 已经 yǐjīng 이미, 벌써
9	请 qǐng	동 요청하다, 부탁하다 请客 qǐngkè 초대하다
	清 qīng	형 분명하다, 깨끗하다 清楚 qīngchu 분명하다, 명확하다
	情 qíng	명 감정 事情 shìqing 일, 사건 ｜ 热情 rèqíng 친절하다, 열정적이다
	晴 qíng	형 맑다 晴天 qíngtiān 맑은 날씨

9	静 jìng	형 조용하다, 차분하다 安静 ānjìng 조용하다
10	蓝 lán	형 파랗다 蓝色 lánsè 파랗다 ｜ 蓝天 lántiān 푸른 하늘
	篮 lán	명 바구니 打篮球 dǎ lánqiú 농구를 하다
11	干 gān	형 사라지다, 건조하다 干净 gānjìng 깨끗하다
	千 qiān	수 천, 1,000 一千 yìqiān 1,000
12	夏 xià	명 여름 夏天 xiàtiān (= 夏季 xiàjì)
	复 fù	형 중복되다, 복잡하다 复习 fùxí 복습하다
13	喝 hē	동 마시다 喝水 hēshuǐ 물을 마시다
	渴 kě	형 목마르다, 갈증나다 口渴 kǒukě 목마르다
14	休 xiū	동 쉬다, 멈추다 休息 xiūxi 쉬다, 휴식하다
	体 tǐ	명 몸, 신체 身体 shēntǐ 몸, 신체 ｜ 体育 tǐyù 체육
15	花 huā	동 쓰다, 소비하다 명 꽃 花钱 huāqián 돈을 쓰다 ｜ 开花 kāihuā 꽃이 피다
	化 huà	동 변화하다 文化 wénhuà 문화 ｜ 变化 biànhuà 변화
16	字 zì	명 글자 名字 míngzi 이름
	子 zi	명 자식 儿子 érzi 아들 ｜ 孩子 háizi 아이

17	远 yuǎn	형 멀다 离这儿远吗? 여기서 멀어요?
	元 yuán	위안 [화폐 단위] 100元 100위안
	云 yún	명 구름 白云 báiyún 흰 구름

❻ 여러 가지 발음을 가진 다음자

1	便	biàn 형 편리하다	方便 fāngbiàn 편리하다
		pián '便宜'의 구성자	便宜 piányi 저렴하다
2	差	chà 동 모자라다, 부족하다	差一刻 chà yíkè 15분 전
		chāi 동 파견하다	出差 chūchāi 출장 가다
3	长	cháng 형 길다	长城 Chángchéng 만리장성
		zhǎng 동 자라다, 성장하다	她长得很漂亮。 그녀는 예쁘게 생겼다. Tā zhǎng dé hěn piàoliang.
4	发	fā 동 보내다, 나다, 생기다	发烧 fāshāo 열이 나다 ǀ 发现 fāxiàn 발견하다
		fà 명 머리카락	头发 tóufa 머리카락
5	好	hǎo 형 좋다	好吃 hǎochī 맛있다
		hào 동 좋아하다, 즐기다	爱好 àihào 취미
6	行	háng 명 일부 영업 기구	银行 yínháng 은행
		xíng 동 가다, 여행하다	行李 xíngli 짐 ǀ 自行车 zìxíngchē 자전거
7	还	hái 부 여전히, 더	还是 háishi 여전히
		huán 동 돌려주다	还书 huán shū 책을 돌려주다
8	教	jiāo 동 가르치다	教数学 jiāo shùxué 수학을 가르치다
		jiào 명 교육, 가르침	教室 jiàoshì 교실

9	觉	jué 동 느끼다, 이해하다	觉得 juéde 느끼다, 생각하다
		jiào 명 잠, 수면	睡觉 shuìjiào 잠자다
10	了	le 동태조사 완료	我已经吃饱了。 나는 이미 배불러. Wǒ yǐjīng chībǎo le.
		liǎo 가능 또는 불가능	吃不了 chībuliǎo (더이상) 먹을 수 없다
11	乐	yuè 명 음악	音乐 yīnyuè 음악
		lè 형 즐겁다, 기쁘다	快乐 kuàilè 즐겁다, 유쾌하다
12	只	zhī 양 마리 [동물을 세는 단위]	三只猫 sān zhī māo 고양이 세 마리
		zhǐ 부 오직, 단지	只需要10分钟 단지 10분이 필요하다 zhǐ xūyào 10 fēnzhōng

❼ 공통된 한자가 포함된 단어

1	地 dì 땅	地方 dìfang 장소 ǀ 地图 dìtú 지도
2	电 diàn 전기	电脑 diànnǎo 컴퓨터 ǀ 电影 diànyǐng 영화 ǀ 电视 diànshì 텔레비전 ǀ 电梯 diàntī 엘리베이터 ǀ 电子邮件 diànzǐ yóujiàn 전자우편, 이메일 ǀ 电子词典 diànzǐ cídiǎn 전자사전
3	节 jié 마디, 명절	节日 jiérì 기념일, 명절 ǀ 节目 jiémù 항목, 프로그램
4	认 rèn 알다	认识 rènshi 알다, 인식하다 ǀ 认为 rènwéi ~라고 여기다, 생각하다 ǀ 认真 rènzhēn 진지하다, 착실하다
5	生 shēng 생기다	生病 shēngbìng 병이 나다 ǀ 生气 shēngqì 화가 나다
6	同 tóng 같다	同事 tóngshì 직장 동료 ǀ 同学 tóngxué 학우 ǀ 同意 tóngyì 동의하다
7	眼 yǎn (인체) 눈	眼睛 yǎnjing 눈 ǀ 眼镜 yǎnjìng 안경
8	游 yóu 이리저리 다니다	游泳 yóuyǒng 수영하다 ǀ 游戏 yóuxì 게임 ǀ 旅游 lǚyóu 여행하다
9	洗 xǐ 씻다	洗手间 xǐshǒujiān 화장실 ǀ 洗澡 xǐzǎo 샤워하다 ǀ 洗衣机 xǐyījī 세탁기

⑧ 자주 발생하는 문법적 오류 1

什么时候 + 동사 언제 (동사)하는가?	우리말의 '언제 (동사)해?'처럼 '什么时候'는 동사 앞에 배열한다.	
	明天集合什么时候呢？(X) 明天什么时候集合呢？(O) 내일 언제 집합하나요？	
	会议举行什么时候？(X) 会议什么时候举行？(O) 회의는 언제 열리나요？	
…怎么了? 왜그래? 무슨 일이야?	'怎么了'는 문장 끝에서 앞의 명사 또는 동사, 동사구 등의 상태를 묻기 때문에 뒤에는 아무것도 올 수 없다.	
	你妈妈的怎么了鼻子？(X) 你妈妈的鼻子怎么了？(O) 너희 어머니의 코가 왜 그러셔?	
목적어가 '동사구'인 문장	목적어 자리에는 항상 명사만 위치하는 것은 아니다. '나는/좋아한다/밥 먹는 것을'처럼 동사·동사구 등도 목적어가 될 수 있다.	
	马和羊都吃草喜欢。(X) 马和羊都喜欢吃草。(O) 말과 양은 모두 풀 먹는 것을 좋아한다.	
	弟弟早上喝一杯牛奶习惯。(X) 弟弟早上习惯喝一杯牛奶。(O) 남동생은 아침에 우유 한 잔을 마시는 습관이 있다.	
	他和女朋友明年结婚准备。(X) 他和女朋友准备明年结婚。(O) 그와 여자친구는 내년에 결혼할 준비를 한다.	
주어 + 在 + 장소 (주어)는 (장소)에 있다	'在'가 동사로 쓰이면 '~에 있다'라는 뜻으로 주어가 어떤 장소에 있다는 것을 의미하기 때문에 '在' 뒤에는 장소가 와야 한다.	
	我的包里在药。(X) 药在我的包里。(O) 약은 나의 가방에 있다.	
	桌子上在你的书。(X) 你的书在桌子上。(O) 네 책은 책상 위에 있다.	

부사 사이의 위치 혼동		술어 앞에 여러 가지 부사가 같이 나온 경우에는 일반부사와 부정부사로 나누어서 일반부사를 앞에 쓰고 부정부사(不, 没)를 뒤에 쓴다.
	最近我没一直看见他。(×) 最近我一直没看见他。(○) 요즘 나는 그를 계속 보지 못했다. 你的脸没还洗干净。(×) 你的脸还没洗干净。(○) 너의 얼굴은 아직 깨끗이 닦이지 않았다.	
이합동사 뒤 목적어의 배치		이합동사는 동사와 목적어로 이루어진 단어이기 때문에 이합동사 뒤에는 그 어떤 성분도 올 수 없다. 이합동사가 있는 경우에는 나머지 품사를 알맞게 이합동사 앞에 배열한다.
	我和他没见面很久。(×) 我和他很久没见面。(○) 나는 그와 오랫동안 만나지 못했다. 我要结婚跟男朋友。(×) 我要跟男朋友结婚。(○) 나는 남자친구와 결혼할 것이다.	
결과보어가 들어간 문장에서의 술어		결과보어는 동작의 결과를 보충하기 때문에 동작성이 없는 형용사는 술어가 될 수 없다. 따라서 결과보어 문장을 만들 때 술어 자리에는 동사만 들어갈 수 있다.
	我好吃了晚饭。(×) 我吃好了晚饭。(○) 나는 저녁을 잘 먹었다. 她干净洗了衣服。(×) 她洗干净了衣服。(○) 그녀는 옷을 깨끗이 세탁했다.	
정도보어가 들어간 문장에서의 목적어의 위치		정도보어 문장에서 목적어는 술어 바로 뒤에 위치하고 술어를 한 번 더 반복한다. 하지만 간단하게 줄이고자 앞의 술어는 생략되는 경우가 많기 때문에, 만약 보기에 술어가 하나일 경우에는 앞에 있던 술어가 생략된 형태로 문장을 배열하면 된다.
	你做菜得做很好。(×) 你(做)菜做得很好。(○) 너는 요리를 잘한다. 你说汉语得非常好。(×) 你(说)汉语说得非常好。(○) 너는 중국어를 정말 잘한다.	

형용사술어 뒤 목적어 배치	형용사술어는 주어를 묘사, 설명하는 역할을 하기 때문에 동사술어와 달리 목적어를 동반할 수 없다. 형용사가 술어일 경우 역시 나머지 품사는 형용사술어 앞에 알맞게 배열한다.	
	客人很满意对我们的服务。(X) 客人对我们的服务很满意。(O) 손님은 우리의 서비스에 대해 만족한다.	
	商店的真新鲜水果。(X) 商店的水果真新鲜。(O) 상점의 과일이 정말 신선하다.	
시간명사의 위치	문장 맨 앞에서 문장 전체를 수식하는 자리에는 주로 시간에 관련된 시간부사 또는 시간명사 등이 놓인다. 시간 명사는 주어를 기준으로 앞뒤에 모두 놓을 수 있다는 특징이 있다.	
	花了一万多块钱这个月。(X) 这个月花了一万多块钱。(O) 이번 달에 만 위안 정도를 썼다.	
	地铁里人非常多下班时间。(X) 下班时间地铁里人非常多。(O) 퇴근 시간에는 지하철 안에 사람이 너무 많다.	

❾ 자주 발생하는 문법적 오류 2

구문	특징	예문
A + 比 + B + 술어 + 수량	비교문뿐만 아니라 대부분의 중국어 문장에서 숫자는 주로 술어 뒤에서 보충한다.	他比我两岁大。(X) 他比我大两岁。(O) Tā bǐ wǒ dà liǎng suì. 그는 나보다 두 살이 많다. 我比他三个多吃了。(X) 我比他多吃了三个。(O) Wǒ bǐ tā duō chī le sān ge. 나는 그보다 세 개를 더 먹었다.

연동문과 겸어문에서 부사와 조동사의 위치	연동문과 겸어문은 기본적으로 술어가 두 개이다. 부사와 조동사는 주로 술어 앞에서 술어를 수식하기 때문에 헷갈릴 수 있지만 두 문장 모두 부사와 조동사를 배열할 경우엔 첫 번째 술어 앞에 배열하도록 한다.	他去机场要接女朋友。(X) 他要去机场接女朋友。(○) Tā yào qù jīchǎng jiē nǚpéngyou. 그는 공항에 여자친구를 데리러 갈 것이다. 我让弟弟不去商店。(X) 我不让弟弟去商店。(○) Wǒ bú ràng dìdi qù shāngdiàn. 나는 남동생이 상점에 가지 못하게 한다.
겸어문에서 주어와 겸어의 배열	겸어문에서 맨 앞에 있는 주어는 시키는 대상이기 때문에 어순배열 문제에서 겸어문을 만들어야 할 경우에는 단어 해석을 통해 시키는 대상을 주어 자리에 배열한다.	人能使运动健康。(X) 运动能使人健康。(○) Yùndòng néng shǐ rén jiànkāng. 운동은 사람을 건강하게 한다. 我使那部电影感动了。(X) 那部电影使我感动了。(○) Nà bù diànyǐng shǐ wǒ gǎndòng le. 그 영화는 나를 감동하게 했다.
'被'자문에서의 주어 선택	일반적으로 동작을 가하는 대상이 주어 자리에 오지만 '被'자문은 반대로 동작을 당하는 대상이 주어 자리에 온다. 따라서 어순배열 문제에 '被'가 있을 경우 어떤 것이 당하는 대상인지 잘 생각해서 주어 자리에 배열한다.	他被那本书借走了。(X) 那本书被他借走了。(○) Nà běn shū bèi tā jièzǒu le. 그 책은 그에 의해 빌려가졌다. 弟弟被果汁喝完了。(X) 果汁被弟弟喝完了。(○) Guǒzhī bèi dìdi hēwán le. 과일주스는 남동생에 의해 다 마셔졌다.
'把'자문에서 부사와 조동사의 위치	'把'의 품사는 전치사이므로 뒤에 명사가 온다. 만약 술어 앞에 부사, 조동사, 전치사구가 나올 경우엔 '부→조→전' 순서대로 '把' 앞에 배열하면 된다.	他把这件事不敢告诉大家。(X) 他不敢把这件事告诉大家。(○) Tā bùgǎn bǎ zhè jiàn shì gàosu dàjiā. 그는 이 일을 감히 모두에게 알리지 못한다. 我把那本书没放在桌子上。(X) 我没把那本书放在桌子上。(○) Wǒ méi bǎ nà běn shū fàngzài zhuōzi shang. 나는 그 책을 책상 위에 놓지 않았다.

임박태가 들어간 문장의 배열	임박태 사이에 들어가는 것은 앞으로 일어날 동작이다. 주어는 임박태 앞에 배열한다.	马上就要飞机起飞了。(✗) 飞机马上就要起飞了。(○) Fēijī mǎshàng jiù yào qǐfēi le. 비행기가 곧 이륙할 것이다. 要我弟弟回国了。(✗) 我弟弟要回国了。(○) Wǒ dìdi yào huíguó le. 나의 남동생은 귀국할 것이다.

⑩ 자주 틀리는 단어

유의사항		구분
'이미'라는 뜻의 '已经'은 '已'의 세 번째 획을 위로 더 길게 써야 한다.	○	已经 yǐjīng 이미
	✗	己经
'名字'는 '이름'이기 때문에 '子(아들 자)'를 쓰지 않고 '字(글자 자)'를 쓴다.	○	名字 míngzi 이름
	✗	名子
'晴天'은 '날씨'와 관련된 단어이기 때문에 왼쪽 부수에 '日(날 일)'이 쓰인다.	○	晴天 qíngtiān 맑은 날
	✗	清天
'请问'에서 '请'은 '부탁하다'라는 의미로 '氵(물 수)' 부수를 쓰지 않고 'ⅰ(말씀 언)' 부수를 사용한다.	○	请问 qǐngwèn 실례합니다
	✗	清问
'멀다'라는 뜻의 '远'은 화폐 단위인 '元'과 발음과 모양이 비슷하기 때문에 주의한다.	○	很远 hěn yuǎn 멀다
	✗	很元
'蓝'은 '파란색'을 의미하며, '篮球(농구)'의 '篮'과 발음과 모양이 비슷하기 때문에 주의하자.	○	篮球 lánqiú 농구
	✗	蓝球
'물건'은 숫자 '4(四)'를 쓰지 않고 '서쪽'을 의미하는 '西'를 사용하므로 헷갈리지 말자.	○	东西 dōngxi 물건
	✗	东四
'明白'에서 '白'는 숫자 '100(百)'이 아니다. 획 하나에 주의하자!	○	明白 míngbai 이해하다
	✗	明百

'干'을 비스듬히 쓰면 '千'처럼 보일 수 있으니 가로획을 곧게 써야 한다.	O	干净 gānjìng 깨끗하다
	×	千净
'城市'를 쓸 때는 앞에 '扌(흙 토)' 부수를 꼭 붙여주자.	O	城市 chéngshì 도시
	×	成市
'上午'를 쓸 때 위로 획이 조금 더 나오게 되면 '牛(소)'가 된다.	O	上午 shàngwǔ 오전
	×	上牛
'节日(기념일, 명절)'와 '节目(프로그램)' 두 어휘는 획 하나의 차이로 단어가 아예 달라지기 때문에 주의해야 한다.	O	节日 jiérì 기념일, 명절
		节目 jiémù 프로그램

⑪ 경성으로 바뀌는 한자

1	情 qíng	热情 rèqíng 친절하다	→	事情 shìqing 일
2	事 shì	同事 tóngshì 직장 동료	→	故事 gùshi 이야기
3	难 nán	难过 nánguò 슬프다, 고통스럽다	→	困难 kùnnan 어려움
4	字 zì	字 zì 글자	→	名字 míngzi 이름
5	西 xī	西瓜 xīguā 수박	→	东西 dōngxi 물건
6	少 shǎo	很少 hěn shǎo 적다	→	多少 duōshao 얼마
7	方 fāng	方便 fāngbiàn 편리하다	→	地方 dìfang 곳, 장소
8	生 shēng	生病 shēngbìng 병이 나다	→	学生 xuésheng 학생
9	发 fā	发现 fāxiàn 발견하다	→	头发 tóufa 머리카락
10	快 kuài	快乐 kuàilè 기쁘다	→	凉快 liángkuai 시원하다
11	上 shàng	上班 shàngbān 출근하다	→	早上 zǎoshang 아침
12	服 fú	服务员 fúwùyuán 종업원	→	衣服 yīfu 옷

| 13 | 面 miàn | 面包 miànbāo 빵 | → | 前面 qiánmian 앞쪽 |
| 14 | 子 zǐ | 子女 zǐnǚ 자녀 | → | 孩子 háizi 아이 |

⑫ 제1부분 - 자주 출제되는 특수구문 마지막 점검하기

	특수구문	주의해야 할 점
1	**비교문** A + 比 + B + 술어 A는 B보다 ~하다	1. '很', '非常'과 같은 정도부사는 쓸 수 없다. 단, '更 gèng' 또는 '还 hái'의 경우는 예외로 술어 앞에 [A + 比 + B + 更/还 + 술어] 형태로 쓰일 수 있다. 예 我比你非常高 (✗) → 我比你更高。(○) 나는 너보다 훨씬 크다. 　Wǒ bǐ nǐ gèng gāo. 2. 숫자는 항상 술어 뒤에서 보충한다. [A + 比 + B + 술어 + 수량보어] 예 我比你5岁大 (✗) → 我比你大5岁。(○) 나는 너보다 5살이 많다. 　Wǒ bǐ nǐ dà wǔ suì.
2	**연동문** 한 개의 주어에 동작이 연달아서 일어나는 문장	1. 나열되어 있는 동사들을 해석하여 동작이 일어나는 순서대로 배열한다. 2. 부사 또는 조동사는 첫 번째 술어 앞에 쓴다. 예 我想去中国留学。 나는 중국에 가서 유학을 하고 싶다. 　　　[술어1]　[술어2] 3. '着'는 첫번째 술어 뒤, '了'와 '过'는 마지막 술어 뒤에 쓴다. 예 我听着音乐走路。 나는 음악을 들으면서 길을 걷는다. 　　[술어1]　　[술어2] 예 他去商店买了东西。 그는 상점에 가서 물건을 샀다. 　　[술어1]　　[술어2] 예 她去中国学过汉语。 　　[술어1]　　[술어2] 그녀는 중국에 가서 중국어를 배운 적이 있다.

3	**임박태** 어떠한 동작이나 상황이 임박했음을 알려주는 구문	1. 자주 출제되는 임박태는 외워두자. 要…了 yào…le ｜ 就要…了 jiùyào…le ｜ 快…了 kuài…le ｜ 快要…了 kuàiyào…le 2. 주어를 제외한 동사, 동사구는 '要'와 '了' 사이에 넣는다. 예 我们**要**上飞机**了**。 우리는 곧 비행기에 올라야 한다. Wǒmen yào shàng fēijī le.
4	**'把'자문** 주어 + [把 + 목적어] + 술어 + 기타성분 주어가 목적어를 어떻게 처리했는지 나타내는 문장	1. 어떤 것이 동작을 처리하는 주어이고, 처리를 당하는 목적어인지 잘 구분하여 '把' 뒤에는 목적어 성분을 써야 한다. 예 我**把**衣服洗干净了。 나는 옷을 깨끗이 빨았다. Wǒ bǎ yīfu xǐ gānjìng le. 2. 술어 뒤에는 기타성분이 있어야 한다. 예 我把衣服洗。(✕) → 我**把**衣服洗**干净**了。(○) 나는 옷을 깨끗이 빨았다. Wǒ bǎ yīfu xǐ gānjìng le. 예 他把这本书看。(✕) → 他**把**这本书看**完**了。(○) 그는 이 책을 다 봤다. Tā bǎ zhè běn shū kànwán le. 3. 부사, 조동사는 '把' 앞에 나온다. 예 他**已经把**这本书看完了。 그는 이 책을 이미 다 봤다. Tā yǐjīng bǎ zhè běn shū kànwán le. 예 他**没把**这本书看完。 그는 이 책을 다 보지 않았다. Tā méi bǎ zhè běn shū kànwán.

5	**'被'자문** 주어 + [被 + 목적어] + 술어 + 기타성분 주어가 목적어로부터 어떤 행위를 당했음을 나타내는 문장	1. 동작을 당하는 대상이 주어 자리에 온다. ◎ 我被妈妈打过。 나는 엄마에게 맞은 적이 있다. 　Wǒ bèi māma dǎguo. ◎ 我的钱包被小偷偷了。 　Wǒ de qiánbāo bèi xiǎotōu tōu le. 　내 지갑은 도둑에 의해서 훔쳐졌다. 2. 술어 뒤에는 기타성분이 있어야 한다. ◎ 他被老师批评。(X) → 他被老师批评了。(○) 그는 선생님에게 혼났다. 　Tā bèi lǎoshī pīpíng le. 3. 부사, 조동사는 '被' 앞에 나온다. ◎ 我没被妈妈打过。 나는 엄마에게 맞은 적이 없다. 　Wǒ méi bèi māma dǎguo.

⓭ 제2부분 - 빈칸의 앞뒤 단어로 유추할 수 없는 한 글자 단어

TIP 한 글자인 단어들은 빈칸 앞뒤만 보고는 답을 유추하기 어렵기 때문에, 문장 앞에서부터 해석해서 빈칸에 알맞은 단어를 찾아야 한다. 만약 단어를 외울 때 병음을 정확하게 외웠다면 답을 더 수월하게 찾을 수 있을 것이다.

1	从 ~에서부터 cóng	(从) 今天早上开始，外面就一直在下雨。 (Cóng) jīntiān zǎoshang kāishǐ, wàimiàn jiù yìzhí zài xiàyǔ. 오늘 아침부터 시작해서, 바깥에는 계속 비가 내리고 있다.
2	离 ~에서부터, ~까지 lí	学校（离）这儿很近。 여기에서부터 학교까지는 가깝다. Xuéxiào (lí) zhèr hěn jìn.
3	为 ~때문에 / ~을 위해 wèi	妹妹今天结婚，真（为）她高兴。 Mèimei jīntiān jiéhūn, zhēn (wèi) tā gāoxìng. 여동생이 오늘 결혼해서, 정말 기쁘다. 这是（为）老师准备的。 Zhè shì (wèi) lǎoshī zhǔnbèi de. 이것은 선생님을 위해 준비한 것이다.

4	更 더, 더욱 gèng	我觉得这件衣服（更）漂亮。 Wǒ juéde zhè jiàn yīfu (gèng) piàoliang. 내 생각에는 이 옷이 더 예쁘다. 他的汉语水平比我（更）高。 Tā de Hànyǔ shuǐpíng bǐ wǒ (gèng) gāo. 그의 중국어 수준은 나보다 훨씬 높다.
5	才 비로소, 고작, 겨우 cái	我在网上买了件衬衫，（才）两百多块钱。 Wǒ zài wǎngshàng mǎi le jiàn chènshān, (cái) liǎng bǎi duō kuài qián. 나는 인터넷에서 셔츠를 샀는데, 고작 200위안 정도이다.
6	是 ~이다 shì	黑板上的这只鸟（是）谁画的? Hēibǎn shang de zhè zhī niǎo (shì) shéi huà de? 칠판 위의 이 작은 새는 누가 그린 것이니?
7	多 많다, 어림수 duō	只有（多）练习，才能提高你的足球水平。 Zhǐyǒu (duō) liànxí, cái néng tígāo nǐ de zúqiú shuǐpíng. 많은 연습을 해야만 비로소 너의 축구 실력을 향상시킬 수 있다. 我打扫了两个（多）小时。 Wǒ dǎsǎo le liǎng ge (duō) xiǎoshí. 나는 두 시간 정도 청소를 했다.
8	找 찾다, 거슬러주다 zhǎo	我终于（找）到了手表。 나는 마침내 손목시계를 찾았다. Wǒ zhōngyú (zhǎo) dào le shǒubiǎo. 这是（找）您的7角5分钱。 Zhè shì (zhǎo) nín de qī jiǎo wǔ fēn qián. 이것은 당신에게 거슬러 준 7지아오 5펀입니다.
9	几 몇 jǐ	她最近胖了（几）公斤。 그녀는 요즘 몇 Kg이 쪘다. Tā zuìjìn pàng le (jǐ) gōngjīn. 他现在在（几）层? 그는 지금 몇 층에 있어? Tā xiànzài zài (jǐ) céng?
10	下 아래 xià	在弟弟的影响（下），我也开始喜欢游泳了。 Zài dìdi de yǐngxiǎng (xià), wǒ yě kāishǐ xǐhuan yóuyǒng le. 남동생의 영향 아래에서, 나도 수영하는 것을 좋아하기 시작했다. **TIP** 在…下: (영향·도움·지도 등의) 아래에서
11	个 개 ge	就在这条街的西边，有（个）书店。 Jiù zài zhè tiáo jiē de xībiān, yǒu (ge) shūdiàn. 이 거리의 서쪽에는 서점 하나가 있다.

PART 02

新HSK ③급
汉办 공식 개정
어휘 600
DAY 20

*개정 단어는 병음 순으로 나열했습니다.
*단어 옆 숫자는 해당 급수 표시입니다.
*PART 02의 MP3 음원은 Day별 단어를 묶어 폴더에 넣어 구성했습니다.

● Part 2-1

001	³阿姨	āyí	명 아주머니
002	³啊	a	조 문장 끝에 쓰여 감탄·찬탄을 나타냄
003	³矮	ǎi	형 (사람의 키가) 작다. (높이가) 낮다
004	¹爱	ài	동 사랑하다, 좋아하다, (어떤 일을 취미로서) 애호하다
005	³爱好	àihào	동 애호하다 명 취미, 애호
006	³安静	ānjìng	형 조용하다
007	¹八	bā	수 8, 팔, 여덟
008	³把	bǎ	양 자루, 개 (자루 있는 물건을 세는 단위) 전 ~을[를]
009	¹爸爸	bàba	명 아빠, 아버지
010	²吧	ba	조 문장 맨 끝에 쓰여, 상의·제의·청유·기대·명령 등의 어기를 나타냄
011	²白	bái	형 하얗다, 희다
012	²百	bǎi	수 100, 백
013	³班	bān	명 조, 그룹, 반
014	³搬	bān	동 (비교적 크거나 무거운 것을) 옮기다, 운반하다
015	³办法	bànfǎ	명 (일을 처리하는) 방법, 수단
016	³办公室	bàngōngshì	명 사무실
017	³半	bàn	수 절반, 2분의 1
018	³帮忙	bāngmáng	동 일손을 돕다, 거들다
019	²帮助	bāngzhù	동 돕다, 원조하다 명 도움, 원조
020	³包	bāo	명 주머니 가방 동 (종이나 베 혹은 기타 얇은 것으로) 싸다
021	³饱	bǎo	형 배부르다
022	²报纸	bàozhǐ	명 신문
023	¹杯子	bēizi	명 (술·물·차 등 음료의) 잔, 컵
024	³北方	běifāng	명 북방, 북쪽
025	¹北京	Běijīng	명 베이징 [중국의 수도]

026	³被	bèi	전 (피동문에서 행위자 앞 혹은 행위자를 생략한 채 동사 앞에 사용) 당하다
027	¹本	běn	명 책, 공책 양 ~儿로 쓰여 (책의) 권을 나타냄
028	³鼻子	bízi	명 코
029	²比	bǐ	전 ~에 비해, ~보다 동 비교하다
030	³比较	bǐjiào	부 비교적, 상대적으로 동 비교하다

Day 2

Part 2-2

031	³比赛	bǐsài	명 경기, 시합 동 경기하다
032	³笔记本	bǐjìběn	명 노트, 수첩
033	³必须	bìxū	부 반드시 ~해야 한다, 꼭 ~해야 한다
034	³变化	biànhuà	동 변화하다, 달라지다 명 변화
035	²别	bié	대 그 밖에, 달리, 따로 부 ~하지 말라
036	³别人	biérén	대 (나 또는 특정한 사람 이외의) 다른 사람
037	²宾馆	bīnguǎn	명 호텔
038	³冰箱	bīngxiāng	명 냉장고
039	¹不	bù	부 (동사·형용사 또는 기타 부사 앞에서) 부정(否定)을 나타냄
040	³不但…而且…	búdàn… érqiě…	~뿐만 아니라, 게다가 ~하다
041	¹不客气	bú kèqi	형 사양하지 않다
042	¹菜	cài	명 요리, 채소, 야채
043	³菜单	càidān	명 메뉴, 식단
044	³参加	cānjiā	동 참가하다, 가입하다, 참여하다
045	³草	cǎo	명 풀
046	³层	céng	양 층, 겹
047	¹茶	chá	명 차
048	³差	chà	형 나쁘다, 표준에 못 미치다 동 부족하다, 모자라다

049	²长①	cháng	형 (길이가) 길다 명 길이
050	³尝	cháng	동 맛보다
051	²唱歌	chànggē	동 노래 부르다
052	³超市	chāoshì	명 슈퍼마켓
053	³衬衫	chènshān	명 와이셔츠, 셔츠, 블라우스
054	³成绩	chéngjì	명 (일·학업상의) 성적, 성과, 수확
055	³城市	chéngshì	명 도시
056	¹吃	chī	동 먹다
057	³迟到	chídào	동 지각하다
058	²出	chū	동 나가다, 나오다
059	¹出租车	chūzūchē	명 택시
060	³除了	chúle	전 ~을(를) 제외하고

Day 3

Part 2-3

061	²穿	chuān	동 입다, 신다
062	³船	chuán	명 배, 선박
063	³春	chūn	명 봄, 춘계
064	³词典	cídiǎn	명 사전
065	²次	cì	양 차례, 번, 회
066	³聪明	cōngming	형 똑똑하다, 총명하다
067	²从	cóng	전 ~부터, ~을 기점으로, ~을 지나
068	²错	cuò	동 틀리다, 맞지 않다 명 잘못
069	¹打电话	dǎ diànhuà	동 전화를 걸다
070	²打篮球	dǎ lánqiú	농구하다
071	³打扫	dǎsǎo	동 청소하다
072	³打算	dǎsuàn	동 ~하려고 하다 명 생각, 계획

073	¹大	dà	형 크다, 넓다, 많다, 세다
074	²大家	dàjiā	대 모두, 다들
075	³带	dài	동 몸에 지니다, 휴대하다 명 띠, 벨트
076	³担心	dānxīn	동 걱정하다
077	³蛋糕	dàngāo	명 케이크
078	³当然	dāngrán	형 당연하다, 물론이다 부 당연히
079	²到	dào	동 도착하다, 어느 곳에 이르다 전 ~까지
080	³地	de	조 ~하게 [부사어로 쓰이는 단어나 구 뒤에 씀]
081	¹的	de	조 ~한, ~의 [관형어 뒤에 쓴다]
082	²得	de	조 결과·정도를 나타내는 보어와 연결시킴 [동사나 형용사 뒤에 씀]
083	³灯	dēng	명 등, 라이트
084	²等	děng	동 기다리다
085	³地方	dìfang	명 장소, 곳
086	³地铁	dìtiě	명 지하철
087	³地图	dìtú	명 지도
088	²弟弟	dìdi	명 남동생
089	²第一	dìyī	수 제1, 제일이다
090	¹点	diǎn	동 지명하다, 주문하다, 불을 붙이다 양 시(時)

Day 4

Part 2-4

091	¹电脑	diànnǎo	명 컴퓨터
092	¹电视	diànshì	명 텔레비전
093	³电梯	diàntī	명 엘리베이터
094	¹电影	diànyǐng	명 영화
095	³电子邮件	diànzǐ yóujiàn	명 이메일
096	³东	dōng	명 동쪽, 동방

097	¹东西	dōngxi	몡 물건, 물품
098	³冬	dōng	몡 겨울
099	²懂	dǒng	동 알다, 이해하다
100	³动物	dòngwù	명 동물
101	¹都	dōu	부 모두, 이미
102	¹读	dú	동 읽다, 낭독하다
103	³短	duǎn	형 짧다
104	³段	duàn	양 단락, 토막
105	³锻炼	duànliàn	동 단련하다, 제련하다
106	²对	duì	전 ~에게, ~을[를] 향해 형 맞다, 옳다
107	¹对不起	duìbuqǐ	동 미안합니다, 죄송합니다
108	¹多	duō	부 얼마나, 아무리 형 수량이 많다 수 여, 남짓
109	³多么	duōme	부 얼마나
110	¹多少	duōshao	대 얼마, 몇
111	³饿	è	형 배고프다
112	¹儿子	érzi	명 아들
113	³耳朵	ěrduo	명 귀
114	¹二	èr	수 2, 둘
115	³发	fā	동 보내다, 건네주다, 발생하다
116	³发烧	fāshāo	동 열이 나다
117	³发现	fāxiàn	동 발견하다, 알아차리다
118	¹饭店	fàndiàn	명 호텔, 식당
119	³方便	fāngbiàn	형 편리하다 동 편리하게 하다
120	²房间	fángjiān	명 방

Part 2-5

121	³放	fàng	동 놓아주다, 놓다, 넣다
122	³放心	fàngxīn	동 마음을 놓다, 안심하다
123	¹飞机	fēijī	명 비행기
124	²非常	fēicháng	부 대단히, 매우, 아주
125	³分	fēn	명 분, 점 동 나누다
126	¹分钟	fēnzhōng	명 (시간의) 분
127	²服务员	fúwùyuán	명 종업원
128	³附近	fùjìn	명 부근, 근처
129	³复习	fùxí	동 복습하다
130	³干净	gānjìng	형 깨끗하다
131	³感冒	gǎnmào	동 감기에 걸리다 명 감기
132	³感兴趣	gǎn xìngqù	관심이 있다, 흥미를 느끼다
133	³刚才	gāngcái	명 아까, 방금 전
134	²高	gāo	형 (높이나 기준이) 높다
135	¹高兴	gāoxìng	형 기쁘다, 즐겁다 동 즐기다, 기뻐하다
136	²告诉	gàosu	동 말하다, 알리다
137	²哥哥	gēge	명 형, 오빠
138	¹个	gè	양 개, 사람
139	³个子	gèzi	명 (사람의) 키
140	²给	gěi	동 주다 전 ~에게, (피동문에서 주체 혹은 동사 앞에서) ~에게 (~당하다)
141	³根据	gēnjù	전 ~에 의거하여 명 근거
142	³跟	gēn	전 ~와[과] 동 따라가다
143	³更	gèng	부 더욱, 더
144	¹工作	gōngzuò	동 일하다, 작업하다 명 직업, 일자리
145	²公共汽车	gōnggòng qìchē	명 버스
146	³公斤	gōngjīn	양 킬로그램(kg)

147	²公司	gōngsī	명 회사
148	³公园	gōngyuán	명 공원
149	¹狗	gǒu	명 개
150	³故事	gùshi	명 이야기

● Part 2-6

151	³刮风	guāfēng	동 바람이 불다
152	³关	guān	동 닫다, 가두다
153	³关系	guānxì	명 관계 동 관계하다
154	³关心	guānxīn	동 관심을 갖다, 관심을 기울이다
155	³关于	guānyú	전 ~에 관하여
156	²贵	guì	형 비싸다, 귀한
157	³国家	guójiā	명 국가, 나라
158	²过 ①	guo	조 ~한 적이 있다 [어떤 동작이나 변화가 일찍이 발생했음을 나타냄]
159	³过 ②	guò	동 가다, 건너다
160	³过去	guòqù	명 과거 동 지나가다
161	²还 ①	hái	부 역시, 아직, 또
162	³还是	háishi	접 또는, 아니면 부 여전히, 아직, 그래도
163	²孩子	háizi	명 애, 어린이
164	³害怕	hàipà	동 겁내다, 두려워하다
165	¹汉语	Hànyǔ	명 중국어, 한어
166	¹好	hǎo	형 좋다, 낫다
167	²好吃	hǎochī	형 맛있다, 맛나다
168	¹号	hào	명 번호, 일(日)
169	¹喝	hē	동 마시다

170	¹和	hé	젠 ~와[과] 젭 ~와[과]
171	²黑	hēi	형 검다, 까맣다
172	³黑板	hēibǎn	명 칠판
173	¹很	hěn	부 매우, 대단히, 아주
174	²红	hóng	형 붉다, 빨갛다
175	³后来	hòulái	명 그 후, 그 뒤, 그 다음
176	¹后面	hòumiàn	명 뒤, 뒤쪽, 뒷면
177	³护照	hùzhào	명 여권
178	³花 ①	huā	명 꽃
179	³花 ②	huā	동 (돈이나 시간 등을) 쓰다
180	³画	huà	동 그림을 그리다

Part 2-7

181	³坏	huài	형 나쁘다
182	³欢迎	huānyíng	동 환영하다
183	³还 ②	huán	동 돌아가다, 돌아오다, 갚다
184	³环境	huánjìng	명 환경
185	³换	huàn	동 교환하다
186	³黄河	Huáng Hé	명 황하(강)
187	¹回	huí	동 돌아오다(가다) 돌리다, 회답하다 양 번, 회
188	³回答	huídá	동 대답하다, 회답하다
189	¹会	huì	조동 (배워서) ~을[를] 할 수 있다
190	³会议	huìyì	명 회의
191	²火车站	huǒchēzhàn	명 기차역
192	³…或者…	…huòzhě…	접 ~이든가 아니면 ~이다
193	³几乎	jīhū	부 거의, 하마터면

194	²机场	jīchǎng	명 공항, 비행장
195	³机会	jīhuì	명 기회
196	²鸡蛋	jīdàn	명 달걀
197	³极	jí	부 아주, 극히
198	¹几	jǐ	대 몇, 얼마 수 몇 [부정확한 수를 대신함]
199	³记得	jìde	동 기억하고 있다
200	³季节	jìjié	명 계절, 철, 절기
201	¹家	jiā	명 집 양 가정, 집 [가게·가정·공장 등을 세는 단위]
202	³检查	jiǎnchá	동 검사하다
203	³简单	jiǎndān	형 간단하다, 단순하다
204	³见面	jiànmiàn	동 만나다, 대면하다
205	²件	jiàn	양 건, 개
206	³健康	jiànkāng	형 건강하다
207	³讲	jiǎng	동 말하다, 이야기하다
208	³教	jiāo	동 가르치다
209	³角	jiǎo	양 위안의 1/10
210	³脚	jiǎo	명 발

Part 2-8

211	¹叫	jiào	동 (~라고) 하다, 부르다, ~을[를] 시키다 전 ~에 의하여 [피동문에서 주체 앞에 씀]
212	²教室	jiàoshì	명 교실
213	³接	jiē	동 잇다, 연결하다, 받다, 마중하다
214	³街道	jiēdào	명 거리
215	³节目	jiémù	명 프로그램
216	³节日	jiérì	명 경축일, 명절

217	³结婚	jiéhūn	동 결혼하다
218	³结束	jiéshù	동 끝나다, 마치다
219	²姐姐	jiějie	명 누나, 언니
220	³解决	jiějué	동 해결하다
221	²介绍	jièshào	동 소개하다
222	³借	jiè	동 빌리다
223	¹今天	jīntiān	명 오늘
224	²进	jìn	동 들다
225	²近	jìn	형 가깝다, 짧다
226	³经常	jīngcháng	부 언제나, 늘
227	³经过	jīngguò	동 경유하다, 통과하다
228	³经理	jīnglǐ	명 매니저, 지배인
229	¹九	jiǔ	수 9, 아홉
230	³久	jiǔ	형 오래다, 시간이 길다
231	³旧	jiù	형 헐다, 낡다
232	²就	jiù	부 즉시, 바로, 당장, 겨우
233	³句子	jùzi	명 문장
234	³决定	juédìng	동 결정하다
235	²觉得	juéde	동 ~라고 여기다
236	²咖啡	kāfēi	명 커피
237	¹开	kāi	동 열다, 켜다, 개업하다, 개설하다, 거행하다, 발행하다, 끓다
238	²开始	kāishǐ	동 시작되다, 개시하다 명 처음, 시작
239	¹看	kàn	동 보다, ~라고 생각하다, 진찰하다(받다), ~에 달려있다
240	¹看见	kànjiàn	동 보다, 보이다

241	²考试	kǎoshì	동 시험을 치다 명 시험
242	³可爱	kě'ài	형 귀엽다
243	²可能	kěnéng	형 가능하다 명 가능성, 가망 조동 아마도
244	²可以	kěyǐ	조동 ~할 수 있다 형 좋다, 괜찮다
245	³渴	kě	형 목이 타다, 목마르다
246	³刻	kè	동 새기다 양 15분
247	³客人	kèrén	명 손님, 고객
248	²课	kè	명 수업, 강의, 과
249	³空调	kōngtiáo	명 에어컨
250	³口	kǒu	명 입 양 식구
251	³哭	kū	동 울다
252	³裤子	kùzi	명 바지
253	¹块	kuài	양 덩이, 조각, 장, 위안 [인민폐의 기본 단위]
254	²快	kuài	형 빠르다, 날카롭다, 시원스럽다 부 곧
255	²快乐	kuàilè	형 즐겁다, 유쾌하다
256	³筷子	kuàizi	명 젓가락
257	¹来	lái	동 오다
258	³蓝	lán	형 푸르다
259	³老	lǎo	형 늙다
260	¹老师	lǎoshī	명 선생님, 스승
261	¹了	le	조 행위의 완성, 사건의 발생 또는 변화를 나타냄
262	²累	lèi	형 지치다, 피곤하다
263	¹冷	lěng	형 춥다, 인기가 없다
264	²离	lí	조 ~로부터
265	³离开	líkāi	동 떠나다
266	³礼物	lǐwù	명 선물, 예물
267	¹里	lǐ	명 가운데, 안쪽, 내부

268	³历史	lìshǐ	몡 역사
269	³脸	liǎn	몡 얼굴
270	³练习	liànxí	동 연습하다, 익히다 몡 연습 문제, 숙제

Day 10

Part 2-10

271	²两	liǎng	수 2, 둘
272	³辆	liàng	양 대, 량
273	³聊天儿	liáotiānr	동 한담하다, 이야기하다
274	³了解	liǎojiě	동 자세하게 알다
275	³邻居	línjū	명 이웃집
276	²零	líng	수 0, 영
277	³留学	liúxué	동 유학하다
278	¹六	liù	수 6, 여섯
279	³楼	lóu	명 다층 건물 양 층
280	²路	lù	명 길, 도로
281	²旅游	lǚyóu	동 여행하다, 관광하다
282	³绿	lǜ	형 푸르다
283	¹妈妈	māma	명 엄마, 어머니
284	³马	mǎ	명 말
285	³马上	mǎshàng	부 곧, 즉시
286	¹吗	ma	조 의문의 어기를 나타냄
287	¹买	mǎi	동 사다, 구매하다
288	²卖	mài	동 팔다, 판매하다
289	³满意	mǎnyì	형 만족하다, 만족스럽다
290	²慢	màn	형 느리다
291	²忙	máng	형 바쁘다

292	¹猫	māo	몡 고양이
293	³帽子	màozi	몡 모자
294	¹没关系	méi guānxi	괜찮다, 상관없다
295	¹没有	méiyǒu	동 (소유 혹은 존재가) 없다, ~만 못하다, (수량이) ~가 안 되다
296	²每	měi	대 매, 각, ~마다
297	²妹妹	mèimei	명 여동생
298	²门	mén	명 문 양 과목
299	³米	mǐ	명 쌀
300	¹米饭	mǐfàn	명 쌀밥

Day 11

Part 2-11

301	³面包	miànbāo	명 빵
302	³面条儿	miàntiáor	명 국수
303	¹名字	míngzi	명 이름, 성명
304	³明白	míngbai	동 이해하다
305	¹明天	míngtiān	명 내일
306	³拿	ná	동 쥐다, 잡다, 가지다
307	¹哪	nǎ	대 어느, 어느 것
308	¹哪儿	nǎr	대 어디
309	¹那	nà	대 저, 그, 저것, 그것
310	³奶奶	nǎinai	명 할머니
311	²男	nán	형 남자(의)
312	³南	nán	명 남, 남쪽
313	³难	nán	형 어렵다, 힘들다, 곤란하다
314	³难过	nánguò	형 괴롭다, 슬프다
315	¹呢	ne	조 의문 혹은 지속을 나타냄

316	¹能	néng	조동 ~할 수 있다
317	¹你	nǐ	대 너, 당신
318	¹年	nián	명 년, 해 양 년
319	³年级	niánjí	명 학년
320	³年轻	niánqīng	형 젊다, 어리다
321	³鸟	niǎo	명 새
322	²您	nín	대 당신 ['你'의 높임말]
323	²牛奶	niúnǎi	명 우유
324	³努力	nǔlì	동 노력하다
325	²女	nǚ	형 여자(의)
326	¹女儿	nǚ'ér	명 딸
327	³爬山	pá shān	동 산을 오르다
328	³盘子	pánzi	명 쟁반, 접시
329	²旁边	pángbiān	명 옆, 곁
330	³胖	pàng	형 뚱뚱하다

Day 12

● Part 2-12

331	²跑步	pǎobù	동 달리다, 구보하다
332	¹朋友	péngyou	명 친구
333	³皮鞋	píxié	명 가죽 구두
334	³啤酒	píjiǔ	명 맥주
335	²便宜	piányi	형 값이 싸다
336	²票	piào	명 표
337	¹漂亮	piàoliang	형 예쁘다, 아름답다
338	¹苹果	píngguǒ	명 사과
339	³瓶子	píngzi	명 병

340	¹七	qī	㈜ 7, 일곱
341	²妻子	qīzi	⑲ 아내
342	³其实	qíshí	㈁ 사실은, 실제는
343	³其他	qítā	㈐ 기타, 그 외
344	³奇怪	qíguài	㈓ 이상하다, 괴이하다
345	³骑	qí	⑧ 타다
346	²起床	qǐchuáng	잠자리에서 일어나다
347	³起飞	qǐfēi	⑧ 이륙하다
348	³起来	qǐlái	⑧ 일어나다
349	²千	qiān	㈜ 1,000, 천
350	²铅笔	qiānbǐ	⑲ 연필
351	¹前面	qiánmiàn	⑲ 앞
352	¹钱	qián	⑲ 돈
353	³清楚	qīngchu	㈓ 분명하다, 뚜렷하다
354	²晴	qíng	㈓ 하늘이 맑다
355	¹请	qǐng	⑧ 청하다, 부탁하다
356	³请假	qǐngjià	⑧ 휴가를 신청하다
357	³秋	qiū	⑲ 가을
358	¹去	qù	⑧ 가다, 떠나다
359	²去年	qùnián	⑲ 작년
360	³裙子	qúnzi	⑲ 치마, 스커트

● Part 2-13

361	³然后	ránhòu	㈛ 그런 후에, 그 다음에
362	²让	ràng	⑧ 사양하다, 양보하다, 시키다 ㈜ ~에게 (~되다)
363	¹热	rè	㈓ 덥다, 뜨겁다 ⑧ 가열하다 ⑲ 열

364	³热情	rèqíng	형 열정적이다, 친절하다
365	¹人	rén	명 사람, 인간
366	¹认识	rènshi	동 알다, 인식하다
367	³认为	rènwéi	동 ~라고 여기다, ~라고 생각하다
368	³认真	rènzhēn	형 진지하다, 착실하다
369	¹日	rì	명 해, 일, 날
370	³容易	róngyì	형 쉽다
371	³如果	rúguǒ	접 만약
372	¹三	sān	수 3, 셋
373	³伞	sǎn	명 우산
374	¹商店	shāngdiàn	명 상점
375	¹上	shàng	명 위, 지난 동 올라가다, 가다, 내놓다, 바르다
376	²上班	shàngbān	동 출근하다
377	³上网	shàngwǎng	동 인터넷을 하다
378	¹上午	shàngwǔ	명 오전, 상오
379	¹少	shǎo	형 적다 동 부족하다, 빠지다
380	¹谁	shéi	대 누구
381	²身体	shēntǐ	명 몸, 신체
382	¹什么	shénme	대 무엇, 무슨
383	²生病	shēngbìng	동 병이 나다
384	³生气	shēngqì	동 화내다
385	²生日	shēngrì	명 생일
386	³声音	shēngyīn	명 소리, 목소리
387	¹十	shí	수 10, 열
388	¹时候	shíhou	명 때, 시각
389	²时间	shíjiān	명 시간
390	³世界	shìjiè	명 세계

Day 14

Part 2-14

391	²事情	shìqing	명 일, 사건
392	³试	shì	동 시험삼아 해보다, 시험하다
393	¹是	shì	동 ~이다
394	²手表	shǒubiǎo	명 손목시계
395	²手机	shǒujī	명 휴대전화
396	³瘦	shòu	형 마르다, 여위다
397	¹书	shū	명 책
398	³叔叔	shūshu	명 숙부, 작은아버지, 삼촌
399	³舒服	shūfu	형 편안하다
400	³树	shù	명 나무, 수목
401	³数学	shùxué	명 수학
402	³刷牙	shuāyá	동 이를 닦다
403	³双	shuāng	양 짝, 켤레, 쌍
404	¹水	shuǐ	명 물
405	¹水果	shuǐguǒ	명 과일, 과실
406	³水平	shuǐpíng	명 수준
407	¹睡觉	shuìjiào	동 자다
408	¹说	shuō	동 말하다, 설명하다, 가리키다, 나무라다
409	²说话	shuōhuà	동 말하다
410	³司机	sījī	명 기사, 운전사
411	¹四	sì	수 4, 넷
412	²送	sòng	동 보내다, 배웅하다, 선물하다
413	²虽然… 但是…	suīrán… dànshì…	비록 ~이지만 그러나 ~하다
414	¹岁	suì	명 살, 세
415	¹他	tā	대 그, 그 사람
416	²它	tā	대 그, 저, 그것, 저것

417	¹她	tā	때 그녀
418	¹太	tài	부 대단히, 매우, 지나치게
419	³太阳	tàiyáng	명 태양, 해
420	³特别	tèbié	형 특별하다 부 특히

Day 15

Part 2-15

421	³疼	téng	형 아프다
422	²踢足球	tī zúqiú	축구를 하다
423	³提高	tígāo	동 제고하다, 향상시키다
424	²题	tí	명 문제
425	³体育	tǐyù	명 체육
426	¹天气	tiānqì	명 날씨, 일기
427	³甜	tián	형 달다, 달콤하다
428	³条	tiáo	양 가늘고 긴 것을 세는 단위
429	²跳舞	tiàowǔ	동 춤을 추다
430	¹听	tīng	동 듣다, 듣고 따르다
431	³同事	tóngshì	명 직장 동료
432	¹同学	tóngxué	명 동창, 학우, 학교 친구
433	³同意	tóngyì	동 동의하다
434	³头发	tóufa	명 머리카락, 머리털
435	³突然	tūrán	형 갑작스럽다 부 갑자기, 문득
436	³图书馆	túshūguǎn	명 도서관
437	³腿	tuǐ	명 다리
438	²外	wài	명 밖, 바깥
439	²完	wán	동 마치다, 끝나다
440	³完成	wánchéng	동 완성하다

441	²玩	wán	동 놀다, 놀이하다
442	²晚上	wǎnshang	명 저녁
443	³碗	wǎn	명 그릇 양 그릇
444	³万	wàn	수 10,000, 만
445	²往	wǎng	동 ~로 향하다
446	³忘记	wàngjì	동 잊다
447	³为	wèi	전 ~을[를] 위해, ~때문에
448	³为了	wèile	전 ~을[를] 하기 위해
449	²为什么	wèi shénme	왜, 어째서
450	³位	wèi	양 분, 명 [사람을 세는 단위]

Day

Part 2-16

451	¹喂	wèi / wéi	감 야, 이봐 / (전화상에서) 여보세요?
452	³文化	wénhuà	명 문화, 교육 수준
453	²问	wèn	동 묻다, 질문하다
454	²问题	wèntí	명 문제
455	¹我	wǒ	대 나, 저
456	¹我们	wǒmen	대 우리
457	¹五	wǔ	수 5, 다섯
458	³西	xī	명 서쪽
459	²西瓜	xīguā	명 수박
460	²希望	xīwàng	동 희망하다 명 희망
461	³习惯	xíguàn	명 버릇, 습관 동 익숙해지다
462	²洗	xǐ	동 씻다, 빨다
463	³洗手间	xǐshǒujiān	명 화장실
464	³洗澡	xǐzǎo	동 목욕하다, 몸을 씻다

465	¹喜欢	xǐhuan	동 좋아하다
466	¹下	xià	명 밑, 아래 동 내려가다
467	¹下午	xiàwǔ	명 오후
468	¹下雨	xiàyǔ	동 비가 오다
469	³夏	xià	명 여름
470	³先	xiān	부 먼저
471	¹先生	xiānsheng	명 성인 남성에 대한 경칭
472	¹现在	xiànzài	명 현재, 이제
473	³相信	xiāngxìn	동 믿다, 신임하다
474	³香蕉	xiāngjiāo	명 바나나
475	¹想	xiǎng	조동 ~하고 싶다 동 생각하다, 그리워하다
476	³向	xiàng	전 ~로, ~을[를] 향하여
477	³像	xiàng	동 같다, 비슷하다, 닮다
478	¹小	xiǎo	형 작다, 어리다
479	¹小姐	xiǎojiě	명 아가씨
480	²小时	xiǎoshí	명 시간

Day 17

Part 2-17

481	³小心	xiǎoxīn	동 조심하다
482	³校长	xiàozhǎng	명 교장(선생님)
483	²笑	xiào	동 웃다
484	¹些	xiē	양 조금, 약간
485	¹写	xiě	동 글씨를 쓰다
486	¹谢谢	xièxie	동 감사하다, 고맙다
487	²新	xīn	형 새롭다
488	³新闻	xīnwén	명 뉴스

489	³新鲜	xīnxiān	형 신선하다, 싱싱하다
490	³信用卡	xìnyòngkǎ	명 신용카드
491	¹星期	xīngqī	명 주일, 요일
492	³行李箱	xínglixiāng	명 짐가방
493	²姓	xìng	명 성, 성씨 동 성이 ~이다
494	³熊猫	xióngmāo	명 판다
495	²休息	xiūxi	동 휴식하다, 쉬다
496	³需要	xūyào	동 필요하다
497	³选择	xuǎnzé	동 고르다, 선택하다
498	¹学生	xuéshēng	명 학생
499	¹学习	xuéxí	동 공부하다, 배우다
500	¹学校	xuéxiào	명 학교
501	²雪	xuě	명 눈
502	²颜色	yánsè	명 색, 색깔
503	²眼睛	yǎnjing	명 눈 [신체 부위]
504	²羊肉	yángròu	명 양고기
505	³要求	yāoqiú	동 요구하다 명 요구
506	²药	yào	명 약, 약물
507	¹要	yào	조동 ~하려 하고 있다 동 요구하다, 청구하다 접 만약
508	³爷爷	yéye	명 할아버지
509	²也	yě	부 ~도
510	¹一	yī	수 1, 하나

● Part 2-18

| 511 | ³一般 | yìbān | 형 보통이다, 일반적이다 |
| 512 | ³一边 | yìbiān | 명 한쪽, 한 편 부 ~하면서 ~하다 |

513	¹一点儿	yìdiǎnr	수량 조금
514	³一定	yídìng	부 반드시, 꼭
515	³一共	yígòng	부 모두, 전부
516	³一会儿	yíhuìr	수량 잠시, 잠깐 부 ~하다가 ~하다
517	²一起	yìqǐ	부 같이, 함께 명 같은 장소
518	²一下	yíxià	수량 한번, 한차례 부 잠깐
519	³一样	yíyàng	형 같다
520	³一直	yìzhí	부 계속, 줄곧, 똑바로
521	¹衣服	yīfu	명 옷, 의복
522	¹医生	yīshēng	명 의사
523	¹医院	yīyuàn	명 병원
524	²已经	yǐjīng	부 이미, 벌써
525	³以前	yǐqián	명 이전, 예전
526	¹椅子	yǐzi	명 의자
527	²意思	yìsi	명 의미, 뜻, 재미, 성의
528	²因为…所以…	yīnwèi… suǒyǐ…	~이기 때문에 그래서 ~하다
529	²阴	yīn	형 흐리다
530	³音乐	yīnyuè	명 음악
531	³银行	yínháng	명 은행
532	³饮料	yǐnliào	명 음료
533	³应该	yīnggāi	조동 ~해야 한다
534	³影响	yǐngxiǎng	명 영향 동 영향을 주다
535	³用	yòng	동 쓰다, 사용하다
536	³游戏	yóuxì	명 게임, 놀이 동 놀다
537	²游泳	yóuyǒng	동 수영하다, 헤엄치다
538	¹有	yǒu	동 있다
539	³有名	yǒumíng	형 유명하다
540	³又	yòu	부 또, 다시

541	²右边	yòubian	몡 오른쪽
542	²鱼	yú	몡 물고기
543	³遇到	yùdào	동 마주치다, 맞닥뜨리다
544	³元	yuán	양 위안 [중국 본위 화폐 단위]
545	²远	yuǎn	형 멀다
546	³愿意	yuànyì	조동 ~하기를 바라다 동 희망하다
547	¹月	yuè	몡 달, 월
548	³月亮	yuèliang	몡 달
549	³越	yuè	동 뛰어넘다 부 점점 ~하다, ~할수록 ~하다
550	²运动	yùndòng	동 운동하다 몡 운동, 캠페인
551	²再	zài	부 재차, 또
552	¹再见	zàijiàn	동 또 뵙겠습니다, 안녕
553	¹在	zài	동 ~에 있다 전 ~에, ~에서
554	²早上	zǎoshang	몡 아침
555	¹怎么	zěnme	대 어떻게, 왜, 어째서
556	¹怎么样	zěnmeyàng	대 어떻다, 어떠하다
557	³站	zhàn	동 서다, 일어서다 몡 정거장, 역
558	³张	zhāng	양 장 동 열다, 펼치다
559	²长②	zhǎng	동 자라다, 생기다
560	²丈夫	zhàngfu	몡 남편
561	³着急	zháojí	동 조급해하다
562	²找	zhǎo	동 찾다
563	³照顾	zhàogù	동 돌보다, 간호하다
564	³照片	zhàopiàn	몡 사진
565	³照相机	zhàoxiàngjī	몡 사진기, 카메라
566	¹这	zhè	대 이, 이것
567	²着	zhe	조 ~하고 있다, ~한 채로 있다

568	²真	zhēn	🟣 확실히, 진정으로 🟠 진실하다
569	²正在	zhèngzài	🟣 지금 ~하고 있다
570	³只①	zhī	🟢 마리 [동물을 세는 단위]

Part 2-20

571	²知道	zhīdào	🔴 알다, 이해하다
572	³只②	zhǐ	🟣 단지, 다만
573	³只有…才…	zhǐyǒu… cái…	~해야만 비로소 ~하다
574	¹中国	Zhōngguó	🟡 중국
575	³中间	zhōngjiān	🟡 중간, 가운데
576	³中文	Zhōngwén	🟡 중국어, 중국 글
577	¹中午	zhōngwǔ	🟡 정오
578	³终于	zhōngyú	🟣 마침내, 결국
579	³种	zhǒng	🟢 종, 종류
580	³重要	zhòngyào	🟠 중요하다
581	³周末	zhōumò	🟡 주말
582	³主要	zhǔyào	🟠 주요한, 주된
583	¹住	zhù	🔴 숙박하다, 살다
584	³注意	zhùyì	🔴 주의하다, 조심하다
585	²准备	zhǔnbèi	🔴 준비하다
586	¹桌子	zhuōzi	🟡 탁자, 테이블
587	³自己	zìjǐ	🔵 자기, 자신
588	³自行车	zìxíngchē	🟡 자전거
589	¹字	zì	🟡 문자, 글자
590	³总是	zǒngshì	🟣 늘, 언제나

591	²走	zǒu	동 걷다, 떠나다, 통과하다
592	³嘴	zuǐ	명 입
593	²最	zuì	부 가장, 제일
594	³最后	zuìhòu	형 최후의
595	³最近	zuìjìn	명 최근, 요즈음
596	¹昨天	zuótiān	명 어제
597	²左边	zuǒbian	명 왼쪽, 왼편
598	³作业	zuòyè	명 숙제, 과제
599	¹坐	zuò	동 앉다
600	¹做	zuò	동 하다

PART 03

新HSK ❸급
汉办 新大纲
추가 어휘

1 이중 조합 단어

★2개 이상의 단어를 조합하여 만든 단어

Part 3-1

NO	默认词			大纲词
1	班级	bānjí	명 학급, 학년	班 年级
2	办公楼	bàngōnglóu	명 행정동, 사무동	办公室 楼
3	北门	běimén	명 북쪽 출구, 북문	北方 门
4	草地	cǎodì	명 초원, 풀밭	草 地方
5	春季	chūnjì	명 봄철, 봄	春 季节
6	蛋糕店	dàngāodiàn	명 제과점, 베이커리	蛋糕 商店
7	地铁站	dìtiězhàn	명 지하철역	地铁 火车站
8	电影节	diànyǐngjié	명 영화제	电影 节日
9	电子词典	diànzǐ cídiǎn	명 전자 사전	电子邮件 词典
10	电子邮箱	diànzǐ yóuxiāng	명 전자 우편, 이메일	电子邮件 行李箱
11	电子游戏	diànzǐ yóuxì	명 전자 게임, 컴퓨터 게임	电子邮件 游戏
12	东北	dōngběi	명 동북쪽, 동북방	东 北方
13	东边	dōngbiān	명 동쪽, 동녘	东 旁边

82 PART 03

14	动物园	dòngwùyuán	명 동물원	动物 公园
15	放学	fàngxué	동 학교가 파하다, 수업을 마치다	放 学校
16	花瓶	huāpíng	명 꽃병	花 瓶子
17	花园	huāyuán	명 화원	花 公园
18	会议室	huìyìshì	명 회의실	会议 教室
19	开会	kāihuì	동 회의를 열다	开 会议
20	楼梯	lóutī	명 (다층 건물의) 계단, 층계	楼 电梯
21	门口	ménkǒu	명 입구, 현관	门 口
22	名单	míngdān	명 명단, 명부	名字 菜单
23	名人	míngrén	명 명인, 유명인사	有名 人
24	南方	nánfāng	명 남방 지역, 남쪽 지방	南 北方
25	南面	nánmiàn	명 남쪽	南 前面
26	前年	qiánnián	명 재작년	以前 年
27	钱包	qiánbāo	명 지갑	钱 包
28	书包	shūbāo	명 책가방	书 包
29	体育馆	tǐyùguǎn	명 체육관	体育 图书馆

30	外地	wàidì	몡 외지	外地方
31	夏天	xiàtiān	몡 여름	夏天 / 今天
32	箱子	xiāngzi	몡 상자, 케이스	行李箱 / 杯子
33	校园	xiàoyuán	몡 교정, 캠퍼스	学校 / 公园
34	以后	yǐhòu	몡 이후	以前 / 后来
35	游客	yóukè	몡 여행객, 관광객	旅游 / 客人
36	雨季	yǔjì	몡 우기(雨期)	下雨 / 季节
37	雨伞	yǔsǎn	몡 우산	下雨 / 伞
38	遇见	yùjiàn	동 우연히 만나다, 마주치다	遇到 / 看见
39	运动会	yùndònghuì	몡 운동회, 체육대회	运动 / 会议
40	运动鞋	yùndòngxié	몡 운동화	运动 / 皮鞋
41	怎么办	zěnmebàn	어떡해? 어떡하죠?	怎么 / 办法
42	照相馆	zhàoxiàngguǎn	몡 사진관	照相机 / 宾馆
43	周日	zhōurì	몡 일요일	周末 / 日
44	字典	zìdiǎn	몡 자전	字 / 词典
45	做客	zuòkè	동 손님이 되다	做 / 客人

2 음절 축약 단어

★다음절 단어에서 음절을 생략하여 만든 단어

Part 3-2

NO	默认词			大纲词
1	办	bàn	동 처리하다, 취급하다	办公室
2	北	běi	명 북, 북쪽, 북방	北方
3	边	biān	명 (물체의) 변두리, 가장자리, 주위	一边
4	变	biàn	동 변화하다, 변화시키다	变化
5	查	chá	동 검사하다, 조사하다	检查
6	常	cháng	형 늘, 항상, 평소(의)	经常
7	词	cí	명 단어, 문구, 구절	词典
8	答	dá	동 대답하다, 회답하다	回答
9	电子	diànzǐ	명 전자	电子邮件
10	风	fēng	명 바람	刮风
11	该	gāi	동 (마땅히) 해야 한다	应该
12	刮	guā	동 (바람이) 불다	刮风
13	河	hé	명 강, 하천	黄河
14	黄	huáng	형 노랗다, 누렇다	黄河
15	会儿	huìr	명 잠시, 잠깐	一会儿
16	或	huò	접 혹은, 또는, 그렇지 않으면	或者
17	急	jí	형 급하다, 서두르다, (성미가) 조급하다	着急
18	记	jì	동 기억하다, 기록하다	记得
19	街	jiē	명 거리, 대로	街道
20	节	jié	명 기념일, 명절	节日
21	斤	jīn	양 근 [무게의 단위]	公斤
22	酒	jiǔ	명 술	啤酒
23	句	jù	명 문장, 구절, 마디	句子

24	据	jù	개 ~에 따르면, ~에 근거하여	根据
25	爬	pá	동 기다, 기어오르다	爬山
26	怕	pà	동 무서워하다, 두려워하다	害怕
27	瓶	píng	명 병	瓶子
28	山	shān	명 산	爬山
29	市	shì	명 도시, (행정 구역 단위의) 시	城市
30	刷	shuā	명 솔 동 솔로 닦다	刷牙
31	头	tóu	명 머리, 머리카락	头发
32	网	wǎng	명 그물, 조직, 망	上网
33	忘	wàng	동 잊다	忘记
34	相机	xiàngjī	명 사진기	照相机
35	鞋	xié	명 신발, 구두	皮鞋
36	心	xīn	명 마음, 생각, 마음씨	关心
37	行李	xíngli	명 짐, 여행짐	行李箱
38	兴趣	xìngqù	명 흥미, 취미	感兴趣
39	选	xuǎn	동 고르다, 선택하다	选择
40	牙	yá	명 이, 치아	刷牙
41	应	yīng	동 마땅히 ~해야 한다	应该
42	邮件	yóujiàn	명 우편물	电子邮件
43	遇	yù	동 만나다, 겪다	遇到
44	照相	zhàoxiàng	동 사진을 찍다, 촬영하다	照相机
45	周	zhōu	양 바퀴 명 주, 주일, 주위	周末
46	总	zǒng	동 총괄하다, 종합하다	总是

3 특별 사례 단어 ★인명, 지명, 서명 등의 단어

Part 3-3

NO	特例词		说明
1	《汉语大字典》 《Hànyǔ Dàzìdiǎn》	《한어대자전》(1990) [약 5,600자 정도의 한자의 형(形-형태), 음(音-소리), 의(義-뜻)를 해석해 놓은 책]	书名
2	《历史上的今天》 《Lìshǐ Shang De Jīntiān》	《역사상의 오늘》(1990)	节目名
3	《上下五千年》 《Shàngxià Wǔqiān Nián》	《상하오천년》(1979) [중국의 5천 년 역사를 인물과 사건 중심으로 정리한 책으로, 번역본 제목은 '인물과 사건으로 보는 중국상하오천년사']	书名
4	《十五的月亮》 《Shíwǔ de Yuèliang》	《십오적월량》(1985) [娄连广편곡, 처음 부른 사람은 董振厚이며, 후대에 편곡되어 여러 사람들이 부름]	歌名
5	《向左走向右走》 《Xiàng Zuǒ Zǒu Xiàng Yòu Zǒu》	《왼쪽으로 가는 여자, 오른쪽으로 가는 남자》(1999) [1999년 처음 출판된 이후 세계 여러 나라에서 번역되었고, 영화와 TV드라마로도 만들어짐]	书名/ 电影名
6	《月亮船》 《Yuèliang Chuán》	《월량선》 [가수는 杨钰莹. 90년대 중국의 음악사를 다시 썼다는 평가를 받을 만큼 영향력이 컸음. 청아한 목소리로 많은 팬 보유]	歌名
7	《月亮河》 《Yuèliàng Hé》	《월량하》 ① 작가는 非攻. 꿈과 용기, 책임, 고난과 사랑에 관한 이야기 ② Moon River, 영화 『티파니에서 아침을(Breakfast At Tiffany's)』의 주제가	书名/ 歌名
8	白经理 Bái jīnglǐ	바이 사장님	称呼
9	北京大学 Běijīng Dàxué	베이징대학	单位组织名
10	北京西站 Běijīng Xī Zhàn	베이징 서역 [중국 베이징 시 펑타이 구 롄화츠둥루에 있는 열차역으로 시커잔이라고 불리기도 함]	地名
11	冬冬 Dōngdong	동동	名字

12	高叔叔 Gāo shūshu	까오 삼촌/아저씨	称呼
13	国家图书馆 Guójiā Túshūguǎn	국가도서관 [1909년 경사도서관으로 시작하여 현재 100년의 역사를 자랑하는 중국의 최대, 최고 도서관]	单位组织名
14	河南 Hénán	허난, 하남 [성도 정저우(郑州)]	地名
15	花城 Huāchéng	광저우의 별칭. 광저우는 아열대 기후에 속해 일 년 내내 꽃이 핀다고 해서 '꽃의 도시'라고도 불림	地名
16	黄山 Huáng Shān	황샨, 황산 [안후이(安徽)성에 있는 산 이름]	山名
17	老张 Lǎo Zhāng	장 씨	称呼
18	刘阿姨 Liú āyí	리우 아주머니/이모	称呼
19	南京 Nánjīng	난징, 남경 [장쑤(江苏)성의 성도]	地名
20	牛向东 Niú Xiàngdōng	니우 샹뚱	名字
21	山西 Shānxī	산시, 산서 ['晋(Jìn)'으로 약칭. 성도는 타이위안(太原)]	地名
22	甜甜 Tiántian	티앤티앤	名字
23	西南大学 Xīnán Dàxué	시난대, 서남대학	单位组织名
24	小黄 Xiǎo Huáng	샤오황	称呼
25	小马 Xiǎomǎ	샤오마	称呼
26	张爷爷 Zhāng yéye	쟝 할아버지	称呼
27	中国银行 Zhōngguó Yínháng	중국은행(1904) [근대중국의 중요 은행의 하나로 외환업무를 관장하는 은행]	单位组织名
28	中秋节 Zhōngqiū Jié	중추절, 한가위, 추석 [중국의 추석. 음력 8월 15일로 춘절, 청명절, 단오절과 함께 중국 4대 전통 명절 중 하나]	节日名